Der Herausgeber *Ulf Diederichs* (Jg. 1937) betreute als Verleger die Serien ›Die Märchen der Weltliteratur‹ und ›Diederichs Gelbe Reihe‹ (u. a. ›Der Sohar, das heilige Buch der Kabbala‹). Nach langer Vorbereitung legt er hier die erste hochdeutsche Textausgabe des altjiddischen Ma'assebuches vor.

Originalausgabe
November 2003
Deutscher Taschenbuch Verlag GmbH & Co. KG,
München
www.dtv.de

Umschlagkonzept: Balk & Brumshagen
Umschlagfoto: Fayence zum Pessach (um 1864, Durchmesser 46,9 cm)
W. Gross Sammlung, Ramat Aviv, Israel
(© Les Expéditions Cinématographiques Alain Mahuzier autour du Monde)
Gesetzt aus der Bembo 10,5/12·
Gesamtherstellung: Druckerei C. H. Beck, Nördlingen
Gedruckt auf säurefreiem, chlorfrei gebleichtem Papier
Printed in Germany · ISBN 3-423-13143-8

dtv

Das Ma'as

Altjiddische Erzählkunst

Das Ma'assebuch

Altjiddische Erzählkunst

Mit 33 Bildern

Vollständige Ausgabe
Ins Hochdeutsche übertragen,
kommentiert und herausgegeben von
Ulf Diederichs

Deutscher Taschenbuch Verlag

INHALT

VORWORT

»kumt her, ir liben manen un vrauen,
un tut doss schen ma'asse buch onschauen,
doss noch nin, weil der aulom steht,
in druk is worden bracht ...

drum ir liben vrauen,
ir hot nun di teitsche bicher al vor;
itzunder hot ir ach di teitsche g'moro,
aso wet ir hoben kol hatoro kulo gar.«

Aus dem Titelblatt des Erstdrucks Basel 1602

Dieses Buch ist vierhundert Jahre alt, ist in unseren Breiten gedruckt, gelesen und verbreitet worden, ist bis heute ein wunderbares Werk der Weltliteratur – aber hierzulande kennt es keiner so recht. Wie sein Titel besagt, ist es das »Ma'asse«-Buch, das Buch der Geschichten (*ma'assim*) in ganz eigener jiddischer Prägung – seinerzeit bahnbrechend und der Beginn alles jüdischen Erzählens in der Neuzeit. Wie jede Weltliteratur beansprucht das Ma'assebuch nicht nur das Interesse *eines* Volkes. Was es berichtet, verläuft an den Schnittlinien orientalischen und europäischen Erzählens, an der Grenzlinie Judentum hier, Christentum dort. Wem immer an Volksliteratur und Volksfrömmigkeit gelegen ist, dem eröffnen sich hier weite Horizonte.

Daß ein solch märchenhaftes Buch im literarischen Bewußtsein nicht stärker verankert ist, hat mancherlei Gründe, z. B. eine religiöse Barriere, eine sprachliche Hürde. Zudem fehlte bisher die Möglichkeit, in das Buch selbst Einblick zu nehmen – sieht man einmal davon ab, daß es vor gut 70 Jahren eine Ausgabe gab, die sich an der alten, dem Mittelhochdeutschen verwandten Sprachform orientierte und fast nur Kenner des Altjiddischen erreichte. Das legendäre Buch ist zwar häufiger als eine Art Steinbruch benutzt worden, so auch vom Herausgeber des berühmten ›Born Judas‹, der seinem Sammelwerk immerhin ein Fünftel des Textes einverleibte. Als eigenes Erzähl- und Kunstwerk jedoch, gespeist aus den Talmuden, dem Midrasch und auch aschkenasischer Überlieferung, blieb es der literarischen Öffentlichkeit fremd und unerschlossen.

In seiner großangelegten ›Weltgeschichte des jüdischen Volkes‹ wird es von Simon Dubnow so beschrieben: »Die beliebteste Volkslektüre bildete seit Beginn des 17. Jahrhunderts eine Märchensammlung, in der die schönsten Sagen aus Talmud und Midrasch, Erzählungen von den heiligen Männern des Mittelalters: von Raschi, Simeon aus Mainz und seinem Sohn, dem ›Papst Elchanan‹, von dem Märtyrer Rabbi Amnon und ähnliche *wunderbare Geschichten* vereinigt waren«. Und Otto F. Best ergänzt dies: »Das Ma'assebuch schöpft aus der hebräisch-aramäischen Agada nicht weniger als aus der abendländischen Sagen- und Märchenwelt.«

Agada ist hier ein wesentliches Stichwort. Dem Wortsinn nach (hebr. *aggada*, aram. *aggadta*) bedeutet es »Erzähltes« und ist der Sammelbegriff für den Teil der mündlichen Tora (Lehre), der nicht dem normativen Teil, den Religionsgesetzen (Halacha), zugehört. Die Agada umfaßt die Bibelauslegungen des rabbinischen Judentums, somit große Bereiche des Talmud, wie auch eine Fülle von Midraschim (Schriftauslegungen im Sinne von »Nachgeforschtem«). Die Agada ist nicht autoritativ, sie lebt von der spielenden erzählerischen Phantasie.

Das macht sie nicht nur für Nichtjuden reizvoll, sondern auch für den »unwissenden« Teil der jüdischen Leserschaft. So war es anno 1602 ein Novum (und später ein Teil seines großen Erfolges), daß das Ma'assebuch Frauen und Nichtstudierte als Leser ansprach und auf deren elementare Bedürfnisse einging: »Jetzt habt ihr die teitsche g'moro (den für euch lesbaren Talmud), und so werdet ihr kol hatoro kulo (die ganze Lehre) haben.« Nie früher und kaum je in späterer Zeit gab es eine Lektüre wie diese, die jüdische Frauen in so hohem Maße belehrte, bestärkte und zugleich wunderbar unterhielt.

Mit der Zeit freilich wurde die Lektüre mühsamer, denn im späten 18. Jahrhundert geriet das noch mittelhochdeutsch genährte Altjiddisch, auch Westjiddisch genannt, gewissermaßen ins Abseits. Als die allgemeine Literatursprache wurde es vom Ostjiddischen verdrängt und ideell sowohl vom Chassidismus wie von der jüdischen Aufklärung (Haskala) überlagert. Indem der Mittelpunkt jüdischen Lebens, die Gemeinde, an Vitalität verlor, verblaßte mit der Zeit die Aura des Spirituellen. Es begann die moderne religiöse Pluralisierung des Judentums.

Dies hatte auch zur Folge, daß jüdischen Herausgebern verstärkt an einer »Normalisierung« alter Texte gelegen war, daß sie strafften, glätteten und mit Rücksicht auf ihre Leser ein gefälliges Deutsch wählten. Das mußte zu Einbußen führen. Der alte schöne Erzählduktus, ja auch die Wortfrische gingen verloren.

Erst in den späten zwanziger Jahren des 20. Jahrhunderts unternahm es Bertha Pappenheim, die hebräische Druckform der westjiddischen Vorlage zu transkribieren und beim Versuch einer gelinden Eindeutschung der Texte nahe am Original zu bleiben. Bei einzelnen Termini, auch bei verschütteten Begriffen und Wendungen gab sie Lesehilfe. Pappenheims Edition war für die Mitglieder des Jüdischen Frauenbundes gedacht. In der Tat wurde dank ihr damals »vieles von Kraft, Saft und Innigkeit des Originals bewahrt«, wie Bernhard Heller zu Recht rühmte, und trotz einiger kritischer Einwände »trägt« ihr Buch noch immer. Es zeigt wie kein zweites die Echtheit und den Glanz einer neu gefundenen Literatursprache.

Dann gab es einen zweiten respektablen Versuch: die englische Gesamtausgabe von Moses Gaster, die sich dadurch auszeichnete, daß sie die Bibelzitate im Text verifizierte und fast alle Quellen erschloß. Ein sehr pragmatischer Umgang mit der historischen Textgestalt führte allerdings, im Zuge der Übersetzung, auch zu einem Manko: Die *ma'assim* wurden samt und sonders verschliffen und quasi modernisiert.

Von beiden Modellen galt es zu lernen. Die hier vorgelegte Leseausgabe beansprucht wie die Gastersche Vollständigkeit. Sie folgt der für ihn wie für Pappenheim maßgeblichen Ausgabe von 1723. Auch der Quellennachweis und die Belege der Bibelzitate orientieren sich an Gaster, wenn auch in modifizierter Form. So sind die Schriftverse sowohl im Wortlaut des Fließtextes wiedergegeben wie auch – unter dem Strich – im Wortlaut der hebräischen Bibel, strikt nach der Übersetzung von Martin Buber und Franz Rosenzweig.

Der Impuls, möglichst viel von der Ursprünglichkeit des altjiddischen Originals zu bewahren, nämlich das jüdische Erzählen um 1600, seine Mischung von altem Deutsch und neuem Jiddisch, von mundartlich Gefärbtem, religiösem Wortschatz und Brauchtumsausdrücken, geht auf Pappenheims Pioniertat zurück. Von daher also der Versuch, die reizvollen alten Wortformen beizubehalten und sie zugleich transparent zu machen. Das erfordert zunächst einige Lesegeduld, kann die Lektüre jedoch insgesamt ergiebiger machen und letztlich auch das Lesevergnügen erhöhen.

Zwei Aspekte erscheinen mir wichtig. Der ganze jüdische Erzählkosmos sollte kenntlich werden und damit ansatzweise auch der literarisch tradierte religiöse Kontext. Dieser ist den Christenmenschen stets fremd geblieben; an ihn hat man sich, obschon geistiger Fundus derer, die mitten unter ihnen lebten, kaum je herangetraut.

Und ein zweites: Mich reizten die vielen, erst halb entdeckten Zusammenhänge der *ma'assim* mit der europäischen Märchen- und Legendenliteratur, auch die mit der literarischen Antike. Es trifft eben nur halb zu, daß sie »in lieblicher Naivität niedergeschrieben« sind und »in erquikkender Unbefangenheit Einblick in das Leben der Juden zur Zeit des Mittelalters geben« (Vorwort Pappenheim). Vielmehr stehen auch sie in einer Kette literarischer Traditionen und Vermittlungsformen. Dazu gehören z. B. kleinere und größere Handschriften, die bereits im Jahrhundert vor der Drucklegung vom Wirken deutscher Rabbinen an Rhein, Main und Donau erzählen.

Der Zugang zu den Geschichten ergibt sich zunächst unmittelbar, jiddische und hebräische Termini sind mitsamt Worterklärung in den Text eingebaut. Die 254 Geschichten wurden, analog zur Amsterdamer Ausgabe von 1723, fortlaufend numeriert, jeweils am Textende. Die entsprechende Ziffer findet sich im Anhang wieder, sowohl im Namenregister wie im Inhaltsverzeichnis. Zum tieferen Verständnis der Lektüre erschien es nützlich, jedem Text knappe Informationen folgen zu lassen. Alle Helden, die darin vorkommen, biblische, rabbinische und allgemein historische, hält das Namenregister fest. Das Aufschlüsseln der jeweiligen Quelle wie auch der von Kürzeln geschieht im Literaturnachweis. Die Bilder im Textteil zeigen jüdische Riten und Bräuche aus eben der Zeit, in der das Ma'assebuch entstand und seine frühe Wirkung entfaltete.

Über einen früh verstorbenen Talmudgelehrten

Die Geschichte geschah an einem Talmudgelehrten (*tálmid-chóchem*), der sein Lebtag nichts anderes getan hatte, als Tag und Nacht nur zu lernen. Und doch starb er gar jung an Jahren.

Da nahm seine Frau seinen Gebetsmantel (*táleß*) und die Gebetsriemen (*tfílin*) und ging in das Lehrhaus (*beß-médresch*) zu den Rabbinen und sagte zu ihnen: »Es steht geschrieben in der heiligen Tora (*táuro*): ›Die Lehre ist dein Leben und sie derlengt (bestimmt) dir deine Tage.‹ Nun, mein Mann hat Tag und Nacht nichts anderes getan, als gelernt und gelernt. Warum nur ist er so jung an Jahren gestorben?«

Da gab es niemanden im Lehrhaus, der ihr darauf antworten konnte. Sie wußten wahrlich keinen Grund, warum er so früh gestorben war.

Nicht lang danach war ein Talmudgelehrter bei ihr des Nachts zu Gast. Da erzählte sie auch ihm die Geschichte (*schmúe*). Da fragte er die Frau: »Liebe Frau, laß mich dich fragen, wie hat es dein Mann mit dir gehalten, wenn du unrein (*nído*) gewesen bist?« Da erwidert sie ihm: »Gott behüte (*chaß weschólaum*), daß er mich mit dem kleinen Finger angerührt haben sollte, geschweige denn, daß er etwas anderes mit mir getan hat. Du fragst seltsames Zeug – und das von einem Talmudgelehrten.« Da fragte er sie wieder: »Sag mir, wie hat er sich aber verhalten, wenn du Weiß angelegt hast?« Da sagte sie: »Er hat zwar mit mir gegessen und getrunken und ist bei mir gelegen mit nacktem Körper, aber er hat mich nicht angerührt.«

Wie der Talmudgelehrte das von der Frau vernahm, sagte er: »Gelobt sei Gott, der nichts Unrechtes zuläßt, daß er diesen Menschen jung hat sterben lassen. Denn in der heiligen Tora steht geschrieben, wenn eine Frau unrein ist, dann soll ihr Mann sich ihr nicht nähern, und er soll sie kein bißchen anrühren. Doch dieser Talmudgelehrte hat nicht gehalten, was in der heiligen Tora geschrieben steht. Deshalb hat ihn der Heilige, gepriesen sei Er, sterben lassen und hat ihn zu Recht bezahlt.«

Deshalb soll man sich daran halten, was in der heiligen Tora geschrieben steht. [1]

Quelle: Traktat Schabbat 13 a-b, aus dem Babylonischen Talmud.
Übers.: Goldschmidt, BT Bd. 1 (1929), 470. – MB: Pappenheim 1929, Nr. 3.

Bibelvers »Die Lehre ist dein Leben ...«, Dtn 30,20: »IHN deinen Gott zu lieben,/auf seine Stimme zu hören,/an ihm zu haften,/denn das ist dein Leben und Länge deiner Tage ...«

Das Vergehen, dessen sich der Talmudgelehrte schuldig gemacht hat, ist indirekt benannt: Er hat seine Frau im Bett vernachlässigt.
Die Tora (hebr. Torá, »Lehre«), in der hier verwendeten westjidd. Transkription *táuro* (ostjidd. dagegen *tójre*), bezieht sich in erster Linie auf das Mosaische Gesetz. Die Tora kann sich aber auch auf die Gesamtheit der jüdischen Gesetze und Lehren beziehen, und diese ein Leben lang zu studieren war für jeden gläubigen Juden Pflicht.
Lernen bedeutet nach jüdischem Verständnis etwas sehr Aktives: einmal die Aneignung der tradierten Inhalte, Werte und Normen und das Disputieren darüber, und im Kern das Erlernen (wie auch das Lehren) der Tora und des Talmud – jenes toradeutenden, aus 63 Büchern bestehenden Kompendiums, das seit vielen Jahrhunderten für alle religiösen, zeremoniellen, moralischen, juristischen oder allgemein lebensgestaltenden Fragen Antworten bereithält.
Tora lernen bedeutet, das wird im folgenden deutlich, auch Fragen (*káscheß*) zu stellen, Einwände zu erheben, einzelne Talmudstellen scharfsinnig zu erfragen, Auslegungen (*tschúweß*) zu geben, Strittiges (*chílek*) zu erörtern, in einen Disput (Pilpul) zu geraten, Kommentare (*pejrúschim*) abzugeben – siehe z. B. die Texte 16, 66, 95, 135, 166, 224.

Bet ha-Midrasch, »Haus der Auslegung«, war eine der wichtigsten Institutionen jüdischen Lehrens und Lernens. Es nahm die zwölf- bis fünfzehnjährigen Jungen nach Beendigung der Elementarschule (Cheder) auf und stand, samt Bibliothek und rabbinischem Unterricht, für alle offen. So wurde auch einfachen Leuten im Bet ha-Midrasch der Talmud vermittelt: zum einen die Halacha, die Gesamtheit der Gesetze und Verbote, und zum anderen die Agada, die Fülle der erzählerischen Überlieferung.

Zum Cheder, der »Lehrstube« vom 4./5. Lebensjahr an, hatten gelegentlich auch Mädchen Zugang, meistens jedoch erhielten sie ihren ersten Unterricht zu Hause von ihrer Mutter. Das Lesen jiddischer Texte wurde ihnen weit weniger erschwert als das Erlernen des Hebräischen – einmal abgesehen von hebr. Gebeten, die zum Gottesdienst gehörten.

»Weiß anlegen« ist von ritueller Bedeutung. Weiß leuchten die Gewänder an hohen Feiertagen, besonders an Rosch haschana, dem Neujahrsfest, und am Versöhnungstag Jom Kippur. Beim Gebet um Tau und um Regen ist es laut Thieberger »wiederum der Ernst, der sich im Brauch ausdrückt« (Weiß als Farbe des Kittels, des Vorhangs der Lade, der Toramäntel).

Mose empfängt die Tora

Die Geschichte geschah. Rabbi Josua ben Levi sagte: Zu der Zeit, da der Heilige, gepriesen sei Er, die Tora (*táuro*, Lehre) an Mose unseren Lehrer (*Máusche rabejnu*) gegeben hat und dieser vom Himmel wieder herabgestiegen war, da kam der Satan und sprach: »Herr des Alls (*káune-hákel*), wo hast du die Tora hingetan, wem hast du sie gegeben?« Da antwortete der Heilige, gepriesen sei Er: »Ich habe sie zur Erde gegeben.« Da ging der Satan zur Erde und sprach: »Erde, die Tora, die dir der Gelobte gegeben hat, wo hast du sie hingetan?« Da erwiderte die Erde: »Gott prüft die Wege, das besagt, der Heilige, gepriesen sei Er, weiß um alle Dinge. Aber ich habe die Tora nicht.«

Da ging der Satan zum Meer (*jam*) und sprach: »Meer, die Tora, die der Heilige, gepriesen sei Er, dir gegeben hat, wo hast du sie hingetan?« Da erwiderte das Meer: »Die Tora ist nicht bei mir.« Da ging der Satan zu dem Abgrund der Erde und sagte: »Die Tora, die der Heilige, gepriesen sei Er, dir gegeben hat, wo hast du sie hingetan?« Da sprach der Abgrund der Erde: »Die Tora ist nicht in mir.« Da suchte der Satan die ganze Erde ab, weil Gott gesagt hatte, Er habe die Tora zur Erde gegeben. Da ging der Satan zu den Toten und den Verlorenen und fragte auch sie: »Die Tora, die euch Gott gegeben hat, wo habt ihr sie hingetan?«

Da gaben sie dem Satan zur Antwort: »Wir haben es wohl mit unseren Ohren gehört, aber wir wissen weiter nichts.«

Da trat der Satan wieder vor den Heiligen, gepriesen sei Er, und sprach: »Herr des Alls, ich habe auf der ganzen Erde gesucht und habe die Tora nicht gefunden.« Das sagte Gott: »Geh zu Ben Amram – das ist Mose unser Lehrer, Amrams Sohn –, dem habe ich sie gegeben.« Da ging der Satan zu Mose unserem Lehrer und sprach: »Mose, die Tora, die der Heilige, gepriesen sei Er, dir gegeben hat, wo hast du sie hingetan?« Da antwortete Mose unser Lehrer: »Wieso kommst du zu mir und fragst nach der Tora? Wer bin ich, oder was bin ich, daß mir der Gelobte die Tora gegeben haben soll?«

Als nun der Gelobte, gepriesen sei Er, vernahm, daß Mose nicht zugeben wollte, er habe die Tora empfangen (*mekábl sajn*), da sprach der Heilige, gepriesen sei Er: »Du bist ein Lügner. Warum leugnest du, daß ich dir die Tora gegeben habe?« Da erwiderte Mose: »Besitzer des Alls, ein solch Freudengefäß (*gelustig kéjle*), wie es die Tora ist, macht einen Menschen froh, wenn er daraus lernt, und selbst Du erinnerst Dich ihrer jeden Tag und lernst selber daraus – wie soll ich mich dessen berühmen und sagen, ich hätte die

Tora empfangen? Es steht einem Menschen nicht wohl an, sich irgendeiner Sache zu berühmen, auch wenn er Grund dafür hat, sich zu berühmen; gleichwohl steht es ihm an, sich klein zu machen.«

Da sagte Gott zu Mose: »Dieweil du dich deshalb gering machst (*schofl machn*) und sprichst, du habest die Tora nicht empfangen, und willst die Ehre (*kówed*) nicht annehmen, so soll die Tora als Lohn nach deinem Namen geheißen sein, so wie der Schriftvers spricht: »Gedenk der Tora des Mose, meines lieben Knechts, und hüte sie.« [2]

Quelle: Traktat Schabbat 89 a, aus dem Babylonischen Talmud.
Übers.: Goldschmidt BT Bd. 1 (1929), 698; Jason 1976, Nr. 6/II. – MB: Pappenheim 1929, Nr. 1.

Der Text, laut Jason eine »Weisheitsnovelle der Gattung Legende«, enthält etliche Bibelverse: Der erste (»Gott prüft die Wege ...«) bezieht sich auf Ijob 28, 23: »Gott ists, der den Weg zu ihr vermerkte,/er ists, der ihren Ort kennt.« Der zweite auf Ijob 28,14 »... und das Meer spricht: ›Nirgends bei mir‹.« Der dritte auf den gleichen Vers »Der Urwirbel spricht: ›In mir ist sie nicht‹«. – »Gedenk der Tora von Mose …« entspricht Mal 3,22: »Gedenket der Weisung Mosches meines Knechts,/die ich ihm am Choreb für Jißrael entbot,/Gesetze und Rechtsgeheiße.«

Der biblische Mose hat nach jüdischem Glauben den Bund zwischen Gott und Israel *(érez-jißróel)* vermittelt, hat die Tora und die in ihr enthaltenen 613 Gebote und Verbote (Mizwot) überbracht, hat den Gesetzeskodex und die Reinheitsvorschriften gelehrt, hat das Rabbinat begründet. Ihm sind auch die Mischna (Sammlung der Lehrsätze), der Talmud und andere Weisheitsbücher mitgeteilt worden, samt all ihren künftigen Auslegungen. »Das mosaische Gesetz hat bis in seine letzten Teile die Gottbezogenheit aller Dinge gelehrt« (E. B. Cohn).

Der Engel Eifersucht auf Mose

Die Geschichte geschah. Rabbi Josua ben Levi sagt: In der Zeit, als Mose unser Lehrer (*Mausche rabejnu*) zum Himmel aufstieg und die Tora empfangen (*táuro mekábl gewen*) wollte von Dem, Dessen Namen gelobt sei, da hoben die Engel (*malóchim*) an, Gott zu fragen: »Herr des Alls (*káune-hákel*), was soll uns ein Mensch im Himmel heroben?« Da erwiderte Gott: »Er kommt, um die Tora zu empfangen.« Da sagten die Engel wiederum: »Heiliger, gepriesen seist Du. Das verborgene Werkzeug (*kéjle*), das du neunhundertvierundsiebzig Generationen (*dáuraus*) lang verborgen hast, ehe Du die Welt erschufest, das willst du nun einem Menschen geben? Was ist der Mensch, den du erschaffen hast? Gib deine Schönheit in den Himmel, laß die Tora oben, gib sie nicht einem Menschen.«

Da sprach Gott zu Mose: »Gib ihnen Antwort (*tschúwe*) auf das, was sie zu mir gesagt haben.« Da gab Mose zurück: »Besitzer des Alls, ich wollte ihnen wohl antworten, nur fürchte ich, sie verbrennen mich mit dem Rauch, der ihnen aus den Mündern geht.« Da antwortete Gott: »Mose, halte dich an den heiligen Thron und gib ihnen Antwort auf ihre Rede.«

Als Mose unser Lehrer das hörte, da hob er an und sprach: »Herr des Alls, die Tora, die du mir geben willst, was steht darin: ›Ich bin dein Gott, der dich heraus aus Ägypten (*mizrájim*) geführt hat.‹ – Seid ihr denn nach Ägypten niedergestiegen, habt ihr dem Pharao gedient? Warum soll denn der Heilige, gepriesen sei Er, die Tora euch geben? Oder weiter, was steht mehr noch in der Tora geschrieben: ›Du sollst keinen anderen Gott haben außer mir.‹ – Seid ihr denn unter fremden Völkern (*gójim*), daß ihr anderen Göttern dienen könnt? Oder weiter, was steht noch geschrieben: ›Gedenkt des Sabbat (*schábeß*), um zu ruhen.‹ – Tut ihr denn Arbeit (*melóche*), daß man sie euch verbieten muß, damit ihr ruht? Und was steht noch darin geschrieben: ›Ihr sollt nicht schwören.‹ – Handelt ihr denn, daß man euch gebieten muß, nicht zu schwören? Was steht noch in der Tora geschrieben: ›Vater und Mutter sollt ihr ehren.‹ – Habt ihr denn Vater und Mutter, daß man euch gebieten muß, sie zu ehren? – Noch mehr steht dort geschrieben: ›Ihr sollt nicht morden, ihr sollt nicht Unkeuschheit treiben, ihr sollt nicht stehlen.‹ Habt ihr denn Neid und Zwietracht (*kíne síne*) unter euch, daß man es euch verbieten muß? Nun, was soll euch denn die Tora?«

Wie die Engel das hörten, da wandten sie sich Mose zu, und ein jeder Engel lehrte ihn etwas. Und sogar (*afíle*) der Todesengel (*málech-hamóweß*) lehrte ihn auch einiges. [3]

Quelle: Traktat Schabbat 88 b, aus dem Babylonischen Talmud.
Übers.: Goldschmidt BT Bd. 1 (1929), 897 f. – MB: Pappenheim 1929, Nr. 2; Strauß 1934, Nr. 1.

Tora bezeichnet hier vor allem den Pentateuch, die Fünf Bücher Mose. Im rabbinischen Judentum begegnen uns Engel (*malóchim*) oftmals in erzählerischen Ergänzungen biblischer Berichte. Sie nehmen am Schöpfungswerk teil, gehören dem Rat Gottes an und sind im »himmlischen Jerusalem« seine Dienstengel. Die Erscheinung des Todesengels durchzieht leitmotivisch das ganze Ma'assebuch (MB).

Bibelverse: »974 Geschlechter«, Ps 105,8: »das Wort, das Er tausend Geschlechtern befahl«. Nach rabbinischer Auslegung wollte Gott ursprünglich erst der tausendsten Generation die Tora geben. Um die Menschheit »nicht so lange ohne Weisung zu lassen, verzögerte er die Erschaffung des Menschen um die Dauer von 974 Generationen und gab dann, 26 Generationen nach Adam, dem Mose die Tora« (Strauß).
»Gib deine Schönheit in den Himmel«, Ps 8,2: »DU, unser Herr,/wie herrlich ist dein Name/in allem Erdreich!/Du, dessen Hehre der Wettgesang gilt/über den Himmel hin ...«
Im folgenden wird aus dem berühmten Dekalog (Aseret ha-Dibrot) beziehungsweise den »zehn Doppelworten«, aus Ex 20 zitiert. Die Passagen lauten: »ICH bin dein Gott, der dich führte aus dem Land Ägypten, aus dem Haus der Dienstbarkeit.« – »Nicht sei dir andere Gottheit neben meinem Angesicht.« – »Gedenke des Tags der Feier, ihn zu heiligen.« – »Trage nicht SEINEN deines Gottes Namen auf den Wahn.« [Dagegen Luther: Du sollst den Namen des Herrn, deines Gottes, nicht mißbrauchen.] – »Ehre deinen Vater und deine Mutter.« – »Morde nicht. Buhle nicht. Stiehl nicht.«

Isaak der Verteidiger Israels

Die Geschichte geschah. Rabbi Samuel ben Nachmani sagte im Namen von Rabbi Jochanan: Was besagt der Schriftvers (*póßek*): ›Fürwahr, Du bist unser Vater, denn Abraham weiß nichts von uns, und Israel (*jißróel*) kennt uns nicht‹? – Du, Isaak, bist unser Vater. Wie das? Ich will es erklären. Dereinst, wenn Israel Sünden (*awéjreß*) begehen wird, wird der Heilige, gepriesen sei Er, zu Abraham sprechen: »Abraham, deine Kinder haben gegen mich gesündigt.« Und Abraham wird erwidern: »Herr der Welt (*káune-hákel*), so laß sie um Deines Namens willen vernichten«, und wird nicht um Vergebung der Sünden Israels beten. Dann wird der Heilige, gepriesen sei Er, sagen: »Ich werde zu Jakob gehen und hören, was er sagt, denn Jakob hat sicherlich Mitleid mit Israel, seit er sein Leben lang die liebe Not damit hatte, seine Kinder aufzuziehen.«

So wird Er zu Jakob sprechen: »Deine Kinder Israel *(Bene Israel)* haben gegen mich gesündigt«, und Jakob wird erwidern: »So laß sie um Deines heiligen Namens willen vernichten«, und auch er wird nicht um Vergebung der Sünden Israels beten. Dann wird der Heilige, gepriesen sei Er, sagen: »Alte Männer (wie Abraham) haben keine Vernunft, und die ganz Jungen (wie Jakob) wissen keinen Rat«, was besagt, daß Gott von diesen beiden in bezug auf Israel keine befriedigende Antwort erhielt.

Dann wird der Heilige, gepriesen sei Er, sagen: »Ich werde zu Isaak gehen und hören, was er antwortet.« Dann wird er sagen: »Isaak, deine Kinder haben gegen mich gesündigt.« Und Isaak wird erwidern: »O Herr des Alls, sind sie nur *meine* Kinder? Sind sie nicht auch *Deine* Kinder? Warum hast Du sie dann *meine* Kinder genannt? Zu der Zeit, als sie die Tora empfingen, sprachen sie: ›Wir wollen tun und gehorchen‹, und Du nanntest sie ›Israel, Mein Sohn, Mein Erstgeborener‹. Aber nun, seit sie gesündigt haben, nanntest Du sie *meine* Kinder und nicht *Deine* Kinder. Und überdies, wie viele Tage hat der Mensch, an denen er in dieser Welt sündigen kann? Sechzig Jahre und zehn, und, wenn er lange lebt, achtzig. Zieh davon zwanzig Jahre ab, in denen ein Mensch für seine Handlungen nicht verantwortlich ist, denn jemand unter Zwanzig ist nicht in der Lage, alle seine Aufgaben zu erfüllen. Zieh also zwanzig Jahre ab, und es bleiben nur fünfzig. Dann zieh weitere fünfundzwanzig Jahre ab, nämlich die Zeit, die einer schlafend verbringt und darum keine Sünde begeht. Es verbleiben nur fünfundzwanzig Jahre. Zieh davon zwölfeinhalb Jahre ab, die einer mit Beten und Essen und Verrichten der Notdurft verbringt, und dann bleiben nur zwölfeinhalb Jahre. Nun, bist Du willens, diese auf Dich zu nehmen und ihnen zu vergeben, ist es recht. Bist Du aber nicht willens, sie auf Dich zu nehmen, dann laß uns teilen. Du nimmst die Hälfte auf Dich, und ich nehme die Hälfte auf mich, und das wird Israel von seinen Sünden frei machen. Wenn Du aber wünschst, daß ich sie alle auf mich nehme, dann erinnere Dich, daß ich mich selbst von Dir am Altar habe opfern lassen, und ich werde dies übernehmen.«

Als die Kinder Israel all dies hörten, da sprachen sie: »Isaak, du bist unser Vater.« Da erwiderte Isaak: »O ihr Kinder Israel, lobt den Heiligen, gepriesen sei Er, und richtet eure Augen auf Ihn.« Dann erhoben sie ihre Augen zum Himmel auf und sprachen: »Du bist unser Vater, Du hast uns seit Urzeiten erlöst. Amen (*oméjn*).« [4]

Quelle: Traktat Schabbat 89 b, aus dem Babylonischen Talmud.
Übers.: Goldschmidt BT Bd. 1 (1929), 700 f. – MB: Nicht bei Pappenheim 1929.

Bibelverse: »Fürwahr Du bist unser Vater ...«, Jes 63,16: »Du ja bist unser Vater!/Abraham ja kennt uns nicht,/Jißrael merkt nicht auf uns,/DU selber bist unser Vater ...«
»Wir wollen tun und gehorchen« Ex 24,7: »Alles, was ER geredet hat,/wir tuns, wir hörens!« – »Israel, Mein Sohn, Mein Erstgeborener«, ebd. 4,22: »So hat ER gesprochen:/Mein Erstlingssohn ist Jißrael.«
Schlußvers: »Du bist unser Vater, Du hast uns erlöst ...«, Jes 63,16: »DU selber bist unser Vater,/Unser-Löser-seit-Urzeit dein Name«.
Den Namen »Israel« nahm Jakob an, nachdem er mit dem Engel des Herrn gekämpft hatte. »Nicht Jaakob werde fürder dein Name gespro-

chen,/sondern Jißrael, Fechter Gottes,/denn du fichtst mit Gottheit und mit Menschheit und übermagst« (Gen 32,29). In der Tora werden die Hebräer als das »Haus Jakob« und als »Kinder Israel« bezeichnet.
Isaak, der Vater Jakobs, wird in der Erzähltradition (Agada) als derjenige gekennzeichnet, der in der Endzeit, wenn Gott den Erzvätern die Sünden Israels vorhält, »als einziger für Israel eintritt und es, sich auf die Akeda (»Bindung« bzw. »Opferung«) berufend, verteidigt« (siehe EJ Bd. 8, 1931, Sp. 480).

Warum das Sabbatmahl so gut riecht

Die Geschichte geschah. Der Kaiser fragte Rabbi Josua ben Chananja: »Lieber, sage mir, warum riecht *(schmekt)* das Essen (*gekechz*, Gekochtes) am Sabbat (*schábeß*) so gut, besser als das Essen, das ihr während der Woche kocht?« Da gab ihm Rabbi Josua zur Antwort: »Adáuni (mein Herr) Kaiser, ich will Euch die Wahrheit sagen. Wir haben eine Wurzel, Sabbat geheißen, die tun wir da hinein, darum riecht es so gut.« Da sagte der Kaiser: »Lieber, gib mir auch von dieser Wurzel, ich will mir's auch in mein Essen werfen, damit mein Essen ebenfalls so wohlriechend sein wird.«

Da sagte Rabbi Josua zum Kaiser: »Adáuni Kaiser, wenn ich dir schon davon abgebe, so hilft es dir nichts. Denn, wer den Sabbat einhält, dem hilft die Wurzel, aber wenn er den Sabbat nicht einhält, da hilft die Wurzel nicht. Deshalb, Adáuni Kaiser, kann ich dir von der Wurzel nichts abgeben.« Und damit wies er ihn ab, im Hinblick auf den Sabbat. [5]

Quelle: Traktat Schabbat 119 a, aus dem Babylonischen Talmud.
Übers.: Goldschmidt BT Bd. 1 (1929), 802. – MB: Pappenheim 1929, Nr. 5.

Adáuni (Adonai, »mein Herr«) ist zugleich der Name Gottes und wird statt des – unausgesprochenen – Tetragramms JHWH (Lautbild »Jahwe«) gebraucht.
Mit dem »Sabbatkraut« kann auch, dem hebr. Wort nach, der Dill gemeint sein.
Gaster 1934, 658 und 660, weist auf eine Variante im Erstdruck des MB (Basel 1602) hin, die als Nr. 242 eine Art Wiederholung von Nr. 5 ist. Sie bekräftigt am Schluß: »Die Moral ist, daß einer den Sabbat ehren sollte mit Essen, und es wird wohlriechend sein.«
Von Rabbi Josua ben Chananja, geb. um 30 n. Z., ist bekannt, daß er bereits vor Zerstörung des Zweiten Tempels als Tannaite (Gesetzeslehrer) wirkte; daß er als einer der geistlichen Führer Israels zu Zeiten römischer Bedrängnis öfter nach Rom reiste und dort zugunsten seines Volkes intervenierte, auch, daß er mit dem Kaiser diskutierte. – Zusammen mit dem Freund Rabbi Elieser ben Hyrkanos verhalf er seinem Lehrer Rabbi Jochanan ben Sakkai zur Flucht aus Jerusalem; bei der Organisation des Obersten Gerichts (Sanhedrin) wirkten beide Freunde entscheidend mit. Vgl. EJ Bd. 9, 1932, Sp. 471–475.

Joseph der Sabbatehrer

Die Geschichte geschah an einem, der hieß Joseph Mokir Sabbat, das ist auf deutsch, Joseph der Sabbatehrer. Denn was er zu Ehren (*lekówed*) des Sabbat (*schábeß*) bekommen konnte, das kaufte er, es war ihm nichts zu teuer für den Sabbat; wenn nur irgend etwas Gutes auf den Markt kam, er kaufte es. Kein großer Fisch war ihm zu teuer, wenn er ihn nur kriegen konnte.

Nun hatte der Joseph einen Nachbarn neben sich wohnen, der war sehr reich (*grojß áuscher*) und ließ jedesmal seinen Spott über den Joseph aus und sagte zu ihm: »Was hilft dir das, daß du den Sabbat so ehrst, du bist doch darum um nichts reicher. Ich ehre den Sabbat nicht so besonders und bin doch reicher als du.« Aber dem guten Joseph lag nichts daran, und sein Vertrauen richtete sich auf den Heiligen, gepriesen sei Er, Der wird es ihm wieder bescheren.

Nun waren Sterngucker in dieser Stadt, die sagten zu dem reichen Mann: »Mein lieber Freund, was hilft es dir, daß du so reich bist, du darfst doch keinen guten Fisch für dein Geld essen. Wir haben in den Sternen gesehen, daß dein Mammon in die Hände Josephs des Sabbatehrers fallen wird, der ißt doch einen guten Bissen für sein Geld.«

Der Reiche nahm sich die Rede der Sterngucker zu Herzen und ging hin und verkaufte all das Seine, und er kaufte lauter Edelsteine und Perlen für seinen Mammon und steckte das alles auf eine Hutschnur. Und wollte in ein anderes Land ziehen und vermeinte, damit wolle er dem Joseph den Mammon hinwegführen, und zog über das Meer. Da kam ein Wind auf, als er sich auf See befand, und wollte das Schiff ertränken und wehte dem reichen Mann den Hut ab, und der fiel ins Wasser. Da kam ein großer mächtiger Fisch und verschlang den Hut. Damit war der reiche Mann ganz arm.

Da begab es sich einmal während eines Freitags (*érew schábeß*), daß ein großer Fisch gefangen wurde. Der wurde auf den Markt gebracht. Ein jeder feilschte mit dem Fischer, der ihn so teuer anbot, daß jeder davonging und niemand den Fisch kaufen wollte. Und ein jeder sagte, den Fisch kauft niemand, außer Joseph Mokir Sabbat, der kauft alle Fische, die groß sind, die sind ihm nicht zu teuer.

Indes war der gute Joseph gerade dabei, auf den Markt zu gehen, und wollte gleich Fisch kaufen für den Sabbat. Da sah er den großen Fisch feilgeboten. Das war dem Joseph Mokir Sabbat eine riesengroße Freude, daß er einen solchen Sabbatfisch bekommen könnte, und er dachte bei sich, der Fisch soll mir wahrlich nicht zu teuer sein, wenn er gleich hundert Gulden kostet. Nun feilschte er um den Fisch. Man bot ihn recht teuer an. Nun, er wurde mit dem Mann handelseinig, so daß er ihn kaufte und ihn mit großen Freuden heimtrug. Als er den Fisch aufschnitt, da fand er in dem Fisch die Schnur Perlen, die der reiche Mann verloren hatte.

Und da war nun geschehen, was die Sterngucker über den Mammon des reichen Mannes gesagt hatten: Der wird in die Hände des Joseph Mokir Sabbat fallen. Da freute dieser sich sehr und war ein überaus reicher Mann geworden, denn die Schnur war ein ganzes Königreich (*málcheß*) wert. Da kam ein alter Mann daher, der sagte zu Joseph: »Wer auf den Sabbat viel borgt, dem bezahlt der Sabbat viel wieder.« Das meint:
Wer den Sabbat mit Gutem tut ehren,
dem wird Der, Dessen Name gelobt sei,
das Gute doppelt bescheren. Amen (*ométjn*). [6]

Quelle: Traktat Schabbat 119 a, aus dem Babylonischen Talmud.
Übers.: Goldschmidt BT Bd. 12 (1929), 801 f. – MB: Grünbaum 1882, 454–456 (mit Hinweis auf Übernahme durch Wagenseil 1699); Pappenheim 1929, Nr. 6.

Rabbinisches Exemplum Nr. 118 (Perle im Fisch – als Belohnung für Einhaltung des Sabbat) und Nr. 380 (Joseph der Sabbatehrer). Born Judas Bd. 2, 1917, 108 f.: Der Schneider und der Statthalter (I).
Das religiöse Hauptmotiv, »die Einhaltung des Sabbat bewirkt Segen«,

findet sich wieder in Text 153, aber auch in Text 7, 8, 138, 209. – Die klassische Josephsgeschichte wird hier um Motive des seit Herodot bekannten Erzähltyps »Ring des Polykrates« (AaTh 736 A) erweitert. In deren Mittelpunkt steht das Motiv von dem im Bauch eines Fisches wiedergefundenen Ring. Zu Zeiten des MB war dies auch für wortmächtige christliche Erzähler, wie Geiler von Kaysersberg und Johannes Pauli, ein hochwillkommener Stoff. Siehe Art. »Polykrates, Ring des« in EM Bd. 10, 2002.
Die Geschichte Josephs des Sabbatehrers ist in letzter Zeit wiederholt untersucht worden, zum einen als »thematologische Fallstudie« (Yoav Elstein und Avidov Lipsker in ›Fabula‹, 37. Jg. 1996, 87–112), zum anderen in ihrer Erzählstruktur (Starck 1999, 162–166). Die 13malige Wiederholung von »Sabbat« und »Fisch« zeigt, daß dieser die Sabbatspeise schlechthin ist, und daß sich das Motiv ausformt zum religiösen Symbol – bei Juden wie bei Christen.
Eine »Aufstellung der Figuren« ergibt nach Starck: 1. Joseph, der das Gebot einhält; 2. Der Nachbar, der das Gebot übertritt (ein reicher Nichtjude); 3. Der Allmächtige, der jedem das Seine beschert. Es treten hinzu: 4. Die Sternseher als Instrument der göttlichen Vorsehung; 5. die Verachtung der Weissagung; 6. die Armut als Strafe. Die weiteren Erzählschritte: 7. Der Fisch als Bote Gottes (Märchenmotiv); 8. die Belohnung (religiöses Motiv).

Wer den Sabbat ehrt, erhält reichlich Mammon

Die Geschichte geschah. Es sagte Rabbi Chija, er habe einmal bei einem Fleischer (*kázew*) in Sepphoris übernachtet, einige sagen auch, es war in Laodicea.

Da brachte man vor ihn einen güldenen Tisch, da hätten sechzehn Leute daran zu tragen gehabt. Und an dem Tisch hingen sechzehn silberne Ketten und auf dem Tisch standen viele silberne Schüsseln und silberne Löffel. Alles, was zum Tisch gehörte, war aus eitel Silber gefertigt. Und auf dem Tisch standen auch viele gute Speisen und gutes Geflügel (*ójfjeß*).

Und wie man den Tisch vor ihn brachte, da hob er an und lobte Den, Dessen Name gepriesen sei, und sagte: »Gottes ist die Erde und was auf Erden ist.« Und wie man den Tisch wieder hinwegtrug, da lobte er Den, Dessen Name gepriesen sei, und sagte: »Die Himmel sind Gottes, und die Erde hat er den Menschen gegeben.«

Da habe ich ihn gefragt: »Woher bist du so reich, was hast du denn dein Lebtag für Gutes getan?« Da sagte der Hausvater (*bal habájiß*) zu mir: »Ich will dir sagen, ich bin mein Lebtag ein Fleischer gewesen. Und wenn ich ein gutes Vieh (*behéjmo*) gehabt habe, da habe ich gesagt, das will ich bis Sabbat (*schábeß*) behalten, damit ich zum Sabbat ein gutes Stück Fleisch habe. Und daher kommt mir mein Mammon; den hat mir Der, Dessen Name gelobt sei, beschert, weil ich den Sabbat so gut geehrt habe.«

Da habe ich gesagt: »Gelobt sei Gott, der dir das beschert hat, und mögest du weiter dessen würdig (*sáuche*) sein, so reich zu bleiben.« [7]

Quelle: Traktat Schabbat 119 a, aus dem Babylonischen Talmud.
Übers.: Goldschmidt BT Bd. 1 (1929), 802. – MB: Pappenheim 1929, Nr. 7.

Rabbinisches Exemplum Nr. 119 (Reiche Belohnung für Einhaltung des Sabbat). Im Talmud wird die Tafel breiter ausgemalt, es sind darauf »Teller, Becher, Krüglein, Gläser und allerhand Speisen, Leckereien und Gewürze«.
Das »gute Vieh« ist zugleich das reine und koschere, vgl. Text 78.
Bibelverse: »Gottes ist die Erde ...«, Ps 24,1, ein Harfenlied Davids: »SEIN ist die Erde und was sie füllt.« – »Die Himmel sind Gottes ...«,

Ps 115, 16: »Der Himmel, SEIN Himmel ists,/den Menschenkindern gab er die Erde.«
Rabbi Chija bar Abba lebte um die Wende 3./4. Jh. n. Z. Er stammte aus Babylon, kam nach Palästina und schloß sich dort Rabbi Chanina an; er lernte auch bei Rabbi Josua ben Levi, der ihn »mein Sohn Chija« nannte – siehe EJ Bd. 5, 1930, Sp. 459–461.

Mit einem Baumwunder wird belohnt, wer den Sabbat einhält

Die Geschichte geschah an einem Frommen (*chóßid*). Der hatte einen schönen Baumgarten hinter seinem Haus stehen. Eines Tages wurde ihm ein Loch in die Gartenmauer gebrochen, und der Fromme dachte daran, das Loch wieder zuzumachen. Da erinnerte er sich, es war Sabbatzeit, und er sagte: »Wie muß ich den Sabbat entweihen (*mechálel schábeß sajn*), wenn ich das Loch zumache.« Und der Fromme ging in sich und machte das Loch nicht zu und wollte den Sabbat nicht entweihen.

Da geschah ihm ein Wunder (*neß*), daß ihm ein Baum genau vor dem Loch wuchs, wo die Bruchstelle war. Und das Loch wurde wieder ausgefüllt von dem Baum, der da emporwuchs. Und dieser Baum ward geheißen ein Kaperngesträuch (*zolóf*), und der Baum wurde sehr groß und spreitete sich gewaltig aus, so daß er dreierlei gute Früchte (*péraus*) trug. Und von den Früchten nährte sich der Fromme mit seinem ganzen Hausgesind.

Und das tat ihm Der, Dessen Name gelobt sei, weil er den Sabbat eingehalten hat und das Loch nicht hat zumachen wollen. Und hat dem Heiligen, Er sei gepriesen, wohl vertraut: Wenn er schon das Loch nicht zumacht, so wird der

Heilige, Dessen Name gepriesen sei, den Garten doch hüten. Da tut der Heilige, gepriesen sei Er, ihn wieder gut beschützen. [8]

Quelle: Traktat Schabbat 150 b, aus dem Babylonischen Talmud.
Übers.: Goldschmidt BT Bd. 1 (1929), 916. – MB: Pappenheim 1929, Nr. 8.

Rabbinisches Exemplum Nr. 117 (Seltener Baum als Belohnung für das Beachten des Sabbat).

Tu Busse einen Tag bevor du stirbst

Die Geschichte geschah. Rabbi Elieser sagte: »Tu Buße einen Tag vor deinem Tod.« Da fragten seine Schüler (*talmídim*): »Rabbi Elieser, wie weiß denn einer, wann er sterben wird, an welchem Tag?« Da antwortete Rabbi Elieser: »Auf jeden Fall soll einer heute Buße tun (*tschúwe ton*), wie wenn er morgen sterben sollte, denn man ist keine Stunde sicher, wann einer sterben wird.« Daraus folgt, daß er Tag für Tag mit der Buße lebt.

Und König Salomo hat auch gesagt: »Allzeit sollen deine Kleider weiß sein.« Das meint die Totenkleider (*tachríchim*), die sollen alle Tage weiß sein und bereitliegen, damit, wenn ihn Der, Dessen Name gelobt sei, zum Tod fordert, er flugs bereit ist mit Buße und guten Werken.

Darauf sagte Rabbi Jochanan: »Dazu folgendes Gleichnis (*moschl*): Ein König (*mélech*) bittet seine Diener zu einem großen Festmahl (*ßúde*) und sagt ihnen nicht, wann das

Mahl sein wird. Die Klugen waschen sich und schmücken sich mit hübschen Kleidern und setzen sich vor den Palast des Königs. Denn sie denken, es fehlt an nichts im Haus des Königs, das Mahl wird gewiß zubereitet sein, wenn uns der König ruft, so daß wir gleich gerüstet sind und vor den König treten können, wenn er nach uns schickt. Die Dummen (*narónim*, Narren) unter den Dienern gehen wieder an ihre Arbeit und denken so: ›Man kann ein Mahl nicht so geschwind herrichten, denn man muß vielerlei zu so einem Mahl haben. Wir haben noch Zeit genug, daß wir uns unsere Kleider anlegen können.‹

Urplötzlich schickt der König nach seinen Dienern, sie sollen zum Essen kommen, das Mahl ist nun bereit. Die Klugen, die sich dafür gerüstet haben, gehen gleich hinein zum König mit ihren hübschen Kleidern. Die Dummen gehen geschwind von ihrer Arbeit in ihren unschönen (*níwsige*) Kleidern zum Essen und treten so vor den König. Da freut sich der König über die klugen Diener, die sich zu seinem Mahl gerüstet haben, wiewohl sie nicht gewußt haben, wann das Mahl sein wird, und er zürnt den Dummen, die sich nicht zu seinem Mahl gerüstet haben und so beschmiert sind mit ihren Kleidern. Und er spricht: ›Die Klugen unter meinen Dienern, die sich so (umsichtig) zu meinem Mahl gerüstet haben, die sollen sich an den Tisch setzen, sollen essen und trinken und fröhlich sein. Aber die Dummen, die sich nicht zu meinem Mahl gerüstet haben, die sollen stehen und zusehen beim Essen und Trinken, und sie sollen weder essen noch trinken, weil sie sich nicht meinem Mahl zugerüstet haben.‹«

Deshalb spricht König Salomo: »Sieh zu und verhalte dich klug, rüste dich gleich mit deinen weißen Kleidern, damit, wenn dich Gott fordert zum Tod, du gleich gerüstet bist mit deiner Buße, damit du sogleich vor Gott treten kannst, wenn Er dich auffordert, und tu es nicht wie die Dummen.« Damit meint er die Sünder (*reschóim*) unter den Israeliten (*jißróel*), die der Meinung sind, was sollen wir noch Buße tun und gerüstet sein mit unseren weißen Kleidern, wer weiß, wann wir sterben werden. Wir wollen gewiß noch Buße tun und werden gewiß noch unsere Kleider weiß machen. – Aber urplötzlich gebietet ihnen Gott, daß sie sterben müssen, und haben noch keine Buße getan, so wie die Frommen, die mit ihrer Buße darauf gerüstet sind. Die gehen gleich vor Den, Dessen Name gepriesen sei, und können mit ihren weißen Kleidern gleich vor Den kommen, Dessen Name gepriesen sei. Aber die Sünder, die kommen mit ihren bösen Werken nicht vor Den, Dessen Name gepriesen sei.

Da freut sich Gott auf die frommen Leute, die vor ihn treten, mit guter Buße und weißen Kleidern, und ist böse (*bráuges*) auf die Sünder, die vor ihn treten mit bösem Werk. Und spricht zu den Frommen: »Du hast dich gerüstet, du sollst auch von meinem Festmahl essen, die ich dem Zaddik (*zádik*, der Gerechte) bereiten will. Aber du, Bösewicht, du hast dich nicht gerüstet, so sollst du auch nicht essen von meinem Festmahl, du sollst bloß beim Essen zugucken und mußt mit Schmerz (*zar*) zusehen, wenn andere Leute essen und trinken.«

Das ist es, weshalb die Rabbinen (*rabónim*) sagen: »Tu einen Tag vor deinem Tod Buße.«

Das meint, der Mensch ist nicht sicher, wann er stirbt. Deshalb soll er heute Buße tun, als ob er morgen sterben sollte. Und soll morgen auch Buße tun, als ob er übermorgen sterben sollte, auf daß er sein Leben lang Buße tut und fromm ist, und auf daß er, wenn er vor den Heiligen, gepriesen sei Er, gefordert ist, gerüstet sein mag mit guten Werken. Auf daß du auch von dem Mahl essen kannst, wovon andere Zaddikim essen. Amen (*oméjn*). [9]

Quelle: Traktat Schabbat 153 a, aus dem Babylonischen Talmud.
Übers.: Goldschmidt BT Bd. 1 (1929), 927 f.; Stemberger 1982, 208. – MB: Pappenheim 1929, Nr. 9.

Die Schreibweisen gerade beim Namen »Elieser« variieren. Die Übersetzer Goldschmidt, Gaster und Stemberger schreiben »Eliezer«, Pappenheim »Elieser«. In Zweifelsfällen wird die alte »Encyclopaedia Judaica« (EJ) zur Richtschnur, sie ist ein umfassendes Kompendium der Rabbinen aus zweitausend Jahren.
Bibelvers: »Allzeit sollen deine Kleider weiß sein«, Koh 9,8: »Allezeit seien weiß deine Kleider,/Öl ermangle nicht dir auf dem Haupt.«
Die Buße (Teschuwa), wörtlich »Umkehr«, bedeutet Rückkehr zu Gott. Ein Begriff, der in der Tora – genauer, dem Pentateuch – noch nicht vorkommt, der aber in der Zeit der Propheten große Bedeutung erlangt hat. »Tu Buße« will Pappenheim auf einen Schriftvers (*póßek*) bezogen wissen; Gaster 1934 hingegen verweist auf »Sprüche der Väter« (Pirke Abot). Die Stelle findet sich in selbigem Traktat unter II,15: »Erzürne nicht leicht. Tue Buße einen Tag vor deinem Tode« (übers. L. Goldschmidt).
Buße tun gilt im religiösen Leben als eine der wichtigsten Handlungen. Ihr Ziel ist es, die begangenen Sünden (*awéjreß*) zu sühnen, die durch Verfehlung und Schuld gestörte Harmonie der menschlichen Seele (*neschóme*) mittels Strafe und Sühne und letztlich durch Einsicht und Reue wiederherzustellen. Allerdings, »ständige Bußstimmung ist dem Judentum als solche fremd« (siehe Art. »Buße« im »Jüdischen ABC«, Berlin 1935).
Bußgefühl und Bußhaltung ist allgemein den zehn Bußtagen (Aseret Jeme Teschuwa) zwischen Rosch haschana (Neujahrsfest) und Jom Kippur (Versöhnungstag) vorbehalten. Rosch haschana ist zeremoniell auch durch die Farbe Weiß bestimmt; als memento mori gab es beim Gottesdienst in manchen Gemeinden den Ritus, daß die Männer ein Sterbehemd anlegten.
Rabbi Elieser, der in der Agada vielfach bezeugte Rabbi Eleasar ben Asarja, lebte um 100 n. Z. und war ein führender Gesetzeslehrer in Jawne – neben R. Gamliel II., R. Josua und R. Akiba. Schon in jungen Jahren wurde er, allerdings nur für kurze Zeit, zum Patriarchen gewählt – siehe EJ Bd. 6, 1930, Sp. 406–411.

Einem Witwer und Kindsvater wachsen zwei Brüste

Die Geschichte geschah an einem Menschen, dem seine Frau starb und ihm einen Säugling hinterließ. Und selbiger Mann war so arm, daß er keine Säugamme dingen konnte, so daß er das Kind hätte säugen können.

Da geschah ihm ein Wunder (*neß*), daß Der, Dessen Name gelobt sei, ihm zwei Brüste wachsen ließ, so daß er sein Kind an sich selber säugen lassen konnte gleich einem Weibsbild. Und so säugte sein Kind an ihm.

Darauf sagte Rabbi Joseph: »Komm und siehe, welch ein bedeutender (*kestlich*) Mann muß das gewesen sein, dieweil der Heilige, gepriesen sei Er, an ihm solch ein großes Wunder getan hat.« Da sagte Abbaje wiederum dagegen: »Wie armselig muß der Mensch gewesen sein, dieweil sich seinetwegen das Schöpfungswerk verändern mußte.«

Rabbi Jehuda sagte: »Komm und sieh, wie hart es mit dem Menschen zugeht, bis daß der Heilige, gepriesen sei Er, ihm seine Speise beschafft. Denn der Heilige, gepriesen sei Er, hat seinetwegen das Schöpfungswerk verändert und bewerkstelligt, daß der Mann das Kind selber säugt, wiewohl Gott seine Speise hätte beschaffen können; dennoch geschah ein Wunder, daß er das Kind selber säugt.«

Auch wir finden, daß der Heilige, gepriesen sei Er, zum Schutz der Menschen viele Wunder tut und ihm zu seiner Speise verhilft. Wir finden aber nicht, daß der Heilige, gepriesen sei Er, den Zaddikim (*zadíkim*, Frommen) ihren Weizen und ihre Häuser beschafft. [10]

Quelle: Traktat Schabbat 53 b, aus dem Babylonischen Talmud.
Übers.: Goldschmidt BT Bd. 1 (1929), 589 f. – MB: Pappenheim 1929, Nr. 10.

Der Talmud zeigt den knappen Disput zwischen vier Rabbinen beziehungsweise die ganze Dialektik rabbinischer Lehrmeinungen, von denen eine jede zur Geltung kommt. Rabbi Joseph weist auf den Wert des Witwers hin, Abbaje ganz im Gegenteil auf dessen Minderwertigkeit; Rabbi Jehuda auf die Schwierigkeit menschlichen Unterhalts, und schließlich Rabbi Nachman auf die Begrenztheit solcher Wundertat (»doch wird keine *Nahrung* erschaffen«).

Ein überaus keusches Paar

Die Geschichte geschah an einem Menschen, der hatte eine Frau und die hatte keine Finger an ihren Händen, und der Mann hat ihr das nicht angesehen, bis sie gestorben ist.

Da sagte Rabbi Joseph: »Welch eine Keusche (*znúe*) muß die Frau gewesen sein, daß der Mann zu ihren Lebzeiten nicht von ihr wußte, daß sie keine Finger gehabt hat.«

Da sagte Rabbi Chija zu Rabbi Joseph: »Nein, das war keine Keuschheit deshalb, daß sie sich zugedeckt gehabt hat, denn für jede Frau ist es Sitte (*ßéjder*), daß sie sich ihren nackten Leib zudeckt; um wieviel mehr (*mikól schekén*) die Frau, die sich hat zudecken müssen, wie hat es der Mann sehen sollen. Aber was muß der Mann für ein großer Zaddik (*zádik*, Gerechter) gewesen sein, daß er ihr Leben lang dies nicht bemerkt hat.« [11]

Quelle: Traktat Schabbat 53 b, aus dem Babylonischen Talmud.
Übers.: Goldschmidt BT Bd. 1 (1929), 590. – MB: Pappenheim 1929, Nr. 11.

Ein Beispiel für rabbinische Dialektik. Im Talmud ist von einer »armlosen Frau« die Rede.
Im allgemeinen, so B. Heller, ist die keusche Ehe der Agada und dem Judentum fremd. Er weist jedoch auf die Agada von der Ehe zwischen Palti ben Lajisch und Michal, der Tochter König Sauls, hin: Ein Schwert trennt sie im Bett voneinander (Traktat Sanhedrin 19 b).
In Fragen der Nacktheit, des sexuellen Begehrens (»Böser Trieb«), auch des außerehelichen Geschlechtsverkehrs berichtet und urteilt der Talmud freimütiger als etwa die christliche Morallehre, und kein Rabbi wird davon ausgenommen. Man kennt nicht das Drumherumreden. »Das lüsterne Anblicken einer verheirateten Frau oder einer zur Ehe verbotenen Verwandten«, so weiß das maßgebliche »Sefer Chassidim«, »ist an sich noch keine Todsünde, aber es kann zu einer solchen bringen« (›Die Ethik des Judentums‹, ed. A. Sulzbach, 1923, 22).

Die Geduld Hillels

Die Geschichte geschah. Ein jeder Mensch sollte demütig sein, so wie Hillel gewesen ist, und er sollte nicht so bald zornig werden, so wie Schammai gewesen ist.

Denn es geschah einmal eine Geschichte an zwei Männern, die wetteten miteinander um vierhundert Schillinge: Der eine wollte Hillel zornig machen. Der andere sprach: »Du schaffst das nicht, daß du Hillel zornig machen kannst.« Und sie wetteten um vierhundert Schillinge.

Nun, das geschah eben an einem Freitag (*érew schábeß*), und Hillel wusch (*zwagt*) sich gerade für den Sabbat. Da ging der, der gewettet hatte, er wolle Hillel zornig machen,

vor Hillels Tür und klopfte an und rief: »Wo ist Hillel?« Wie das Hillel hörte, tat er sich schnell seinen Mantel um und ging dem Mann entgegen und sagte: »Lieber Sohn, was willst du?« Da sagte der Mann: »Lieber Rabbi, ich habe eine Frage zu fragen.« Da sprach der Hillel: »Mein Sohn, frag, was du zu fragen hast.« Da sprach er: »Lieber Rabbi, ich muß Euch fragen: wie kommt es, daß die Leute in Babylon kugelige Köpfe haben?« Da sprach Hillel: »Mein Sohn, du hast eine große Frage gefragt. Ich will's dir sagen: Es kommt daher, daß sie in Babel nicht so gescheite Leute (*grojß chachómim*) sind, deshalb haben sie so kugelige Köpfe.« Da ging der Mann wieder fort und sprach: »Du hast mir die Frage (*kásche*) gut beantwortet (*metárez gewen*).«

Über eine kleine Weile kam der Mann wieder vor Hillels Tür und klopfte wieder an und sagte: »Wo ist Hillel?« Da tat der gute Hillel wieder seinen Mantel um und ging dem Mann wieder entgegen und sagte zu ihm: »Mein Sohn, was wünschst du von mir?« Da sagt der Mann: »Lieber Rabbi, ich habe Euch eine Frage zu fragen.« Da sagte Hillel: »Mein Sohn, frag, was du zu fragen hast.« Da fragte er: »Lieber

Rabbi, sagt mir, warum haben die Leute in Tarmudim (Palmyra) – das ist eine Gegend, die nennt man so – ganz kugelige Augen?« Da sagte Hillel: »Mein Sohn, du hast eine große Frage gefragt. Ich will dir's sagen: Es kommt daher, daß sie im Sand wohnen, denn wenn ihre Augen zwei Ekken haben würden so wie unsere Augen, dann könnte der Wind den Sand in ihre Augen wehen, und sie könnten den Sand nicht wieder herausbringen und könnten blind werden.« Da sprach der Mann: »Du hast mir auch das gut erklärt«, und ging wieder von dannen.

Über eine kleine Weile kam der Mann wieder und glaubte, den Hillel damit zornig zu machen, weil er ihn so oft von dem Bad abhielt. Und rief: »Wo ist Hillel, wo ist Hillel?« Wie Hillel nun hörte, daß er nochmals rief, da legte er wieder seinen Mantel um und ging dem Mann wieder entgegen und sagte zu ihm: »Mein lieber Sohn, was wünschst du von mir?« Da sagte er: »Lieber Rabbi, ich habe eine große Frage zu fragen.« Da sagte Hillel: »Frag, mein lieber Sohn, was du zu fragen hast.« Da hob er an: »Lieber Rabbi, sagt mir, warum haben die Afrikaner, das ist ein besonderes Volk, so breite Füße?« Da sprach Hillel: »Mein Sohn, du hast eine große Frage gefragt. Ich will dir sagen, mein lieber Sohn, es kommt daher, daß sie zwischen Ried und Sümpfen wohnen, deshalb haben sie breite Füße, weil sie damit besser gehen können. Denn wenn sie schmale Füße hätten, fielen sie in das Ried hinein. Aber wenn sie breite Füße haben, dann können sie besser gehen.«

Da sprach der Mann: »Lieber Rabbi, ich habe noch viele Fragen zu fragen, aber ich fürchte, du könntest zornig werden.« Da zog der gute Hillel erst seinen Mantel aus und setzte sich zu ihm nieder und sprach zu ihm: »Mein Sohn, frage nur immer, was du zu fragen hast. Ich will dir zuhören und will dir rechten Bescheid tun.«

Da fragte er: »Bist du der Hillel, den man den Herrn nennt in Israel *(únter jißróel)*?« Da sprach er: »Ja.« Da sprach der Mann wieder: »Wie du bist, sollen sie sich in Israel nicht mehren.« Da sprach Hillel: »Mein lieber Sohn, warum?« Da sprach der Mann: »Ich habe deinetwegen vierhundert Schilling verwettet, und du hast geschafft, daß ich sie verliere, weil ich dich nicht habe erzürnen können.« Da sprach Hillel zu ihm: »Mein Sohn, ein andermal sei gewarnt und wette nicht. Du weißt jetzt, der Hillel ist es wert, daß du über ihn vierhundert Schillinge verwettest. Und du kannst nochmals vierhundert Schillinge verwetten und machst mich doch nicht zornig.« Also zog der Mann seiner Straße. [12]

Quelle: Traktat Schabbat 31 a, aus dem Babylonischen Talmud.
Übers.: Goldschmidt BT Bd. 1 (1929), 520 f. – MB: Grünbaum 1882, 456 f. (gekürzt, mit Hinweis auf Übernahme durch Wagenseil 1699); Pappenheim 1929, Nr. 12.

Rabbinisches Exemplum Nr. 84 (Hillel und beziehungslose Fragen).
Born Judas Bd. 3, 1918, 29–31: Die Geduld Hillels.
Im Talmudtext beantwortet Hillel die Frage nach den kugelköpfigen Babyloniern um einiges plausibler: »weil sie keine vernünftigen Hebammen haben«.
Hillel, einer der Stammväter der rabbinischen Bewegung, lebte in der Zeitenwende, kam von Babylonien nach Palästina, wurde in Jerusalem sogleich Jünger von Schemaja und Abtalion. Gleich dem Schammai, seinem Widerpart in Sachen der Speise- und Reinheitsgebote, gründete er eine eigene Schule (Bet Hillel). Beide Gelehrten werden immer als Sugot (»Paar«) genannt. Der vom ganzen Volk verehrte Hillel hat selbst viele Takkanot erlassen, das heißt Verbesserungen der Halacha, des gesetzlichen Systems. Ein Talmudtext hält die Vorzüge Hillels fest: »Wenn aber diese und jene Worte des lebendigen Gottes sind,/warum hat es dann das Haus Hillel verdient,/die Halacha nach seinen Worten festzulegen?/Weil sie freundlich und bescheiden waren und ihre Worte wie

auch die Worte des Hauses Schammai lehrten« (Traktat Erubin 13 b, nach Stemberger 1982, 78). Über Hillels Bedeutung in der Agada siehe EJ Bd. 8, 1931, Sp. 42–51.
Im deutschen Sprachgebrauch ist »Hillels Geduld« durch Herder sprichwörtlich geworden, allerdings auch verballhornt worden zur »Himmelsgeduld«.
Erzählerisch ist die Geschichte eine reizvolle Variante der »törichten Fragen«, die rabbinisch ernsthaft und (schein-)plausibel beantwortet werden. Der wahre Meister der Tora läßt sich auf die Probe stellen, ist einfühlsam und um keine Antwort verlegen. Nebenbei enthält dieses Frage-Antwort-Spiel ein karikierendes Moment. Es bezieht sich auf sogenannte Nachrichten von fremden Völkern – Babyloniern, Palmyrensern, Afrikanern – und entlarvt so die damals schon beliebten Reiseberichte.

Ein Heide lernt bei Schammai und bei Hillel

Die Geschichte geschah an einem Nichtjuden (*goj*), der kam zu Schammai und sprach: »Wie viele Toras (*táuros*) habt ihr Juden?« Da sprach Schammai: »Wir haben nicht mehr als zwei Toras. Eine Tora ist uns aufgeschrieben, die andere ist uns mündlich gegeben worden.«

Sprach der Heide: »An die geschriebene Tora glaube ich wohl, und was darin geschrieben steht. Aber an die mündliche Tora glaube ich nicht, und auch nicht, was drinsteht. Tu eines und lehre mich und bekehre (*megájer sajn*) mich, indem du mich die geschriebene Tora lehrst.« Da schrie ihn Schammai an und zornig hieß er ihn wegzugehen.

Da ging der Heide von Schammai fort und ging zu Hillel und fragte auch ihn, was er Schammai gefragt hatte. Da bekehrte ihn Hillel auf seine Rede hin und hob an mit ihm zu lernen, und lernte den ersten Tag mit ihm das Alphabet (*álef-béjß-gimmel-daled* – a, b, g, d). Da sprach der Heide dem Hillel nach, wie der es ihm vorsagte.

Am nächsten Tag lernt Hillel wieder mit ihm, und kehrte es um und sagte zum Heiden: Daleth, Gimmel, Beth, Aleph (d, g, b, a). Da sprach der Heide zu Hillel: »Lieber Rabbi, du hast doch gestern mit mir nicht so gelernt.« Da sprach Hillel: »Du verläßt dich ja auf meine Rede, was ich dir vorsage; so verlaß dich auch auf die mündliche Tora und glaube, was darin steht.« [13]

Quelle: Traktat Schabbat 31 a, aus dem Babylonischen Talmud.
Übers.: Goldschmidt BT Bd. 1 (1929), 521. – MB: Pappenheim 1929, Nr. 13.

Rabbinisches Exemplum Nr. 30 (Hillel und das Alphabet).
Das hebräische Alphabet (álef-bejt) stammt von den Bewohnern Kanaans, dem Teil Palästinas, der in der Antike Phönizien genannt wurde. Nach der Ankunft der Israeliten dort, zwischen 1400 und 1200 v. Z., ist es wohl entstanden. Die Tora ist das wesentliche Dokument des Althebräischen, und entsprechend heilig ist ein jeder ihrer Buchstaben. Eine Talmudsage berichtet vom Streit zwischen den ersten beiden Buchstaben – Alef und Beth –, von denen jeder haben wollte, daß die Heilige Schrift mit ihm beginne.
Als Inbegriff göttlicher Offenbarung umfaßt »Tora« sowohl die in der Bibel niedergelegte »schriftliche Tora« wie auch die »mündliche Tora«, d. h. die Tradition, die sich in der rabbinischen Literatur niederschlug. Beide Toras sind nach rabbinischem Verständnis Mose als dem Befreier, Gesetzgeber und Erzieher des Volkes Israel geoffenbart worden.

Bezeichnend für Schammai ist – siehe Anm. Text 12 und 14 –, daß er anders als der duldsame Hillel als religiös sehr streng galt und »nach der Tradition gern erschwerte, wo Hillel erleichterte« (E. B. Cohn).

Ein Heide will die Tora lernen, derweil er auf einem Bein steht

Die Geschichte geschah wiederum an einem Nichtjuden (*goj*), der zu Schammai kam und sprach: »Bekehre (*megájer sajn*) mich, indem du mich die ganze Tora (*táuro-kúlo*) lehren willst, solange ich auf einem Bein (*fuß*) stehen kann.«

Da stieß Schammai ihn fort mit einem Maßstecken (Meßlatte), wie sie die Zimmerleute gebrauchen. Da ging der Heide von Schammai weg und kam zu Hillel und fragte auch ihn, ob er ihn die ganze Tora lehren wollte, solange er auf einem Bein stehen könne. Da bekehrte ihn Hillel auf seine Worte hin und sprach: »Ich will dich die ganze Tora lehren, solange du auf einem Bein stehen kannst.« Und sprach zu dem Heiden: »Halte dich an den Schriftvers (*póßek*): ›Du sollst deinem Nächsten nicht Ärgeres tun, als du dir gern getan haben willst.‹ Das ist der Urgrund der ganzen Tora. Der Rest ist Auslegung (*péjresch*). Geh hin und lerne weiter.«

So lehrte Hillel ihn die ganze Tora, während er auf einem Bein stand. [14]

Quelle: Traktat Schabbat 31 a, aus dem Babylonischen Talmud.
Übers.: Goldschmidt BT Bd. 1 (1929), 521 f. – MB: Grünbaum 1882, 396 f.; Pappenheim 1929, Nr. 14.

Diese Geschichte einer Bekehrung durch Hillel ist die berühmteste, und das Titelblatt des Erstdrucks greift sie auf: *»Er kan kol hatoro* (die ganze Lehre) *auf einem fueß.«*
In der Tat vermittelt Hillel dem Nichtjuden *stante pede* den Inbegriff seiner Religion, die Nächstenliebe. Der Grundgedanke jüdischer Ethik

findet sich in Lev 19,18: »Halte lieb deinen Genossen,/dir gleich.« Daraus folgert der JT: »Du sollst deinen Nächsten lieben, wie dich selbst« (Nedarim, IX,4). Auch in dem berühmten, Rabbi Jehuda he-Chassid (um 1200) zugeschriebenen ›Sefer Chassidim‹ stehen im Zentrum die Worte: »Du solst dain nechsten aso lib hoben wie dich selbst, un' dos meint men [damit meint man] ale menschen, den Malachi hot gesogt: Mir hoben ale ein voter, ein got hot uns ale beschafen« (fol. 14 b, § 75). – Dies knüpft an das Wort des Propheten Maleachi an: »Ist nicht Ein Vater uns allen?/hat nicht Ein Gott uns geschaffen?« (Mal 2,10).
Die sprichwörtlich »christliche Nächstenliebe« gehört biblischem Denken und damit auch jüdischer Anschauung und Handlungsmaxime an. Nicht von ungefähr enthielt seinerzeit ›Das Jüdische ABC‹ (Berlin 1935) auch den Artikel »Nächstenliebe«, in dem es Hillel zitierte: »Auf drei Dingen ruht die Welt, auf der Tora, dem Gottesdienst und Liebeswerken.« Den ›Sprüchen der Väter‹ zufolge (Pirke Abot I,2) geht dieser Ausspruch allerdings auf Simeon den Gerechten zurück. Ein Gegenbild zu solch weiten Horizonten ist die Meßlatte des Schammai, ein Attribut, das für die Orthodoxie steht (s. Anm. Text 117).

Ein Heide will Hohepriester werden

Die Geschichte geschah an noch einem Nichtjuden (*goj*), der ging hinter das Lehrhaus (*beß-médresch*) und hörte, wie die Kinder den Schriftvers (*póßek*) lernten: ›Das sind die Kleider, die der Hohepriester (*káuhen gódaul*) anlegen soll, wenn er im Tempel (*beß-médresch*) dient vor Gott: ein paar Spangen und einen Gurt und sonst noch mehr, was dazugehört, dessen ein Hohepriester bedarf.‹

Da ging der Heide in den Tempel und fragte den Rabbi: »Sag mir, wer soll die Kleider anhaben, die du mit den Jungen gelernt hast.« Da entgegnete der Rabbi: »Das meint den großen Priester, der in Israel (*únter jißróel*) ist, wenn er vor Gott dem Allmächtigen in unserem Tempel dient (Gottesdienst abhält).« Da dachte der Heide bei sich: »Ich will auch ein Jude werden, auf daß auch ich im Tempel diene und auch so prächtige Kleider anlegen kann wie der Priester unter den Juden.«

Und er ging zu Schammai und sagte zu ihm: »Bekehre mich, auf daß auch ich Hohepriester werde und wie der Hohepriester die gleichen prächtigen Kleider anlegen kann.« Da stieß ihn Schammai mit der Meßlatte fort, die er gerade in Händen hielt.

Da ging der Heide von Schammai fort und ging zu Hillel und sagte auch zu Hillel, wie er zu Schammai geredet hatte. Da bekehrte ihn Hillel auf sein Reden hin und sprach: »Mein Sohn, du hast ja nicht bedacht, daß, wenn man einen zum König macht, er zuvor wissen muß, wie er sich im Königtum verhalten soll, und so auch du, willst du Hohepriester werden. Wie kann ich dich zu einem Hohepriester machen? Denn zuvor mußt du wissen, wie du dich im Priestertum verhalten sollst. Geh hin und lerne, wie sich ein Priester (*káuhen*) verhält. Danach komm wieder zu mir, dann will ich dich zum Hohepriester machen.«

Da ging er hin und lernte das Recht eines Hohepriesters. Und wie er nun zu dem Schriftvers (*póßek*) kam: ›Und der Fremde, der sich dem Lehrhaus nähert, soll getötet werden‹, da sprach er wieder zu seinem Rabbi: »Auf wen bezieht sich der Schriftvers?« Da sprach sein Rabbi: »Der Schriftvers bezieht sich auf all die, die nicht Priester vom Stamme Aarons, des (ersten) Priesters, sind. Wenn diese sich dem Tempel nähern, sollen sie getötet werden. Und wenn es selbst König David, er ruhe in Frieden, gewesen wäre, hätte man ihn, falls er sich dem Tempel genähert hätte, getötet.«

Wie der Ger (*ger*, der zum Judentum Bekehrte) das hörte, da dachte er bei sich: »Israel ist ein heiliges Volk geheißen, und Gott nennt Israel ›Meine ersten Kinder‹, aber kein Israelit wagt es, sich dem innersten Heiligtum zu nähern. Um wieviel mehr (*mikól schekén*) gilt das für einen gewöhnlichen Goi, der mit seinem Zehrbeutel und seinem Bettelstab daher kommt, und um wieviel mehr gilt für ihn, daß er kein Priester werden kann.« Und ging wieder zu Schammai und sagte wiederum zu ihm: »Warum hast du den Schriftvers mir nicht vorgesagt, daß ich kein Priester werden kann? Da hätte ich es wohl selber gewußt, daß ich dies nicht erstreben sollte.«

Danach ging der Ger wieder zu Hillel und sprach: »Du demutsvoller Hillel, die Segnungen (*bróchaus*) Gottes sollen ruhen auf deinem Haupt – darum, daß du mich bekehrt und mich genommen hast unter die Flügel der Schechina (göttliche Herrlichkeit).«

Nicht lange danach kamen die drei Gerim (Bekehrten) zusammen und sagten: »Der Zorn von Schammai hat uns das Jenseits (*áulom-hábo*) verlieren machen wollen, und die Demut von Hillel hat uns Jene Welt gewinnen machen.« [15]

Quelle: Traktat Schabbat 31 a, aus dem Babylonischen Talmud.
Übers.: Goldschmidt BT Bd. 1 (1929), 522. – MB: Grünbaum 1882, 397 (nur der Schluß); Pappenheim 1929, Nr. 15.

Rabbinisches Exemplum Nr. 31 (Hillels Geduld). – Hillels Nachsicht mit bekehrungswilligen Heiden schließt Exemplum 30 bzw. die beiden vorigen Geschichten mit ein, daher ist hier von den »drei Gerim« die Rede.
Bibelverse: »Das sind die Kleider ...«, Ex 28,4: »Die sind die Gewänder, die sie machen sollen:/Gewappen und Umschurz, und Mantel,/Leibrock in Flechtmusterwerk,/und Kopfgewind und Schärpe.«
»Und der Fremde ...«, Num 1,51: »Der Unzugehörige, der naht, müßte sterben.«

»Israel, Meine ersten Kinder«, Ex 4,22: »So hat ER gesprochen: Mein Erstlingssohn ist Jißrael.«

»Unter die Flügel der Schechina genommen« heißt es bildhaft, wenn sich ein Heide zum jüdischen Glauben bekehrt hat und deshalb, wie es in der Antike hieß, ein Proselyt wurde. Das hebr. Schechiná (*schechíne*) drückt »die über dem Weltall ruhende Majestät Gottes aus«, sie verhilft dazu, Ihn zu umschreiben, ohne Seinen Namen direkt zu nennen.

Die Geschichte von Rabbi Simeon ben Jochai

Die Geschichte geschah. Es saßen beieinander Rabbi Jehuda und Rabbi Josse und Rabbi Simeon ben Jochai, und es saß einer bei ihnen, der hieß Jehuda ben Gerim. Da hob Rabbi Jehuda an und sagte: »Wie ansehnlich sind doch die Werke der Nichtjuden (*gójim*). Sie schaffen viele Märkte, daß man Ware darauf feilhalten kann; sie machen Brücken über das Wasser, daß man darüber gehen kann; sie machen Badehäuser, daß man darin baden und sich waschen kann.«

Rabbi Josse schwieg still. Doch Rabbi Simeon ben Jochai antwortete darauf und sagte: »Alles, was die Nichtjuden machen, das machen sie zu ihrem Nutzen und leiblichen Genuß. Sie schaffen Märkte und Gassen, damit sie die Huren da hineinsetzen können; sie machen Brücken über das Wasser, damit sie den Zoll abschaffen möchten, sie machen Badestuben, damit sie ihren Körper damit lindern (pflegen) können.«

Der Jehuda ben Gerim ging heim und gab das Gehörte (*schmúeß*) an seinen Vater und an seine Mutter weiter, und die Reden verbreiteten sich so weit, daß sie vor den König kamen. Da sprach der König: »Ich vernehme, Jehuda hat unser Werk gelobt, so soll er auch gelobt und erhöht werden. Rabbi Josse, der dazu still geschwiegen, soll vertrieben werden. Rabbi Simeon ben Jochai jedoch, der unser Werk verachtet hat, soll getötet werden.«

Wie Rabbi Simeon ben Jochai das erfuhr, nahm er seinen Sohn mit sich und verbarg sich im Lehrhaus (*beß-médresch*), und alle Tage kam Rabbi Simeons Frau und brachte ihm insgeheim (*im ßod*) Brot zu essen und Wasser zu trinken. Wie sie nun hörten, daß man verschärft (*hart*) nach ihnen fragte und sie gerne geschnappt hätte, da sagte Rabbi Simeon zu seinem Sohn: »Die Frauen sind leichtsinnig (*hobn a gringe déje*), das heißt, sie haben wenig Sinn dafür, daß sie leicht zu überrumpeln sind. Vielleicht könnte man ihnen großen Wehtag (Pein) antun, bis sie aussagen müssen, wo wir verborgen sind.« Und miteinander brachen sie auf und verbargen sich auf dem freien Feld in einer Höhle, daß kein Mensch wissen konnte, wo sie abgeblieben waren.

Da geschah ihnen ein Wunder (*neß*), denn der Heilige, gepriesen sei Er, ließ ihnen in der Höhle einen Buchshornbaum wachsen und bescherte ihnen dort auch einen Quellbrunnen, so daß sie zu essen und zu trinken hatten. Da zogen sie sich tagsüber ihre Kleider aus und setzten sich nackt bis an den Hals in den Sand und lernten Tora den ganzen Tag über. Und wenn es Zeit war zu beten (*óren*), dann zogen sie sich wieder an und verrichteten ihr Gebet. Und sobald sie gegessen hatten, zogen sie sich wieder aus und setzten sich wieder bis an den Hals in den Sand und lernten wieder Tora – in der Erwartung, daß ihnen die Kleider nicht verfaulten.

Und so blieben sie zwölf Jahre in der Höhle sitzen. Wie nun die zwölf Jahre um waren, da kam der Prophet Elia (*Elijóhu ha-nówi*) und stellte sich in die Tür der Höhle und rief hinein: »Rabbi Simeon ben Jochai, und dessen Sohn, wisset, daß der König gestorben und das Unglück abgewendet (*geséro botl*, d. h. das judenfeindliche Gesetz ungültig gemacht) worden ist.«

Wie sie das hörten, gingen sie aus der Höhle heraus und sahen, wie die Leute pflügten und säten. Da sagte Rabbi Simeon zu seinem Sohn: »Sieh die Leute, sie lassen die ewige Welt und verlieren das Jenseits (*áulom-hábo*), sie haben Umgang nur mit der vergänglichen Welt.« Und wenn sie (in ihrem Zorn) einen Menschen ansahen, dann verbrannte er sogleich.

Da ertönte eine Stimme vom Himmel (*baßkól*) und sprach zu ihnen: »Seid ihr deshalb aus der Höhle herausgegangen, daß ihr die Leute verbrennt, und um meine Welt zu verwüsten? So mögt ihr wohl in eurer Höhle geblieben sein.«

Wie sie das hörten, da kehrten sie wieder in ihre Höhle zurück und blieben darin noch zwölf Monate (*chadóschim*). Und sie sagten: »Das Gericht der Frevler (*reschóim*) währt zwölf Monate in der Hölle (*gehínom*). Daher wollen wir wieder für zwölf Monate in der Höhle sein.«

Wie nun die zwölf Monate um waren, da kam wieder eine Stimme vom Himmel und rief: »Geht wieder heraus aus der Höhle.« Als sie das hörten, da gingen sie wieder heraus. Und wo der Rabbi Eleasar die Leute geschädigt hatte, da heilte sie sein Vater Rabbi Simeon wieder. Und sprach zu seinem Sohn: »Wenn schon keiner mehr in der Welt wäre, der die Tora lernt, als wir zwei allein, so würde es doch genügen.«

Und es war eben Freitagabend (*érew schábeß*), als sie aus der Höhle kamen. Da sahen sie einen alten Mann, der trug zwei Sträuße Myrten (*hadáßim*) in seiner Hand. Das ist ein wohlriechendes Kraut, ein Duft aus dem Garten Eden (*ganéjdn*). Da fragte Rabbi Simeon den alten Mann, wozu er die

Myrten brauche. Da antwortete der alte Mann: »Ich brauche sie dem Sabbat zu Ehren (*lekówed schábeß*), dieweil sie so gut duften.« Da gab er ihm zur Antwort: »Du hast doch wohl mit einem genug, was sollen dir zwei Sträuße?« Da erwiderte der alte Mann: »Ich muß sie alle beide haben, eines zum Hüten (Beachten) des Sabbat und das andere zum Gedenken des Sabbat.« Da sagte Rabbi Simeon zu seinem Sohn: »Sieh, mein lieber Sohn, wie lieb Israel die Gebote (*mízweß*) des Heiligen sind, gepriesen sei Er.« Nun wurde der Sohn friedvoll in seinem Gemüt (*déje*).

Da hörte es Rabbi Pinchas ben Jair, der Schwiegersohn des Rabbi Simeon ben Jochai, wie sein Schwiegervater heimkam – und war doch dreizehn Jahre nicht daheim gewesen, und jeder hat gemeint, sie wären, Gott behüte (*chaß weschólaum*), verlorengegangen. Da ging er ihm entgegen. Und er sah, wie seines Schwiegervaters Haupt voller Schrunden war, weil er so lange im Sand gesessen war. Da gingen sie miteinander in das Bad. Als Rabbi Pinchas ihn nackt sah, da fing er an zu weinen, und Tränen flossen aus seinen Augen, und er sprach: »Weh mir, daß ich dich so sehen muß.« Da erwiderte ihm Rabbi Simeon: »Wohl dir, daß du mich so siehst. Denn hättest du mich nicht so gesehen, wie ich bin, so hättest du an mir nicht gefunden, was du jetzt an mir findest.« Das bedeutet, wäre er nicht in der Höhle gesessen, so hätte er nicht so viel Tora gelernt.

Denn bevor er weggezogen, war es so gewesen: Wenn Rabbi Simeon ein Problem (*kásche*, Frage) aufwarf, so gab Rabbi Pinchas zwölf Auslegungen (*terúzim*) darauf. Aber jetzt war es ganz umgekehrt so: Wenn Rabbi Pinchas eine Frage stellte, so gab Rabbi Simeon zwölf Auslegungen darauf. Das hatte er gelernt, während er in der Höhle gewesen war.

Auch findet man den Rabbi Simeon ben Jochai in der

Gemara (*gemóre*, steht hier für Talmud), was für ein Mann (*brije*, Geschöpf) er gewesen ist. Und er hat das mächtige Buch (*ßéjfer*) geschaffen, das man den Sohar nennt. [16]

Quelle: Traktat Schabbat 33 b, aus dem Babylonischen Talmud.
Übers.: Goldschmidt BT Bd. 1 (1929), 532–534; Stemberger 1982, 181–83. – MB: Pappenheim 1929, Nr. 16.

Rabbinisches Exemplum Nr. 206 (Simeon ben Jochai in der Höhle).
Gemara (das Erlernte): die Erläuterungen der Mischna (kanonische Lehre), mit der zusammen sie den Talmud bildet.
Eine berühmte Geschichte um den legendären Talmudisten Simeon ben Jochai aus dem 2. Jh., Schüler des Rabbi Akiba. Seine romfeindliche Haltung scheint verbürgt, auch, daß er eine Zeitlang in den Untergrund verschwinden mußte; daß aber Vater und Sohn in einer Höhle wunderbar versorgt wurden und sich dort in Askese lange Jahre der Tora widmeten, daß der himmlische Bote und eine Himmelsstimme ihnen die weiteren Wege wiesen, ist Legende.
Martin Buber hat von dem Gebirgsort Meron unweit von Safed berichtet, wo Simeon lehrte und starb und sein Todestag noch immer mit einem großen Volksfest gefeiert werde (1928); für Rabbi Nachman von Bratzlaw sei es, noch vor einer Verbreitung seiner chassidischen Lehre, ein Bedürfnis gewesen, nach Galiläa zu Simeons Grab zu pilgern (›Rabbi Nachman und die jüdische Mystik‹, 1906, 26).
Diese mystische Verehrung hängt mit dem ›Sohar‹ (Buch des Glanzes) und den Anfängen der Kabbala zusammen. Mose ben Schemtow de Leon (1250–1305) hatte dies als ein Werk des Simeon ausgegeben, und dessen Person fließt auch in das Buch wesentlich mit ein, wird darin zur Hauptfigur eines Mystikerkreises, der letzte verborgene Geheimnisse enthüllen will: »Der berühmte Mischna-Lehrer Rabbi Simeon ben Jochai wandert mit seinem Sohn Eleasar und dem Kreis seiner Freunde und Schüler umher und unterredet sich mit ihnen über alle möglichen Gegenstände, über Menschliches wie Göttliches« (Scholem 1957, 172). Der tiefmystische, in aramäischer Sprache verfaßte ›Sohar‹ (Erstdruck Mantua 1558) wurde zu einem Basisbuch jüdischer Religiosität. Im Talmud steht allerdings nichts von Simeons Urheberschaft.
Nach dem Höhlenaufenthalt, Ausgangspunkt zahlreicher kabbalistischer

Erzählungen, soll Simeon ben Jochai in Gesellschaft des Rabbi Eleasar ben Josse nach Rom gegangen sein, um zu bewirken, daß Erlasse, welche die Juden an der freien Religionsausübung hinderten, wieder rückgängig gemacht wurden (Traktat Meila, 147 b).
Die Zwölfheitssymbole – 12 Jahre in der Höhle, 12 weitere Monate daselbst, 12 Monate als die Zeit der Frevler in der Hölle – werden im ›Sohar‹ thematisiert, er läßt aus der Kraft der drei oberen Elemente vier Ströme entspringen und gewinnt so die Zahl der 12 Edelsteine (im Brustschild des Hohepriesters); denen entsprechen die 12 Stämme Israels, die 12 Rinderopfer und anderes mehr, ja selbst die Anzahl der Schaubrote in der Stiftshütte. Symbolhaft sind auch die Myrtenzweige bzw. die des Abot-Baumes; sie gehören u. a. zum Laubhüttenfest.

König David und der Todesengel

Die Geschichte geschah. König David, er ruhe in Frieden, bat den Heiligen, Er sei gepriesen, er solle ihm doch sagen, wie lange er noch leben würde. Da sagte der Heilige, gepriesen sei Er, wieder zu ihm: »Ich sage es keinem Menschen. Ich habe es geschworen, daß ich es keinem sage.« Da sagte König David wieder: »So sag mir, an welchem Tag ich sterben werde.« Da sagte Gott zu ihm: »An einem Sabbat (*schábeß*).«

Da sagte König David wiederum: »Lieber Gott, laß mich an einem Sonntag sterben.« Da sagte der Heilige, gepriesen sei Er: »Nein, denn das Königtum (*málchuß*) deines Sohnes nimmt seinen Anfang an einem Sonntag, und kein Königtum darf auch nur (*afíln*) einen Augenblick an das andere anrühren.«

Da ging er hin und lernte jeden Sabbat den ganzen Tag über, damit ihm der Todesengel (*málech-hamóweß*) nichts tun könne. Nun, an eben dem Sabbat, an dem er sterben sollte, da kam der Engel (*málech*) und wollte ihm seine Seele (*neschóme*) nehmen. Doch er saß über einem Buch (*ßéjfer*) und hörte nicht auf zu lernen. Da konnte ihm der Todesengel nichts tun. Da dachte der Todesengel bei sich: »Wie bringe ich nur die Seele von ihm weg; dieweil er ohne Unterlaß lernt, so kann ich ihm nichts tun.« Da hatte aber König David einen schönen Lustgarten hinter seinem Haus. Dahin ging der Todesengel und schüttelte den Baum. Da wollte König David sehen, wer hinter seinem Baum war. Da zerbrach die Stiege unter ihm entzwei. Da hörte er auf zu lernen.

In dem Moment hat ihn der Todesengel getötet,
daß er starb,
und das Paradies (*ganéjdn*) erwarb. [17]

Quelle: Traktat Schabbat 30 a–b, aus dem Babylonischen Talmud.
Übers.: Goldschmidt BT Bd. 1 (1929), 517 f.; Jason 1976, Nr. 8/II; Stemberger 1982, 250. – MB: Pappenheim 1929, Nr. 17.

König David ist einer der Heroen der Agada; der Vielzahl der Legenden nach wird er jedoch von seinem Sohn, König Salomo, bei weitem übertroffen. Sein Werdegang vom Schafhirten zum gesalbten König, seine Stellung bei Hofe als Harfenspieler, dann der »Thron Davids« als Inbegriff eines Goldenen Zeitalters des israelitischen Königtums, all das lebt in Psalmen, Epen und Historien fort. Dem jüngsten Sohn des Isais aus Bethlehem im Stamm Juda (um 1000 v. Z.) gelang es, zum einen das Königreich zu zentralisieren, und zum anderen, nach siebenjähriger Regierung in Hebron, Jerusalem zum neuen Hauptsitz – zur »Davidsstadt« – zu machen. An seinen Namen knüpfen sich bis heute patriotische wie messianische Hoffnungen.

Der Todesengel als Vorbote und Vollstrecker göttlichen Willens, der dem Todgeweihten »die Seele nimmt«, hat in rabbinischen Legenden wie auch in der altjüdischen Engelslehre einen festen Platz. Weil an eine schicksalhafte Lebensgrenze gebunden, erscheint er häufiger als die anderen Engel (Anklage-, Straf- (Zucht-) und Gerichtsengel, Friedensengel und Engel des Lebens), ist jedoch »böse« und »schadenverursachend«. Er war es, der auf Mose' Tod lauerte, der Isaak zum Ungehorsam gegenüber Vater Abraham aufreizte und doch keine Gewalt über ihn bekam. Doch David hat er geholt und ebenso Rabba bar Nachmani, als dessen Mund vom Studium der Tora abließ (siehe Günter 1910, 91). Der Todesengel übt sanfte Gewalt aus. So wartet er am Bett des Kranken darauf, zumeist ihm zu Häupten, seine Mission zu erfüllen. Sein Attribut ist das gezückte Schwert, auf der Schwertspitze ein Gallentropfen. Erschrickt der Kranke bei seinem Anblick und öffnet den Mund, so wird ihm der Tropfen zuteil, und er stirbt. Siehe »Engel« in: EJ Bd. 6, 1930, Sp. 641 f., und »Satan« in: JL Bd. IV/2, 1930, Sp. 121 f.

Das Wunder der Gebetsriemen

Die Geschichte geschah. Die Gemara (*gemóre*, steht für Talmud) geht so: Rabbi Jannai spricht: Einer, der Gebetsriemen (*tfílin*) anlegen will, der muß einen reinen Körper haben, wie Elischa baal Kenafajim. Da fragt die Gemara: »Warum muß er rein sein?« Deswegen, daß er keine Blähung (*nefícho*) an die Gebetsriemen läßt. Raba sagt einen anderen Grund (*tam*): »Er soll nicht mit den Gebetsriemen schlafen.« Da fragt die Gemara: Warum hieß er Elischa der Flügelmann?

Es war einmal, da hatte die Regierung (*málchuß*) verboten, Gebetsriemen anzulegen, und sollte man einen Juden erblicken, der Gebetsriemen auf seinem Kopf trug, dann sollte man dem den Kopf (*máuach*) löchern. Denn zu der Zeit haben sie den ganzen Tag über Gebetsriemen getragen. Elischa hat sich dennoch Gebetsriemen angelegt und auf das Gebot nichts gegeben. Da hat ihn einmal ein Schuft (Talmud: ein Scherge) erwischt, der darauf angesetzt war. Da lief der Elischa von ihm fort, da lief ihm der Schuft nach. Wie er ihn nun erwischt hatte, da nahm Elischa (vom Kopf) die Gebetsriemen ab und tat sie in seine Hand und machte die

Hand zu. Da fragte ihn der Schuft: »Was hast du in deiner Hand?« Da sagte er: »Was soll ich in meiner Hand haben? Ich habe Flügel von einer Taube in meiner Hand.« Da sprach er zu ihm: »Laß mich sie sehen.« Da machte Elischa die Hand auf – und da hatte er Flügel von einer Taube in seiner Hand. Darum hieß man ihn Elischa baal Kenafajim, denn Kenafajim heißt auf deutsch Flügel. Wie kam er aber darauf, daß er sagte, es sind Flügel von einer Taube? Er hätte auch auf andere Vögel hinweisen können, wie eine Krähe oder einen Storch oder sonst welche Vögel, die auch Flügel haben.

Das erklärt (*metárez sajn*) wiederum die Gemara: Die Kinder Israel (*jißróel*) sind vergleichbar mit einer Taube. Und wieso, was ist eine Taube? Die Flügel beschützen sie vor allem, und mit wem sie streitet, muß sie sich mit den Flügeln wehren, nicht mit ihrem Schnabel oder sonst einem Körperglied. So sind auch für die Israeliten die Gebote (*mízweß*), die sie haben, daß sie sie beschützen vor allen Leiden, daß ihm keine Völker Böses zufügen können. Deshalb soll man die Gebote halten, dadurch geschieht ihm nichts Böses. Wie es dem Elischa auch geschehen war, wiewohl die Regierung bei Leibesstrafe verboten hatte, Gebetsriemen anzulegen. Dennoch gedachte er dessen: Weil Gott, Sein Name sei gelobt, das Gebot erlassen hat, so will er sich daran halten und sollte er darum ums Leben kommen. Da geschah ihm das Wunder (*neß*), daß der Heilige, gepriesen sei Er, es ihm wieder bezahlt, daß die Gebetsriemen in seiner Hand vertauscht waren und er vom Tod beschützt wurde. Deshalb soll man Gott, Er sei gesegnet, nicht verachten (außer acht lassen), wenn man schon darüber sein Leben verlöre.

Oder eine (andere) Erklärung (*pschat*) ist die: Die Flügel der Taube beschützt sie mehr als die Flügel eines anderen Vogels. Denn andere Vögel, wenn sie fliegen und dann recht müde sind, müssen sich auf einen Felsen oder einen Baum herniedersetzen; aber eine Taube, wenn sie fliegt und recht müde ist, hält mit einem Flügel still und ruht aus, und mit dem anderen Flügel fliegt sie, und danach tut sie es mit dem anderen auch so. So schützt sie ihre Flügel, und so auch schützen die Kinder Israels die Gebote, die sie befolgen. [18]

Quelle: Traktat Schabbat 130 a, aus dem Babylonischen Talmud.
Übers.: Goldschmidt BT Bd. 1 (1929), 843 f.- MB: Pappenheim 1929, Nr. 18.

Der Vergleich der Gemeinschaft Israel mit einer Taube geht auf Ps 68,14 zurück: »Taubenflügel, silberüberspannt,/Gefieder dran aus grüngelbem Feinerz.« Vgl. Text 113.
Tefillin heißen die Gebetsriemen, die früher allgemein von gläubigen Juden, heute von den Orthodoxen getragen werden. Sie gehören, wie auch der Gebetsmantel (Tallit), zu der Bekleidung beim Morgengebet an den Wochentagen. Tefillin trägt man am Kopf und am linken Arm. Es sind zwei schwarze Lederriemen, an denen kubische Kapseln befestigt sind, in denen kleine Pergamentstreifen mit vier Schriftversen – Ex 13,1–10 und 11–16 und Dtn 6,4–9 und 11,13–21 – enthalten sind. In allen vier Tora-Abschnitten ist von »Zeichen« an Hand und Stirn die Rede, und so unterscheidet man Hand-Tefillin und Kopf-Tefillin.
Die religiöse Pflichtübung, die in allen Details vorgeschrieben ist – siehe Lew Rosten, ›Jiddisch‹ (dtv 2002, S. 606 f.) – leitet sich von Dtn 6,7–8 ab: »wann du dich legst und wann du dich erhebst,/knote sie zu einem Zeichen an deine Hand,/sie seien zu Gebind zwischen deinen Augen.«

Guter Glaube wird belohnt

Die Geschichte geschah an einem, der aus Obergaliläa herabkam und sich bei einem Hausherrn (*bal habájiß*) im Land Dorem (im Süden Judäas gelegen) verdingte und drei Jahre blieb, um ihm zu dienen.

Nun, es war gerade der Vorabend von Jom Kippur (*érew jom-kipur*), da sprach er zu seinem Hausherrn: »Lieber, gib mir meinen Lohn, ich will jetzt einmal heimziehen und Frau und Kind ernähren.« Da sagte der Hausherr zu ihm: »Du sagst, ich soll dir Geld geben. Ich habe kein Geld.« Da sprach der Mann: »Weil du ja kein Geld hast, so gib mir Korn (*twúe*) statt des Geldes. Das will ich meiner Frau und meinen Kindern mitbringen, so daß ich sie damit ernähren kann.« Da sprach der Hausherr: »Ich habe auch kein Korn, das ich dir geben kann.« Da sprach der Mann wieder zu ihm: »Gib mir den Weingarten oder Acker als meinen Lohn.« Da sprach der Hausherr: »Ich habe auch keinen Weingarten oder Acker, die ich dir geben kann.« Da sagte der Mann: »So gib mir Vieh.« Da sagte der Hausherr wiederum: »Ich habe auch kein Vieh.« Da sprach er erneut: »Gib mir Kissen oder Betten als meinen Lohn.« Da sagte er auch diesmal: »Ich habe von keinem etwas.«

Wie der gute Mann das vernahm, daß sein Hausherr ihm nichts geben wollte, da ging er hin und nahm seine Kleider und band sie auf seinen Rücken und ging bitteren Herzens fort, seinem Heim zu.

Wie nun der Feiertag (*jóntew*) vorbei war, da nahm der Hausherr den Lohn, den der Knecht (*meschóreß*) verdient hatte, und führte drei Esel mit sich und lud ihnen auf, was sie tragen konnten. Den einen belud er mit Speisen, den anderen mit guten Getränken, den dritten mit gutem süßem Obst. Und damit zog er zu seinem Knecht, und sie aßen und tranken miteinander. Wie sie nun gut gegessen und getrunken hatten, da gab er ihm seinen Lohn, den er bei ihm verdient hatte, und schenkte ihm, was er mit sich gebracht hatte.

Dann fragte er ihn: »Lieber Knecht, was hast du dir gedacht, als du mir deinen Lohn angeheischt (ausbedungen) hast, und ich gesagt habe, ich habe kein Geld. Wessen hast du mich verdächtigt (*cháusched gewen*)?« Da sagte der Knecht: »Vielleicht habe ich gedacht, es sei dir eine gute Ware (*ßcháure*) angeboten worden, die du hast wohlfeil (*wólwl*) kaufen können, und du darüber dein ganzes Geld ausgegeben hast.« Da sprach der Hausherr wieder: »Lieber, sage mir, wessen hast du mich verdächtigt, als du sagtest, ich soll dir Korn geben, und ich sagte, ich habe kein Korn?« Da sagte der Knecht: »Ich habe gedacht, vielleicht hast du noch keinen Maasser (den Zehnten) davon gegeben.« Da fragte der Hausherr wieder: »Als du sagtest, ich soll dir einen Weingarten oder Acker geben, und ich sagte, ich habe keinen, wessen hast du mich für diesmal verdächtigt?« Da gab der Knecht zurück: »Ich habe gedacht, vielleicht sind die Weingärten und Äcker nicht dein gewesen, und du hast sie nicht weggeben dürfen ohne Erlaubnis (*reschúß*)?« Da sagte der Hausherr wieder: »Zu dem Zeitpunkt, als du Kissen und Betten hast haben wollen, und ich sagte, ich habe keines davon, wessen hast du mich für diesmal verdächtigt?« Da sagte der Knecht: »Ich habe mir gedacht, vielleicht hast du deinen Mammon zu gutem Zweck verschenkt (*hékdesch machn*) und es sei nimmer deins gewesen.«

Da schwor der Hausherr bei der Awoda (*awáudo*, »So wahr ich Gott diene«): »Es ist alles wahr gewesen, wessen du mich verdächtigt hast, denn ich habe all mein Vermögen verschenkt zugunsten meines Sohnes Hyrkanos, der nicht hat Tora lernen wollen. Und dann kam ich zu meinen Genossen in Dorem, und sie haben mir das Gelübde wieder gelöst (*schwúe mátir gewen*). Und weil du mich mit all meinen Werken zum Guten verdächtigst (zu meinen Gunsten beurteilt) hast, so soll dir der Heilige, gepriesen sei Er, auch all deine Werke zum Guten rechnen und zum Guten gedenken.« So lobte er ihn. [19]

Quelle: Traktat Schabbat 127 b, aus dem Babylonischen Talmud.
Übers.: Goldschmidt BT Bd. 1 (1929), 831. – MB: Pappenheim 1929, Nr. 19.

Rabbinisches Exemplum Nr. 79 (Vertrauen der Arbeiter). Der Talmud stellt die rabbinische Lehre dem Gleichnis voran: »Wer über seinen Nächsten günstig urteilt, über den urteilt man ebenfalls günstig.« Statt mit süßen Früchten wird der dritte Esel hier plausibler »mit verschiedenen Kostbarkeiten« beladen.
Der Arbeitgeber verhält sich hier nach den Moralvorschriften des ›Sefer Chassidim‹: »Diejenigen, die dem Arbeiter den Arbeitslohn vorenthalten . . ., deren Vermögen steht unter Bann, und der Verlust trifft die Besitzer sicherlich« (aus § 1078, zitiert nach A. Sulzbach, ›Die Ethik des Judentums‹, 1923, 72).

Über den Maasser (»Zehnter«) siehe die Texte 54, 55, 99.

Der unverdächtigte Rabbi

Die Geschichte geschah an einem Frommen (*chóßid*). Der löste eine schöne junge Frau aus den Händen von Nichtjuden (*gójim*) aus. Und wie sie des Nachts in die Herberge kamen, da legte er die junge Frau sich zu Füßen ins Bett. Des Morgens ging er in das Bad, um sich zu reinigen (*táuweln*, Tauchbad nehmen), und lernte wieder mit seinen Schülern (*talmídim*).

Und wie er mit ihnen lernte, da fragte er seine Schüler: »Sagt mir, als ich nachts die junge Frau zu Füßen zu mir legte, wessen habt ihr mich verdächtigt (*cháusched gewen*)?« Da sagten seine Schüler: »Lieber Rabbi, was sollen wir Euch verdächtigt haben? Wir dachten, du hast irgendeinen Schüler (*tálmid*) unter deinen Schülern, den du nicht kennst. Und wenn du sie in die Schlafkammer gelegt hast, vielleicht war sie, Gott behüte (*chaß weschólaum*), von einem irgendwie bezwungen worden. Deshalb hast du sie zu dir gelegt.«

Da sagte er wieder zu seinen Schülern: »Und was habt ihr euch gedacht, daß ich mich des Morgens gereinigt habe?« Da sagten die Schüler: »Lieber Rabbi, was sollen wir uns gedacht haben? Wir dachten, vielleicht ist dem Rabbi etwas Unreines auf dem Weg zuhanden gekommen (passiert), daß Ihr Euch habt reinigen müssen.«

Da sagte er wiederum: »Bei der Awoda (*awáudo*, »So wahr ich Gott diene«), wie ihr euch gedacht habt, so ist es gewesen. Und so wie ihr mich zum Guten gedacht (zu meinen Gunsten beurteilt) und nicht verdächtigt habt, so soll euch der Heilige, gepriesen sei Er, all euer Werk zum Guten rechnen und dessen gedenken.« [20]

Quelle: Traktat Schabbat 127 b, aus dem Babylonischen Talmud.
Übers.: Goldschmidt BT Bd. 1 (1929), 832. – MB: Pappenheim 1929, Nr. 20.

Rabbinisches Exemplum Nr. 80 (Vertrauen der Schüler).
Den Passus über die gemutmaßte Vergewaltigung enthält der Talmudtext nicht. Dafür läßt er hinsichtlich des Tauchbades die Schüler ohne Umschweife vermuten, der Rabbi habe »durch die Beschwerlichkeit der Reise Samenerguß gehabt«.
Mikwe, ein Becken oder Brunnen, in dem es fließendes Wasser gibt, ist das rituelle Tauchbad, in das man unter Gebeten dreimal eintaucht und so zu seelischer und körperlicher Reinheit gelangt. Es basiert auf dem levitischen Reinheits- und Reinigungsgesetz der Tora; so finden sich im Traktat Mikwot die Bestimmungen für den Bau einer Mikwe.
Schon im Mittelalter gab es in den jüdischen Gemeinden längs des Rheins Mikwot, in Worms, Speyer und Köln.

Rabbi Josua stellt sich und seine Schüler auf die Probe

Die Geschichte geschah dem Frommen (*chóßid*). Es begab sich einmal, daß die Rabbinen (*rabónim*) bei einer Christin (*góje*) etwas ausrichten wollten. Und diese Christin war es gewohnt, daß all die Vornehmen (*kestliche*) von Rom bei ihr ein- und ausgingen, denn sie war sehr angesehen (*chóschew*). Da sagten die Rabbinen: »Wer von uns soll zu der Christin gehen?« Da sagte Rabbi Josua: »Ich will gehen.« So ging denn Rabbi Josua zusammen mit seinen Schülern (*talmídim*).

Als sie nun vier Ellen von dem Haus der Christin entfernt waren, da nahm Rabbi Josua seine Gebetsriemen (*tfílin*) ab und ging in das Haus hinein, schloß die Tür hinter sich zu und wollte die Schüler nicht mit hineinlassen. Und wie er nun wieder herauskam, da ging er in das Bad (*míkwe*) und nahm ein Tauchbad (*táuweln sich*). Und lernte wieder mit seinen Schülern.

Und er sagte zu seinen Schülern: »Liebe Leute, sagt mir, wessen habt ihr mich verdächtigt (*cháusched sajn*), als ich die Gebetsriemen abgenommen habe?« Da sagten die Schüler: »Lieber Rabbi, was sollen wir Euch verdächtigt haben? Wir haben gedacht, Ihr habt die Gebetsriemen ausgezogen, daß man ein heilig Ding nicht an einen Ort mitnehmen darf, wo es unrein ist.« Da sagte er wieder zu ihnen: »Wessen habt ihr mich aber verdächtigt, als ich die Tür vor euch zugeschlossen habe?« Da gaben die Schüler zurück: »Lieber Rabbi, wir haben gedacht, Ihr habt eine Sache mit ihr zu bereden, was den König betrifft, und Ihr habt allein mit ihr reden müssen, so daß wir nicht zuhören durften.« Da fragte er sie wieder: »Als ich mich gebadet habe, was habt ihr euch gedacht?« Da sagten die Schüler: »Vielleicht ist Speichel aus ihrem Mund auf Eure Kleider gekommen, darum habt Ihr Euch gebadet.«

Da sagte Rabbi Josua: »Bei der Awoda (*awáudo*, »So wahr ich Gott diene«), was ihr von mir vermutet habt, so ist es gewesen. So wie ihr mich verdächtigt (mir zugute gehalten) habt, so soll auch Der, Dessen Name gesegnet sei, eurer Werke zum Guten gedenken.« [21]

Quelle: Traktat Schabbat 127 b, aus dem Babylonischen Talmud.
Übers.: Goldschmidt BT Bd. 1 (1929), 832. – MB: Pappenheim 1929, Nr. 21.

Rabbinisches Exemplum ist wiederum Nr. 80 (Vertrauen der Schüler).

Die Vier-Ellen-Distanz ist eine rituelle Vorschrift für das Beten. So heißt es im Traktat Berakoth 23 a: »Die Rabbanen lehrten: Wer in den Abort geht, lege in einer Entfernung von vier Ellen seine Tephilin ab und trete ein« (vgl. Text 75). Der »Vierellenraum« der Halacha ist für gläubige Juden ein Rückzugsbereich und Ort meditativer Versenkung (siehe Thieberger 1936, 394).
Die ominöse *Vier* ist auch der Zahl der Gebetsriemen zugeordnet, dem kleinen Gebetstuch mit seinen vier Schaufäden und dem Gebet selbst (vierteiliges Morgengebet). Vier Fragen stellt auch der Rabbi, in ihrer Intimität sich jedesmal steigernd.
Zum Tauchbad siehe Text 20.
Über Josua ben Chananja siehe Anmerkung zu Text 5. Bezeichnend ist der aus dem Traktat Pirke Abot (›Sprüche der Väter‹) überlieferte Wahlspruch des Rabbi: »Die Mißgunst, der böse Trieb und die Feindseligkeit bringen den Menschen aus der Welt.«

Rabbi Josua und die Tochter des Kaisers

Die Geschichte geschah. Des Kaisers Tochter fragte Rabbi Josua ben Chananja: »Ei, welch eine große Tora ist in dir, und du bist gar so häßlich. Welch herrliche Weisheit (*grojß chóchme*) steckt in einem schäbigen Gefäß (*níwsedik kéjle*).« Da erwiderte ihr Rabbi Josua: »Liebe, sag mir, wo habt ihr euren Wein liegen, was sind es für Fässer?« Da sprach sie zu ihm: »Wir haben den Wein in lauter irdenen Gefäßen (*kéjlim*) liegen.« Denn in den Zeiten hat man den Wein in irdenen Gefäßen gehabt.

Da sagte Rabbi Josua zu ihr: »Ihr seid doch reiche Leute, euch kommt es zu, den Wein in lauter silberne Gefäße zu tun. Jedermann hat den Wein in irdenen Gefäßen.« Da ging sie zu ihrem Vater und sagte ihm das. Da ging der Kaiser hin und ließ allen Wein in silberne Gefäße gießen. Da wurde der Wein ganz zu Essig. Da hat man es dem Kaiser gesagt, daß all sein Wein zu Essig geworden ist. Da sagte der Kaiser zu seiner Tochter: »Wer hat dich das geheißen und gelehrt, daß du den Wein in silberne Gefäße tun sollst?« Da sagte die Tochter: »Rabbi Josua hat mich das gelehrt.«

Da schickte der Kaiser nach Rabbi Josua und sagte zu ihm: »Warum hast du meine Tochter das gelehrt und hast es bewirkt, daß all mein Wein zu Essig geworden ist?« Da sagte Rabbi Josua: »Wie sie zu mir gesagt hat, so habe ich auch zu ihr gesagt. Sie hat zu mir gesagt, ei welch eine gute Tora ist in einem so häßlichen Gefäß, da habe ich auch zu ihr gesagt, welch guten Wein hast du in einem so häßlichen Gefäß; auch habe ich gesagt, die Tora bleibt nicht in einem schönen (*hipsch*) Menschen, so bleibt auch der Wein nicht in einem schönen Gefäß.« Da sprach der Kaiser: »Man findet doch auch manche schöne Leute, die sich auch auf die Tora verstehen.« Da gab Rabbi Josua zurück: »Wenn sie aber nicht so schön wären, so könnten sie viel besser lernen; denn bei einem schönen Menschen ist keine Demut, und darüber vergißt er seine Tora, die er gelernt hat.« [22]

Quelle: Traktat Taanit 7 a, aus dem Babylonischen Talmud.
Übers.: Goldschmidt BT Bd. 3 (1930), 655. – MB: Pappenheim 1929, Nr. 22.

Die Tochter des römischen Kaisers ist eine Gestalt, der man im Talmud öfter begegnet. Sie eignet sich mehr noch als der hochgestellte Kaiser, Mutmaßungen anzustellen, den Rabbi mit Fragen zu attackieren und stets pariert zu werden mit überlegenen Argumenten.
Der Traktat Nedarim 50 b enthält die gleiche Geschichte, ohne die Figur des Kaisers und in unübertrefflicher Lakonie: »›Alle Welt in irdene Gefäße, und auch ihr in irdene Gefäße! Ihr solltet ihn in silberne und goldene Gefäße tun.‹ Hierauf ging sie und tat Wein in silberne und goldene Gefäße, und er verdarb. Da sprach er zu ihr: ›Mit der Gesetzeskunde ist es ebenso.‹ – ›Es gibt ja aber Schöne, die gelehrt sind!?‹ Er erwiderte ihr: ›Wären sie häßlich, so wären sie noch gelehrter.‹«

Die Schönheit des Rabbi Jochanan

Die Geschichte geschah, als Rabbi Elieser erkrankte. Da ging Rabbi Jochanan zu ihm und wollte ihm einen Krankenbesuch machen (*mewáker cháule sajn*). Da lag Rabbi Elieser in einer finsteren Kammer. Da legte Rabbi Jochanan seinen Arm frei, denn er war schön, so daß sich die Kammer erhellte. Da fing Rabbi Elieser an zu weinen.

Da sprach Rabbi Jochanan: »Mein lieber Rabbi, warum

weinst du? – Etwa deshalb, daß du nicht genug Tora gelernt hast? Es liegt nichts daran, wenn einer nur um des Himmels willen (*leschém schomájim*) lernt. – Weinst du denn deshalb, weil du nicht reich bist? Ein Mensch kann sich nicht an zwei Tischen laben (*nit sáuche sajn*), denn du kannst nicht reich sein und dazu ein Talmudgelehrter (*tálmid-chóchem*) sein.«

Da hob Rabbi Elieser an: »Ich weine deshalb, daß deine Schönheit unter die Erde kommen soll.« Da fingen sie alle beide zu weinen an. Dann sprach Rabbi Jochanan: »Lieber Rabbi, Ihr habt die Schmerzen (*jißúrim*) gewiß lieb, denn Eure Sünden (*awéjreß*) werden Euch dadurch vergeben.« Da hob Rabbi Elieser an: »Ich liebe die Schmerzen nicht und auch nicht den Lohn der Schmerzen.« [23]

Quelle: Traktat Berakhot 5 b, aus dem Babylonischen Talmud.
Übers.: Goldschmidt BT Bd. 1 (1929), 16. MB: Pappenheim 1929, Nr. 23.

Rabbinisches Exemplum Nr. 223 (Schönheit des Rabbi Jochanan). Dem Talmud nach strahlte aus Jochanans entblößtem Arm »Licht hervor« – was mit seiner seltenen Schönheit und seiner Geistigkeit zusammenhängt. Ein alter Satz, dem Rabbi Simeon ben Lakisch zugeschrieben, besagt, die Tora sei »vor der Weltschöpfung mit schwarzem auf weißem Feuer auf Gottes Arm geschrieben« (JT, Traktat Schekalim 6, Ende von Halacha 1). Dieser Rabbi, vormals ein Räuber, soll dem im Jordan badenden Rabbi Jochanan nachgesprungen sein, »weil er ihm in seiner Schönheit wie eine Frau erschien« (siehe Text 66).
Der Text hier wird im Talmud um zwei Schlußsätze erweitert: »Da sprach er (Rabbi Jochanan) zu ihm: Reiche mir deine Hand. Er reichte sie ihm, und jener richtete ihn auf.«

Von Rabbi Jochanan ben Nappacha, Sohn eines Schmieds, in Palästina Leiter des zentralen Lehrhauses in Tiberias und Begründer des Jerusalemer Talmud, ist zumindest das Todesjahr bekannt: 279 n. Z. Seit dem Tode Rabs und Samuels in Babylonien hatte er höchste Autorität gewonnen – siehe EJ Bd. 9, 1932, Sp. 203–208.

Über die Scheu der Sünder

Die Geschichte geschah, als Rabbi Jochanan krank war. Da gingen seine Schüler (*talmídim*) zu ihm und wollten ihm einen Krankenbesuch machen (*mewáker cháule sajn*).

Und wie er sie sah, da fing er an zu weinen. Da sagten die Schüler: »Lieber Mann, solch ein vorzüglicher (*kestlich*) Mann wie Ihr seid, ein Herr in der Tora, weshalb weint Ihr so?« Da gab Rabbi Jochanan zur Antwort: »Meine lieben Schüler, warum soll ich nicht weinen? Wenn man mich doch vor einen König führen sollte, der nur Fleisch und Blut wäre, der heute lebendig und morgen tot ist, und wenn dieser dann über mich entscheiden sollte, so wäre es doch kein Zorn auf ewig. Denn auf Jener Welt (*jéne-welt*, Jenseits) kann er mir nichts tun. Und selbst wenn er mich bindet, so kann er mich nicht auf ewig binden. Und wenn er mich schon tötet, so kann er mich nicht auf ewig töten, denn er kann mir meine Seele (*neschóme*) nicht nehmen. Und zudem kann ich ihn mit guter Rede dazu bewegen, daß er von mir Geld nimmt und mich gehen läßt. Gleichwohl sollte ich dennoch weinen. – Jetzt aber will man mich führen vor den Ewigen König, gelobt sei Sein heiliger Name, der da für ewig lebt und schwebt. Und wenn Er über mich entscheiden soll, so wäre das ein Zorn, der auf ewig währen wird. Und wenn Er mich tötet, so wäre es ein Tod auf ewig und man kann ihn nicht mit guten Worten überreden, Bestechungsgeld (*scháuchad*) zu nehmen. Und nicht das allein; ich habe zwei Wege vor mir. Ein Weg ist die Hölle (*gehínom*), und der andere Weg ist das Paradies (*ganéjdn*). Und ich weiß nicht, welchen Weg man mich führen wird. Darum, wie soll ich nicht weinen?«

Da sagten die Schüler: »Lieber Rabbi, segnet (*bentscht*) uns.« Da sagte Rabbi Jochanan zu ihnen: »Es soll der Wille des Heiligen, gepriesen sei Er, sein, daß ihr euch fürchten sollt vor dem Heiligen, gepriesen sei Er, so viel wie ihr euch fürchtet vor den Leuten.« Da sagten die Schüler: »Lieber Rabbi, sollen wir uns nicht mehr fürchten vor Seinem heiligen Namen als vor den Leuten? Gott bewahre (*chaß weschólaum*), daß wir nicht mehr Furcht (*máure*) haben sollten vor dem Heiligen, gepriesen sei Er, als vor den Menschen.«

Da sagte Rabbi Jochanan: »Es wäre genug, wenn ihr den Heiligen, gepriesen sei Er, so sehr fürchtet, wie ihr die Menschen fürchtet; denn wenn ein Mensch eine Sünde (*awéjre*) begeht, so denkt er vor allem daran: Dies soll bloß kein Mensch sehen. Und vor dem Heiligen, gepriesen sei Er, hat er keine Scheu, ob er es nun sieht oder nicht.«

Deshalb gab er ihnen als Segen mit, sie sollten sich vor Gott genauso fürchten wie vor den Menschen. [24]

Quelle: Traktat Berakhot 28 b, aus dem Babylonischen Talmud.
Übers.: Goldschmidt BT Bd. 1 (1929), 124 f. – MB: Pappenheim 1929, Nr. 24.

Rabbinisches Exemplum Nr. 133 (Zwei Wege). Der Talmudtext schließt verhaltener: »Merket, wenn der Mensch eine Sünde begeht, spricht er: daß mich doch niemand sehe!«
Das Gleichnis von den zwei Pfaden, dem breiten, bequemen Weg zur Hölle und dem steinigen Weg zum Himmel, nahm seinen Anfang von der antiken Parabel »Herakles am Scheideweg«, wurde dann im Mittelalter voll ausgebildet (siehe W. Harms, ›Homo viator in bivio. Studien zur Bildlichkeit des Weges‹, München 1970).

Rabbi Huna und die vierhundert Fässer Wein

Die Geschichte geschah an Reb Huna, dem waren vierhundert Fässer Wein alle zu Essig geworden. Da ging Reb Adda zu ihm, der Schwestersohn von Reb Sala dem Frommen, und andere Rabbinen (*rabónim*) ebenfalls. Da sagten sie zu Reb Huna: »Lieber Rabbi, sieh nach unter deinen Werken, ob du etwas Unrechtes getan hast, dann bezahlt es Dir der Heilige, gepriesen sei Er, in dieser Welt, damit dir auf Jener Welt (*jéne-welt*, Jenseits) nichts abgehen wird.«

Da erwiderte Rabbi Huna: »Ihr lieben Rabbinen, verdächtigt (*cháusched sajn*) ihr mich denn, daß ich etwas Unrechtes getan habe?« Da sprachen sie wiederum: »Lieber Rabbi, meinst du denn, daß Gott seinen Frommen etwas Böses zuschickt, wenn sie es nicht verdient haben?« Da sprach Rabbi Huna wieder: »Ist einer unter euch, der etwas über mich gehört hat, der sage es mir.« Da sagten die Rabbinen: »Wir haben gehört, du hättest deinen Gärtnern den Lohn nicht gegeben.«

Da sagte Rabbi Huna: »Das wäre ein Diebstahl (*gnéjwe*) gewesen, aber ich habe es nicht getan. Auch will ich es auf mich nehmen (*mekábl sajn*), daß ich ihnen ihren Lohn gegeben habe.«

Einige Leute sagen, der Wein wurde dann wieder gut, in gleicher Qualität wie zuvor, und andere Leute sagen, er ist Essig geblieben. Aber der Essig ist so teuer geworden, daß er so hoch verkauft wurde wie Wein. [25]

Quelle: Traktat Berakhot 5 b, aus dem Babylonischen Talmud.
Übers.: Goldschmidt BT Bd. 1 (1929), 16. – MB: Pappenheim 1929, Nr. 25.

Der Talmud nennt zunächst Rabbi Jehuda als Besucher Hunas und bezeichnet ihn als den Bruder Rabbi Salas; der Besucher könnte aber auch Rabbi Adda ben Ahaba gewesen sein. Dann ist von Weinranken als Lohn für *den* Gärtner die Rede – was erst einen Zusammenhang zu dem verdorbenen Wein herstellt –, und der subtile Schlußdialog geht so: »›Läßt er (der Gärtner) mir etwa davon etwas übrig, er stiehlt sie mir ja ganz.‹ Da sprachen sie (die Rabbinen) zu ihm: ›Das ist es, was die Leute sagen: Stiehl vom Dieb, und du empfindest den Geschmack.‹ Hierauf sprach er zu ihnen: ›Ich nehme (die Verpflichtung) auf mich, sie ihm zu geben.‹«
Dort gibt Rabbi Huna also zu, seinen Arbeiter nicht bezahlt zu haben. Im MB bestreitet Huna die fällige Schuld, was nicht ganz plausibel wirkt und den Leser um den Reiz talmudischer Gewitztheit bringt – zu der auch die Relativierung des Wertes von Essig und Wein gehört.
Zur moralischen Verpflichtung gegenüber Lohnarbeitern siehe Text 19.

Von Rabbi Huna, im JT Rabbi Chona genannt, weiß man, daß er 297 n. Z. starb und in den vierzig Jahren zuvor ein hoch bedeutender Lehrer in Babylon war. Sein Schüler und jüngerer Gefährte war Rabbi Chisda; beide wurden ihrer Frömmigkeit wegen als die Frommen von Babylon bezeichnet (vgl. EJ Bd. 8, 1931, Sp. 269–73).

Rabbi Josse und der Prophet Elia

Die Geschichte geschah an einem namens Rabbi Josse, der erzählte: Ich bin einmal auf Reisen gewesen, da trat ich in ein verwüstetes Haus ein, das war von der Zerstörung Jerusalems her (*churben jeruscholájim*) verwüstet. Also bin ich hineingegangen und und habe drinnen meine Gebete gesprochen (*tfíle ton*). Da ist der Prophet Elia (*Elijóhu ha-nówi*), sein Andenken sei zum Guten, gekommen und hat sich an die Eingangstür gestellt und hat auf mich gewartet, bis ich ausgebetet (*ausgeort*) hatte. Und wie ich nun mit Beten fertig war, da ist er zu mir gegangen und hat mir den Friedensgruß (*schólaum*) gegeben und hat zu mir gesagt: »Friede mit dir (*schólaum-alejchem*), Rabbi.« Da habe ich zurückgegeben: »Friede mit dir, mein Lehrer (*rabbi umáuri*).« Da sagte er zu mir: »Mein Sohn, warum bist du in solch ein Haus gegangen, um deine Gebete zu sprechen? Du hättest das auch auf dem Weg tun können. Denn es ist sehr gefahrvoll, in ein verwüstetes Haus zu gehen.« Da erwiderte ich ihm: »Ich habe befürchtet, wenn ich auf dem Weg gebetet hätte, wäre ich von den Leuten, die da hin- und hergehen, gestört worden (*mewúlbl machn*).« Da sagte der Prophet Elia zu mir: »Du hättest auf dem Weg ein kurzes Gebet sprechen können.«

Da habe ich dreierlei von ihm gelernt: Zum einen, daß man nicht in ein verwüstetes Haus gehen soll. Zum anderen habe ich gelernt, daß man auf dem Weg beten kann. Und zum dritten habe ich von ihm gelernt, wenn man auf der Reise betet, so soll man kurz beten.

Da sprach der Prophet Elia wieder zu mir: »Mein Sohn, was für eine Stimme hast du in dem zerstörten Haus gehört?« Da erwiderte ich dem Propheten Elia: »Ich hörte eine Stimme wie von einer Taube. Die sagte, weh daß ich mein Haus verwüstet, und weh daß ich meinen Palast verbrannt habe, und daß ich meine Kinder so im Galut (*góleß*, Verbannung) umherirren lasse, und das zwischen anderen Völkern.«

Da sagte der Prophet Elia zu mir: »Mein Sohn, so wahr wie du lebst und dein Kopf lebt, auch wenn du meinst, daß die Stimme nur zu der Stunde spricht – sie tut es auch allemal, wenn die Israeliten (*jißróel*) in der Synagoge (*schul*) sagen, ›Amen, Sein heiliger Name sei gelobt‹. Dann schüttelt der Heilige, gepriesen sei Er, Seinen Kopf und spricht: ›Wohl dem König, den man in seinem Hause preist; und wehe dem Vater, der Seine Kinder im Galut gehen läßt: zwischen den anderen Völker und zwischen ihnen verstreut. Und wehe den Kindern, die da vertrieben worden sind vom Tisch ihres Vaters.‹«

Mit diesen Worten ging der Prophet Elia wieder von ihm hinweg. [26]

Quelle: Traktat Berakhot 3 a, aus dem Babylonischen Talmud.
Übers.: Goldschmidt BT Bd. 1 (1929), 5. – MB: Pappenheim 1929, Nr. 26.

Der Talmud spricht von »Ruine«, MB von »wüstem Haus«. Benannt wird, vor allem durch die taubengleiche göttliche Stimme, das Schicksal Israels: »Wehe, daß ich mein Haus zerstört, meinen Tempel verbrannt und meine Kinder unter die Völker verbannt habe.«
Galut ist das hebräische Wort für die Vertreibung der Juden aus Israel, synonym für »Exil« oder »Diaspora«. Mit den Deportationen nach Mesopotamien (Babylonischer Galut, 722 und 597–586 v. Z.) begann die jüdische Diaspora. Weitere Merkdaten: die Vertreibung aus Spanien und Portugal (ab 1492), die Pogrombewegung in Osteuropa (ab 1880), die Verfolgungen unter der NS-Herrschaft (ab 1933).

Die Legende bringt Rabbi Josse (ben Chalafta) auch anderenorts mit dem Propheten Elia zusammen, so in Jabmuth 63 b, Sanhedrin 113 a-b. Dieser Rabbi wirkte um die Mitte des 2. Jhs. Geboren in Sepphoris, lernte er bei den Leitern des hochberühmten Kollegiums zu Jawne (zwischen Jaffa und Asdod gelegen). Sein wichtigster Lehrer war Rabbi Akiba. Siehe EJ Bd. 9, 1932, Sp. 427–431.

Wie man Dämonen sehen kann

Die Geschichte geschah. Abba Benjamin sagt, wenn einer alle bösen Geister (*schéjdim*) sehen sollte, die den Menschen umgeben, so könnte dieser Mensch nicht am Leben bleiben. Denn sie umstehen den Menschen reihenweise, so lang wie die Zeile (Furche), die sich durch einen Weingarten zieht. Wenn aber einer die Dämonen sehen will, der bringe eine schwarze Katze, deren Mutter auch schwarz gewesen und die eine Erstgeborene *(bcháure)* aus dem Mutterleib ist. Und die Mutter muß auch eine Erstgeburt gewesen sein.

Und nimm das Häutchen (Nachgeburt), worin sie im Mutterleib lag, und verbrenne es zu Asche, und streue einen Teil der Asche in deine Augen und tu den anderen Teil in einen eisernen Topf, und tu ihn versiegeln mit einem Siegel (*cháußem*), damit nichts davon entnommen wird.

Dann kann er sie mit Augen sehen. Aber wenn ihm etwas von der Asche gestohlen (*gegánewt*) werden sollte, so könnten ihm die Dämonen, Gott bewahre (*chaß weschólaum*), eine Falle stellen (*másik sajn*).

Rabbi Bibe bar Abbaje hat es einmal getan, aber nicht richtig. Da haben ihm die Dämonen einen Schaden angetan, Gott behüte uns, und die Weisen (*chachómim*) mußten für ihn Gebete sagen (*tfíle ton*), damit er wieder lebendig und gesund wurde. [27]

Quelle: Traktat Berakhot 6 a, aus dem Babylonischen Talmud.
Übers.: Goldschmidt BT Bd. 1 (1929), 17 f. – MB: Pappenheim 1929, Nr. 27.

Mit den Eingangsworten Abba Benjamins – »Wenn dem Menschenauge die Kraft gegeben wäre, zu sehen, könnte kein Geschöpf vor den schädlichen Geistern bestehen« – beginnt Günter 1910, 112 ff., ein kurzes Dämonenkapitel. Eingehender wird die Dämonologie der Juden in Trachtenberg 1961 behandelt. Dort heißt es zu »Attributen und Funktionen«, 30 ff.: »In welcher Gestalt werden die Dämonen visualisiert?« Allesamt seien sie für den Menschen unsichtbar und nur die sensitiven Tiere reagierten auf ihre Gegenwart (nach L. Ginzberg, »Legends of the Jews«, Bd. V, 148, Nr. 47). Die Rabbinen im Talmud hätten ihnen aber Attribute beigemessen, die das Mittelalter hindurch konstant geblieben seien: »Die Dämonen sind, ihrem Ursprung getreu, Wesen zwischen Engel und Mensch. Wie erstere haben sie Flügel, schweben von einem Ende der Erde zum anderen und wissen, was passieren wird; und wie letztere tun sie essen und trinken, ihre Art vermehren und sterben« (Traktat Erubin 18 b) – »Sie können sehen, sind aber selbst unsichtbar« (Raschi).

Von dem Tannaiten Abba Benjamin sind nur einige agadische Aussprüche, so wie dieser, bekannt (siehe EJ Bd. 1, 1928, Sp. 142 f.).
Bibe bar Abbaje (Talmud: Bebaj ben Abajje), babylon. Amoräer, lebte um die Mitte des 4. Jh.s vermutlich in Pumbedita, wo er Richter war (EJ Bd. 4, 1929, Sp. 484 f.).

Bar Hedja, der Traumdeuter

Die Geschichte geschah an einem mit Namen Bar Hedja, der konnte, wenn einer einen Traum (*chólaum*) geträumt hatte, die Träume recht gut auslegen. Und wenn man ihm Geld zum Lohn gab, dann legte er die Träume zum Guten aus, falls ihm aber einer kein Geld gab, so legte er sie böse (*íbl*) aus.

Nun, es träumten Abbaje und Raba, ein jeder einen (den gleichen) Traum. Abbaje gab ihm Geld zum Lohn, daß er ihm seinen Traum auslegen sollte, aber Raba gab ihm kein Geld zum Lohn. Einmal träumte ihnen die Schriftstelle (*póßek*): ›Dein Ochse wird dir geschächtet werden vor deinen Augen.‹ Zu Raba sagte der Bar Hedja: »Du wirst deinen Ochsen verlieren und wirst davon nicht genießen können, von wegen der Gram in deinem Herzen.« Aber zu Abbaje sagte er: »Weil du viele Geschäfte (*aßókim*) machen wirst, so wirst du einen Ochsen schächten; essen wirst du zwar davon nicht können, wegen deiner vielen Geschäfte, aber trinken wirst du können, wegen der vielen Herzensfreude.«

Danach sagten sie wieder einmal: »Es hat uns heute geträumt, daß unsere Haustüren eingefallen sind.« Dem Abbaje legte er's gut aus, aber zu Raba sagte er: »Deine Frau wird dir sterben.« Es träumten ihnen viele Träume, die sie zugleich geträumt hatten. Raba legte er sie zum Bösen aus, und Abbaje legte er sie zum Guten aus, weil er ihm beizeiten viel Geld gegeben hatte.

Es geschah einmal, daß Raba und Bar Hedja miteinander ein Wasser überquerten. Wie der Bar Hedja aus dem Schiff stieg, da fiel ihm ein Buch (*ßéjfer*) aus seinem Busen. Da nahm es Raba und las (*leint*) daraus. Und er fand in dem Buch geschrieben: Alle Träume (*chaláumeß*) gehen dem Mund nach – nämlich wie man sie den Menschen auslegt.

Da sprach Raba zu Bar Hedja: »Du Bösewicht (*rósche*), weshalb hast du denn meine Träume jederzeit zum Bösen ausgelegt, und dem Abbaje hast du sie jederzeit zum Guten ausgelegt? Hätte ich dir jedesmal Geld zum Lohn gegeben, wie es Abbaje getan hat, so hättest du sie auch mir zum Guten ausgelegt. Das würde ich dir alles noch verzeihen (*mojchl sajn*), aber ich verzeihe dir nicht, daß du mir gesagt hast, meine Frau soll mir sterben. Möge es Gottes Wille sein, daß du in die Hand eines Königs überantwortet wirst, der kein Erbarmen (*rachmóneß*) mit dir hat.«

Wie Bar Hedja das hörte, da sagte er: »Was soll ich tun? Wir haben gelernt, der Fluch (*klóle*) eines Schriftgelehrten wird auf einen kommen, auch wenn er nichts verbrochen hat. Um wieviel mehr der des Raba, der mir zu Recht geflucht hat, um wieviel mehr wird sein Fluch auf mich kommen. Ich will gehen und will im Galut (*góleß*, Verbannung) umherziehen, denn wir haben gelernt, wenn einer umherzieht, so vergibt ihm der Heilige, gepriesen sei Er, seine Sünden (*awéjreß*).« Also zog er von hier weg bis nach Rom.

Als er nun in Rom war, da setzte er sich vor dem Haus eines Dieners des Königs nieder, den man den Oberschatzmeister (Tarzayana) nennt, so hieß einer, der dem König seinen Reichtum (*áuzor*) verwahren mußte. Da träumte dem Mann ein Traum, wie eine Nadel in seinen Finger stach. Da ging er heraus und sagte zu dem Mann Bar Hedja, was ihm geträumt hatte. Da fragte Bar Hedja ihn: »Hast du Geld als Lohn für mich vorgesehen, so will ich ihn dir bescheiden (darüber Auskunft geben).« Da wollte der Mann ihm kein Geld als Lohn geben. Da wollte ihm der Bar Hedja auch nichts sagen.

Die nächste Nacht träumte ihm wieder, wie ihm ein Wurm (Talmud: eine Motte) auf zwei Finger gefallen sei, da sagte er es dem Bar Hedja wieder, und was es bedeute. Da sagte er wiederum: »Gib mir Geld als Lohn, so will ich dir's sagen.« Da wollte er ihm wieder nichts geben, und der Bar Hedja wollte ihm auch wieder nichts sagen.

In der dritten Nacht da träumte ihm wieder: wie ihm ein Wurm auf die ganze Hand gefallen sei. Da sagte er es wieder dem Bar Hedja, wie ihm geträumt habe, und der wollte wieder Geld als Lohn haben. Schließlich (*leßóf*) hat er ihm Geld gegeben, und er hat ihm beschieden und hat zu dem Mann gesagt: daß nämlich ein Wurm (ein Mottenschwarm) in des Königs Kleider, die er in Verwahrung hatte, gekrochen sei und sie alle verdorben habe.

Und wie nun der König dies bemerkt hatte, da schickte er nach dem Oberschatzmeister und gebot, man solle ihn töten, weil er seine Kleider so hat verderben lassen. Da sagte der Oberschatzmeister: »Weshalb will man mich töten? Laßt doch den töten, der dies gewußt hat und es nicht gesagt hat. Ich habe es ja nicht gewußt.« Da ließ man den Bar Hedja holen und hielt ihm vor: »Warum hast du es nicht gesagt, bis zum dritten Tag, bis man dir hat Geld als Lohn geben müssen? Und die Kleider sind derweil zuschanden geworden. Deshalb bist du es wohl wert, daß man dich tötet.«

Da ging man hin und bog zwei Tannenbäume (Talmud: zwei Zedern) nieder und band an jeden Baum ein Bein und ließ die Bäume danach wieder emporschnellen, so daß an jedem Baum ein Stück hängenblieb. Da war Rabas Fluch an ihm bestätigt worden.

Deshalb soll ein jeder nicht mit falschem Herzen umherziehen, denn es bleibt doch letztlich nichts bestehen, und er hat doch nichts davon, so wie es auch dem Bar Hedja geschehen, daß er mit falschem Herzen umhergezogen ist. [28]

Quelle: Traktat Berakhot 56 a-b, aus dem Babylonischen Talmud.
Übers.: Goldschmidt BT Bd. 1 (1929), 245–247. – MB: Pappenheim 1929, Nr. 28.

Rabbinisches Exemplum Nr. 215 (Bar Hedja und die Träume).
Im Talmud sind es ein Dutzend Träume, die Abbaje und Raba dem Bar Hedja vorlegten. »Später ging Raba allein zu ihm und sprach: Ich sah die äußere Tür einfallen. Dieser erwiderte: Deine Frau wird sterben.«
Die Tötung Bar Hedjas wird präzisiert: »Als der Strick gelöst und ihm der Kopf abgenommen wurde, ging jede Zeder zurück und kam an ihren Ort, und er ward in zwei Teile geteilt.«

Bibelvers: »Dein Ochse wird ...«, Dtn 28,31: »Dein Ochs wird unter deinen Augen geschlachtet, du wirst nicht von ihm essen.«

Traumbücher waren in der Spätantike populär. Man denke an das klassische Traumbuch des Artemidor aus der Zeit Kaiser Hadrians, an das ›Oneirocriticon‹ des Arabers Achmet ben Sirin, an das ›Buch des Propheten Daniel‹, das sich vorgeblich an König Nebukadnezar wendet.
Zu Bar Hedja siehe EJ Bd. 3, 1929, Sp. 1030.
Der Talmud weiß auch von weisen Traum-Vorausdeutern wie Rabbi Josua ben Chanina oder Samuel, die, aufgefordert von ihrem christlichen Herrscher, ihm eben die schicksalhaften Träume voraussagten, die der dann träumte.

Das Märtyrertum des Rabbi Akiba

Die Geschichte geschah. Einmal hat ein König die Israeliten (*jißróel*) mit Strafe bedroht, sie sollten sich nicht mit der Tora befassen (*táuro lérnen*). Was tat Rabbi Akiba? Er versammelte viel Volk von Israel und setzte sich nieder und lehrte (*dárschent*). Da fand ihn einer mit Namen Papos ben Jehuda sitzen, wie er sich mit der Tora befaßte. Da sagte der Papos: »Mein lieber Rabbi, fürchtest du dich nicht vor dem König, der zu lernen verboten hat, und du setzt dich nieder vor jedermann und lernst Tora?«

Da sagte Rabbi Akiba zu Papos: »Bist du der Papos, der ein kluger Mann (*grojß chóchem*) sein soll, daß jedermann deine Klugheit (*chóchme*) rühmt? Du bist wahrlich ein großer Narr, das höre ich an deinen Worten. Laß mich dir ein Gleichnis (*moschl*) sagen von dem, woran du mich erinnerst. Du tust wie der Fuchs, der einmal an einem Flußufer hin und her spazierte. Da sah er die Fische im Wasser hin und her laufen, denn man wollte sie auf dem Fluß fangen, daß sie sich im Wasser nicht verstecken könnten. Da fragte der Fuchs die Fische: ›Warum lauft ihr im Wasser so hin und her?‹ Da erwiderten die Fische: ›Es sind Fischer auf dem Fluß, die wollen uns fangen, deshalb laufen wir hin und her, denn wir können uns im Wasser nicht verstecken.‹ Da sagte der Fuchs wieder: ›Folgt mir und kommt heraus aufs Trockene, so wollen wir beisammen wohnen, daß uns niemand etwas tun kann.‹ Denn der Fuchs meinte, er würde so die Fische herausschnellen lassen, und danach hätte er sie gefressen.

Da sagten die Fische zum Fuchs: ›Sollst du der Klügste unter den Tieren sein? Du bist wahrlich ein großer Narr. Denn wenn wir uns schon im Wasser nicht vor den Leuten verstecken können, um wieviel weniger, wenn wir auf dem Trockenen wären; da werden wir uns erst recht nicht vor den Leuten verstecken können.‹«

Und Rabbi Akiba sprach zu dem Papos: »Du willst ein kluger Mann sein und bist doch ein großer Narr. Denn wenn ich mich vor dem König fürchten sollte, wenn ich Tora lerne, von der doch geschrieben steht, ›denn sie ist dein Leben und die Verlängerung deiner Tage‹ – um wieviel mehr wäre das der Fall, wenn ich nicht Tora lernte?«

Nun, nicht lange danach wurde Rabbi Akiba gefangengesetzt, und binnen kurzem wurde auch Papos gefangen und ebenso in Rabbi Akibas Gefängnis gesperrt. Da sagte Papos: »Wohl dir, Rabbi Akiba, daß du gefangen worden bist deines Toralernens halber, und weh dir, Papos, daß du gefangen worden bist wegen schlechter Sachen (Talmud: wegen eitler Dinge).«

Als man nun Rabbi Akiba herausführte, auf daß er verbrannt werden sollte, da war es eben Zeit, das Schemá-Gebet zu beten (*óren*). Da strählte man Rabbi Akiba über die ganze Haut mit einem eisernen Kamm, und gleichwohl betete er immerfort in Erwartung des Todes (*míßo*), um des Heiligen willen, gepriesen sei Er, und wegen Seiner großen Liebe.

Da sagten seine Schüler (*talmídim*): »Lieber Rabbi, Ihr habt nun genug gebetet.« Da sagte Rabbi Akiba: »Ich habe mich mein Lebtag um den Schriftvers (*póßek*) bemüht: ›Du sollst Gott liebhaben mit deinem Herzen.‹ Das meint, wenn man dir schon dein Herz und deinen Körper nehmen will, so sollst du ihn doch liebhaben. Und ich dachte, lieber Gott, wann wird einmal die Zeit kommen, daß ich dieses Wort wahr machen kann? Und eben jetzt, da ich es wahr machen kann, wie sollte ich denn da mit Beten aufhören und den Schemá nicht zu Ende beten?«

Da verweilte er so lange bei Echod (»einzig«), bis ihm seine Seele (*neschóme*) über Echod ausging (entwich). Da kam eine Stimme vom Himmel und sprach: »Wohl dir, Rabbi Akiba, daß deine Seele in Echod ausging.«

Da sagten die Engel zu dem Heiligen, gepriesen sei Er: »Herr des Alls (*káune-hákel*), ist das der Lohn für die Tora, daß der Rabbi Akiba so jämmerlich umgekommen ist? Es wäre besser, wenn er von Deiner Hand gestorben wäre. Herr des Alls, er sollte altershalber gestorben sein, nicht durch einen solch schrecklichen Tod und nicht von Hand der Heiden.«

Da kam wieder eine Stimme vom Himmel und sprach: »Wohl dir, Rabbi Akiba, daß deine Seele in Echod ausging und du bereit bist zum Leben in Jener Welt (*jéne-welt*,

Jenseits). Nun gelangst du in das Licht des Gartens Eden (*ganéjdn*). Amen (*oméjn*). Sela.« [29]

Quelle: Traktat Berakhot 61 b, aus dem Babylonischen Talmud.
Übers.: Lazarus Goldschmidt BT Bd. 1 (1929), 277 f.; Jason 1976, Nr. 16/X. – MB: Pappenheim 1929, Nr. 29.

Zum Schemá (Schma): Das Keriat Schemá ist das Hauptgebet, das morgens und abends vor der Amida, dem Standgebet, gesprochen wird. »Höre, Israel (*schemá jißróel*)«, so beginnt die feierliche Rezitation beim Ausheben der Tora am Sabbat und an Feiertagen, basierend auf Dtn 6,4. Gerade in Märtyrerlegenden wird die Stelle »der Ewige ist einzig« (echod) mitunter zum »letzten Wort« (vgl. Text 213).
Bibelverse: »Denn sie ist dein Leben ...«, Dtn 30,20: »IHN deinen Gott zu lieben,/auf seine Stimme zu hören,/an ihm zu haften,/denn das ist dein Leben und Länge deiner Tage.«
»Du sollst Gott liebhaben ...« ebd., 6,5: »Liebe denn/IHN deinen Gott/mit all deinem Herzen, mit all deiner Seele, mit all deiner Macht.«

In der Tat erlitt Rabbi Akiba zu Zeiten Kaiser Hadrians (um 135), als dessen furchtbare Religionsverfolgung sowohl die Beschneidung wie das Studium der Tora verbot und er sich dem widersetzte, den Märtyrertod. Dies geschah nach dem Aufstand unter Bar Kochba, der Akibas ganze Sympathien hatte, und wurde zugleich an neun anderen Rabbinen vollzogen. Über Akiba ben Joseph, den wohl berühmtesten Rabbi der Epoche nach Zerstörung des Zweiten Tempels, informiert EJ Bd. 2, 1928, Sp. 7–22.

Der gewissenlose Fleischer

Die Geschichte geschah an einem Fleischer (*kázew*), der wohnte in Sepphoris und verkaufte den Juden nichts als unreines (*tréjfe*) Fleisch und gab es als rein (*kóscher*) aus. Und der Fleischer war selbst ein Jude.

Nun begab es sich an einem Vorabend vor Sabbat (*érew schábeß*), daß er sich volltrank. Er kletterte auf das Dach und fiel herab und brach sich den Hals, so daß er gleich tot war. Da kamen die Hunde (*klówim*) und leckten das Blut (*dam*) des Fleischers auf. Da kamen die Leute und fragten Rabbi Chanina, wie sie sich verhalten sollten: Sollten sie ihn beerdigen (*zu kwúre ton*) oder nicht, denn die Köter äßen sein Blut.

Da sagte Rabbi Chanina: »In unserer heiligen Tora steht geschrieben: ›Ein Fleisch, das unrein ist, sollt ihr nicht essen, nur den Hunden sollt ihr es vorwerfen.‹ Und der Fleischer dort, der hat den Hunden das Ihrige genommen, denn das unreine Fleisch, das den Hunden gehört, hat er Juden verkauft. Nun kommen die Hunde und nehmen sich das Ihrige vom Fleischer wieder. Deshalb laßt den Sünder (*rósche*) liegen und begrabt ihn nicht. Laßt die Hunde sein Fleisch essen, welches er ihnen weggenommen hat.« [30]

Quelle: Traktat Terumot 45 c, 8,5, aus dem Jerusalemer Talmud.
Übers.: Gerd A. Wewers JT Bd. I/6: Terumot – Priesterhebe (1985), 158. – MB: Pappenheim 1929, Nr. 30.

Gaster 1934 vermutet, daß der Text von einem Supplement der Sammlung ›En Ja'akob‹ übernommen wurde. Heller 1936, 235 f. weist darauf hin, daß aus dem Jerusalemer Talmud verhältnismäßig wenige Texte eingeflossen sind, nennt noch Text 55, 87, 142, 225. In der Tat sind dies alle.

Bibelvers: »Ein Fleisch, das unrein ist ...«, Ex 22,30: »Fleisch, auf dem Felde zerrißnes, esset nicht, dem Hunde werfet es hin.«

Trefe, das unreine Fleisch, wird im Talmudtext als »Aas und Totverletztes« (d. i. als Tier mit einem körperlichen Gebrechen, das zum Tod führt) charakterisiert. Die Frage der Leute an Rabbi Chanina lautete präzis: Darf man den Toten am Sabbat angesichts der Hunde bergen? Die Frage impliziert eine zweite: Oder soll man ihn bis nach dem Sabbat liegenlassen, auch wenn seine Leiche den Hunden zum Fraß dient?

So umfassend das Sabbatgebot ist, vor Lebensgefahr tritt es zurück (siehe Zobel 1935, 56 f.) Stirbt jemand am Sabbat, so wird er, wie in anderen Fällen, sofort aus dem Bett gehoben und auf den Fußboden gelegt; der Tote wird mit einem Tuch bedeckt, ihm zu Häupten wird ein Licht aufgestellt. Eine Totenwache der Chebra Kaddischa, der »Heiligen Bruderschaft«, stellt sich ein. Das Zeremoniell des Abelut, der Trauer, hat begonnen.

Die Witwe und das Goldstück

Die Geschichte geschah an einem Mann, der in einem Jahr der Teuerung einer Witwe (*almóne*) einen Goldgulden zur Aufbewahrung gab.

Und der Mann hatte den Goldgulden in einen Krug voller Mehl gelegt. Und die Witwe buk das Mehl und machte einen Kuchen daraus. Und den Kuchen gab die Frau einem Armen (*óni*), und die Frau wußte nicht, daß der Goldgulden darin war.

Nicht lange danach kam der Mann und wollte den Goldgulden, den er ihr zur Aufbewahrung gegeben hatte, von der Frau wiederhaben. Da sagte die Frau zu dem Mann: »Wenn ich einen Genuß (*hanóe*) von dem Goldgulden gehabt habe, so soll mein Kind Gift essen, daß es daran stirbt.«

Danach, so haben es die Leute erzählt, dauerte es nicht mehr lange, daß der Frau ein Kind starb. Und als nun die Weisen (*chachómim*) das hörten, da sagten sie: »Sieh doch, die Frau hat doch richtig geschworen, denn sie wußte doch nicht, daß der Goldgulden in dem Kuchen steckte. Gleichwohl hat sie der Heilige, gepriesen sei Er, damit gestraft, daß ihr ein Kind starb. Um wieviel mehr (*mikól schekén*) mag es dem schlimm ergehen, der falsch (*schéker*) schwört.«

Weil die Frau einen falschen Schwur tat, sie hätte von dem Goldgulden keinen Genuß gehabt – und doch hat sie ja einen Genuß von dem Goldgulden gehabt, denn sie hat den Teig gespart, in dem der Goldgulden lag; deshalb hat sie der Heilige, gepriesen sei Er, gestraft. Deshalb, ihr lieben Leute, seht, was die Geschichte (*ma'asse*) bedeutet:
Tut ein jeder richtig schwören,
so tut ihm Der, Dessen Name gelobt sei, die Kinder mehren. [31]

Quelle: Traktat Gittin 35 a, aus dem Babylonischen Talmud.
Übers.: Goldschmidt BT Bd. 6 (1932), 287 f. – MB: Pappenheim 1929, Nr. 31.

Dem Talmud nach war es die Witwe selbst, die das Depositum (einen Golddenar) in den Mehlkrug legte; »hierauf backte sie ihn in einem Brot mit, das sie einem Armen gab«. Rabbinisches Exemplum Nr. 122 (Geldstück im Brot).
Weitere Geldverstecke tauchen in der jüdischen Erzählliteratur (Agada) auf, so das berühmte Geld im Stecken – wenn einer seinen Stock mit Geld dem Kontrahenten vor Gericht aushändigt, um schwören zu können, und dann »wahrschwört«, er habe ihm das Geld, um das es geht, bereits gegeben. Siehe das rabb. Exemplum Nr. 121 a bzw. den märchenkundlichen Bericht Gasters, »Das Gold im Stocke«, in: MGWJ, 29. Jg. 1880, 316–322.
Dem *pikódaun*, genauer gesagt, dem »Motiv vom veruntreuten Depositum in der jüdischen Volkskunde«, widmete A. Marmorstein eine Studie, ebenfalls in: MGWJ, 78. Jg. 1934, 183–195. – Geld im Kuchen, siehe Text 203; Geld im Baum, siehe Text 190, 203, 222; Geld im Erdloch, siehe Text 215.
Das westjidd. Wort für »Geschichte«, auf die hier und an anderen Stellen bedeutungsvoll abgehoben wird, ist *ma'asse*, Plural *ma'assim*; das ostjidd. Pendant dazu *májße*, *májßeß*.

Gesühntes Verbrechen

Die Geschichte geschah. Simeon ben Schetach erzählte: »So wahr ich sehen werde, daß Zion wiedererbaut wird, so wahr habe ich gesehen, daß einer seinem Kameraden (*cháwer*) in ein verwüstetes Haus in einer Ödnis nachlief. Und auch ich bin ihm nach. Da habe ich das Blutschwert in seiner Hand gesehen, und das Blut ist noch an dem Schwert gewesen, und das Blut hat noch von dem Schwert getropft. Und dem er nachgelaufen war, der war tot und hat noch ein wenig gezappelt.«

Da habe ich zu dem Mörder (*rauzéach*) gesagt: »Du Ruchloser (*rósche*), wer den erschlagen hat, das muß ich oder mußt du gewesen sein. Doch was kann ich tun? Dein Blut ist mir nicht ausgeliefert, das heißt, ich darf dich nicht töten, weil ich allein es gesehen habe. Denn die Tora sagt: ›Wenn es zwei Zeugen (*éjdim*) dafür gibt, daß man einen getötet hat, so soll derjenige wieder getötet werden.‹ Aber weil allein ich es gesehen habe, so darf man auf den einen Zeugen (*éjd*) hin nicht töten. Aber Der, Dessen Name gelobt sei, Der die Gedanken weiß, Der soll von dem bezahlt werden, der diesen hier getötet hat.«

Da haben die Weisen (*chachómim*) gesagt: »Der Simeon ben Schetach ist nicht von der Stelle gewichen, doch da ist eine Schlange gekommen und hat den Mörder totgebissen, so daß er auf der Stelle starb. Deshalb, liebe Leute, seht, was die Geschichte (*ma'asse*) bedeutet:
Tut ein jeder recht schwören,
so tut ihm Der, Dessen Name gelobt sei, seine Kinder mehren. [32]

Quelle: Traktat Sanhedrin 37 b, aus dem Babylonischen Talmud.
Übers.: Goldschmidt BT Bd. 8 (1933), 604. – MB: Pappenheim 1929, Nr. 32.

Die Torastelle bezieht sich auf Dtn 17,6: »Auf zweier Zeugen oder dreier Zeugen Mund sterbe, der sterben muß,/nicht soll er auf eines einzigen Zeugen Mund sterben.« Dies wurde zur Rechtsgrundlage sowohl des Strafrechts wie des Zivilrechts, siehe auch die Texte 88, 100, 159, 199, 202, 204 ...
Simeon ben Schetach, Gesetzeslehrer im 1. Jh. v. Z., der die Umgestaltung der bisher von den Sadduzäern geprägten Gesetze unternahm und in das Oberste Gericht (Sanhedrin) zunehmend die Pharisäer einberief. Er rief auch den nach Ägypten geflohenen Jehuda ben Tabbai in die Heimat zurück und setzte ihn wieder in das Amt des Vorsitzenden ein – seither gehören beide zu den paarweise genannten Gelehrten, dem Sugot – vgl. Hillel und Schammai, Abtalion und Schemaja.

Rebbe und der Kaiser Antoninus

Die Geschichte geschah. Der Rebbe hatte eine unterirdische Höhle, die ging von seinem Haus bis an das Haus des Kaisers Antoninus. Da konnte man unter der Erde gehen: von des Kaisers Haus bis in des Rebben Haus. Denn der Kaiser ging jeden Tag insgeheim zum Rebbe, um zu lernen. Und wann immer er zum Rebbe gehen wollte, so ging er unter der Erde, damit es niemand mitbekommen sollte. Und jedesmal, wenn er durch die Höhle ging, so nahm er zwei Knechte mit, denn er wollte die Höhle nicht allein durchqueren. Und jedesmal tötete er den einen, wenn er vor die Tür des Rebbe kam, und den anderen, wenn er vom Rebbe wegging und durch die Höhle wieder vor seine Tür kam, damit kein Mensch es erahnen könnte, daß er Tora lernte.

In jenen Tagen sprach der Kaiser zu Rebbe: »Lieber Rebbe, ich bitte dich, laß in der Zeit, in der ich zu dir lernen komme, keinen Menschen bei dir sein.«

Einmal kam der Kaiser zu Rebbe zum Lernen, da fand er Rabbi Chanina bar Chama vor, wie er bei Rebbe lernte. Da erschrak der Kaiser sehr und sprach zu Rebbe: »Ich habe dir doch gesagt, in der Zeit, in der ich zu dir lernen komme, sollst du gar keinen Menschen bei dir haben. Warum hast du dich nicht daran gehalten und hast nun einen bei dir sitzen. Du weißt sehr gut, daß das meine Zeit ist, in der ich zu dir komme, um zu lernen.«

Da antwortete der Rebbe dem Kaiser: »Dies ist kein Mensch, sondern ein Engel (*málech*).« Da antwortete der Kaiser: »Ist er denn ein Engel, so laß ihn hinausgehen und dem, der vor der Tür liegt und schläft, bedeuten, er solle hereinkommen.« Damit meinte er, den, den er vor der Tür getötet hatte, solle er (der Besucher) wieder lebendig machen, damit er wieder zu ihm hereinkäme.
Da ging Rabbi Chanina hinaus und fand den Mann tot vor. Da dachte Rabbi Chanina bei sich: »Wie kann ich dem Kaiser sagen, daß der Mann tot ist? Man sagt nicht gern eine schlimme Nachricht (*schmúe*). Soll ich denn wieder weggehen und den Toten liegen lassen und dem Kaiser nichts davon sagen? Dann erniedrige ich seine Würde.« Da betete (*tfíle ton*) Rabbi Chanina, so daß der Mann wieder lebendig wurde. Und der Mann ging wieder zum Kaiser herein.

Da erschrak der Kaiser sehr und sagte: »Ich weiß, daß ihr mit eurem Gebet (*tfíle*) einen wieder lebendig machen könnt, so wie Rabbi Chanina das mit diesem Mann getan hat. Gleichwohl bitte ich dich, wenn ich zu dir komme, laß niemanden bei dir sein.«

Und jeden Tag diente der Kaiser dem Rebbe bei Tisch mit Essen und Trinken. Und wenn Rebbe in sein Bett steigen wollte, dann bückte sich der Kaiser, so daß Rebbe auf ihn steigen konnte, um leichter in sein Bett zu kommen. Und der Kaiser sagte zu Rebbe: »Steig auf mich, daß du in dein Bett kommen kannst.« Da sagte Rebbe zu dem Kaiser: »Das soll nicht sein, denn das ist nicht Sitte (*kejn ßéjder*), daß man einen Kaiser verschmäht (für unwert hält).« Da erwiderte der Kaiser: »Lieber Rebbe, wolle Gott, daß ich auf Jener Welt (*jéne-welt*, Jenseits) dein Knecht sein möge und ein Schemel zu deinen Füßen.« Er, der Kaiser, fragte auch: »Mein lieber Rebbe, werde ich teilhaben an Jener Welt?« Da sagte Rebbe: »Ja.« Da sagte der Kaiser wiederum: »Es steht doch geschrieben, aus dem Hause Esau wird nicht einer übrigbleiben?« Da sprach Rebbe: »Das meint nur die, die so wie Esau handeln.« Da entgegnete der Kaiser: »Es steht doch geschrieben, all ihre Könige und all ihre Männer, ihre Fürsten und Herzöge werden vernichtet werden.« Da widersprach Rebbe: »Ihre Könige, das bedeutet einen Teil ihrer Könige, doch ausgenommen sind Antoninus, Sohn des Severus, und dessen Männer, und dann Ketia bar Schalom, der sich ebenfalls bekehren ließ (*megájer sajn*).«

Wir haben gelernt, daß Kaiser Antoninus, Sohn des Severus, sich vor seinem Tod zum Judentum bekehrt hat. [33]

Quelle: Traktat Aboda Zara 10 b, aus dem Babylonischen Talmud.
Übers.: Goldschmidt BT Bd. 9 (1933), 464 f. – MB: Pappenheim 1929, Nr. 33.

Rabbinisches Exemplum Nr. 149 (148) (Antoninus besucht Rabbi Jehuda). Born Judas Bd. 2, 1917, 56 f.: Wieder von den zwei Fürsten (Antoninus und Juda Hanassi).

»Der Rebbe« ist hier kein anderer als Rabbi Jehuda ha-Nassi, der Nachfahr Hillels, Sohn des Rabbi Gamliel II. Im Talmud wird er stets der Rabbi, Rebbe oder »Rabbejnu ha-Kodesch« (»unser heiliger Lehrer«) genannt. Um 170 n. Z. eingesetzt in die Patriarchenwürde (Nassi), wirkte er auf politisch-organisatorischer Ebene unumstritten, wie er auch in Religionsfragen die maßgebliche Autorität war; auf ihn geht u. a. die Kodifizierung der Mischna, d. h. des Kerns der »mündlichen Lehre«, zurück (vgl. EJ Bd. 8, 1931, Sp. 1023–1035).
Mit Antoninus, dem Lernpartner des Rebbe – siehe Text 87 – ist wohl Kaiser Marcus Aurelius Antoninus (211–17) alias Caracalla (»Kapuzenmantel«) gemeint. Er war ein Sohn des Kaisers Septimius Severus, und grausame Willkürherrschaft wird ihm nachgesagt. Die Praxis der Ermordung mitwissender Helfer findet sich schon bei Shihuang-ti, Chinas »Erstem Erlauchten Kaiser« (221–209 v. Z.).

Bibelverse: »Aus dem Hause Esau wird nicht einer Esau übrigbleiben«, Obd 1,18: »Das Haus Jaakobs wird ein Feuer,/das Haus Jossefs eine Flamme/und das Haus Eßaws zu Stoppeln,/jene zünden drein, sie verzehrens,/dem Haus Eßaw bleibt nicht ein Bewahrtes.« –
»All ihre Könige und all ihre Männer …«, Ez 32,29: »Dortselbst ist Edom, seine Könige/und all seine Fürsten,/die hingegeben wurden/in ihrem Heldentum/zu den vom Schwerte Durchbohrten.«

Das Martyrium des Ketia bar Schalom

Die Geschichte geschah. Zur Zeit des Ketia bar Schalom lebte ein Kaiser, der war den Juden (*jehúdim*) sehr feind. Da sprach der Kaiser zu seinen Räten (*jáuezim*), und der Ketia gehörte auch zu ihnen: »Wer eine alte Wunde hat und viel Fleisch wächst drum herum, wie soll er dagegen vorgehen? Soll er das viele Fleisch herausschneiden, damit er gesund wird, oder soll er es bleibenlassen und soll die Schmerzen von der alten Wunde her aushalten?« Das Beispiel (*moschl*) hatte der Kaiser auf die Juden bezogen, denn er hätte sie gern drangsaliert.

Da sprach der Ketia zum Kaiser: »Du kannst die Juden nicht verderben oder vertreiben, denn es steht geschrieben, ›wie die vier Winde habe ich sie verspreitet‹. Das meint, sowenig die Welt ohne Wind besteht, sowenig kann die Welt ohne Juden bestehen. Deshalb kannst du sie nicht vertreiben. Und mehr noch, wenn du die Juden verderben solltest, wird man dich heißen mit deiner Herrschaft (*málcheß*) ein verstümmeltes Königreich.«

Da sprach der König (*mélech*): »Du hast mir ganz recht geantwortet, aber wer den König mit seiner Antwort übersiegt (übertrumpft), den wirft man in einen Ofen, der voller Sand ist, daß er drinnen ersticken muß. Und nachdem du mich geschmäht und mein Königreich ein verstümmeltes genannt hast, kommt dir dieses Urteil zu.« Also nahm man ihn und wollte ihn wegführen, daß man ihn in ein Haus voll Sand werfe.

Da sah ihn eine Fürstin (Dame) aus Rom und sagte zu ihm: »Wehe dem Schiff, das ohne Zollabgabe (*mécheß*) fährt.« Das meint, du, Ketia, willst dich töten lassen von wegen der Judenschaft und glaubst dadurch Anteil an Jener Welt (*áulom-hábo*, Jenseits) zu bekommen, und du bist nicht gejüdischt (*gejídischt*, beschnitten).

Einige sagen, wie er das hörte, da schnitt er sich seine Mila (*míle*, Beschneidung; hier: Spitze der Vorhaut) selber ab. Und andere sagen, er fiel auf seine Mila und biß sie sich mit seinem Mund selbst ab und sagte: »Ich habe Zoll entrichtet.« Und wie man ihn in das Haus voll Sand werfen wollte, da schrie er: »All mein Mammon soll Rabbi Akiba und seinen Genossen (*chawéjrim*) gehören.« Da kam eine Stimme vom Himmel und sagte: »Ketia bar Schalom ist vorbereitet für Jene Welt.«

Als Rabbi (Rebbe) das hörte, da hob er an zu schreien: »Mancher tut sein Lebtag viel Gutes und muß sich doch schicken, daß er an Jener Welt teilnimmt, und mancher kauft sich den Anteil für Jene Welt in einer Stunde, so wie dieser Ketia bar Schalom; der hat in einer Stunde den Anteil für Jene Welt bekommen, weil er sein Geld Rabbi Akiba und seinen Genossen vermacht hat.« [34]

Quelle: Traktat Aboda Zara 10 b, aus dem Babylonischen Talmud.
Übers.: Goldschmidt BT Bd. 9 (1933), 465 f. – MB: Pappenheim 1929, Nr. 34.

Bibelvers: »Wie die vier Winde ...«, Sach 2,10: »Habe ich euch ja wie die vier Winde des Himmels zerbreitet!«

Eine ganz ähnliche Märtyrerlegende wird von Rabbi Chanina ben Teradion berichtet. Als er öffentlichen Lehrens wegen in Rom verbrannt werden sollte, verhalf ihm der Scharfrichter aus Erbarmen zu einem raschen Tod und sprang dann selbst ins Feuer. Auch dort ließ sich eine Himmelsstimme (*báßkol*) vernehmen: »Rabbi Chanina und sein Scharfrichter sind für das Leben Jener Welt bestimmt!« (Aboda Zara 18 a).
Analoge abendländische Beispiele für das *privilegium dignitatis* weist Günter 1910, 93 nach.

Die Frau des Rabbi Chanina und das Brotwunder

Die Geschichte geschah. Rabbi Chanina hatte eine Frau, und diese Frau hatte die Gewohnheit (*ßéjder*), stets am Sabbatvorabend (*érew schábeß*) den Backofen mit Waldreben und Kräutern zu heizen, so daß es einen Rauch gab – um bei den Leuten den Schein zu erwecken, sie backe jeden Freitag Brot und Kuchen. Denn sie schämten sich, daß sie arm waren.

Und sie hatte eine böse Nachbarin, die dachte in ihrem Sinn: »Ich weiß wohl, daß die Leute nichts Eigenes haben, was können sie denn davon backen?« Und ging einmal hin an einem Freitag, als die Frau den Ofen heizte, und klopfte an die Tür und sprach: »Laß mich herein.«

Wie das die fromme Frau (*zadéjkeß*) hörte, daß man an die Tür klopfte, da lief sie weg hinter die Scheuer, und die Nachbarin kam ins Haus herein.

Da geschah ein Wunder (*neß*), daß der Ofen voll Brot war und die Multer (Trog, Schüssel) voll Teig. Da rief die Nachbarin nach der frommen Frau und sagte: »Komm bald und tu dein Brot aus dem Ofen, oder es verbrennt dir sonst.« Da sagte die Fromme: »Ich komm ja schon, ich bin nur nach hinten gegangen und hab die Schaufel holen wollen.« Aber einige Leute sagen, sie war wohl gewohnt, daß ihr Wunder (*níßim*) geschahen.

Einmal sagte sie zu ihrem Mann, Rabbi Chanina: »Wie lange sollen wir solch große Armut erleiden? Bete (*tfíle ton*), daß man dir vom Himmel ein Teil abgibt, deiner guten Werke (*májßim*) wegen, die du getan hast, damit wir nicht gar so arm auf der Welt (*áulom*) sind.« Da betete Rabbi Chanina, und eine Hand kam vom Himmel und gab ihm ein goldenes Bein (*fuß*) von einem goldenen Tisch, so daß er reich war. In dieser Nacht traumte (*sen a chólaum*) der guten Frau, wie die Zaddikim (*zadíkim*, Gerechten) in Jener Welt (*jéne-welt*, Jenseits) an einem goldenen Tisch mit vier Beinen essen werden, und sie beide werden an einem Tisch mit drei Beinen essen, denn ein Bein wurde ihnen vom Tisch abgebrochen. Da sagte sie das zu ihrem Mann.

Da sagte der gute Rabbi Chanina: »Was soll ich denn tun?« Da sprach sie: »Tu wieder beten, daß man das Bein wieder von dir nimmt.« Da betete er, und eine Hand kam und nahm das Bein wieder mit. Wir haben gelernt, daß man das Bein wieder von ihm nahm, das war ein größeres Wunder als das, daß man ihm das Bein gab. Denn die Regel (*ßéjder*) ist, man gibt vom Himmel herab, aber man nimmt nichts zum Himmel zurück. [35]

Quelle: Traktat Taanit 24 b–25 a, aus dem Babylonischen Talmud.
Übers.: Goldschmidt BT Bd. 3 (1930), 723. – MB: Pappenheim 1929, Nr. 35.

Rabbinisches Exemplum Nr. 163 (Chanina ben Dossa und das Sabbatmahl) und Nr. 409 (Chanina und das Paradiesgeschenk). Born Judas Bd. 2, 1917, 37 f.: Das fromme Paar (I) – siehe auch den folgenden Text.
Das Traumgesicht im Talmud geht von einem Tischbein weniger aus: »Dereinst werden die Frommen an goldenen Tischen mit drei Füßen essen, du aber an einem Tisch mit zwei Füßen.« Das dem Rabbi vom Himmel herabgereichte Tischbein schmälert seinen Anteil in der künftigen Welt; damit er das ihm Zugedachte dort nicht entbehren muß, verzichtet seine Frau auf das Gold.
Dem jüdischen Brotmirakel entspricht die Geschichte vom hl. Sanctulus, der, als er seine Bauleute sättigen wollte, ein Brot im Backofen vorfand. Von diesem einen Brot aßen sie alle zehn Tage lang, wie wenn sich die Stücke essenderweise vergrößerten (siehe Günter 1910, 96).
Zum Schlußsatz: Vgl. Ende von Text 59.

Die Frömmigkeit und Wundertätigkeit des Rabbi Chanina ben Dossa, der um die Mitte des 1. Jhs. lebte, ist in beiden Talmuden sprichwörtlich. Er hatte bei Jochanan ben Sakkai in Jerusalem *gelernt*, sein Wirkungsort war Arab unweit Sepphoris. Bei seinen Zeitgenossen galt er als einer, der Kranke gesundbeten und dem Regen Einhalt gebieten konnte (siehe auch EJ Bd. 5, 1930, Sp. 274 f.).

Essig brennt wie Öl

Die Geschichte geschah. Einmal an einem Freitag sah Rabbi Chanina, daß seine Tochter so traurig war. Da fragte er sie: »Liebe Tochter, warum schaust du gar so traurig, was ist dir geschehen?« Da sagte sie: »Ich hab die Lichter zum Sabbat (*schábeß*) anzünden wollen und hab gemeint, daß ich den Ölkrug nahm, um die Lampe zu füllen; dabei hab ich den Essigkrug genommen und hab damit die Lampe gefüllt.«

Da hob Rabbi Chanina an und sprach: »Meine Tochter, deshalb mußt du nicht traurig sein. Der das Öl hat brennen heißen, Der kann auch machen, daß der Essig brennt.«

Wir haben gelernt, daß diese Lichter gebrannt haben, bis man die Hawdala-Kerze an der Lampe angezündet hatte, die mit Essig angefüllt war. [36]

Quelle: Traktat Taanit 25 a, aus dem Babylonischen Talmud.
Übers.: Goldschmidt BT Bd. 3 (1930), 723 f. – MB: Pappenheim 1929, Nr. 36; Strauß 1934, Nr. 2.

Rabbinisches Exemplum Nr. 163 (Chanina und das Sabbatmahl). Born Judas Bd. 2, 1917, 37 f.: Das fromme Paar (II).

Sabbatlichter, das bezog sich früher auf die über der Mitte des Tisches herabhängende sechs- oder achtzackige Lampe, die vor Eintritt des Sabbat herabgelassen und nach dessen Ausgang wieder hinaufgezogen wurde (siehe Abraham Berliner, ›Sabbat bei den mittelalterlichen Juden in Deutschland‹, in: Thieberger 1936, 95). Das Entzünden der Sabbatlichter bezieht sich heute auf die (mindestens) zwei Kerzen auf dem festtäglich gedeckten Tisch, welche die Hausfrau ansteckt, dann ihre Hände vor den Kerzenflammen ausbreitet und den Sabbatsegen spricht. Hawdala (*hawdóle*, Scheidung) heißt die Zeremonie, die den Sabbat beschließt – »wenn drei kleine Sterne in geringem Abstand voneinander am Firmamente sichtbar werden« (Zobel 1935, 168 »Der Rüsttag« und 178 ff. »Sabbatausgang«).

Die Ziegen, die auf ihren Hörnern die Bären heimbrachten

Die Geschichte geschah. Der Rabbi Chanina hatte viele Ziegen. Eines Tages kamen Leute und sagten zu Rabbi Chanina: »Eure Ziegen tun uns viel Schaden auf dem Feld.« Da sagte Rabbi Chanina zu ihnen: »Tun sie euch Schaden an, so gebe Gott, daß die Bären sie fressen. Tut ihr ihnen aber Unrecht, so gebe Gott, daß eine jede Ziege abends einen Bären mitbringt, so, daß sie ihn auf ihren Hörnern trägt.« Am Abend brachte eine jede Ziege auf den Hörnern einen Bären mit sich. Da hat man wohl gesehen, daß man seinen Ziegen Unrecht getan hat, und daß sie den Leuten keinen Schaden zugefügt haben.

Da fragt die Gemara (*gemóre*, steht für Talmud): Woher hatte Rabbi Chanina die Ziegen, denn er war doch ein so armer Mann, daß er gar nichts besaß, wie ihr da oben gelesen habt? Da sprach Rabbi Pinchas: »Ich will es euch sagen. Es geschah einmal eine Geschichte (*ma'asse*) an einem Träger, der trug einen ganzen Korb mit Hühnern vor Rabbi Chaninas Haus. Und dieser Mann ließ zwei Hühner bei der Tür des Rabbi Chanina stehen, er hatte sie vergessen. Und die Frau des Rabbi Chanina hob die Hühner auf, und sie fingen an Eier zu legen. Da sagte Rabbi Chanina zu seiner Frau: ›Sieh dich vor und hebe die Eier auf, die die Hühner legen, und vertu keines davon. Denn der Mann, dem die Hühner gehören, könnte wiederkommen und sie zurückverlangen, dann können wir die Eier mit den Hühnern ihm wiedergeben.‹ So sammelte die gute Frau viele Eier, und die Hühner brüteten die Eier aus und kriegten viele junge Hühner. Und weiterhin Hühner von jenen jungen Hühnern, die er (Chanina) von den Hühnern bekam, die der Hühnerträger vergessen hatte. Die verkauf ten sie um Geld und dafür kaufte er Ziegen.

Eine Zeit später, lange danach, ging der Hühnerträger an Rabbi Chaninas Haus vorbei. Da sagte er zu seinem Genossen, den er bei sich hatte: ›Ich habe einmal Hühner vor die Tür getragen und habe zwei Hühner vor dieser Tür stehenlassen, ich vergaß sie mitzunehmen.‹ Und wie der Hühnerträger das sagte, da hörte es Rabbi Chanina und rief den Hühnerträger in seine Stube und sprach zu ihm: ›Kannst du ein Merkmal (*ßímen*) von deinen Hühnern sagen, die du vergessen hast?‹ Da sprach der Hühnerträger: ›Ja‹, und gab Merkmale (*ßimónim*) der Hühner an. Da gab ihm Rabbi Chanina die Ziegen, die von den Hühnern herrührten. Und eben das waren die Ziegen, welche die Bären vom Feld mit heimbrachten.« [37]

Quelle: Traktat Taanit 25 a, aus dem Babylonischen Talmud.
Übers.: Goldschmidt BT Bd. 3 (1930), 724. – MB: Pappenheim 1929, Nr. 37.

Dem Talmud nach zwei getrennte Geschichten, die im MB zusammengefügt werden. Starck 1991, 482 f. untersucht das Ziegenmotiv – Tiere, die man in Israel nicht halten durfte, die hier gleichwohl Gottes Urteil vollstrecken – und wertet R. Chanina als Charismatiker (vgl. Text 105).
Ziegen stehen nicht nur bei Rabbi Chanina (ben Dossa) mit der Gottheit im Bunde; so vermochten es Hiobs Ziegen, laut Traktat Baba Batra 15 b, Wölfe zu erwürgen. Günter 1910, 80 f. gibt etliche Beispiele aus christlicher Tradition, so St. Patrick, der einem Wolf befahl, ein gestohlenes Schaf wiederzubringen; oder der Einsiedler Florentius, der einen Bären zum Schafhirten bestellte.
Daß man geborgtes und dann gemehrtes Gut wieder zurückgeben muß, ist ein altes jüdisches Erzählmotiv. Eier eignen sich hierfür besonders gut, denn sie sind ein ideales Mittel der Potenzierung, und sie stehen, sinnbildlich gesehen, für Verwandlung.

Onkelos bekehrt sich und andere zum Judentum

Die Geschichte geschah. Onkelos bar Kalonikos wollte sich zum Judentum bekehren (*megájer sajn*). Da wurde es der Kaiser gewahr und schickte einige Leute zu ihm, er solle mit ihnen zu ihm kommen. Sobald sie zu ihm kamen, da disputierte er so viel mit ihnen aus der Tora, daß sie sich zu bekehren begannen.

Wie der Kaiser auch das gewahr wurde, da schickte er noch mehr Leute zu ihm und gebot ihnen, sie sollten sich auf keinen Disput mit dem Onkelos einlassen und sollten ihn zu ihm bringen. Und wie sie zu ihm kamen, da redeten sie nichts mit ihm und führten ihn fort. Da sagte er: »Ich muß etwas mit euch bereden, das rein weltlich ist.« Und ging zu einer Mesusa (*mesúse*, Gebetkapsel am Türpfosten) hin, griff daran und fing an zu lachen. Da fragten sie ihn, warum er lache. Da sagte er: »So ist die Ordnung (*ßéjder*) der Welt: Ein Knecht trägt die Stallkerze vor dem Herrn und beschützt ihn draußen, daß er nicht falle und Schaden nähme. Und der König (*mélech*) bleibt drinnen und sitzt auf seinem Thron. Doch der Heilige, gesegnet sei Er, gelobt sei Sein heiliger Name, Der ist nicht so. Denn Er sitzt draußen vor der Tür und beschützt Sein liebes Volk Israel (*jißróel*), das drinnen sitzt. Darum ist die Mesusa an der Außenseite angebracht, so wie wir sagen, ›Gott behütet meinen Ausgang und meine Heimkehr von nun an bis in Ewigkeit‹.« Wie sie das hörten, da haben auch sie sich zum Judentum bekehrt.

Wie das nun der Kaiser hörte, da schickte er von nun an keinen mehr nach ihm, denn er befürchtete, sein ganzes

Volk werde sich bekehren, und er werde kein Volk mehr behalten. [38]

Quelle: Traktat Aboda Zara 11 a, aus dem Babylonischen Talmud.
Übers.: Goldschmidt BT Bd. 9 (1933), 466. – MB: Pappenheim 1929, Nr. 38.

Rabbinisches Exemplum Nr. 284 (Bekehrung des Onkelos). Born Judas Bd. 2, 1917, 91 f.: Onkelos, der Schwestersohn Titus'. Vgl. Text 95.
Dem Talmud nach bekehrte der Proselyt Onkelos bar Kalonimos (sic!) die kaiserlichen Boten dreimal, stets durch einen Bibelvers. Das erste Mal wird dieser nicht näher genannt, beim zweiten Mal handelt es sich um Ex 13,21: »Vor ihnen einher ging ER,/des Tags in einer Säule Gewölks, sie den Weg zu leiten,/des Nachts in einer Säule Feuers, ihnen zu leuchten«.
Der dritte Schriftvers, durch den Onkelos den dritten Trupp Römer bekehrt (im MB ist es der zweite und letzte), bezieht sich, siehe oben, auf Ps 121,8: »ER hütet deine Ausfahrt und Heimkunft/von jetzt an bis hin in die Zeit.«

Mesusa (hebr. »Türpfosten«) heißt die Kapsel, die am rechten Türpfosten an den äußeren und inneren Eingängen zur jüdischen Wohnung hängt. Mit der Spitze ist sie zur Türfüllung geneigt. Durch die kleine Öffnung der Kapsel zeigt sich das heilige Wort »Schaddai« (der Allmächtige), auf einer Pergamentrolle geschrieben, deren Innenseite die zwei ersten Abschnitte des »Schemá Jißrael« (»Höre Israel!«) enthält, d. h. den Text von Dtn 6,4–9 und 11,13–21, und damit auch den Sinn des Gebots. Gläubige Juden berühren vor dem Ausgang oder Eintritt ins Haus mit den Fingern zuerst die Lippen, dann die Mesusa.

Abba Ummana der Bader

Die Geschichte geschah. Einer hieß Abba Ummana, der vernahm jeden Tag eine Stimme vom Himmel. Und zu Abbaje kam auch eine Stimme vom Himmel und dies am Sabbatvorabend (*érew schábeß*), von einem zum nächsten. Und zu Raba kam an jedem Vorabend von Jom Kippur (*érew jom-kipur*) eine Stimme vom Himmel herab.

Das gefiel dem Abbaje ganz und gar nicht, daß die Stimme vom Himmel häufiger zu Abba Ummana kam als zu ihm. Da sagten die Leute zu Abbaje: »Du kannst nicht so viel Gutes tun wie der Abba Ummana.« Was waren nun die Taten von Abba Ummana? Er war ein Aderlasser (Bader) und hatte für die Männer ein besonderes Zimmer (*chéjder*), wenn er sie zur Ader lassen wollte, und für die Frauen hatte er, wenn er sie zur Ader lassen wollte, auch ein besonderes Zimmer. Und für die Frauen hatte er auch ein besonderes Gewand, das er ihnen umhängte, wenn er sie zur Ader ließ, damit er ihren bloßen Leib nicht sah. Und er hatte auch eine Büchse an der Wand hängen, da warf ein jeder seine Belohnung selbst hinein, wenn er zur Ader gelassen war. Das tat er auch darum, daß er keinen beschämen (*bechárpe machn*) wollte. Denn es kam oft vor, daß einer sich zur Ader ließ und hatte kein Geld. Und wenn er von dem Geld verlangt hätte, so wäre er beschämt gewesen. So sprach er zu einem, wenn er Ader gelassen hatte: »Wirf deinen Lohn dort in jene Büchse«, damit er es nicht zu sehen bekäme, ob einer Geld hineinwarf oder nicht. Hatte einer kein Geld, so tat er, als ob er Geld hineinwürfe, damit er nicht beschämt werde. Und wenn ein Talmudgelehrter (*tálmid-chóchem*) kam, der zur Ader gelassen werden wollte, dann nahm er kein Geld von ihm;

und wenn er wieder weggehen wollte, da steckte er ihm noch Geld in den Beutel und sagte zu ihm: »Geh hin und kauf dir dafür etwas Gutes zu essen, damit du dich wieder stärkst und frisches Blut kriegst.«

Eines Tages schickte der Abbaje zwei Rabbinen (*rabónim*) zu Abba Ummana und wollte ihn auf die Probe stellen, ob er in anderen Dingen so fromm war. Als sie nun zu ihm kamen, da gab er ihnen zu essen und zu trinken und erwies ihnen alle Ehren (*kibúdim*), die ihnen zukamen, und legte sie in ein gutes Bett und deckte ihnen viele gute Kleidungsstücke darüber. Als es nun wieder Tag war, da standen die zwei Rabbinen früh auf und nahmen die vielen guten Kleider mit sich. Und als sie auf den Markt gingen, da sahen sie den Abba Ummana auf den Markt gehen. Da gingen sie zu ihm und sagten zu ihm: »Lieber, schätze uns die Kleider, was sie wert sind.« Er schätzte sie auf eine Summe (*gelt*), die sie wohl wert seien. Da sprachen sie zu ihm: »Vielleicht sind sie mehr wert als wie du sie geschätzt hast.« Da sagte er zu ihnen: »Für die Summe, für die ich sie geschätzt habe, würde ich sie kaufen.« Da sprachen die Rabbinen wieder zu Abba Ummana: »So nimm deine Kleider, denn sie gehören dir.«

Und die zwei Rabbinen fragten: » Lieber, sag uns, wessen hast du uns verdächtigt (*cháusched sajn*), als wir die Kleider mit uns haben mitgehen lassen?« Da sprach er: »Ich habe gedacht, ihr hättet gefangene Leute, die ihr damit auslösen wolltet, und habt euch geschämt, daß ihr mir etwas anheischen (von mir verlangen) sollt.« Da sprachen sie: »Nimm die Kleider wieder.« Da sagte er: »Ich habe sie gerade zu gutem Zweck verschenkt (*hékdesch machn*).« Und wollte sie nicht wieder an sich nehmen.

Dem Raba tat es weh, daß die Stimme zu Abbaje häufiger kam als zu ihm, denn zu Abbaje kam die Stimme vom Himmel jedesmal am Sabbatvorabend und zu Raba nur an den Vorabenden von Jom Kippur. Da ward dem Raba ein Traum (*chólaum*) gewiesen und ihm kundgetan: »Du hast keinen Grund, dich deshalb zu kränken (*mezáer sajn*), denn es mag dir genügen, daß du durch deinen Verdienst (*ßchuß*) eine ganze Stadt beschützt, und darum brauchst du dich nicht grämen.« [39]

Quelle: Traktat Taanit 21 b-22 a, aus dem Babylonischen Talmud.
Übers.: Goldschmidt BT Bd. 3 (1930), 708 f. – MB: Pappenheim 1929, Nr. 39.

Der Talmud präzisiert, daß mit der Stimme vom Himmel »ein Gruß vom himmlischen Kollegium« gemeint sei, nicht etwa die übliche Himmels- oder Hallstimme (*baßkól*), die ja ein Zeichen Gottes ist. – Er führt auch technisch genauer aus, daß an dem Gewand für Frauen »die Schröpfköpfe befestigt und Einschnitte für die Schröpflanzette waren«. – Bei der Einschätzung des Kleiderwerts läßt er Abba antworten: »Um diesen Preis habe ich sie gekauft« (was der Geschichte eine andere Note gibt).
Abba Ummana war Gelehrter und Arzt. Er lebte im 4. Jh. n. Z. in Babylonien, vermutlich in Pumbedita, das seit längerem Sitz einer talmudischen Gelehrtenschule war.

Jom Kippur (Jom ha-Kippurim), der Versöhnungstag, ist der letzte der zehn – mit dem Neujahrsfest Rosch haschana beginnenden – Bußtage. Die hebräische Bibel bezeichnet ihn als »Sabbat der Sabbate«. Als »Versöhnung mit uns selbst«, als Vorbedingung unserer Versöhnung mit Gott, dient Jom Kippur einer allumfassenden Sühne. Zugleich ist er ein strenger Fasttag.

Rabbi Josse aus Jokeret kennt kein Erbarmen mit Sohn und Tochter

Die Geschichte geschah. Rabbi Josse ben Abin war gewohnt, bei Rabbi Josse aus Jokeret zu lernen. Nach einiger Zeit verließ er Rabbi Josse aus Jokeret und ging auf die Jeschiwa (*jeschíwe*, Talmudschule) des Rabbi Aschi, um dort zu lernen. Da sagte Rabbi Aschi zu Rabbi Josse ben Abin: »Wieso kommst du, um zu lernen, auf meine Jeschiwa? Du pflegst doch auf der Jeschiwa von Rabbi Josse aus Jokeret zu lernen. Warum ziehst du nun von ihm weg und kommst auf meine Jeschiwa?« Da antwortete Rabbi Josse ben Abin: »Das ist einer, der gegenüber seinem Sohn und gegenüber seiner Tochter kein Erbarmen (*rachmóneß*) kennt; wie soll dann ich Erbarmen mit einem Fremden haben.«

Was aber war die Geschichte (*ma'asse*) mit dem Sohn und mit der Tochter? Es war zu einer Zeit, da hatte Rabbi Josse aus Jokeret viele Arbeitsleute auf dem Feld, die da arbeiteten. Und es galt die Regel (*ßéjder*), daß er ihnen jeden Tag aufs Feld Essen brachte, immer zu Mittag. Und er brachte ihnen jedesmal selber das Essen. Nun geschah es eines Tages, daß er so saumselig war, daß er seinen Arbeitsleuten nicht das Essen um die Mittagszeit bringen konnte. Und die Arbeitsleute hätten gern gegessen und sagten zu seinem Sohn: »Wir würden gern essen, denn es ist schon Mittag, und dein Vater kommt immer noch nicht, um uns Essen zu bringen.«

Und sie saßen beieinander unter einem Feigenbaum, aber der Baum war noch nicht fruchtbar. Da sprach der Sohn zum Feigenbaum: »Feigenbaum, bring deine Feigen hervor und laß deine Feigen wachsen, damit meines Vaters Arbeitsleute zu essen haben.« Da bekam der Baum seine

Feigen, so daß sich die Arbeitsleute gut satt aßen von den Feigen, die der Baum wachsen ließ.

Nicht lange danach kam der Vater und brachte seinen Arbeitern zu essen, wie es seine Gewohnheit war. Und sprach zu seinen Leuten: »Ihr dürft mir nicht zürnen, daß ich so lange ausgeblieben bin. Denn ich habe mich mit einer sehr guten Tat (*grojß mízwe*) befaßt und bin so lange aufgehalten worden.« Da sprachen die Arbeitsleute zu ihm: »Gott möge dich so satt machen, wie wir es diesmal sind.« Da sprach der Rabbi Josse wieder zu ihnen: »Woher seid ihr denn satt geworden, ihr habt doch nichts zu essen gehabt?« Da haben sie ihm die ganze Geschichte (*schmúe*) erzählt, wie sie Feigen gegessen hätten. Da erschrak Rabbi Josse sehr und sagte zu seinem Sohn: »Mein lieber Sohn, du hast den obersten Herrn bemüht, daß er Feigen von dem Feigenbaum hervorbringen ließ, bevor seine Zeit gekommen war. Auch du sollst sterben, bevor es für dich an der Zeit sein wird.« Und er verfluchte seinen Sohn, daß er vor seiner Zeit sterben müßte.

Was war nun die Geschichte mit seiner Tochter? Das will ich euch aufschreiben. Der Rabbi Josse hatte eine schöne Tochter, wie ihresgleichen an Schönheit seinerzeit nirgends zu finden war. Eines Tages sah Rabbi Josse einen jungen Mann (*bócher*), wie er ein Loch in seinen Zaun machte in der Absicht, er könne so seine Tochter begucken. Und der Rabbi Josse trat hinzu und sprach zu dem jungen Mann: »Was hast du da im Sinn, daß du da ein Loch machst?« Da sprach der Jüngling: »Lieber Rabbi, wenn ich schon nicht würdig bin, Eure Tochter zur Frau zu nehmen, so laßt sie mich doch genügend angucken ihrer Schönheit wegen.«

Da sprach er: »Liebe Tochter, du schaffst es, daß die Leute deiner Hübschheit halber sich erregen (*mezáer sajn*). Kehr besser zur Erde zurück, auf daß sich die Leute nicht an dir versündigen sollen.« Und verfluchte die Tochter und hatte kein Erbarmen mit der eigenen Tochter, und sie starb.

»Warum soll ich denn Erbarmen mit ihm haben? Dies ist der Grund, weshalb ich nicht länger bei ihm lernen wollte.« [40]

Quelle: Traktat Taanit 24 a, aus dem Babylonischen Talmud.
Übers.: Goldschmidt BT Bd. 3 (1930), 718 f. – MB: Pappenheim 1929, Nr. 40.

Die Geschichte rund um den Feigenbaum liest sich im Talmud lapidarer. Der Erzähler hier bereitet »das Wunder« dramaturgisch vor, setzt den Dialog stärker ein, lockert auf, erklärt mehr. Doch abgesehen von solchen erzählerischen Effekten sind beide Texte der Struktur nach gleich.
Gegenüber dem von Vorsorge bestimmten Legendenmotiv: der Feigenbaum, der erst nach Jahrzehnten Früchte trägt (Typus AaTh 928 »Bäume für die nächste Generation«), wird dieser Baum von Ad-hoc-Bedürfnissen beansprucht und zur »unzeitigen« Beschleunigung des Wachsens und Reifens seiner Früchte genötigt.
Das Motiv der Unzeitigkeit, so stellte Günter 1910, 98 f. fest, »zieht sich durch alle Jahrhunderte hindurch«. Pausanias erzählt von der unzeitigen Weintraube beim Dionysos-Frühjahrsfest in Migonion, Nonnos von Panopolis vom Satyr Ampelos, der, in einen Weinstock verwandelt, gleich zu blühen anfängt und rasch Früchte trägt; St. Bononius wiederum läßt von einem leeren Baum Feigen holen, usf.
Der mutwillige Eingriff in die Natur, das Herbeiführen eines Wunders werden im Talmud als »Verfehlungen« geahndet.
Rabbi Josse aus Jokeret (oder Diokeret) lebte gegen Ende des 3. Jhs. Sein Schüler, der palästinensische Amoräer Josse ben Abin, verließ ihn und lief zu Rabbi Assi, einem babylonischen Amoräer, über, der wiederum Schüler des Raba gewesen war. Ihm verriet er die seltsamen Handlungen seines früheren Lehrers.

Der redliche Esel des Rabbi Josse

Die Geschichte geschah. Der Rabbi Josse hatte einen Esel, den verdingte er den Leuten gegen Lohn – wer immer darauf zu reiten wünschte, oder irgend etwas darauf mitführen wollte –, um damit Geld zu verdienen. Und wenn der Esel am Abend wieder heimkam, so brachte er den Lohn mit heim. Denn die Leute hielten sich an die Regel (*ßéjder*), daß sie dem Esel den Lohn an den Hals banden, wenn er seine Arbeit getan hatte. Doch wenn man ihm zuviel oder zuwenig Lohn anband, dann wollte der Esel nicht heimgehen, denn er war so fromm, daß er nichts zuviel haben wollte.

Einmal dingte ihn einer und band ihm seinen Lohn an, wie es die Regel war, aber er hatte vergessen, ein Paar Schuhe von dem Esel herunterzunehmen. So hat der Esel nicht heimgehen wollen, denn er hat es gemerkt, daß er noch etwas auf seinem Rücken hängen hatte, das nicht sein war. So ging er nicht heim, bis der Mann seine Schuhe wieder abnahm, und ging erst dann nach Hause. So fromm war der Esel des Rabbi Josse aus Jokeret. [41]

Quelle: Traktat Taanit 24 a, aus dem Babylonischen Talmud.
Übers.: Goldschmidt BT Bd. 3 (1930), 719. – MB: Pappenheim 1929, Nr. 41.

In der Bibel ist der Esel zumeist positiv besetzt, man denke an das Reittier der klugen Abigail, oder an Bileams Eselin, die dem Seher die Leviten liest. Antike Tierfabeln und rabbinische Exempla haben gemeinsam, daß ihnen der Esel als Beweisträger dient, der »Verhaltensmuster für Norm und Normverletzung liefert« (Artikel »Esel« in EM

Bd. 4, 1983, Sp. 417). Keiner ist so den Geboten verpflichtet wie der fromme Esel des Rabbi Pinchas, siehe die Texte 54, 55. – Zu Rabbi Josse siehe Anm. zum vorigen Text.

Der wohltätige Elieser aus Bartota

Die Geschichte geschah. Elieser isch Bartota gab gerne Almosen (*zdóke*). Und wenn die Vorsteher (*gabóim*), welche die Spenden sammeln, ihn kommen sahen, dann verbargen sie sich; denn er hatte eine Gewohnheit (*ßéjder*) an sich: sobald er die Spendensammler sah, wie sie Almosen sammelten, gab er ihnen alles, was er bei sich hatte.

Eines Tages ging Elieser auf den Markt und wollte seiner Tochter noch etliche Sachen kaufen, deren sie noch zu ihrer Hochzeit (*cháßene*) bedurfte, denn sie war eine Braut (*kale*). Und wie der Elieser so daherging, da sah er die Vorsteher mit der Armenbüchse (*zdóke*) umhergehen.

Und wie die Vorsteher ihn sahen, da verbargen sie sich vor ihm. Als er das sah, lief er ihnen nach und sagte zu ihnen: »Jetzt beschwöre ich euch bei dem Schwur (*schwúe*), ihr müßt mir sagen, wofür ihr herumgeht.« Da sagten sie: »Wir gehen für einen Waisenjungen (*jóßem*) und ein Waisenmädchen (*jeßójme*) herum, denn wir wollen sie zueinander geben.«

Da schwor der Elieser bei der Awoda (*awáudo*, »So wahr ich Gott diene«): »Die Waisen dort gehen meiner Tochter vor«, und nahm alles, was er bei sich hatte, gab es den Vorstehern und behielt nicht mehr als einen Schilling übrig. Da kaufte er Weizen für den Schilling und trug ihn heim und schüttete den Weizen in seine Kornkammer.

Und wie seine Frau heimkam, da fragte sie ihre Tochter: »Was hat dir dein Vater mit heimgebracht?« Da sprach die Tochter: »Alles, was mir mein Vater heimgebracht hat, das hat er in die Kornkammer geschüttet.« Da ging die Frau hinauf und wollte doch sehen, was ihr Mann gebracht hatte, und wollte die Tür öffnen. Da konnte sie die Tür nicht öffnen, denn die ganze Kammer lag voller Weizen. Da sah sie in die Kammer herein, da lag der Weizen bis an den Dachboden. Da sagte sie es ihrer Tochter. Da lief die Tochter flugs zu ihrem Vater in das Lehrhaus (*beß-médresch*) und sagte: »Lieber Vater, geh heim, sieh, was dir Dein Freund, der Heilige, gepriesen sei Er, beschert hat.« Und erzählte ihm die Geschichte (*schmúe*) von dem Weizen. Da schwor er bei der Awoda: »Es soll alles zu gutem Zweck verschenkt (*hékdesch*) sein, und du sollst nicht mehr Vorteil (*hanóe*) davon haben als andere Arme in Israel (*aníjim únter jißróel*) auch.«

Da fragt Rabbi Salomo in der Gemara (*gemóre*, steht für Talmud): Warum verschenkt er alles? Da erklärt man es so: Das mit dem Weizen war ein Wunder (*neß*), und wenn einem ein Wunder geschieht, so schlägt (zieht) man es ihm ab im Jenseits (*jéne-welt*), deshalb wollte er keinen Vorteil davon haben und verschenkte alles. [42]

Quelle: Traktat Taanit 24 a, aus dem Babylonischen Talmud.
Übers.: Goldschmidt BT Bd. 3 (1930), 719 f.; Stemberger 1982, 191. – MB: Pappenheim 1929, Nr. 42.

Rabbinisches Exemplum Nr. 417 (Belohnte Wohltätigkeit).
Die jüdische »Wohltätigkeit« (hebr. Zedaká, Gerechtigkeit) umfaßt mehr als das bloße »Almosen geben« (*zdóke gebn*), sie ist kein bißchen gönnerisch herablassend, sondern stets eingedenk einer moralischen und religiösen Verpflichtung zur Gerechtigkeit. Sie strebt daher, in

Grenzen zwar, nach einem sozialen Ausgleich, wobei der erzielte »Mehrwert« sowohl dem Empfänger wie dem Geber zugute kommen kann – in diesem Fall läßt sich der verbliebene Schilling in Frucht (Weizen) umsetzen und in deren wundersame Vermehrung. Jedoch lehnt Elieser selbst die wunderbare Gabe und mögliche Mitgift für seine Tochter ab, er erlaubt ihr nicht einmal, daraus einen Vorteil zu ziehen, was »erst seine wahre Selbstlosigkeit erweist, die durch dieses Wunder zugleich belohnt und geprüft wird« (Stemberger).
Das Wohltätigkeitsgebot leitet sich her von Dtn 15,11: »Denn nicht werden Dürftige aufhören im Innern des Landes,/darum gebiete ich dir, sprechend: Öffnen sollst, öffnen deine Hand du/deinem Bruder, deinem Gebeugten, deinem Dürftigen, in deinem Land!«
Der Ausspruch in ›Sprüche der Väter‹: »Gib Ihm von Seinem, denn du samt Deinem bist ja Sein« (Pirke Abot III,8) geschieht im Namen des Rabbi Elieser aus Bartota.
Synagogenvorstand und Gemeindevorsteher, auch Verwalter von Wohltätigkeitsinstituten jedweder Art zeigten sich schon immer als Einsammler von Almosen und als Leiter der Armenkassen am ehesten geeignet, vgl. Anm. Text 83.

Der Mann mit den schwarzen Schuhen

Die Geschichte geschah. Rabbi Beroka Chosaa (der Hozäer) war gewöhnlich auf dem Marktplatz einer Stadt, die hieß Be Lapet (Lofot). Und der Prophet Elia (*Elijóhu ha-nówi*) pflegte ihn oft zu besuchen. Einmal sprach Elia zu Rabbi Beroka: »Frage mich etwas, was du willst.« Da fragte er den Propheten Elia: »Lieber, sage mir, ist keiner auf dem Markt, den du kennst, der ein Kind der künftigen Welt ist (*ben áulom-hábo*).« Da sah er dort gerade einen Mann, der schwarze Schuhe anhatte, nicht wie es der Juden Art (*ßéjder*) ist, und er trug auch keine Schaufäden (*zíziß*) an seinen Kleidern.

Da sagte der Prophet Elia zu Rabbi Beroka Chosaa: »Der dort mit den schwarzen Schuhen geht, der ist ein Kind der künftigen Welt.« Da lief ihm Beroka nach und fragte den Mann: »Lieber, sage mir, welcher Beschäftigung gehst du nach?« Da sprach der Mann zu ihm: »Ich kann es dir diesmal nicht sagen. Komm morgen wieder, so will ich dir's sagen.«

Am nächsten Tag kam er wieder zu dem Mann, da fragte der Rabbi Beroka den Mann erneut: »Lieber, sage mir, was sind deine Geschäfte?« Da sprach der Mann: »Ich bin ein Gefangenenwächter, und wenn ein Mann ins Gefängnis kommt, so lege ich ihn gesondert, und wenn eine Frau ins Gefängnis kommt, so lege ich auch sie gesondert, und ich mache mein Bett zwischen ihnen beiden. Und warum? Daß sie nicht, Gott bewahre (*chaß weschólaum*), miteinander sündigen. Und wenn ich ein jüdisches Weibsbild gefangen habe, dann sehe ich, ob die Wächter (*scháumrim*, hier Nichtjuden) ein Auge auf sie werfen, daß sie, Gott bewahre, bei ihr liegen wollen. Dann setze ich mein Leben dran, sie zu beschützen. Eines Tages geschah, daß eine junge hübsche Frau jüdischer Herkunft gefangengesetzt wurde, die war schon entspust (verlobt), aber hatte noch nicht den Trausegen (*bróche*) bekommen. Und die Wächter wollten sie mit Gewalt bezwingen. Da nahm ich Hefe von dem Weinfaß und bestrich sie damit unten an ihren Kleidern, das sieht schier aus wie das Blut, das von der Unreinheit kommt, und ich sagte zu den Wächtern: ›Beileibe legt euch nicht zu ihr, denn sie hat ihre Zeit, und davon würdet ihr aussätzig werden.‹ Da folgten sie mir und ließen von der Frau ab.«

Da fragte Rabbi Beroka den Mann: »Warum hast du schwarze Schuhe an? Das ist doch nicht die Art der Juden. Und warum trägst du keine Schaufäden?« Da erwiderte er:

»Ich will dir's sagen. Ich gehe im Palast des Königs (*mélech*) viel ein und aus, und ich stelle es so an, daß man mich nicht für einen Juden hält. Und wenn ich beim König ein schlimmes (*bejs*) Gebot erfahre, das, Gott behüte, nicht gut für die Juden ist, dann laufe ich geschwind zu den jüdischen Rabbinen (*rabónim*) und sage ihnen, sie möchten bald darum beten (*tfíle ton*), daß sie das Gebot abwenden. – Und daß ich dir nicht gleich am ersten Tag gesagt habe, was meine Geschäfte sind, das will ich dir auch sagen. Es war auch diesmal ein schlimmes Gebot für Juden (in Planung), da dachte ich, ich will mich beeilen und es den Rabbinen anzeigen, daß sie es mit ihrem Gebet abwenden könnten. Und ich würde dir gern mehr erzählen, was meine Geschäfte sind, aber ich habe keine Zeit.«

Indessen kamen da noch zwei Brüder gegangen. Da sprach der Prophet Elia zu Rabbi Beroka: »Diese zwei haben auch Teil an der künftigen Welt (*chéjlek leáulomhábo*).« Da ging Rabbi Beroka auch zu ihnen und fragte sie, was ihre Geschäfte sind. Da sagten sie zu Rabbi Beroka: »Wir sind Fröhlichmacher. Das heißt, wo wir einen sehen, der traurig ist, machen wir den wieder fröhlich, daß er sein Leid vergißt. Und wo wir sehen, daß sich zwei Leute miteinander zanken und uneins sind, dann mühen wir uns so lange mit der Sache ab, bis wir sie wieder eins gemacht haben.« [43]

Quelle: Traktat Taanit 22 a, aus dem Babylonischen Talmud.
Übers.: Goldschmidt BT Bd. 3 (1930), 709 f. – MB: Pappenheim 1929, Nr. 43.

Rabbinisches Exemplum Nr. 406 (Ein Mann, wert für das Paradies). Born Judas Bd. 2, 1917, 218: Rabbi Beroka und Elia.
Beroka Chosaa (der Hozäer) war Tannaite, d. h. einer der frühen

Gesetzeslehrer, deren Lehren sich inhaltlich in der Mischna niederschlugen.
»Kind der künftigen Welt« besagt, daß sich einer Verdienste für das Jenseits erworben hat.
Die Kleidung des Gefängniswärters entspricht durchaus früheren Gepflogenheiten. Auch der Talmud weist auf die schwarzen Schuhe hin – nach Raschi für Juden unüblich – und auf die fehlenden Quasten (hebr. Zizit) an den Kleidern.

Gemäß Lev 18,19 (»Einer Frau in der Sonderung ihres Makels nahe nicht, ihre/Blöße barzumachen«) gilt die Menstruierende (Nidda) mit dem Einsetzen der Blutung sieben Tage als »unrein«; vom achten Tag an, sofern kein Blut mehr kommt, ist sie »rein«. Ein Tauchbad (Mikwe) beschließt die Reinigungsvorschriften, die im Traktat Nidda niedergelegt sind.

Ilfa und Rabbi Jochanan

Die Geschichte geschah. Ilfa und Rabbi Jochanan lernten beide unablässig Tora, und sie litten große Not, da sie kein Brot zu essen hatten. Da sagten sie zueinander: »Wir wollen miteinander wegziehen und Handel treiben, in der Hoffnung, daß wir miteinander Brot zu essen haben und den Schriftvers (*póßek*) wahr machen: ›Es soll in Israel (*únter jißróel*) keine Armut herrschen.‹« Also zogen sie weg und gingen auf Ware (*ßcháure*) aus.

Und wie sie eine Weile gegangen waren, setzten sie sich bei einer steinernen Mauer nieder; die war recht alt und wollte schier einfallen. Und die Mauer stand mitten auf dem Feld, und sie wollten dort Brot essen. Da kamen zwei Engel (*malóchim*) vom Himmel herunter und setzten sich hinter die Mauer. Da hörte Rabbi Jochanan, wie die Engel miteinander redeten: »Wir wollen die Mauer auf die zwei Rabbinen werfen, daß sie beide sterben müssen, denn sie verlassen die ewige Welt und wollen sich an die vergängliche Welt heften.« Da sprach der andere Engel (*málech*): »Nein, wir wollen das nicht tun, denn unter ihnen ist einer, der wird noch in Israel ein ganz Vortrefflicher in der Tora sein, und der soll noch nicht sterben.«

Und dieses Gespräch hörte Rabbi Jochanan, und Rabbi Ilfa hörte es nicht. Da sprach Rabbi Jochanan zu Ilfa: »Lieber, hast du hinter der Mauer nichts reden gehört?« Da sprach Ilfa: »Nein, ich habe nichts reden gehört.« Da dachte Rabbi Jochanan bei sich: Weil ich das gehört habe und Ilfa nicht, so kann ich wohl vermuten, daß der Engel mich damit gemeint hat. Und sprach wiederum zu Ilfa: »Ich will wieder umkehren und wieder Tora lernen, auch wenn ich noch größere Not leiden sollte. Und will den Schriftvers wahr machen: ›Daß der Arme niemals vom Land abläßt‹.«

So zog Rabbi Jochanan wieder heim und lernte Tora, und es wurde aus ihm ein großer Mann in der Tora. Und die Leute setzten ihn als Vorsteher der Jeschiwa (*rosch jeschíwe*) ein.

Und danach kam Ilfa auch wieder heim und hatte doch kein Geld mitgebracht und hatte auch nichts gelernt. Da sagten die Leute zu Ilfa: »Wärst du daheim geblieben, so wärst du Leiter der Jeschiwa geworden.« Da sagte Ilfa: »Obwohl ich weg gewesen bin, so lerne ich doch noch besser als Rabbi Jochanan. Komme nur einer und frage mich etwas aus den Mischnajot (*mischnájeß*, Lehrsätze der mündlichen Tora).« Da kamen die Leute und fragten ihn, und er erklärte (*metárez sajn*) alles, was man ihn fragte. [44]

Quelle: Traktat Taanit 21 a, aus dem Babylonischen Talmud.
Übers.: Goldschmidt BT Bd. 3 (1930), 705. – MB: Pappenheim 1929, Nr. 44.

Der Talmud dramatisiert den Schlußteil: »Er klammerte sich an den Mast eines Schiffes und sprach: ›Wenn jemand mich etwas aus den Lehren (...) fragt und ich es nicht mit einer Mischna zu belegen weiß, so will ich mich vom Schiffsmast stürzen und ertrinken.‹«

Bibelverse: »Es soll in Israel ...«, Dtn 15,4: »Freilich sollte unter dir kein Dürftiger sein ...« – »Daß der Arme niemals ...«, ebd., 15,11: »Denn nicht werden Dürftige aufhören im Innern des Landes«.

Ein Rezept für langes Leben

Die Geschichte geschah. Die Schüler (*talmídim*) fragten ihren Rabbi Adda bar Ahaba: »Lieber Rabbi, sag uns, wodurch hast du ein so langes Leben gelebt?« Sie meinten damit: Was für gute Taten (*mízweß*) hast du dein Lebtag getan, daß dir der Heilige, gesegnet sei Er, deine Tage dermaßen verlängert hat – denn er hatte ein hohes Alter erreicht.

Da antwortete er: »Ich bin nie im Leben in meinem Haus zornig geworden, und ich habe mich nie aufgespielt und habe auch nicht an unreinen Orten über Tora nachgedacht, und bin nie ohne Tora und ohne Tefillin (*tfilin*, Gebetsriemen) vier Ellen gegangen, und ich habe nie im Lehrhaus (*beß-médresch*) geschlafen, sei es tief schlafend oder dösend, und ich habe mich nicht gefreut, wenn es meinem Nächsten (*cháwer*) schlecht ergangen ist und habe mein Lebtag keinen mit einem Spitznamen gerufen. Das sind die guten Taten, die ich getan habe.« [45]

Quelle: Traktat Taanit 20 b, aus dem Babylonischen Talmud.
Übers.: Goldschmidt BT Bd. 3 (1930), 704. – MB: Pappenheim 1929, Nr. 45.

Nach dem Talmudtext besagen die sieben Lebensregeln des Rabbi Adda: 1. Nie innerhalb des Hauses, also mit der Familie im weitesten Sinne, zu hadern; 2. Nie vor einem herzuschreiten, der größer ist als man selbst; 3. Nie in schmutzigen Durchgängen über Worte der Tora nachzudenken; 4. Nie vier Ellen ohne Tora und Tefillin zu gehen (was besagt, die Vier-Ellen-Distanz beim Beten einzuhalten); 5. Nie im Bet ha-Midrasch einzuschlafen; 6. Nie sich über das Straucheln eines Kameraden zu freuen; 7. Nie jemanden bei seinem Schimpfnamen oder Spitznamen zu rufen.
Adda bar Ahaba war babylonischer Amoräer (Gesetzesinterpret) und lebte im 3. Jh. n. Z. Im Lehrhaus von Sura (nahe Euphrat) zählte Rabbi Adda zu den bedeutendsten Mitgliedern des Kollegiums; sein Gefährte war Rabbi Huna. Vgl. Text 102.

Die guten Taten des Rabbi Huna

Die Geschichte geschah. Raba fragte den Rafram bar Pappa: »Lieber, sage mir, was hat Reb Huna für gute Werke (*mízweß*) an sich?« Da erwiderte er: »An seine Jugendzeit erinnere ich mich nicht, wohl aber an sein Alter. Wenn in der Stadt ein großer Wind ging, dann ließ er sich auf einem goldenen Stuhl durch alle Gassen tragen und schaute nach, wo in der Stadt eine brüchige Mauer war. Die ließ er abbrechen, denn er war besorgt, durch den starken Wind würden solche Mauern einfallen und den Leuten großen Schaden tun. Und wenn der, dem die Mauer gehörte, reich war, so mußte er sie auf seine Kosten wieder errichten lassen, aber wenn es ein Armer war, der dies nicht vermochte, so ließ Reb Huna sie auf seine Kosten so aufbauen wie zuvor. Und er schickte auch jeden Freitag (*érew schábeß*, Vorabend des Sabbat) seinen Diener auf den Markt, und das ganze Gemüse, das die Gärtner nicht verkaufen konnten, das kaufte er ihnen alles ab und ließ es in den Fluß werfen.«

Da fragt die Gemara (*gemóre*, implizit der Talmud): Warum gab er es nicht den Armen (*aníjim*) in Israel? – Das tat er darum: Wenn er den Armen gegeben hätte, so hätten sie sich darauf verlassen und hätten für den Sabbat kein Gemüse gekauft. Und es wären Zeiten gekommen, in denen die Gärtner all ihr Gemüse verkauft hätten, und die Armen hätten keines bekommen. So hätten die einen nichts zu essen gehabt, damit wäre der Sabbat nicht geehrt worden. – Und warum läßt er nicht das Vieh (*behéjmeß*) das Gemüse, das er kauft, fressen; das wäre doch besser gewesen, als es ins Wasser zu werfen? – Das hielt er nicht für rechtens, daß man eine Speise, die ein Mensch essen kann, an das Vieh geben soll, denn das hätte den Anschein, als wenn er das Gute (*táuwe*) leugnet, das der Heilige, gepriesen sei Er, bewilligt hat. Und deshalb ließ er es in den Fluß werfen, damit die Leute, die das Gemüse den Strom hinabfließen sehen, es fangen und es essen sollten. – Und warum ließ er das alles aufkaufen? – Deshalb, daß die Gärtner am Sabbatvorabend ihr Gemüse mit Lust auf den Markt bringen sollten. Und wenn sie nun nicht alles verkauft hätten, so würden sie ein andermal am Sabbatvorabend ohne Gemüse auf den Markt kommen, und so hätten wir nichts zu essen. Dann wäre der Sabbat nicht gut geehrt, und er hätte sich daran versündigt.

Und an jedem Tag hängte der Reb Huna einen Krug mit Wasser vor seine Tür, in der Absicht, daß die Leute morgens darin ihre Hände waschen. Denn an den Händen ist noch üble Luft, und es bedeutet eine erhebliche Gefahr (*ßakóne*), wenn man mit ungewaschenen Händen etwas anrührt. Auch wenn einer mit ungewaschenen Händen ißt, bedeutet das eine große Gefahr. – Und auch während des Essens machte er die Haustür ganz auf und sagte folgendes: »Wer mit mir essen will, der mag hereinkommen.«

Als Raba das hörte, da sagte er: »In diesen guten Stücken (*mízweß*) wollte ich selber gern mithalten, ausgenommen das Essen. Da könnte ich nicht sagen, wer da mitessen möchte, der mag hereinkommen und zulangen – denn in meiner Stadt wohnen gar viele Arme. Und wenn sie gekommen wären und mit mir gegessen hätten, so hätten sie mir das Meinige bald aufgegessen. Deshalb könnte ich das nicht tun.« [46]

Quelle: Traktat Taanit 20 b, aus dem Babylonischen Talmud.
Übers.: Goldschmidt BT Bd. 3 (1930), 704 f. – MB: Pappenheim 1929, Nr. 46.

Was der Traktat in der Auslegung durch die Gemara mit nur wenigen Worten als Marktgesetz ausdeutet: Das Aufkaufen und Entsorgen des restlichen Gemüses sollte die Gärtner ermuntern, in der Woche darauf nicht weniger auf den Markt zu bringen; so wurde vermieden, daß die Ware knapp wurde (siehe Artikel »Huna« in EJ Bd. 8, 1931, bes. Sp. 271).
Reb Huna gehört wie Rabbi Jochanan zu den durch Mizwot (*mízweß*, Guttaten) sich auszeichnenden früheren »Frommen« (Chassidim); sie fügen sich ein in die Intentionen des MB, denn ihre Lebensführung war vorbildlich und für die »Frommen« ein Ansporn.

Die Befreiung von Rabbi Meirs Schwägerin aus dem Hurenhaus

Die Geschichte geschah. Eine Frau namens Berurja war Rabbi Meirs Weib. Und die Berurja war die Tochter des Rabbi Chanina ben Teradion, der bei der Zerstörung des heiligen Tempels (Churben) Erwähnung findet. Diese Frau nun hatte eine Schwester, die von Christen (*gójim*) gefangengesetzt und in ein Hurenhaus zu den Huren geworfen wurde. Wir finden anderswo, daß diese Frau in ihrem Auftreten recht stolz war, so daß der Heilige, gepriesen sei Er, über sie zornig war; deshalb sollte kein Mensch hoffärtig sein.

Da sprach die Berurja zu ihrem Mann, dem Rabbi Meir: »Mein lieber Mann, es ist für mich eine große Schande (*chárpe*), meine Schwester in einem Hurenhaus zu wissen. Mein lieber Mann, sieh doch zu, daß du sie herausbringen kannst.«

Da ging Rabbi Meir hin, nahm ein halbes Maß Gulden mit und zog ihr nach, um sie auszulösen. Und er sagte sich: »Ist sie noch rein, und hat man sie noch nicht zur Unzucht verleitet, so bin ich sicher, so wird mir mit ihr gewiß ein Wunder (*neß*) geschehen, und ich werde sie herausbringen können. Falls aber, Gott behüte (*chaß wescháulom*), mit ihr viel Schlimmes geschehen ist, so befürchte ich, ich werde sie nicht herausbringen.«

Er reiste so lange, bis er in die Stadt kam, wo sich die Schwester seiner Frau im Hurenhaus befand. Da kleidete sich Rabbi Meir wie ein vornehmer Mann (*pórez*) und ging ins Hurenhaus und kam zu der Frau und sprach zu ihr: »Liege bei mir, ich will dir viel Geld zum Lohn dafür geben.« Da sprach sie zu Rabbi Meir: »Ich habe gerade meine weibliche Zeit.« Da entgegnete er: »Ich will warten, bis du wieder rein bist.« Da sagte sie. »Was brauchst du so lange auf mich warten, es sind doch viele Frauen hier, die auch viel hübscher sind als ich.«

Da dachte Rabbi Meir bei sich: »Gewiß ist die Frau noch nicht verunreinigt worden.«

Da ging der Rabbi Meir zu dem Wärter (*scháumer*), der die Aufsicht über die Huren hatte, und sprach zu ihm: »Laß mich die Frau mitnehmen.« Da sprach der Wächter: »Ich darf das nicht zulassen, da ist der König vor.« Da sprach Rabbi Meir: »Nimm dir die zwei Maß Geld. Und wenn dir der König dafür Geld anheischt (verlangt), so gib ihm ein Maß, und das andere Maß behalte für dich.« Da sprach der Wächter: »Der König wird mich eines Verbrechens verdächtigen (*alílo zúwarfn*) und mich umbringen lassen.« Da sprach Rabbi Meir: »Wenn man dir etwas tun will, dann rufe: ›Gott des Rabbi Meir, hilf mir!‹, und du wirst beschützt werden.« Da sprach der Wächter: »Wer sagt mir, ob dem so ist?« Da sprach Rabbi Meir: »Es sind doch viele böse Hunde hier; wenn du einen Stein nimmst und nach ihnen wirfst, so werden sie kommen und dich beißen wollen. So sage gleich, was ich dir eingeschärft (*gelérnt*) habe, und sie werden dir nichts tun können.« Da machte er es so, und die Hunde kamen und wollten ihn beißen. Da sagte er: »Gott des Rabbi Meir, hilf mir!«, und alle Hunde liefen weg.

Nicht lange danach kam dem König zu Ohren, daß der Wächter die Frau freigelassen hatte. Da ließ er den Wächter festnehmen. Dann hat man ihn an die Richtstätte geführt, um ihm den Kopf abzuschlagen. Da sprach er: »Gott des Rabbi Meir, antworte mir!« Da konnte man ihm nichts tun, und sie mußten ihn wieder gehen lassen.

Da fragte man ihn, was er denn gesagt hatte, daß er so beschützt worden sei. Da erzählte er ihnen die ganze Geschichte (*schmúe*) mit der Frau. Da ließ der König den Rabbi Meir in seiner Gestalt, ganz so wie er war, abmalen;

an jedes Tor in ganz Rom ließ er solch eine Schilderei (Fahndungsbild) anschlagen und in allen Gassen ausrufen: »Wer so einen Mann, wie er da abgebildet ist, sieht, der soll ihn gleich fangen und ihn zum König bringen.«

Eines Tages streifte der Rabbi Meir durch die Stadt Rom. Da sahen ihn die Leute und liefen ihm nach und wollten ihn fangen. Da ging Rabbi Meir in ein Hurenhaus. Da sprachen die Leute: »Das ist Rabbi Meir nicht, denn Rabbi Meir tut so etwas nicht, daß er in ein Hurenhaus geht.« Einige sagen, er sei in eine Garküche gegangen, wo viel Essen auf dem Herd stand, und habe einen Finger in einen heißen Topf mit Essen gesteckt und einen anderen Finger abgeschleckt, um die Leute glauben zu machen, er hätte von dem Essen gegessen, und sie sich denken könnten, daß das nicht Rabbi Meir ist. Einige wiederum sagen, der Prophet Elia (*Elijóhu ha-nówi*) ist ihm entgegengekommen und hat sich in eine Hure verwandelt und hat ihn umhalst und geküßt (*gekuscht*). Da sagten die Leute: »Das ist Rabbi Meir nicht, denn der tut solche Sachen nicht.«

Und wie er nun sah, daß der König ihm arg nachstellte, da wanderte er aus dem Land aus und zog nach Babylon. Aber es gibt noch eine andere Auslegung (*pschat*), warum er nach Babylon gezogen ist, aber davon mag ich nicht schreiben. Wer mehr darüber wissen will, der sehe in der Auslegung der Gemara (*péjresch gemóre*, d. h. im Talmud) nach, da werdet ihr finden, warum er nach Babylon zog. [47]

Quelle: Traktat Aboda Zara 18 a–b, aus dem Babylonischen Talmud.
Übers.: Goldschmidt BT Bd. 9 (1933), 489 f. – MB: Pappenheim 1929, Nr. 47.

Rabbinisches Exemplum Nr. 292 (Rabbi Meir und Berurjas Schwester). Born Judas Bd. 1, 1916, 140–142: Die Befreiung.

Der Talmud behandelt den Stoff unverblümter, so mutmaßt der Rabbi: »Hat sie sich der Sünde hingegeben ...«; auch die Menstruation wird beim Namen genannt, und nach dem Besuch folgert der Rabbi: »Es ist zu ersehen, daß sie sich der Sünde noch nicht hingegeben hat, und dies zu jedem sagt, der zu ihr kommt.« Die Essensprobe wird erst durch den Hinweis verständlich, daß das Kosten einer von Nichtjuden gekochten Speise eigentlich eines Rabbis unwürdig ist.
Hinsichtlich der von Meir mitgeführten Geldmenge gibt es im Talmud kein Vertun: Dort ist es »ein Trikab mit Denaren«, die halb zur Bestechung, halb zur Einbehaltung dienen sollen.

Rabbi Meir (»Leuchtender«), eigentlich Miascha, erhielt seinen Namen wegen der geistreichen Art seiner Gesetzesauslegung. Der herausragende Tannait lebte im 2. Jh., war Schüler Rabbi Ismaels und Rabbi Akibas (vgl. Text 68). Während des Bar-Kochba-Aufstandes mußte er Palästina verlassen, kehrte dann nach Aufhebung der Verfolgungsdekrete Kaiser Hadrians zurück. Daß der Vater seiner Frau Berurja beim Churben (Zerstörung des Zweiten Tempels) unter den zehn Märtyrern war, die unter Hadrian hingerichtet wurden, steht so nur im MB. Raschi weiß über den Tod Berurjas zu berichten: Als sie sich gerühmt habe, sie sei nicht so leichtsinnig, wie man es den Frauen nachsage, habe ihr Mann sie durch einen Schüler auf die Probe gestellt, und der habe bei ihr Erfolg gehabt; nach vollzogenem Ehebruch habe sie sich aus Scham vor ihrem Mann erdrosselt. Dies sei der Grund, weshalb Rabbi Meir nach Babylon ausgewandert sei (siehe EJ Bd. 4, 1929, Sp. 343 f.). Der Talmud deutet das Fluchtmotiv am Ende der Geschichte an: »Und manche sagen, wegen des Ereignisses mit der Berurja.«
Das Motiv von der unmöglichen Hängung (des Wächters bzw. Aufpassers) hat der Legendenforscher Günter (1910, 100) aufgegriffen: Thema sei nicht die Unzulänglichkeit aller Torturmittel, wie man das von apokryphen Märtyrerakten her kenne; hier liege vielmehr erstmals der Fall eines »wunderbar bewahrten Galgenkandidaten« vor.

»War Euer Gott ein Dieb?« Was mit Adam wirklich geschah

Die Geschichte geschah. Es sagte der Kaiser zu Rabbi Gamliel: »Euer Gott ist ein Dieb (*gánew*), denn in der Tora steht geschrieben: ›Und Gott der Herr brachte einen Schlaf über Adam, und er schlief. Und Gott der Herr nahm eine Rippe aus seinem Leib und machte ihm daraus eine Frau.‹«

Da sprach des Kaisers Tochter zu Rabbi Gamliel: »Sei du dazu still und laß mich meinem Vater auf die Frage antworten.« Und sprach zu ihrem Vater: »Mein lieber Vater, gebt mir einen Grafen oder einen Fürsten, der mir Beistand leistet und mir zur Rache (*nekóme*) an meinen Feinden verhilft.« Da sprach der Kaiser: »Meine liebe Tochter, wer hat dir etwas getan?« Da sprach sie: »Lieber Vater, diese Nacht sind Räuber (*gaslónim*) in meinem Gemach gewesen und haben mir meine silbernen Gefäße (*kéjlim*) genommen und mir an deren Stelle goldene Gefäße dagelassen.«

Als das der Kaiser hörte, da lachte er und sprach: »Meine liebe Tochter, ich wollte, daß solche Diebe alle Tage zu mir kommen sollten.« Da sprach sie wieder zu ihm: »Mein lieber Vater, das war auch ein Dienst am ersten Menschen (*ódom horíschaun*), daß er seinem Körper eine Rippe entnahm und ihm ein Weib daraus machte, die ihm diente: mit Kochen und Waschen und all den Sachen.« Da gab der Kaiser zurück: »Ich habe es so nicht gemeint. Ich habe gefragt: Warum nahm er Adam nicht die Rippe, als er wach war; warum nahm er sie, als er schlief?« Da sprach die Tochter wiederum zum Vater: »Laß mir ein Stück Fleisch bringen, das noch roh ist.«

Da brachte man ihr ein Stück rohes Fleisch, und sie nahm das Stück und stieß es in die Asche, damit es brate.

Wie es nun gebraten war, so nahm sie es wieder heraus und gab es ihrem Vater, er solle es essen, bevor sie es von der Asche reinige. Da sprach der Kaiser: »Ich mag es nicht essen, denn es ist mir eklig (*mieß*) zu essen, weil es noch nicht zubereitet ist. Ich habe ja gesehen, daß man es in der Asche gebraten hat.«

Da sprach sie zum Kaiser: »Mein lieber Vater, so war dem Adam auch zumute gewesen. Wenn er hätte sehen können, daß ihm Gott eine Rippe genommen und ein Weib daraus gemacht hätte, so wäre ihm vor seiner Frau auch eklig gewesen. Deshalb hat Gott das Weib nicht aus der Rippe gemacht, solange er gewacht hat.« [48]

Quelle: Traktat Sanhedrin 39 a, aus dem Babylonischen Talmud.
Übers.: Goldschmidt BT Bd. 8 (1933), 612 f.; Stemberger 1982, 198. – MB: Pappenheim 1929, Nr. 48.

Rabbinisches Exemplum Nr. 55 (Gott ein Dieb?).

Bibelvers: »Und Gott der Herr brachte einen Schlaf ...«, Gen 2,21 und 22: »ER senkte auf den Menschen Betäubung, daß er entschlief,/und nahm von seinen Rippen eine und schloß Fleisch an ihre Stelle./ER, Gott, baute die Rippe, die er vom Menschen nahm, zu einem Weibe und brachte es zum Menschen.«

Gamliel II., Sohn des Rabban Simeon ben Gamliel I., Patriarch und Nachfahre Hillels, wirkte Ende des 1. und Anfang des 2. Jh.s in Jawne. Er reiste wiederholt nach Rom. Im Anschluß an die zweite Reise, die er – zusammen mit Rabbi Josua, Rabbi Eleasar ben Asarja und Rabbi Akiba – unternahm, um mit römischen Gelehrten zu disputieren, wollen die talmudischen Quellen wissen, daß es auch Unterredungen mit dem Kaiser gab. Das sind Legenden. Über die Figur der Kaisertochter siehe Anm. Text 22.

Der Kaiser von Rom lässt Rabbi Tanchum den wilden Tieren vorwerfen

Die Geschichte geschah. Der Kaiser sagte zu Rabbi Tanchum: »Komm, wir wollen alle zu einem Volk werden.« Da sprach Rabbi Tanchum: »Dies ist mir nur lieb. Aber wir Juden, die wir beschnitten sind, können nicht eurem Volk gleich werden. Ihr Völker (*úmauß*) aber seid nicht beschnitten, und so könnt ihr unserem Volk gleich werden.«

Da sprach der Kaiser: »Du hast mir ja trefflich geantwortet mit deiner Rede, aber wer den Kaiser mit seiner Rede überwindet, den wirft man in eine Grube, darin viele wilde Tiere (*bejs chájeß*) sind, damit ihn diese auffressen.«

Denn die Könige (*melóchim*) hatten damals für gewöhnlich solche Gruben, um die Leute, die ihr Leben verwirkt hatten, dort hineinzuwerfen. Und man nahm den Rabbi Tanchum und warf ihn sogleich in die Grube hinein. Und wie er nun hinunter zu den Tieren kam, so taten ihm die Tiere nichts.

Da war nun eben ein Sonderling (*min*) dabei, das ist auf deutsch ein Ungläubiger ohne irgendeinen Glauben, weder Jude noch Christ, der sprach: »Es ist kein Wunder, daß ihm die Tiere nichts tun, denn sie sind nicht eben hungrig.« Da holte man den Rabbi heraus und warf den Sonderling in die Grube, und die Tiere fraßen ihn auf, sobald er unten war, und ließen nichts von ihm übrig. [49]

Quelle: Traktat Sanhedrin 39 a, aus dem Babylonischen Talmud.
Übers.: Goldschmidt BT Bd. 8 (1933), 614; Stemberger 1982, 200. – MB: Pappenheim 1929, Nr. 49.

Im Talmud spricht Rabbi Tanchum dezidiert: »Daher müßt ihr euch beschneiden lassen und wie wir werden.« Statt der Grube, die das biblische Motiv vom unversehrten »Daniel in der Löwengrube« aufgreift, spricht der Talmud von einem Tierzwinger (Vivarium). Die Errettung des Rabbi dient einem Sinnbild: »die sieghafte Kraft der jüdischen Religion« (Stemberger).
An anderer Stelle ist von Rabbi Tanchum das Wunderzeichen überliefert, daß bei seinem Tod alle Bildsäulen barsten.

Disput über den Minjan und Gottes Allgegenwart

Die Geschichte geschah. Der Kaiser sagte zu Rabbi Gamliel: »Ihr Juden sagt, wenn euer zehn beieinander seid, so ist Gott allemal bei euch. Wie viele Götter müssen denn in der Welt sein, wenn jedesmal bei zehn ein Gott dabei ist.« Da sprach Rabbi Gamliel: »Ja, das ist wahr, wo Zehn beiein-

ander sind, da ist Gott bei ihnen, und doch ist nicht mehr als dieser eine einzige Gott in der Welt. Und das will ich dir beweisen, so daß du nicht anders kannst, als es mir zuzugeben (*mójde sajn*).«

Und er ging hin und rief des Kaisers Diener. Und als der Diener kam, da schlug ihm Rebbe Gamliel auf den Hals, daß er umfiel. Da sprach der Diener: »Warum schlägst du mich?« Da sprach Rebbe Gamliel: »Deshalb, weil du die Sonne in des Kaisers Palast scheinen läßt.« Da sprach der Kaiser: »Die Sonne scheint doch auf die ganze Welt.« Da sprach Rebbe Gamliel: »Bedenkt dies, mein Herr Kaiser: Die Sonne ist nur ein Diener des Heiligen, gepriesen sei Er, und ist doch in der ganzen Welt; um wieviel mehr (*mikól schekén*) der Heilige, gepriesen sei Er, welcher der Herr der ganzen Welt ist, welcher Himmel und Erde erschaffen hat – um wieviel mehr ist Er in der ganzen Welt und bei jedermann.«

Da schwieg der Kaiser still und sprach: »Du hast mir gut geantwortet, und diesmal hast du recht.« [50]

Quelle: Traktat Sanhedrin 39 a, aus dem Babylonischen Talmud.
Übers.: Goldschmidt BT Bd. 8 (1933), 614; Stemberger 1982, 200. – MB: Pappenheim 1929, Nr. 50.

Wie die Einzigkeit Gottes mit seiner Allgegenwart vereinbar sei, wird am Beispiel der überall scheinenden Sonne erklärt. Die Parabel dient zur Erhellung des Minjan (*mínjen*), dem hebr. Wort für »Zahl«. Minjan bezeichnet die Mindestzahl von zehn männlichen Betern, die für den Gemeindegottesdienst vorgeschrieben sind.
Ohne Minjan kann kein gemeinsames Gebet, kein Gottesdienst und auch keine Toralesung beginnen. Eine Synagoge (»Versammlung«) entsteht immer dann – sogar unabhängig von einem Gotteshaus –, wenn zehn Juden beisammen sind. Zu ihnen kann der jugendliche Bar Mizwa (»Gebotspflichtiger«) gehören, bei Nicht-Orthodoxen auch die

weibliche Bar Mizwa. Ausnahmen von der erforderlichen Mindestzahl werden bei Beschneidungen und auch bei Hochzeiten geduldet. Vgl. Text 169.

Disput über die Wiedererschaffung der Toten

Die Geschichte geschah. Der Kaiser sagte zu Rabbi Gamliel: »Ihr Juden sagt, die Toten werden wieder lebendig werden. Sie sind doch nur Erde, wie können sie denn lebendig werden?« Da sagte des Kaisers Tochter zu Rabbi Gamliel: »Sei du still und laß mich meinem Vater antworten.« Dann sprach die Tochter zum Kaiser: »Lieber Vater, ich muß dich etwas fragen. Wir haben hier in der Stadt zwei Töpfer. Der eine macht seine Töpfe (Häfen) aus Wasser, und der andere macht seine Töpfe aus Lehm. Nun sag mir, wer von den beiden Töpfern ist ein größerer Meister?« Da sagte der Kaiser: »Liebe Tochter, was fragst du? Schlicht und einfach (*póschet*) ist der ein größerer Meister, der seine Töpfe aus Wasser machen kann.« Da sagte die Tochter: »Lieber Vater, meinst du denn nicht, daß der, der seine Töpfe aus Wasser macht, sie viel besser aus Lehm machen kann?« Da sprach der Kaiser: »Das kann ich mir gut vorstellen, daß er sie besser aus Lehm macht als aus Wasser.«

Da sagte die Tochter: »Ach, mein lieber Vater, denk auch daran: Der Heilige, gepriesen sei Er, hat den Menschen allererst aus Erde erschaffen, die dem Wasser gleicht; denn wenn man sie in Wasser tut, so zergeht sie darin. Um wieviel mehr (*mikól schekén*) kann der Heilige, gepriesen sei

Er, den Menschen wieder rückerschaffen aus Erde, wenn er schon zu Erde geworden ist.« Da gab ihr der Kaiser recht (*mójde sajn*). [51]

Quelle: Traktat Sanhedrin 90 b-91 a, aus dem Babylonischen Talmud.
Übers.: Goldschmidt BT Bd. 9 (1933), 31. – MB: Pappenheim 1929, Nr. 51.

Der Talmudtext läßt die Kaisertochter schlußfolgern: »Wenn ein Glasgefäß, das durch den Hauch eines Menschen aus Fleisch und Blut gefertigt wurde, wenn es zerbricht, wieder hergestellt werden kann, um wieviel mehr ein Mensch aus Fleisch und Blut, der durch den Hauch des Heiligen, gepriesen sei Er, erschaffen wurde.«
Lehm als Ursprungsmaterial für Gefäße wie für den Menschen läßt an den »Golem« denken. Zum einen an die Sage vom Rabbi Löw, der sich einen Diener aus Lehm gebildet, ihm den Schem, die magische Formel des Gottesnamens, in den Mund gelegt und dadurch dem Golem Leben eingehaucht hatte, vgl. »Sippurim, Prager Sammlung jüdischer Legenden«, Wien 1926. Zum anderen an die Rückbeziehung auf Adamsmythen, insbesondere auf Psalm 139, den die jüdische Überlieferung Adam selbst zuschreibt. »Deine Augen sahen mich, als ich noch *golem* (unbereitet) war.« Hier, in Vers 16, zeigt sich Adam in einer frühen Entstehungsphase, als er noch nicht vom Atem Gottes belebt war.
Über den kabbalistischen Mythos vom Golem, als einem aus Erde mit Hilfe von Sprachmagie geschaffenen Menschen, siehe EM Bd. 5, 1987, Sp. 1387–1394. – Vgl. Text 173.

Choni ha-Meaggel und sein Gebet um Regen

Es geschah einmal ein Ding, daß der ganze Monat Adar verging, und es wollte und wollte nicht regnen. Da gingen die Weisen (*chachómim*) zu Choni ha-Meaggel (dem Kreiszeichner), daß er den Heiligen, gesegnet sei Er, um Regen bitten sollte. Denn Choni ha-Meaggel war ein würdiger (*kestlich*) Mann und gewohnt, vor den Heiligen, gepriesen sei Er, hinzutreten wie der Hausknecht vor einen König. So lag es für ihn nahe, von dem Heiligen, gepriesen sei Er, zu erbitten, es möge regnen, oder sonst etwas von Ihm, gepriesen sei Er, zu erbitten. Immer dann ging er hin und backte einen Kuchen und stellte sich mitten hinein – das war so gemacht, als wäre er in einem Gefängnis (*tfiße*) und peinige sich damit, wie wir es auch beim Propheten Habakuk finden, wenn er zu Gott beten wollte. Dann machte er so einen Kuchen und stellte sich hinein und tat beten (*tfile ton*).

Damit er seinen Körper ebenso peinige, darum machte Choni auch so einen Kuchen. Und fing an zu beten und sagte: »Herr der Welt (*káune-hákel*), Dein Volk die Israeliten (*jißróel*) heften ihre Augen auf mich. Wenn sie etwas an Dich auszurichten haben, so schicken sie zu mir, und ich muß bei Deinem heiligen Namen für sie beten, denn sie schätzen mich ein, als wäre ich Dein Sohn, und Du würdest mir keine Bitte versagen. Da beschwöre ich Dich diesmal bei Deinem heiligen hochgeachteten Namen, daß Du mich erhören willst und willst es für Dein Volk Israel regnen lassen. Und willst Dich ihrer erbarmen, damit sie nicht an Hunger sterben.«

Da fingen die Himmel an, langsam zu tröpfeln. Da sagten die Talmudgelehrten (*talmíde-chachómim*), die man zu ihm geschickt hatte: »Lieber Rabbi, wir sehen wohl, daß es ein wenig anfängt zu tröpfeln, aber wir müssen doch sterben, denn der Regen hilft uns nichts. Uns dünkt, der Regen ist bloß gekommen, um deinen Schwur (*schwúe*) wahr zu machen, dieweil du Gott beschworen hast, daß er es regnen lassen muß.« Da sprach Choni ha-Meaggel: »Ich habe den Heiligen, gepriesen sei Er, um nichts anderes gebeten, als daß er uns einen Regen geben soll, daß alle Gruben und alle Brunnen voll werden.«

Da fing es stark zu regnen an, und es fielen große Tropfen, ein jeder Tropfen so groß wie ein Spundloch von einem Faß, und die Rabbinen (*rabónim*) schätzten, daß jeder Tropfen ein bestimmtes Maß (Talmud: ein Log) einhielt. Da sagten die Talmudgelehrten wiederum: »Lieber Rabbi, wir sehen den Regen, aber wir befürchten doch, daß wir sterben müssen, denn es dünkt uns, daß der Regen vom Himmel herniederfällt, als würde die Welt verlorengehen. Es regnet gar zu stark.«

Da gab er zurück: »Liebe Talmudgelehrte, ich habe vor Gott nicht anderes gebetet, als um einen Regen, der lauter Segen (*bróche*) sein soll und lauter Gnade (*rózaun*).«

Da fing der Regen an niederzufallen, wie es sich für einen Regen gehört (*ßéjder sajn*), bis jedermann aus Jerusalem (*jeruscholájim*) sich vor dem Regen auf den Tempelberg (*har ha-bájiß*) flüchten mußte. Da sagten sie wiederum: »Lieber Rabbi, so wie du für uns gebetet hast, es möge regnen, so tu auch wieder beten, daß es mit dem Regen aufhören möge.« Da antwortete er: »Meine lieben Talmudgelehrten, so habe ich es von meinen Lehrern (*rabónim*) übernommen, daß man um das beten soll, was für die meisten gut ist. Und warum das? Seht, der Regen ist gut für die meisten Leute. Gleichwohl« – so sprach Choni ha-Meaggel –, »bringt mir eine Kuh her, ein Dankopfer, das ich Gott darbringe, dieweil ich Ihn so viel bemühe; dann will ich wieder beten.«

Also brachte man ihm einen Stier. Da ging er hin und stellte ihn vor den Heiligen, gepriesen sei Er, und stützte auf ihn beide Hände, indem er sprach: »Herr der Welt, Dein Volk Israel, das Du aus Ägypten (*mizrájim*) herausgeführt hast, kann es weder ertragen, wenn Du ihnen zuviel Gutes tust, noch wenn Du ihnen zuviel Böses tust (Strafe zufügst). Zürnst Du ihnen, so können sie es nicht ertragen; tust Du ihnen eine Wohltat (*táuwe*) an, so können sie auch die nicht ertragen. Möge es doch Dein Wille sein, daß die Regen diesmal aufhören und wieder Ruhe (*menúche*) in die Welt einkehrt.«

Alsbald erhob sich ein Wind und zerstreute die Wolken am Himmel, und die liebe Sonne fing wieder an zu scheinen. Da ging das Volk wieder aufs Feld und holte sich Schwämme und Pfifferlinge, die der Regen dort hatte wachsen lassen. Da sahen die Israeliten, daß der Regen lauter Segen gewesen war, wie sie es sich von Choni ha-Meaggel erbeten hatten.

Da schickte nun Simeon ben Schetach zu Choni ha-Meaggel und ließ ihm sagen: »Wenn du nicht so ein vortrefflicher Mann wärst, so würden wir dich in Bann (*chéjrem*) tun, dieweil du so oft den Heiligen, gepriesen sei Er, bemüht hast, und hast Seinen heiligen Namen sehr geschwächt (entweiht). Aber was sollen wir tun? Der Heilige, gepriesen sei Er, hat dir deinen Willen getan. Du bist bei dem Heiligen, gepriesen sei Er, wie ein Sohn, der da sündigt gegen seinen Vater, und der Vater tut ihm doch seinen Willen. Und wenn der Sohn zum Vater spricht: ›Lieber Vater, führe mich in das warme Bad‹, so führt ihn der Vater. Und danach spricht er wieder: Lieber Vater, schwenk mich ab in kaltem Wasser‹, dann tut es der Vater auch. Danach spricht er wieder: ›Lieber Vater, gib mir Nüsse, gib mir Mandeln, gib mir Obst, gib mir Granatäpfel (*mílgrojm*)‹, und der Vater gibt ihm alles, obschon er gegen ihn gesündigt hat. Und so bist auch du vor dem Heiligen, gepriesen sei Er. Du hast Ihn oft bemüht und hast gegen Ihn gesündigt, und der Heilige, gepriesen sei Er, hat dir doch deinen Willen getan. Auf dich ist der Schriftvers (*póßek*) bezogen: ›Es sollen sich freuen dein Vater und deine Mutter, und es soll sich freuen, die dich gewonnen (geboren) hat.‹« [52]

Quelle: Traktat Taanit 23 a, aus dem Babylonischen Talmud.
Übers.: Goldschmidt BT Bd. 3 (1930), 714 f. – MB: Pappenheim 1929, Nr. 52.

Vgl. rabbinisches Exemplum Nr. 422 (im folgenden Text). Daß Choni einen Kuchen backte, ist ein Mißverständnis; im Talmud »zeichnete er einen Kreis«. Der Vergleich mit dem Propheten bezieht sich auf Hab 2,1: »Ich will mich auf meine Warte stellen und auf den Wall treten.« Es finden sich noch andere Übermittlungsfehler: Im Talmud wendet Choni vor dem Kuhopfer ein: »Es ist mir überliefert, daß man wegen der übermäßigen Güte (des Regens) nicht flehe.« Die Stelle vom Sohn, »der da sündigt gegen seinen Vater«, lautet vielmehr: »wie ein Kind gegen seinen Vater ungezogen ist«.

Bibelvers: »Es sollen sich freuen ...«, Spr 23,25: »Möge sich dein Vater freuen und deine Mutter,/jubeln, die dich gebar.«
Der Figur des Choni ha-Meaggel widmete Moses Gaster bereits 1881 eine umfassende, sagen- und märchenkundlich vergleichende Abhandlung (MGWJ 30. Jg., 78–81, 130–138, 368–374, 413–423).
Zum Regenwunder: Da Choni durch wiederholte Anrufung den heiligen Namen Gottes strapaziert hatte, geschah die Rüge des Pharisäers Simeon ben Schetach, im Namen des Obersten Rates (Sanhedrin), zu Recht.
Den Regen beeinflussen konnte auch Rabbi Chanina ben Dossa, allerdings auf schlichtere Art: Einst wanderte er im Regen und erreichte durch sein Gebet, daß der Regen aufhörte.
Auch die indischen Brahmanen – ein Hinweis bei Günter 1910, 78 – hatten Macht über Regen und Sonnenschein, und selbst in den abendländisch-christlichen Legenden sind Regenwunder nicht eben selten (ebd., 79).
Der historische Choni war ein in Zeiten der Hasmonäer lebender Palästinenser, der um 100 v. Z. in Jerusalem ansässig war. Nach Megillat Taanit (II) wurde der 20. Adar (Febr./März) als Freudentag angesetzt, weil es an diesem Tag, nach dreijähriger Dürre, dank Chonis Gebet wieder geregnet hatte (EJ Bd. 5, 1930, Sp. 512).

Choni ha-Meaggel und sein siebzig Jahre währender Schlaf

Die Geschichte geschah. Rabbi Jochanan sagt: Zeit seines Lebens hat den Zaddik (*zádik*, Gerechter) Choni ha-Meaggel (der Kreiszeichner) der Schriftvers gekränkt, der in Psalm (*tílim*) 126 steht: ›Ein Gesang des Aufstiegs. Wenn Gott die Gefangenen wiederbringen wird von der Stadt Zion, dann sind wir wie Träumende gewesen.‹ – Damit ist gemeint: Die Verbannung (*góleß*) von Babylon hat siebzig Jahre gewährt. Und der Heilige, gesegnet sei Er, rechnet es so, als wenn wir in einem Traum gewesen wären und hätten die siebzig Jahre lang geschlafen. Da sagte Choni ha-Meaggel: »Ließe sich denn ein Mensch finden, der siebzig Jahre an einem Stück schlafen kann? Das wäre doch unmöglich.«

Eines Tages ritt Choni ha-Meaggel auf einem Esel übers Feld. Da sah er dort einen Mann, der pflanzte einen Johannisbrotbaum. Da fragte Choni ha-Meaggel jenen Mann, der den Baum pflanzte: »Lieber, sage mir, wie lange hat so ein Baum zu wachsen, den du jetzt gerade gepflanzt hast?« Da entgegnete der: »Siebzig Jahre hat er zu wachsen, bevor er Frucht gibt.« Da antwortete er: »Lieber Sohn, bist du denn dessen gewiß, daß du noch siebzig Jahre lebst, so daß du von dem Baum essen kannst?« Da gab ihm der Mann zur Antwort: »Mein lieber Rabbi, ich habe die Welt mit einem Johannisbrotbaum vorgefunden, den allein mein Vater gepflanzt hat; so will ich auch meinem Sohn einen Johannisbrotbaum pflanzen.« Da setzte sich Choni ha-Meaggel nieder und aß ein Stück Brot.

Da befiel ihn ein Schlaf, und der Zaddik schlief ein. Da wuchs um ihn herum ein Felsen, daß kein Mensch mehr gewußt hat, wo er hingekommen war. Und er schlief so siebzig Jahre. Wie er nun wieder aufwachte, da sah er, wie ein Mann den Johannisbrotbaum abschüttelte und die Früchte von der Erde auflas und sie aß. Da fragte Choni ha-Meaggel: »Bist du der Mann, der den Baum gepflanzt hat?« Da sagte der Mann: »Nein, ich bin nicht dieser Mann, aber dessen Mannes Enkel, der bin ich.«

Da sagte Choni ha-Meaggel: »Nun begreife ich, daß ich siebzig Jahre geschlafen habe.« Alsdann sah er nach seiner Eselin, die hatte viele junge Esel geboren, während er geschlafen hatte: wohl drei- oder viermal, daß all die Esel weiter und so fort in jenen Jahren geboren hatten.

Da ging Choni ha-Meaggel heim in sein Haus und sagte

zu seinem Gesinde: »Ihr lieben Leute, lebt der Sohn von Choni ha-Meaggel noch?« Da sagten die Leute: »Nein, sein Sohn lebt nicht mehr, aber sein Enkel lebt noch.« Da sagte er: »Ich bin Choni ha-Meaggel.« Da wollten ihm die Leute nicht glauben, denn sie dachten, er wäre lange tot.

Da ging Choni ha-Meaggel in das Lehrhaus (*beß-médresch*) und lernte (*dárschent*). Da hörte er, wie die Rabbinen (*rabónim*) zueinander sagten: »Diese Auslegung (*halóche*) da und da ist ebenso, als wäre sie in den Jahren des Choni ha-Meaggel gefunden (*gelérnt*) worden. Denn der Choni ha-Meaggel hat hervorragend gelernt, und wenn er in das Lehrhaus kam, hat er auf alle Fragen (*káscheß*), die man ihm stellte, Bescheid gewußt (*mezáer sajn*).«

Als er das hörte, da sprach er: »Ich bin Choni ha-Meaggel.« Doch die Rabbinen wollten ihm nicht glauben, denn sie meinten, er wäre vor langer Zeit gestorben. Sie wußten nichts von seinem Schlaf und erwiesen ihm nicht die Ehre, wiewohl er es wert gewesen wäre.

Da befiel ihn eine Schwäche. Und er betete (*tfíle ton*), daß er sterben möge, und kurze Zeit danach starb er.

Darauf sagt Raba: Das ist das Sprichwort der Leute, das besagt, wenn einem die Genossen (*chawéjrim*) nicht die Ehre (*kówed*) erweisen, die sie dir früher erwiesen haben, so wäre es für ihn besser, er wäre tot – oder, wie das Sprichwort geht: Entweder Gesellschaft oder den Tod. [53]

Quelle: Traktat Taanit 23 a, aus dem Babylonischen Talmud.
Übers.: Goldschmidt BT Bd. 3 (1930), 715 f. – MB: Grünbaum 1882, 400 (gekürzt); Pappenheim 1929, Nr. 53.

Psalmvers: Ps 126,1: »Ein Aufstiegsgesang./Wann ER kehren läßt die Heimkehrerschaft Zions,/werden wie Träumende wir.«
Rabbinisches Exemplum Nr. 422 (Siebzigjähriger Schlaf). Nach einer

anderen Überlieferung war Choni der Enkel eines Frommen gleichen Namens, der während der Zerstörung des Tempels gelebt hatte und die Zeit des Babylonischen Exils über schlief (Taanit III, 66 a). Politisch begründet war auch der zwanzigjährige Dauerschlaf, den der Held Rip Van Winkle seinerzeit hielt; er verschlief Amerikas Weg in die Unabhängigkeit (Washington Irvings gleichnamige Erzählung erschien 1819).
Enkel des Choni ha-Meaggel: siehe Text 90 (Abba Chilkija) und 91 (Chanan ha-Nechta).
Das jüdische Wort für Geheimnis und Mysterium (*ßod*) zählt dem Buchstabenwert nach »70«. Siebzig ist »eines Menschen Zeit« – und die Zahl der Völker und Sprachen, der Ältesten unter Mose, sie ist die verzehnfachte heilige Sieben. Der christliche Legendentyp »Siebenschläfer« (AaTh 766) geht vermutlich auf agadische Erzählmotive zurück und damit auch auf Choni.
Einen hundertjährigen Schlaf schliefen Dornröschen und mit ihr alle Schloßbewohner; um sie herum wuchs eine undurchdringliche Dornenhecke – so wie hier ein Felsen.

Rabbi Pinchas ben Jair verrichtet Wunder

Die Geschichte geschah. Einst ging Rabbi Pinchas ben Jair und wollte Gefangene auslösen. Da kam er an einen großen Fluß namens Ganai. Da sprach Rabbi Pinchas: »Ganai, teile deine Wasser auseinander und laß mich hindurchgehen.« Da sprach das Wasser zum Rabbi Pinchas: »Du gehst und willst den Willen Gottes tun, Sein Name sei gelobt, und ich gehe auch und tue das Gebot Gottes, Sein Name sei gelobt. Bei dir ist es nicht gewiß, daß man dir die gefangenen Leute zur Auslösung geben wird, aber bei mir ist gewiß, daß ich in das Meer (*jam*) fließe. Darum will ich mich nicht spalten.«

Da sprach Rabbi Pinchas wiederum: »Willst du dich nicht spalten, so will ich über dich verhängen, daß nimmermehr Wasser in dir laufen soll.« Als das Wasser dies hörte, da spaltete es sich auseinander, so daß Rabbi Pinchas trokken hindurchging.

Wie er nun durch war, da kam auch einer, der trug Weizen für Pessach (*péjßech*), den wollte er mahlen. Da sprach Rabbi Pinchas wieder zum Wasser: »Spalte dich auch des Juden wegen, denn er geht um eines Gebotes (*mízwe*) willen an Pessach.« Da spaltete es sich wieder, so daß der Mann auch hindurchgehen konnte. Nun ging mit ihm ein Handelsmann (*sáucher*), der war Araber und war dem Rabbi Pinchas auf dem Weg gefolgt, und so waren sie miteinander zwei Kameraden (*chawéjrim*). Da sprach Rabbi Pinchas: »Spalte dich auch des Arabers wegen, auf daß man nicht sagen soll, ein Kamerad (*cháwer*) ist mit dem anderen gegangen und hat ihn zurückgelassen.« Da spaltete es sich erneut.

Darauf sprach Rabbi Josse (ben Chalafta): »Wie bedeutend (*kestlich*) ist doch der Rabbi Pinchas ben Jair, mehr noch als Mose unser Lehrer (*Máusche rabejnu*). Warum? Bei Mose unserem Lehrer, als unser Herrgott das Meer gespalten hat, da hat er es ganz Israel (*jißróel*) wegen getan, und er hat es nicht mehr als einmal gespalten. Doch bei Pinchas ben Jair ist es um nicht mehr als drei Leute gegangen und es hat sich dreimal gespalten.«

Wie er nun weiterging, da kam er zu einer Herberge. Da schüttete der Wirt dem Esel Gerste in die Krippe, aber der Esel wollte die Gerste nicht fressen. Da schwang der Wirt die Gerste wieder durcheinander (siebte sie durch), denn er glaubte, der Esel wollte darum nicht fressen, weil noch viel Spreu darin war. Und schüttete sie dem Esel wieder vor, aber der Esel wollte sie noch nicht fressen.

Als der Wirt das sah, sagte er zu Rabbi Pinchas, daß der

Esel nicht fressen wollte, und die Gerste sei rein gewesen. Da sprach Rabbi Pinchas zum Wirt: »Vielleicht hat man von der Gerste noch nicht den Maasser (Zehnten) entrichtet.« Da zweigte der Wirt den Maasser von der Gerste ab, und danach fraß der Esel die Gerste. Da sprach Rabbi Pinchas gegen den Wirt: »Sieh, das arme Tier (*behéjmo*) frißt nicht ohne Maasser und befolgt seines Schöpfers Gebot, und Ihr wolltet ihm Gerste geben, die nicht vermaassert (verzehntet) ist.«

Als Rebbe davon erfuhr, daß Rabbi Pinchas kam, da ging ihm Rebbe entgegen und sprach: »Ist es dein Wille, so magst du mit mir essen.« Da sprach Rabbi Pinchas zu Rebbe: »Ja, ich will mit dir essen.« Da wurde Rebbes Gesicht (*pónem*) rot vor großer Freude (*ßímche*), weil er mit ihm essen wollte.

Da sagte Rabbi Pinchas zu Rebbe: »Du glaubtest wohl, ich habe ein Gelübde (*néjder*) getan, von einem Sohn Israels keinen Vorteil (*hanóe*) zu ziehen. Ich will dir sagen, warum ich nicht gern mit einem Juden esse: Israel ist ein heiliges Volk, und etliche haben es gern, daß man mit ihnen ißt, und haben nichts herzugeben. Und etliche haben es sehr gut, und haben es nicht gern, daß man mit ihnen ißt. Denn es steht geschrieben: ›Du sollst nicht Brot mit einem essen, der dich nicht gern das Brot essen sieht.‹ Denn mancher heißt einen mitessen, und das Herz ist nicht dabei. Dennoch weiß ich, daß du es gern gibst, und hast es auch. Aber gleichwohl kann ich jetzt gerade nicht essen, denn ich muß eilends meinen Weg weiterreiten, einer Guttat (*mízwe*) wegen. Ich mag mich nicht verspäten. Aber wenn ich wiederkomme, will ich mit dir essen.«

Als er nun wiederkam, da trat er in Rebbes Haus. Da wollte er seinen Esel in Rebbes Stall stellen, und da sah er, daß Rebbe weiße Maultiere in seinem Stall stehen hatte, und die im Haus zu haben ist sehr gefährlich (*beßakóne*).

Und er dachte: »Soll ich mit Rebbe essen, und er hat den Todesengel (*málech-hamóweß*) im Stall stehen.«

Da hörte Rebbe, daß Rabbi Pinchas gekommen war. So ging er ihm im Haus entgegen und sprach zu ihm: »Ich habe dein Reden wohl vernommen, aber laß dich nicht hindern, denn ich will die Maulesel verkaufen.« Da sprach Rabbi Pinchas: »Der Schriftvers (*póßek*) sagt, ›man soll keinem Menschen etwas zu straucheln geben (einen Stolperstein vorsetzen)‹. Da sprach Rebbe: »Ich will sie wieder in den Wald laufen lassen.« Da sagte Rabbi Pinchas wiederum: »So werden die Esel mehr Schaden anrichten als zuvor, weil sie nicht gehütet werden.« Da sagte Rebbe: »Ich will sie lahm machen, damit sie nicht schlagen können.« Da sprach Rabbi Pinchas: »Das wäre lebensgefährlich, und obendrein ist das eine Sünde (*awéjre*).« Da sprach Rebbe wieder: »Ich will ihnen die Klauen (Hufe) abschneiden, das tut ihnen nicht weh.« Da sprach Rabbi Pinchas wieder: »Es steht auch geschrieben: ›Du sollst nichts verderben‹, auch damit tust du eine Sünde.«

Da bat Rebbe den Rabbi Pinchas, er möge doch mit ihm zu Mittag essen, wie er ihm versprochen hat, als er bei ihm vorbeigezogen war. Da geschah ein Wunder (*neß*), daß der Heilige, gepriesen sei Er, einen Berg wachsen ließ zwischen dem Rebbe und Rabbi Pinchas, so daß beide nicht mehr zueinander kamen.

Rabbi Chanina sagt, es gibt dafür kein Heilmittel (*refúe*), wenn ein weißer Maulesel beißt. Man hat über Rabbi Pinchas gesagt: Von dem Tag an, als er seinen Verstand (*ßejchl*) erlangte, machte er keinen Segensspruch (*bróche*) über Brot, das nicht seines war. Denn er wollte keinen Vorteil haben von anderer Leute Gut, selbst nicht von seines eigenen Vaters Speise. [54]

Quelle: Traktat Chullin 7 a-b, aus dem Babylonischen Talmud.
Übers.: Goldschmidt BT Bd. 11 (1936), 19 f. – MB: Pappenheim 1929, Nr. 54.

Rabbinische Exempla Nr. 128 (Keine Trauer um Sklaven) und Nr. 331 (Pinchas ben Jairs Wundertaten). Vgl. Born Judas Bd. 2, 1917, 67 f.: Zwei Fromme (Simeon ben Satah und Pinchas ben Jair).
Zu Pessach (hebr. péssach, »verschonen«): Pessach oder Passafest ist der höchste aller Feiertage, er wird am 14. bis 21. Nissan (März/April) zur Erinnerung an den Auszug aus Ägypten begangen. Pessach bedeutet auch »Vorüberschreiten«, denn bei der Tötung der ägyptischen Erstgeborenen schritten die Engel an den Häuser der Israeliten vorüber und verschonten so deren Erstgeburt. Daher sind die erstgeborenen Juden am Tag vor Pessach gehalten zu fasten. Zum Festritus selbst siehe Anm. Text 173, 182.
Die Befreiung aus ägyptischer Knechtschaft geht biblisch mit den größten Wundern einher: Gott als Wolken- und Feuersäule, die den Fliehenden den Weg weist; Mose, der auf Geheiß Gottes den Stab hebt und das Meer spaltet; der Zug der Israeliten auf sandigem Grund, links und rechts die hochgetürmten Wasserwände, die dann über den nachsetzenden Ägyptern zusammenschlagen (Ex 13 und 14). Diese einmalige Spaltung des Meeres wird durch Rabbi Pinchas gewissermaßen getoppt: dreimalige Spaltung des Fließwassers, für nur drei Leute – der letzte von ihnen ein Araber!

Bibelverse: »Du sollst nicht mit einem Brot essen ...«, Spr 23,6: »Speise nimmer von der Speise des Scheeläugigen,/sei nimmer lüstern nach seinen Leckereien.«
»Man soll keinem Menschen etwas zu straucheln geben«, Lev 19,14: »Lästre nicht einen Tauben,/vor einen Blinden lege nicht einen Anstoß«.
»Du sollst nichts verderben.« Dtn 20,19: »(Der Stadt) verdirb nicht ihren Baumstand«.
Zum Todesengel siehe Anm. Text 17. Weiß ist die Farbe des Todes, die des leinenen Sterbegewands, wie es auch der Vorbeter beim Morgengottesdienst an Rosch haschana anlegt.
Über das untrennbar mit Rabbi Pinchas verbundene Eseltier und über den Maasser (Zehnten) siehe die Anm. zum folgenden Text. – Rabbi Pinchas ben Jair lebte im 2. Jh., vermutlich in Lydda (südöstl. von Jaffa), war Schwiegersohn des Simeon ben Jochai und Zeitgenosse des Jehuda ha-Nassi; die Einhaltung der Reinheitsgesetze ging ihm über alles.

Der Esel des Rabbi Pinchas bleibt standhaft

Die Geschichte geschah. Der Esel von Rabbi Pinchas ben Jair wurde einmal von Räubern gestohlen. Und sie nahmen den Esel und führten ihn mit in eine Höhle.

Und sie hatten den Esel drei Tage bei sich, aber der Esel wollte nichts fressen, denn er wußte genau, daß man vom Futter (*tewúe*, Korn) keinen Maasser (den Zehnten) gegeben hatte.

Da sagten die Räuber zueinander: »Was sollen wir mit dem Esel machen? Denn er wird doch an Hunger sterben, weil er nicht fressen wird. Wenn wir den Esel auf das Feld werfen müssen, so werden es die Leute merken, wo wir sind, sie werden uns suchen, und wir werden ums Leben kommen. Sollten wir das Aas in der Höhle behalten, so wird das Aas in der Höhle stinken, und der Gestank ist gar ungesund.« Da hielten sie Rat und ließen den Esel laufen.

Und der Esel lief wieder heim zu seinem Herrn Rabbi Pinchas. Und der Esel kam wieder vor die Tür und schrie laut, so wie die Esel zu schreien pflegen. Da hörte es Rabbi Pinchas, daß der Esel schrie, da sprach er: »Tut dem Esel auf und gebt ihm zu fressen, denn er hat drei Tage lang nichts gefressen.«

Rabbi Schalmia sagt: Rabbi Pinchas wußte wohl, daß der Esel an keinem fremden Ort etwas fressen würde, um wieviel mehr (*mikól schekén*) hat er bei den Räubern nichts fressen wollen.

So schütteten sie ihm Gerste vor, doch davon wollte er auch nichts fressen. Da sprach Rabbi Pinchas: »Habt ihr davon den Maasser entrichtet?« Da sagten sie: »Nein.« So entrichtete man den Maasser, und danach fraß er die Gerste ganz auf und fraß sich endlich satt. [55]

Quelle: Traktat Sheqalim 48 c, 75–48 d, 13, aus dem Jerusalemer Talmud.

Übers.: Frowald G. Hüttenmeister in JT Bd. II/5 Sheqalim – Scheqelsteuer (1990), 94. – MB: Pappenheim 1929, Nr. 55.

Rabbinisches Exemplum Nr. 235 (Esel des Pinchas ben Jair). Gaster 1934 merkt zweierlei an: Das MB numeriert irrtümlich mit 58 statt 55, und die Quelle dort muß ›En Ja'akob‹ gewesen sein, dessen Ausschmückung des eher lakonischen Talmudtextes hier eingebaut wurde. Vgl. Timm 1995, 263, Anm. 43.
Dem Talmud nach ist das berühmte Tier eine Eselin. Als sie die Gerste verweigert, kommt es zu folgendem Disput: »Rabbi, sie will nicht fressen. – Er sprach zu ihnen: Ist die Gerste ordnungsgemäß behandelt (d. h. sind die vorgeschriebenen Abgaben abgeliefert) worden? – Sie erwiderten ihm: Ja. – Da sagte er zu ihnen: Habt ihr auch die Demaiabgaben (den Zehnten) abgeliefert? – Sie erwiderten ihm: Hat uns Rebbe (auf den die Vorschrift zurückgeht) nicht gelehrt: Wenn jemand Getreide für Saat oder Vieh kauft, Mehl zum Bearbeiten von Fellen, Öl für eine Lampe, dann ist er frei von Demaiabgaben. – Rabbi Pinchas sagte zu ihnen: Wie können wir das auf diese arme Eselin anwenden, die für sich selbst (die Vorschrift durch ihre Essensverweigerung) so sehr erschwert hat? – Daraufhin lieferten sie die Demaiabgaben ab, und die Eselin fraß.«

Zum Maasser: Die Tora verpflichtet die Besitzenden und Erwerbenden, nicht nur für sich und die Ihren, sondern auch für die Gesamtheit zu arbeiten: ein Zehntel des Vermögens, der sog. Maasser, muß an die Gesamtheit abgegeben werden: bestimmt für die Armen, die Witwen und Waisen, auch an die Fremden. Dieses Gebot folgt Dtn 14,22: »Zehnten sollst, verzehnten du allen Ertrag deiner Saat,/was Jahr um Jahr vom Feld hereinfährt« (siehe auch Text 99).

Legendenmotiv ist »das fromme Tier, das Scheu vor Verbotenem zeigt«. Nach Schwarzbaum 1968, 37, hatte die Legende Einfluß auf die mittelalterlich-christliche vom Schwein, welches das Essen eines Exkommunizierten verweigerte. Vgl. die Frömmigkeit einer Kuh in Text 204.

Rabbi Josua ben Chananja und der Kaiser

Die Geschichte geschah. Der Kaiser sagte zu Rabbi Josua ben Chananja: »Euer Gott gleicht einem Löwen, gleichwie geschrieben steht: ›Ein Löwe brüllt, wer soll sich da nicht fürchten.‹ Das verstehe ich wohl, daß Gott der Herr einem Löwen gleicht, doch worin besteht seine Stärke? Denn ein starker Mann kann doch einen Löwen umbringen.«

Da sagte Rabbi Josua zum Kaiser: »Nicht von einem gewöhnlichen Löwen ist die Rede, sondern es meint den aus dem Wald, einen solchen Löwen meint es.« Da sprach der Kaiser: »Ich würde diesen Löwen gern sehen.« Da sprach Rabbi Josua: »Du kannst ihn nicht sehen.« Da sprach der Kaiser: »Fürwahr, du mußt mir den Löwen zeigen, ob du willst oder nicht.«

Da verrichtete Rabbi Josua ein Gebet (*tfile ton*).

Da trat dieser Löwe aus seiner Behausung. Und als der Löwe noch vierhundert Meilen vom Kaiser entfernt war, da hob er an und stieß ein Brüllen aus, wie es die Art (*ßéjder*) eines Löwen ist. Da verloren alle schwangeren Frauen vor dem großen Gebrüll ihre Kinder (erlitten Fehlgeburten), und die Mauern Roms stürzten ein. Und als er noch dreihundert Meilen zum Kaiser hatte, da fing er wieder zu brüllen an. Da fielen den Leuten die Zähne aus ihren Mäulern, und der Kaiser fiel vor großem Schreck von seinem Stuhl (Thron).

Hierauf sprach der Kaiser zu Rabbi Josua: »Ich habe dich zuvor gebeten, du solltest beten, daß ich den Löwen sehen kann. Nun bitte ich dich wieder, du solltest beten, daß der Löwe wieder zurückgeht in seine Behausung, dorthin wo er hergekommen ist; denn wenn er noch näher kommen wird, so wird er die ganze Welt umbringen.« Und so schickte Rabbi Josua wieder Gebete, und der Löwe begab sich zurück und wieder in seine Ruhe. [56]

Quelle: Traktat Chullin 59 b, aus dem Babylonischen Talmud.
Übers.: Goldschmidt BT Bd. 11 (1936), 181. – MB: Pappenheim 1929, Nr. 56.

Rabbinisches Exemplum Nr. 7 (Gottes übergroße Kraft).
Der Talmud spricht hier vom »Löwen von Be Ilaj« (einem Höchsten), so wie er auch vom Einhorn als dem »Reh von Be Ilaj« spricht: der Anmerkung zufolge Name eines Fabeltiers.
Den Abort der Schwangeren läßt der Talmud aus: dies sei eine sprachlich falsche Erklärung Raschis.
Bibelverse: »Ein Löwe brüllt …«, Am 3,8: »Der Löwe hat gebrüllt,/wer fürchtete sich nicht!«
Von seinem gewaltigen Brüllen, welches das Land erstarren läßt, spricht auch Ez 19,7. Der Löwe wird zu einem Bild des verschlingenden Abgrundes, wenn der Mensch ihm gegenübersteht: »Ihr Maul sperren sie wider mich auf,/eine Löwenschar, reißend und schreiend« (Ps 22,14); und so ist sein Flehen zu Gott zu verstehen: »befreie mich aus dem Maul des Löwen« (ebd., 22).

Rabbi Josua und der Kaiser, der Gott zu sehen wünschte

Die Geschichte geschah. Der Kaiser fragte Rabbi Josua (ben Chananja): »Ich wollte gern euren Gott sehen.« Da sprach Rabbi Josua zum Kaiser: »Du kannst ihn nicht sehen.« Da sprach der Kaiser: »Fürwahr, du mußt ihn mir zeigen.«

Da ging Rabbi Josua und führte den Kaiser mit sich hinaus aufs Feld. Und das war eben im Tammuz (Juli/August), in dem die Sonne heiß scheint. Da sprach Rabbi Josua zum Kaiser: »Nun sieh zum Himmel hinauf, so wirst du Gott sehen.« Und wies den Kaiser an, er solle in die Sonne sehen. Da sprach der Kaiser zu Rabbi Josua: »Ich kann nicht über mich in die Sonne sehen.« Da entgegnete Rabbi Josua dem Kaiser: »Nun sieh! An diesem Tag dient einer seiner Diener dem Heiligen, gepriesen sei Er, und du kannst ihn nicht sehen. Denn die Sonne ist nur ein Diener des Heiligen, gepriesen sei Er; um wieviel mehr (*mikól schekén*) trifft es zu, daß du den Heiligen, gepriesen sei Er, selbst gar nicht sehen kannst.«

Wie das der Kaiser hörte, da war er es zufrieden. [57]

Quelle: Traktat Chullin 59 b, aus dem Babylonischen Talmud.
Übers.: Goldschmidt BT Bd. 11 (1936), 182. – MB: Pappenheim 1929, Nr. 57.

Rabbinisches Exemplum Nr. 9 (Gott ein mächtiges Licht).
Rabbi Josua, geb. um 40 n. Z., war einer der Führer der Israeliten zu Zeiten römischer Bedrängnis; er intervenierte in Rom zugunsten seines Volkes, siehe Anm. Text 5.
In diesem Gleichnis geht es um die Schechina (*schechíne*), um »die konkrete, blendende Gegenwart Gottes« (vgl. Text 15). Rosten 2002, 511 bringt die gleiche Geschichte und schreibt sie Rabbi Josua und Kaiser Hadrian zu.

Der Kaiser will Gott ein Bankett ausrichten

Die Geschichte geschah. Der Kaiser sagte zu Rabbi Josua: »Ich würde gern für deinen Gott ein Festmahl (*ßúde*) ausrichten, damit wir gemeinsam essen können.« Da sagte Rabbi Josua zum Kaiser: »Das vermagst du nicht, denn Gottes Diener sind zahlreich.« Da sprach der Kaiser wiederum: »Fürwahr, ich vermag es wohl.« Da sprach Rabbi Josua: »So tue es. Geh hin aufs offene Feld, zum Bach Rabitha, und laß die Mahlzeit dort zurichten.«

Da mühte sich der Kaiser sechs Monate (*chadóschim*) lang zur Sommerzeit, ließ Tische und Bänke voll mit vielen guten Speisen zubereiten. Und der Kaiser glaubte, er habe alles wohl zugerichtet. Da kam ein großer Wind auf und wehte die Tische alle in den Bach hinein.

Da ging der Kaiser hin und mühte sich wieder sechs Monate lang zur Winterzeit und ließ wieder viele Tische zubereiten mit guten Speisen. Da kam ein großer Regen und schwemmte die Tische alle hinweg in den Bach hinein.

Da sprach der Kaiser zu Rabbi Josua: »Was soll das heißen? Obschon ich lange zurüste, kommt doch niemand, der da ißt, und doch kommt es weg?« Da antwortete ihm Rabbi Josua: »Das sind die Diener des Heiligen, gepriesen sei Er, die haben alles, was vorhanden war, aufgegessen.« Da sprach der Kaiser: »Wenn dem so ist, so ist all mein Zurüsten umsonst. So will ich es fürderhin bleibenlassen.« [58]

Quelle: Traktat Chullin 60 a, aus dem Babylonischen Talmud.
Übers.: Goldschmidt BT Bd. 11 (1936), 182. – MB: Pappenheim 1929, Nr. 58.

Rabbinisches Exemplum Nr. 8 (Kaiser bewirtet Gott).
Zu Rabbi Chananja (1. Jh. n. Z.) und seine römischen Dispute mit dem Kaiser: siehe Anm. Text 5.
Der Talmud benennt die Diener des Heiligen als »die Fegenden und Sprengenden, die vor ihm kommen«.

Des Kaisers Tochter will, dass Gott ihr ein Haus baut

Die Geschichte geschah. Die Tochter des Kaisers sagte zu Rabbi Josua (ben Chananja): »Euer Gott ist ein Zimmermann, gleich wie wir in euren Büchern geschrieben finden: ›Der da im Wasser seine Zimmer bälkt‹. Da wollte ich auch wohl, daß er mir ein schönes Haus baut, wie es der Tochter des Kaisers zukommt.« Da gab Rabbi Josua ihr zur Antwort: »Ja, das wollen wir leicht zuwege bringen.«

Da hob Rabbi Josua an und betete eindringlich (*grojß tfile ton*) für ihr Begehr. Da wurde sie aussätzig. Da gab man ihr eigens ein Haus zu Rom auf dem Markt. Denn es war in Rom Sitte (*ßéjder*), daß man einem jeden Aussätzigen ein Haus auf dem Markt gab.

So blieb die Tochter des Kaisers in dem Haus, saß am Fenster und spann dort Flachs. Und sie saß darum am Fenster, daß die Leute sie sehen und für sie bitten sollten, daß sie doch wieder geheilt werden möge.

Eines Tages ging der Rabbi Josua über den Markt, vorbei

an ihrem Häuschen. Da saß sie und spann Flachs. Da sagte er zu ihr: »Hat dir unser lieber Gott ein Lusthaus gebaut?« Da sagte sie zu Rabbi Josua: »Lieber, sag zu eurem Gott, daß er mir wieder nimmt, was er mir gegeben hat.« Da sprach Rabbi Josua wieder zu ihr: »Unser Lieber Herrgott gibt, aber er nimmt nichts wieder.« [59]

Quelle: Traktat Chullin 60 a, aus dem Babylonischen Talmud.
Übers.: Goldschmidt BT Bd. 11 (1936), 182. – MB: Pappenheim 1929, Nr. 59.

Rabbinisches Exemplum Nr. 10 (Gott der Baumeister).
Der Talmud spricht nicht von einem Haus, sondern einer »Spindel« – die man in Rom dem Aussätzigen, den man auf die Straße setzte, deswegen gab, damit er Garn spinne, die Leute so auf ihn aufmerksam würden und für ihn um Erbarmen flehten.

Bibelvers: »Der da im Wasser ...«, Ps 104,3: »Er, der im Wasser seine Hochgemächer bälkt«.

Warum man tunlichst nicht auf Brot tritt

Die Geschichte geschah. Ein jeder Mensch soll davor gewarnt sein, Brot auf den Boden zu werfen oder auf dem Boden liegenzulassen, denn sonst könnte man darauf treten.

Darauf sagt der Abbaje: Früher glaubte ich, man kehrt die Stube, wenn man gegessen hat, deswegen aus, um sie reinlich zu halten. Dann aber habe ich gehört, es geschieht deswegen, daß man auf das Brot (die Brotbrocken) treten könne, wenn man nicht auskehrt. Und wenn man auf das Brot tritt, dann gerät man in große Armut.

Denn da war einmal ein Mann, dem setzte der Geist (*sched*), der über das Brot gesetzt ist – er heißt Newil –, unerbittlich (*hart*) nach und glaubte schon, den guten Mann in Armut gebracht zu haben, denn dieser würde Brot liegenlassen, daß man darauf treten könne.

Einmal saß jener Mann auf dem grünen Gras. Da dachte der Geist, der über die Armut gesetzt ist: »Jetzt will ich ihm

beikommen, denn er kann die kleinen Bröckchen Brot nicht aus dem Gras klauben und wird ganz gewiß darauf treten müssen.« Aber als der Mann gegessen hatte, nahm er eine Schaufel und stach das Gras mit den kleinen Bröckchen heraus und warf es mitsamt dem Gras in den Fluß (*wåßer*) hinein. Da hörte der Mann eine Stimme, die rief: »Weh mir, daß mich dieser Mann so aus seinem Haus gejagt hat, worin ich meine Wohnung hatte. Ich hoffte ihm beizukommen, und nun muß ich von ihm ablassen.«

Deshalb soll man sich hüten, Brotbrocken auf den Boden zu werfen oder dort liegenzulassen. Heutzutage achten wir dies gering, und mancher gute Mann hat daran hart zu leiden. [60]

Quelle: Traktat Chullin 105 b, aus dem Babylonischen Talmud
Übers.: Goldschmidt BT Bd. 11 (1936), S. 322. – MB: Pappenheim 1929, Nr. 60.

Dies ist der Beginn einer Reihe von Geschichten, die mit Volksglauben und Magie zu tun haben. Im Talmud sind sie eingangs durch wiederkehrende Redeweise gekennzeichnet. Sie wird Abbaje (Neffe und Schüler von Rabba) in den Mund gelegt: »Abbaje sagt, früher habe ich geglaubt ..., aber der Meister (Rabba) erklärte mir ...« Diese narrative Formel übernimmt der Ma'assetext nicht immer, doch stets negiert er den Hinweis auf »den Meister« und dessen gültige Festlegung. Dafür schließt er, anders als der Talmud, jedesmal mit einer »Moral«. –
Hier spricht der Talmud vom »Geist der Armut«, während das MB zwischen »Brot« und »Armut« changiert, es meint aber den nämlichen.
Zum Brot: Der Talmud spricht hier von »Brocken«, das MB von »Brot«. Die Wertschätzung des Brotes gilt einmal dem Hauptnahrungsmittel, noch in seiner unscheinbarsten Form, zum anderen der Lebensspeise in spirituellem Sinn: »Nicht vom Brot allein/lebt der Mensch,/nein, von jeglichem, was aus SEINEM Munde fährt,/lebt der Mensch« (Dtn 8,3).

Der historische Abaje ben Nachmani, ein Amoräer (Gesetzeslehrer), lebte von 280–339 n. Z.

Warum man ein Bund Gemüse nicht ohne weiteres essen soll

Die Geschichte geschah. Abbaje sagt: Früher glaubte ich, daß derjenige, der von einem Bund (Gemüse), das die Gärtner in eins zusammenbinden, etwas ißt (die herausstehenden Kräuter), als ein Fresser angesehen wird, der es nicht abwarten kann, den Bund aufzuschneiden. Denn die Gärtner pflegen Knoblauch und Zwiebeln und Rettich in eins zusammenzubinden. Aber dann habe ich gehört, daß man damit Zauberei (*kíschef*) treiben kann, wenn einer nicht vorgewarnt worden ist.

Deshalb soll sich ein jeder davor hüten, das Bund Zwiebeln, oder Knoblauch, oder Rettich oder sonst etwas vorher aufzubinden, ehe er es essen will. Dann geschieht ihm nichts Böses. [61]

Quelle: Traktat Chullin 105 b, aus dem Babylonischen Talmud.
Übers.: Goldschmidt BT Bd. 11 (1936), 322. – MB: Pappenheim 1929, Nr. 61.

Der folgende Text gibt ein Beispiel davon, wie die Magie des »Gärtnerbündels« wirkt.

Eine römische Matrone wird an Zauberei gehindert

Die Geschichte geschah. Rabbi Chisda und Rabba bar Huna wollten zu Schiff über ein Wasser setzen. Da fand sich eine Fürstin (Talmud: eine Matrone) aus Rom ein, die auch mitfahren wollte, aber sie wollten die Fürstin nicht mit zu sich aufs Schiff nehmen. Da machte sie mit einer Zauberei (*kíschef*), daß das Schiff nicht von Land kommen konnte.

Da sprachen die zwei Rabbinen (*rabónim*) gewisse heilige Namen (*schéjmeß*), so daß das Schiff vom Land ablegte. Da sprach die Fürstin zu den zwei Rabbinen: »Was kann ich gegen euch ausrichten? Bei euch verfängt keine Zauberei, denn keiner von euch Zweien hat von einem (Gemüse-) Bund gegessen, bevor er es aufgebunden hatte.«

Deshalb, ihr lieben Leute, seht euch vor den drei Dingen vor, dann kann man euch keine Zauberei zufügen. [62]

Quelle: Traktat Chullin 105 b, aus dem Babylonischen Talmud.
Übers.: Goldschmidt BT Bd. 11 (1936), 322. – MB: Pappenheim 1929, Nr. 62.

Dem Talmudtext voraus geht eine Erklärung Rabbi Abbajes analog zum Vorspann der letzten wie auch der folgenden Geschichte. Im MB ist sie nicht wiedergegeben, dort lautet sie: »Ferner sagte Abbaje: Früher glaubte ich, man esse Kräuter von einem Gärtnerbündel deshalb nicht, weil dies den Anschein der Gefräßigkeit hat, der Meister aber erklärte mir, weil dies wegen Zauberei schädlich ist.« Dann erst setzt die Geschichte ein.
Auch die »drei Dinge« des abschließenden Appells werden durch den Talmudtext erst verständlich: »Was kann ich gegen euch tun«, spricht die römische Matrone zum Schluß, »die ihr euch nicht mit einer

Scherbe reinigt (nach dem Verrichten der Notdurft), keine Laus auf den Gewändern tötet und nicht Kräuter von einem Gärtnerbündel esset.« Chisda und Rabba gehören zu den wenigen Talmudgelehrten, die sich solchen Gegenbanns bzw. solcher magischen Künste gelegentlich »zu erlaubten Zwecken« bedient haben, vgl. den Abschnitt über den »Zauberer« im Traktat Sanhedrin 67 a-b (BT Bd. 8, 1933, 730–734).

Rabbi Aschi und der Dämon aus der Wasserrinne

Die Geschichte geschah. Abbaje sagt: Früher glaubte ich, man soll sich deshalb unter keine Wasserrinne (Traufe) setzen, weil das Wasser auf einen herabrinnen könnte. Aber darum geht es nicht. Ich habe vielmehr gehört, daß darunter zu sitzen große Gefahr (*ßakóne*) bedeutet, von wegen der bösen Geister (*schéjdim*), die ihre Wohnung unter der Rinne haben.

Denn da waren einmal zwei arme Männer, die pflegten für Lohn alle Dinge an einer Stange zu tragen. Einstmals trugen sie ein Faß mit Wein an der Stange und wollten ein wenig ausruhen, und sie stellten das Faß auf den Boden (*erd*) unter eine Rinne. Da zerbrach das Faß Wein an der Stange, und der ganze Wein lief zu Boden.

Da gingen sie zu Reb Aschi, der damals Vorsteher der Jeschiwa (*rosch jeschíwe*) war. Da dachte Reb Aschi daran, daß es die Dämonen getan hätten, und erließ einen Bannspruch: Wer es getan hat, der solle kommen und es sagen.

So kam der böse Geist, der es getan hatte. Da sprach Reb Aschi zum Dämon: »Sag, weshalb hast du den zwei armen Leuten das Faß mit Wein zerbrochen?« Da entgegnete der Dämon: »Deshalb, weil sie mir das Faß Wein auf mein Ohr gesetzt haben, denn ich habe eben dort geschlafen.« Da sprach Reb Aschi wieder zu ihm: »Warum hast du dich gerade an so einem Ort hingelegt, wo die Leute hinzugehen pflegen? Darum geh und bezahl ihr Faß Wein, daß sie nicht über dich klagen.« Da sprach der Dämon: »Lieber Rabbi, gib mir eine Frist für die Bezahlung.« Da setzte ihm der Rabbi eine Frist.

Nun, die Zeit kam, und der Dämon kam nicht, um die zwei Leute zu bezahlen. Und nach dem Zeitpunkt (*sman*) kam er doch. Da fragte Reb Aschi: »Warum bist du nicht zu der Zeit gekommen, die ich dir gesetzt habe?« Da sprach der Dämon: »Ich will Euch sagen, warum ich nicht gekommen bin. Denn alles, was gezählt und versiegelt und zugeknüpft ist, darüber hat ein Geist keine Gewalt und kann sich nichts davon nehmen – bis er was findet, was nicht gezählt oder versiegelt oder zugeknüpft ist. Deshalb habe ich mich mit der Abzahlung so lange verspätet.« [63]

Quelle: Traktat Chullin 105 b, aus dem Babylonischen Talmud.
Übers.: Goldschmidt BT Bd. 11 (1936), 322 f. – MB: Pappenheim 1929, Nr. 63.

Den Geistern, so der Schluß des Talmudtextes, fällt allein zu, was sie »herrenlos finden«.
»Unter der Dachtraufe treiben Geister ihr Wesen«, weiß auch das ›Handwörterbuch des deutschen Aberglaubens‹.
Über die besondere Dämonologie der Juden informiert Trachtenberg 1961.

Der Arme, der Reiche und der Wüstling am Tag des Gerichts

Die Geschichte geschah. Die Rabbinen (*rabónim*) haben gelehrt (*gelernt*): Ein Armer und ein Reicher waren alle beide auf Jener Welt (*jéne-welt*, Jenseits) am Tag des Gerichts (*lejáum ha-din*) vor den Heiligen, gepriesen sei Er, gekommen. Da wird man zu dem Armen sagen: »Sag an, warum hast du in der Welt, in der du gewesen bist, nicht Tora gelernt?« Da wird der Arme sagen: »Lieber Herr Gott, ich bin mit meiner Armut zu sehr um Nahrung bemüht gewesen, als daß ich hätte Tora lernen können.« Da antwortete man ihm: »Bist du denn ärmer gewesen als Hillel?«

Denn vom alten Hillel hat man gesagt, jeden Tag hat er einen Schilling verdient, und die Hälfte davon hat er dem Wächter des Bethauses (*schäumer beß-médresch*) gegeben und mit der anderen Hälfte hat er sich mitsamt seiner Frau und den Kindern ernährt und hat dennoch Tora dabei gelernt. Eines Tages hat er nichts verdienen können, und so hat ihn der Wächter nicht ins Bethaus hineinlassen wollen. Warum? Er hatte ihm nicht den Lohn (den Obolus) entrichtet, denn man hat dem Wächter jeden Tag, wenn man ins Bethaus eintreten wollte, etwas gegeben. Da ist er aufs Dach gestiegen und hat sich auf ein Fenster gelegt, auf daß er die Tora hören konnte, die an diesem Tage aus dem Munde Schemajas und Abtalions ausging. Da war es eben Freitagabend (*érew schábeß*) zur Zeit der Jahreswende (*tekúfaus téwes*), und es fiel eine Menge Schnee auf ihn, und der Schnee deckte ihn ganz zu. Als es wieder Tag wurde, da sagte Schemaja zu Abtalion: »Mein lieber Bruder, alle Tage lang ist das Haus hell gewesen, und heute der Tag ist dunkel, vielleicht ist er wolkenverhangen.« Da sahen sie über sich und sahen eine Menschengestalt oben im Fenster liegen. Da gingen sie hinauf auf das Dach und fanden den alten Hillel, drei Ellen mit Schnee bedeckt. Sie streiften ihm den Schnee ab und setzten ihn in ein warmes Bad und schmierten ihn ein und setzten ihn ans Feuer.

Da sprachen die Leute: »Bei einem Mann wie ihm ist es billig und recht, daß man seinetwegen den Sabbat entweiht (*mechálel-schábeß sajn*).« Somit hat der Arme keine Entschuldigung dafür, daß er die Tora nicht hat lernen können. Obschon einer arm ist, so kann er doch gut Tora lernen.

Danach spricht man zu dem Reichen am Tag des Gerichts: »Sag her, warum hast du nicht Tora gelernt?« Da wird der Reiche sagen: »Ich war reich und habe mich mit meinen vielen Geschäften (*grojß aßókim*) abgemüht und habe nicht die Muße gehabt, Tora zu lernen.«

Da sagte man wieder zu ihm: »Du warst ja nicht reicher als Eleasar ben Charsom, denn von ihm heißt es, daß sein Vater ihm nach dem Tod tausend Städte auf dem Festland (*trúkeniß*) und zudem tausend Schiffe auf dem Meer (*jam*) hinterlassen hat. Und dennoch hat er sich jeden Tag eine große Last (*máße*) aufgeladen und ist von einem Land zum anderen gewandert und hat Tora gelernt. Eines Tages ist ihm einer seiner Knechte begegnet, hat ihn aber nicht erkannt. Er sprach zu dem Rabbi Eleasar: ›Du mußt heute einen Tag für deinen Herrn Rabbi Eleasar arbeiten (Frondienste tun).‹ Da sprach er zu ihm: ›Ich bitte dich, laß mich gehen, denn ich muß Tora lernen.‹ Da sagte der Knecht zu ihm: ›So wahr Rabbi Eleasar ben Charsom lebt, ich lasse dich nicht gehen.‹ Da gab er all sein Geld, das er bei sich hatte, daß er ihn gehen ließ, und wollte sich nicht zu erkennen geben, daß er selbst der Rabbi Eleasar ben Charsom war. Und warum? Damit er Tora lernen konnte. Und sein Leben lang hat er seines Vaters Gut nicht gesehen, weder die

Städte noch die Schiffe, er ist nur dagesessen und hat Tora gelernt.«

Dann spricht man zu dem Wüstling (*rósche*), ebenfalls am Tag des Gerichts: »Sag her, warum hast du nicht Tora gelernt?« Da wird er sprechen: »Ich bin hübsch gewesen, und der böse Trieb (*jéjzer-hóre*) hat mich so verwirrt gemacht, daß ich nicht habe lernen können.« Darauf spricht man zu ihm: »Hast du denn mehr bösen Trieb in dir gehabt als der fromme Joseph, dem tagtäglich die Frau des Potiphar schöne Kleider geschickt hat, daß er sie anlegen sollte. Die Kleider, die er sich morgens anlegte, die hat er nicht abends angehabt, und die Kleider vom Abend hat er nicht morgens angehabt, denn hübsche Kleider befördern den bösen Trieb. Da hat sie zu ihm gesagt: ›Hör auf mich und liege mir bei.‹ Da hat er entgegnet: ›Nein, ich liege dir nicht bei.‹ Da hat sie zu ihm gesagt: ›Liege mir bei oder ich lasse dich einkerkern.‹ Da hat Joseph zu ihr gesagt: ›Gott befreit (*derlédigt*), die da gefangen sind.‹ Da hat sie wieder gesagt: ›Ich will dir dein Hoch schon erniedrigen (deine Statur beugen).‹ Da hat er wiederum gesagt: ›Gott richtet die Gebeugten auf.‹ Da sprach sie wieder: ›Ich will dir deine Augen ausstechen lassen.‹ Da entgegnete Joseph: ›Der Heilige, gepriesen sei Er, öffnet dem Menschen die Augen, deswegen liege ich nicht bei dir. Der Heilige, gepriesen sei Er, kann mir also beistehen.‹

Da gab sie ihm tausend Silbertalente, damit er mit ihr schlafe, aber er wollte ihr nicht zu Willen sein. Das ist es, was die Schrift sagt: ›Und er wollte ihr nicht zuhören, daß er ihr beiliegen möge.‹«

Damit hatte der Wüstling auch keine Entschuldigung mehr.

So wird befunden, daß der alte Hillel die Armen schuldig (*chájew*) macht, daß Rabbi Eleasar die Reichen und der fromme Joseph die schlimmen Sünder (*reschóim*) schuldig macht.

Deshalb soll ein jeder von der Tora her gewarnt sein,
dann kommt er nicht in die Hölle (*gehínom*) hinein. [64]

Quelle: Traktat Joma (Yoma) 35 b, aus dem Babylonischen Talmud.
Übers.: Goldschmidt BT Bd. 3 (1931), 92–94; Jason 1976, Nr. 14/I. – MB: Pappenheim 1929, Nr. 64.

Rabbinisches Exemplum Nr. 91 (Gericht nach dem Tod).
Im Unterschied zum Talmudtext, der zu Beginn auch den schlimmen Sünder oder »Wüstling« zum Gerichtstag bestellt, wird diese Figur hier erst später eingeführt. Die Moral am Schluß der Geschichte ist, wie so oft, Zutat.
Die Bibelverse beziehen sich vor allem auf Ps 146,8: »ER löst die Gefesselten,/ER erhellt die Blinden,/ER reckt die Gebückten auf«, in der Schlußsequenz dann auf Gen 39,10: »er aber hörte nicht auf sie, bei ihr zu liegen, mit ihr zu sein« (wobei der Talmud verdeutlicht: »Mit ihr zu schlafen, auf dieser Welt, mit ihr zusammen zu sein, in Jener Welt«).
Über Hillel siehe Anm. Text 12.
Abtalion (1. Jh. n. Z.) bildet zusammen mit Schemaja das sog. »vierte Paar« (Sugot). Beide stammen aus Proselytenfamilien, beide waren Schüler Hillels und zudem Jehudas ben Tabbai. Als Herodes Jerusalem belagerte, sprachen sich beide gegen Widerstand aus und empfahlen, die Tore zu öffnen (siehe EJ Bd. 1, 1928, Sp. 611 f.).
Eleasar ben Charsom war Hohepriester z. Zt. des Zweiten Tempels (ebd., Bd. 6, 1930, Sp. 413).
Der standhafte Joseph, Sohn Jakobs, und das verführerische Weib des Potiphar ist nicht nur ausgiebiger Stoff der Agada (ebd., Bd. 9, 1932, bes. Sp. 310) und weltweiter Folklore (siehe Artikel »Joseph, der keusche«, in EM Bd. 7, 1992). Er ist auch Sujet deutscher Weltliteratur, von Grimmelshausens Lebensbeschreibung ›Des Vortrefflich Keuschen Josephs in Egypten‹ (1667) bis hin zu Thomas Manns Roman ›Joseph in Ägypten‹, Kap. »Die Grube« (1936).

Der letzte Wunsch des Resch Lakisch

Die Geschichte geschah. Resch Lakisch verkaufte sich an die Luditer, das sind Leute, die Menschen lebendig essen. Und er verkaufte sich ihnen, ehe er Tora gelernt hat, denn dazumal war er noch ein Räuber (*gáslen*).

Da nahm er mit sich einen Sack, und in den Sack hatte er eine bleierne Kugel gesteckt. Und er dachte sich dabei: Die Luditer haben einen Brauch (*ßéjder*), daß sie an dem Tag, an dem sie einen töten wollen, ihm noch eine Bitte zulassen, außer der um sein Leben. Und diese Bitte gewähren sie ihm darum, daß er ihnen sein Blut verzeihen möge (*mojchl sajn*).

Und wie nun der Tag kam, an dem man ihn töten wollte, da sagten die Luditer zu ihm: »Sage uns eine Bitte vor deinem Tod, was du willst, so wollen wir sie dir gewähren; allein um dein Leben darfst du nicht bitten.« Da sprach Resch Lakisch zu ihnen: »Wenn ich also eine Bitte an euch haben kann, so wünsche ich, daß ich euch binden und euch in einer Reihe nebeneinander setzen darf und euch dann mit diesem Sack anderthalb Schläge gebe. Danach will ich euch gern verzeihen, wenn ihr mich gleich danach tötet.« Da stimmten die Luditer seinem Wunsch zu und ließen sich alle binden und sich nebeneinander setzen. Da gab er jedem einen Schlag, daß er umfiel und ihm seine Seele (*neschóme*) ausflog. Und wie sie mit ihren Zähnen knirschten, da sprach Resch Lakisch zu ihnen: »Ich sehe wohl, ihr spottet meiner. Ihr habt noch einen halben Schlag bei mir gut.« Und gab ihnen noch einen halben Schlag und tötete sie alle. Und Resch Lakisch ging dann von ihnen hinweg.

Was immer Resch Lakisch sein Lebtag verdiente, er vertat es gleich wieder mit Essen und Trinken. Da sagte seine Tochter einmal zu ihm: »Mein lieber Vater, kauf dir ein Bett oder ein Kissen für dein Geld, damit du darauf liegen kannst.« Da entgegnete er: »Liebe Tochter, ich habe einen großen Bauch, das ist mein Bett und mein Kissen.« Als er starb, hinterließ er ein kleines Maß mit Safran und sagte dazu: »Ich erfülle den Schriftvers (*póßek*), ›und sie lassen ihr Gut einem Fremden, das (so) in anderer Leute Hände kommt‹.« [65]

Quelle: Traktat Gittin 47 a, aus dem Babylonischen Talmud.
Übers.: Goldschmidt BT Bd. 6 (1932), 333; Stemberger 1982, 177. – MB: Pappenheim 1929, Nr. 66.

Gaster 1934 weist darauf hin, daß MB den Text irrtümlich mit 68 anstatt 65 numeriert hat.
Der Bibelvers am Schluß bezieht sich auf Ps 49,12: »andern lassen sie ihre Habe«.
Der Talmud spricht von »Spielern«, denen sich Resch Lakisch verkauft habe. Stemberger merkt dazu an: »Wohl Veranstalter von Gladiatorenkämpfen; andere Möglichkeit: ›Lydier‹.«
Das »Mäßchen mit Safran« ist dem Talmud nach ein »Kab«, das ca. zwei Liter faßt.

Über Resch Lakisch, vormals Räuber und Gladiator, später der Rabbi Simeon ben Lakisch, hat die Agada etliche Episoden überliefert – siehe den folgenden Text.

Der Räuber Resch Lakisch lässt sich von Rabbi Jochanan bekehren

Die Geschichte geschah. Rabbi Jochanan war der allerschönste Mann, der auf der ganzen Welt zu finden war. Einmal war es dem Rabbi Jochanan sehr warm, und so ging er, sich im Jordan zu baden. Da kam ein Räuber (*gáslen*) gegangen, der den Mann im Jordan baden sah. Da war der Räuber sehr verwundert über das hübsche Aussehen des Mannes. Und weil er glaubte, es wäre ein Weibsbild, sprang er ins Wasser. Und dieser Räuber ist Resch Lakisch gewesen.

Da sprach Rabbi Jochanan zu ihm: »Oh, was für eine Kraft (*káuach*) hast du zum Toralernen.« Da erwiderte der Räuber: »Oh, wie schön wärst du als ein Weib.« Da sprach Rabbi Jochanan zu ihm: »Willst du Tora lernen, so will ich dir meine Schwester zur Frau geben; die ist viel hübscher als ich.« Da sprach der Räuber: »Ja, ich will Tora lernen, wenn du mir deine Schwester geben willst.« Da sprach Rabbi Jochanan: »So spring denn wieder aufs Land und hol mir meine Kleider, so wie du zuvor hineingesprungen bist.«

Da konnte er nicht halb so weit springen, wie er zuvor gesprungen war. Da sah Rabbi Jochanan, daß er mit ganzem Herzen gemeint hatte, daß er Tora lernen wollte. Also bekehrte er ihn (*megájer sajn*) und lehrte ihn Tora und gab ihm seine Schwester. Denn wenn einer das Joch der Tora auf sich hat, dann kann er nicht halb so leichtfertig sein wie zuvor. – Also lernte der Resch Lakisch sehr viel, so daß er ein großer Gelehrter (*lámden*) wurde. Und ward genannt Rabbi Simeon ben Lakisch, der die Tora in Israel (*únter jißróel*) um vieles gemehrt hat.

Zu der Zeit begab es sich einmal, daß zwischen Rabbi Jochanan und Rabbi Simeon ben Lakisch im Lehrhaus (*beß-médresch*) ein Pilpul (Auslegungsstreit) war. Der betraf ein Schwert und ein Messer und einen Spieß und eine Sichel, wann sie einen Makel bekommen (d. h. unbrauchbar werden) können, wann sie nämlich ganz fertiggemacht sind. Darüber stritten Rabbi Jochanan und Rabbi Simeon ben Lakisch. Rabbi Jochanan sagte: »Wenn sie aus dem heißen Feuer kommen, so sind sie ganz fertiggemacht.« Und Rabbi Simeon sagte: »Nein, wenn man sie wieder aus dem Wasser genommen hat.«

Da sprach Rabbi Jochanan: »Du Räuber mußt das ja wissen. Denn es gehört zu dem Handwerkszeug, das die Räuber brauchen.« Da sprach Rabbi Simeon ben Lakisch: »Was hat mir nun all mein Torastudium geholfen? Jetzt heißt man mich Rabbi. Vorher hat man mich auch Meister geheißen, denn zuvor bin ich der Oberste der Räuber gewesen.« Da erwiderte Rabbi Jochanan: »Soviel hilft es dir, daß du mit deiner Tora Anteil an der Anderen Welt (*chéjlek leáulom-hábo*) haben kannst.«

Da wurde Rabbi Jochanan sehr zornig und heftete seine Augen auf ihn, daß Rabbi Simeon ben Lakisch schwer erkrankte. Wie nun Rabbi Simeons Frau sah, daß ihr Mann sterben würde, da ging sie zu ihrem Bruder Rabbi Jochanan und bat ihn, er möge ihren Mann doch leben lassen, damit sie nicht Witwe (*almóne*) und ihre Kinder arme Waisen (*jeßójmin*) werden sollten. Da sagte Rabbi Jochanan zu ihr: »Du und deine Kinder brauchen nicht besorgt sein. Ich will euch gut ernähren, wenn dein Mann auch tot ist.«

Also starb der gute Resch Lakisch. Das bekümmerte Rabbi Jochanan sehr. Da sagten die Rabbinen (*rabónim*): »Wer wird Rabbi Jochanan trösten (*menáchem sajn*)? Wir wollen ihm Rabbi Eleasar ben Pedat schicken, der soll anstelle des Rabbi Simeon ben Lakisch ihm seine Fragen (*káscheß*) erklären (*metárez sajn*).«

Wie nun Rabbi Eleasar bei ihm lernte und wenn Rabbi Jochanan die Halacha (*halóche*, Gesetzeslehre) vortrug – zu allem was Rabbi Jochanan sagte, dazu sagte Rabbi Eleasar: »Ich habe es auch so gelernt, wie du es gelernt hast.« Da hob Rabbi Jochanan an: »Was? Sollst du sein, wie Resch Lakisch gewesen ist? Wenn ich die Halacha gesagt habe, so hat er mir vierundzwanzig Fragen (*káscheß*) gestellt und mir wiederum vierundzwanzig Erklärungen (*terúzim*) darauf gegeben und hat mich geschärft in meinem Lernen. Und du sprichst, wenn ich irgend etwas sage, du habest es auch so gelernt. Weiß ich denn, ob ich den Wortsinn (*pschat*) richtig wiedergebe?«

Dann ging Rabbi Jochanan hin und zerriß seine Kleider und weinte und sprach: »Wo bist du, ben Lakisch? Wo bist du, ben Lakisch?« Und er grämte sich so sehr um ihn, bis er um seinetwillen verrückt (*meschúge*) wurde. Wie nun die Rabbinen sahen, daß Rabbi Jochanan irre geworden war, da beteten sie (*tfíle ton*) für ihn, daß er auch sterbe, und haben ihn danach begraben. [66]

Quelle: Traktat Baba Metsia 84 a, aus dem Babylonischen Talmud.
Übers.: Goldschmidt BT Bd. 7 (1933), 724 f; Stemberger 1982, 176 f. – MB: Pappenheim 1929, Nr. 67; Strauß 1934, Nr. 9.

Rabbinisches Exemplum Nr. 224 (Rabbi Jochanan und Resch Lakisch). Über die Schönheit des Rabbi Jochanan siehe auch Text 23.
»Weiß ich denn, ob ich den Wortsinn richtig wiedergebe?« – Strauß weist auf die konträre Bedeutung dieses Satzes im Talmud hin. Dort weiß Rabbi Jochanan, daß seine Behauptung richtig ist, und so gibt er auch auf die 24 Fragen des Rabbi Simeon ben Lakisch die Antworten. Dessen Widerspruch braucht er gewissermaßen zur geistigen Übung – hier aber, im Ma'assebuch, benötigt er ihn »aus echter Unsicherheit im Erkennen«.

Warum Nakdimon ben Gorion seinen Reichtum verlor

Die Geschichte geschah an Rabbi Jochanan, der verließ einmal Jerusalem (*jeruscholájim*) auf einem Esel, und seine Schüler (*talmídim*) gingen hinter ihm her. Da sah er eine Frau, wie sie Gerstenkörner aus dem Kot des Viehs von Arabern klaubte.

Als nun die Frau den Rabbi Jochanan sah, da band sie sich den Schleier ums Gesicht und ging zu ihm und sagte: »Lieber Rabbi, ernähre mich.« Da sprach Rabbi Jochanan zu ihr: »Meine liebe Tochter, wer bist du?« Da sprach sie: »Ich bin die Tochter des Nakdimon ben Gorion.« Da sprach er: »Liebe Tochter, wo ist das Geld deines Vaters hingekommen, er ist doch ziemlich reich gewesen?« Da sprach sie: »Lieber Rabbi, zu Jerusalem geht ein Sprichwort, wer sein Geld einsalzen will, daß er es behält, der soll Almosen (*zdóke*) geben. Ein Teil der Leute sagt auch so: Wer sein Geld einsalzt und gibt kein Almosen davon, dem mangelt es zuletzt am Mammon.« Da fragte Rabbi Jochanan wieder: »Und wo ist das Geld deines Schwiegervaters hingekommen?« Da sprach sie: »Das eine kam und richtete das andere zugrunde.«

Darauf sprach sie: »Lieber Rabbi, denkt Ihr noch daran, daß Ihr meine Ketubba (Ehevertrag) besiegelt habt?« Da sprach er zu seinen Schülern: »Ich erinnere mich noch, wie ich ihre Ketubba besiegelt habe. Darin las ich, daß die Mitgift (*nedúnjo*) tausend mal tausend Goldgulden war, die sie ihm zuführte, außer der, die sie von ihrem Schwiegervater bekommen hat.«

Da fing Rabbi Jochanan an zu weinen und sagte: »Wohl euch, Israel (*jißróel*), wenn ihr dem Heiligen, gesegnet sei Er, Seinen Willen erfüllt, so kann kein Volk und keine

Sprache euch Gewalt antun. Wenn ihr aber nicht den Willen des Heiligen, gesegnet sei Er, erfüllt, so werdet ihr in die Hand eines Volkes überantwortet, das niedrig ist. Und nicht allein in die Hand eines niedrigen Volkes, sondern dazu auch in die Hand ihres Viehs.«

Da fragt die Gemara (*gemóre*, steht für Talmud): Hat denn Nakdimon ben Gorion keine Almosen (*zdóke*) gegeben? Wir haben doch gelernt, wenn der Nakdimon aus seiner Wohnung in das Lehrhaus (*beß-médresch*) gegangen ist, hat man ihm lauter seidenes Gewand ausgebreitet, daß er darauf schreite, und danach hat man es die Armen nehmen lassen. Ein Teil der Leute erklärt, er habe dies zu seiner eigenen Ehre (*kówed*) getan. Ein anderer Teil erklärt, er sollte, wie billig, um vieles mehr an Almosen gegeben haben, als er gegeben hat. Weil er nicht genug Almosen gegeben hat, deshalb ist er um das Seinige gekommen. Wie das Sprichwort geht: Je nachdem wie das Kamel, so auch die Last, die man ihm auflegt. Das heißt, je nachdem wieviel einer hat, soviel Almosen soll er auch geben. Und das hat Nakdimon ben Gorion nicht getan, darum ist er verarmt.

Danach spricht Rabbi Eleasar bar Zadok: »So wahr wie ich das neuerbaute Zion sehen soll, so wahr ist, daß ich jene Frau in der Stadt Akko gesehen habe, wie sie die Gerste zwischen den Hufen der Pferde aufklaubte. So arm ist sie gewesen.« [67]

Quelle: Traktat Ketubbot 66 b–67 a, aus dem Babylonischen Talmud.
Übers.: Goldschmidt BT Bd. 5 (1931), 210 f. – MB: Grünbaum 1882, 397 f. (gekürzt); Pappenheim 1929, Nr. 69.

Rabbinisches Exemplum Nr. 135 (Tochter des Nakdimon ben Gorion). Das Sprichwort vom Einsalzen des Geldes gibt der Talmudtext wie folgt wieder: »Des Geldes Salz ist die Minderung. Manche lesen: die Liebestat.« Und führt aus: durch Wohltätigkeit und Liebesgaben – nur dadurch bleibt es dem Besitzer erhalten.

Zum Sprichwort von den Kamelen heißt es im Talmud knapp: »Wie das Kamel, so seine Last.« Grünbaum zieht die Wilhermsdorfer Ausgabe, Nr. 67, heran, in der es heißt: »Je nachdem das Kamel ißt . . .«, interpretiert aber die Stelle als: »je nach der Größe des Kamels, wörtlich nach dem Maule des Kamels«.

Nakdimon ben Gorion war einer der drei reichen Leute, die Jerusalems Einwohner während der Belagerung (vor Zerstörung des Zweiten Tempels) verpflegt haben. Ein anderer war Kalba Sabua, von dem im folgenden die Rede ist.

Von Eleasar bar Zadok heißt es, daß er vor der Zerstörung Jerusalems mit seinem Vater Rabbi Zadok die Stadt verlassen konnte, dank Fürsprache des Jochanan ben Sakkai bei den Römern (Gittin 56 b). Siehe EJ Bd. 6, 1930, Sp. 444–446.

Wie aus Akiba dem Schafhirt ein Schriftgelehrter wurde

Die Geschichte geschah. Bevor Rabbi Akiba hat lernen können, ist er ein Schafhirt gewesen, bei dem reichen Kalba Sabua zu Jerusalem (*jeruscholájim*). Und dieser reiche Mann hatte eine schöne Tochter. Die sah recht wohl, daß der Schafhirt in allem, was er tat, keusch und redlich war. Sie sprach zu ihm: »Wenn ich mich mit dir verlobe (*mekádesch sajn*), willst du dann ausziehen und Tora lernen?« Da sprach er: »Ja, ich will gern ausziehen, um zu lernen.«

Also hat er sich heimlich mit ihr verlobt, daß es die Leute nicht gewahr wurden. Und er nahm Urlaub (*reschúß*) von seinem Herrn, ließ das Hüten der Schafe sein und zog aus, um zu lernen.

Erst danach bemerkte der Kalba Sabua, daß seine Tochter sich mit seinem Hirten verlobt hatte. Das tat ihm leid, denn er hätte sie doch einem stattlichen Mann geben können. Und so vertrieb er seine Tochter aus seinem Haus und tat ein Gelübde (*néjder*), seine Tochter solle von all seinem Mammon keinen Genuß (*hanóe*) haben, solange er lebte.

Nun, der gute Mann Akiba, der ausgezogen war, um zu lernen, blieb zwölf Jahre draußen. Danach kam er wieder heim und brachte zwölftausend Schüler (*talmídim*) mit. Da sagte eine alte Frau zu ihr (der Angetrauten): »Du gleichst einer Witwe (*almóne*), und dennoch lebt dein Mann und ist überm Meer (*jam*): Wie wenig Freude (*ßímche*) hast du an ihm.« Da gab sie zur Antwort: »Wenn mein Mann mir folgen will, so soll er für weitere zwölf Jahre ausziehen und lernen.«

Als Rabbi Akiba das von seiner Frau vernahm, da sagte er: »Ich verstehe, sie wär's zufrieden, wenn ich wieder auszöge und lernte.« Und machte sich auf und zog wieder seiner

Straße, um noch mehr zu lernen. Und blieb wieder zwölf Jahre draußen und lernte auf einer anderen Jeschiwa (*jeschíwe*, Lehrhaus). Danach zog er wieder heim und brachte noch zwölftausend Schüler mit. Und die vorigen hatte er auch dabei, da hatte er nun vierundzwanzigtausend Schüler beieinander.

Als die Frau hörte, daß ihr Mann kam, da ging sie hinaus, ihm entgegen. Da sagten ihre Nachbarn zu ihr: »Wir wollen dir Kleider leihen, damit du deinem Mann nicht so zerrissen entgegengehst.« Da entgegnete die Frau: »Es kennt der Zaddik (*zádik*, der Gerechte) die Seele seines Viehs.« Sie meinte damit, daß ihr Mann sehr wohl wußte, wie sie zu ihm stand, obwohl sie keine guten Kleider anhatte.

Als sie nun zu ihm kam, fiel sie zu seinen Füßen nieder und küßte ihm die Füße. Da wollten seine Schüler sie wegstoßen. Da sprach Rabbi Akiba: »Stoßt sie nicht weg, denn meine Tora und eure Tora, die sind ihr geschuldet. Denn sie hat bewirkt, daß ich dem Lernen nachgezogen bin.« Und erzählte seinen Schülern die ganze Geschichte (*schmúe*), wie alles zugegangen war.

Da hörte ihr Vater, Kalba Sabua, daß ein großer Rabbi in die Stadt gekommen war, und sagte: »Ich will zu ihm gehen, vielleicht entbindet er (*mátir sajn*) mich von meinem Gelübde.« Denn er wußte nicht, daß dieser sein Schwiegersohn war, er hatte nur Mitleid (*rachmóneß*) mit seiner Tochter. Und ging zu Rabbi Akiba und sagte, wie er ein Gelübde getan, daß seine Tochter keinen Genuß haben sollte von all seinem Mammon, und nun bereue er es (*charóte hobn*). Denn es habe ihm sehr leid getan, daß sie sich habe antrauen lassen (*mekádesch sajn*) und das von einem Schafhirt, und der sei dazu ein großer Unwissender (*am hóorez*) gewesen.

Da sprach Rabbi Akiba: »Wenn du gewußt hättest, daß er ein großer Talmudgelehrter (*tálmid-chóchem*) gewesen wäre, hättest du das Gelübde getan?« Da sprach er: »Lieber

Rabbi, wenn er auch nur einen Abschnitt (*pérek*) gewußt hätte, oder nur eine einzige Halacha (*halóche*, Gesetzestext) studiert hätte, ich hätte das Gelübde nicht getan.«

Da sprach Rabbi Akiba: »Ich bin dieser Hirt gewesen, der dir deine Schafe gehütet hat. Und deine Tochter hat bewirkt, daß ich ausgezogen bin, um zu lernen, und mit so vielen Schülern bin ich wiedergekommen.« Wie das nun der Kalba Sabua hörte, da fiel er auf die Füße und gab ihm seinen halben Mammon. Die Tochter von Rabbi Akiba tat an ihrem Mann Ben Asai ebenso, wie ihre Mutter hat getan, und auch sie ließ sich von ihm antrauen (*mekádesch sajn*, »heiligen«), damit er auszöge, um zu lernen.

Und das ist das Sprichwort, das die Leute sagen: Ein Schaf geht dem anderen Schaf nach; wie ein Schaf tut, so tut das andere auch. – Und wie die Mutter getan, so tat auch die Tochter. [68]

Quelle: Traktat Ketubbot 62 b – 63 a, aus dem Babylonischen Talmud.
Übers.: Goldschmidt BT Bd. 5 (1931), 197 f.; Jason 1976, Nr. 16/I, 16/IV, 16/V; Stemberger 1982, 174 f. – MB: Grünbaum 1882, 398–400; Pappenheim 1929, Nr. 70.

Rabbinisches Exemplum Nr. 148/(147) (Schafhirt Akiba kommt durch seine Frau zum Torastudium). Born Judas Bd. 2, 1917, 25–28: Rabbi Akibas Lehrjahre.
Bibelvers: »Es kennt der Zaddik ...«, Spr 12,10: »Es kennt der Bewährte die Seele seines Viehs«.

Kalba Sabua galt als einer der reichsten Leute von Jerusalem. Das Sprichwort am Ende (Wie das Betragen der Mutter, so das der Tochter) entspricht Traktat Sota, fol. 4 b, und durchaus gängiger Spruchweisheit.

Rabbi Akiba ben Josef, Tannait (um 50 bis 135 n. Z.), Leiter einer eigenen Schule in Bene Beraq, Lehrer der Rabbinen Meir, Jehuda bar Ilai, Simeon ben Jochai, Josse ben Chalafta, war der berühmteste Rabbi in der Zeit nach der Zerstörung des 2. Tempels (70 n. Z.). Er hat sich der Religionsverfolgung Kaiser Hadrians, welche sowohl die Beschneidung wie das Studium der Tora verbot, widersetzt, mit dem Aufstand Bar Kochbas sympathisiert und dafür mit neun anderen Rabbinen den Märtyrertod erlitten. An der Kanonisierung der Bibel war Rabbi Akiba maßgeblich beteiligt; er gilt auch als bedeutender Mystiker.
Der Legende nach konnte er bis zum 40. Lebensjahr weder lesen noch schreiben. Seine spätere Frau war die treibende Kraft, die ihn zum umfassenden Studium der Tora gebracht habe. Daß beider Tochter sich in Akibas zeitweiligen Schüler Simeon ben Asai verliebt habe, ist ebenfalls Legende: Geradezu in Nachahmungszwang soll sie Ben Asai zum Besuch des väterlichen Lehrhauses veranlaßt und sich mit ihm heimlich verlobt haben; später, entweder vor der Heirat oder kurz danach, habe er sich von ihr getrennt und in Tiberias seine eigene Schule eröffnet. Zum Legendenstoff siehe auch Schwarzbaum 1968, 450.

Die Armut des Ehepaars Akiba und seine wiederholte Trennung

Die Geschichte geschah. Als nun Rabbi Akiba die Tochter des Kalba Sabua zur Frau genommen hatte und dieser davon gehört hatte, da tat er einen Schwur (*néjder*), daß sie von seinem Hab und Gut keinen Vorteil (*hanóe*) haben sollte. Da litten sie große Armut, daß sie den ganzen langen Winter auf Stroh liegen mußten, denn sie hatten weder Kissen noch Pfühle (breite Bettkissen). Und an jedem Morgen klaubte sie das Stroh aus dem Haar ihres Mannes. Da sprach er zu ihr: »Wenn ich einmal reich werde, so will ich dir ein güldenes Leibchen machen, das soll mit lauter Perlen bestickt sein, wie sie einst zu Jerusalem (*jeruscholájim*) die köstlichen Kleider getragen haben.«

Da begab es sich, daß der Prophet Elia (*Elijóhu ha-nówi*) an ihre Tür kam, seines Aussehens nach ein schlichter Mensch, und er rief: »Ihr lieben Leute, gebt mir um Gottes Willen ein wenig Stroh, denn meine Frau ist zu Bett gelegen und hat mir ein Kind geschenkt, und ich bin so arm, daß ich sogar (*afíle*) das Stroh nicht habe, worauf ich sie legen kann, geschweige Kissen oder Pfühle.« Das sagte Elia deswegen, daß sie dessen gedenken sollen, es gibt noch andere auf der Welt (ärmer) als sie, und sie sollten es gütig aufnehmen.

Da sprach sie zu ihm: »Geh hin und zieh noch zwölf Jahre aus, um zu lernen, wie ihr aus der Geschichte (*ma'asse*) gelernt habt.« Und als er nun wieder heimkam, da brachte er noch zwölftausend Schüler (*talmídim*) mit. Da hörte sie einen Bösewicht (*rósche*) hinter ihrem Haus sagen: »Ihr Vater hat recht daran getan, daß sie keinen Genuß (*hanóe*) von seinem Gut haben soll, und warum? Er ist nicht von solch guter Familie (*mischpóche*) wie Kalba Sabua. Das andere ist, er läßt sie das Leben einer Witwe (*almóne*) führen, und ist doch selbst am Leben.« Da sagte sie: »Wenn er auf mich hören wollte, er sollte noch zwölf weitere Jahre ausziehen, um zu lernen.« So zog er wieder lernen, wie oben berichtet. [69].

Quelle: Traktat Nedarim 50 a, aus dem Babylonischen Talmud.
Übers.: Goldschmidt BT Bd. 5 (1931), 465; Jason 1976, Nr. 16/II. – MB: Pappenheim 1929, Nr. 71.

Rabbinisches Exemplum Nr. 148/(147) (Schafhirt Akiba kommt durch seine Frau zum Torastudium). Auch im Born Judas zu finden, siehe vorigen Text.
Der Traktat Nedarim erzählt die Geschichte ein wenig anders, er bringt das Motiv der Armut, Folge von Kalba Sabuas Schwur, und er läßt den Propheten Elia auftreten, der per se immer den Armen hilft – und im Grunde den Anstoß gibt, daß die junge Frau ihren Mann hinaus zum *Lernen* schickt.
Der Ma'assetext geht ebenfalls davon aus, daß Armut das frischangetraute Paar bedrückt, und andererseits davon, daß Akiba bereits Rabbi ist und schon zwölf Jahre gelernt hat. Nach dem Auftreten Elias' kommt es hier erneut (!) zu einer Lernzeit von zwölf Jahren und nach dem erlauschten Gespräch mit dem Bösewicht zu einem dritten Auszug Akibas, für zwölf weitere Jahre.

Der sechsfache Reichtum des Rabbi Akiba

Die Geschichte geschah. Durch sechserlei Ereignisse ist Rabbi Akiba reich geworden, ich will sie der Reihe nach aufführen.

Das erste war seitens seines Schwiegervaters Kalba Sabua, daß er ihm seinen halben Mammon gab.

Das zweite war durch ein hölzernes Reh oder einen Hirsch, die man vorne am Schiff als Zeichen (d. h. Schiffsbock, Galionsfigur) angebracht hatte. Denn dazumal herrschte die Sitte (*ßéjder*), daß man vorne am Schiff ein geschnitztes Reh oder einen Hirsch angebracht hat, was bedeutet, das Schiff solle so geschwind laufen wie Hirsch oder Reh. Und sie machten es innen ganz hohl und taten Geld hinein, alles was sie im ganzen Schiff hatten. Einmal hatten die Schiffsleute viel Geld in den Hirsch und das Reh getan und den Hirsch dann an den Borten (Ufern) des Meeres (*jam*) vergessen mitzunehmen. Da hatte ihn Rabbi Akiba gefunden.

Das dritte war durch ein großes Stück Holz. Denn eines Tages bat er die Schiffsleute, sie sollten ihm etwas Seltsames mitbringen, wenn sie wieder an Land gingen. Die Schiffsleute konnten aber diesmal nichts Seltsames bekommen, doch unterwegs fanden sie ein hübsches Stück Holz, das am Meeresufer lag (Talmud: eine Kiste auf dem Meeresfelsen). Da nahmen sie das Stück Holz und brachten es Rabbi Akiba mit und sprachen zu ihm: »Nimm damit vorlieb, wir haben nichts anderes bekommen können.« Da nahm Rabbi Akiba das Stück Holz und wollte es spalten, um es zu verbrennen. Da fand er darin eitel Gold. Denn zu jener Zeit war ein Schiff untergegangen und all den Mammon, den sie im Schiff gehabt haben, den haben sie in den

Segelbaum getan, und jetzt hatte das Meer ihn ausgeworfen.

Das vierte war durch eine Fürstin (Talmud: Matrone) aus Rom. Denn es begab sich einmal, daß die Israeliten (*jißróel*) Geld brauchten. So schickten sie Rabbi Akiba, er solle es bei der Fürstin entlehnen. Da ging Rabbi Akiba zu ihr und bat sie, ihm das Geld zu leihen. Da setzte sie ihm eine Frist für die Rückzahlung und sagte zu Rabbi Akiba: »Wer soll mein Bürge (*órew*) sein?« Da sprach Rabbi Akiba: »Wen immer du haben willst.« Da sprach sie wiederum zu Rabbi Akiba: »Du sollst der Entlehner sein, aber Gott und das Meer sollen mir für dich bürgen (*aréjwim sajn*).« Da sagte Rabbi Akiba ja dazu und nahm das Geld und ging damit weg. Und wie nun die Zeit kam, daß Rabbi Akiba bezahlen sollte, so wie sie es miteinander ausgemacht hatten, da wurde der gute Rabbi Akiba krank, so daß er das Geld nicht bringen konnte. Da ging die Fürstin ans Meeresufer und sagte: »Herr der Welt (*káune-hákel*), es ist Deinem heiligen Namen bekannt, daß Rabbi Akiba krank ist und das Geld nicht zurückgezahlt hat. Nun, Du und das Meer seid meine Bürgen geworden, deshalb spreche ich nun meine Bürgen an.« Alsbald machte der Heilige, gesegnet sei Er, daß des Kaisers Tochter verwirrt (*meschúge*) war und einen Kasten nahm voll mit Edelsteinen (*awónim táuwaus*) und Gold und ihn ins Meer warf. Da wehte ihn der Wind vor das Haus der Fürstin, das am Meer lag. Alsbald nahm ihn die Fürstin und ging damit in ihr Haus, und sie war damit gut bezahlt. Als nun Rabbi Akiba wieder gesund war, da nahm er das Geld, das er der Fürstin schuldig geblieben war, und ging zu ihr und sagte zu ihr: »Laß es dich nicht verdrießen, daß ich die Zeit (*sman*) nicht eingehalten habe, denn ich bin krank gewesen, sonst wäre ich genau zu dem Zeitpunkt gekommen.« Da gab die Fürstin zur Antwort: »Mein lieber Rabbi Akiba, ich will es dir sagen: Als ich gesehen habe, daß du zu dem Zeitpunkt, den ich dir gesetzt habe, nicht gekommen bist, so habe ich meine Bürgen angesprochen. Da haben mich die Bürgen bezahlt, und haben mir mehr gegeben als du mir schuldig warst; du magst das übrige behalten.« Und von dem restlichen Mammon ist Rabbi Akiba ebenfalls reich geworden, so viel hatte Gott für sie übriggelassen.

Das fünfte, davon Rabbi Akiba reich wurde, geschah durch die Frau des Turnus Rufus. Denn dieser Turnus Rufus war ein gewaltiger Hegemon (Statthalter) und der Zweite nach dem Kaiser (*schejni lekajsar*). Und stets war er mit Rabbi Akiba am Disputieren (*mewakéach sajn*) vor dem Kaiser, und Rabbi Akiba war ihm allemal über. Das schmerzte den Turnus Rufus, daß er jedesmal vor dem Kaiser beschämt (*bechárpe*) wurde. Eines Tages, als er heimkam und sehr traurig aussah, fragte ihn seine Frau: »Lieber Mann, warum siehst du heute gar so traurig aus, mehr noch als sonst?« Da sagte er ihr, wie ihn Rabbi Akiba etliche Male vor dem Kaiser beschämt habe, wenn er mit ihm im Disput gewesen, und habe ihn immer ausgestochen. Da sagte seine Frau zu ihm: »Der Gott der Juden ist ein Feind der Unzucht (*snuß*). Gib mir Erlaubnis (*reschúß*), so will ich ihn mit einer Sünde (*awéjre*) straucheln machen.« Da gab er ihr Erlaubnis. Da ging sie hin und schmückte sich mit schönen Kleidern, und sie war vorher schon die Allerschönste, die man finden konnte. Und sie trat vor Rabbi Akiba und deckte einen Schenkel auf. Als Rabbi Akiba sie sah, da lachte er und weinte und spie aus. Da sagte sie zu Rabbi Akiba: »Was bedeutet das Dreierlei, das du getan? Du hast gelacht und du hast geweint und du hast ausgespien.« Da sagte Rabbi Akiba: »Zweierlei will ich dir sagen, doch das Dritte will ich dir nicht sagen. Ich habe ausgespien, weil du entstanden bist aus einem stinkenden Tropfen; und habe geweint, daß deine Schönheit unter der Erde faulen soll.«

Doch daß er gelacht hatte, geschah deshalb: Er hatte

durch den heiligen Geist (*berúach hakáudesch*) gesehen, daß sie sich dereinst zum Judentum bekehren werde (*megájer sajn*) und ihn zum Mann nehme, und das wollte er ihr nicht sagen. Da sagte sie zu ihm: »Lieber Rabbi, sag mir, kann ich bereuen und büßen (*tschúwe ton*)?« Da sagte Rabbi Akiba: »Ja.« Da ging sie und bekehrte sich und wurde danach die Frau des Rabbi Akiba, und sie brachte ihm viel Geld hinzu, daß er von ihr sehr reich wurde.

Und das sechste, das Rabbi Akiba reich gemacht hat, geschah durch Ketia, Sohn des Schalom, der vermachte all seinen Mammon dem Rabbi Akiba und dessen Schülern (*talmídim*), so wie ihr es oben schon gelesen (*geleint*) habt. Als man dabei war, ihn zu töten, rief er aus: »Mein Mammon soll Rabbi Akiba und seinen Schülern gehören.« [70]

Quelle: Traktat Nedarim 50 a-b, aus dem Baylonischen Talmud.
Übers.: Goldschmidt BT Bd. 5 (1931), 466. – MB: Pappenheim 1929, Nr. 72.

Der Talmudtext beschränkt sich auf die stichwortartige Benennung der sechs Ursachen des frischen Reichtums des Rabbi Akiba.
Gaster 1934 merkt dazu an: »Diese Geschichte im MB kombiniert den talmudischen Text mit den Kommentaren von Raschi und Rabbi Nissim ben Jakob. Die Episoden mit der römischen Matrone und mit Turnus Rufus sind im Talmudtext nur angedeutet, die Details sind bei Raschi und R. Nissim hinzugefügt, ohne Quellenangabe.«
Was die vierte Episode betrifft, die der Fürstin oder Matrone aus Rom, die als Bürgen für das entliehene Geld »Gott und das Meer« bestimmt hat, so liegen Parallelen sowohl in der christlichen wie in der arabisch-muslimischen Legende vor. Günter 1910, 46 u. 71 nennt eine Marienlegende, in welcher der Jesusknabe bürgt, und führt dies auf den talmudischen Stoff zurück. Schwarzbaum 1968, 98 verweist wiederum auf den ›Kitab Muntakhab as-Sahihein‹ (Kairo 1329) und auf eine von Abu Huraira, einem Weggefährten des Propheten Muhammad, erzählte Legende.
Die Matrone von Rom ist eine feststehende Figur in der talmudischen

Erzählliteratur (Agada). Sie kann auch hexenhafte Züge annehmen (vgl. Text 62). Am bekanntesten freilich ist die »Matrone von Ephesus«, die in ihrer klassischen Ausprägung vom Römer Petronius erzählt wurde (»Satiricon«, 60 n. Z.) – und auf jüdische Weise in Text 107.

Wie Rabbi Gammada reich wurde

Die Geschichte geschah. Rabbi Gammada gab einmal Schiffsleuten vier Schillinge mit, damit sie ihm etwas Seltsames mitbrächten. Da fanden sie nichts Seltsames außer einem Affen, den schenkten sie ihm. Als Rabbi Gammada ihn schon eine Weile hatte, da entlief ihm der Affe und kroch in ein Loch unter der Erde und saß auf einer kostbaren Perle, die viel Geld wert war. Da nahm sie der Rabbi Gammada und verkaufte sie und erlöste viel Geld dafür.

Aber das geschah ihm nur deswegen, weil er viele fromme Eigenschaften (*mídeß*) hatte und ein großer Frommer (*chóßid*) war. [71]

Quelle: Traktat Nedarim 50 b, aus dem Babylonischen Talmud.
Übers.: Goldschmidt BT Bd. 5 (1931), 466. – MB: Pappenheim 1929, Nr. 73.

Die Geschichte ähnelt in Motiv und Ergebnis der dritten Episode im vorigen Text.
Dem Talmud nach betrug das Geld, das der Rabbi den Schiffern gab, »vier Zuz«, was einem Tagelohn entsprach. Man grub zunächst nach dem Affen im Erdloch und fand erst dann heraus, daß er auf Perlen gelegen war.
Rabbi Gammada oder Gamda lebte in der 2. Hälfte des 4. Jh.s, er ist auch als Gefährte Rabbi Aschis bezeugt (EJ Bd. 7, 1931, Sp. 92).

Rabbi Tarfon rettet sich durch seinen Namen

Die Geschichte geschah. Rabbi Tarfon war ein bedeutender (*kestlich*) Mann, denen gleich, die wir in den Sprüchen (*perókim*) finden. Der ging einmal an einem Obstgarten vorbei, in einer Zeit, als die Feigen heranreiften, und aß eine der Feigen. Nun hatte dieser Obstgarten einen Wächter (*schâumer*), der hütete den Obstgarten, denn es waren ihm das ganze Jahr über viele Feigen entwendet worden, und er wußte nicht, wer es getan hatte.

Jetzt aber, als er den Rabbi Tarfon dabei erwischte, daß er eine Feige abgepflückt hatte, glaubte der Wächter, das sei endlich der Dieb (*gánew*). Und der Wächter ging hin und stieß den guten Rabbi Tarfon in einen Sack und war dabei, ihn ins Wasser zu tragen. Und wie er nun den guten Rabbi Tarfon zum Wasser getragen hatte und ihn aus dem Sack herauswerfen wollte, da schrie der gute Rabbi Tarfon aus dem Sack: »Weh dir, Rabbi Tarfon, man will dich jetzt töten!« Als das der Wächter hörte, daß es Rabbi Tarfon war, da legte er den Sack nieder und lief weg, und so kam Rabbi Tarfon aus dem Sack heraus.

Darauf sagte Rabbi Abba im Namen des Rabbi Chanina ben Gamliel, daß es Rabbi Tarfon seit jenem Tag sein Leben lang schmerzte, daß er sich durch seine Tora gerettet hatte (*mázil sajn*). Denn als der Wächter hörte, daß es Rabbi Tarfon war, nämlich ein großer Talmudgelehrter (*kestlich tálmid-chóchem*), da ließ er ihn gehen, seiner Tora wegen. Denn keiner soll sich seiner Tora wegen erretten.

Wir lernen dies von Belsazar durch einen Schluß vom Leichteren auf das Schwierige (*kal wocháumer*): Hat doch Belsazar die heiligen Gefäße (*kéjlim*) aus dem Tempel zu unheiligen Dingen benutzt und ist dadurch aus der Welt (*áulom*) herausgerissen worden. Um wieviel mehr (*mikól schekén*) einer, der die Tora benutzt, die das Allerheiligste ist, um sie zu entheiligen, um wieviel mehr wird dieser sein Leben verlieren. Deshalb hat er (Rabbi Tarfon) sich gegrämt, denn er hätte ja den Wächter gut mit Geld dahin bringen können, daß er ihn hätte gehen lassen, und es nicht notwendig gewesen wäre, sich durch seine Tora zu befreien. Denn der Rabbi Tarfon war ein sehr reicher Mann.

Außerdem finden wir eine Stelle in den Sprüchen, die besagt: ›Es soll sich keiner von der Tora ernähren.‹ Das meint, es soll keiner vom Toralernen einen Genuß haben. Deshalb hat es Rabbi Tarfon so geschmerzt, weil er durch Gebrauch der Tora sein Leben vor dem Wächter rettete. [72]

Quelle: Traktat Nedarim 62 a, aus dem Babylonischen Talmud.
Übers.: Goldschmidt BT Bd. 5 (1931), S. 489 f. – MB: Pappenheim 1929, Nr. 74.

Rabbinisches Exemplum Nr. 109 (Frömmigkeit des Tarfon).
Das Vergehen des Rabbi besteht zunächst darin, daß er die Frucht vorzeitig pflückt, »zu der Zeit, da die Feigenmesser eingewickelt waren«. Was weitaus schwerer wiegt, ist, daß er seinen guten Namen nennt und ihn als Argument einsetzt, um nicht ertränkt zu werden. »Wehe mir«, so klagt dieser Fromme sein Leben lang, »daß ich mich der Krone der Tora bedient habe!«

Mit den Sprüchen sind die ›Sprüche der Väter‹ (Pirke Abot oder Mischna Abot) gemeint, die auf Rabbi Jehuda ha-Nassi (um 200 n. Z.) zurückgehen. In Abot III,21: »Ohne Mehl keine Tora und ohne Tora kein Mehl.«
Rabbi Tarfon, ein begüterter Tannaite (Gesetzeslehrer) priesterlicher Abstammung, lebte im 2. Jh., vermutlich in Lydda (südöstl. von Jaffa). Rabbi Chanina, ein Sohn des Patriarchen Rabbi Gamliel in Jawne, gilt als sein Schüler.

Rabbi Abba, ca. 160–247, war Amoräer (Talmudinterpret), der die Talmud-Hochschule in Sura (am Euphrat) begründete; in beiden Talmuden wird er schlicht »Rab« genannt, weil er als der Lehrmeister aller ihm nachfolgenden Gelehrten in Babylon galt. Siehe EJ Bd. 1, 1928, Sp. 130–138.

Rabbi Chananja überrascht seine Frau

Die Geschichte geschah. Rabbi Chananja ben Chachinai ging auf die Breiluft (Hochzeit) von Rabbi Simeon ben Jochai. Wie nun die Hochzeit fast vorbei war, da sprach Rabbi Simeon zu Rabbi Chananja: »Lieber, bleib du hier und warte, bis meine Hochzeit ganz vorbei ist, dann will ich mit dir lernen ziehen.« Doch Rabbi Chananja wollte nicht warten, sondern zog für sich (allein) lernen und blieb zwölf Jahre draußen in der Jeschiwa (Lehrhaus).

Als er nun wieder heimzog und in seine Stadt kam, da waren die Gassen anders gebaut, daß er nicht wußte, wie er heim in sein Haus gehen konnte. Und er verirrte sich.

Da ging er und setzte sich ans Ufer des Flusses, wo jedermann Wasser zu holen pflegte. Da hörte er, daß eine Pilzel (Mädchen) eine andere Pilzel ruft: »Tochter Chananjas.« Da dachte der Rabbi Chananja bei sich: »Das ist gewiß meine Tochter, der will ich nachgehen.« Da ging er ihr nach.

Wie er in sein Haus ging, da saß seine Frau da und beutelte (siebte) Mehl. Da hob sie ihre Augen auf und sah, daß es ihr Mann war. Da freute sie sich so sehr, daß ihre Seele (*neschóme*) vor Freude (*ßímche*) entwich. Da hob Rabbi Chananja an: »Herr der Welt (*káune-hákel*), ist das der Lohn dieser armen Frau, daß sie so lang auf mich gewartet und derweil allein so gelitten hat?« Und er hob an und betete (*tfíle ton*) zu Gott um seine Frau, und sie wurde wieder lebendig.

Deshalb soll keiner urplötzlich in sein Haus gehen, sondern soll seine Ankunft zuvor daheim ansagen. [73]

Quelle: Traktat Ketubbot 62 b, aus dem Babylonischen Talmud.
Übers.: Goldschmidt BT Bd. 5 (1931), 197. – MB: Pappenheim 1929, Nr. 75.

Die brave Schlußmoral findet sich nur im MB. Der Talmud schließt mit dem Satz: »Hierauf flehte er für sie um Erbarmen, und sie lebte auf.«

Auf altfranzösischen Einfluß weisen, wie auch in anderen Texten, die Wörter Breiluft, breien (zur Hochzeit laden, afrz. preier), Pilzel (*pülzel*, afrz. pucelle) oder auch entspusen (verloben, von afrz. espouser) hin.

Der Ausdruck »lernen ziehen« besagt, sich nur auf langen Lehr- und Wanderjahren geistig auszubilden, bzw. Studium der Tora an einer Jeschiwa oder auch an mehreren Lehrhäusern.
Die Spanne von zwölf Jahren erinnert an Rabbi Akibas Lernzeit (vgl. Text 68), der damit verbundene Zeitsprung an den Bericht von Choni ha-Meaggel und seinem langen Schlaf (Text 53).
Der Lehrer des Rabbi Chananja ben Chachinai (Tannaite, 1. Hälfte 2. Jh.) war Rabbi Akiba, sein Mitschüler Rabbi Simeon ben Jochai. Der Legende nach zogen sie fast zur selben Zeit nach Bene Berak ins Lehrhaus. Simeon blieb mit seiner Familie in Verbindung, Chananja nicht. Als seine Frau ihn aufforderte zurückzukommen, um die inzwischen erwachsene Tochter zu verheiraten, musst Rabbi mit einer »Verkündung« nachhelfen: Wer eine erwachsene Tochter hat, der gehe nach Hause, um sich um ihre Verheiratung zu kümmern. Siehe EJ Bd. 4, 1929, Sp. 255–257.

Rabbi Chama bar Bissa kehrt nach langer Zeit heim

Die Geschichte geschah. Rabbi Chama bar Bissa ging auch für zwölf Jahre lernen. Als er nun wieder heimging, da sagte er: »Ich will nicht so handeln wie Rabbi ben Chachinai es getan hat, der urplötzlich in sein Haus gegangen ist.« Was tat er?

Er ging hin und setzte sich an den Eingang vom Lehrhaus (*beß-médresch*) und entbot den Seinen daheim, daß er wiedergekommen sei. Da kam Rebbe Oschaja, sein Sohn, in das Lehrhaus und setzte sich neben ihn, aber er kannte ihn nicht. Und der Rebbe richtete an den Rabbi Chama eine Frage in der Halacha (*halóche,* Gesetzeskunde). Und als Rabbi Chama sah, wie überaus scharfsinnig (*grojß chároef*) jener im Disput (Pilpul) war, da hob er an: »Wäre ich daheim geblieben, so hätte ich vielleicht auch solch einen Sohn bekommen.« Er meinte damit, mit seinem Sohn würde er auch so gut gelernt haben.

Und so ging er heim in sein Haus, und sowie er daheim war, da kam sein Sohn Rebbe auch dorthin. Da stand der Rabbi Chama vor dem Rebbe auf, denn er glaubte, er wolle wieder eine Frage in der Halacha tun, denn er wußte nicht, daß es sein Sohn war.

Da fing die Frau des Rabbi Chama zu reden an: »Das ist nicht Sitte (*ßéjder*), daß ein Vater vor seinem Sohn aufstehen soll.« Da sprach Rabbi Chama: »Was ist das? Ich höre, das ist mein Sohn. Oh, gelobt sei Gott, der mir derweil ich draußen war, einen solchen Sohn beschert hat.« Und Rabbi Chama sagte, auf seinen Sohn bezogen, den Schriftvers (*póßek*): »Der Faden, dreifach gewirkt, kann nicht leicht zerrissen werden.« Denn Rabbi Oschaja pflegte auch mit seinem Herrlein (Großvater) Bissa zu disputieren. Und wenn einer Enkel hat, die Tora lernen, so hat die Tora Bestand (*kíum*) und bleibt beständig bei ihm. [74]

Quelle: Traktat Ketubbot 62 b, aus dem Babylonischen Talmud.
Übers.: Goldschmidt BT Bd. 5 (1931), 197. – MB: Pappenheim 1929, Nr. 76.

Der Talmudtext, unmittelbar an den vorigen anknüpfend, schließt mit dem Bibelvers Koh 4,12: »und die dreifaltige Schnur haut man so schnell nicht entzwei«.
Chama bar Bissa (2. Hälfte des 2. Jh.s), einer Gelehrtenfamilie entstammend, wird im JT »Vater des Rabbi Hoschaja« genannt. Jener Hoschaja, im Traktat Moed Katan als Oschaja bezeichnet, war Schüler des Bar Kappara und des Rabbi Chije; er lebte zuerst in Sepphoris, später in Caesarea (siehe EJ Bd. 5, 1930, Sp. 226).
Oschaja ist dadurch berühmt, daß er sich zusammen mit Rabbi Chanina an jedem Sabbat-Vorabend mit der Schöpfungslehre befaßte, sie gemeinsam »ein Drittlingskalb erschufen und es dann aufaßen« (Sanhedrin 67 b). Das Hervorbringen von Lebewesen galt als erlaubte Magie.

Drei Gründe, sich ein langes Leben zu verdienen

Die Geschichte geschah. Die Schüler (*talmídim*) des Rabbi Jochanan ben Sakkai fragten den Ben Sakkai: »Lieber, sag uns doch, warum hast du so lange gelebt?« Sie meinten damit: Lieber, was hattest du für ein Verdienst (*ßchuß*), daß du so lang gelebt hast? Da gab er zur Antwort: »Ich habe mein Lebtag beim Gebet (*tfíle*) innerhalb der Vier-Ellen-Distanz kein Wasser gelassen (*máschtin sajn*). Und ich habe mein Lebtag keinen Menschen bei seinem Schimpfnamen gerufen. Und ich habe mein Lebtag keinen Kiddusch-Wein versäumt (*mewátl sajn*). Ich hatte eine alte Mutter, und eines Tages, als kein Wein zum Kiddusch da war, ging sie hin und verkaufte ihren Schleier vom Kopf und kaufte dafür Wein, und den gab sie mir, damit ich Kiddusch (den Weinsegen) darüber sprechen konnte.«

Wir haben in der Gemara (*gemóre*, steht für Talmud) gelernt: Als seine Mutter starb, da hinterließ sie ihm dreihundert Fuder Wein; und als Ben Sakkai starb, da hinterließ er (seinen Kindern) dreitausend Fuder Wein. [75]

Quelle: Traktat Megilla 27 b, aus dem Babylonischen Talmud.
Übers.: Goldschmidt BT Bd. 4 (1931), 113. – MB: Pappenheim 1929, Nr. 77.

Rabbinisches Exemplum Nr. 408 (Heiligung des Sabbat). Zum Motiv »Langlebigkeit« siehe z. B. auch Text 45, 83.

Vier-Ellen-Distanz: eine der Vorschriften für das Beten, wie sie im Gebetbuch (Seder Tefilla oder Siddur), das im Laufe der Jahrhunderte entstand, niedergelegt sind. Besagte Vorschrift wird im Traktat Berakoth 23 a beschrieben: »Die Rabbanen lehren: Wer in den Abort (bzw. zum Urinieren) geht, lege in einer Entfernung von vier Ellen seine Gebetsriemen (*tfílin*, Tefillin) ab und trete ein.« Vgl. Text 21.
Kiddusch, der Segensspruch beim Becher Wein, ist am Sabbat bzw. am Vorabend des Sabbat eine heilige Pflicht. Sie ist erfüllt, wenn einer der Anwesenden – früher zumeist der Hausvater, heute auch die Frau des Hauses – ihn rezitiert. Ist kein Wein vorhanden, kann Kiddusch auch über den zwei Sabbatbroten gesprochen werden.

Ein Segensspruch geht in Erfüllung

Die Geschichte geschah. Rabbi Huna band Gras zusammen und verkaufte es vor großer Armut, damit er Kiddusch-Wein kaufen konnte. Da kam Rebbe Anan hinzu und fragte den Rabbi Huna, was er täte, und sagte: »Wofür soll das Gras gut sein, das du zusammenbindest?« Da sprach Rabbi Huna: »Ich habe an Sabbat (*schábeß*) keinen Kiddusch-Wein gehabt, da habe ich meinen Sabbat-Mantel versetzen müssen, damit ich mir davon Kiddusch-Wein kaufen konnte. Und jetzt will ich das Gras verkaufen und meinen Sabbat-Mantel wieder auslösen.« Da sprach Raba zu ihm: »So mag es der Wille sein Dessen, Der gelobt sei, daß dich lauter seidene Kleider umhüllen werden.«

Und als nun Raba, der Sohn von Rabbi Huna, den Segensspruch (*bróche*) sprach und unter den Trauhimmel (*chúpe*, Chuppa) schritt, da ging Reb Huna, der ein kleiner Mann war, hin und legte sich auf ein Bett nieder und schlief ein. Und niemand hat ihn dort liegen gesehen. Da kamen seine Töchter und seine Schwiegertochter, legten ihre seidenen Kleider ab und warfen sie aufs Bett und deckten ihn ganz damit zu. Doch ihn sahen sie nicht und taten es nicht mit Absicht. Da kam gerade Rabbi Josef hinzu. Da sprach Rabbi Jochanan zu Rabbi Huna: »Der Segen Rabas ist jetzt an dir wahr geworden; er hat dich gesegnet (*gebentscht*), daß lauter seidene Kleider dich umhüllen mögen.«

Wie nun Raba die Geschichte (*schmúe*) vernahm, da wurde er sehr zornig. Da sprach Rabbi Huna: »Warum bist du über mich zornig? War es nicht dein eigener Segen, der hier wahr wurde?« Da sprach Raba: »Du hättest erwidern sollen: Auch du magst so gesegnet sein, wie ich gesegnet wurde.« [76]

Quelle: Traktat Megilla 27 b, aus dem Babylonischen Talmud.
Übers.: Goldschmidt BT Bd. 4 (1931), 113 f. – MB: Pappenheim 1929, Nr. 78.

Über Kiddusch, den häuslichen Segensspruch über den Wein, gesprochen zu Sabbatbeginn vor der Abendmahlzeit, siehe die Anm. zum vorigen Text.
Das Ritual der Segnung geht folgendermaßen weiter: Aus dem mit Wein gefüllten Becher trinkt der Kiddusch-Sprecher »einen Mundvoll«, reicht ihn dann an seine Hausgenossen weiter. Nach dem Händewaschen – einige Familien waschen sich die Hände schon vor dem Weihesegen – ergreift er (oder sie) die beiden bislang verhüllten Sabbatbrote. Das untere schneidet man an, wenn die Schnittfläche mit dem Messer bezeichnet und der (Brot-)Segensspruch gesprochen ist; er (oder sie) ißt davon einen olivgroßen Bissen und teilt dann jedem am Tisch ein Stückchen von dem angeschnittenen und mit Salz bestreuten Brot zu.

Die Frömmigkeit des Rabbi Akiba

Die Geschichte geschah. Rabbi Akiba war von den Heiden (*úmauß*) gefangengesetzt worden, und Rabbi Josua ha-Garsi hat ihm gedient.

Warum hieß er ha-Garsi? Eine Erklärung (*pschat*) ist, die Stadt, in der er wohnte, hieß Garsi. Eine andere Erklärung ist, er zermahlte Bohnen, denn Garsi heißt zu deutsch Bohnen. Jeden Tag brachte er Rabbi Akiba ein bestimmtes Maß Wasser zu trinken. Einst kam der Wärter (*schäumer*), der das Gefängnis (*tfíße*) bewachte, hinzu und sah, daß ihm Rabbi Josua ha-Garsi sehr viel Wasser brachte. Da fragte der Wärter ihn: »Warum bringst du ihm heute so viel Wasser? Du willst wohl das Gefängnis mit dem Wasser einweichen (untergraben).« Und der Wärter nahm das Maß Wasser, schüttete es halb aus und gab ihm die andere Hälfte.

Als nun Rabbi Josua mit dem Wasser zu Rabbi Akiba kam, da sprach dieser zu Rabbi Josua: »Weißt du nicht, daß ich ein alter Mann bin und mein Leben nur von dir abhängt?« Er meinte damit, ich habe ja nichts mehr außer dem, was du mir bringst. »Und warum bist du so lange ausgeblieben?« Da erzählte ihm Rabbi Josua ha-Garsi den ganzen Hergang. Da sprach Rabbi Akiba: »Gib mir genug Wasser, daß ich mir die Hände waschen kann.« Da sprach Rabbi Josua: »Wie kann ich dir genug geben, daß du dir die Hände wäschst? Du hast dann doch nicht genug Wasser zum Trinken.« Da entgegnete Rabbi Akiba: »Was soll ich denn tun? Wenn einer mit ungewaschenen Händen ißt, dann ist er des Todes schuldig (*cháchew míßo*). Es ist besser, ich sterbe vor Durst, als daß ich die Einsicht (*déje*) meiner Kollegen (*chawéjrim*) übergehe und mit ungewaschenen Händen esse.« Die Leute sagen, er habe keinen Bissen gegessen, bis man ihm endlich Wasser brachte, um damit die Hände zu waschen.

Als nun die Weisen (*chachómim*) von seinem Verhalten hörten, daß er nämlich nicht hat essen wollen, bevor seine Hände gewaschen waren, da sagten sie: »Wenn er dies tut, da er schon alt ist, um wieviel mehr (*mikól schekén*) ist er schon in seiner Jugendzeit fromm gewesen. Und wenn er so in Gefangenschaft gehandelt hat, um wieviel mehr fromme Dinge hat er in seinem eigenen Haus getan. Als er jung war, hat er es gewiß noch strenger mit den Geboten (*mízweß*) gehalten.«

Deshalb soll man das Händewaschen nicht vernachlässigen, so wie es Rabbi Akiba, er ruhe in Frieden, vorgemacht hat. [77]

Quelle: Traktat Erubin 21 b, aus dem Babylonischen Talmud.
Übers.: Goldschmidt BT Bd. 2 (1930), 68. – MB: Pappenheim 1929, Nr. 79.

Rabbinisches Exemplum Nr. 160 (Akiba und das Händewaschen).
Das Waschen der Hände vor jeder Mahlzeit wurde durch den Segensspruch »Netilat jadajim« zu einer rituellen Handlung, symbolisch die Entfernung alles Unreinen andeutend.

Dem Rabbi Jehuda geschieht ein Wunder

Die Geschichte geschah. Rabbi Jehuda hatte eine Frau, die ging einmal auf den Markt und kaufte Wolle, die spann sie und ließ einen Mantel daraus machen; und wann immer sie auf die Straße ging, so legte sie sich den Mantel um. Und wenn Rabbi Jehuda beten (*tfile ton*) wollte, dann legte auch er sich den Mantel um. Und jedes Mal, wenn er ihn anzog, machte er einen Segensspruch (*bróche*) und sagte: »Gelobt sei Gott, der mich in einen Mantel hat hüllen lassen.« Und sie liebten den Mantel sehr und hatten sonst keinen, den sie sich anziehen konnten.

Eines Tages gebot Rabbi Simeon ben Gamliel, der Herr über die Jeschiwa (*rosch jeschíwe*) war, man solle einen Fasttag (*táníß*) einlegen. Rabbi Jehuda kam an diesem Tag nicht zum Fasten. Da sagten die anderen Rabbinen (*rabónim*): »Rabbi Jehuda ist nicht hier«, und sagten auch: »Ach ja, er hat keinen Mantel anzuziehen.« Da schickte ihm Rabbi Simeon einen Mantel, doch Rabbi Jehuda wollte ihn nicht annehmen. Und er hob seine Matte, auf der er saß, auf und sagte zu dem Mann, der den Mantel gebracht hatte: »Sieh, was ich da für Geld habe.« Da geschah ihm ein Wunder (*neß*), daß viel Geld dalag. Er sagte, es sei ihm jedoch nicht recht gewesen. [78]

Quelle: Traktat Nedarim 49 b–50 a, aus dem Babylonischen Talmud.
Übers.: Goldschmidt BT Bd. 5 (1931), 464 f. – MB: Pappenheim 1929, Nr. 80.

Dem Talmudtext nach geschah im Grunde kein Wunder, denn dort sprach Rabbi Jehuda, indem er die Matte hochhob, zum Boten: »Sieh, was alles da ist, ich jedoch will von dieser Welt nichts genießen.« – Erst den Kommentaren zufolge kommen, offenbar durch ein Wunder, viele Kostbarkeiten zum Vorschein.

Lass keine Furcht in deinem Hause herrschen

Die Geschichte geschah. Rabbi Abahu sagte, niemals sollte ein Mann sein Haus in Furcht versetzen, denn sonst entstehen dadurch viele Sünden (*awéjreß*).

Einst hatte die Köchin des Rabbi Chanina ben Gamliel das Bein eines reinen Tieres (*kóscher behéjmo*) verloren. Und sie fürchtete sich sehr vor dem Zorn ihres Herrn, wenn er es gewahr werde. Da ging sie in den Stall und schnitt von einem lebenden Tier ein Bein ab und kochte es und wollte es Rabbi Chanina zu essen geben. Aber er war ein großer Zaddik (*zádik*, Gerechter), denn er hatte es wahrgenommen, bevor er davon aß, und hat damit keine Sünde auf sich geladen.

Deshalb soll keiner große Furcht in seinem Haus verbreiten. Sonst kommen viele Sünden auf, wie ihr in dieser Geschichte (*ma'asse*) vernommen (*geleint*) habt. [79]

Quelle: Traktat Gittin 7 a, aus dem Babylonischen Talmud.
Übers.: Goldschmidt BT Bd. 6 (1932), 203. – MB: Pappenheim 1929, Nr. 81.

Die jüdischen Speisegesetze verbieten das Kochen und Zubereiten des Fleisches sog. erlaubter Tiere, wenn sie zuvor nicht nach ritueller Vor-

schrift geschlachtet wurden. Erst die Schechita (*schchíte*, Schächtung), dann die Ausblutung und Untersuchung der Lunge und umliegender Organe führen zu dem Befund, daß das Fleisch rituell geeignet – hebr. kascher, jidd. *kóscher* – ist.
Rabbi Abahu war Amoräer (Talmudinterpret), lebte um 300 n. Z. und wirkte in Caesarea. Er wurde von R. Jochanan, Oberhaupt der zentralen Jeschiwa in Tiberias, »mein Sohn Abahu« genannt; außer bei ihm hatte er bei R. Eleasar ben Pedat und R. Josse bar Chanina gelernt. Abahu war bekannt für seine Kenntnisse in Halacha und Agada, sein griechisches Wissen, seine Schönheit, Körperkraft, Rednergabe und auch für seine Sanftmut. Sein Ausspruch: »Man soll sich im eigenen Hause nicht allzu herrisch betragen« wurde zum geflügelten Wort (siehe EJ Bd. 1, 1928, Sp. 115–121).
Über Rabbi Chanina ben Gamliel: ebd., Bd. 5, 1930, Sp. 276 – siehe auch Text 72.

Rabbi Akiba lacht, während die anderen Rabbinen weinen

Die Geschichte geschah. Rabbi Gamliel, Rabbi Eleasar ben Asarja, Rabbi Josua und Rabbi Akiba gingen miteinander über Land, als sie ein großes Stimmenbrummen aus dem Kaiserpalast zu Rom vernahmen, und doch waren sie noch hundertzwanzigmal so weit davon entfernt wie eine Sabbatmeile mißt (*tchum schábeß*, auf 2000 Ellen begrenzter Radius). Da hoben die drei Rabbinen an zu weinen, und Rabbi Akiba hob an zu lachen. Da sagten sie zu Rabbi Akiba: »Warum lachst du?« Da sagte er: »Warum weint ihr?«

Da sprachen die drei: »Sieh doch, diese Heiden (*gójim*) verneigen sich vor ihren Abgöttern, und gleichwohl leben (*sizn*) sie in Frieden und Freuden. Wir Juden aber haben, nach Gottes Willen, unseren Tempel (*beß-hamíkdosch*) verbrennen gesehen. Und wir sind unter die Füße der Heiden geraten, wie sollten wir da nicht weinen?«

Da sprach Rabbi Akiba: »Aus dem gleichen Grund lache ich und bin fröhlich. Ich denke so: Sieh doch, der Heilige, gepriesen sei Er, tut ihnen so viel Gutes – um wieviel mehr (*mikól schekén*) wird Er es auch uns tun. Darum habe ich gelacht.« [80]

Quelle: Traktat Makkot 24 a, aus dem Babylonischen Talmud; Midrasch Echa Rabba 5,18.
Übers.: Goldschmidt BT Bd. 9 (1934), 235 f.; Jason 1976, Nr. 16/IX. – MB: Pappenheim 1929, Nr. 82; Strauß 1934, Nr. 3.

Rabbinisches Exemplum Nr. 240 (Rabbi Akibas Glaube).

Rabbi Akiba ben Joseph war Schüler des Rabbi Josua (ben Chananja, um 100 n. Z.), Kollege des großen Raban Gamliel (ben Simon I) und Lehrer von Rabbi Meir. Er erneuerte den Glauben, daß in der Tora nichts Überflüssiges geschrieben sei und jedem Buchstaben daher ein Sinn zukomme. – So drückt es auch Alexander Eliasberg in einem Essay über ›Die heiligen Schriftzeichen‹ (1916) aus: »Sie sind heilig, weil in ihnen die Tora geschrieben ist und weil nach dem Talmud nicht nur jedes Wort der Bibel, sondern auch jedes Schriftzeichen im Wort seinen eigenen heiligen Sinn hat.«

Wir können unserem Schicksal nicht entgehen

Die Geschichte geschah. Rabbi Jochanan sagte: »Die Füße eines Menschen sind sein Bürge (*órew*), denn wo der Mensch zu sterben bestimmt ist, dahin tragen ihn seine Füße.«

Es waren einmal zwei Männer aus dem Land Kusch, der eine hieß Elichoref, der andere Achija ben Schischa. Sie waren alle beide Schreiber bei König Salomo (*Schláumo ha-mélech*), und König Salomo hatte sie lieb.

Eines Tages sah König Salomo den Todesengel (*málech-hamóweß*), und daß er recht traurig war. Da fragte er den Todesengel: »Warum bist du so traurig?« Da sagte der Todesengel: »Aus dem Grund, daß man von mir die zwei Seelen (*neschómeß*) deiner beiden Schreiber haben will. Doch ich kann ihnen hier nichts tun, denn der Tod ist ihnen hier nicht beschert.«

Wie das der König (*mélech*) hörte, da ging er hin und überantwortete sie einem Dämon (*sched*), der sollte sie unbeschadet nach Luz führen, denn Luz ist eine Stadt, in der niemand stirbt. Wie nun der Dämon die zwei Männer unter die Pforte von Luz führte, da stand der Todesengel und wartete auf sie und tötete sie.

Des Morgens sah Salomo den Todesengel, und daß er wieder fröhlich war. Da sprach der König: »Warum bist du so fröhlich?« Da antwortete er: »Du hast mir soeben die zwei an einen Ort geschickt, wo ihnen der Tod beschert gewesen ist.« Da sprach König Salomo: »Jetzt begreife ich wohl, daß die Füße eines Menschen Bürge sind: ›Wo einer sterben soll, tragen ihn die Füße hin.‹«

Der alte Hillel hat gesagt: »An den Ort, wo ich gern hingehe, tragen mich meine Füße.« Er meint damit, daß die

Füße einen tragen, bis er dorthin kommt, wo er zu sterben bestimmt ist. [81]

Quelle: Traktat Sukka 53 a, aus dem Babylonischen Talmud.
Übers.: Goldschmidt BT Bd. 3 (1930), 403 f. – MB: Pappenheim 1929, Nr. 83.

Rabbinisches Exemplum Nr. 139 a (Elichoref und Achija und der Todesengel), vgl. Nr. 142/(141) (Elischa ben Abbuya). – Nach göttlicher Bestimmung, so der Talmudtext, sollten beide Schwarze in Luz sterben, doch in der Stadt hatte der Todesengel eigentlich keine Gewalt. Wohl auch deshalb paßte er sie am Stadttor ab, das somit zur Pforte des Todes wird.
Über Achija ben Schischa und Elichoref siehe EJ Bd. 1, 1928, Sp. 718.
Es geht hier um das Erzählmotiv vom unabwendbaren Schicksal, wie es die Brüder Grimm in Märchenform – »Das Unglück«, KHM 175 a, nur in der Ausgabe 1840, dann ausgeschieden – verwendet haben. »Wen das Unglück aufsucht«, so der Beginn, »der mag sich aus einer Ecke in die andere verkriechen oder ins weite Feld fliehen, es weiß ihn dennoch zu finden.« Die Quelle, H. W. Kirchhoffs »Wendunmuth« (1563–1603), ist mit anderen literarischen Parallelen in Bolte-Polívka Bd. 3 (1918), 290 aufgeführt.
Hillels Ausspruch, der als sein Sichsehnen nach dem Tempel interpretiert wurde, findet sich in den Tossafot Sukka IV,3: »Wohin mein Herz begehrt, dorthin tragen mich meine Füße.«

Erlerne ein Handwerk und vertraue auf Gott

Die Geschichte geschah. Rabbi Meir sagte: Stets soll einer seinen Sohn ein sauberes und leichtes Handwerk (*melóche*) lehren, und soll jederzeit zu Gott beten, dem alles Gut und aller

Reichtum gehören. Denn die Armut hängt nicht an einem Handwerk (*úmon*), und der Reichtum ebenfalls nicht, sondern es hängt allein an Dem, der den Reichtum in seiner Hand hat: Der kann den Segen (*bróche*) dazu geben.«

Wie der Schriftvers (*póßek*) besagt: ›Mir gehört das Silber und mir das Gold, sagt der Herr der ganzen Welt.‹ Darum sagte Rabbi Simeon ben Eleasar: »Nie in meinem Leben habe ich einen Hirsch gesehen, der eine große Last trug, noch habe ich je gesehen, daß ein Fuchs ein Krämer war, und doch sind sie nicht Hungers gestorben. All diese sind zu nichts anderem geschaffen, als um mir zu dienen, und ich bin geschaffen, um dem Heiligen zu dienen, gepriesen sei Er. Nun lerne ich: Wenn diese, die erschaffen wurden, um mir zu dienen, sich ohne Mühsal (*zar*) ernähren, um wieviel mehr (*mikól schekén*) soll ich, der ich geschaffen wurde, um Gott zu dienen, mich auch ohne Mühsal ernähren. Und warum geschieht das nicht?

Weil meine Werke so sehr böse sind, daß meine Speise abgehackt (verkürzt) ist, der großen Sünden (*awéjreß*) halber, die ich begangen habe.« [82]

Quelle: Traktat Kidduschin 82 b, aus dem Babylonischen Talmud.
Übers.: Goldschmidt BT Bd. 6 (1932), 798 f.; Stemberger 1982, 218. – MB: Grünbaum 1882, 400 f.; Pappenheim 1929, Nr. 84.

Stemberger bringt den Schluß so: »Doch ich habe böse gehandelt und meinen Lebensunterhalt zerstört. Denn es heißt: ›Eure Frevel haben diese Ordnung gestört‹ (Jer 5,25).«
Bibelvers »Mir gehört das Silber ...«, Hag 2,8: »Mein ist das Silber, mein ist das Gold,/ist SEIN des Umscharten Erlauten.« Der Umscharte ist Bubers/Rosenzweigs eigenwillige Übers. des hebr. »Herr Zebaoth«, Herr der himmlischen Heerscharen. Der Begriff, den das MB gebraucht (»Herr der ganzen Welt«), ist nicht zutreffend.
Simeon ben Eleasar war ein Schüler Rabbi Meirs und befreundet mit Jehuda ha-Nassi, mit dem er halachische Dispute führte.

Wohltätigkeit errettet vom Tod

Die Geschichte geschah. Einer hieß Benjamin ha-Zaddik (*zádik*, der Gerechte); er war dafür eingesetzt, die Almosen (*zdóke*) zu verteilen. In den Hungerjahren kam eines Tages zu ihm eine arme Frau und sagte zu ihm: »Lieber Rabbi, nähre mich.« Da schwor er bei der Awoda (*awáudo*, »So wahr ich Gott diene«), es seien derzeit keine Almosen vorhanden. Da sprach die Frau wieder: »Lieber Rabbi, wenn du mich nicht nährst, fürwahr ich sage dir, dann muß eine Frau mit sieben kleinen Kindern Hungers sterben.« Wie nun Benjamin ha-Zaddik das hörte, da nährte er sie von dem, was er selbst besaß.

Nicht lange danach wurde Benjamin ha-Zaddik sehr krank und jedermann glaubte, er werde von der Krankheit sterben. Da sagten die Engel (*malóchim*) zu dem Heiligen, gepriesen sei Er: »Herr der Welt (*káune-hákel*), Du hast gesagt, wer einen Menschen von Israel (*jißróel*) nährt, so ist es gleich viel gerechnet, als wenn er die ganze Welt (*áulom*) genährt hätte. Und dieser Benjamin ha-Zaddik hat eine Frau mit sieben Kindern genährt und hat sie in der Hungerzeit am Leben erhalten. Und der soll nun so jung sterben?« Wie nun der Heilige, gepriesen sei Er, das von den Engeln hörte, da gebot er, das Todesurteil (*din hamóweß*), das gegen ihn verhängt war, zu zerreißen.

Wir haben gelernt, man hat ihm sein Leben um zweiundzwanzig Jahre verlängert. Deshalb soll man Almosen geben, wie der Schriftvers (*póßek*) besagt: »Wohltätigkeit (*zdóke*) errettet vom Tod.« [83]

Quelle: Traktat Baba Batra 11 a, aus dem Babylonischen Talmud.
Übers.: Goldschmidt BT Bd. 8 (1933), 41. – MB: Pappenheim 1929, Nr. 85.

Rabbinisches Exemplum Nr. 100 (Belohnte Wohltätigkeit). Die Schlußmoral mit dem Bezug auf Spr 10,2 (»Nicht nützen Schätze des Frevels,/aber Bewährung rettet vom Tod«) steht nicht im Talmud.
Über jüdische Wohltätigkeit (*zdóke*, hebr. Zedaka): Die Verwaltung von Armenkassen, die auch dem Tannaiten Benjamin ha-Zaddik oblag, geht bis auf die Zeitenwende zurück. Damals hatten die Gemeinden »Almosenvorsteher«, die den Armen aus der »Wochenkasse« Geld, aus der »Schüssel« eine Tagesration zuteilten. Neben der pflichtmäßigen Abgabe des Zehnten (Maasser) war das freiwillige Almosengeben eines der vornehmsten Gebote, im Sinne sozialer Gerechtigkeit. Schon im Tempel zu Jerusalem gab es dafür eine »Kammer der Verschwiegenen«. In den Synagogen waren die »Gabe im Geheimen« wie die »Büchse« (Kuppa) feste Einrichtungen.
Viele Abschnitte des ›Sefer Chassidim‹, in welchem die Sozialethik der mittelalterlichen Aschkenasen niedergelegt ist, sind der Wohltätigkeit gewidmet (in A. Sulzbachs Zusammenstellung, 1923, die §§ 1026–55 und §§ 318–33); darin spiegeln sich alle Postulate und Praktika.

Gelobt sei die Wohltätigkeit

Die Geschichte geschah an einem König, Monobaz geheißen, der gab in einem teuren Jahr seinen Reichtum und auch den Reichtum seiner Vorfahren zu wohltätigen Zwecken (*zdóke*) weg. Dieser Monobaz war ein Abkömmling der Königin Helena und aus dem Geschlecht der Hasmonäer.

Und wie nun der Monobaz all das Seine und all das Gut seiner Vorfahren weggegeben hatte, da kamen seine Brüder und seine Familienangehörigen (*gesínd*) zu ihm und setzten ihm heftig zu und sagten: »Deine Eltern haben stets die Reichtümer (*áuzraus*) gemehrt und den Wohlstand vermehrt, aber du hast es vermindert und gabst es unnütz weg.«

Wie er nun die Rede seiner Verwandten vernahm, da sprach er zu ihnen: »Ich habe es besser gemacht als meine Vorfahren, und das will ich euch dartun in einer Weise, daß ihr mir zustimmen könnt. Seht, meine Eltern haben ihre Reichtümer hier unten auf der Erde gemacht.

Ich aber mache meinen Reichtum (*áuzor*) oben im Himmel, wie die Schrift (*póßek*) sagt: ›Die Wahrheit vom Himmel lohnt, wenn ihr Almosen (*zdóke*) gebt. Und die Gerechtigkeit lugt vom Himmel.‹ Meine Eltern haben das Ihrige an einem Fleck verborgen, wo Menschenhände hinkommen können, ich aber habe das Meinige verborgen an einem Ort, wo Menschenhände nicht hinkommen können. Wie die Schrift sagt: ›Die Wohltätigkeit ist eine Wohnung deines Thrones.‹ Meine Eltern haben das Ihrige verborgen an einem Ort, wo es keine Frucht tragen kann. Ich aber verberge das Meine, daß es Frucht tragen kann. – Und die Schrift spricht: ›Sagt den Frommen, die Frucht ihrer Werke werden sie essen.‹ Meine Eltern haben das Geld verborgen, ich aber habe meinen Leib verborgen, wie der Vers spricht: ›Wer seinen Leib bewahrt, der ist ein Weiser.‹ Meine Eltern haben das Ihrige vor anderen Leuten verborgen, ich aber habe das Meinige verborgen vor mir selbst, wie der Vers spricht: ›Und dir wird es zur Wohltätigkeit sein.‹ Meine Eltern haben das Ihrige verborgen auf dieser Welt, ich aber habe das Meine verborgen auf Jener Welt (*jéne-welt*, Jenseits), wie der Vers spricht: ›Deine Gerechtigkeit wird dir vorangehen auf Jener Welt‹, und danach geht der Vers weiter: ›Und die Ehre Gottes wird deinen Gang beschließen.‹

Nun habt ihr gehört, wie ich das Meine unnütz ausgegeben habe.«

Wie das nun seine Brüder hörten, da haben sie ihm alle zugestanden, daß er recht gehandelt hatte, und verwehrten ihm weiter nichts mehr. [84]

Quelle: Traktat Baba Batra 11 a, aus dem Babylonischen Talmud.
Übers.: Goldschmidt BT Bd. 8 (1933), 41 f. – MB: Pappenheim 1929, Nr. 86.

Rabbinisches Exemplum Nr. 101 (Monobaz und die Schätze im Himmel) – eine sechsfache, jeweils durch Bibelverse belegte Rechtfertigung umfassender Wohltätigkeit.
Der talmudische Stoff wird hier nach Raschis Kommentar gedeutet, der König Monobaz aus dem Geschlecht der Hasmonäer entstammen läßt. Er war aber König von Adiabene (am oberen Tigris), erstgeborener Sohn der Helena, und folgte um 60 n. Z. seinem jüngeren Bruder Izatas auf den Thron; wie dieser nahm er den jüdischen Glauben an und wird im Talmud rühmend erwähnt. Vgl. Dubnow, Weltgeschichte, Bd. 2, 205 f.

Bibelverse: »Die Wahrheit vom Himmel ...«, Ps 85,12: »Treue sprießt aus dem Erdland,/Wahrhaftigkeit lugt nieder vom Himmel.«
»Die Wohltätigkeit ist eine Wohnung ...«, Ps 89,15: »Wahrheit und Recht sind Grundfeste deines Stuhls,/Huld und Vertrauen empfangen dein Antlitz.«
»Sagt den Frommen, die Frucht ihrer Werke ...«, Jes 3,10: »Sprecht/vom Bewährten: daß er am Guten ist,/denn die Frucht ihres Wirkens werden die essen«.
»Wer seinen Leib bewahrt ...«, Spr 11,30: »Die Frucht des Bewährten: ein Baum des Lebens,/Seelen nimmt der Weise ein.«
»Und dir wird es zur Wohltätigkeit sein«, Dtn 24,13: »zurück gib ihm das Pfand, zurück, sowie die Sonne eingeht«.
»Deine Gerechtigkeit wird dir vorangehen ...«, Jes 58,8: »deine Wahrhaftigkeit geht vor dir einher,/Nachhut dir ist SEIN Ehrenschein.«

Rabbi Meir und Kidor oder An seinem Namen sollt ihr ihn erkennen

Die Geschichte geschah. Rabbi Meir, Rabbi Josse und Rabbi Jehuda wanderten miteinander über Land. Und der Rabbi Meir hielt viel davon (Talmud: achtete darauf), wenn sie zu einem Hauswirt (*bal habájiß*) kamen und der einen sonderbaren (*meschúne*) Namen hatte. Dann dachte der Rabbi Meir bei sich, gewiß ist der Hauswirt nicht viel wert, und gab ihm nichts zum Aufbewahren. Aber wenn der Hauswirt einen hübschen Namen hatte, dann dachte Rabbi Meir, muß er fromm sein – und dem gab er seinen Beutel zum Aufheben. Doch seinen beiden Gefährten (*chawéjrim*) lag nichts daran.

Nun, sie kamen einmal an einem Freitag spät zu einem Wirt und wollten am Sabbat (*schábeß*) dableiben. Wie sie nun eine Weile dort waren, fragte Rabbi Meir den Hauswirt, wie er heißt. Da sagte er: »Ich heiße Kidor.« Da sagte Rabbi Meir zu seinen Gefährten: »Ich höre an seinem seltsamen Namen, daß der Wirt ein Bösewicht (*rósche*) ist, so wie die Schrift (*póßek*) sagt: ›Denn sie sind von einem Geschlecht, das verkehrt ist (*ki daur tahapúchaus*).‹«

Rabbi Jehuda und Rabbi Josse wollten sich nicht daran kehren, und sie gaben ihm ihren Beutel aufzuheben bis nach dem Sabbat. Aber Rabbi Meir gab ihm seinen Beutel nicht. Er allein ging hin und vergrub seinen Beutel am Kopfende des Grabes (*kéjwer*) von Kidors Vater. Wie es Nacht war, da träumte dem Wirt Kidor, wenn er auf seines Vaters Grab nachgraben werde, so werde er einen Beutel mit Geld finden. Und wie es nun Tag wurde, da kam der Wirt zu Rabbi Meir und sagte, wie ihm geträumt hatte. Da gab Rabbi Meir zurück: »Jedwedem Traum, den man an einem Freitag des Nachts träumt, kommt keine Bedeutung (*scháuresch*) zu.« Und er sagte das deshalb zu ihm, daß er es sich aus dem Sinn schlagen und nicht danach suchen sollte.

Danach ging Rabbi Meir und hielt den ganzen Sabbat über an dem Grab Wache, daß ihm der Beutel nur nicht genommen werde. Wie es Nacht wurde, da nahm Rabbi Meir seinen Beutel und zog seiner Straße.

Wie es nun Sonntag war, da sagten die zwei anderen zum Kidor: »Lieber Wirt, gebt uns unsere Beutel, die wir Euch gegeben haben, um sie über Sabbat aufzuheben.« Da sprach der Wirt: »Ich weiß von keinem Beutel, den ihr mir zur Aufbewahrung gegeben hättet.« Da sagte Rabbi Meir: »Warum habt ihr nicht auf seinen Namen achtgegeben?« Da sprachen sie: »Warum hast du uns nicht gesagt, daß er ein Böser ist?« Da sprach Rabbi Meir: »Ich war zwar besorgt, er sei ein Bösewicht, aber ich war mir dabei nicht sicher.«

Da gingen die zwei Rabbinen (*rabónim*) mit dem Wirt auf die Gasse und führten ihn in ein Weinhaus und traktierten ihn mit Wein, denn sie glaubten, ihn mit guten Worten zu überreden. Da sahen sie, daß in seinem Bart Linsen klebten, die er gegessen, bevor er sein Haus verlassen hatte. Da entfernten sie sich von ihm und gingen zu seiner Frau und sagten zu ihr: »Du sollst uns unsere Beutel geben, die wir an Sabbat deinem Mann zum Aufbewahren gegeben haben. Zum Wahrzeichen (sei gesagt), dein Mann hat zu Mittag Linsen gegessen.« Als die Frau sah, daß sie das rechte Wahrzeichen wußten, so gab sie ihre Beutel heraus. Und als sie ihre Beutel nun wieder hatten, so zogen sie ihre Straße weiter.

Und wie nun der Wirt wieder heimkam, da sagte die Frau zu ihrem Mann, wie sie den Leuten ihre Beutel gegeben, und sie hätten ihr ein Wahrzeichen gesagt, daß er Linsen gegessen habe. Da fiel er über seine Frau her und schlug sie so heftig, bis er sie totschlug. Das hatte die gute Frau von dem bösen Mann als Lohn.

Das stimmt überein mit dem, was wir gelernt haben: Das Nichtbeachten des Händewaschens vor dem Mahl bringt es mit sich, daß ein Jude Fleisch vom Schwein (*cháser*) ißt, und das Nichtbeachten des Händewaschens nach Tisch führt dazu, daß ein Mensch darüber umkommt. Denn wenn der Wirt nach dem Essen seine Hände gewaschen hätte, so hätte er auch Mund und Bart gewaschen, und die zwei Rabbinen hätten das Zeichen (*ßímen*) nicht bemerken können, und die gute Frau wäre nicht umgekommen. Deshalb soll man nach dem Essen die Hände waschen.

Nun will ich schreiben, wie das Nichtbeachten des Händewaschens vor dem Mahl einen Mann dazu brachte, Schweinefleisch zu essen, wie ihr gleich hören werdet. [85]

Quelle: Traktat Joma 83 b, aus dem Babylonischen Talmud.
Übers.: Goldschmidt BT Bd. 3 (1930), 242 f. – MB: Pappenheim 1929, Nr. 87.

Rabbinisches Exemplum Nr. 315 (Rabbi Meir und Kidor). Born Judas Bd. 2, 1917, 243–245: Kidor.
Rabbi Meir achtete auf die etymologische Bedeutung der Namen, denn: *nomen est omen*. So erschließt sich die Geschichte erst durch die hebräische Textur von Dtn 32,20: »denn sie sind ein Geschlecht der Umstürze«.
Das zweite Zitat, betreffend die Unterlassung des Händewaschens vor der Mahlzeit, die dann zum Genuß von Schweinefleisch führt, während die Unterlassung des Händewaschens nach der Mahlzeit sogar den Tod herbeiführen kann, findet sich im Traktat Chullin 106 a – in der Übersetzung von Goldschmidt BT Bd. 11, 323.
Das Gebot des Händewaschens ist vor allem Thema des folgenden Textes, siehe Anm. dort.

Zum Erzählstoff: Heller 1936, 327 rechnet »Kidor« zum Motivbereich »Der bestrafte Scheinheilige«; siehe auch Text 215.

Vom Händewaschen vor dem Mahl

Die Geschichte geschah. Einst war einmal ein Jude Wirt. Wenn er nun fremde Juden zu Gast hatte, so gab er ihnen koscheres (*kóscher*) Fleisch zu essen, und wenn er Christen (*gójim*) an seinem Tisch sitzen hatte, so setzte er ihnen Schweinefleisch (*cháser*) vor.

Eines Tages kam ein Jude zu ihm, den er nicht als einen Juden erkannte, und setzte sich an den Tisch mit ungewaschenen Händen und sprach zum Wirt: »Herr Wirt, gebt mir ein gutes Stück Fleisch.« Der Wirt glaubte, er wäre ein Christ (*goj*), weil er sich nicht gewaschen hatte, und hat ihm ein Stück Schweinefleisch gebracht. Und der Jude hat sich nicht daran gestoßen und gemeint, es wäre ein gutes Stück Rindfleisch und hat es gegessen.

Als er nun gegessen hatte, da sprach er zum Wirt: »Lieber Wirt, was habe ich bei Euch verzehrt?« Da rechnete ihm der Wirt das vor und sagte: »Ihr habt für so viel verzehrt.« Da dachte er, es käme ihn viel zu teuer, und sprach zum Wirt: »Soll denn ein Stück Fleisch so teuer sein?« Da sprach der Wirt: »Mein lieber Mann, das Fleisch vom Schwein ist sehr teuer.« Da sprach der Gast: »He, he, ich bin doch ein Jude, warum hast du mir Schweinefleisch zu essen gegeben?« Da sprach der Wirt: »Warum hast du denn nicht deine Hände vor dem Essen gewaschen. Die Christen pflegen sie sich nicht zu waschen, darum habe ich dich für einen Goj angesehen.« Darum ist es so gekommen, daß man ihm Schweinefleisch vorgesetzt hat. Deshalb soll man jedesmal die Hände waschen, wenn man vorhat zu essen und wenn man gegessen hat. [86]

Quelle: Midrasch Tanchuma, Balak 15. Ausgabe Choreb. New York u. Berlin 1924.
Übers.: MB: Pappenheim 1929, Nr. 88.

Gaster 1934 verweist auf Traktat Chullin 106 a (vgl. den vorigen Text) und Raschis Kommentar: »Doch findet sich dort nur eine Andeutung der Geschichte, überhaupt keine Details. Raschi gibt die Eckpunkte, nicht mehr. Näheres kann das MB nur aus dem Midrasch Tanchuma übernommen haben.«
Rabbinisches Exemplum Nr. 158 (Waschung der Hände).
Das Händewaschen (Netilat Jadajim) ist eine Pflicht, die der Überlieferung nach auf König Salomo zurückgeht. Sie ist vor und nach der Mahlzeit geboten und geht einher mit einem Segensspruch. In welchem Ausmaß die Hände zu waschen seien und auch bei welcher Gelegenheit, ist im Talmud genau festgelegt. Zu Letzerem ein Beispiel: »Einst stand ich vor Rabbi Ami und Rabbi Asi und man brachte ihnen einen Korb mit Früchten; sie aßen dann, ohne die Hände gewaschen zu haben, mir aber gaben sie nichts davon. Hierauf sprach jeder besonders den Segen. – Daraus ist dreierlei zu entnehmen: daß Früchte des Händewaschens nicht benötigen; daß über Früchte kein gemeinschaftlicher Segen zu sprechen sei; und daß, wenn zwei gegessen haben, es Gebot sei, getrennt den Segen zu sprechen« (Chullin 106 a, übers. von Goldschmidt).

Kaiser Antoninus bekehrt sich zum Judentum

Die Geschichte geschah. Der Kaiser Antoninus fragte Rebbe, unseren heiligen Lehrer (*rabejnu hakáudesch*): »Lieber, sag mir, läßt du mich in Jener Welt (*jéne-welt*, Jenseits) vom Leviathan essen?« Da sagte der Rabbi: »Ja.« Da sagte der Kaiser wiederum: »Du hast mich doch vom Pessachopfer nichts essen lassen.« Da antwortete Rabbi dem Kaiser: »Was soll ich tun? Es steht geschrieben in der Schrift (*póßek*): ›Und kein Verstopfter, das bedeutet, keiner, der nicht gejüdischt (*jídischt*, beschnitten) ist, soll von dem Pessachopfer essen.‹ Als das der Kaiser hörte, da ging er hin und jüdischte sich selber. Und danach ging er zum Rabbi und sagte zu ihm: »Rabbi, nun bin ich gejüdischt.« Da sagte Rabbi: »Ich habe meine eigene Beschneidung (*míle*) mein Lebtag nicht angeschaut. Wie soll ich jetzt deine anschauen?« Und deshalb heißt der Rabbi »unser heiliger Lehrer«, weil er seine eigene Beschneidung sein Lebtag nicht angeschaut hat.

Rabbi Chiskija und Rabbi Abahu sagen: »Wenn die zum Judentum Übergetretenen (*géjrim*) in Jener Welt zusammenkommen werden, dann wird der Proselyt Antoninus der oberste von ihnen sein.« [87]

Quelle: Traktat Megilla 72 b,50–61, aus dem Jerusalemer Talmud.
Übers.: Frowald G. Hüttenmeister JT Bd. II/10 Megilla – Schriftrolle (1987), 72. – MB: Pappenheim 1929, Nr. 89.

Das MB spricht an dieser Stelle von »König«, Gaster 1934 von »Imperator«, JT ohne Titel von »Antoninus«.
Dem Talmud nach ist der Schluß komplizierter: Rabbi Chiskija sagte mit Hinweis auf die Lehrmeinung Abahus, daß, wenn Halbproselyten (d. h. Unbeschnittene) wie Antoninus als Vollproselyten (d. h. Anerkannte) in die künftige Welt eingehen, eben dieser Antoninus an ihrer Spitze stehen wird. – Zu Antoninus und Rebbe siehe Anm. Text 33.
In der talmudischen wie auch in der volkstümlichen Überlieferung gilt das Fleisch der Meeresungeheuer Leviathan (weiblich) und Behemoth (männlich) als die Speise der Gerechten in der künftigen Welt.
Schriftvers: »Und kein Verstopfter . . .«, Ex 12,48: »Wenn bei dir ein Gastsasse gastet und will IHM das Ursprungsmahl machen,/muß alles Männliche bei ihm beschnitten sein, dann nahe er, es zu machen, und sei wie ein Sproß des Landes./Alljeder Vorhautige soll nicht davon essen.«
Zum Pessachopfer: Eine der symbolischen Speisen beim abendlichen Seder ist ein angebratener Fleischknochen. Er soll an das Pessachlamm

erinnern, das nach Ex 12 am Abend des 14. Nissan geschlachtet werden soll, in jener Stunde der Erlösung, »als der Todesengel bei dem großen Sterben der Erstgeborenen in den Häusern der Ägypter die Wohnungen der Israeliten schonend überschritt« (Müller 1934, 23). Jenes »Verschonen«, hebr. péssach, jidd. *péjßech*, hat dem jüdischen Passafest den Namen gegeben. Zugleich ist es, so der gesprochene Kiddusch-Segen, ein »Frühlingsfest der Freiheit«. Fest der Überschreitung, »rite de passage«, gilt für alle Frühlings- und Osterfeste weltweit. Zum Pessachritus siehe Anm. Text 173, 182.

Wie ein Steuereinnehmer und ein Talmudgelehrter begraben wurden, und wie es den achtzig Hexen zu Askalon erging

Die Geschichte geschah. Sie geschah an einem Steuereinnehmer (*múchson*), der ein Jude war und ein großer Bösewicht (*rósche*) dazu. Als er nun starb, da starb selbigen Tages ein großer Talmudgelehrter (*tálmid-chóchem*); und die ganze Stadt kam und half ihn beerdigen, und das Volk geleitete den Talmudgelehrten bis an den Friedhof (*beß hakewúre*).

Und wie nun beide Toten (*méjßim*) auf dem Friedhof waren und man sie zu Grab tragen wollte, da kamen Feinde (*ßónim*) dort herangezogen, und als die Leute das sahen, da liefen sie alle weg und ließen die zwei Toten auf dem Friedhof stehen. Der Schriftgelehrte hatte nun zu Lebzeiten einen Schüler (*tálmid*) gehabt, der wollte nicht vom Sarg (*óraun*) seines Rabbi weichen und saß still bei dem Grab. Und wie es nun zum anderen Morgen kam, da gingen die

Leute wieder auf den Friedhof und wollten die beiden Toten begraben. Da geschah es, daß die Toten verwechselt wurden. Und sie hielten den Steuereinnehmer für den Talmudgelehrten und brachten ihn mit großen Ehren zu Grabe, denn sie meinten, er wäre der Talmudgelehrte. Da schrie der Junge, der bei der Leiche (*míßo*) sitzen geblieben war: »Ihr nehmt den falschen Sarg, denn das ist der Steuereintreiber, den ihr zu Grab bringen wollt.« Aber es wollte nicht fruchten. Und die Verwandten des Steuereintreibers taten den Meister (Raw) in das Grab, das sie dem Steuereintreiber bereitet hatten. Das schmerzte den Schüler sehr und er dachte, was für eine Guttat (*mízwe*) mag der böse Steuereintreiber zu Lebzeiten geleistet haben, daß er so ehrenvoll (*bekówed*) zu Grabe kam.

In dieser Nacht erschien der Talmudgelehrte seinem

Schüler im Traum (*chólaum*) und sagte zu ihm: »Mein lieber Sohn, du brauchst dich nicht um mich grämen. Komm mit mir, ich will dir meine Stelle im Garten Eden (*ganéjdn*) weisen und will dir zeigen, wie der Steuereintreiber in der Hölle (*gehínom*) sitzt. Die Türangel der Hölle geht ihm in seinem Ohr (an dem sie befestigt ist) auf und zu. Und ich will dir auch sagen, warum mir die Schande (*chárpe*) bei meinem Tod widerfahren ist. Einmal habe ich vernommen, daß man einen Talmudgelehrten verächtlich behandelte (*mesálsel sajn*), und bin dabeigewesen und habe es nicht verhindert und hätte es gut verhindern können. Deshalb ist mir solch eine Schande geschehen. Und ich will dir sagen, was der Steuereintreiber Gutes getan hat, daß er so ehrenvoll zu Grabe gekommen ist. Er hat einmal ein großes Mahl (*ßúde*) für den Fürsten (*ßar*) seiner Stadt gegeben, und der Fürst hat nicht kommen wollen. Da ist der Steuereintreiber hingegangen und hat das ganze Mahl unter die armen Leute verteilt. Deshalb hat der Heilige, gepriesen sei Er, ihm sein Gutes auf dieser Welt bezahlt.«

Da fragte der Schüler seinen Rabbi: »Und wie lange muß der Steuereintreiber in der Hölle sitzen und große Pein erleiden?« Da sagte der Rabbi zu ihm: »Bis Rabbi Simeon ben Schetach stirbt, der kommt dann an seinen Platz.« Da fragte der Schüler wieder: »Womit hat Rabbi Simeon das verschuldet, er ist doch ein guter (*kestlich*) Mann?« Da sagte ihm der Rabbi: »Deswegen, weil er die Hexen (*machschéjfes*) in Askalon am Leben läßt. Sie sind allesamt Juden (*jehúdim*), und er verbrennt sie nicht oder verurteilt sie (*din sajn*) nicht, daß sie auch sonstwie ums Leben kämen.«

Am Morgen ging der Schüler zu Rabbi Simeon ben Schetach und sagte ihm die Geschichte, die ihm sein Rabbi in der Nacht erzählt hatte. Was tat Rabbi Simeon? Er versammelte achtzig starke Burschen (*bócherim*) an einem Tag, als es kräftig regnete. Und er gab jedem Burschen einen großen Krug in die Hand und legte in jeden Krug einen weißen Gebetsmantel (*táleß*). Und er sagte zu den jungen Leuten: »Hütet euch beileibe vor den Hexen, denn es sind ihrer achtzig. Und wenn ihr hineingeht, so gehe ein jeder hin und hebe eine Hexe vom Erdboden auf, dann haben sie keine Gewalt mehr. Wenn ihr das nicht tut, dann können wir ihnen nicht beikommen.«

Und dann ging Rabbi Simeon allein zu den Hexen ins Haus. Und er sagte zu seinen jungen Leuten: »Bleibt ihr draußen, bis ich euch winken werde, dann kommt herein zu mir und tut, wie ich euch geheißen habe.« Und wie er nun in ihr Haus hineinging, da fragten sie ihn: »Wer bist du?« Da sagte er: »Ich bin ein Zauberer (*mecháschef*) und kann ebenso gut Zauberei (*kíschef*) machen wie ihr.« Da sagten sie zu ihm: »Was für eine Zauberei beherrschst du?« Da sagte der Rabbi Simeon ben Schetach: »Ich kann machen, daß achtzig starke junge Burschen hereinkommen, ein jeder angetan mit einem trockenen Gebetsmantel, obwohl heute ein Tag voller Regen ist.« Da sagten sie zu Rabbi Simeon: »Laß uns deine Kunst sehen.« Da ging er heraus vor die Tür und winkte flugs seinen jungen Leuten. Da gingen sie hin und nahmen die Gebetsmäntel (*taléjßim*) aus ihren Krügen und legten sie sich um. Sie gingen in das Zimmer (*chéjder*) hinein, und ein jeder hob eine Hexe geschwind vom Erdboden auf, daß sie keinem einen Schaden tun konnten. Und sie trugen sie alle heraus und ließen sie allesamt an einen Baum hängen.

Als das den Verwandten (*kráuwim*) der Hexen zu Ohren kam, da hat es sie sehr erschüttert, und sie bekamen einen Haß (*ßíne*) auf Simeon ben Schetach, daß er alle ihre Verwandten hat ums Leben bringen lassen. Einige Tage danach kamen zwei von ihren Verwandten und legten Zeugnis (*éjdeß*) ab über den Sohn des Rabbi Simeon ben Schetach, so als wenn er etwas getan hätte, weswegen er des Todes schuldig sei, und man sprach das Urteil (*din*) über ihn aus, er solle gesteinigt werden.

Da sprach der Sohn des Rabbi Simeon ben Schetach: »Habe ich die Sünde (*awéjre*) in der Tat begangen, so wie die da es bezeugen, so soll mein jetziger Tod (*míßo*) keine Sühne (*kapóre*) meiner Sünden bedeuten. Habe ich aber die Sünden (*awéjreß*) nicht begangen, wie sie es behaupten, so soll mein jetziger Tod eine Sühne sein für euch, und ihr, die ihr gegen mich zeugt, sollt alle getötet (*gehárgent*) werden.« Als das die Zeugen (*éjdim*) hörten, da nahmen sie, weil sie ja falsches Zeugnis (*schéker éjdeß*) abgelegt hatten, ihre Rede wieder zurück und brachten einen Grund (*tam*) vor, warum sie falsch ausgesagt hatten. Sie hätten es darum getan, weil die Hexen ihre Verwandten wären.

Aber gleichwohl war er nicht vom Tode befreit (*póter*). Man hat ihn gesteinigt, weil das Urteil schon ergangen war. Wir finden es in dem Spruch (*póßek*): ›Einer, der bereits ein Urteil gesprochen und dann ein anderes Urteil sprechen will, darf es nicht zurücknehmen.‹

Und so kam Rabbi ben Schetachs Sohn unschuldig ums Leben, einer falschen Zeugenaussage wegen. Der, Dessen Name gelobt sei, wird sein Blut an ihnen rächen. [88]

Quelle: Traktat Sanhedrin 23 c, 30–69, aus dem Jerusalemer Talmud.
Übers.: Gerd A. Wewers JT Bd. IV/4: Sanhedrin – Gerichtshof (1981), 148–150. – MB: Pappenheim 1929, Nr. 90.

Gaster 1934 merkt dazu an, daß sich die genaue Geschichte nicht im Talmud finde, wohl aber bei Raschi, der sie dem JT entnommen und variiert habe. Auch im Chibbur ha Ma'assijot 2,2 (1519) ist sie enthalten, vgl. Heller 1930, 325 (1).
Rabbinisches Exemplum Nr. 332 (Begräbnis des Gelehrten und des Steuereintreibers). Born Judas Bd. 2, 1917, 140 ff.: Gerechter und Zöllner, und 187–189: Das Strafgericht über die achtzig Hexen.

Askalon, das heutige Achkelon zwischen Jaffa und Gazastreifen, war ein bemerkenswerter Ort in Kanaan. Er lag an der ägypt. Grenze, zählte zu den fünf Philisterstädten, gehörte religionsgesetzlich zu Erez Israel, wurde jedoch hinsichtlich bestimmter Scheidebrief-Vorschriften zum Ausland gerechnet.

Erzählmotiv: Ein Frommer wird unwürdig, ein Sünder (Zöllner) dagegen ehrenvoll beerdigt; jener sühnt damit das einzige Vergehen seines Lebens, dieser findet Lohn für sein einziges Verdienst. – Parallelen zu Luk 16,19 wies Greßmanns Abhandlung ›Vom reichen Mann und armen Lazarus‹ (1918) nach, Schwarzbaum beschrieb die Quellen zum Legendentypus AaTh 759 »Gottes Gerechtigkeit obsiegt« (›Jewish and Moslem Versions of Some Theodicy Legends‹, in: ›Fabula‹, 3. Jg. 1959, 119–169). Der JT handelt zunächst von zwei Schülern in Askalon, von denen einer stirbt, ohne daß man ihm »Frommes tut«, sodann vom Steuereintreiber Bar-Ma'yan, bei dessen Tod die ganze Stadt herbeiläuft, um ihm Frommes zu tun. Der tote Schüler hatte dadurch Schuld auf sich geladen, daß er einmal die Gebetsriemen verkehrt herum angelegt hatte: erst den Kopfgebetsriemen und dann den Armgebetsriemen.
Die Sünde des Rabbi Simeon ben Schetach – für den in der Hölle der Platz an der Türangel, die durchs Ohr geht, reserviert war – geht darauf zurück, daß er gelobt hatte: »Wenn ich zum Fürsten gemacht werde, töte ich alle Zauberinnen.« Er stieg zum Fürsten auf und tötete sie dennoch nicht. – Nach anderer Lesart wird dem Schüler aufgetragen: »Da gibt es achtzig Frauen in einer Höhle bei Askalon, die die Welt vernichten. Geh und sag es ihm.« Worauf Rabbi Simeon ben Schetach achtzig junge Männer mobilisiert, sie einkleidet mit »reinen Gewändern« und »neuen Helmen« und mit ihnen ein doppeltes Pfeifsignal verabredet. Die Hexen bzw. Zauberinnen gewinnt er mit dem Hinweis, auf jede käme einer der Jünglinge, »die werden sich erfreuen und euch erfreuen«. – Als ihr Zauber unwirksam wird, läßt er für jede einzeln ein Kreuz bringen und sie aufhängen.
In seiner Sammlung übernatürlicher Geschichten, ›Lilith's Cave‹ (1987), bringt Howard Schwartz als Nr. 8 »Das Haus der Hexen« – eine Variante aus dem ›Sefer Ma'asse Nissimu‹, Amsterdam 1696 – und merkt dazu an: »Diese mündlich überlieferte Geschichte sollte wohl in den Legendenkranz um Rabbi Isaak Luria, genannt Ari, und dessen Schüler Chajim Vital eingebaut werden; zugleich erzählt sie die berühmte talmudische Geschichte um ›Die Hexen von Askalon‹ nach. Dort wurden die Hexen von Rabbi Simeon ben Schetach überlistet, hier hat Chajim Vital diese Rolle übernommen.«

Hochmut kommt vor dem Fall

Die Geschichte geschah an einem, der hieß Issachar isch (aus) Barkai. Er war ein Hohepriester (*káuhen-gódaul*) und hielt sich selber sehr in Ehren (*kówed*), doch die Opfer (*korbóneß*) hielt er nicht sehr in Ehren. Denn wenn er die Opfer auf dem Altar (*misbéjach*) darbrachte, dann wickelte er sich jedesmal ein seidenes Tuch um die Hände, daß er sich nicht mit dem Blut (*dam*) beschmiere und sich nicht besilbere (verseuche) mit dem Fleisch. Wie ging es ihm aber aus? Das will ich euch hier aufschreiben.

Es war einmal zu einer Zeit, da saßen König Jannai und die Königin beieinander. Da sprach der König: »Ein junges Zicklein ist besser zu essen als ein junges Lämmchen.« Da sprach die Königin: »Nein, ich sage, ein junges Lämmchen ist besser zu essen als ein junges Zicklein.« Da sprachen sie: »Zu wem wollen wir nun gehen, der uns das wird sagen können?« Da sagten sie: »Wir wollen Issachar den Hohepriester fragen, denn er weiß es gewiß, weil er mit Opfern umgeht.« Da schickten sie nach ihm, da kam er zu ihnen und sie fragten ihn, was besser sei. Da sprach er zu ihnen: »Wäre ein Zicklein besser als ein Lämmlein, so sollte man ein junges Zicklein als ständiges Opfer (*korbn tómed*) bringen.« Und wie er ihnen das sagte, da fuchtelte er mit seinen Händen, als wenn er den König verspottete und geringachtete.

Da sagte der König: »Dieweil er meiner spottet und mit seinen Händen fuchtelt, so soll man ihm seine rechte Hand abschneiden.« Da gab Issachar viel Bestechungsgeld (*grojß scháuchad*) aus, damit man ihm seine linke Hand abschnitt. Da bemerkte es der König, daß man ihm die linke Hand abgeschnitten hatte, und er gebot, man solle ihm auch die rechte Hand abhacken. Das geschah auch sogleich. Somit kam er um beide Hände.

Darauf sprach Rabbi Josef: »Gelobt sei Gott, daß er die Schuld dem Issachar, jenem Mann aus Barkai, auf dieser Welt vergolten hat.« Dazu sagt die Gemara (*gemóre*, steht für Talmud), es war nicht so, wie der Issachar gesagt hat, daß ein junges Lämmchen besser ist als ein junges Zicklein, sondern beide sind gleich gut. Deshalb soll kein Mensch hochmütig sein, wenn er eine hohe Position (*gedule*) innehat, denn der Heilige, gepriesen sei Er, hat es in seiner Hand, er kann einem geben und er kann ihm wieder nehmen. Deshalb soll man dabei demütig und nicht hochmütig sein, so wie es der Issachar aus Barkai gewesen ist. [89]

Quelle: Traktat Pesachim 57 a-b, aus dem Babylonischen Talmud.
Übers.: Goldschmidt BT Bd. 2 (1930), 482. – MB: Pappenheim 1929, Nr. 91.

Hohepriester war in Israel die höchste erbliche Priesterwürde; nach der Tradition sind Aaron – der das »Gelobte Land« niemals sah – und sein Sohn Eleasar die ersten Hohepriester gewesen. In der theokratischen Periode, als Israel persische und hellenistische Provinz war, standen Hohepriester an der Spitze des Staates. Mit den kultischen Aufgaben – Gottesbefragungen, richterliche und rituelle Entscheidungen, Begleitung der Bundeslade – entwickelte sich das Recht der Hohepriester, als einzige im Tempel Opfer darzubringen. Das Amt erlosch 70 n. Z.
Zu Priesterkodex und Tieropfer Lev 23,12: »Am Tag, da ihr das Garbenopfer schwingt,/macht ein heiles Lamm, einen Jährling, zur Darhöhung IHM«. Ebd., 19: »Einen Ziegenbock sollt ihr zur Entsündung machen/und zwei Lämmer, Jährlinge, zur Friedmahlschlachtung.«
Das Lamm war schon im Alten Bund das beliebteste Opfertier, sein Blut sowohl Sühnemittel als auch »Kennzeichen der Gläubigen, die sich beim Passamahl zu einer sakramentalen Gemeinschaft zusammenschlossen« (Manfred Lurker, ›Wörterbuch biblischer Bilder und Symbole‹, 1973).
Der Herr, der einem geben und auch wieder nehmen kann, ist eine Anspielung auf Ijob 1,21.

Abba Chilkija

Die Geschichte geschah an Abba Chilkija (»der Versteckte«), einem Enkel von Choni ha-Meaggel.

Es war zu einer Zeit, da hätte Israel (*jißróel*) gerne gehabt, daß es regnen würde. So schickten die Rabbinen (*rabónim*) zu dem Abba Chilkija, er solle doch darum beten (*tfíle ton*), daß es regnen möge. Als nun die zwei Rabbinen zu ihm in sein Haus kamen, da war er nicht daheim. So gingen sie auf das Feld und suchten ihn. Da fanden sie ihn dort in einem Weingarten, wie er Unkraut herausriß, damit es nimmermehr wachse. Da sprachen sie zu ihm: »Der Heilige, gepriesen sei Er, sei mit Euch.« Da wandte er ihnen nicht sein Gesicht (*pónem*) zu.

Als es nun Abend wurde, ging er wieder heim, und die zwei Rabbinen folgten ihm. Da trug er auf einer Achsel (Schulter) das Holz und die Schaufel, mit denen er gearbeitet hatte, und seinen Mantel auf der anderen Achsel, und den ganzen Weg über zog er seine Schuhe nicht an. Doch als er an einen Fluß (*wáßer*) kam, legte er die Schuhe an. Und wenn er an einen Weg kam, wo viele Dornensträucher standen, hob er seine Kleider hoch, und wenn er auf den weiten Weg kam, hob er die Kleider nicht hoch. Und wie er nun an sein Haus kam, da ging ihm seine Frau, mit Kleidern schön geschmückt, entgegen. Und als er nun in sein Haus gehen wollte, da ließ er seine Frau vorgehen, danach er und danach die zwei Rabbinen.

Und wie er sich nun zu Tisch setzen wollte, da hieß er die zwei Rabbinen nicht mitzuessen. Und schnitt den Kindern Brot und gab dem Ältesten ein Stück und dem jüngsten Sohn zwei Stück. Und danach sprach er heimlich zu seiner Frau: »Ich weiß genau, weswegen die zwei Rabbinen gekommen sind, nämlich daß ich den Heiligen, gepriesen sei Er, um Regen bitten soll. Komm, laß uns auf den Boden gehen, dort wollen wir Gott, den gelobten, um Regen bitten; vielleicht wird er uns die Bitte gewähren und wird es regnen lassen, und wir werden danach sagen, der Regen kommt nicht unseretwegen.«

Also gingen sie beide miteinander hinauf auf den Boden, und Abba Chilkija stellte sich in eine Ecke und die Frau in eine andere Ecke, und hoben an zu beten. Und als sie nun so beteten, da kam eine Regenwolke von ihrer Seite her und ließ es regnen. Danach gingen sie beide wieder herab und ließen sich nicht anmerken, daß sie um Regen gebetet hatten.

Da sprach der Abba Chilkija zu den zwei Rabbinen: »Was ist euer Begehr, daß ihr hierhergekommen seid?« Da antworteten die zwei Rabbinen: »Unsere Weisen (*chachómim*) haben uns zu Euch geschickt, Ihr mögt den Heiligen, gepriesen sei Er, bitten, daß er es doch regnen lassen sollte, es ist sehr vonnöten.« Da entgegnete Abba Chalkija: »Gelobt sei Gott, daß ihr meiner Gebete nicht bedürft, denn es regnet schon so.« Sprachen sie wieder: »Wir können uns gut denken, daß der Regen euretwegen gekommen ist. Nur bitten wir dich, du mögest uns doch sagen, weshalb du dich so sonderbar verhältst, so auf dem Weg hierher, was uns sehr verwundert hat.« Da sprach er: »Ich will es euch sagen.«

Da sagten sie zu ihm: »Als wir dich das erste Mal angeredet haben, warum hast du uns dein Gesicht nicht zugekehrt?« Da entgegnete er: »Ich habe an jenem Tag als Tagelöhner gearbeitet und habe mich nicht damit aufhalten können, mit euch zu reden.« – Da sagten sie wieder zu ihm: »Warum hast du Holz und Schaufel auf einer Achsel getragen, und den Mantel auf der anderen? Du hättest doch alles auf einer Achsel tragen können.« Da gab er zur Antwort: »Den Mantel habe ich geliehen gehabt, und er ist mir geliehen worden, daß ich ihn anziehe, aber nicht, damit ich etwas auf dem Mantel tragen soll.« – Da sprachen sie wieder zu ihm: »Warum hast du den ganzen Weg deine Schuhe in der Hand getragen, und sobald du an ein Gewässer kamst, hast du die Schuhe angezogen?« Da entgegnete er: »Den ganzen Weg über habe ich sehen können, daß ich in nichts trete, aber im Wasser kann ich nicht sehen, ob ich in etwas trete. Darum habe ich meine Schuhe im Wasser angelegt.« – Da sagten sie wieder: »Warum hast du den ganzen Weg über deine Kleider hängen lassen, und wenn du an Dornen herankamst, hast du sie gehoben; du solltest sie billigerweise an Dornen hängen lassen, damit dich die Dornen nicht stechen sollten.« Da sagte er: »Der Körper kann wieder geheilt werden, aber die Kleider, die können nicht wieder geheilt werden.« – Da fragten sie ihn erneut: »Warum ist dir deine Frau so hübsch geschmückt entgegen gegangen?« Da entgegnete er: »Deshalb, damit ich nicht auf andere Frauen Lust bekomme.« – Da sagten sie wieder: »Warum hast du sie vorgelassen, in dein Haus zu gehen, und danach du und danach wir?« Da gab er zurück: »Deshalb, weil ich nicht wußte, ob ich euch in der Sache trauen kann, denn man soll keinen für fromm halten, von dem man nicht weiß, daß er fromm ist.« – Da sprachen sie aufs neue: »Warum hast du uns nicht eingeladen mitzuessen, als du gegessen hast?« Da gab er zurück: »Ich will es euch sagen, ich habe gesehen, daß nicht viel Brot da war, und alle miteinander hätten wir nicht genug gehabt. Also wollte ich nicht mit meinem Mund reden und mit dem Herzen nicht dabei sein, denn das eben ist eine große Sünde (*awéjre*), wenn einer was redet, und das Herz ist nicht dabei.« – Da sagten sie wieder: »Lieber, sag uns doch, warum hast du deinem großen Sohn ein Stück Brot gegeben und deinem kleinen Sohn zwei Stück Brot?« Da sagte er: »Ich will es euch sagen, der kleine Sohn ist den Tag über in der Lehrstube (*chéjder*) bei seinem Rabbi und kommt den ganzen Tag nicht heim; deshalb gab ich ihm zwei Stücke Brot. Aber mein ältester Sohn, der ist den ganzen Tag daheim und ißt, wann immer er will; deshalb gab ich ihm ein Stück Brot.«

Da fragten sie wieder: »Lieber, sag uns, warum stiegen die (Regen-)Wolken zuerst auf der Seite auf, wo deine Frau stand?« Da antwortete er: »Darum, daß meine Frau stets zu Hause ist und den armen Leuten Brot zu essen gibt, das ist für sie besser als Geld; denn wenn ich ihnen Geld gebe, so müssen sie erst Brot kaufen. Ich will euch noch einen anderen Grund (*tam*) nennen, denn wir haben böse Nachbarn (*schechéjnim*), die große Schalke (voller Bosheiten) sind. Und ihretwegen bete ich, daß der Heilige, gepriesen sei Er, sie sterben läßt. Aber meine Frau betet, daß sie Buße (*tschúwe*) tun und von ihren bösen Werken ablassen mögen.« [90]

Quelle: Traktat Taanit 23 a, aus dem Babylonischen Talmud.
Übers.: Goldschmidt BT Bd. 3 (1930), 716 f.; Jason 1976, Nr. 19/II. – MB: Grünbaum 1882 457 f. (gekürzt, mit Hinweis auf Übernahme durch Wagenseil 1699); Pappenheim 1929, Nr. 92.

Der talmudische Text schließt an die Berichte über Choni ha-Meaggel, den Kreiszeichner und Regenbeschwörer, an (siehe Anm. Text 52). Das Gebet um Regen hinsichtlich Saat und Ernte oder angesichts lang anhaltender Dürre, das sich hier mit dem Legendentypus »Der König und der Bauernjunge« (AaTh 921) verbindet, war in jenen Breiten eine feste Einrichtung, ging es doch dabei ums Überleben.
»Erklärung sonderbaren Verhaltens« ist ein beliebtes religiöses Erzählmotiv: Das Verhalten bleibt den Adepten oder Nichtwissenden rätselhaft und verlangt dem »Meister« schließlich eine Erklärung ab; diese belegt seine Weisheit.
Der Wundertäter Abba Chilkija, väterlicherseits ein Enkel des Choni ha-Meaggel und wie dieser »gottergeben und wundertätig«, wirkte in Palästina in der zweiten Hälfte des 1. Jh.s v. Z.: ein schwergeprüfter Mann, Vorbild für treue Pflichterfüllung (siehe EJ Bd. 1, 1928, Sp. 144).

Die Bescheidenheit des Chanan ha-Nechba

Die Geschichte geschah. Einer hieß Chanan ha-Nechba, das ist auf deutsch »der sich verbarg«, der war ein Sohn der Tochter von Choni ha-Meaggel. Und wenn sie in Israel (*jißróel*) Regen nötig hatten, dann schickten die Rabbinen (*rabónim*) junge Kinder zu des Rabbis Haus, damit sie ihn bitten sollten, daß er um Regen beten (*tfile ton*) möge.

Und als nun die Kinder zu ihm kamen, da faßten sie ihn an seinen Mantel und sagten zu ihm: »Vater, Vater, gib uns Regen.« Da legte Chanan Gebetsriemen (*tfilin*) an und sprach: »Herr der Welt, gib doch Regen um der kleinen Kinder willen, denn sie können nicht unterscheiden zwischen einem Vater, der ihnen Regen gibt, und einem Vater, der ihnen keinen Regen gibt. Denn sie meinen, ach je (*nébech*), daß ich ihnen den Regen gebe.«

Weil er sich in der Synagoge (*beß-haknéßeß*) zu verbergen pflegte, deshalb wurde er »der Versteckte« genannt. Darauf gibt man viele Erklärungen (*pschátim*). Eine Erklärung (*pschat*) ist, er war sehr arm (*óni*). Wenn er betete, dann verbarg er sich, doch nicht in einem Gotteshaus. Aber einige sagen, wenn er einem Armen etwas gab, dann wollte er sich nicht sehen lassen, damit er den Armen nicht beschäme. Denn es ist nicht recht, einen Armen zu beschämen, wie ich im folgenden beschreiben werde. [91]

Quelle: Traktat Taanit 23 b, aus dem Babylonischen Talmud.
Übers.: Goldschmidt BT Bd. 3 (1930), 717. – MB: Pappenheim 1929, Nr. 93.

Der Talmudtext schließt so: »Weshalb hieß er Chanan der Versteckte? – Weil er sich in den Abort zu verstecken pflegte.« – Nach Raschi (so heißt es in der Fußnote dazu) sind die Worte »in den Abort« zu streichen.
Wie sein Großvater Choni war Chanan, der um 100 v. Z. lebte, einer der in Israel so gesuchten »Regenmacher« (vgl. Texte 52, 53). Mitunter ging es auch, so der Talmud, um ein kollektives Ritual: »Die Frommen in Babylon, Rabbi Huna und Rabbi Chisda, sagten, wenn man Regen brauchte: ›Wir wollen uns versammeln und um Regen flehen, vielleicht ist der Heilige, gepriesen sei Er, gnädig, daß Regen kommt‹« (Taanit 23 b, im Anschluß an diesen Text).

Die Rücksichtnahme des Mar Ukba

Die Geschichte geschah an einem, der hieß Mar Ukba. Nahe bei dem Mar Ukba lebte ein recht armer Mann (*óni*). Da pflegte der Mar Ukba jeden Tag, ehe er in das Lehrhaus (*beß-médresch*) lernen ging, dem Armen vier Schilling in die Türangel zu legen, und wenn der Arme nun aus dem Haus gehen wollte, dann fand er jedesmal die vier Schilling vor.

Eines Tages dachte der Arme: »Wer mag der wohl sein, der mir jeden Tag die vier Schillinge dorthin legt? Ich will doch einmal sehen, wer dies tut.«

Und an eben dem Tag, als der Arme das sehen wollte, war der Mar Ukba recht spät in das Lehrhaus gegangen. Und als er ans Haus des Armen kam und sein Geld dorthin legen wollte, wie es seine Gewohnheit (*ßéjder*) war, kam diesmal seine Frau mit. Da eben kam der Arme dahergekrochen und wollte doch sehen, wer das war, der ihm, zusammen mit seiner Frau, das Geld verstohlen dorthin legte, so daß der Arme sie nicht sehen und sich seiner schämen sollte. Und damit der Arme sie nicht sähe, liefen sie alle beide und verbargen sich in einem erhitzten Backofen. Und wie sie nun beide in dem Backofen waren, da sprach Mar Ukba zu seiner Frau: »Ach, wie sind meine Knie so heiß.« Da sprach sie zu ihm: »Leg deine Knie zwischen meine Knie, denn die meinen sind kalt.«

Da wurde der Mar Ukba sehr zornig, daß seine Knie heißer sein sollten als die seiner Frau. Da sagte sie zu ihm: »Mein lieber Mann, das ist kein Wunder. Und warum? Ich will es dir sagen: Obwohl du viel Almosen (*zdóke*) gibst und den Armen lauter Geld, so haben sie doch viel Müh und Arbeit, ehe sie dafür Brot oder Fleisch bekommen. Doch ich bin den ganzen Tag im Haus und gebe den Armen Brot und Fleisch und Salz dazu. Das ist ihnen viel lieber als Geld, weil sie danach nicht noch um Speisen laufen müssen.«

Da fragt die Gemara (*gemóre*, steht für Talmud): Weshalb begaben sie sich in eine so große Gefahr (*ßakóne*), daß sie sich in einem heißen Backofen verbargen? Dazu sagt wiederum Rabbi Jochanan: »Sie taten es darum, daß sie den Armen nicht beschämen wollten, denn es ist für den Menschen besser, sich in einen heißen Kalkofen werfen zu lassen, als seinen Nächsten (*cháwer*) öffentlich zu beschämen und sein Gesicht (*pónem*) darüber erröten müßte. Und das lernen wir von Tamar, von der geschrieben steht: Sie zog es vor, sich ausziehen und verbrennen zu lassen, ehe sie zugeben wollte, wer da bei ihr gelegen hatte. [92]

Quelle: Traktat Ketubbot 67 b, aus dem Babylonischen Talmud.
Übers.: Goldschmidt BT Bd. 5 (1931), 214 f.; Stemberger 1982, 179 f. – MB: Pappenheim 1929, Nr. 94.

Dieser Text wie auch der folgende entstammt dem Abschnitt über die Wohltätigkeit der Rabbinen. – Rabbinisches Exemplum Nr. 228 (Mar Ukbas heimliche Wohltätigkeit).

Die »vier Schillinge« sind dem Talmud nach »vier Zuz«, was einem Tagesverdienst entsprach (vgl. folgenden Text). Angedeutet ist eine Art »Feuerprobe«: Da der Mann nur Geld spendet und sein »Liebeswerk«, anders als seine Frau, nicht direkt tut, »verbrennt er sich im Ofen die Füße«.
Die Geschichte der Tamar, die Jehuda, ihren Schwiegervater, nicht beschämen wollte, findet sich in Gen 38,24–26.
Mar: aramäisch »Herr«. Laut JL Bd. 4/2, 1930) ist Mar Ukba der Name mehrerer Exilarchen in Babylon; der erste lebte um 250 n. Z., ein zweiter um 320 n. Z.

Die Grosszügigkeit des Mar Ukba

Die Geschichte geschah. Mar Ukba hatte in seiner Nachbarschaft einen Armen. Dem schickt er jedesmal an Jom Kippur (*jom-kipur*, Versöhnungstag) vierhundert Gulden. Eines Tages schickt er seinen Sohn zu dem Armen mit vierhundert Gulden. Und wie nun der Sohn wieder heimkam, da sprach er: »Lieber Vater, der Arme bedarf deines Geldes nicht, denn als ich in seinem Haus gewesen bin, da habe ich gesehen, daß er nichts anderes trinkt als lauter guten alten Wein.«

Da sprach der Fromme (*chóßid*): »So höre ich wohl, mein lieber Sohn, daß der Arme ein sehr verwöhnter Mann (*mefúnek*) ist, da sehe ich wohl, daß er viel mehr haben muß als zuvor«, und schickt ihm viel mehr, als er ihm zuerst geschickt hat.

Als nun der Fromme sterben sollte, so sprach er zu seinen Kindern: »Bringt mir meinen Zdokezettel (Verzeichnis der gespendeten Almosen) her.« Da fand man aufgeschrieben, daß er für Almosen (*zdóke*) siebentausend Gulden ausgegeben hatte. Da sprach der Fromme: »Welch einen weiten

Weg hab ich zu wandern, und hab mir so wenig Wegzehrung mitgenommen.« Er meinte damit, er hat noch nicht genug Almosen gegeben. Da ging er hin und vermachte noch seinen halben Mammon als Almosen. Danach sprach er: »Nun habe ich genug zur Wegzehrung mit.« [93]

Quelle: Traktat Ketubbot 67 b, aus dem Babylonischen Talmud.
Übers.: Goldschmidt BT Bd. 5 (1931), 215; Stemberger 1982, 180. – MB: Grünbaum 1882, 401; Pappenheim 1929, Nr. 95; Strauß 1934, Nr. 15.

Rabbinisches Exemplum Nr. 229 (Mar Ukbas Freigebigkeit).

Stemberger ergänzt wie folgt: »Da sagte er: Die Versorgung ist dürftig, und der Weg ist weit./Er stand auf und gab die Hälfte seines Vermögens her./Wie konnte er denn so handeln? Es hat doch Rabbi Ilai gesagt:/In Uscha haben sie festgestellt, wer spendet, spende nicht mehr als ein Fünftel./Diese Worte gelten nur zu Lebzeiten, damit einer nicht verarme./Aber nach dem Tod kümmern wir uns nicht mehr darum.«

Nachum isch Gamsu

Die Geschichte geschah. Einer hieß Nachum isch Gamsu, der war auf beiden Augen blind, und seine zwei Arme waren ihm abgeschnitten, und seine zwei Beine waren ihm lahm, und sein Körper war voller Geschwüre, und er lag in einem baufälligen Haus, das beinahe einfallen wollte. Und was die Stollen (Stützen) seines Bettes anging, so standen etliche in Wasserbecken, aus dem Grund, daß die Ameisen nicht in sein Bett kommen könnten, denn sie hätten ihn sonst heftig gebissen, und er hätte sich gegen sie nicht wehren können.

Einmal wollten ihn seine Schüler (*talmídim*) mit seinem Bett heraustragen, und danach wollten sie auch die Geräte (*kéjlim*), die im Haus waren, heraustragen, denn sie befürchteten, das Haus werde einfallen. Da sprach der Nachum: »Liebe Kinder, räumt die Geräte vorher heraus und dann tragt mich heraus, denn seid versichert, solange ich hier drin bin, fällt das Haus nicht ein.« Da gingen sie hin und räumten die Geräte aus, und wie sie nun alle Dinge draußen hatten, trugen sie ihn mitsamt seinem Bett auch heraus. Sobald sie ihn mit seinem Bett herausgetragen hatten, so stürzte das Haus ein.

Da fragten ihn die Schüler: »Lieber Rabbi, weil Ihr doch so fromm seid, warum geschah Euch denn so großes Leid, daß Ihr so ein armer Mann wurdet?« Da erwiderte Nachum: »Liebe Kinder, das habe ich mir selber so gewünscht, und ich will Euch erzählen, wie das zuging. Einst wollte ich zu meinem Schwiegervater reisen und hatte bei mir drei gutbeladene Esel, ein Esel mit gutem Essen, der zweite mit guten Getränken, der dritte mit allerlei gutem süßem Obst. Da begegnete mir auf dem Weg ein armer Mann (*óni*) und sprach zu mir: ›Lieber Rabbi, nähre mich.‹ Da sprach ich zu ihm: ›Lieber Mann, warte noch eine kleine Weile, ich will es abladen.‹ Da fing ich an abzuladen, aber noch ehe ich damit fertig war, da starb der arme Mann auf dem Weg. Da ging ich hin und fiel auf ihn und sprach: ›Die Augen, die sich deiner Augen nicht erbarmt haben, mögen blind werden; und die Hände, die sich nicht deiner Hände erbarmt haben, mögen abgehackt werden; und die Füße, die sich nicht deiner Füße erbarmt haben, mögen lahm werden.‹ Das war mir nicht genug Schlimmes (*bejs*), und ich sagte, mein Körper möge voller Geschwüre werden.« Da sprachen seine Schüler: »Weh uns, lieber Rabbi, daß wir dich so sehen.« Da sprach er zu ihnen: »Weh mir, wenn ihr mich nicht so sehen solltet. Denn damit erhoffe ich, daß der Heilige, gepriesen sei Er, mir die Sünden (*awéjreß*) verzeiht (*máuchel sajn*), dieweil ich auf der Welt so viel Schmerzen (*jißúrim*) erleide.«

Und darum heißt er Nachum isch Gamsu, weil er zu allem, was ihm geschah, ob es böse war oder gut, stets zu sagen pflegte: *gam-su-letáuwo*, das heißt auf deutsch: Der Heilige, gepriesen sei Er, hat es zum Guten getan.

Einst wollten die Israeliten (*jißróel*) dem Kaiser ein Geschenk (*matóne*) machen, und so berieten sie miteinander, wen sie zum Kaiser schicken sollten. Dann wurde beschlossen, daß man Nachum isch Gamsu mit dem Geschenk schicken sollte, denn auf dem Weg pflegten ihm stets Wunder (*níßim*) zu geschehen. Da schickten sie durch ihn ein Kistchen voll mit Edelsteinen und Perlen, das sollte er im Namen aller Juden (*jehúdim*) dem Kaiser schenken. So zog der Nachum isch Gamsu seiner Straße. Des Nachts kam er zu einer Herberge, da saßen viele Schalke (Halunken) drinnen. Die standen bei Nacht auf und stahlen alles, was in dem Kistchen war, und füllten das Kistchen voll mit Erde, daß er es nicht merken sollte. Wie nun der Nachum morgens früh aufstand und nach seinem Kistchen sehen wollte, da sah er, daß man ihm all die Edelsteine und Perlen gestohlen (*genúmen*) hatte. Da sprach er: »*gam-su-letáuwo*« (»Auch dies ist zum Guten«) und ging unerschrocken weiter seines Weges und kam so vor den Kaiser und gab ihm das Kistchen und sagte: »Das haben dir die Juden geschenkt, mit dem magst du vorliebnehmen«, denn er wüßte wohl, daß sie arme Leute wären. Der Kaiser nahm das Kistchen und machte es auf, um zu sehen, wie sich die Juden zu ihm verhielten. Wie er nun das Kistchen geöffnet hatte, da sah er, daß es mit lauter Erde gefüllt war. Da sprach der Kaiser: »Sieh, die Juden machen sich über mich lustig, sie schicken mir lauter Erde. Ich will sie alle töten lassen.«

Da kam der Prophet Elia (*Elijóhu ha-nówi*); er machte sich einem der kaiserlichen Räte (*jáuezim*) gleich und sagte: »Herr Kaiser, vergießt kein unschuldig Blut. Vielleicht ist dies von der Erde, die ihre Vorfahren gebraucht haben, gleich dem, was wir bei Abraham unserem Vater vorfinden. Wenn dieser die Erde gebrauchte, so wurde sie, wohin er sie warf, zu Schwertern, und mit denen bezwang er seine Feinde. Und wenn er sie auf seinen Feind warf, da wurden lauter Pfeile daraus, gleich wie geschrieben steht: ›Er gibt seine Erde als Schwerter und als Stroh seinen Bogen.‹ Nun, vielleicht ist das auch von eben dieser Erde, mit der einer seine Feinde bezwingen kann.«

Als das der Kaiser hörte, dachte er sich: »Ich habe eine Provinz (*medíne*), die von mir abgefallen ist, und mit der Erde will ich es probieren, ob ich sie damit bezwingen kann.« So zog er vor diese Stadt und warf etwas von der Erde in die Stadt hinein. Da wurde die Erde zu lauter Schwertern, und er bezwang die Stadt. Und er nahm die Erde, die noch übrig war, legte sie in die Schatzkammer (*auzárnje*) und gebot, man solle dem Nachum das Kistchen mit lauter Edelsteinen wieder füllen. Das geschah sogleich, und so wurde er wieder heimgeschickt mit Ehren und Würden.

Da kam er wieder in die Herberge, in der sie ihm sein

Kistchen ausgeleert hatten. Da sprachen dieselben Schalke wieder zu ihm: »Lieber, was brachtest du denn hin, daß man dich mit so viel Ehren heimziehen läßt?« Da sprach der Nachum: »Was ich von hier mitführte, das schenkte ich dem Kaiser, und das brachte mir so viel Ehre (*kówed*) ein.«

Da gingen dieselben Schalke hin und nahmen auch von derselben Erde und brachten es dem Kaiser. Wie sie nun zum Kaiser kamen, da sagten sie: »Herr Kaiser, wir bringen dir auch diese Erde, die dir der Jude gebracht hat; er hat sie uns weggenommen.« Da nahm der Kaiser die Erde, und man untersuchte sie und fand, daß die Erde jeder anderen Erde glich. Da ließ der Kaiser sie alle töten, den Juden aber ging es gut aus. Viel besser noch soll es uns ergehen. Amen (*oméjn*). [94]

Quelle: Traktat Taanit 21 a, aus dem Babylonischen Talmud.
Übers.: Goldschmidt BT Bd. 3 (1930), 705–707; Jason 1976, Nr. 18/I und 18/II. – MB: Pappenheim 1929, Nr. 96.

Rabbinische Exempla Nr. 25 (Nachum isch Gamsu und der wundersame Erdenstaub) und Nr. 102 (Strafe für verspätete Nächstenliebe). Born Judas Bd. 2, 1917, 48–50: Der Herr ist mit seinen Boten.
Der Talmud spricht nicht von »süßem Obst« als der Ladung des dritten Esels, sondern von »verschiedenartigen Köstlichkeiten« (unter denen sich das MB wohl nichts vorstellen konnte). Abgesehen von der Dreierzahl, ist auch das Kistchen märchenbezogen (Typus »Zwei Geschenke für den König«, AaTh 1689A). Ein anderer bedeutsamer Kasten, das Erbe für drei Söhne, findet sich in Text 223.
Bibelvers: »Er gibt seine Erde als Schwerter . . .«, Jes 41,2: »gibt jedwedes Schwert wie Staub hin,/jedwedes Bogenstrang, wie verwehtes Stroh?«
Nachums Beiname »Auch dies ist zum Guten« ist, als Ausdruck talmudischer Weisheit, zum geflügelten Wort geworden. Der Held war Tannaite (Gesetzeslehrer) und lebte im 2. Jh. n. Z. Was das Beiwort »isch Gamsu« betrifft, sonst üblich auf die Herkunft »aus Gamsu« bezogen, so wurde erwogen, ob Nachum nicht aus der Stadt Gimso im südwestl. Judäa stammte (siehe JL Bd. 4/1, 1930, Sp. 376 f.).

Die Geschichte von Onkelos, der sich zum Judentum bekehrte

Die Geschichte geschah an einem, der hieß Onkelos ha-Ger (der Fremde), der war der Schwestersohn von Kaiser Hadrian. Auf ihn ist der Schriftvers (*póßek*) gemünzt: ›Sein Wort sagte er Jakob an, sein Gesetz und seine Verordnungen der Tora an Israel (*jißróel*). Er tut dies an keinem Volk sonst.‹ Wie meint das der Schriftvers? Ich will euch Bescheid tun.

Der Onkelos hatte im Sinn gehabt, er wolle sich bekehren (*megájer sajn*) und Tora lernen, aber er fürchtete sich vor seinem Onkel, dem Kaiser. Da ging er zum Kaiser und sprach zu ihm: »Mein lieber Onkel, ich will dir nur sagen, ich habe vor, hinauszuziehen und mit Ware (*ßcháure*) zu handeln, und will auch sonst ein Handwerk lernen, um so die Welt zu besehen und herauszufinden, womit die Leute das Ihrige verdienen (*gewínen*). Zu Hause bin ich nur wie ein heimgezogenes Kalb (Hauskälbchen), das nichts von der Welt weiß.« Da sprach der Kaiser: »Was hast du denn vor? Willst du ein Kaufmann werden und Gewinne machen? Dann bleib lieber hier, ich will dir alle meine Schätze (*áuzraus*) geben, und du wirst Geld genug haben, auch ohne gewandert zu sein.« Da entgegnete er: »Lieber Onkel, ich will mit Waren handeln und bitte dich nur um Rat (*éjze*), wie ich Handel treiben soll, was ich kaufen oder nicht kaufen soll.« Da sprach der Kaiser: »Nun, weil du unbedingt ausziehen und mit Ware handeln willst, so schau auf all die Waren, die recht schofel (*schofl*, schlecht, wertlos) sind und die niemand kaufen will. Eben diese Ware kaufst du, denn die Zeit kommt, in der diese Ware am Ende recht teuer wird, daran kannst du am allermeisten gewinnen.«

Da zog er hinaus und zog ins Land Israel (*érez-jißróel*) und lernte Tora. Nicht lange danach sahen ihn Rabbi Elieser und Rabbi Josua. Da sagte einer zum andern: »Sieh, wie recht jämmerlich sieht der Onkelos aus. Er wird gewiß Tora gelernt haben, denn wer die Tora studiert (*lérnt*), der wird blaß und kränklich.« Wie er nun zu den zwei Rabbinen (*rabónim*) kam, da fragte er sie viele Fragen (*káscheß*), und sie beantworteten sie alle, und danach zog er wieder heim zum Kaiser.

Und als der Kaiser ihn ansah, da fragte er ihn: »Lieber, sag mir, warum siehst du so übel aus? Ich nehme an, du hast gewiß viel von deiner Ware verloren, oder es hat dir sonst einer etwas zuleide getan.« Da sprach er: »Nein, wer will mir etwas tun, solange du lebst? Jedermann auf der Welt hat große Furcht vor dir.« Da sprach der Kaiser: »Warum siehst du denn gar so jämmerlich aus?« Da sprach er: »Mein Herr (*adáuni*), ich will dir berichten, warum ich so jämmerlich aussehe. Ich habe die Tora studiert und mehr noch, ich habe mich selber gejüdischt (*gejídischt*, beschnitten).« Da sprach der Kaiser: »Wer hat dir das geheißen?« Da gab der Onkelos zurück: »Mit dir habe ich mich beraten, und du hast mir den Rat dazu gegeben.« Da sprach der Kaiser: »Wann habe ich dir dazu meinen Rat gegeben?« Da antwortete er: »Als ich zu dir sagte, ich wollte ausziehen und mit Ware handeln, da hast du deinen Rat dazu gegeben, welche Ware am schofelsten sei, eben diese Ware solle ich kaufen, denn es werde eine Zeit kommen, daß sie teuer (*jóker*) werden wird, und da werde ich am allermeisten daran gewinnen. Da bin ich durch die ganze Welt gezogen und habe kein Volk auf Erden gesehen, das man schofler hielt als das Volk Israel. Und eben jenes Volk wird hintennach geachtet (*chóschew*) sein, wie wir bei Jesaja finden: ›Hört, ihr Kinder Israel, die ihr zu den Verachteten, zu den Unwürdigen aller Völker gehört: Zuletzt werden sie kom-

men, die Könige und Herren, und werden sich vor ihm verneigen.‹ Deshalb habe ich diese Ware gekauft, weil ihr Wert jetzt so niedrig ist und hintennach so hoch werden wird. Wie du es mich geheißen hast, so habe ich es befolgt.«

Da sagte der Kaiser wieder: »Aber weshalb hast du dich denn bekehrt und in den Bund Abrahams aufnehmen (d. i. sich beschneiden) lassen?« Da sprach er: »Deshalb, weil ich begehrte, Tora zu lernen.« Da wandte der Kaiser ein: »Du hättest Tora lernen können, ohne dem Bund Abrahams beizutreten.« Da gab er zurück: »Ich will dir ein Beispiel sagen. Man überantwortet keinem ein Schiff, daß er damit fahre, außer er kann den Segelbaum richtig aufstellen, kann ihn wenden und in Windrichtung bringen, wie es sich gehört. So ist es auch in der Welt, es kann keiner Tora lernen, daß die Tora ihm in der Hand verbleibt; er muß sich vorher jüdischen lassen, wie es in der Bibel steht: An wen richtet Gott seine Worte und seine Tora und sein Gesetz? An den, der da gejüdischt ist, so wie es Jakob war; aber er tat es nicht gegenüber anderen Völkern, die nicht gejüdischt sind. Deshalb habe ich mich jüdischen lassen und habe Tora gelernt.« [95]

Quelle: Midrasch Tanchuma, Mischpatim, 5.
Übers.: MB: Pappenheim 1929, Nr. 97.

Laut Gaster 1934 im MB irrtümlich als Nr. 96 geführt. Als Vorlage für den Kompilator des MB nennt er die Sammlung ›En Ja'akob‹, Teil Awoda Zara 11 a, im Kommentar (Venedig 1567).
Rabbinisches Exemplum Nr. 284 (Bekehrung des Onkelos). Born Judas Bd. 2, 1917, 91: Onkelos, der Schwestersohn Titus'.
Dasselbe Motiv und dieselbe Hauptperson finden sich in Text 38, siehe Anm. dort.
Die Metapher vom »heimgezogenen Kalb« findet sich auch eingangs einer Geschichte, die ebenfalls vom Auszug eines jungen Helden in die weite Welt handelt, siehe Text 208.
Bibelverse: »Sein Wort sagte er Jakob an ...«, Ps 147,19–20: »Jaakob sagt seine Worte er an,/Jißrael seine Gesetze und Rechtsgeheiße./Nicht hat er irgendeinem Stamm so getan,/die Rechtsgeheiße, sie blieben unbekannt ihnen.« (Die Schlußsätze beziehen sich darauf).
»Hört, ihr Kinder Israels ...«, Jes 49,7: »So hat ER gesprochen,/der Auslöser Jißraels,/sein Heiliger,/zu dem Seelenverachteten,/zum Abscheu der Stämmewelt,/zum Knecht der Zwingherrn:/Könige werdens sehn, und aufstehn,/Fürsten, und sich niederwerfen,/um SEINER willen, daß er treu ist,/des Heiligen Jißraels, der dich wählte.«

Nakdimon ben Gorion und die zwölf Brunnen mit Wasser

Die Geschichte geschah. Einstmals machte sich ganz Israel (*jißróel*) zur Wallfahrt (*régel*) nach Jerusalem (*jeruscholájim*) auf, wie sie jedes Jahr dreimal pflegten, dort hinaufzuziehen. In ganz Israel gab es kein Wasser zu trinken, denn lange hatte es nicht geregnet.

Nun war da ein reicher Mann in Jerusalem namens Nakdimon ben Gorion, der ging zu einem Hegemon (Statthalter) von Jerusalem und bat ihn, er möge ihm zwölf Brunnen mit Wasser leihen: »Ich bedarf ihrer für das Volk von Israel, das zur Wallfahrt aufgebrochen ist, sie haben kein Wasser zu trinken. Ich will sie dir mit der Zeit wiedererstatten, und wenn ich sie zum festgesetzten Zeitpunkt nicht wiedererstatte, so will ich dir dafür zwölf Zentner Silber geben.«

Da überließ ihm der Hegemon das Wasser. Und wie nun die Zeit herangekommen war, daß Nakdimon ihm das Wasser zurückerstatten sollte und es noch nicht geregnet hatte, da schickte der Hegemon früh am Morgen nach dem Nakdimon: Er solle ihm die Brunnen wiederauffüllen, oder er solle ihm das Geld dafür schicken, wie er es ihm zugesagt hatte. Da entgegnete ihm Nakdimon, es wäre noch nicht Nacht. Da spottete der Hegemon über ihn und sprach: »Das ganze Jahr hat es nicht geregnet, und nun soll es in der kurzen Zeit regnen?« Alsbald ging der Hegemon voller Freude (*ßímche*) in das Badehaus (*beß-hamérchez*), denn für ihn war es gewiß, er hatte das Geld gewonnen. Und während der Hegemon ins Bad gegangen war, währenddessen ging der Nakdimon in das Bethaus (*beß-ha-míkdosch*); er legte seinen Gebetsmantel (*táleß*, Tallit) an und betete (*tfile ton*), indem er sagte: »Herr der Welt (*káunehákel*), es ist Deinem heiligen Namen wohlbekannt, daß ich dies nicht meiner Ehre (*kówed*) wegen tat oder meinem Vater zu Ehren, nur Deiner Ehre wegen, auf daß die Israeliten (*jißróel*) zu trinken haben, derweil sie zur Wallfahrt aufgestiegen sind.«

Sowie er sein Gebet (*tfile*) geendet hatte, da empfing es der Heilige, gepriesen sei Er, und alsbald überzog sich der Himmel mit lauter Wolken, und es fing heftig zu regnen an, so daß alle Brunnen mit Wasser volliefen und noch viel Wasser übrig war.

Als nun der Hegemon aus dem Bad kam, da eben kam der Nakdimon aus dem Bethaus, und sie begegneten einander. Da sprach der Hegemon zu dem Nakdimon: »Du mußt mir noch Geld herausgeben, denn die Brunnen sind voller als sie zuerst waren.« Da sprach der Hegemon zu dem Nakdimon: »Ich weiß recht wohl, daß der Heilige, gepriesen sei Er, den starken Regen hat deinetwegen kommen lassen. Gleichwohl bist du mir mein Geld schuldig, denn die Sonne ist bereits untergegangen. Und obwohl es regnete, so hat es doch erst in meiner Zeit geregnet, denn es ist schon Nacht.«

Da ging der Nakdimon wieder in das Bethaus und legte seinen Gebetsmantel wieder an und tat wieder beten und sagte: »Herr der Welt, lasse wissen, daß Du Freunde auf dieser Welt hast. Und genau so, wie Du bereits für mich ein Wunder (*neß*) getan hast, indem Du es regnen ließest, so tu mir noch ein zweites Mal ein Wunder mit der Sonne und laß die Sonne wieder scheinen.« Alsbald kam ein Wind auf und zerteilte die Wolken, und da fing die Sonne wieder an zu scheinen. Da sagte der Hegemon: »Wäre es nicht so, daß die Sonne wieder geschienen hätte, so hätte ich doch einen Anspruch an dich gehabt, daß du mir das Silber hättest geben müssen.«

Wir haben gelernt, der Mann hieß nicht Nakdimon, sondern eigentlich Buni. Und warum nennt man ihn Nakdimon? Darum, weil die Sonne seinetwegen von Osten (*kédem*) her schien.

Wir haben ebenfalls gelernt: Drei sind es gewesen, derentwegen die Sonne glänzte.

Der eine war Nakdimon; der andere war Josua, noch ehe er die Könige (*melóchim*) erschlagen ließ: da stand die Sonne auch still. Der dritte war unser Lehrer Mose (*Máusche rabejnu*), für den, als er den Amalek erschlagen ließ, ebenfalls die Sonne stillstand. Sie waren die drei Frommen.

Deshalb, liebe Leute, vertraut dem Heiligen, gepriesen sei Er, er verläßt seine Frommen nicht, die sich Seiner versichern und auf Ihn hoffen. [96]

Quelle: Traktat Taanit 19 b-20 a, aus dem Babylonischen Talmud.
Übers.: Goldschmidt BT Bd. 3 (1930), 700 f. – MB: Pappenheim 1929, Nr. 98.

Rabbinisches Exemplum Nr. 85 (Nakdimon ben Gorion und der Regen). Siehe auch die »Regenmacher« Choni ha-Meaggel, Abba Chilkija und Chanan ha-Nechba. Wie Kalba Sabua gilt Nakdimon als einer der drei reichen Männer Jerusalems, welche die Einwohner während der römischen Belagerung verpflegt haben.
Dem Talmud nach bezog sich der Ehrenname »Nakdimon« auf den hebr. Wortsinn »der die Sonne glänzen (nakad) ließ«. – Von Josua, Heerführer Israels vor der Stadt Gibeon, heißt es in Jos 10,13: »Still hielt die Sonne,/der Mond blieb stehn,/bis ein Stamm an seinen Feinden sich rächte.« Weniger deutlich ist der Beleg für Mose, vgl. die Erklärungen zum Talmudtext und Ex 17,12: »Es blieben seine Hände in Treuen, bis die Sonne einging.«
Wallfahrt: die drei sog. Wallfahrtsfeste sind Pessach, Schawuot und Sukkot, vgl. Anm. Text 247.

Rabbi Chanina ben Dossa betet für Rabbi Gamliels Sohn

Die Geschichte geschah. Einst erkrankte der Sohn des Rabbi Gamliel. Da schickte er zwei Talmudschüler (*talmídim*) zu Rabbi Chanina ben Dossa, er möge für seinen Sohn beten (*tfíle ton*), daß er am Leben bleibe. Wie der Rabbi Chanina die beiden sah, lief er flugs hinauf auf den Boden und betete für ihn, daß ihm das Fieber (*hiz*) vergehe. Danach ging er wieder herab und sprach zu den beiden: »Geht wieder heim, es ist schon besser mit ihm geworden. Das Fieber ist ihm vergangen.« Da sagten sie zu ihm: »Wer sagte dir das? Bist du denn ein Prophet (*nówi*)«? Da sagte er: »Nein, ich bin kein Prophet und bin auch keines Propheten Sohn. Nur habe ich das so gelernt von meinem Vater, wenn einer ohne jedes Hindernis betet, so wird sein Gebet erhört. Und mein Beten ist mir glatt über die Zunge gegangen, deshalb ist es mir erhört worden.«

Da schrieben sie die Zeit auf, zu der er gesagt hatte, es wäre nun besser mit ihm. Und wie sie heimkamen, da fragten sie Rabbi Gamliel, wann bei ihm (dem Sohn) das Fieber aufgehört habe, und wiesen ihm das Geschriebene vor. Da schwor Rabbi Gamliel bei der Awoda (*awáudo,* »So wahr ich Gott diene«), genau zu der Zeit hätte bei ihm das Fieber aufgehört und er hätte den Wunsch geäußert, man möge ihm zu trinken geben. [97]

Quelle: Traktat Berakhot 34 b, aus dem Babylonischen Talmud.
Übers.: Goldschmidt BT Bd. 1 (1929), 155 f. – Stemberger 1982, 191 f. – MB: Pappenheim 1929, Nr. 99.

Rabbinisches Exemplum Nr. 167 (Chanina ben Dossa und die Heilung). Der Ausruf Rabbi Gamliels (»Awoda, genau zu der Zeit«) wird im Talmud so formuliert: »Beim Kult, weder habt ihr vermindert noch vermehrt« (ÜB: Goldschmidt), oder auch: »Beim Gottesdienst! Ihr habt die Zeit nicht zu früh und nicht zu spät angegeben« (ÜB: Stemberger). Die Bitte des genesenden Sohnes, ihm zu trinken zu geben, kann übertragen bedeuten, er wolle in die Lehre aufgenommen werden: Wasser steht als Symbol für die Tora, die Offenbarung und die Lehre.

Ein weiteres Mal betet Rabbi Chanina ben Dossa um Genesung

Die Geschichte geschah an dem Rabbi Chanina ben Dossa, als er zu Rabbi Jochanan ben Sakkai gegangen war, um mit ihm Tora zu lernen.

Da eben war der Sohn des Rabbi Jochanan ben Sakkai erkrankt, und der Rabbi Jochanan sprach zu Rabbi Chanina: »Mein Sohn ist sehr krank, darum bete (*tfíle ton*) für ihn, daß er am Leben bleiben kann.« Da tat der Rabbi Chanina seine Kappe zwischen die Knie des Kranken und betete für ihn, so daß er am Leben blieb.

Da sprach Rabbi Jochanan ben Sakkai: »Selbst wenn ich meinen Kopf in die Erde gesteckt hätte, so hätte man sich doch nicht daran gekehrt.«

Da sprach seine Frau zu Rabbi Jochanan: »Ist denn Rabbi Chanina bedeutender (*kestlicher*) als du?« Da erwiderte er ihr: »Ich will es dir sagen, der Rabbi Chanina gleicht dem Knecht gegenüber dem König, der ohne besondere Erlaubnis (*reschúß*) zum König geht. So ist auch Rabbi Chanina vor dem Heiligen, gepriesen sei Er, er geht zu ihm, wann er will. Ich aber gleiche dem Fürsten gegenüber dem König, der ist es nicht gewohnt, daß er so oft vor den König tritt wie der Knecht, und darum wird seine Bitte weniger erhört. Deshalb habe ich ihn angesprochen, er solle doch beten für meinen lieben Sohn, daß er am Leben bleiben mag, wiewohl auch ich hätte beten können. Dennoch bat ich ihn, daß er bete.« [98]

Quelle: Traktat Berakhot 34 b, aus dem Babylonischen Talmud.
Übers.: Goldschmidt BT Bd. 1 (1929), 192. – Stemberger 1982, 192. – MB: Pappenheim 1929, Nr. 100.

Beide lesen den Talmud so, daß Chanina seinen Kopf zwischen die eigenen Knie gelegt und Jochanan daraufhin gesagt habe: »Hätte ben Sakkai auch den ganzen Tag seinen Kopf auf seine Knie gelegt, auf ihn hätte man nicht geachtet.«
Durch das geschickte Gleichnis mit Knecht und Fürst gibt Rabbi Jochanan seiner Frau zu verstehen, daß Rabbi Chanina in bezug auf ihn nicht von vornherein der Bedeutendere sei.

Die Abgabe des Zehnten macht reich

Die Geschichte geschah. Der Schriftvers (*pôßek*) sagt: ›Gib mir den Maasser (Zehnten), damit du dann mehr Maasser geben kannst.‹ Das heißt, um wieviel mehr einer den Maasser gibt, um so reicher wird er. Denn es war einmal ein Mann, der war schwerreich (*áuscher*), und all sein Reichtum rührte von einem Acker her, der trug ihm jedes Jahr tausend Achtel Korn. Und davon gab er jedes Jahr hundert Achtel als Maasser an den Priester (*káuhen*). Und weil er so richtig

Maasser gab, ließ ihm der Heilige, gepriesen sei Er, tausend Achtel Korn wachsen.

Und als nun die Zeit kam, daß der Mann sterben sollte, da schickte er nach seinem Sohn, denn er hatte nicht mehr als einen einzigen Sohn. Und sprach: »Lieber Sohn, da lieg ich und bin krank, vielleicht muß ich durch die Krankheit sterben. Sieh nun den Acker, den ich dir lasse, der trägt jedes Jahr tausend Achtel Korn. Darum, mein lieber Sohn, sei gewarnt und gib deinen Maasser richtig, so wird dir der Heilige, gepriesen sei Er, den Acker auch recht wachsen lassen, so wie der Heilige, gepriesen sei Er, auch an mir gehandelt hat.«

Dann starb der Mann. Da wuchs ihm (dem Sohn) im selben Jahr tausend Achtel Korn, wie bei seinem Vater auch. Und auch er gab hundert Achtel weg als Maasser, so wie sein Vater es getan hatte. Im zweiten Jahr gab er wieder hundert Achtel Korn. Da sah er, daß der Maasser sehr groß war und er wohl jedes Jahr so viel weggeben mußte; und dachte bei sich: »Ich will das nächste Jahr nicht so viel geben, ich will den Maasser für mich selber behalten.« Und er behielt ihn für sich. Aber als das dritte Jahr um war, da wuchs auf seinem Acker nicht mehr als hundert Achtel Korn. Das hat den Mann sehr geschmerzt (*mezáer sajn*), und er wurde traurig.

Wie nun seine Nachbarn hörten, daß es ihn so sehr schmerzte und er gar so traurig war, und daß sein Acker nicht mehr trug als hundert Achtel Korn, da gingen sie hin und kleideten sich schön und waren recht fröhlich und gingen zu ihm. Als er sie nun sah, daß alle hübsche weiße Kleider anhatten, da sagte er: »Ich glaube, ihr seid deshalb fröhlich, weil es mir so schlecht geht.« Da entgegneten sie: »Es schmerzt uns sehr, daß es dir so schlecht geht. Und warum schmerzt es uns? Weil du deinen Massser nicht richtig gegeben hast, so wie es dir dein Vater als Letzten Willen (*zawóe*) aufgetragen hat. Komm nur, wir wollen es dir hübsch beibringen. Zuerst, als der Acker in deine Hand kam, bist du der Eigentümer (*bal habájiß*) gewesen und der Heilige, gepriesen sei Er, ist der Priester gewesen, und du hast die hundert Achtel Korn, die dem Priester, also dem Heiligen, gepriesen sei Er, gebühren, unter seinen Armen verteilt. Jetzt aber, weil du ihm seinen Maasser nicht gegeben hast, ist der Heilige, gepriesen sei Er, der Eigentümer geworden und hat dich den Priester sein lassen; er hat dir hundert Achtel Korn gegeben, und der Heilige, gepriesen sei Er, hat für sich neunhundert behalten.«

Wie der Mann das hörte, da gestand er sich selbst sein Unrecht ein. Und darauf haben unsere Weisen (*chachómim*) die Worte gemünzt: »Wer den Maasser zurückhält und den Maasser nicht richtig gibt, dem geschieht, daß er letztlich nicht mehr behält als ein Teil vom Zehntel.
Deshalb, ihr lieben Leute, gebt euern Masser recht,
dann beschützt euch der Heilige, gepriesen sei Er, ebenso recht.« [99]

Quelle: Tossafot (Hinzufügungen) zum Traktat Taanit 8 a, aus dem Babylonischen Talmud. Siehe dazu die Anm. Gaster 1934, 679.
Übers.: MB: Pappenheim 1929, N. 101.

Rabbinisches Exemplum Nr. 104 (Arm durch Minderung der Zehnten). Born Judas, Bd. 2 (1917), 127–129: Der Armen Gut.
Bibelvers: »Gib mir den Zehnten ...«, Dtn 14,22: »Zehnten sollst, verzehnten du allen Ertrag deiner Saat,/was Jahr um Jahr vom Feld hereinfährt«.
Davon abgeleitet ist die Mischna »Maasser Scheni«, Zweiter Zehnt. In Gen 14,20 heißt es über Abrahams Tribut an den König-Priester Melchisedek: »Er aber gab ihm den Zehnten von allem.«
»Den Zehnten entrichten« war auch für das christliche Mittelalter eine verbindliche Norm.
Stoffgeschichtliche Hinweise zur »Agada vom unverzehnten Feld« gibt Heller 1936, 236. Zur Abgabe des Maasser siehe auch Anm. Text 55.

Halte dein Versprechen oder Das Wieselchen als Zeuge

Die Geschichte geschah. Rabbi Ammi spricht: Komm her, mein lieber Sohn, und sieh, was für ein wunderbares Ding es für die Leute ist, wahrhaftig zu sein. Denn wenn einer dem andern etwas verspricht, dann soll er es halten.

Und das lernen wir in der Geschichte (*ma'asse*) von einem Brunnen (*grub*) und einem Wieselchen. Und wir lernen: Wenn einer schon auf ein Wieselchen sein Vertrauen (*emúne*) setzt, um wieviel mehr (*mikól schekén*) soll einer sein Vertrauen setzen auf den Heiligen, gepriesen sei Er.

Denn es geschah einmal, daß eine Pilzel (Mädchen), fein geschmückt mit prächtigen Kleidern, aus einer Stadt herausging und in eine andere Stadt gehen wollte, zu Vater und Mutter. Das gute Mädel verirrte sich auf dem Weg und kam in einen großen Wald und ging so lange, bis sie in eine Wüstenei kam. Und sie ging bis gegen Abend. Und an diesem Tag herrschte eine große Hitze. Wie sie nun einen halben Tag gegangen war, da kam sie an einen tiefen Brunnen. Aber es war kein Eimer da, nur ein Strick war dran angebunden. Und sie war dermaßen durstig, daß der Durst sie übermannte. Also machte sie sich an dem Strick fest, der da hing, und ließ sich zum Wasser hinab und trank reichlich. Als das gute Mädel sich nun satt getrunken hatte, da konnte sie nicht wieder hinaufkommen und dachte bei sich: »Hier in diesem Brunnen muß ich sterben.« Und sie fing jämmerlich zu schreien an und war voller Jammer. Während sie so großen Jammer trieb, kam ein Jüngling dahergegangen, er hatte sich auch verirrt und hörte das Geschrei. Da ging er dem Geschrei nach und kam zu dem Brunnen. Und als er zu dem Brunnen kam, sah er hinein.

Da war der Brunnen so tief, daß er nicht erkennen konnte, was unten im Brunnen war.

Also rief er in den Brunnen hinunter: »Was schreit denn so jammervoll in dem Brunnen? Bist du ein Geheuer (menschliches Wesen), oder bist du ein Ungeheuer?« Wie das gute Mädel das vernahm, da war sie recht froh, einen Menschen zu hören, und sie gab ihm zur Antwort: »Lieber, ich bin geheuer und bin ein Mensch«, und sagte ihm, wie sie in den Brunnen gelangt war. Da sagte er zu ihr: »Willst du meinem Ansinnen folgen und tun, was ich mir von dir wünsche, so will ich dir heraushelfen.« Da sagte das Mädchen ja. Da sprach er zu ihr: »So gib mir deinen Schwur darauf.« Da schwor sie ihm einen Schwur, daß sie seinem Willen folgen wollte. Da half er ihr heraus.

Erst als sie draußen war, sah er, was für ein hübsches Mädchen sie war, fein herausstaffiert mit prächtigen Kleidern. Da sprach der Jüngling wieder: »Auf denn, nun halte auch, was du mir versprochen hast, sei mir zu Willen und liege bei mir.« Da sagte sie zu ihm: »Mein lieber Freund, sag mir, von welchem Volk bist du?« Da erwiderte er ihr: »Ich wohne in der und der Stadt und bin Abkömmling eines Priesters (*káuhen*).« Da sagte sie zu ihm: »Ich bin auch aus jener Stadt, und bin eine Jüdin und aus gutem Geschlecht.« Und sagte zu ihm: »Mein lieber Freund, du bist ein ehrenhafter (*kestlich*) Mann, bist aus bester Familie (*mischpóche*) und stammst von Priestern (*káuhanim*) ab, die der Heilige, gesegnet sei Er, selber auserwählt hat – und da begehrst du, bei mir zu liegen wie ein Vieh (*behéjmo*), ohne Ehevertrag (*keßúbe*, Ketubba) und ohne Segen (*kidúschim*)! Ich bitte dich, tu das nicht und komm mit mir zu meinem Vater und erzähl ihm die Geschichte, wie es uns ergangen ist. Aber das sag ich dir, von jetzt an will ich mit dir entspust (verlobt) sein und will keinen anderen Mann nehmen außer dir.« Da sprach er: »Wer aber soll

Zeuge (*éjdeß*) sein, daß wir uns miteinander verlobt haben?« Da sprach sie: »Das kleine Wieselchen, das da vor uns herläuft, und der Himmel selbst sollen Zeugen sein, daß von uns beiden keiner am andern wortbrüchig sein soll.«

Und damit schieden sie voneinander, und jeder ging seines Weges. Der Mann zog zu seinem Ort und das Mädchen zu ihrem Ort. Und sie sagten, wir werden zueinanderkommen, wenn es Gottes Wille ist.

Nun, es ging ein Jahr dahin, oder zwei, daß die Jungfrau ihren Schwur immer noch hielt und keinen Mann hatte nehmen wollen, und man hatte ihr viele Männer angetragen. Sie wollte jedoch keinen und stellte sich wahnsinnig (*meschúge*), damit die Heiratsvermittler (*schadchónim*) nicht mehr zu ihrem Vater kommen und ihm eine Heirat (*schídech*) für sie antragen sollten. Sie erzählte jedoch nichts von der Geschichte, wie es ihr ergangen war, und blieb so bei ihrem Schwur.

Aber der Jüngling hatte seinen Schwur nicht bedacht, er nahm eine andere zur Frau und bekam ein Kind mit ihr. Und wie das Kind ein halbes Jahr alt war, da kam ein Wieselchen und biß dem Kind die Kehle ab, daß es starb. Danach bekam sie wieder einen Sohn. Der fiel in einen Brunnen hinein und starb. Da verfiel die Mutter in großen Jammer und sprach: »Wenn mir meine Kinder gestorben wären, wie sonst eines stirbt, so wäre mir nicht bang. Aber da uns beide Kinder so verdreht (*meschúne*) gestorben sind, so werden wir's gewiß versündigt haben, ich oder du. Lieber, sag mir, welche Taten hast du verübt? Lieber Mann, denk darüber nach!«

Da seufzte er auf und erzählte ihr die Geschichte, wie es ihm mit der Jungfrau ergangen war. Da sprach sie: »Nun sehe ich wohl, daß es von Dem ist, Dessen Name gelobt sei. Da müssen wir uns trennen, denn unsere Kinder werden alle sterben. Darum geh du hin und halte deinen Schwur, den du getan hast.«

So gaben sie sich beide den Get (Scheidebrief). Dann ging er in die Stadt, in der die Jungfrau lebte, und ging zu ihrem Vater und trug ihm an, seine Tochter zur Frau zu nehmen. Da sagte der Vater: »Wozu soll ich ihr einen Mann geben, sie ist doch verrückt und dazu nicht gesund im Kopf, sie hat die Fallsucht, möge man davor bewahrt sein.« Als das der Jüngling hörte, konnte er wohl verstehen (*masig sajn*), warum sie sich so anstellte, und sprach zum Vater: »Gebt sie mir, ich will es auf mich nehmen, das Böse zu vertreiben.« Und erzählte ihm die Geschichte, wie es ihr ergangen war.

Wie der Vater des Mädchens das hörte, da gab er sie ihm zur Frau, und die junge Frau war auch sehr zufrieden mit ihm, denn sie kannte ihn ja als den, der sich mit ihr verlobt hatte. Also bekamen sie miteinander Kinder, und die lernten die Tora gut.

Und auf sie gilt, was der Bibelvers (*póßek*) besagt. Der Heilige, gepriesen sei Er, spricht: ›Meine Augen ruhen auf den Wahrhaftigen im Land.‹ Und darauf hat Rabbi Jochanan gesagt: »Wer sich unten auf der Welt (*áulom*) gerecht macht, und das heißt, wer hält, was er einem verspricht, dem macht man auch im Himmel das Urteil (*din*) gerecht.«

Wie der Schriftvers besagt: ›Die Wahrheit, von der Erde sprießt sie auf, und die Gerechtigkeit, vom Himmel blickt sie herab.‹

Deshalb, liebe Leute, wenn einer einem etwas verspricht, soll er nicht denken: wenn niemand zugegen ist, wer will es sagen und bezeugen? Es ist allezeit jemand zugegen, geschickt vom Heiligen, gepriesen sei Er. [100]

Quelle: Tossafot (Hinzufügungen) zum Traktat Taanit fol. 8a (nach Gaster 1934: »Raschi, oder eher Pseudo-Raschi«).

Übers.: MB: Grünbaum 1882, 404 (nach den Ausgaben Wilhermsdorf Nr. 101, Rödelheim fol. 32a) – Pappenheim 1929, Nr. 102 – Strauß 1934, Nr. 10.

Rabbinisches Exemplum Nr. 89 (Wiesel und Brunnen). Born Judas, Bd. 1 (1916), 125 f.: Die Zeugen oder Katze und Brunnen.

Diese Mischna handelt von den jüdischen Heiratssitten: vom Heiratsversprechen und vom Ehevertrag (Ketubba), vom Entspusen (afrz. espouser, sich verloben), von der Einbestellung des Schadchen (Heiratsvermittler), vom Hochzeitssegen und vom Scheidebrief (Get).

Die jüdische Ehe gilt als heilig. Ihre Beschließung wie auch ihre Beendigung sind rechtlich genau geregelt, was die gesetzliche Scheidung erheblich erleichtert. Eine jüdische Scheidung wird erst mit der Annahme des Scheidebriefes, der auf besonderem Papier ausgefertigt sein muß, rechtsgültig. Als Voraussetzung zur Scheidung wird der Get schon im Pentateuch genannt, dort ganz aus patriarchalischer Sicht. In Dtn 24,1–3 steht geschrieben: »Wenn ein Mann ein Weib nimmt, er vermählt sich mit ihr, seis:/findet sie nicht Gunst in seinen Augen, weil er an ihr irgend Blöße gefunden hat,/er schreibt ihr einen Scheidebrief, er gibt's in ihre Hand,/schickt sie fort aus seinem Haus,/sie ist aus seinem Haus gezogen, ist hingegangen, ist eines andern Mannes geworden,/der spätre Mann beginnt sie zu hassen, er schreibt ihr einen Scheidebrief, gibt's in ihre Hand, er schickt sie fort aus seinem Haus«.

Andererseits ist diese Mischna durch Märchenmotive bestimmt: dem Brunnen, der Wildnis (Wüstenei) als Ort wunderbarer Errettung, dem Treuegelöbnis, der vergessenen Braut, dem Tierhelfer – oder vielmehr einem Vollstrecker himmlischen Willens (siehe das Wieslein in Text 228).

Auch entspricht sie dem Legendentypus »Die Schlange auf der Hochzeit« (AaTh 842B). Die Antike und die christlich-abendländische Tradition kennen Entsprechendes; so berichtet Kallimachos von Kyrene von einer schicksalhaften Verlobung im Tempel der Artemis, und Antonius Liberalis erzählt im 2. Jh. eine ähnliche Geschichte aus Athen; dann im 12. Jh. ist das Motiv als »Venusverlöbnis« sowohl aus England belegt, bei Wilhelm von Malmesbury, wie auch aus der deutschen Kaiserchronik (siehe Günter 1910, 85–87).

Bibelverse: »Meine Augen ruhen ...«, Ps 101,6: »Mein Augenmerk ist auf den Getreuen des Landes«.
»Die Wahrheit, von der Erde sprießt sie auf ...«, Ps 85,12: »Treue sprießt aus dem Erdland,/Wahrhaftigkeit lugt nieder vom Himmel.«

Bestrafter Hochmut

Die Geschichte geschah. Die Rabbinen (*rabónim*) lehrten: Die Schrift sagt (*póßek gejt*), ›Ein Mensch soll immer so biegsam (*wejch*) sein wie ein Rosel (Schilfrohr), das sehr biegsam ist, und soll nicht so hart sein wie ein Tannenbaum, der hart ist und hochragend.‹ Das meint auf deutsch, der Mensch soll nicht hochmütig sein und sich niedrig machen.

Denn es geschah eine Geschichte (*ma'asse*) an einem, der hieß Eleasar ben Simeon. Der kam von seinem Lehrer (*row*) aus der Stadt Migdal Gedor. Und er ritt auf einem Esel entlang dem Meeresufer, war voller Freude und ganz hochmütig drauf, weil er so viel Tora gelernt hatte. Und wie er nun so ritt, da begegnete ihm ein großer schwarzer Mann, der ihm den Friedensgruß (*schólaum*) bot, indem er sprach: »Friede mit Euch (*schólaum-aléjchem*), Meister.« Da antwortete Rabbi Eleasar nicht mit dem Friedensgruß, sondern er sprach zu ihm: »Sag einmal, du Wertloser, sind die Leute in deiner Stadt alle so schwarz wie du?« Da sprach der Mann: »Ich weiß es nicht, doch geh hin zu dem Meister, der mich gemacht hat, und sag zu ihm: Was hast du für ein schwarzes häßliches Gerät (*níwsig kéjle*) gemacht?«

Wie nun der Mann so fremd (abweisend) mit ihm redete, da merkte Rabbi Eleasar, daß er Unrecht geredet hatte und sich gegen den Heiligen, gepriesen sei Er, versündigt hatte.

Da stieg er vom Esel ab, fiel dem Mann zu Füßen und sagte: »Lieber, verzeih mir (*máuchel sajn*), daß ich gegen dich geredet habe, ich habe mich unbesonnen verhalten.«

Da sprach der schwarze Mann: »Ich kann dir nicht verzeihen, solange du nicht zu dem Künstler (*úmon*) gehst, der mich geschaffen hat, und Ihn fragst, warum Er solch ein schwarzes Gerät gemacht hat.« Und der Mann ging von ihm weg.

Aber Rabbi Eleasar ben Simeon folgte ihm bis in die Stadt, wo er wohnte. Da kamen die Leute dem Rabbi ben Simeon entgegen und sprachen zu ihm: »Friede mit dir, unser Herr und Lehrer (*rabi umáuri*).« Da fragte der schwarze Mann: »Zu wem redet ihr so?« Da sagten die Leute: »Zu dem, der dir hinterhergeht.« Da sprach der schwarze Mann: »Wenn dies ein Rabbi ist, so möge es nicht viel seinesgleichen in Israel (*jißróel*) geben.« Da fragten die Leute ihn: »Weshalb denn, was hat er dir getan?« Da erzählte er ihnen die Sache, wie es zugegangen war. Da sprachen die Leute zu dem schwarzen Mann: »Wir bitten dich, hat er dir etwas zuleide getan, so verzeihe ihm, denn er ist ein großer (*kestlich*) Mann in der Tora.«

Da sagt er: »Um euretwillen will ich ihm verzeihen. Eigentlich hätte er zu dem Meister gehen und ihn fragen müssen, warum Er mich so schwarz gemacht hat. Aber in Zukunft soll er gewarnt sein, daß er solches niemals mehr tut.«

Darauf ging Rabbi Eleasar ben Simeon in das Lehrhaus (*beß-médresch*) und predigte (*dárschent*) über das Thema: ›Immerdar soll der Mensch so biegsam sein wie das Rohr und nicht so hart wie die Zeder.‹

Raschi sagt, daß der schwarze Mann kein anderer war als der Prophet Elia (*Elijóhu ha-nówi*), dessen Vorsatz war, ihn zu strafen, damit er auf seine Kenntnisse der Tora nicht hochmütig werde. [101]

Quelle: Traktat Taanit 20 a-b, aus dem Babylonischen Talmud.
Übers.: Goldschmidt BT Bd. 3 (1930), 702 f. – MB: Grünbaum 1882, 402 f. (gekürzt); Pappenheim 1929, Nr. 103.

Grünbaum merkt in seiner Übersetzung an, daß die Wilhermsdorfer Ausgabe, Nr. 102 von »Schlangengift« als Inbegriff der Härte spricht, und vermutet, man habe dies mit dem Wort für »Zeder« verwechselt. In der Tat ist das talmudische Sinnbild die Zeder, während Pappenheim den nördlichen »Tannenbaum« nennt und zum Schluß, bei dem Ausspruch des Rabbi Elieser, die Zeder.
Zum Bild vom biegsamen Rohr siehe 1 Kön 14,15 (»Schlagen wird ER Jißrael,/daß es schwankt wie das Rohr im Wasser«). Das sprichwörtliche »schwankende Rohr im Winde« geht allerdings auf Luk 7,24 zurück. Schon Äsop benutzt es sinnbildlich, in der Fabel von der Eiche und dem Rohr.
Der Talmud verwendet zur Kennzeichnung des Gegenspielers nicht das Wort »schwarz«, sondern »überaus häßlich«. Zwar kann auch das deutsche »schwarz« eine ähnliche Bedeutung haben, abgeleitet von lat. *sordes*, »Schmutz«; aber es ist anzunehmen, daß der Redakteur der *ma'asse* dem »schwarzen Mann«, und damit mythischem Einschlag, bewußt den Vorzug gab. Am Schluß entpuppt sich der Mann – laut Raschis Kommentar – als biblische Instanz, nämlich als der Prophet Elia.
Eleasar ben Simeon muß ein streitbarer Mann gewesen sein. Zur Zeit des Krieges gegen Rom (66–70 n. Z.) war er Führer einer Heeresabteilung, griff den von Jerusalem abziehenden Cestius Gallius an und machte reiche Beute. Den damals Führenden war er zu extrem, er wurde von allen Ämtern ausgeschlossen. Aufgrund seiner Popularität hat er vermutlich an der Jerusalemer Volksregierung teilgenommen, die Zerstörung der Stadt aber kaum überlebt.

Ein Wunder bringt dem Rechtschaffenen Nachteile

Die Geschichte geschah. Einer, der Rabbi Huna hieß, hatte ein Haus, das einstürzen wollte, und er hatte noch viel Wein darin liegen. Da holte er Rabbi Adda bar Ahaba her und sprach so lang mit ihm über die Halacha (*halóche,* Gesetzeslehre), bis man das Haus ganz ausgeräumt hatte.

Und wie er nun die Halacha ausdisputiert hatte und alle Dinge hinausgeschafft waren, da ging auch er hinaus, und das Haus stürzte ein. Da wurde Rabbi Adda bewußt, das Wunder (*neß*) war seinetwegen geschehen.

Das hat ihn sehr geschmerzt (*mezáer sajn*), denn er sagt, keiner soll an einem Ort stehenbleiben, wo eine Gefahr (*ßakóne*) droht, so als wolle er annehmen, ihm werde ein Wunder geschehen, doch vielleicht (*tómer*) geschieht ihm kein Wunder. Und wenn ihm schon ein Wunder geschieht, so wird das von seinen guten Werken (Verdiensten) wieder abgezogen. Darum war er über sich zornig. [102]

Quelle: Traktat Taanit 20 b, aus dem Babylonischen Talmud.
Übers.: Goldschmidt BT Bd. 3 (1930), 703 f. – MB: Pappenheim 1929, Nr. 104.

Im Gegensatz zur erzählerischen Agada widmet sich die Halacha dem juristischen Deuten und Weiterführen der Gesetzgebung Mose'. Sie umfaßt die Gebote und Verbote der schriftlichen wie der mündlichen Tora. Wie schon der hebräische Wortsinn »gehen, wandeln« besagt, ist die Halacha dem geschichtlichen Wandel unterworfen.
Rabbi Huna und Rabbi Adda, babylonische Amoräer, lebten im 3. Jh. n. Z. und galten als große Halachisten. Verschiedenen Traktaten zufolge war es Adda bar Ahaba, der Huna wegen ritueller Handlungen zurückwies. (EJ Bd. 8, 1930, Sp. 270).

Wer nicht Almosen gibt, gleicht dem, der fremden Göttern dient

Die Geschichte geschah. Dem Rabbi Jochanan ben Sakkai träumte, wie sein Schwestersohn einen Schaden von siebenhundert Goldgulden erleiden würde. Und das träumte ihm in der letzten Nacht von Rosch haschana (*roscheschóne*, Neujahrsfest). Da ging Rabbi Jochanan zu seinem Schwestersohn und sagte: »Liebe Leute, gebt mir Geld, denn es sind da Leute, die gern Almosen (*zdóke*) hätten.« Und er verabredete mit den Verwandten (*frajnt*), daß er von ihnen das ganze Jahr über Geld bekäme. So nahm Rabbi Jochanan ein ganzes Jahr von ihnen Geld für wohltätige Zwecke (*zdóke*), von dem Moment an, seit es ihm geträumt hatte, bis zum nächsten Rosch haschana. Und übers Jahr hatte er die siebenhundert Goldgulden eingenommen, bis auf zehn Gulden, die sie noch nicht herausgerückt hatten.

Wie nun das Jahr um war, es war am Vorabend von Jom Kippur (*érew jom-kipur*, Vorabend des Versöhnungstages), da schickte der Kaiser nach ihnen, sie sollten flugs zu ihm kommen. Da erschraken sie sehr, denn sie befürchteten eine harte Geldstrafe (*knaß*) und gingen zu ihrem Onkel, Rabbi Jochanan, und baten ihn um einen Rat (*éjze*), wie sie ihm begegnen sollten. Da sprach Rabbi Jochanan: »Fürchtet euch nicht, ihr werdet keinen größeren Schaden leiden, nicht höher als siebzehn Gulden.« Da entgegneten sie: »Wieso weißt du das?« Da antwortete er: »Ich habe es im Traum (*chólaum*) gesehen.«

Und als sie vor den Kaiser traten, da wurden sie mit siebzehn Gulden bestraft. Sie sagten dann zu Rabbi Jochanan: »Lieber Onkel, weil du es ja gewußt hast, daß wir um siebzehn Gulden gebracht würden, warum hast du es uns

nicht gesagt? So hätten wir dir alle siebenhundert Goldgulden auf einmal hergegeben, zuallererst deswegen, daß du alles zu wohltätigen Zwecken weggibst?« Da entgegnete Rabbi Jochanan: »Ich will es euch sagen: Wenn ich euch um alle siebenhundert Goldgulden auf einmal angegangen wäre, so hättet ihr das Geld gutwillig nicht hergegeben, so viel auf einmal, und es wäre auch keine gute Tat (*mízwe*, Mizwa) gewesen. Aber weil ich jedesmal mit wenig zu euch gekommen bin, so habt ihr sie gern gegeben. Denn man soll die Almosen gutwillig geben, sonst werden sie einem nicht als Guttat gerechnet. Im Gegenteil (*áderabe*), es wird ihm als eine Sünde (*awéjre*) gerechnet.«

Und darauf hat Rabbi Josua gesagt: »Wenn jemand seine Augen von der Wohltätigkeit (*zdóke gebn*) abwendet und den Armen keine Almosen gibt, so ist dies dem gleich gezählt, als wenn er fremden Göttern (*awáudas sóro*) dient. Warum? Es steht über die Wohltätigkeit geschrieben: ›Hüte dich, da könnte leicht ein schalkhaftiger (ruchloser, nichtswürdiger) Gedanke sein in deinem Herzen, daß du keine Almosen geben willst.‹ Und über den Götzendienst steht auch geschrieben: ›Und da kamen heraus schalkhaftige Männer.‹ Wie das Wort Schalkhaftigkeit hier besagt, daß sie Götzenbilder anbeteten, so besagt schalkhaftig in bezug auf die Wohltätigkeit: Wer nicht Almosen gibt, gleicht dem, der fremden Göttern dient.« [103]

Quelle: Traktat Baba Batra 10 a, aus dem Babylonischen Talmud.
Übers.: Goldschmidt BT Bd. 7 (1930), 36. – MB: Pappenheim 1929, Nr. 105.

Die Geldsumme im Traum – dem Talmud nach 700 Denare, auf mehrere Schwestersöhne verteilt – bezieht sich auf den geträumten Gesamtverlust im neuen Jahr. Die zehn Gulden, die nicht für Almosen gespendet wurden, sind im Original »siebzehn Denare«, von daher erklärt sich auch die kaiserliche Strafe von »siebzehn Gulden«.

Bibelverse: »Hüte dich ...«, Dtn 15,9: »Wahre dich!/leicht möchte in deinem Herzen Rede aufkommen, Ruchlosigkeit,/(...) und erbosen möchte sich dein Auge gegen deinen dürftigen Bruder,/daß du ihm nichts gebest«. – »Und da kamen heraus ...«, ebd., 13,14: »seien Männer aus deinem Innern aufgekommen, ruchlose Buben«.

Salomo und Aschmodai

Die Geschichte geschah. Der König Salomo (*Schláumo ha-mélech*), er ruhe in Frieden, sollte den heiligen Tempel (*beß-hamíkdosch*) bauen, doch man verbot ihm, dazu irgendein Eisen zu benutzen. Da wußte er nicht, wie er es anstellen sollte, die Steine auseinanderzubringen. Da schickte er nach den Weisen (*chachómim*), sie möchten ihm raten (*éjze gebn*), wie er damit verfahren sollte. Da sagten die Weisen: »Wir wollen es dir sagen. In den Tagen der Schöpfung wurde ein Wurm erschaffen mit Namen Schamir. Diesen Wurm hat Mose unser Lehrer (*Máusche rabejnu*), er ruhe in Frieden, dazu benutzt, als er die Steine für das Schulterkleid (Efod) schnitt. Kein Ding auf der Welt ist so hart, daß er es nicht entzweischneidet.«

Da sprach der König Salomo: »Wie bekomme ich aber den Schamir?« Da sagten die Weisen: »Wir wollen es dir sagen, wie man ihn bekommen kann. Geh hin und hole einen Dämon (*sched*) und eine Dämonin (*schéjdeß*) und bezwinge sie beide; sie werden es dir sagen.« Da wurden sie zu König Salomo gebracht, und der König (*mélech*) fragt sie nach dem Schamir. Da sagten sie: »Wir wissen es nicht. Nur Aschmodai, der König über die Geister (*schéjdim*), Gott stehe uns bei, der weiß, wo der Schamir ist.« Darauf sprach der König Salomo: »Da will ich euch so lang peinigen, bis ihr mir sagen werdet, wo ich Aschmodai finde.« Da sagten sie: »Wir wollen es dir sagen. Dort an jenem Berg hat er einen Brunnen (*grub*) gegraben, der gefüllt ist mit Wasser und zugedeckt mit einem Stein, der Tinra heißt. Und dieser Stein ist versiegelt mit dem Siegel (*cháußem*) von Aschmodai. Denn er geht jeden Tag zum Himmel hinauf und lernt auf dem Lehrhaus im Himmel (*jeschíwe schel mále*). Und nach dem Lernen geht er wieder herab. Und wenn er herunterkommt, so ist ihm recht warm. Dann trinkt er von dem Brunnen, aber Wein trinkt er nicht. Doch bevor er trinkt, sieht er erst nach seinem Siegel, ob auch keiner darüber gewesen ist, der ihm Wein hineingeschüttet hat. Wenn dann sein Siegel unversehrt ist, dann trinkt er und drückt sein Siegel wieder auf den Stein und geht wieder seines Weges.«

Da schickte König Salomo nach seinem Ratsherrn (*jáuez*) Benaja ben Jojada und gab ihm eine Kette mit, auf welcher der Name Gottes (*schem hakáudesch*) eingegraben war, und ein Gebund (Bündel) Wolle, groß genug, um damit ein Loch zuzustopfen, und einen Krug mit Wein. Und der Ratsherr ging hin und hob unter der Erde eine Grube aus, so daß das Wasser (im Brunnen) ablaufen konnte und das Siegel ganz blieb. Dann stopfte er das Loch mit der Wolle wieder zu. Danach grub er eine Grube über der Brunnenhöhe und schüttete den Wein hinein, so daß der Brunnen wieder gefüllt war mit Wein. Denn (so die Absicht) wenn Aschmodai den trinkt, dann schläft er davon und man kann ihn festbinden.

Wie nun der Ratsherr das alles getan hatte, da verbarg er sich, setzte sich auf einen Baum und wartete, bis Aschmodai vom Himmel kam. Wie nun Aschmodai wieder vom Himmel kam, da überprüfte er seinen Brunnen, sah sein Siegel, öffnete den Brunnen und wollte trinken. Da schmeckte er, daß es Wein war. Da wollte er nicht trinken, sondern sprach: »Wer Wein trinkt, der verliert seinen Verstand (*chóchme*), darum will ich ihn nicht trinken.« Doch schließlich (*leßóf*) dürstete ihn so sehr, daß er den Wein trinken mußte. Und wie er nun getrunken hatte, da war er voll des Weins und legte sich schlafen. Und sobald er schlief, kam der Ratsherr vom Baum herab und warf die Kette, auf der Gottes heiliger Name geschrieben stand, dem Aschmodai um den Hals.

Als nun Aschmodai aufwachte, da wollte er die Kette entzweireißen. Da sprach der Ratsherr: »Du kannst sie nicht zerreißen, denn der Name des Heiligen, gepriesen sei Er, steht auf der Kette.« Als er das sah, da ging er bereitwillig mit ihm. Und wie sie eine Weile miteinander gegangen waren, gelangte Aschmodai an einen Baum. Da rieb er sich an dem Baum, daß der Baum umfiel. Und sie gingen weiter und kamen an das Haus einer Witwe (*almóne*). Da wollte Aschmodai sich daran reiben, doch die Witwe trat ihm entgegen und gab ihm schmeichelnde Worte (*chanífeß*). Als Aschmodai sich zur anderen Seite beugen wollte, da brach er ein Bein. Da führte Aschmodai den Schriftvers (*póßek*) an: ›Der Mensch, der sich mit guten Worten schmeicheln läßt, der zerbricht sein Bein.‹ Dann gingen sie weiter und begegneten einem Blinden, der vom Wege abgekommen war. Da wies ihm Aschmodai den rechten Weg. Da fragt ihn der Ratsherr: »Lieber, warum wiesest du dem Blinden den rechten Weg?« Da sprach Aschmodai: »Der Blinde ist ein großer Zaddik (*zádik*, Gerechter), und im Himmel ruft man auf ihn aus, daß, wer ihm Gutes tut, Anteil hat an der künftigen Welt (*áulom-hábo*, Jenseits). Deshalb habe ich ihn zurecht (den rechten Weg) gewiesen.«

Als sie weitergingen, kamen sie zu einer Breiluft (Hochzeit), da waren die Leute gar lustig und fröhlich. Da hob Aschmodai an zu weinen (*schrájn*). Da fragte ihn der Ratsherr: »Warum weinst du denn?« Da sagte Aschmodai: »Ich weine darum, daß der Bräutigam (*choßn*) morgen sterben muß, und die Braut (*kale*) muß dreizehn Jahre auf Chaliza (Ablösung) warten.«

Danach kamen sie zu eines Schusters Haus. Da sagte einer zum Schuster: »Mach mir ein Paar Schuhe für sieben Jahre.« Da sprach der Schuster: »Gut, ich will sie machen.« Da wiederum lachte Aschmodai und sprach: »Er will ein Paar Schuhe machen lassen für sieben Jahre, und ich weiß nicht, ob er noch sieben Tage leben wird, geschweige denn sieben Jahre.«

Als sie weiterkamen, da sah der Aschmodai einen, der betrunken war und sich verirrt hatte. Da wies ihn Aschmodai auf den rechten Weg. Da sprach der Rat: »Warum weist du dem den rechten?« Da sagte Aschmodai: »Im Himmel ruft man auf ihn aus, er ist ein Sünder (*rósche*); so habe ich ihm den rechten Weg gewiesen, damit er sein Verdienst (*ßchuß*) auf dieser Welt hat.« Da gingen sie miteinander weiter.

Da sah er einen, der grub nach Geld und wollte auch Magie treiben (*kíschef ton*), damit er sehen könne, wo Geld läge. Da lachte Aschmodai. Da fragte ihn der Ratsherr, warum er denn lacht. Da sagte Aschmodai: »Wie soll ich nicht lachen, der will Magie treiben und will Gruben graben, dabei liegt der Schatz (*áuzor*), wovon der König Salomo den heiligen Tempel (*beß-hamíkdosch*) bauen will, unter ihm, und er weiß es nicht – wie soll er denn das andere wissen?«

Wie sie nun an des Königs Haus kamen, da wollte ihn König Salomo drei Tage nicht vorlassen. Da sprach Aschmodai: »Warum läßt mich König Salomo nicht vor?« Da sagte man zu ihm: »Der König ist krank, er hat zu viel getrunken.« Da sagte Aschmodai: »Gebt ihm noch ein wenig zu trinken.« Am anderen Tag wollte er wieder vor den König, doch man sagte ihm: »Der König ist krank, er hat zu viel getrunken und zu viel gegessen.« Da sprach Aschmodai: »Laßt ihn auf den Abtritt (*beß-hakíße*) gehen.«

Am dritten Tag kam Aschmodai vor den König. Da nahm Aschmodai ein Ellenmaß und maß vor dem König vier Ellen ab. Da fragte ihn der König, was er mit dem Messen meine. Da sprach Aschmodai: »Ich will es dir sagen. Wenn du stirbst, so wirst du für dich nicht mehr als den Vier-Ellen-Raum haben, und obwohl du die ganze Welt (*áulom*) unter dich gebracht hast, war es dir doch nicht genug, bevor du nicht auch mich bezwungen hast.« Da sprach der König: »Sei's zufrieden, ich verlange nichts mehr von dir, außer daß du mir den Schamir bringst, denn ich soll den Tempel bauen und darf dafür kein Eisen benutzen, um den Stein damit zu spalten. Nur mit dem Schamir kann man es schaffen, deshalb habe ich dich holen lassen, damit du ihn mir aushändigst.« Da sprach Aschmodai: »Mein Herr König, ich tue dir kund und zu wissen, daß ich darüber keine Gewalt habe. Nur der Meeresfürst hat Gewalt über ihn, und der vertraut ihn niemandem an außer dem Auerhahn: der muß ihm schwören, daß er ihn wiederbringt.«

Da ging der König Salomo und gab (seinem Ratsherrn) Benaja ein Glas und sagte zu ihm, er solle nach einem Nest suchen mit Jungen des Auerhahns. Da suchte der Benaja so lange, bis er an einen Berg kam, wo keine Leute wohnten. Dort fand er ein Nest. Da nahm er das Glas und stürzte es über die Jungen. Als der Auerhahn kam und zu seinen Jungen wollte, sah er, daß sie eingeschlossen waren. Da flog er zum Meeresfürst, des Schamirs wegen; den legte er dann auf das Glas; und das Glas ging entzwei. Und wie der Auerhahn nun wegfliegen wollte, da erschreckte ihn Benaja, so daß er den Schamir fallen ließ. Wie das Benaja sah, da nahm er den Schamir und ging fort.

Und als der Auerhahn das sah, daß er den Schamir verloren hatte, da würgte er sich selbst ab, weil er dem Meeresfürst gegenüber seinen Schwur nicht halten konnte, denn er konnte ihm den Schamir nicht wiederbringen.

Und sobald König Salomo den Schamir in Besitz hatte, da baute er den Tempel. Und wie er den Tempel erbaut hatte, da war er bei dem Aschmodai allein in einem Zimmer (*chéjder*). Da sagte König Salomo: »Was könnt ihr Geister (*schéjdim*) denn mehr als andere Leute?« Da sprach der Aschmodai: »Nimm du die Kette von mir, mit der du mich gebunden hast, und gib mir dein Siegel, das du an deiner Hand trägst: dann will ich dir viel Neues zeigen.«

Da ging König Salomo hin, nahm ihm die Kette ab und gab ihm sein Siegel. Da ging Aschmodai hin und stellte ein Bein auf die Erde, das andere Bein in den Himmel, und schlang den König in sich ein und warf ihn wieder über vierhundert Meilen weiter heraus. Und Aschmodai setzte sich auf des Königs Stuhl, als wenn er der König wäre.

Es war jenes Mal, als König Salomo sagte: »Was verbleibt dem Menschen von all seiner Arbeit, die er auf dieser Welt tut?« Und ging betteln vor alle Türen, an die er kam, um ein Stückchen Brot. Und sagte dabei: »Ich bin Kohelet (Prediger) gewesen, ein König über Israel (*jißróel*) in Jerusalem (*jeruscholájim*).« Und er ging so lange, bis er wieder nach Jerusalem kam und vor dem Sanhedrin (Gerichtshof) erschien. Und wo immer er ging, sagte er stets: »Ich bin Kohelet, ein König über Israel in Jerusalem.«

Als nun das Sanhedrin hörte, daß er so darauf bestand, da sagten sie: »Ein Narr redet nicht ständig dasselbe. Wir wollen sehen, ob er der König ist oder nicht.« Da fragten die Weisen (*chachómim*) den Benaja, ob er vor kurzem wieder beim König gewesen wäre. Da sagte er nein. Dann schickten sie nach der Königin und fragten sie, ob der König vor kurzem bei ihr gewesen wäre. Da sagte sie ja, er wäre heute bei ihr gelegen. Da fragten die Weisen sie: »Hast du ihm nicht an seine Füße gegriffen?« Da sprach die Königin: »Er kommt zu mir mit Socken an den Füßen, wenn er bei mir liegen will.«

Als das die Weisen hörten, da verstanden sie, daß etwas verkehrt lief; und sie gaben König Salomo die Kette, auf welcher der Name Gottes eingeschrieben war, und das Siegel, wo der Name auch daraufgestanden, und führten ihn zu seinem Stuhl (Thron). Und sobald Aschmodai ihn sah, da floh er hinweg. Und König Salomo setzte sich auf den Stuhl.

Jedoch war König Salomo danach in Furcht vor Aschmodai. So schrieb er heilige Namen (*schéjmeß*) an sein Bett und ließ sich bei Nacht bewachen, wie wir finden im Schriftvers (*pößek*), daß jede Nacht sechzig Mann bei König Salomo wachten. Denn er fürchtete sich vor Aschmodai. Gott sei bei uns und neben uns. [104]

Quelle: Traktat Gittin 68 a, aus dem Babylonischen Talmud
Übers.: Goldschmidt BT Bd. 6 (1932), 413–415 – Jason 1976, Nr. 9/III. – MB: Pappenheim 1929, Nr. 106.

Rabbinisches Exemplum Nr. 114 (Salomo und Aschmodai), vgl. auch Nr. 404 (Salomo und die Tochter des Königs von Ammon); beide in Born Judas Bd. 3 (1918), 54–57: Der Roman von Salomo und Naama.
Dem Legendentypus nach: »Gottes Wege gerechtfertigt« (AaTh 759).
Die berühmte Weinepisode mit dem Motiv »den Dämon trunken machen« folgt laut Schwarzbaum 1968, 47 ältesten Erzählmustern, so dem hethitischen Mythos von der Schlange Illuyanka, die durch einen ähnlichen Trick besiegt wurde, dem altbabylonischen Enuma Elisch, oder auch König Midas, der den Silenos fangen ließ, um an dessen prophetischer Gabe zu partizipieren. Wie man den wilden Mann (AaTh 502) durch Wein oder Branntwein berauscht macht, davon erzählt auch das Grimmsche Märchen »Der Eisenhans« (KHM 136). Über Asmodeus (»Engel des Zorns«), den König der Dämonen, informiert Kurt Ranke in Bd. 1 der EM (1977).
Die *ma'asse* hier hält sich im wesentlichen an das Original, bis auf den literarisch erweiterten und ausgeschmückten Schlußteil. Im Talmudtext verbringt der Auerhahn auf Geheiß des Meeresfürsten den Schamir auf einen unbewachsenen Felsen und legt ihn auf dessen Spitze, worauf der Schamir den Felsen spaltet. In den Spalt schüttet der Vogel Baumsamen hinein und sorgt so für Bewuchs, »deshalb übersetzen wir Schamir mit Bergspalter«.
Für den Bau des Tempels – siehe 2 Chr 3–4 – spielt der mystische Schamir die Rolle des Steinmetzen; die von ihm gespaltenen Steine begeben sich von selbst an ihren Platz. Die Bezeichnung »Wurm« steht für Schlange oder Drache – in der altjüdischen Symbolsprache austauschbare Wesen. Auffällig ist beider Beziehung zum Meer, siehe auch Leviathan.
Bibelverse: »Der Mensch, der sich schmeicheln läßt ...«, Spr 25,15: »eine linde Zunge bricht einen Knochen«.

»Was verbleibt dem Menschen ...«, Koh 2,3: »Und mich an die Narrheit zu halten,/bis daß ich sähe,/wo denn für die Menschensöhne das Gute sei,/auf daß unterm Himmel sies tun/die Zahl ihrer Lebenstage hindurch.«

»Ich bin Prediger ...«, ebd., 1,12: »Ich, ›Versammler‹,/war König über Jißrael/in Jerusalem.«

»... daß jede Nacht sechzig Mann«, Hld 3,7: »Da, sein Tragbett, das Schlomos/sechzig Helden rings um es her,/von den Helden Jißraels«.

Chaliza bedeutet »Ausziehen des Schuhs« und betrifft die sog. Schwagerehe. Das Ritual der Chaliza geht auf Dtn 25,5–10 zurück. Dort wird gefordert, daß der Bruder eines verstorbenen Mannes, dessen Ehe kinderlos blieb, die Witwe heirate. Dem konnten sich beide jedoch zeremoniell entledigen. Frühestens 93 Tage nach dem Tod des Mannes zog sich der Bruder, vor versammeltem Rabbinatskollegium, einen Schuh am rechten Fuß an. Die Witwe zog ihm den Schuh aus, warf ihn weit von sich und spuckte vor dem Schwager aus. Die Anwesenden riefen ihm dann zu: »Chaluz hansal (Einer, dem der Schuh ausgezogen wurde).« Darauf bekam die Witwe einen Chaliza-Scheidebrief ausgestellt, und dieser berechtigte sie endlich zur Ehe mit einem anderen.

Der Auerhahn oder Wiedehopf galt als Sinnbild der Treue und Gewissenhaftigkeit, so auch im ›Sefer Chassidim‹ (Abschnitt 47). Nach dem Koran war er der Vogel, der als erster Salomo von der Königin von Saba berichtet hat: »Ich komme von Saba mit sicherer Kunde ...« (aus der 27., der Ameisen-Sure, wo der Wiedehopf Hudhud heißt und die Königin Bilqis).

Rabbi Chanina und die Giftschlange

Die Geschichte geschah in einer Stadt, dort war einst ein Surof in der Synagoge (*schul*), das bedrohte (*másik sajn*) die Leute, so daß sie nicht in die Synagoge gehen konnten. Und das Surof war eine Art Schlange und sehr giftig. Da kamen die Leute zu Rabbi Chanina ben Dossa und sagten, er möge doch (um dessen Beseitigung) beten (*tfíle ton*). Da sagte Rabbi Chanina zu ihnen: »Kommt mit mir und zeigt mir das Loch, wo das Surof darin ist.«

Da gingen die Leute und zeigten ihm das Loch. Da ging der Rabbi Chanina hin und stellte seinen Fuß mit der Ferse auf das Loch. Da kam das Surof heraus und biß Rabbi Chanina in die Ferse, doch war es sogleich tot (*péjger*). Da nahm er das Surof auf die Achsel und trug es ins Lehrhaus (*beß-médresch*) und sagte: »Seht, meine lieben Kinder, das Surof hat die Leute nicht getötet, nur die Sünden (*awéjreß*) sind es, die töten.« Da sagte Rabbi Chanina: »Wehe dem Menschen, dem das Surof begegnet, und wehe dem Surof, daß ihm Rabbi Chanina begegnet ist.«

Dazu sagt Raschi: Das Surof hat ein Gift. Wenn es einen gebissen hat, so muß der von beiden, der nach dem anderen das Wasser erreicht, sterben. Kommt das Surof eher zum Wasser als der Mensch, so stirbt der Mensch. Kommt jedoch der Mensch eher zum Wasser, so muß das Surof sterben. Und bei Rabbi Chanina geschah das Wunder: daß ihm ein Wasserquell aus seiner Ferse sprang. Dadurch war Rabbi Chanina eher bei dem Wasser als das Surof.
So mußte das Surof krepieren (*péjgern*). [105]

Quelle: Traktat Berakhot 33 a, aus dem Babylonischen Talmud.
Übers.: Goldschmidt BT Bd. 1 (1929), 147. – MB: Pappenheim 1929, Nr. 107.

Rabbinisches Exemplum Nr. 164 (Chanina ben Dossa und der Skorpion).
Goldschmidt übersetzt das Untier mit »Wasserschlange« und merkt an, der im Talmud wie in der Bibel bezeichnete »wilde Esel« sei vielleicht aus griech. *hýdros* (Hydra) mißverstanden worden. Eine Parallelstelle belege, daß auch »gefleckte Schlange« möglich sei.

Der sprichwörtlich fromme und wundertätige Rabbi Chanina ben Dossa (Mitte 1. Jh. n. Z., vgl. Anm. Text 35) galt bei seinen Zeitgenossen als ein Mann, der Kranke gesundbeten (Berakhot 34 b) und Regen eindämmen konnte (Taanit 24 b).
Starck 1991, 483 sieht hier das Gebot, ein totes, unreines Tier zu berühren, durch Rabbi Chanina übertreten. Doch erweise er sich hier erneut (vgl. Text 37) als Charismatiker, als »Ankündiger der messianischen Zeit«.

Rabbi Amram der Fromme und die schöne Frau

Die Geschichte geschah. Einst wurden Frauen aus Nehardaa, die in einem Krieg (*milchóme*) gefangen worden waren, in das Haus eines Mannes gebracht, der Rabbi Amram Chassida (*chóßid*, der Fromme) hieß, damit er sie auslöse – so wie man zu der Zeit viele Gefangene ausgelöst hat. Da brachte sie Rabbi Amram oben auf seinem Boden unter und nahm die Stiege (Leiter) weg, auf daß niemand (*niemz*) zu ihnen käme und mit ihnen, Gott bewahre, sündigen könnte.

Indes sah Rabbi Amram, wie eine der Frauen oben an der Öffnung (*loch*) vorbeiging, die war ausnehmend schön. Da überkam der böse Trieb (*jéjzer-hóre*) Rabbi Amram den Frommen, daß er entzündet wurde von ihrer großen Schönheit und bei ihr liegen wollte. Da nahm Rabbi Amram eine Leiter, die sonst zehn Männer nicht hätten tragen können, und trug sie alleine, denn das leidenschaftliche Verlangen (*jéjzer-hóre*) wurde in ihm so stark, daß er hinaufgehen und bei ihr liegen wollte.

Und wie er halb oben auf der Leiter war, besann er sich, was für eine große Sünde (*awéjre*) das wäre, und er hob an zu schreien: »Es brennt in Rabbi Amrams Haus!« Da kamen die Rabbinen (*rabónim*) und wollten das Feuer löschen, doch sie sahen gar kein Feuer. Da sagte Rabbi Amram: »Ich tat es deshalb, weil ich so den bösen Trieb ausgelöscht habe.« Und sagte ihnen, was er im Sinn gehabt hatte, denn, so sagte er: »Es ist besser für mich, auf dieser Welt beschämt zu werden, als daß ich, Gott bewahre, in Jener Welt (*jénewelt*, Jenseits) beschämt werde.«

Dann beschwor er den bösen Trieb, so daß dieser von ihm ablassen mußte. Da ging der böse Trieb von ihm weg gleich einer Feuersäule. Da sagte Rabbi Amram: »Sieh da, du bist Feuer, und ich bin nur Fleisch und Blut, und doch habe ich dich bezwungen. Und so bin ich auch stärker als du, du böser Trieb, du Satan.«

Deshalb soll man sich vom bösen Trieb nicht verführen lassen, sondern soll ihn beschämen. [106]

Quelle: Traktat Kidduschin 81 a, aus dem Babylonischen Talmud.
Übers.: Goldschmidt BT Bd. 6 (1932), 793. – MB: Pappenheim 1929, Nr. 108.

Der Talmudtext ist spröder. Weder nennt er den »bösen Trieb« (Anlage und Bereitschaft zur Sünde, maßloses Begehren, Inbegriff Satans) beim Namen, noch geht er auf die verführerische Schönheit des Weibes näher ein. Lapidar heißt es: »Als eine von ihnen vorüberging und ein Lichtstrahl durch die Luke fiel, nahm Rabbi Amram die Leiter und stieg hinauf.« Des Rabbis Aufschrei – »Feuer bei Amram!« – wurde zum geflügelten Wort. Die Schlußmoral ist den erbaulichen Absichten des MB geschuldet.

Auch die christliche Legende kennt solche weibliche Versuchung in Verbindung mit Feuer. So wird vom hl. Martianus erzählt, den der Teufel durch die schöne Zoe lockt; nahe daran, der Versuchung zu erliegen, zündet er ein mächtiges Feuer an, stellt sich in die Flamme, wird geläutert – und die schöne Zoe zum Christentum bekehrt. Moses Gaster weist in einer motivgeschichtlichen Untersuchung (MGWJ 78. Jg. 1934, 340 f.) zudem auf die Agada von Rabbi Zadok hin, der sich in den Ofen stürzen wollte, sowie auf die von Chija bar Asche, der den Lockungen seiner eigenen, als Hure herausgeputzten Frau erlegen war und, sobald sie eingeheizt hatte, in den Ofen stieg (Kidduschin 81 b).

Vgl. auch die Josephslegende (Text 64) und die von Matthia ben Charasch (Text 246).

Amram Chassida, Amoräer (Gesetzesinterpret), wirkte im 2./3. Jh. an der babylonischen Gelehrtenschule in Nehardaa (am Euphrat). Wegen seiner Gesetzesstrenge hatte er »unter den rohen Dienern des Hauses zu leiden«, was die Tochter Jalta, Frau des Rabbi Nachman, dann erfuhr und sich seiner annahm – siehe EJ Bd. 2, 1928, Sp. 705 f.

Von der Verführbarkeit der Frauen oder Die treulose Witwe

Die Geschichte geschah. Ein Sprichwort geht, die Weiber haben leichten Verstand, sie sind bald zu überreden.

Denn es geschah einmal, daß eine Frau, deren Mann gestorben war, in großes Jammern und Klagen verfiel. Und sie wollte ja nicht gern ihren lieben Mann vergessen und trieb sich Tag und Nacht auf dem Friedhof (*beß-chájim*, »Haus des Lebens«) herum und weinte und schrie recht jammervoll um ihren lieben Mann.

Da war einer, der war Wächter (*schäumer*) bei einem Galgen. Den bewachte er, daß man keinen Gehängten vom Galgen herabnehmen sollte, bei Leibesstrafe durch den König. Und dieser Galgen stand nicht weit weg vom Friedhof. Und dieser Wächter ging des Nachts zu der Frau und redete so lange auf sie ein, bis er sie dazu überredet hatte, daß sie bei ihm lag.

Und in der Zeit, als er bei ihr gelegen war, wurde einer vom Galgen herab gestohlen. Und wie er wieder zum Galgen kam, da sah er nichts und niemanden. Da war er sehr erschrocken, denn er fürchtete, der König werde ihn hängen lassen, dieweil er nicht gut gehütet hatte. Da ging er zu der Frau und erzählte ihr sein Unglück. Da sagte die Frau zu ihm: »Fürchte dich nicht allzusehr. Nimm doch meinen Mann aus dem Grab (*kéjwer*) und häng ihn an die Stätte.« Da ging er hin und zog mit ihr gemeinsam den Mann aus dem Grab, und sie hängten ihn an den Galgen.

Da seht ihr nun, wie die Frau um ihren Mann so arg gejammert und geweint hat, doch gleichwohl hat sie den bösen Trieb (*jéjzer-hóre*) in sich gehabt, so daß sie sich vom Wächter überreden ließ. Seither geht das Sprichwort, die

Frauen haben geringen Verstand und sind leicht zu überreden, einem zu Willen zu sein, selbst wenn sie in Trauer sind.

Dennoch findet man auch fromme Frauen, die gottesfürchtig sind und solche Sachen nicht tun. Denn es war einmal eine Frau, die hatte sieben Kinder, und eines der Kinder starb ihr, und sie schrie und weinte sehr. Da sagte man ihr: »Weine nicht so sehr, denn wenn du heftig weinst, dann werden dir, Gott behüte, noch mehr Kinder sterben.« Sie schwieg gleichwohl nicht still, bis alle nacheinander starben. Und sie starb danach auch, aus großem Schmerz um ihre Kinder, und tat nicht wie jene Frau getan, die sich hatte überreden lassen. [107]

Quelle: Tossafot (»Hinzufügungen«) zum Traktat Kidduschin 80 b, aus dem Babylonischen Talmud. Vgl. Anm. in Goldschmidts Übersetzung, BT Bd. 6 (1931), 792; Timm 1995, 251.
Übers.: MB: Pappenheim 1929, Nr. 109.

Rabbinisches Exemplum Nr. 442 (Getröstete Witwe). Born Judas, Bd. 3 (1918), 239–241: Die treulose Witwe. Der Originaltext geht von dem Spruch aus, daß der Böse Trieb (*jéjzer-hóre*) den Menschen sogar in seiner Trauer beherrsche.
Als »Witwe (Matrone) von Ephesus« (AaTh 1510) ist der Stoff in der ganzen Weltliteratur verbreitet, vgl. Art. in Elisabeth Frenzel, ›Stoffe der Weltliteratur‹ (7. verb. Aufl. 1988). Seine klassische Form findet sich im ›Satyricon‹ des Petronius (60 n. Chr.). Jüdisch tradiert ist er seit dem Talmudkommentar des Chananel (Kairuan, 11. Jh.). Eine drastische Variante enthält das ›Sefer Scha'aschu'im‹ (*Buch der Ergötzung*) des Joseph ben Meir Sabara (12. Jh.): Der römische Soldat erschrak, denn der bewachte Leichnam war kahl, der ausgescharrte Mann hingegen behaart; macht nichts, sagte die Frau und riß ihm die Haare aus (Nr. 6, nach Heller 1930, 330).
Die für ihre Memoiren berühmte Kauffrau Glückel von Hameln (Glikl bas Leib, 1646–1724) kannte die Geschichte offenbar genau, auch wenn

sie sie niemals zitiert hat. Ihre Biographin Natalie Zemon Davis (›Women on the Margins‹, Cambridge/Mass. 1995, 48) verglich die literarische Präfiguration mit Glückels Selbstgefühl nach dem Tod ihres Mannes: »Glückels Bild von sich selbst als einer eigenverantwortlichen, unbeirrten Frau tilgt das Gegenbild der treulosen Witwe.« Stoff- und motivgeschichtliche Anmerkungen ebd., 250.

Pelimo und Satan

Die Geschichte geschah an einem Zaddik (*zádik*, Gerechter) namens Pelimo, der pflegte jeden Tag zu sagen: »Ein Pfeil in die Augen des Satans!«

Einmal am Vorabend von Jom Kippur (*érew jom-kipur*, Versöhnungstag) machte sich der Satan zu einem Armen und kam vor Pelimos Tür und bat ihn um ein Stück Brot. Er sagte: »Lieber, gib mir um Gottes willen ein Stück Brot. An einem solch heiligen Tag, an dem ein jeder zu Hause an seinem Tisch sitzt, muß ich aushäusig auf der Straße essen.« Da führte ihn Pelimo in sein Haus und gab ihm ein Stück Brot. Da sagte der Satan wieder: »An solch einem heiligen Tag wie heute sitzt jedermann am Tisch, ich aber soll vorne sitzen, ohne Tisch, und muß allein essen.« Da setzte ihn Pelimo auch an den Tisch.

Wie nun der Satan an dem Tisch saß, da machte sich der Satan grindig und garstig (*níwsedik*) und voller Eiter, und der Geifer lief ihm aus seinem Maul. Da sprach Pelimo: »Sitz anständig, was machst du dich so häßlich (*mieß*)?« Da sprach der Satan, der sich als ein Armer verstellt hatte: »Gib mir auch zu trinken.« Da gab ihm Pelimo einen Becher mit Wein. Aber anstatt zu trinken spie er in den Becher, in dem der Wein war. Das tat er aus Boshaftigkeit (*lehächiß*), um den Pelimo zu kränken, dieweil der ihm alle Tage fluchte, wie ihr schon gehört habt. Als nun Pelimo sah, daß er so in den Becher hineingeiferte und ihn danach fallen ließ, da schrie er ihn an und sagte zu ihm: »Trink anständig, oder scher dich weg!«

Da ließ sich der Satan rückwärts fallen und stellte sich tot. Da rief eine Stimme (*kol*) von der Gasse her: »Pelimo hat einen in seinem Haus getötet!« Da lief Pelimo davon (*pléjte machn*) und verbarg sich im Bethaus (*beß-médresch*). Und wie nun der Satan das sah, daß sich der Pelimo dermaßen aufregte (*mezáer sajn*), da machte sich Satan wieder auf und sagte zu Pelimo: »Ich bin der Satan, und ich habe mich zu einem Armen gemacht und habe dich ärgern wollen, weil du mir jeden Tag fluchst. Deshalb fluche mir nicht mehr.« Da sagte Pelimo: »Wie soll ich dann sagen, du Satan und Böser Trieb (*jéjzer-hóre*)?« Da sagte der Satan: »Bitte den Heiligen, gesegnet sei Er, daß Er den bösen Trieb von dir wegnehme, und daß er dich nicht straucheln macht, auf daß du Sünden (*awéjreß*) begehst – so wie König David, er ruhe in Frieden, der den Heiligen, gesegnet sei Er, um Gleiches gebeten hat.« [108]

Quelle: Traktat Kidduschin 81 a-b, aus dem Babylonischen Talmud.
Übers.: Goldschmidt BT Bd. 6 (1932), 794. – MB: Pappenheim 1929, Nr. 110.

Der Talmud sagt nicht, Pelemo (sic!) habe sich in einem Bethaus versteckt, sondern in einem Abort (Abtritt), wohin ihm der Satan gefolgt sei.
Satan ist der personifizierte Böse Trieb, der Verführer zur Sünde, siehe Anm. Text 106. Der Schlußsatz bezeugt, daß der Satan ein selbständiger, dennoch in Gottes Auftrag handelnder Engel ist: »So spreche der Meister: der Allbarmherzige möge den Satan anfahren.«

Rabbi Zera und sein Fasten

Die Geschichte geschah. Rabbi Zera fastete hundert Fasttage, als er nach Israel (*érez-jißróel*) zog, damit er die Gemara (*gemóre*, Inbegriff des Talmud) vergesse, die er in Babylon gelernt hatte, und damit er die Tora in Palästina (*jißróel*) richtig lerne, durch Rabbi Jochanan.

Und danach fastete er wieder hundert Fasttage, darum daß Rabbi Eleasar nicht zu seiner Zeit sterbe, sonst wäre nämlich all die Mühe (die Angelegenheiten) der Gemeinde (*kóhol*) ihm auferlegt worden, denn Rabbi Eleasar war der Gemeindevorsteher (*párneß*).

Danach fastete er wieder hundert Fasttage, darum daß ihm die Hölle (*gehínom*) nichts tun (anhaben) sollte. Und alle dreißig Tage prüfte er sich (*báudek sajn*) und setzte sich in einen heißen Kalkofen, und der Ofen tat ihm nichts.

Einst haben sich die Rabbinen (*rabónim*) an ihm gerächt, darum daß ihm die Hölle nichts anhaben werde. [109]

Quelle: Traktat Baba Metsia 85 a, aus dem Babylonischen Talmud.
Übers.: Goldschmidt BT Bd. 7 (1933), 731. – MB: Pappenheim 1929, Nr. 111.

Im Talmud geht es beim dritten Fasten genauer darum, »daß das Feuer der Hölle keine Gewalt über ihn habe«, und daß er, zur Kontrolle, einen Ofen heizte, in ihn hineinstieg und sich hinsetzte (vgl. die Selbstprüfungen anderer im erhitzten Ofen, Anm. Text 106).
Dort heißt es auch am Schluß deutlicher: »Eines Tages richteten die Rabbanan ihre Augen auf ihn, und er verbrannte sich die Schenkel. Da nannte man ihn: der Kleine mit den verbrannten Schenkeln.«
Was den Vergleich von Babylonischem Talmud und Jerusalemer Talmud betrifft, den Rabbi Zera neu zu *lernen* hatte, so ist die Mischna (»Lehre«)

zwar in beiden Talmuden gleich, doch in der Gemara (dem daraus abgeleiteten »Lernen«) bestehen Unterschiede. In dem älteren, weniger umfangreichen Jerusalemer Talmud ist »die typisch talmudische, den Verstand schärfende Dialektik lange nicht so ausgeprägt entwickelt« (Leo Prijs).
Von Rabbi Eleasar ben Asarja ist bekannt, daß er, ein Tannaite um 100 n. Z., zu den führenden Gesetzeslehrern in Jawne zählte und 70 Jahre alt wurde. Von Rabbi Zera ist noch eine weitere Geschichte überliefert, siehe Text 124.

König Herodes und Rabbi Jehuda ben Bota

Die Geschichte geschah. Einer namens Herodes ist einst König geworden, doch bevor er König wurde, war er ein Sklave (Knecht) der Hasmonäer (*Chaschmónim*). Und unter denen war eine junge Frau, in die sich der Herodes verliebte.

Eines Tages hörte er eine Stimme von oben (*baßkól*), die rief: »Jeder Sklave, der seinem Herrn jetzt widerspenstig ist, der wird Glück haben.« Da ging Herodes hin und tötete alle seine Herren, bis auf die junge Frau, die er so liebhatte. Die ließ er leben, denn er hatte vor, sie zur Frau zu nehmen.

Was aber tat die junge Frau? Sie sprach: »Wenn einer kommen und sagen wird, er habe des Königs Tochter bekommen, und er habe alle Hasmonäer erschlagen bis auf mich, der soll mich nicht haben.« Was tat die junge Frau? Sie ging auf das Dach und fiel gern (aus freien Stücken) herab und brach sich sogleich den Hals. Da sagte Herodes: »Wer erklärt (*dárschent*) mir den Vers (*póßek*): ›Einen unter deinen Brüdern sollst du zu einem König machen, aber nicht aus einem Knecht.‹« Da erklärten ihm die Rabbinen (*rabónim*) den Vers.

Daraufhin tötete Herodes alle die Rabbinen, außer Jehuda ben Bota, den wollte er nicht töten, weil er Ratschläge (*éjzeß*) von ihm haben wollte, so er deren bedurfte. Danach ging Herodes hin und ließ dem Jehuda ben Bota die Augen ausstechen.

Eines Tages saß Herodes bei Jehuda ben Bota in einer Stube, doch dieser wußte nicht, wer bei ihm saß. Da sagte Herodes: »Wir wollen ihm fluchen«, denn er wollte hören, was der andere im Sinn hatte. Da entgegnete Baba (im Talmud: Baba ben Bota = Buta, statt Jehuda): »Die Schrift (*póßek*) sagt: ›Auch in deinen Gedanken sollst du keinem fluchen, der ein König ist.‹« Da wandte Herodes ein: »Aber er ist doch kein König.« Da sagte Baba: »Laß ihn nicht besser sein als einen Reichen (*áuscher*), dem darfst du auch nicht fluchen, wie der Vers sagt: ›Und in deiner Bettkammer fluche nicht einem Reichen.‹«

Da gab sich der Herodes dem Baba zu erkennen und sagte: »Ich selbst bin Herodes. Hätte ich gewußt, daß ihr (Rabbinen) so fromm seid, ich wollte euch nicht getötet haben, aber weil ich es nun einmal getan habe, so befürchte ich, daß mir der Heilige, gepriesen sei Er, nicht verzeihen wird. Deshalb gib mir einen Rat (*éjze*), was ich tun soll, damit mir der Heilige, gepriesen sei Er, die Sünde (*awéjre*) verzeiht.«

Da sprach Baba: »Ich will dir sagen, was du tun sollst. Du hast das Licht der Tora ausgelöscht. Geh hin und zünde das Licht der Tora wieder an, denn die Weisen (*chachómim*) werden das Licht der Tora genannt, und du hast sie alle getötet. Deshalb zünde das Licht wieder an. Das aber heißt, geh hin und baue den heiligen Tempel (*beß-hamíkdosch*), von dem der Schriftvers sagt: ›Und der Tempel soll allen Völkern leuchten.‹ Deshalb baue den Tempel.«

Da folgte er ihm und erbaute wieder den heiligen Tempel, wie wir in den vierundzwanzig Büchern gelernt haben. [110]

Quelle: Traktat Baba Batra 3 b-4 a, aus dem Babylonischen Talmud.
Übers.: Goldschmidt BT Bd. 8, 9–11. – Stemberger 1982, 163. – MB: Pappenheim 1929, Nr. 112.

Rabbinisches Exemplum Nr. 250 (Herodes und Mariamne).
Ein Stoff der Weltliteratur, der auf die geschichtliche Darstellung ›Bellum Judaicum‹ des Josephus Flavius (37–110 n. Z.) zurückgeht, die wiederum Lion Feuchtwanger als Roman ausgeformt hat (›Der jüdische Krieg‹, 1932). Im literarischen Bewußtsein verankert ist vor allem Friedrich Hebbels Trauerspiel ›Herodes und Mariamne‹ (1850).
Der Talmud gibt die Rede der jungen Frau so wieder: »Kommt jemand und sagt, er entstamme dem Haus der Hasmonäer, so ist er ein Sklave; von diesem war nur eine einzige Jungfrau zurückgeblieben«, und diese (ab hier führt wohl der Erzähler den Satz weiter) stürzte sich von einem Dach auf die Erde.
Der Talmud weiß köstliche Details, so dieses: Herodes habe die zu Tode Gestürzte sieben Jahre in Honig konserviert. »Manche sagen, er beschlief sie, und manche sagen, er beschlief sie nicht.« Die einen hätten ausgeführt, er habe sie konserviert, um seine Leidenschaft zu befriedigen; die anderen hätten als Motiv für die Konservierung angesehen, daß er den Anschein erwecken wollte, er habe die Tochter des Königs geheiratet.
Die Blendung des Rabbi sei durch einen Igelkranz erfolgt, den Herodes ihm aufs Haupt gedrückt habe; als er sich unerkannt neben ihn setzte, seien seine Worte gewesen: »Hat der Meister gesehen, was dieser böse Sklave getan hat?«, worauf er zur Antwort bekommen hätte: »Was kann ich gegen ihn tun?«, und er wieder: »Mag der Meister ihn verfluchen«, und dieser dann: »Auch in deinen Gedanken fluche dem König nicht.« – Soweit der erhellende Dialog.
Die im Schlußsatz genannten »24 Bücher« sind Zutat der Ma'asse. Es handelt sich um die 24 kanonischen Schriften der hebräischen Bibel, nämlich die fünf Bücher der Tora, die acht prophetischen Bücher, die elf Hagiographen (Ketuvim).

Bibelverse: »Einen unter deinen Brüdern sollst du zu einem König machen ...«, Dtn 17,15: »aus dem Kreis deiner Brüder sollst du einen König über dich setzen,/nicht kannst du einen fremdländischen Mann über dich geben, der nicht dein Bruder ist«.
»Fluche nicht dem König ...«, Koh 10,20: »Auch in deinem Bewußtsein verwünsche nimmer den König«.
»Und in deiner Bettkammer ...«, ebd.: »und in deinem Schlafgemach verwünsche den Reichen nimmer«.
»Und der Tempel soll allen Völkern leuchten«, Jes 2,2: »festgegründet ist der Berg SEINES Hauses/... strömen werden zu ihm die Weltstämme alle«.

Herodes der Große, König von Judäa (um 73–4 v. Z.), Halbjude (Idumäer), heiratete die Hasmonäerin Mariamne. Aus Palästina vertrieben, konnte er mit Hilfe Roms Jerusalem erobern (37) und seine Herrschaft erweitern, was einherging mit prächtigen Bauten, so auch dem Neubau des Tempels in Jerusalem, aber auch einem Vernichtungskampf gegen politische Gegner. Die Hinrichtung der Mariamne und ihrer Söhne kostete ihn den Beistand national-jüdischer Kreise. Herodes war isoliert und soll bei seinem Tod verwirrt gewesen sein.
Wer aber war hier sein Gegenüber? Zunächst ist von einem Jehuda ben Bota die Rede, dann von Baba ben Buta. Letztgenannter war Tannaite (Gesetzeslehrer) in der 2. Hälfte 1. Jh., Schüler des Schammai, von Beruf Richter, der sich durch Frömmigkeit und Gutmütigkeit auszeichnete (siehe Text 123). – In EJ Bd. 8, 1931, Sp. 937 f. findet sich noch ein Rabbi Jehuda ben Baba, ebenfalls Tannaite um diese Zeit und für sein frommes Wesen bekannt. Während der hadrianischen Verfolgungen ordinierte er die jüngeren Schüler des Rabbi Akiba an einem versteckten Ort in den Bergen (bei Schefaran), wurde von Häschern aufgespürt und verhalf seinen Schützlingen zur Flucht; er selbst stellte sich und starb, von 300 römischen Lanzen durchbohrt. Es spricht einiges dafür, dass Jehuda ben Baba als Held dieser Legende gemeint ist.

Wie Rabbi Meir einen Fluss halb überquerte und warum er wieder umkehrte

Die Geschichte geschah. Rabbi Meir pflegte über Leute zu spotten, welche Sünden (*awéjreß*) begingen. Denn er sagte: »Jedermann kann leicht seinen bösen Trieb (*jéjzer-hóre*) beherrschen (*kaufe sajn*), auf daß er nicht sündige.«

Einmal wollte ihn der böse Trieb (personifiziert: Satan) versuchen, er machte sich zu einer hübschen Frau und stellte sich jenseits des Flusses (*wáßer*) auf. Da sah Rabbi Meir sie an und bekam Lust auf sie und wäre gern bei ihr gewesen. Aber es war keine Brücke da. Und da war auch kein Schiff, daß er damit übersetzen konnte. Da ging er hin und nahm ein kleines Brett und fuhr damit hinüber. Aber erst nahm er einen Strick und warf ihn über den Fluß, daß er sich daran festhalten konnte und nicht hinein fiel.

Und wie er nun halb über den Fluß gekommen war, da verging ihm die Leidenschaft, so daß er keine Lust mehr auf sie hatte. Da sprach der böse Trieb zu Rabbi Meir: »Wenn man nicht im Himmel ausgerufen hätte, vor Rabbi Meir und seiner Tora (*táuro*, hier: Gesetzeskunde) sich vorzusehen, so würde ich dich jetzt ins Wasser geworfen haben, so daß du ertrunken wärst.« [111]

Quelle: Traktat Kidduschin 81 a, aus dem Babylonischen Talmud.
Übers.: Goldschmidt BT Bd. 6 (1932), 793 f. – MB: Pappenheim 1929, Nr. 113.

Widersacher des Rabbi Meir ist der Böse Trieb oder Satan, der vor keinem Frommen haltmacht, wie spiegelbildlich bei Rabbi Akiba in der folgenden Geschichte; siehe auch Anm. Text 106. Vgl. das rabbinische Exemplum: Nr. 136 (Versuchung des Mathia ben Charasch); auch dort, siehe Text 146, verwandelt sich Satan in eine hübsche Frau. Vgl. Sir 9, 8: »Wende ab den Blick von der lieblichen Frau, schließe das Auge vor Bösem.« Der Talmud spricht von einer Stegleine über den Fluß, an der sich Rabbi Meir watend festhält. Der Text schließt mit: »so würde ich dein Blut mit zwei Maá eingeschätzt haben« (d. s. billige Kupfermünzen).

Wie Rabbi Akiba auf die Palme stieg und warum er wieder herunterkam

Die Geschichte geschah an Rabbi Akiba, der pflegte ebenfalls über die Leute zu spotten, die Sünden (*awéjreß*) begingen. Denn auch er sagte, ein Mensch könne leicht seinen bösen Trieb (*jéjzer-hóre*) beherrschen (*kaufe sajn*).

Eines Tages machte sich der böse Trieb (Satan) ebenso zu einer hübschen Frau und stieg auf einen hohen Teitelbaum (Palme). Als Rabbi Akiba sie sah, da bekam auch er Lust auf sie und stieg hinauf. Und wie er halb auf dem Baum war, da verging ihm der Trieb (*jéjzer*), so daß er keine Lust mehr auf sie hatte. Da sprach der Trieb zum Rabbi Akiba: »Wenn man nicht im Himmel ausgerufen hätte, vor Rabbi Akiba und seiner Tora (*táuro*, hier: Gesetzeskunde) sich vorzusehen, so würde ich dich jetzt vom Baum heruntergeworfen haben, daß du den Hals gebrochen hättest und gleich gestorben wärst.« [112]

Quelle: Traktat Kidduschin 81 a, aus dem Babylonischen Talmud.
Übers.: Goldschmidt BT Bd. 6 (1932), 794. – MB: Pappenheim 1929, Nr. 114.

Spiegelgleich mit vorigem Text. Der Talmud spricht auch hier nicht direkt von einer Tötungsabsicht Satans, sondern schließt mit: ». . . so würde ich dein Blut mit zwei Maá eingeschätzt haben«.
Pappenheim gebraucht in ihrer Übersetzung statt der Palme einen »Teitelbaum«. Biblisch gesehen, ist die Palme eine Metapher des Hohen und Erhabenen. »Der Bewährte sproßt wie die Palme,/er schießt wie eine Zeder auf dem Libanon auf« (Ps 92,13).

Die Töchter des Rabbi Nachman

Die Geschichte geschah an den Töchtern des Rabbi Nachman (bar Jakob), die griffen den Schaum der Kochtöpfe stets mit den Händen ab. Da meinten die Leute, sie täten es aus Frömmigkeit. Da fragte Rabbi Elos: »Es steht doch geschrieben, einen frommen Mann unter tausend findet man wohl, aber eine Frau unter allen Weibern findet man nicht.« Und da sieht man ja, daß Rabbi Nachmans Töchter fromm sind.

Nun begab es sich einmal, daß die Töchter des Rabbi Nachman von den Kutäern gefangengenommen wurden, und der Rabbi Elos war auch unter den Gefangenen. Eines Tages saß neben ihnen ein Gefangener, der allerlei Sprachen verstand, und die Sprache der Vögel konnte er auch verstehen. Da flog eine Krähe vorbei und schrie Kra kra, so wie die Krähen zu schreien pflegen. Da fragte Rabbi Elos: »Was meint die Krähe mit ihrem Schreien?« Da sprach der Mann, der die Sprache verstand: »Die Krähe schreit dich an und sagt: ›Elos flieh!‹, das heißt, du sollst fliehen (*pléjte*

machn), dann wird es dir noch gutgehen.‹« Da sprach Rabbi Elos: »Eine Krähe lügt gern (*sogt schéker*), ich will ihr nicht glauben.«

Danach kam eine Taube und schrie auch, so wie eine Taube zu schreien pflegt. Da fragte Rabbi Elos den Mann, der die Sprache verstand: »Was meint die Taube mit ihrem Schreien?« Da sagte der Mann: »Die Taube sagt auch, Elos soll flüchten.« Da sprach Rabbi Elos: »Die Taube ist keine Lügnerin (*schákrente*), denn die Gemeinde Israel (*kenéßes jißróel*) wurde mit einer Taube verglichen. Es wird mir gewiß ein Wunder (*neß*) zuteil. Ich will flüchten.«

Und ging hin und sagte: »Ich will einmal sehen, ob Rabbi Nachmans Töchter auch in ihrer Frömmigkeit bestehen bleiben, jetzt, wo sie unter fremden Völkern (*úmauß*) gefangengesetzt sind. Und ich will ihnen sagen, daß auch sie flüchten sollen. Dann werde ich sehen, ob sie fromm sind. Wenn sie aber unter den fremden Völkern bleiben wollen, dann sind sie gewiß nicht fromm.« Und wie nun Rabbi Elos zu ihnen gehen wollte, da waren sie auf dem Abtritt (*beß-hakíße*) beieinander. Rabbi Elos sagte sich: »Alle Frauen bereden die Geheimnisse (*ßáudeß*) auf dem Abtritt.« Da hörte Rabbi Elos, wie sie miteinander redeten: »Wir wollen nicht flüchten, denn unsere Männer sind doch nicht bei uns; wenn uns die fremden Männer (*gójim*) haben wollen, so lassen wir dies zu, obwohl wir in Israel (*érez-jißróel*) Männer haben. Wir werden sagen, unsere Männer sind weit weg und werden uns nicht auslösen.«

Als das Rabbi Elos hörte, da flohen er und der Mann, der sich auf Sprachen verstand. An dem Rabbi Elos geschah ein Wunder, so daß er glücklich (*beschólaum*) über das Wasser kam. Aber jenen Mann haben sie erwischt und haben ihn getötet. Und die Töchter des Rabbi Nachman kamen auch wieder und schäumten die Töpfe wieder ab. Da kam Rabbi Elos in den Sinn, daß sie damit Magie betrieben (*kíschef ton*). Sie hatten in der Tat von seiner Flucht gehört, und Rabbi Elos hatte sie auf dem Abtritt miteinander reden gehört, (und dies hatte ihm gezeigt), was für züchtige Frauen (*znúauß*) sie waren. [113]

Quelle: Traktat Gittin 45 a, aus dem Babylonischen Talmud.
Übers.: Goldschmidt BT Bd. 6 (1932), 327. – MB: Pappenheim 1929, Nr. 115.

Vgl. Koh 7,28: »Einen Menschen (d.i. Mann) aus tausend habe ich gefunden,/aber ein Weib habe ich unter allen diesen nicht gefunden.«
Heller 1930, 362 charakterisiert das hebräische Märchen so: Es bildet einen vorgefundenen Stoff um, »besonders oft durch eine Anlehnung und Anpassung eines Bibelwortes«. Soll z.B. bewiesen werden, daß Männertreue über Weibertreue geht, so »stützt sich das misogyne Märchen auf den Ausspruch Kohelets«, des Predigers.
Der Märchentypus »Tiersprachenkundiger Mensch« (AaTh 670), der sich schon bei Melampus und Tiresias und später beim irischen Heiligen Mochua findet (siehe Günter 1910, 80), ist hier verbunden mit den gegensätzlichen Sinnbildern Krähe (Rabe) und Taube. Biblisch sind Rabe und Krähe negativ besetzt; als Aasfresser gehört der Rabe – und nur von ihm spricht der Talmudtext – zu den unreinen Tieren. Anders die Taube, eine Lichtgestalt, der die Gemeinde Israels gleicht. Dies geht auf Ps 68,14 zurück: nach Luther: »Wenn ihr zu Felde liegt,/so glänzt es als der Taube Flügel,/die wie Silber und Gold schimmern«. – Vgl. Dov Noy, The Jewish Visions of the ›Animal Language‹-Folktale, in: Heinemann/Noy 1971; Diether Röth, ›Kleines Typenverzeichnis der europäischen Zauber- und Novellenmärchen‹ (1998), 149: Nr. 670 »Der tiersprachenkundige Mann«.
Über Rabbi Nachman bar Jakob informiert JL Bd. 4/1, 1930, Sp. 371 f. Er war babylon. Amoräer (Gesetzesinterpret) und Schwiegersohn des Exilarchen Rabba ben Abahu: in Nachfolge seines Lehrers Samuel wurde er Leiter der Akademie von Nehardaa (am Euphrat) und starb 320 n.Z.

Zwei falsche Propheten

Die Geschichte geschah an zwei Brüdern. Der eine hieß Achab ben Kolaja, und der andere hieß Zidikija ben Maassija. Die waren zwei schlimme Bösewichter (*grojß reschóim*) und in Jerusalem (*jeruscholájim*) beheimatet. Und nachdem sie nach Babylon vertrieben wurden, zusammen mit anderen Juden, ließen die beiden Schurken gleichwohl ihre bösen Stückchen nicht und gaben sich als Propheten (*newíim*) aus.

Und sie gingen zu Nebukadnezars Töchtern. Achab ging zu der einen Tochter und sagte zu ihr: »Gott der Herr hat mich zu dir geschickt, daß du zu meinem Kameraden Zedekia gehören und bei ihm liegen sollst.« Und Zedekia ging zu der anderen Tochter und sagte auch zu ihr: »Gott der Herr hat mich zu dir geschickt, daß du zu meinem Kameraden Achab gehören und bei ihm liegen sollst.« Da gingen die Töchter zu ihrem Vater Nebukadnezar und sagten ihm das. Da gab der Vater zur Antwort: »Wenn sie wieder zu euch kommen, so sagt, sie sollen zu mir kommen und vorab mich fragen. Denn ohne meine Erlaubnis (*reschúß*) dürft ihr nichts tun.«

Wie die beiden wieder zu den Töchtern kamen, da sagten sie, sie kämen nun, um bei ihnen zu liegen. Da gaben diese zurück: »Ihr müßt vorher zum König gehen, denn wir dürfen ohne Erlaubnis von unserem Vater solche Sachen nicht tun.« Da gingen sie zum König.

Und wie sie nun zum König kamen, da sagte der König zu ihnen: »Seid ihr die Propheten, die Gott zu meinen Töchtern geschickt hat, daß sie bei ihnen liegen sollen?« Da sagten sie: »Gott der Herr hat uns zu Euren Töchtern geschickt, wir sollen ihnen das Botenbrot sagen, daß sie bei uns liegen möchten, dann werden sie beide von uns beiden ebenfalls Propheten kriegen.«

Da sagte der König zu ihnen: »Gott haßt doch die Unkeuschheit (Unzucht) und hat sie doch selbst in eurer Tora verboten. Wie soll ich euch solches glauben, daß Gott euch solches geheißen hat? Denn ich habe (seinerzeit) Chananja, Mischael und Asarja gefragt, sie sind doch auch Propheten gewesen, und sie haben mir gesagt, daß Gott Unkeuschheit verboten hat.« Da erwiderten die Schurken: »Wir sind ebensogut Propheten, wie sie welche waren. Zu ihnen hat Gott nicht geredet, und zu uns hat Gott ja geredet.« Da sprach der König: »Ich will eines tun, ich will euch auf die Probe stellen, so wie ich auch Chananja, Mischael und Asarja auf die Probe gestellt habe. Und ich will auch euch in einen heißen Kalkofen werfen lassen. Wenn auch ihr dort unbeschädigt wieder herausgeht, dann will ich euch für wahre Propheten halten, und dann soll euch das zuteil werden, was ihr wollt.« Da gaben sie zur Antwort: »Es geschieht nicht alle Tage ein Wunder (*neß*). Mehr noch, sie waren drei fromme Leute, aber wir sind nur zwei.«

Da sprach der König: »Wenn euch das hindert, so wählt euch einen frommen Mann dazu, wen auch immer ihr dabeihaben wollt, so daß ihr auch zu dritt sein werdet, so wie Chananja, Mischael und Asarja auch selbdritt waren.« Da sagten sie zum König: »Gib uns Josua den Hohepriester (*káuhen-gódaul*), der ist ein frommer Mann.«

Sie glaubten nämlich, sie könnten Genuß haben von seiner Frömmigkeit, so daß sie dadurch unbeschädigt herauskämen.

Da sprach der König: »Das soll euch zugestanden sein.« Also gebot der König, daß man den Ofen einheizen solle, was auch gleich geschah. Und so warf man die beiden und den Hohepriester gleich mit in den Kalkofen. Da verbrannten die zwei Lügenpropheten (*schéker newíim*) ganz zu Asche, und dem Hohepriester Josua verbrannte nichts weiter als seine Kleider, doch an seinem Körper blieb er unversehrt.

Da sagte der König zu Josua dem Hohepriester: »Ich sehe wohl, daß du ein großer (*kestlich*) Mann bist. Aber sag mir, warum sind dir deine Kleider verbrannt? Denn Chananja, Mischael und Asarja sind nicht einmal (*afile nit*) die Kleider versengt worden.« Da sprach Josua: »Jene waren drei, und alle drei waren fromme Männer. Ich aber bin allein gewesen.« Da entgegnete der König: »Ist doch Abraham auch allein gewesen, und ihm ist doch nichts geschehen.« Da gab Josua der Hohepriester zurück: »Bei Abraham hat es keine Bösen (*reschóim*) gegeben, und das Feuer hat nicht die Erlaubnis gehabt, doch bei mir gab es zwei schlimme Sünder und das Feuer hatte die Erlaubnis, sie zu verbrennen.«

Und so geht das Sprichwort, das die Leute sagen: Zwei dürre Hölzer versengen ein Holz. Und das ist, was der Schriftvers (*póßek*) belegt: ›Der Zaddik (*zádik*, der Gerechte) wird aus der Not befreit, und an seine Stelle kommt der Sünder.‹ Und warum wurden Josuas Kleider verbrannt, ist er doch ein frommer Mann gewesen? Das erklärt wiederum die Gemara (*gemóre*, steht für Talmud): Darum, weil er seine Söhne hat Frauen nehmen lassen, die der Priesterschaft nicht würdig waren, und er ihnen dies nicht verwehrt hatte, deshalb verbrannten ihm seine Kleider. [114]

Quelle: Traktat Sanhedrin 93 a, aus dem Babylonischen Talmud.
Übers.: Goldschmidt BT Bd. 9 (1934), 43–45. – MB: Pappenheim 1929, Nr. 116.

Rabbinisches Exemplum Nr. 28 (Falsche Propheten in Babylon).
Die Legende gehört zu den Feuerproben, d. h. den Gottesurteilen, die Nebukadnezar, König von Babylon (604–562 v. Z.), angestrengt haben soll. Die beiden falschen Propheten, die im babylon. Exil einander Frauen vermittelten, sollen sich nach dem Midrasch Tanchuma (ed. Salomon Buber, Wajikra 3) nicht den Töchtern genähert haben, sondern der Ehefrau Semiramis: Die wollten sie, mit jeweiliger Empfehlung des anderen, zur Unzucht verleiten. Semiramis aber meldete den Vorfall ihrem Gatten Nebukadnezar.
Der Talmud spricht von einem Fluchwort während der Gefangenschaft der Juden: »Der Herr mache dich Zidikija und Achab gleich, die der König von Babel im Feuer geröstet hat.«
Die Feuerprobe Abrahams geht auf Nimrod, den babylonischen König der Jagd, zurück; er war es, der Abraham, den Mann aus Ur (= Feuer),

in einen feurigen Ofen werfen ließ, weil er sich gegen den Götzendienst gewehrt hatte.
Die wiederholten Hinweise auf Chananja, Mischael und Asarja – als die »wahren Propheten« – beziehen sich auf die Gefährten Daniels, bekannt als »die drei Jünglinge im Feuerofen«, vgl. Text 193.
Botenbrot: die Brotschnitten, die der Bote, nachdem er seinen Auftrag erledigt hatte, von dem Adressaten erhielt.
Bibelvers »Der Zaddik wird aus der Not befreit ...«, Spr 11,8: »Der Bewährte wird aus Bedrängnis entschnürt,/der Frevler kommt an seine Stelle.«

Die Leute von Sodom

Die Geschichte geschah den Leuten von Sodom, die hatten bei sich folgende Sitte (*ßéjder*) eingeführt: Wenn einer die Frau seines Nächsten schlägt und ihr infolgedessen ein Kind abgeht und der Mann sein Kind wiederbezahlt haben will, dann spricht der, der es getan hat: »Gib mir dein Weib, ich will dir ein anderes machen.« Und jener gab ihm dann sein Weib, bis er ein anderes Kind gemacht hatte.

Und sie hatten bei sich noch eine andere Sitte: Wenn sie einen schlugen, daß sein Blut kam, dann wollten sie noch Geld von ihm haben, weil man von ihm Blut herausgeschlagen hatte, und das war gut für seine Gesundheit. Und dann hatten sie noch eine Sitte: Der, welcher über eine Brücke ging, mußte vier Gulden geben, und der, welcher über das Wasser fuhr, mußte acht Gulden geben.

Einmal kam ein Wäscher daher, der ging über die Brücke und fuhr auch über das Wasser. Da kamen die Leute von Sodom und sprachen: »Gib vier Gulden her, dieweil du über unsere Brücke gegangen bist.« Da sprach er: »Ich bin doch über das Wasser gefahren.« Da sprachen sie: »So gibt acht Gulden her.« Da wollte er's nicht geben, und sie fielen über ihn her und schlugen ihm eine tiefe Wunde. Dann kamen sie vor den Richter (*dájen*), und der sagte: »Gib ihnen ihren Lohn, weil sie dir eine Wunde geschlagen haben. Und gib ihnen auch acht Gulden, weil du übers Wasser gefahren bist.«

Einst begab es sich, daß Elieser, der Knecht Abrahams (*éwed Awrohom*), zu ihnen kam. Da fielen sie über ihn her und schlugen ihm eine Wunde. Dann kamen sie mit ihm vor den Richter. Da sprach der Richter: »Gib ihnen ihren Lohn, dafür daß sie dich blutig gemacht haben.« Da ging der Elieser hin und fiel über den Richter und schlug ihn kräftig und machte ihn bluten. Da sagten sie: »Was soll das?« Da sagte der Elieser: »Den Lohn, den mir der Richter geben muß, dafür, daß ich ihn blutig geschlagen habe, den Lohn nehmt ihr ein, dafür, daß ihr mich bluten gemacht habt. So behalte ich mein Geld und brauche euch nichts zu geben.«

Dann hatten sie noch eine andere Sitte: Wer einen Fremden zu einer Mahlzeit einlud (*zu ajn ßúde breiet*), dem zogen sie all seine Kleider vom Leib. Einmal feierte man in der Stadt eine Breiluft (Hochzeit). Da kam Elieser, der Knecht Abrahams, auch dazu und setzte sich ebenso an den Tisch. Als die Leute ihn fragten, wer ihn eingeladen hätte, deutete der Elieser auf einen und sagte: »Der da hat mich eingeladen.« Da lief jener Mann flugs hinaus, denn er befürchtete, man werde ihm die Kleider ausziehen. Und danach fragten sie ihn wieder, wer ihn eingeladen hätte, und er deutete wieder auf einen anderen. Da lief auch der Mann hinaus, denn er fürchtete gleichfalls, man werde ihm die Kleider ausziehen. Und danach fragten sie ihn wieder, und er wies wieder auf einen anderen. Und so rannten sie alle hinaus, denn sie befürchteten alle, man werde ihnen ihre

Kleider wegnehmen. Da blieb Elieser allein da sitzen und aß das Festmahl (*ßúde*) allein auf.

In Sodom hatten sie auch eine Sitte, wenn ein Gast kam, so legten sie ihn in ein bestimmtes Bett. Wenn er für das Bett zu lang war, schnitten sie ihm die Füße ab, bis er in das Bett richtig hineinpaßte, wenn er aber kürzer war als das Bett, dann zogen sie ihm die Glieder lang, bis auch er in das Bett hineinpaßte.

Da kam Elieser, der Knecht Abrahams, einmal zu ihnen, und sie sagten zu ihm: »Komm, leg dich und schlaf in dem Bett.« Da entgegnete er: »Ich habe ein Gelübde (*néjder*) getan; seit dem Tage, an dem meine Mutter gestorben ist, bin ich auf keinem Bett gelegen.« Denn auch er fürchtete sich davor, man werde ihm die Füße abschneiden, oder man werde ihn länger machen.

Ferner hatten sie eine Sitte, wenn ein Armer zu ihnen kam, so gab ihm ein jeder eine Münze und schrieb seinen Namen darauf; aber keiner der Geber durfte ihm ein Stück Brot geben, auf daß jener vor Hunger sterben sollte. Und wenn er nun gestorben war, dann kam ein jeder und nahm sich wieder seine Münze, wo sein Name draufstand.

Einmal gab eine junge Frau einem Armen ein Stück Brot, damit er sein Leben behielt. Als sie das gewahr wurden, nahmen sie die junge Frau und schmierten sie mit Honig ein, zogen sie nackt aus und legten sie auf das Dach. Da kamen die Bienen und aßen den Honig ab und stachen die gute junge Frau zu Tode. Darauf ist der Vers (*póßek*) gemünzt: ›Gott der Herr spricht: Ich habe das Geschrei von Sodom und Gomorra gehört, es ist groß (*raba*).‹

Das Wort rabba ist das gleiche wie riba, das bedeutet ›junge Frau‹, denn es war das Schreien der jungen Frau, das zu Gott emporstieg. [115]

Quelle: Traktat Sanhedrin 109 b, aus dem Babylonischen Talmud.
Übers.: Goldschmidt BT Bd. 9 (1934), 130 f. – MB: Pappenheim 1929, Nr. 117.

Dem Talmud nach hatten die Sodomiter seltsame Richter und absurde Gesetze, was mit satirischem Vergnügen ausgebreitet wird (siehe auch Schwarzbaum 1968, 252).
Hier beginnt der Text mit folgender Feststellung: »Vier Richter waren in Sodom: Lügner, Verlogener, Fälscher und Rechtsbeuger.«
Das Streckbett ist dem griechischen Mythos vom Riesen Prokrustes nachempfunden, der alle, die in seine Fänge gerieten, auf das sog. Prokrustesbett legte; war einer zu kurz, so streckte er ihn mit dem Hammer, war einer zu lang, so kappte er ihm die Glieder. Held Theseus hat ihn schließlich überwältigt.
Das Gelübde Eliesers bezieht sich im Talmud auf den Tod der Mutter; in Pappenheims Übers. auf den Tod »meines werten Fürsten«, in Gasters Übers. auf den Tod »meiner Herrin Sara« (d. i. Abrahams Frau).
Der Bibelvers zum Schluß greift Gen 18,20 auf: »ER sprach:/Der Klageschrei über Sodom und Gomorra, wohl, er schwoll, und ihre Sünde, wohl, sie wuchtet sehr«.
Elieser, der »hausgeborene« Knecht Abrahams, des Stammvaters der Israeliten, wurde nach jüdischer Tradition von seinem Herrn freigelassen und mit dem Königreich Basan, östlich des Sees Genezareth, beschenkt.

Vom Wert eines Krankenbesuchs

Die Geschichte geschah. Rabbi Akiba spricht: »Wenn einer einen Kranken besucht, so tut er eine solch gute Tat (*grojß mízwe*), als wenn er ein Leben in Israel (*jißróel*) gerettet hätte.«

Einst war dem Rabbi Akiba ein Schüler (*tálmid*) erkrankt, und keiner kam den Kranken besuchen (*mewáker cháule*). Da ging Rabbi Akiba hin und besuchte ihn, dieweil er mit ihm gelernt hatte. Und wie er nun zu ihm kam, da sprach der Schüler: »Mein lieber Rabbi, Ihr habt mir mein Leben verlängert; so wohl habt Ihr mir getan, daß Ihr zu mir gegangen seid und mich Kranken besucht habt.«

Bald danach predigte (*dárschent*) Rabbi Akiba und sagte: »Wenn einer versäumt, einen Kranken zu besuchen, so ist das, als wenn er einen Menschen in Israel tötet.«

Und sobald Rabbi Akiba den Schüler, als er krank war, besucht hatte, ist dieser gesund geworden. Deshalb, ihr lieben Leute, muß es eine große gute Tat sein, Kranke zu besuchen. [116]

Quelle: Traktat Nedarim 40 a, aus dem Babylonischen Talmud.
Übers.: Goldschmidt BT Bd. 5 (1931), 448. – MB: Pappenheim 1929, Nr. 118.

Rabbinisches Exemplum Nr. 197 (Akiba besucht den Kranken).
Der Talmud schließt mit der Predigt Akibas: »... so ist es ebenso, als würde er Blut vergießen.« Der Appell am Schluß des Ma'assetextes ergibt sich aus den Absichten des ganzen Buches.

Der aufrichtige Nasir

Die Geschichte geschah. Simeon ha-Zaddik (*ha zádik*, der Gerechte) sagt: »Niemals im Leben ist mir ein echter Nasir (Asket) untergekommen, der mehr um des Himmels willen (*leschém schomájim*) getan hat als ein gewisser Jüngling.

Denn da kam einst ein feiner, schöner Jüngling, der hatte ein hübsches Gesicht und hübsche Augen und goldgelb wallendes, fein gekräuseltes Haar, ein wirklich feiner, hübscher Junge. Und der ging nun und ließ sich die Haare abschneiden, so daß er nicht mehr der gleiche Jüngling war, und seine Gestalt war nicht mehr dieselbe. Da sagte ich zu dem Jungen: ›Mein Sohn, warum hast du dein Haar abschneiden lassen, was hat dich dazu veranlaßt?‹ Da sagte der Junge: ›Ich will es Euch sagen. Ich bin meines Vaters Hirte gewesen und habe, als ich einmal die Schafe tränkte, in den Brunnen gesehen. Da sah ich den Widerschein meines Gesichts. Da dachte ich, sieh, was für ein hübscher Junge bin ich. Ich will meiner Wollust nachgehen, weil ich so hübsch bin. Danach habe ich mich wieder besonnen, daß es eine große Sünde (*awéjre*) ist, wenn sich einer gar so hoffärtig zeigt und sich vom bösen Trieb (*jéjzer-hóre*) verführen läßt. Und ich sagte zu dem bösen Trieb: ›Du Verruchter (*rósche*), du willst mich jetzt allzugern sündigen machen, doch will ich dir darin nicht folgen. Du willst mich gern verführen, daß ich Jener Welt (*jéne-welt*, Jenseits) verlorengehe, wiewohl der Mensch nicht mehr ist als Erde und Würmer. Deshalb habe ich bei der Awoda (*awáudo*, »So wahr ich Gott diene«) geschworen, mein Haar abschneiden zu lassen, damit du nicht imstande bist, mich zu verführen. Danach bin ich nicht mehr so hübsch, und wenn einer nicht hübsch ist, so verführt ihn der böse Trieb nicht.‹

Sobald ich die Geschichte des Jünglings vernommen hatte, bin ich aufgestanden und habe ihn auf sein Haupt geküßt und habe gesagt: ›Mein Sohn, mögen Nasiräer deinesgleichen sich in Israel mehren! Denn dein Nesirus (Enthaltsamkeit) ist zum Wohle des Himmels und geschieht nicht aus Hochmut – so wie man jetzt so manchen unter uns findet, der es wegen der Leute tut und nicht um des Himmels willen.« [117]

Quelle: Traktat Nedarim 9 b, aus dem Babylonischen Talmud.
Übers.: Goldschmidt BT Bd. 5 (1931), 385. – MB: Pappenheim 1929, Nr. 119.

Der Talmud beginnt so: »Simeon der Gerechte sagte: Nie im Leben aß ich vom Schuldopfer eines unreinen Nasirs, außer im folgenden Fall.« Es wird angemerkt, daß, wenn ein Nasir unrein wird, er ein Schuldopfer darzubringen habe, um das Asketentum neu beginnen zu können. – Der Talmud schließt: »Deinethalben spricht die Schrift: ›Wenn jemand ein Nasirgelübde ausspricht, dem Herrn gesondert zu sein ...‹« (Num 6,12–20).

Ein Nasir (Geweihter) gehört zu den Nasiräern im Süden Israels; er legt für gewöhnlich ein Gelübde ab, wonach er sich einige Zeit des Weines enthält und sein Haupthaar lang wachsen läßt. – Nasir ist zugleich der sechste Traktat in der Mischna-Ordnung »Frauen« (Naschim).
Simeon der Gerechte, Hohepriester, lebte um 200 v. Z. Berühmt ist sein durch die ›Sprüche der Väter‹ überlieferter Ausspruch: »Auf drei Dingen beruht die Welt: auf der Tora, auf dem Gottesdienst und den Liebeswerken« bzw. den Taten der Nächstenliebe (Pirke Abot oder auch Mischna Abot I,2).

Die Ehebrecherin

Die Geschichte geschah. Man findet in der Gemara (*gemóre*, Bestandteil des Talmud), daß so, wie ein Mensch auf dieser Welt mißt, das heißt, wie er auf dieser Welt handelt, ob er recht tut oder unrecht, so vergilt ihm der Heilige, gepriesen sei Er.

Desgleichen finden wir auch im Traktat Sota (»die des Ehebruchs Verdächtige«), das heißt bei einer, die sich von ihrem Ehemann abkehrt und die bei einem anderen Mann liegt. Wie sie tut, so tut man ihr wieder.

Wenn eine Frau unzüchtig sein (*mesáne sajn*) will, so stellt sie sich an die Tür, daß man sehen soll, wie hübsch sie ist, und jedermann Lust auf sie haben soll. Desgleichen tut man ihr wieder, wenn man sie dabei erwischt, daß sie bei einem liegt. Dann stellt man sie an die Pforte des Tempels (*beß-hamíkdosch*), die Nikanorpforte hieß, damit jedermann ihre Schande sehen soll. – Danach geht die Hure hin und tut sich einen weißen Schleier auf ihr Haupt, auf daß man auf sie Lust bekomme. Desgleichen geht der Priester (*káuhen*) hin, wenn er ihr die bitteren Wasser zu trinken gibt, damit sie anschwelle. Danach reißt der Priester ihr die Schleier von ihrem Haupt wieder ab, daß sie vor jedermann barhäuptig dastehe. – Danach geht die Hure hin und macht sich ihr Gesicht (*pónem*) hübsch. Deshalb wird ihr Gesicht auch gelb, wenn sie die bitteren Wasser trinkt. – Sie geht auch hin und schmiert gutes Wasser (Parfüm) in ihre Augen, um wohlriechend zu sein. Deshalb dringen ihr die Augen zum Kopf heraus, wenn sie die bitteren Wasser trinkt. – Sie flechtet ihre Haare hübsch zusammen, um wohl geziert zu sein. Deshalb trennt man ihr, wenn der Priester ihr die bitteren Wasser zu trinken gibt, die Haare wieder auf. – Sie winkt einem mit ihrem Finger, daß einer zu ihr kommen möge. Deshalb fallen ihr, wenn sie das Wasser trinkt, die Nägel ab. – Sie legt sich einen hübschen Gürtel mit Schließe um, denn ein hübscher Gürtel ziert allgemein. Deshalb geht der Priester hin und nimmt ein härenes Seil und knüpft es über ihre Brüste, daß es ihr weh tut. – Wenn sie bei einem liegt, so spreizt sie die Beine (*fiß*) weit auseinander. Deshalb senken sich ihre Beine (Talmud: fällt ihr die Hüfte zusammen). – Sie legt einen auf ihren Bauch. Deshalb schwillt ihr, wenn sie das Wasser trinkt, der Bauch. – Sie gibt ihrem Buhlen (*náuef*) allerlei gute Speisen zu essen. Deshalb ist das Opfer (*korbn*), das sie bringt, die Speise eines Tieres (*behéjmo*), nämlich ein Maß Gerste. –

Sie gibt ihrem Buhlen den besten Wein, den sie finden kann, in schönen silbernen und goldenen Bechern. Deshalb gibt ihr der Priester aus irdenen Gefäßen (*kéjlim*) bitteres Wasser zu trinken. – Sie läßt niemanden zusehen, wenn einer bei ihr liegt. Deshalb macht der Heilige, gepriesen sei Er, daß ihr das Gesicht gelb wird, offenbar, damit es jedermann sieht.

Deshalb, ihr lieben Frauen, nehmt euch die Geschichte zu Herzen, und daß keine sich darüber hinwegtäuscht:
Wollte sie bei einem Fremden liegen,
so bleibt dies nicht lange verschwiegen. [118]

Quelle: Traktat Sota 8 b–9 a, aus dem Babylonischen Talmud.
Übers.: Goldschmidt BT Bd. 6 (1931), 28 f. – MB: Pappenheim 1929, Nr. 120.

Sota, der Traktat über den Ehebruch, ist der sechste der dritten Mischna-Ordnung: Naschim (die Frauen). Der Text dort spitzt es zu: »Eines zum anderen, um die Berechnung zu finden« (Koh 7,27). So finden wir auch bei der Ehebruchsverdächtigen, daß man ihr mit dem Maße mißt, mit dem sie gemessen hat. Sie stand an der Tür ihres Hauses, um sich ihm zu zeigen, daher stellt sie der Priester neben das Nikanortor und zeigt allen ihre Schande. Sie wickelte für ihn schöne Tücher um ihr Haupt, daher nimmt der Priester ihr das Kopftuch vom Haupte und wirft es unter ihre Füße. Sie putzte für ihn ihr Gesicht, daher verfärbt sich ihr Gesicht gelb (und so fort).«
Wir erfahren hier, in der Abrechnung »Maß für Maß«, viel über die Praxis einer Ehebrecherin bzw. einer Hure – die Übergänge sind fließend, *náuef* z. B. kann ebenso »Buhle« heißen wie »Zuhälter«.

Rebbes Testament

Die Geschichte geschah. Viererlei tat Rebbe (d. i. Rabbi Juda ha-Nassi) seinen Kindern als Letzten Willen (*zawóe*) kund, bevor er starb.

Als erstes verbot er seinen Kindern, an einem Ort namens Schechanziv zu wohnen, aus dem Grund, weil die Leute dort lauter Spötter waren und nichts Gutes von ihnen zu lernen war, nur böse Stücke.

Als zweites verbot er ihnen, sich auf das Bett einer Kutäerin (Samaritanerin) in deren Haus zu setzen. Denn es geschah einmal dem Rabbi Papa, daß eine Kutäerin ihm Geld schuldig war, und so ging Rabbi Papa jeden Tag zu ihr ins Haus, um sein Geld einzufordern. Eines Tages, an einem Sonntag, ging die Kutäerin hin, nahm ihren Sohn und würgte ihn, daß er starb, und legte ihn ins Bett und deckte ihn so zu, daß man ihn nicht sah. Als Rabbi Papa wiederkehrte und sein Geld forderte, da sagte die Kutäerin: »Lieber, geh und setz dich auf das Bett.« Derweil ging sie in die Kammer und blieb eine Zeitlang darin. Und danach kam sie wieder aus der Kammer und schrie auf: »Weh, weh, du hast mir meinen Sohn ums Leben gebracht.« Wie das Rabbi Papa hörte, flüchtete er aus dem Land. Deshalb soll sich einer nicht im Haus einer Kutäerin auf das Bett setzen.

Als drittes verbot er ihnen, eine Zollgrenze (*mécheß*) zu überfahren, denn vielleicht könnte man sie erwischen und ihnen all ihren Mammon abnehmen.

Als viertes verbot er, sie sollten sich vor keinen Ochsen stellen, wenn er von der Wiese käme: von wegen des Satans, der ihm zwischen den Hörnern sitzt; das trifft meistens im Nissan zu und für einen schwarzen Ochsen. [119]

Quelle: Traktat Pesachim 112 b, aus dem Babylonischen Talmud.
Übers.: Goldschmidt BT Bd. 2 (1930), 653. – MB: Pappenheim 1929, Nr. 121.

Im Talmud wird der Meister in Abkürzung schlicht »Rabbi« genannt: Rabbi Juda ha-Nassi oder Rabbejnu ha-Kodesch, »unser heilige Lehrer« – siehe Anm. Text 33; vgl. die Umstände seines Todes (Text 125).
In Pappenheims Übers. wird der durch den Talmud belegte Ort Schechanziv durch »Nozo« wiedergegeben, in der Gasters steht »Naza«. Heller wies in seiner Sammelrezension (1936) korrigierend auf den Ursprungsnamen hin.
Die Sache mit Satan, der im Nissan (März/April) dem Ochsen »zwischen seinen Hörnern umherspringt«, wird im Talmud verschiedentlich erklärt: »Rabbi Schmuél sagte: Dies gilt von einem schwarzen Ochsen in den Tagen des Nissan. Rabbi Oschaja lehrte: Man entferne sich von einem unschädlichen Ochsen fünfzig Ellen und von einem stößigen so weit, als die Augen ihn erreichen.«

Der Fromme und die beiden Jungfrauengeister

Die Geschichte geschah an einem Frommen (*chóßid*). Der gab an einem Vorabend von Rosch haschana (*érew roscheschóne*, Vorabend des Neujahrsfestes) einem Armen einen Schilling, um Gottes willen, denn in jenem Jahr war eine große Teuerung. Da zürnte ihm seine Frau so sehr, daß er nicht sein Haus betreten durfte. So ging er hin und legte sich des Nachts auf den Friedhof, aus Furcht vor seiner Frau. Da hörte er in der Nacht, wie zwei Pilzlech (Jungfrauen), die tot waren, miteinander redeten: »Komm, wir wollen umherschweben und hinter dem Vorhang des Heiligen, gepriesen sei Er, horchen, was dieses Jahr geschehen soll.«

Da sprach die andere: »Ich kann nicht aufstehen, denn ich bin in einer Rohrmatte bestattet. Geh du hin und sag mir, was du hören wirst.« Da ging sie allein. Und als sie nun wiederkam, da sagte sie zu ihrer Genossin: »Ich habe gehört, daß, wer dieses Jahr sein Korn (*twúe*) vor der Hälfte Cheschwan (*halb marchéschwan*, d. h. Oktober/November) sät, dem wird der Hagel (*bórod*) alles zerschlagen.«

Als das der Fromme vernahm, da säte er sein Korn in der zweiten Hälfte Cheschwan (Talmud: zum zweiten Regenfall). Da zerschlug der Hagel all das Korn, das vorher gesät worden war, doch dem Korn des Frommen, das er nach der Monatshälfte gesät hatte, geschah gar nichts.

Im nächsten Jahr ging der Fromme wieder auf den Friedhof und wollte wieder hören, was die Mädchen reden würden. Da hörte er sie wieder miteinander reden: »Komm, laßt uns hören, was in der Welt dieses Jahr wieder geschehen wird.« Da sprach die andere: »Ich habe dir schon vorher gesagt, ich kann nicht gehen, ich liege in eine Rohrmatte eingebunden. Geh du hin und sag mir, was du hören wirst.« Da ging sie hin und kam danach wieder und sagte: »Ich habe gehört, wer dies Jahr nach der Hälfte Cheschwan sät, dem wird es verhagelt werden.«

Wie das nun der Fromme vernahm, da säte er all sein Korn in der ersten Hälfte Cheschwan, und der Hagel zerschlug alles Korn, das nach der Hälfte Cheschwan gesät wurde, nur dem des Frommen geschah nichts, weil er es zuvor gesät hatte. Da fragte ihn seine Frau: »Lieber Mann, wie geht es zu, daß deinem Korn nichts geschah, während der ganzen Welt das Korn zerschlagen wurde?« Da erzählte er die ganze Geschichte, wie es ihm ergangen war und wie die Mädchen miteinander geredet hatten, und wie die eine nicht imstande war aufzustehen, weil sie in einer Rohrmatte bestattet lag.

Nicht lange danach begab es sich, daß die Frau des Frommen und die Mutter des einen Mädchens, das im Rohr begraben war, miteinander zankten, wie es der Weiber Art ist. Da warf die Frau des Frommen der anderen vor: »Komm, ich will dir zeigen, wie deine Tochter eingebunden liegt, begraben in einer Rohrmatte.«

Im dritten Jahr ging der Fromme wieder auf den Friedhof und wollte wieder hören, wie die zwei Mädchen miteinander reden. Da sagte die eine Jungfrau wieder zu der andern: »Komm, laßt uns hören, was dieses Jahr geschehen wird?« Da sagte die andere: »Laß es bleiben, denn was wir miteinander beredet haben, das haben die Leute schon gehört (Talmud: ist unter den Lebenden längst bekannt).« [120]

Quelle: Traktat Berakhot 18 b, aus dem Babylonischen Talmud.
Übers.: Goldschmidt BT Bd. 1 (1929), 79 f. – MB: Pappenheim 1929, Nr. 122.

Rabbinisches Exemplum Nr. 110 (Tote Frauen auf dem Friedhof erzählen von Zukünftigem).
Eine berühmte talmudische Geschichte, aus deren Verlauf erst hervorgeht, daß die zwei Geister verstorbene Mädchen sind. Sie ist ein signifikantes Beispiel für die »Belauschung zweier Dämonen« (Märchentyp AaTh 613), die auch das Grimmsche Märchen »Die beiden Wanderer« bestimmt. Dort erfährt ein geblendeter Schneider von zwei Erhängten, wie er sein Augenlicht wiedererlangen kann: durch den Tau vom Galgen. Schwarzbaum 1968, S. 37, weist nach, wie sich der agadische Typus später in weitere Erzählmotive auffächert (AaTh 613 II und Einzelmotive) und gibt Beispiele von neueren, z. B. griech. Märchen. – Das Motiv der Geisterbelauschung auf dem Begräbnisplatz findet sich auch schon in der altindischen Märchensammlung ›Vetâlapancavimsatikâ‹, die von den »25 Erzählungen eines Leichendämons« handelt; der Schauplatz dort, eine Richt- und Totenstätte, kehrt in der Rahmenhandlung leitmotivisch wieder.

Hier ist die Geschichte mit Rosch haschana, dem jüdischen Neujahrsfest, verknüpft. Es wird am 1. und 2. des (siebten) Monats Tischri begangen und ist ein Fest des Gedenkens, der Erinnerung, des Gerichtes.

Ze'iri und die tote Wirtin

Die Geschichte geschah an einem namens Ze'iri, der gab einer Wirtin eine Satteltasche zur Aufbewahrung, bis er vom Haus seines Rabbi zurückkäme. Als er dann von seinem Rabbi wiederkam, war die Wirtin mittlerweile gestorben. Da ging der Ze'iri auf den Friedhof und ging zu ihrem Grab (*kéjwer*) und fragte seine Wirtin, wo seine Satteltasche hingekommen wäre. Da sagte sie zu ihm: »Du fragst nach deiner Satteltasche, die du mir zur Aufbewahrung gabst, bis du vom Haus deines Rabbi zurückkommst. So lasse ich dich wissen, ich habe sie wohl verwahrt. Darum geh heim, du wirst sie in einem Loch finden, da wo der Türriegel hineinpaßt.«

Da ging der Ze'iri heim und suchte und fand sie auch, genau so, wie ihm seine Wirtin gesagt hatte. [121]

Quelle: Traktat Berakhot 18 b, aus dem Babylonischen Talmud.
Übers.: Goldschmidt BT Bd. 1 (1929), 80. – MB: Pappenheim 1929, Nr. 123.

Vgl. das rabbinische Exemplum Nr. 110 (Tote Frau auf dem Friedhof sagt Zukunft voraus).

Der Talmud weiß noch um ein hübsches Detail: »Geh, hole es (das Geld!) dir an jenem Ort aus der unteren Türpfanne; sage auch meiner Mutter, daß sie mir meinen Kamm und meine Schminkbüchse schicke, durch jene, die morgen herkommt.«
Zum jüdischen Erzählmotiv des Pfandes (*pikódaun*) siehe Anm. Text 31.

Wie Rabbi Gamliel abgesetzt und Eleasar ben Asarja sein Nachfolger wurde

Die Geschichte geschah. Einst kam ein Schüler (*tálmed*) in das Lehrhaus (*beß-médresch*) zu Rabbi Josua und fragte ihn: »Lieber Rabbi, sag mir das Gebet (*tfíle*), das man am Abend betet (*ort*), also die Abendgebete (*tfílaß arwiß*): muß man sie beten, oder betet man sie, wie man mag?« Da entgegnete Rabbi Joshua: »Man kann sie beten, aber man muß sie nicht beten.«

Da ging der Schüler wieder von Rabbi Josua weg und ging zu Rabbi Gamliel, der zu jener Zeit Vorstand des Lehrhauses (*rosch jeschíwe*) war, und fragte auch ihn, ob man die Abendgebete beten oder nicht beten muß. Antwortete Rabbi Gamliel: »Man muß sie beten.« Da sagte der Schüler zu Rabbi Gamliel: »Hat mir doch Rabbi Josua gesagt, wenn man will, braucht man sie nicht zu beten.« Da sprach Rabbi Gamliel zu dem Schüler: »Ist einer unter euch, der mit der Halacha (*halóche*, hier: Gesetzestext) gegen mich streitet (*krigt*), der sage es.« Da sagte Rabbi Josua: »Nein, es ist keiner, der gegen Euch ist.« Da sagte Rabbi Gamliel: »Warum sagst du nein, daß keiner hier gegen mich ist? Man hat doch deinetwegen davon gesprochen, du habest gesagt, daß man die Abendgebete nicht zu beten braucht. Dann bist du ja doch gegen mich. Darum geh geschwind und steh auf und sage, ob du so geredet hast oder nicht.« Da sagte Rabbi Josua zu Rabbi Gamliel: »Ich will es Euch sagen, was ist. Wenn ich lebte und Ihr wärt tot, dann könnte ich sagen, es wäre nicht wahr. Warum? Den Toten kann man der Lüge zeihen, nun aber, da ich lebe und Ihr lebt auch, wie kann ich Euch da der Lüge zeihen?« Da stellte sich Rabbi Gamliel hin und lehrte (*dárschent*), und Rabbi Josua mußte neben ihm hergehen und durfte nicht mehr lehren.

Und Rabbi Chuzpit war sein Dolmetscher (Meturgeman) und predigte so lange, bis jedermann zornig (*bráuges*) wurde und sie Rabbi Chuzpit dem Dolmetscher zuriefen: »Sei still und höre mit deinem Vortrag auf.« Und sagten: »Wollt ihr Rabbi Josua noch länger kränken? Kommt, laßt uns Rabbi Gamliel von seinem Führeramt (*neßíauß*) absetzen. Aber wen wollen wir an seine Stelle setzen? Sollen wir Rabbi Josua einsetzen? Der ist ein großer Zaddik (*zádik*, Gerechter) und würde den Rabbi Gamliel weniger kränken, als der ihn gekränkt hat. Sollen wir denn Rabbi Akiba einsetzen? Der hat kein väterliches Verdienst (*ßchuß ówauß*), und Rabbi Gamliel könnte ihn so sehr demütigen, daß er sterben würde. Laßt uns einzig Rabbi Eleasar ben Asarja zum Oberhaupt (*náßi*) machen. Der ist ein kluger Mann (*chóchem*) und ein Reicher (*áuscher*) und hat väterliches Verdienst, und er vermag auch, wenn man ihn etwas fragt, es zu erklären (*metárez sajn*). Und wenn man bei der Regierung (*málcheß*) etwas auszurichten hat, so kann er es mit Geld ausrichten. Außerdem hat er vornehme Eltern gehabt, und Gamliel kann ihm nichts tun; selbst wenn er ihm einen bösen Blick gäbe, es schadet ihm nichts.«

So gingen die Rabbinen (*rabónim*) zu ihm und sagten: »Rabbi, es wäre uns recht lieb, wenn Ihr der Vorstand unseres Kollegiums (*jeschíwe*) werden wolltet.« Da erwider-

te Rabbi Eleasar: »Ich will mich vorher mit meinem Hausgesind (Familie) beraten.« Da ging er hin und fragte seine Frau, ob er Vorstand werden sollte. Da sagte seine Frau: »Vielleicht geht es dir ebenso, wie es Rabbi Gamliel erging, und morgen setzt man dich wieder ab.« Da sagte Rabbi Eleasar zu seiner Frau: »Ich will dir ein Sprichwort nennen. Wenn einer an einem Tag aus einem schönen Gefäß (*hipsch kéjle*) trinkt und schon am nächsten Tag zerbricht es wieder, so liegt nicht viel daran (hat das kaum Bedeutung). So ist es auch, wenn ich nur für einen Tag Vorstand des Kollegiums bin; auch wenn man mich morgen schon wieder absetzt, so liegt nicht viel daran.« Da entgegnete sie: »Du bist aber jung und hast noch kein graues Haar auf deinem Kopf, und es gebührt dem Oberhaupt einer Jeschiwa, daß er alt ist. Du aber bist erst achtzehn Jahre alt.«

Da geschah ihm ein Wunder (*neß*), daß ihm achtzehn Strähnen graues Haar auf seinem Kopf wuchsen, so daß jedermann glaubte, er wäre recht alt und dessen sehr würdig, das Oberhaupt einer Jeschiwa zu sein. Das ist es, warum Rabbi Eleasar sagte: »Ich gleiche einem Siebzigjährigen.«

Nicht lange danach stritten Rabbi Gamliel und Rabbi Josua im Lehrhaus (*beß-médresch*) wieder über eine Halacha, und die Weisen (*chachómim*) gaben Rabbi Josua recht. Da sagte Rabbi Gamliel: »So will ich gehen und Rabbi Josua um Verzeihung (*mechíle*) bitten.« Und wie er in Rabbi Josuas Haus kam, da sah er, daß seine Hände schwarz waren. Da sprach Rabbi Gamliel: »Aus deinen Wänden erschließe ich, daß du ein Köhler bist, weil die Wände so schwarz sind.« Da sprach Rabbi Josua zu Rabbi Gamliel: »Wehe der Generation (*daur*), deren Vorsteher du bist, denn du weißt nicht, wie die Leute ihr Essen bekommen (d. h., wie sie leben).« Da sprach Rabbi Gamliel zu Rabbi Josua: »Ich habe zu viel gegen dich geredet, lieber Rabbi, verzeihe mir.« Doch Rabbi Josua wollte ihm nicht verzeihen. Da sprach Rabbi Gamliel: »Lieber, verzeih es mir um meines Vaters willen.« Da verzieh ihm Rabbi Josua. [122]

Quelle: Traktat Berakhot 27 b–28 a, aus dem Babylonischen Talmud.
Übers.: Goldschmidt BT Bd. 1 (1929), 119–121 – Stemberger 1982, 24 f. – MB: Pappenheim 1929, Nr. 124.

Rabbinisches Exemplum Nr. 169 (Rabbi Gamliels Überheblichkeit und Zurücksetzung).
Abendgebet: Máariw, das letzte der drei tägl. Gebete, siehe Müller 1934, 78 f.
Der Streit des Patriarchen Rabbi Gamliel II., Vorsitzender des Obersten Gerichts (Sanhedrin) zu Jawne, den er mit Rabbi Josua, der den Titel eines Aw Bet Din führte, eskalierte mit der unterschiedlichen Festsetzung des Beginns des Kalenderjahres (der erste Monat, Tischri, liegt im Sept./Okt.). Gamliel befahl Josua, an dem Tag, den dieser für Jom Kippur errechnet hatte, bei ihm mit Geld und Stock zu erscheinen. Die Pointe: Beides darf man am Versöhnungstag nicht tragen.

Rabbi Chuzpit führte den Beinamen ha-Meturgeman (der Dolmetsch). Auch sein Wirken als Tannaite (Gesetzeslehrer) zu Anfang des 2. Jh.s ist bezeugt; er gehörte zu den zehn Gelehrten, die während der hadrianischen Verfolgungen von den Römern getötet wurden.

Die Frau, welche die Sprache ihres Mannes nicht verstand

Die Geschichte geschah an einem, dessen Frau seine Sprache nicht verstehen konnte, denn er war aus Babylon in das Land Israel (*érez-jißróel*) gekommen und hatte dort seine Frau gefunden.

Einmal sprach er zu ihr: »Koch uns heute Linsen.« Da kochte sie ihm zwei Linsen, denn sie hatte unter Linsen kochen verstanden, er habe damit zwei Linsen gemeint. Da wurde er recht zornig auf sie.

Am nächsten Tag sagte er zu seiner Frau: »Koch uns den Topf voll mit Linsen.« Da ging sie hin und kochte den Topf so voll mit Linsen, daß nicht eine einzige mehr oben drauf gepaßt hätte, er aber hatte gemeint, sie solle, wie es die Regel ist, einen Topf voll kochen. Da wurde er noch zorniger.

Am dritten Tag sagte er zu seiner Frau: »Bring mir zwei Blutzer«, das heißt zwei Kürbisse. Da brachte sie ihm zwei Leuchter, denn sie hatte es so verstanden. Da wurde er erst recht zornig und sagte zu ihr: »Schlag die Leuchter auf die Baba«, das heißt auf die Tür, die Baba heißt. Da ging sie hin und schlug die Leuchter dem Baba ben Buta auf den Kopf, denn sie hatte es so verstanden, daß sie die Leuchter auf seinen Kopf in Stücke schlagen sollte.

Da sagte Baba ben Buta zu ihr: »Meine liebe Tochter,

warum schlägst du mich?« Da erwiderte sie: »Mein Mann hat mich geheißen, ich solle die Leuchter Baba auf den Kopf schlagen. So hab ich es getan.« Und Baba ben Buta saß eben dort und hielt zu Israel Gericht. Da sprach er: »Meine Tochter, du hast deines Mannes Willen getan, wie er dich geheißen hat. Darum möge Gott dir zwei Söhne gewähren, die wie Baba ben Buta sind.« [123]

Quelle: Traktat Nedarim 66 b, aus dem Babylonischen Talmud.
Übers.: Goldschmidt BT Bd. 5 (1931), 500 f. – MB: Pappenheim 1929, Nr. 125.

Das sprachliche Mißverständnis ergibt sich aus dem Unterschied der Dialekte. So ist auch die »Babylonische Sprachverwirrung« nicht weit, ausgehend von Gen 11,9: »Darum ruft man ihren Namen Babel, Gemenge,/denn vermengt hat ER dort die Mundart aller Erde«. Dem christlichen Mittelalter waren die Zusammenhänge zwischen dem Turmbau zu Babel und dem Beginn der Sprachverwirrung präsent; jene wurde als alttestamentarisches Gegenstück zur pfingstlichen Ausgießung des Heiligen Geistes und dem »Sprachenwunder« angesehen.
Der Talmudtext spielt genauer mit den verschiedenen Wortbedeutungen: »ein paar Linsen« – »ein Paar Linsen«; ein maßvolles »Maß« – »ein ganzes Maß«. Dann zwei »Lichter« und zwei »Gurken« – für beides hat die aramäische Sprache das gleiche Wort.
Motivgeschichtlich und vom Schwanktypus her gehört die Geschichte zu den »Sprachlichen Mißverständnissen« (AaTh 1699). Bemerkenswert, daß der Gehorsam der Frau, was die Anordnungen ihres Mannes betrifft, mit zwei studierten Söhnen belohnt werden soll.
Über Rabbi Baba ben Buta siehe Anm. Text 110.

Das Festmahl an Purim

Die Geschichte begab sich, daß Raba und Rabbi Zera beim Festmahl (*ßúde*) an Purim (dem Losfest) gemeinsam aßen. Und als sie nun recht fröhlich waren, da stand Raba auf und schächtete Rabbi Zera (stach ihn ab). Wie es nun morgens war und er wieder nüchtern, da reute es Raba sehr, daß er ihn getötet hatte. Da schickte Raba Gebet um Gebet (*tfile ton*), bis der andere wieder lebendig wurde.

Im nächsten Jahr an Purim kam Raba wieder zu Rabbi Zera und sprach zu ihm: »Komm, wir wollen wieder das Purimmahl halten.« Da sprach Rabbi Zera: »Es geschieht nicht jederzeit, daß einem ein Wunder (*neß*) passiert und man wieder lebendig wird.« [124]

Quelle: Traktat Megilla 7 b, aus dem Babylonischen Talmud.
Übers.: Goldschmidt BT Bd. 4 (1931), 27. – MB: Pappenheim 1929, Nr. 126.

Purim, das frühlingshafte Dank- und Freudenfest am 14. Adar (Februar/März) – »an Purim ist alles frei« –, wird seiner Entstehung nach im ›Buch Ester‹ beschrieben. *Pur* hieß das »Los«, das für den Perserkönig Haman – als Mordechai sich ihm verweigerte, vgl. Text 129 – den Tag bestimmte, an dem alle Juden ausgerottet werden sollten. Daß sie errettet wurden, dafür sorgte Königin Ester. Neben dem Tora-Abschnitt aus der Genesis wird an Purim auch die Megillat Ester, eine von fünf biblischen Büchern (Rollen) und zudem die »Megilla« schlechthin, in der Synagoge verlesen.

Was alles geschah, als Rebbe starb

Die Geschichte geschah, als Rebbe (d. i. Rabbi Juda ha-Nassi) sterben sollte. Da rief er seine Kinder zu sich und sagte zu ihnen: »Meine lieben Kinder, ich liege auf meinem Sterbebett und werde euch als meinen Letzten Willen (*zawóe*) hinterlassen: Gebt acht auf eure Mutter. Und laßt ein Licht brennen auf meinem Tisch. Und mein Tisch soll immer angebreitet (gedeckt) bleiben. Und mein Bett soll hübsch weiß überzogen sein, denn ich will immer Freitagnacht wieder in mein Haus kommen und den Kiddusch sprechen (*kídesch machn*).«

Und er kehrte wieder. In einer Freitagnacht saß Rebbe in seiner Stube. Da kam die Nachbarin und klopfte an der Tür und wollte wie von ungefähr hineingehen. Da sprach die Magd: »Man läßt jetzt niemanden herein, denn Rebbe sitzt hier.« Als Rebbe das hörte, verschwand er und kehrte nie mehr zum Sabbat (*schábeß*) wieder.

An eben dem Tag, als Rebbe sterben sollte, da kam eine Stimme vom Himmel und rief: »Wer beim Tod Rebbes dabeisein wird, der wird in das Paradies (*ganéjdn*) kommen.« Da war ein Wäscher, der um Lohn wusch, der war jeden Tag gekommen, derweil Rebbe krank lag, und hatte nach ihm gesehen. Doch an dem Tag, als Rebbe starb, da war der Wäscher nicht bei ihm. Auch er hatte die Stimme reden gehört: »Wer bei Rebbes Tod dabei ist, der kommt in das Paradies.« Und dennoch war er an diesem Tag nicht bei ihm. Da grämte sich der Wäscher sehr (*mezáer sajn*) und ging die Stiege hinauf und fiel die Stiege herab, daß er tot war. Darauf kam eine Stimme vom Himmel und rief: »Der Wäscher kommt auch mit Rebbe in das Paradies, wiewohl er beim Tod des guten Rebbe nicht dabei war.«

Während Rebbe noch krank war, da ging auch Rabbi

Chija zu ihm und wollte einen Krankenbesuch machen (*mewáker cháule sajn*). Da sah er, wie Rebbe heftig weinte. Da redete Rabbi Chija ihn an: »Rebbe, warum weinst du? Wir haben doch gelernt, wenn einer in Freuden stirbt, so ist das für ihn ein gutes Zeichen, doch wenn einer traurig stirbt und weint, so ist das kein gutes Zeichen.« Da erwiderte Rebbe: »Ich weine darum, daß ich keine Tora mehr lernen und kein Gebot (*mízwe*) mehr halten kann.«

Und an eben dem Tag, als Rebbe starb, da haben die Rabbinen einen Fasttag angesetzt (*gáuser-tánіß*) und haben für ihn gebetet (*tfíle ton*) und einen Bann (*chéjrem*) ausgesprochen, in dem sie kundtaten: »Wer da sagt, daß Rebbe gestorben ist, der soll mit einem Schwert zerhauen (*derstochn*) werden.« Da stieg Rebbes Magd auf den Boden hinauf und sagte: »Die Rabbinen (*rabónim*), die unten sind, wollen Rebbe gern bei sich haben, und die Engel (*malóchim*) im Himmel wollen Rebbe auch gern bei sich haben.« Und sagte, Gott gebe, daß die Untersten die Obersten überwinden könnten und Rebbe am Leben bleiben möge.

Als die Rabbinen aber sahen, daß Rebbe so oft zu Stuhl gehen mußte und sie ihm die Gebetsriemen (*tfílin*) so oft abtun und anlegen mußten – denn er hatte die Krankheit im Bauch und der Stuhlgang war für ihn recht schmerzhaft –, da sagten sie wiederum: »Wollte Gott, daß die Obersten die Untersten überwinden.« Gleichwohl beteten die Rabbinen für Rebbe, daß er nicht sterben möge. Da ließ die Magd unabsichtlich einen Krug die Stiege herunterfallen. Da erschraken die Rabbinen von dem Gepolter, und sie hörten auf zu lernen. Da starb Rebbe.

Darauf sagten die Rabbinen zu Bar Kappara: »Sieh nach, was Rebbe macht.« Da ging Bar Kappara und wollte nachsehen. Da sah er, daß Rebbe tot war. Da machte er Krije (*kríe*, ein Riß in sein Kleid zum Zeichen der Trauer), drehte ihn nach hinten, hinter der Tür, denn er traute sich nicht, es vor den Rabbinen auszusprechen. Und er sagte: »Die Obersten und die Untersten haben miteinander gezankt, und die Obersten haben gewonnen.« Da sagten die Rabbinen: »Ist denn Rebbe gestorben?«, denn sie verstanden es aus seinem Reden. Da sagte Bar Kappara: »Ich sage es doch nicht«, denn er fürchtete um sein Leben.

Und als Rebbe sterben wollte, da hob er seine zehn Finger zum Himmel auf und sprach: »Herr der Welt (*káunehákel*), kund und zu wissen ist dir, daß ich mich mit den zehn Fingern sehr in deiner Tora abgemüht habe, und habe mein Lebtag keinen irdischen Genuß (*hanóe*) gehabt, sogar (*afíle*) mit dem kleinsten Finger nicht. Möge es dein Wille sein, daß ich Ruhe (*menúche*) habe im Grab (*kéjwer*).«

Da erscholl eine Stimme von oben (*baßkól*) und rief: »Rebbe hat Friede im Grab und ist bereit für das andere Leben.« [125]

Quelle: Traktat Ketubbot 103 a–104 a, aus dem Babylonischen Talmud.
Übers.: Goldschmidt BT Bd. 5 (1931), 328, 329, 330 f., 332 – Stemberger 1982, 187 f. – MB: Pappenheim 1929, Nr. 127.

Vgl. Text 119 »Rebbes Testament«. Hier gilt seine letzte Anweisung der Vorbereitung des Sabbat und der eigenen Wiederkehr, weil er, der Tote, den Kiddusch (Sabbatsegen) selbst sprechen wollte: »Das Licht bleibe auf seinem Platze brennen, der Tisch bleibe auf seinem Platze gedeckt und das Lager bleibe auf seinem Platze« (so im Talmud).
Bar Kapparas Rede vom Sieg der Obersten über die Untersten hat im Talmud eine zweite Dimension: »Und sprach: Die Gewaltigen [Engel] und die Stützen [Frommen] erfaßten die heilige Lade, da besiegten die Gewaltigen die Stützen, und die heilige Lade wurde entführt.«
Der Schlußsatz im Talmud – »Er gehe ein zum Frieden, sie ruhen auf ihren Lagern« – weist auf Jes 57,2 hin: »In den Frieden kommt,/wo sie ruhen auf ihren Lagern,/wer grade vor sich hinging.« Das MB greift sich die erzählerischen, d. h. agadischen Passagen der Vorlage heraus.
Rebbe ordnete vor seinem Tod (200 n. Z.) an, seinen älteren Sohn

Gamliel als Patriarchen einzusetzen, den jüngeren Simeon mit der Funktion eines »Weisen« (Chacham) zu versehen. Doch nicht Simeon bekam den Vorsitz im Lehrhaus, sondern Rabbi Chanina bar Chama.
Bar Kappara gehörte zu den älteren Schülern des Rebbe; dieser ließ sich von ihm öfter fragliche Stellen erklären (EJ Bd. 3, 1929, Sp. 1031–1034 – siehe auch Text 232).

Turnus Rufus und Rabbi Akiba

Die Geschichte geschah. Der bösartige (*rósche*) Turnus Rufus fragte einst Rabbi Akiba: »Lieber, sag du mir, worin ist der Tag des Sabbat (*schábeß*) mehr als ein anderer Tag, daß ihr ihn so hoch ehrt?« Da erwiderte Rabbi Akiba: »Was bist du mehr als ein anderer Mann, daß man dich mehr ehren muß als andere?« Da sprach der Bösartige: »Der Kaiser will es so haben, daß man mich ehre.« Da sprach Rabbi Akiba: »Der Heilige, gepriesen sei Er, will es auch so haben, daß man den Sabbat ehre.« Da erwiderte der Böse: »Wer kann es mir sagen, daß es eben der Tag ist? Vielleicht (*tómer*) ist es ein anderer Tag, von dem du nicht annimmst, daß er es ist. Wie weißt du es genau, daß der Tag Sabbat heißt?«

Da gab Rabbi Akiba zur Antwort: »Das kann man vom Fluß Sambation her beweisen. Denn dessen Wasser schleudert während der ganzen Woche Steine aus, so daß man nicht darübersetzen kann. Doch am Sabbat steht es, wie andere Wasser, ganz still und ruht. So wie der Heilige, gepriesen sei Er, auch selber ruht. Und ich kann dir noch einen Beweis geben: Von deines Vaters Grab (*kéjwer*) steigt die ganze Woche Rauch auf, denn die Woche über sitzt man in der Hölle (*gehínom*) über ihn zu Gericht (*din sajn*).

Nur am Tag des Sabbat steigt kein Rauch auf, denn am Sabbattag ist den Sündern (*reschóim*) in der Hölle Ruhe vergönnt. Damit können wir dir beweisen, daß eben dieser Tag Sabbat heißt.«

Darauf sagte Turnus Rufus: »Du hast mich sehr verlästert und geschmäht.« [126]

Quelle: Traktat Sanhedrin 65 b, aus dem Babylonischen Talmud.
Übers.: Goldschmidt BT Bd. 8 (1933), 723; Zobel 1935, 57f. – MB: Pappenheim 1929, Nr. 129.

Rabbinisches Exemplum Nr. 15 (Hervorragende Stellung des Sabbat). Der Talmudtext ist Teil einer Passage über Totenbeschwörung. Deshalb heißt es dort am Schluß, mit Bezug auf den begrabenen Vater: »Du hast ihn geschändet, beschimpft und gelästert.« In der Übers. Zobels wird die Geschichte weitergeführt: »In der Tat ergab es sich nachher, als Rufus einmal seinen verstorbenen Vater heraufbeschwören wollte, daß dessen Geist ihm an allen Tagen der Woche erschien, nicht aber am Sabbat. Am Sonntag fragte Rufus die Erscheinung: Vater, bist du nach deinem Tode etwa Jude geworden? (...) Der Geist seines Vaters antwortete: Wer bei euch den Sabbat nicht freiwillig beobachtete, der beobachtet ihn hier wider seinen Willen.« Womit zugleich gesagt wird, daß selbst die Hölle eine allgemeine Ruhepause kennt.

Vom römischen Statthalter und »gottlosen Tyrann« Tinus Rufus (Tinus zusammengezogen aus Titus Annius?) handelt bereits Text 70, zumindest von seiner Frau: dort ebenfalls in Verbindung mit Rabbi Akiba.

Von einem Goi aus Askalon, der seinen Vater ehrte

Die Geschichte geschah in Askalon an einem Nichtjuden (*goj*) namens Dama ben Netina.

Eines Tages benötigten die Israeliten (*jißróel*) einen Edelstein für das Schulterkleid (Efod) des Hohepriesters (*káuhen-gódaul*), das gut sechzigtausend Gulden wert war. Ein Teil der Leute sagt sogar, es war achtzigtausend Gulden wert. Da mußten die Israeliten zu Dama ben Netina gehen, der war ein ausnehmend reicher Mann (*grojß áuscher*) und besaß solch einen Stein.

Und wie sie nun zu ihm kamen, da fragten sie ihn, ob er nicht einen solchen Stein hätte. Da sagte er: »Ja, ich habe solch einen Stein, aber der Schlüssel zu meinem Gewölbe liegt unter der Kappe meines Vaters, und der schläft jetzt und ich darf ihn nicht aufwecken, denn man soll Vater und Mutter ehren.« So mußten die Israeliten wieder fortgehen, wiewohl er viel Geld daran hätte verdienen können. Aber er wollte seinen Vater ehren und mochte ihn nicht aufwekken. »Selbst wenn ich noch so viel gewinnen könnte. Denn ich weiß, ein andermal werde ich nicht so viel bekommen. Dennoch ist mir die Ehrung meines Vaters viel mehr wert, wiewohl ich weiß, daß ihr ihn (den Stein) jetzt sofort haben müßt, und wenn ich ihn nicht diesmal an euch verkaufe, so werdet ihr einen anderen finden. Gleichwohl will ich die Sünde (*awéjre*) nicht begehen, meinen Vater aufzuwecken.« Und sie gingen und kauften anderswo einen Stein, da hatte er sich um viele tausend Gulden geschädigt.

Im nächsten Jahr bescherte ihm der Heilige, gepriesen sei Er, eine rote Kuh, die man als Opfer in den Tempel (*beß-hamíkdosch*) zu bringen pflegte, und in Israel mußte man (dringend) eine haben. Da gingen sie wieder zu ihm und wollten sie ihm abkaufen, denn man findet nur selten eine rote Kuh, die überall rot ist. Da sagte der Dama: »Ich weiß recht gut, daß, wenn ich jetzt all das Geld haben wollte, das im Besitz von Israel ist, so müßt ihr mir es geben, aber ich verlange das nicht. Ich will nur so viel haben, wie ihr mir im vergangenen Jahr für den Edelstein habt geben wollen, so viel verlange ich jetzt für die Kuh. Weil ich nicht meinen Vater habe aufwecken wollen, so hat mich das um achtzigtausend Gulden geschädigt. Diese achtzigtausend Gulden verlange ich für meine rote Kuh, die in meiner Herde geboren wurde.« Also mußten die Israeliten ihm so viel geben.

Als die Rabbinen dies hörten, da sagten sie: »Sieh doch, wenn einer schon nicht dem Gebot der guten Tat (*mízwe*) obliegt und die gute Tat tut, dann beschert ihm der Heilige, gepriesen sei Er, dafür solch großen Lohn; um wieviel mehr (*mikól schekén*) wird der Heilige, gepriesen sei Er, dem, dem die guten Taten (*mízweß*) als Gebot obliegen, um vieles mehr bescheren. Denn Rabbi Chanina sagt: ›Die Belohnung für eine gute Tat ist größer, wenn einer verpflichtet ist, die gute Tat zu tun, als wenn einer nicht dazu verpflichtet ist und sie tut, wie dieser Dama ben Netina.‹« [127]

Quelle: Traktat Kidduschin 31 a, aus dem Babylonischen Talmud.
Übers.: Goldschmidt BT Bd. 6 (1932), 610. – MB: Pappenheim 1929, Nr. 130.

Rabbinisches Exemplum Nr. 188 (Respekt vor dem Vater). Born Judas, Bd. 2 (1917), 111–113: Dama der Askalonier.
Von dem Prachtgewand der Hohepriester, dem Efod, den sie beim Tempeldienst trugen, ist schon in Text 104 die Rede. Er diente ihrer »Kultfähigkeit« – ebenso die Ehevorschriften, die es ihnen beispielsweise verboten, eine Witwe zu ehelichen; nach rabbinischer Ansicht sollten sie sogar nur Jungfrauen unter zwölfeinhalb Jahren heiraten.

Die biblische »rote Kuh« findet sich in Num 19,2: »Rede zu den Söhnen Jißraels,/daß sie dir eine rote Färse nehmen, eine heile, an der kein Gebrest ist.« Sie war von größter Seltenheit und wurde, für den Tempeldienst bestimmt, hoch bezahlt, so die »rote Kuh« des trickreichen Kanaaniters, eines Heiden und Bösewichts, siehe Born Judas, Bd. 2, 125–127.

Daß die Ehrung des Vaters sehr pragmatisch in Heller und Pfennig aufzuwiegen war – der Talmud spricht von achtzig Myriaden –, versteht sich als göttliche Belohnung und wird von den Rabbinen nicht bezweifelt: Das Verdienst zieht den Verdienst nach sich.

Von Dama ben Netina ist bekannt, daß er ein angesehener Mann in Askalon war, Nichtjude, und im 1. Jh. n. Z. lebte.

Die ungetreue Frau und ihr unrechtmässiger Sohn

Die Geschichte geschah an einem Mann, der mitbekam, wie seine Frau ihre Tochter tadelte, daß sie ein liederliches Leben führe, und er hörte, wie sie ihre Tochter mit den Worten strafte: »Meine Tochter, sei nicht so offensichtlich eine Hure (*tméo*), mach es ebenso, wie ich es getan habe. Ich war eine Hure und habe zehn Kinder gehabt. Davon sind neun Kinder Bastarde (*mamséjrim*) gewesen, die ich mit anderen gehabt habe, und nur einen Sohn habe ich mit meinem Rechtmäßigen gehabt. Doch mein Mann hat nichts davon gewußt, ich bin eben heimlich eine Hure gewesen. So sollst auch du nur heimlich eine Hure sein.«

Und der gute Mann, ach je (*nébech*), hat alles mit angehört, was seine Frau geredet hatte. Das tat ihm sehr weh, und doch durfte er sich nichts anmerken lassen, da sie seine Frau (*éjscheß-ísch*) war. Und der Mann war so sehr bekümmert, daß er vor Leid krank wurde und sterben mußte. Da hinterließ er: »All mein Gut soll nicht mehr als eines meiner Kinder erben.« Er sagte aber nicht, welcher Sohn es erben sollte. Und so starb der gute Mann.

Und wie er nun tot war, da wollte ein jeder den Mammon allein erben. Und so traten sie vor Rabbi Benaa, der zu jener Zeit der Vorgesetzte des Kollegiums (*rosch jeschíwe*) war: er solle entscheiden, wer den Mammon erben sollte. Da sagte der Rabbi zu ihnen: »Das ist eine schwere Sache, und sie bleibt mir verborgen, und ich bin kein Prophet (*nówi*), daß ich wissen könnte, wen von euch euer Vater gemeint hat. Doch tut eines, geht alle miteinander zum Grab (*kéjwer*) eures Vaters, und ein jeder nehme einen Stein in die Hand und klopfe auf euer Vaters Grab und spreche zu ihm: ›Lieber Vater, sag uns, welcher dein rechter Sohn ist, der deinen Mammon erben soll.‹«

Und das tat der Rabbi darum, daß er sie in Versuchung bringen wollte, ob sie das tun würden, eine solche Frechheit (*áseßkeit*) gegenüber ihrem Vater zu gebrauchen. Und dadurch wird er erkennen, welcher der rechte sein wird. Denn wer das nicht mitmacht, der wird der rechte Sohn sein.

So geschah es auch. Da entfernten sich alle vom Rabbi und gingen mit Steinen zu des Vaters Grab, außer einem, der wollte nicht mitgehen. Der sagte: »Was fällt euch ein, daß ihr unserem Vater unter der Erde eine solch große Schande (*chárpe*) antun wollt? Ich will nicht zum Grab gehen, selbst wenn ich wüßte, ich würde jeden Pfennig vom Gut meines Vaters verlieren.« Daraus schloß der Rabbi, daß dieser der rechte Sohn war, und sagte: »Der soll den Mammon erben, den hat euer Vater gemeint.« Und mit jener List (*chóchme*) brachte der Rabbi zuwege, daß er herausbekam, welcher der rechte Sohn war.

Denn ein Kind von Natur hat nicht im Sinn, dem eigenen Vater eine solche Frechheit anzutun. Doch was Hurenkinder sind, die scheren sich nicht darum und machen einem Schande, selbst wenn man schon im Grab liegt. [128]

Quelle: Traktat Baba Batra 58 a, aus dem Babylonischen Talmud.
Übers.: Goldschmidt BT Bd. 8 (1933), 167. – MB: Pappenheim 1929, Nr. 131.

Rabbinische Exempla Nr. 311 (Test, ob der Sohn rechtmäßig ist) und Nr. 391 (Bluttest), siehe auch ›Sefer Chassidim‹, Abschnitte 232 und 291. – Born Judas, Bd. 2 (1917), 133–36: »Die zwei Brüder«.
Das gleiche Steinwurf-Motiv ist in Israel Lévi (ed.), »Un recueil de contes juifs inédits« aufgeführt, siehe Heller 1930, 351, Nr. 6. – Die 45. Geschichte in den ›Gesta Romanorum‹ hat das Pfeil-und-Bogen-Motiv; auch der Talmud kennt diese Variante vom »Herzschießen«, siehe Giebel 1932, 173 f.
Motivgeschichtlich geht es um die Probe auf Rechtmäßigkeit des Sohnes (und des Erbes) wie auch um »Verletzte Gattenehre«, vgl. Artikel in Elisabeth Frenzel, ›Motive der Weltliteratur‹, 4. Aufl. 1992.

Mordechai und Haman

Die Geschichte geschah, als Haman das Pferd und die guten Kleider dem Mordechai brachte. Da sagte Haman zu Mordechai: »Komm her und zieh die guten Kleider an und setz dich auf das Pferd. Der König will es so haben.« Da sagte Mordechai: »Nein, vorher will ich mein Haar abschneiden lassen, denn es ist nicht Sitte (*ßéjder*), daß man mit langen Haaren vor den König tritt.«

Dieweil ging Ester heimlich hin und verbot allen Scherern (Barbieren), den Mordechai zu scheren, so daß Haman selbst den Mordechai scheren mußte. Da holte Haman eine Schere aus seinem Haus und schor ihn. Und wie er nun so schor, da seufzte Haman sehr. Da fragte ihn Mordechai, warum er so seufze. Da entgegnete er: »Wie soll ich nicht seufzen und traurig sein, wenn ich daran denke, daß ich so gewaltig hoch beim König geachtet war, mehr als die anderen Ratgeber (*jáuezim*), und jetzt muß ich ein Bart- und Judenscherer sein.« Da sprach Mordechai zu ihm: »He, du Bösewicht (*rósche*), bist du etwa nicht zweiundzwanzig Jahre Bader gewesen in einem Dorf namens Karsom, und wie stellst du dich nun gar so hoch (spielst du jetzt den großen Mann).«

Wie er nun Mordechai geschoren hatte, da legte Haman dem Mordechai die königlichen Kleider an. Danach sprach Haman zu Mordechai: »Steig auf das Pferd.« Da sagte Mordechai: »Meine Beine sind mir vom vielen Fasten schwach geworden, deswegen kann ich es nicht besteigen.« So bückte sich Haman, und Mordechai stieg auf Haman und danach auf das Pferd, und ritt und verspottete den Haman. Da sagte Haman zu Mordechai: »Warum spottest du meiner? Steht doch geschrieben: ›Wenn dein Feind fällt, dann freu dich nicht.‹ Aber du freust dich über mich, weil ich so erniedrigt worden (*schofl gewórn*) bin.« Da sagte Mordechai zu Haman: »Du Bösewicht, weißt du, auf wen sich der Vers (*póßek*) bezieht? Auf einen Israeliten (*jißróel*). Aber auf einen Bösen, wie du einer bist, steht geschrieben: ›Du wirst über seine Höhe hinweg treten.‹«

Und wie er nun des Weges ritt, da rief Haman vor Mordechai laut aus: »So geschieht dem Mann, den man ehren will!« Und wie er nun an Hamans Haus vorbei ritt, da stand die Tochter Hamans auf der Stiege und dachte sich: »Der da reitet, ist gewiß mein Vater, den der König so ehrt. Und der neben dem Vater geht, wird gewiß Mordechai sein.« Und sie lief geschwind die Stiege hinauf und nahm einen Topf voll mit Unrat aus dem Abtritt (*beß-hakíße*) und warf ihn auf Haman, ihren Vater, denn sie glaubte, es wäre Mordechai. Da sah Haman auf. Da sah die Tochter, daß es ihr Vater war. Darauf fiel sie von der Stiege herab und brach sich den Hals und stürzte sich zu Tode. [129]

Quelle: Traktat Megilla 16 a, aus dem Babylonischen Talmud.
Übers.: Goldschmidt BT Bd. 4 (1931), 66 f. – MB: Pappenheim 1929, Nr. 132.

Die Geschichte folgt der biblischen, dem ›Buch Ester‹ (vgl. Anm. Text 124). Dort geht es um Mordechai und Ester, sein Mündel, beide sind vornehme Judäer im Galut, im babylonischen Exil. Ihr Widersacher ist Haman, Großwesir des persischen Königs Ahasveros. Er überträgt seine Intimfeindschaft mit Mordechai, der ihm keine Ehre erweist, auf alle Juden. Jüdischer Überlieferung nach ist Haman der Prototyp des Judenfeindes – seine Demütigung entsprechend ein Genuß: zumal als Gegensatz zu der Drangsalierung, die sonst die Juden zu erleiden hatten.
Mordechai, der König Ahasveros vor einem Mordanschlag bewahrt hatte und loyal zu ihm steht, wird durch Intervention Esters (»der König liebte sie mehr als alle Frauen«) rehabilitiert. Haman wird gehängt und Mordechai der neue Großwesir des Königs, darüber hinaus ein Held des jüdischen Volkes.
Dem Talmud nach hat Mordechai zwei Vorbedingungen: er will vorher ein Bad nehmen und sich das Haar abnehmen lassen. Hierauf läßt Ester alle Badediener und Barbiere verstecken, und Haman muß Mehrfaches tun: ihn ins Bad bringen und ihm die Kleider ausziehen, ihm mit einer Schere das Haar schneiden und schließlich ihm wieder die Kleider anziehen.
Der Text steckt voll Bibelzitate, beginnend mit »nimm das Gewand und das Roß« (Est 6,10), weiterführend zu »Fällt dein Feind, freue dich nimmer« (Spr 24,17), »Glückzu, Jißrael, dir! (...) Deine Feinde schrumpfen vor dir, du aber, über ihre Koppen nimmst du den Weg« (Dtn 33,29) und zurückleitend zu: »So, so wird dem Manne getan, dessen Ehrung der König begehrt!« (Est 6,11).

Der Fromme und der Hegemon

Die Geschichte geschah an einem Frommen (*chóßid*), der wanderte über Land (*ging íber feld*), und als es Zeit war zu beten (*óren*), da betete er im Freien. Und wie er so stand und betete, da kam ein Hegemon (Statthalter) dahergeritten und grüßte den Frommen. Doch der Fromme dankte dem Hegemon nicht und schwieg still. Da wartete der Hegemon, bis der Fromme sein Gebet beendet hatte, dann sagte er zu ihm: »Sag an, du Bösewicht, als ich dir zugesprochen habe, warum hast du mir nicht geantwortet? Wenn ich jetzt hingehen und dir deinen Kopf abschlagen wollte, wer würde mir darum etwas tun?« Da sagte der Fromme: »Mein Herr, ich bitte Euch, wartet, ich will Euch schon antworten«, und hob an: »Lieber Herr, wenn Ihr vor einem König aus Fleisch und Blut stündet und redetet mit ihm, und ein anderer käme und spräche Euch an, würdet Ihr ihm eine Antwort geben?« Da sagte der Hegemon: »Nein, ich würde ihm nicht antworten.« Da sagte der Fromme: »Wenn du ihm aber geantwortet hättest, was würde dir deshalb geschehen?« Da sagte der Hegemon: »Ich würde befürchten müssen, der König würde mir aus dem Grund den Kopf abschlagen.«

Da sagte der Fromme: »Nun sieh doch mal, wenn du da vor einem König aus Fleisch und Blut gestanden wärest, der heute lebendig ist und morgen tot, und gleichwohl hätte er dir den Kopf abgeschlagen – um wieviel mehr (*mikól schekén*) bin ich da vor dem König gestanden, den man den König über alle Könige nennt, der weder Fleisch noch Blut ist, und der in alle Ewigkeit lebt und schwebt und nicht vergänglich ist: Wie hätte ich dir denn antworten sollen? Denn ich hätte doch befürchten müssen, daß er, zornig geworden, mich getötet hätte.«

Als der Hegemon das hörte, daß ihm der Fromme so gut geantwortet hatte, da war er wieder mit ihm zufrieden und sagte zu ihm: »Du hast mir sehr gut geantwortet.« Und so ging der Fromme wieder in Frieden (*beschólaum*) heim in sein Haus. Deshalb soll ein jeder Jude (*jehúdi*) seine Gebete (*tfileß*) mit Andacht verrichten (*mit kawóne ton*), so wird ihm nichts Böses geschehen. [130]

Quelle: Traktat Berakoth 32 b, aus dem Babylonischen Talmud.
Übers.: Goldschmidt BT Bd. 1 (1929), 146. – MB: Pappenheim 1929, Nr. 133.

Rabbinisches Exemplum Nr. 45 (Gebet vor dem König der Könige). Born Judas, Bd. 2 (1917), 73 f.: Kleine Geschichten.
Im Talmudtext zitiert der Hegemon aus der Tora (Dtn 4,9 und 5,15), um dem Frommen sein befremdliches Verhalten vor Augen zu führen.
Die Schlußmoral ist wiederum Zutat des MB.
»Über fromme Männer, die in ihre Gebete versunken sind, gibt es viele talmudisch-midraschische Geschichten«, so wie diese (Schwarzbaum 1968, 39, mit Literaturangaben).

Der verbrannte Schürhaken und der Todesengel

Die Geschichte geschah. Einst lebte ein Mann namens Reb Dima bar Abba, der stand auf vertrautem Fuß mit dem Todesengel (*málech-hamóweß*). Da sagte der Todesengel eines Tages zu seinem Boten (*schlíach*): »Geh hin und bringe mir eine Frau, die Miriam heißt und die den Frauen die Haare flicht.« Da ging der Bote hin und brachte ihm die Miriam, die den Kindern die Haare zu flechten (mit dem Doppelsinn: sie zu erziehen) pflegt, denn der Bote hatte es nicht richtig verstanden. Da sagte der Todesengel: »Ich habe dir doch befohlen, mir die Miriam zu bringen, die den Frauen die Haare flicht. Warum nur hast du mir die Miriam gebracht, die das bei den Kindern besorgt?« Da sagte der Bote: »Gib sie mir wieder, ich will sie wieder lebendig machen.«

Da sagte der Todesengel zu seinem Diener: »Lieber, sage mir, wie hast du sie töten können, wo doch die Zeit, daß sie sterben sollte, noch gar nicht gekommen war?« Da sagte der Bote: »Ich will es dir sagen, sie saß gerade bei dem Feuer und hatte den Schürhaken (hier: hölzerner Stecken) in der Hand und wollte das Feuer schüren. Dabei legte sie den Schürhaken ins Feuer, und er verbrannte im Feuer. Und weil der Schürhaken verbrannt worden ist, so ist auch ihr Glück (*masl*) verbrannt – da habe ich sie getötet.«

Da fragte Reb Dima: »Habt ihr denn die Macht, solches zu tun?« Da fragte der Todesengel; »Steht nicht in den Sprüchen Salomos geschrieben: ›Mancher stirbt ohne Gericht, so daß er vor der Zeit sterben muß?‹. Aber ich gebe ihn nicht unter die Toten, bis nicht die Zeit gekommen, daß er sterben soll. Den halte ich derweil bei mir, danach gebe ich ihn unter die Toten.«

Deshalb sollte keine Frau ihren Schürhaken verbrennen, sonst verbrennt sie auch ihr Glück. [131]

Quelle: Traktat Chagiga 4 b–5 a, aus dem Babylonischen Talmud.
Übers.: Goldschmidt BT Bd. 4 (1931), 245. – MB: Pappenheim 1929, Nr. 134.

Der Talmud benennt einen Rabbi Bebaj ben Abajje, bei dem der Todesengel zu verkehren pflegte. Dazu wird, mit Bezug auf andere Stellen,

angemerkt, daß er offenbar mit gefährlichen Dingen experimentierte. Historisch belegt ist ein Rabbi Bibe bar Abajje, paläst. Amoräer im 3./4. Jh., Schüler des Rabbi Jochanan (EJ Bd. 4, 1929, Sp. 484 f.).
In Pappenheims Übers. beruft sich der Todesengel auf Kohelet (Prediger Salomo), doch hier sind Spr 13,23, gemeint. Im Talmud steht: »Heißt es etwa nicht: und mancher wird unschuldig hinweggerafft!?«, was sich in der Übers. Buber/Rosenzweig so liest: »aber manches wird entrafft durch Ungerechtigkeit«.

Der geduldige Lehrer

Die Geschichte geschah. Rabbi Perida hatte einen Schüler (*tálmed*), der sehr begriffsstutzig (*grojß am hóorez*) war, und alles, was er mit ihm lernte, das mußte er vierhundert Mal mit ihm durchkauen (*lérnen*), ehe er es behalten konnte.

Einmal hatte der Rabbi schon vierhundert Mal mit ihm gelernt, da rief man Rabbi Perida zu einer Mizwa (*mízwe*, gottgefällige Handlung), und der Schüler konnte immer noch nicht, was er mit ihm gelernt hatte.

Da sagte Rabbi Perida zu dem Schüler: »Wie kommt es, daß du jetzt weniger kannst als ein andermal, wiewohl ich schon vierhundert Mal mit dir gelernt habe?« Da sagt der Schüler zu seinem Rabbi: »Von dem Zeitpunkt an, als man Euch zu der Mizwa rief, habe ich nicht mehr darauf geachtet, denn ich dachte, jetzt gleich wird der Rabbi gehen.« Da sagte Rabbi Perida: »Mein lieber Sohn, gib doch genau darauf acht. Ich will noch vierhundert Mal mit dir lernen.« Und lernte weitere vierhundert Mal mit ihm, bis er es konnte.

Da kam eine Stimme vom Himmel und sprach zu Rabbi

Perida: »Welches ist dir lieber, daß du noch vierhundert Jahre zu leben hättest, oder daß du und deine Generation (*gebírt*) gleich in das Paradies (*ganéjdn*) kämest?« Da sagte Rabbi Perida: »Ich ziehe es vor, mit meiner Generation gleich in das Paradies zu kommen.« Da sagte der Heilige, gepriesen sei Er: »Gebt dem Zaddik (*zádik*, Gerechter) alles beides, das Paradies und noch vierhundert Jahre zu leben.«

Deshalb, ihr lieben Leute, soll einer mit seinen Schülern Geduld haben beim Lernen. [132]

Quelle: Traktat Erubin 54 b, aus dem Babylonischen Talmud.
Übers.: Goldschmidt BT Bd. 2 (1930), 166. – MB: Pappenheim 1929, Nr. 135.

Rabbinisches Exemplum Nr. 179 (Verdienst des Repetierens).

Wie Elischas Frau an einen Engel dachte und davon einen klugen Sohn bekam

Die Geschichte geschah. Rabbi Jochanan pflegte sich stets vor das Tor desjenigen Ortes zu setzen, wo die Frauen für gewöhnlich tauweln (*táuweln*, das Tauchbad aufsuchen), denn er sagte sich: »Wenn die Frauen kommen und ins Tauchbad (*twíle*) gehen werden, so mögen sie mich ansehen, damit sie, wenn sie die Nacht bei ihren Männern liegen, ihre Gedanken auf mich richten werden, und sie mögen dann auch hübsche Kinder bekommen, die mir gleichen, und die auch so gut lernen wie ich. Denn es hängt viel von den Gedanken (*machschóweß*) ab, wenn Mann und Frau beieinander liegen. Denn wenn sie, Gott bewahre, etwa (*épeß*) böse Gedanken haben, so geraten die Kinder danach nicht gut. Andererseits, wenn die Gedanken von Mann und Frau dabei gut sind, dann geraten danach auch die Kinder wohl. Ein Beispiel davon haben wir bei der Frau Elischas des Hohepriesters (*káuhen-gódaul*) gefunden, die hatte einen Sohn geboren (*gewúnen*), der hieß Rabbi Ismael der Hohepriester und war einer der zehn Leute (Märtyrer), die man getötet hat. Und so ging es zu.

Der Elischa war ein sehr frommer Mann, aber seine Kinder starben gleich, nachdem sie geboren waren. Eines Tages sprach seine Frau zu ihm: »Warum hat alle Welt Kinder und wir haben keine Kinder?« Da sprach Elischa zu ihr: »Ich will es dir sagen. Das macht, wenn die Frauen vom Tauchbad kommen, dann sind sie recht züchtig und haben gute Gedanken, wenn sie bei ihren Männern liegen. Also sollte sie schöne (*hipsche*) Gedanken auf einen Talmudgelehrten (*tálmid-chóchem*) richten, dann geraten die Kinder danach.« Als die Frau das von ihrem Mann vernahm, da sprach sie: »So will auch ich von Stund an noch mehr gute Gedanken haben.«

Und als die Zeit kam, daß die gute Frau wieder baden ging und danach wieder heimgehen wollte, da begegnete ihr ein Schwein (*cháser*). Da ging sie wieder tauweln, denn sie befürchtete, sie werde die ganze Nacht an das Schwein denken. Als sie nun wieder heimgehen wollte, da begegnete ihr ein Esel. Da ging sie wieder baden. Das dritte Mal begegnete ihr eine Aussätzige (*mesóre*). Da ging die gute Frau wieder tauweln.

Und als der Heilige, gepriesen sei Er, sah, daß die Frau so züchtig war, da sagte der Heilige, gepriesen sei Er, zu dem Engel Metatron: »Geh hin und stell dich ihr in den Weg, wenn sie aus der Mikwe (*míkwe*, Frauenbad) kommt, auf daß ihr nichts geschieht, denn sie soll diese Nacht schwanger werden mit einem ganz Besonderen (*kestlich man*), der dazu bestimmt ist, vor Mir ein Hohepriester zu sein.«

Da schwebte der Engel Metatron nieder und stellte sich ihr in den Weg, denn sie war in dieser Nacht schon vierzig Mal tauweln gegangen. Und wie sie nun den Engel sah, daß er so schön war wie ein König, da erschrak sie und glaubte, es wäre ihr Mann, und wollte wieder in die Mikwa gehen. Da sprach der Engel: »Du brauchst nicht wieder hingehen, denn ich bin der Engel Metatron; der Heilige, gepriesen sei Er, hat mich zu dir geschickt, ich soll dir sagen, Er hat die guten Gedanken, die du gehabt hast, gesehen. So soll ich dir sagen, daß du heute einen Sohn empfangen wirst, der dich erfreuen wird.«

Die gute Frau war sehr erschrocken und kam nach Hause mit guter Freude. Und in der Nacht empfing sie und hatte in dieser Nacht alle Gedanken auf den Engel gerichtet. So gebar sie einen Sohn, der Rabbi Ismael der Hohepriester geheißen ward. Und wie er geboren wurde, da kam der Engel Metatron und hob es auf und war der Gevatter. Und der Engel lehrte das Kind alles, was er konnte, auf daß es wisse, was unten und oben (auf Himmel und auf Erden) geschehen werde: und er konnte, sooft er wollte, in den Himmel gehen.

Und das hatte ihr der Heilige beschert, gepriesen sei Er, weil sie solch gute Gedanken gehabt hat. Denn alles hängt an den Gedanken, wenn Mann und Frau beieinander liegen. Denn woran sie gedacht haben, danach gerät auch das Kind. [133]

Quelle: Traktat Berakoth 20 a, aus dem Babylonischen Talmud.
Übers.: Goldschmidt BT Bd. 1 (1929), 86 f. – MB: Pappenheim 1929, Nr. 136.

Der Engel Metatron oder Matatron gilt als Engelsfürst, der sich als himmlischer Schreiber mit dem Erzengel Michael abwechselt. Er ist mit dem in den Himmel entrückten Henoch (»der Eingeweihte«), Vater des Methusalem, identisch (nach Sir 44,16). Im Spätjudentum wurde auf ihn eine reiche apokalyptische Literatur zurückgeführt, so das Sammelwerk ›Henoch‹. Zum Dank für die Weisheit seiner Lehre, so die Agada, habe ihn Gott zum König der Engel erhoben, und gleich dem Propheten Elia sei er auf einem feurigen Wagen zum Himmel gefahren, dann habe ihn Gott in eine Flamme verwandelt.
Das Erzählmotiv der »Wunderbaren Empfängnis« spielt in die Geschichte hinein, speziell das Anwünschen. Vgl. den Märchentypus »Pervonto« bzw. »Der faule Junge« (AaTh 675), bei dem ein Dummling durch bloßes Wünschen macht, daß eine Prinzessin von ihm schwanger wird (Bolte-Polívka Bd. 1, 1913, 485–89, zu KHM 54 a »Hans Dumm«).
Der Volksglaube weiß vom pränatalen Einfluß der Gedanken während des Beischlafs und der Schwangerschaft. So soll die Schwangere auch dafür sorgen, daß sie nichts Häßliches sieht, sondern schöne Dinge betrachten, damit sich »die Frucht nach dem Gedankengang der Mutter

entwickelt« (Konrad von Megenberg, »Buch der Natur« (1350), hochdt. 1897, 419). Vgl. Texte 134, 248.

Der Hohepriester Rabbi Ismael ben Elischa war Tannait (Gesetzeslehrer) im 1. Jh. n. Z. Er scheint sich viel mit mystischen Lehren, so der Lehre von den Gottesnamen und der Engelslehre, beschäftigt zu haben. Daß sein Vater Hohepriester gewesen sei, ist ein Irrtum (siehe EJ Bd. 8, Berlin 1931, Sp. 588–592).

Von der Königin, die ein schwarzes Kind gebar

Die Geschichte geschah. Es war einmal ein gewaltiger König, der hatte eine gar schöne Frau, und miteinander hatten sie keine Kinder. So beteten sie inständig (*grojß tfile ton*), daß ihnen der Heilige, gepriesen sei Er, einen Sohn bescheren möge, der nach ihrem Tod das Königreich erhalten könnte. Und weil sie gar so sehr den Heiligen, gepriesen sei Er, baten, wurde ihnen die Bitte gewährt, und die Königin wurde schwanger und gebar (*gewún*) einen Sohn, der schwarz war wie ein Mohr von rechter Art. Wie das nun der König sah, da wurde er traurig und unmutig, dieweil er mit seiner Frau so einen Mohr bekommen hatte, und sie beide waren doch so schöne Leute. Und er grübelte hin und her. Da dachte er bei sich: »Ich habe doch einen Mohr bei mir, der wird gewiß bei meiner Frau gelegen sein.« Und der König berief seine Räte und wünschte, die Königin um ihr Leben zu bringen, und begann sie zu hassen.

Letzten Endes (*leßóf*) aber besannen sich die Räte nicht lange, denn sie waren sehr weise (*grojß chachómim*) und kannten sich in der Wissenschaft der Natur aus, und sprachen zu ihm: »Mein Herr König, sei nicht so geschwind damit, die Königin töten zu lassen. Vielleicht wirst du unschuldiges Blut vergießen und möchtest sie heute verurteilen, und morgen empfändest du Reue, daß du sie hast töten lassen. Wir wollen dir eines sagen: Vielleicht hat sie an den Mohren gedacht, den du bei dir hast. Oder vielleicht hat sie die Schilderei (Malerei) gesehen, die du zu Füßen deines Bettes hängen hast, auf der der Mohr abgebildet ist. Und da sie bei dir gelegen ist, hat sie gewiß alle ihre Gedanken (*machschówess*) auf den Mohren gerichtet. Und wir finden auch in den Schriften, daß die Kinder danach geraten, worauf die Frau ihre Gedanken richtet, wenn sie bei ihrem Mann liegt. Deshalb bitten wir dich, du wolltest prüfen, was an der Sache dran ist, bevor du handelst.«

Nun, wie das der König hörte, da dachte er: »Ja, vielleicht könnte es wahr sein, denn ich habe einen Mohren auf dem Bild vor meinem Bett hängen, so wie Fürsten und Könige gemeinhin Bilder (*pessel*) vor ihrem Bett zu haben pflegen. Da wird die Königin vielleicht während des Beilagers an den Mohren gedacht haben.« Und fragte die Königin von weitem (ohne sie anzublicken) mit großer List (*chóchme*): »Liebe Königin, wie mag das nur zugehen, daß ich und du gar so schön sind, und doch haben wir so einen schwarzen Mohren zum Sohn bekommen?« Da sagte die Königin ungefähr (arglos): »Mein lieber Herr, ich will Euch sagen, wie das zuging. Als wir beieinander lagen, da habe ich über mich geblickt und habe den Mohren auf dem Bild gesehen, das über unserem Bett hängt, und da habe ich alle meine Gedanken darauf gehabt. Deshalb, so meine ich, habe ich einen Mohren bekommen. Denn Frauen können bald abschweifen, und woran sie just denken, danach bekommen sie Kinder.« Wie nun der König das von der Königin vernahm, da dachte er an die Räte und wie recht sie ihm geraten hatten. Und der König bekam die Königin wieder lieb und liebte auch das Kind sehr. Deshalb soll eine Frau gute Gedanken haben, so bekommt sie auch gute Kinder.

Und das sprechen die Weisen an, wenn sie sagen: Einer, der mit dem Gedanken spielt, eine Sünde (*awéjre*) zu tun, der ist ärger als derjenige, der die Sünde mit Händen oder Füßen tut. Denn die Gedanken haben ihre Wohnung im Kopf, und die Seele (*neschóme*) hängt ab vom Kopf, daher verunreinigt er die Seele. Aber wer eine Sünde begeht, der verunreinigt seinen eigenen Leib.

Deshalb setzte sich Rabbi Jochanan vor das Tor, auf daß die Frauen ihre Gedanken auf ihn richteten, wenn sie aus dem Bad (*twíle*) kommen, denn die Gedanken entstehen im Kopf, und der Samen, aus dem das Kind geschaffen wird, der kommt auch aus dem Kopf. Deshalb sollen die Frauen, wenn sie bei den Männern liegen, ihre Gedanken auf nichts anderes als Talmudgelehrte (*talmíde-chachómim*) richten, so geraten die Kinder genau danach. Und das ist auch der Grund (*tam*), daß eine Frau öfters wieder tauweln (*táuweln*, Tauchbad nehmen) muß, wenn ihr etwas begegnet, es sei was es will, wenn sie denn fromm sein will und ihre Reinigung richtig vornimmt. Denn was ihr begegnet, daran denkt sie, wenn sie beiliegt, und danach gerät das Kind.

Doch gibt es zwei Ausnahmen. Die erste ist, wenn ihr ein Pferd begegnet, so braucht sie nicht wieder tauweln gehen, denn wenn sie an ein Pferd denken sollte, so nimmt sich das nicht viel.

Ein Pferd hat ein weites, fröhliches Herz, so mag sie auch einen Sohn kriegen, dessen Herz sich weitet und fröhlich wird beim Studium der Tora. Und die andere Ausnahme ist: Wenn ihr ein Talmudgelehrter begegnet, so braucht sie ebenfalls nicht wieder tauweln gehen. Im Gegenteil (*áderabe*), sie sollte ständig an ihn denken.

Aus diesem Grund haben die Weisen eine Vorschrift (*takóne*) gemacht, daß, wenn einem die Frau stirbt, so soll

er die drei Wanderfeste (*schláuscho ragólim*) abwarten, das heißt, er muß drei Feiertage (*jómim táuwim*) abwarten, ehe er wieder ein Weib nimmt, und das Weib (die Witwe) muß ebenfalls so lange warten. Das haben die Weisen so eingerichtet (*gmacht*), denn der Mann ist in Gedanken bei seiner ersten Frau, und das ist für die Seele ein großer Schmerz. Während des ersten Jahres (nach dem Tod) geht die Seele des Toten zum Himmel hinauf und kehrt wieder ins Grab hinab, und so muß die Seele zwölf Monate leiden. Und nach den zwölf Monaten geht sie in den Himmel ein und bleibt oben. Darum haben die Weisen es eingerichtet, daß einer die drei Wanderfeste hindurch kein Weib nehmen und das Weib auch keinen Mann nehmen soll. Warum? Es ist ein großer Schmerz für die Seele. Und auch die Vorschrift (*din*) des Heiligen, gepriesen sei Er, besagt, daß es zwölf Monate sind. Er bezahlt einen jeden nach seinen Verdiensten, wer viel sündigt, der muß viel leiden. Deshalb könnt ihr euch denken, daß viel an der Seele hängt und auch viel an den Gedanken, die Mann und Frau haben sollen, wenn sie beieinander sind.

Deshalb verhaltet euch danach, so werdet ihr auch gute und fromme Kinder bekommen, die stets im Lichte der Tora scheinen und dieser Welt wie Jener Welt (*jéne-welt*, Jenseits) würdig sein werden. Amen (*oméjn*). [134]

Quelle: Gaster 1934 merkt lediglich an: »Von dieser Legende kursieren in den Midraschim und späteren Schriften viele Versionen« (doch ohne die abschließende Moralpredigt).

Übers.: MB: Pappenheim 1929, Nr. 137.

Die vorige Geschichte von Rabbi Jochanan, der vor dem Tauchbad auf die zurückkehrenden Frauen wartet, wird hier ausgesponnen und näher erklärt.

Abgesehen von dem – zart angedeuteten – Motiv der unschuldig verfolgten Gattin könnte der Prototyp die wunderbare Geschichte Jakobs sein, der sich als Hirtenlohn alle dunklen Lämmer und alle weißgesprenkelten Ziegen aus Labans Herden erbat und durch Visualisation dafür sorgte, daß sich eben diese sehr stark vermehrten (Gen 30). Vgl. den spiegelbildlichen Text 248, in dem ein schwarzes Königspaar einen weißen Sohn bekommt.

Das Motiv »Liebe durch Bild« taucht auch in Grimms Märchen »Die weiße und die schwarze Braut« (AaTh 403) auf. Dort ist es ein König, der sich in das Bild der schönen Schwester eines seiner Diener verliebt, nur nimmt die Geschichte einen ganz anderen Verlauf.

Die drei Wanderfeste oder Wallfahrtsfeste beziehen sich auf das siebentägige Pessach, das sieben Wochen darauf folgende Schawuot (hebr. Chag ha-Schawuot, »Wochenfest«), auch Fest der Erstlingsfrüchte, vergleichbar dem christlichen Pfingsten, und schließlich das Sukkot oder Laubhüttenfest (hebr. suká, »Laubhütte«, Plural sukót). Diese beweglichen Feste, deren Termine von den Behörden nach dem Neumond bestimmt wurden, sind einerseits Naturfeste, aber zugleich auch Wanderfeste, an denen man zum Tempel nach Jerusalem pilgerte.

Der Ausschluss des Rabbi Elieser ben Hyrkanos

Die Geschichte geschah. Rabbi Elieser ben Hyrkanos stritt mit seinen Genossen (*chawéjrim*). Und alles, was Rabbi Elieser für rein erklärte, das erklärten die Weisen (*chachómim*) für unrein und wollten sich Rabbi Elieser nicht anschließen. Da brachte Rabbi Elieser alle Auslegungen (*tschúweß*) vor, die es auf der Welt (*áulom*) gab. Gleichwohl wollten sie sich ihm nicht anschließen.

Als sie disputierten (*lérntn*), geschah das in der Nähe eines Johannisbrotbaums. Da sagte Rabbi Elieser: »Ist meine Auslegung der Halacha (*halóche*, Gesetzessystem) wahr, dann soll sich der Johannisbrotbaum selbst ausreißen und sich auf einen anderen Platz hinpflanzen.« Da geschah ein Wunder (*neß*), denn der Baum riß sich mitsamt der Wurzel von seinem Platz und pflanzte sich über hundert Ellen weiter an anderer Stelle ein, manche sagen sogar, vierhundert Ellen weit. Da konnte man gut erkennen, daß Rabbi Elieser recht hatte. Doch die Weisen sagten: »Wir kehren uns nicht an den Baum und wollen dir nicht die Wahrheit überlassen.«

Da sprach Rabbi Elieser: »Ist meine Auslegung der Halacha wahr, dann soll dieser Strom da umkehren und soll rückwärts fließen, so wie er jetzt vorwärts läuft.« Da geschah ein Wunder, und der Strom lief rückwärts. Da sah man wieder, daß Rabbi Elieser recht hatte, doch die Weisen sagten: »Wir kehren uns auch nicht an den Strom.«

Da sagte Rabbi Elieser wieder: »Ist meine Auslegung der Halacha wahr, dann sollen die Wände des Lehrhauses (*beßmédresch*) einfallen und so soll sich als wahr erweisen, wer von uns recht hat.« Da begannen die Wände sich zu biegen und wollten einstürzen. Da schrie sie Rabbi Josua an und sprach: »Wenn auch die Talmudgelehrten (*talmíde-chachómim*) sich in der Halacha streiten (*krign*), wollt ihr euch darum zwischen sie legen?« Da standen die Wände still und wollten nicht einfallen, aus Ehrfurcht (*kíbud*) vor Rabbi Josua, der sie angeschrien hatte. Und sie wollten sich auch nicht wieder aufrichten, aus Ehrfurcht vor Rabbi Elieser.

Da hob Rabbi Elieser wieder an: »Ist meine Auslegung der Halacha wahr, so soll eine Stimme (*baßkól*) vom Himmel kommen und zwischen uns entscheiden, wer wahr spricht.« Da erscholl eine Stimme vom Himmel und sagte: »Was wollt ihr euch streiten mit Rabbi Elieser? Die Halacha gleicht dem, was Rabbi Elieser sagt.« Da sprachen die Weisen wiederum: »Wir kehren uns nicht an die Stimme, denn der Heilige, gepriesen sei Er, hat in Seiner Tora geschrieben, die Halacha ist jederzeit so: Wenn einer mit vielen streitet, so bleibt die Halacha bei der Mehrheit und nicht bei dem, was nur einer sagt. Und darum wollen wir ihm nicht zustimmen.«

Da traf wenig später Rabbi Natan den Propheten Elia (*Elijóhu ha-nówi*), und Rabbi Natan fragte ihn: »Lieber, sage mir, was hat zu dieser Zeit Gott getan, als die Talmudgelehrten sich stritten?« Da sagte der Prophet Elia: »Gott sah es und lachte, und dann sagte er, sie haben Mich besiegt, Meine Kinder Israel (*jißróel*). Der Heilige, gepriesen sei Er, hat nicht dagegengeredet.«

Da gingen die Weisen hin und belegten den Rabbi Elieser mit Ausschluß (*chéjrem*). Da sagten die Weisen untereinander: »Wer soll es Rabbi Elieser wissen lassen, daß er ausgeschlossen ist? Vielleicht sagt es ihm einer, der dessen nicht würdig ist, ihm dies mitzuteilen.«

Da sagte Rabbi Akiba: »Ich werde gehen und ihn dies wissen lassen.« Da ging Rabbi Akiba hin und kleidete sich ganz in Schwarz, als wäre er ein Trauernder (*owel*) und stellte sich vier Ellen weit vor ihn. Da fragte er (Rabbi Elieser) ihn: »Lieber Rabbi, warum hast du heute mehr schwarze Kleider an als an einem anderen Tag?« Da entgegnete er: »Lieber Rabbi, mich deucht, deine Genossen haben sich von dir zurückgezogen und dich ausgeschlossen.« Als er das hörte, ging er hin und zog seine Schuhe aus und zerriß seine Kleider und setzte sich auf die Erde und trauerte, wie wenn ein Leichnam (*meß*) vor ihm läge, und weinte bitterlich.

Und zur selben Stunde, als man ihn ausgeschlossen (exkommuniziert) hatte, da wurde die ganze Welt (*áulom*) davon betroffen, der dritte Teil an Ölbeeren (Oliven), der dritte Teil an Gerste und der dritte Teil an Weizen. Das alles wurde unverwendbar (*kilojon*). Manche sagen, auch der Teig sei unter den Händen der Frauen unbrauchbar geworden (gegoren).

Solch ein schlimmer Tag war das, als man Rabbi Elieser ausgeschlossen hatte. Und was Rabbi Elieser an diesem Tag ansah, das verbrannte alles. Der Nassi (*náßi*, Oberster des Sanhedrin) zu der Zeit war Rabban Gamliel, und dazu ein Schwager, nämlich der Bruder der Frau des Rabbi Elieser; der hatte dabei geholfen, ihn in Acht und Bann zu tun (*in chéjrem ton*).

Eines Tages saß Rabbi Elieser und verrichtete sein Gebet (*tfile ton*). Zu der Zeit war Rabbi Gamliel unterwegs übers Meer auf einem Schiff. Da kam ein scharfer Wind auf und wollte das Schiff umkippen. Da sagte Rabbi Gamliel: »Ich glaube, mir ergeht es deswegen so schlimm wegen Rabbi Elieser ben Hyrkanos, weil ich mithalf, ihn in Bann zu schlagen.« Da fing er an zu beten und sagte: »Herr der Welt (*káune-hákel*), Du weißt, ich habe das nicht um meiner Ehre (*kówed*) willen getan, und auch nicht der Ehre meines Vaters wegen, sondern nur um Deiner Ehre willen: damit sich keine Streitigkeiten (*krig*) in Israel mehren, damit sich nicht einer mit vielen Leuten streiten möge.«

Und wie er so inständig betete (*grojß tfíle ton*), da hörte das Meer auf zu toben und wurde ganz still. Da wollte des Eliesers Frau ihren Mann keinen Bittgesang (*táchnun*, Tachanun) mehr anstimmen lassen, denn sie befürchtete, er werde ihren Bruder Rabbi Gamliel ums Leben bringen, wie es ihm diesmal beinahe geschehen war.

Eines Tages kam ein Armer (*óni*) vor die Tür und bat um ein Stück Brot. Da ging sie hinaus und wollte ihm ein Stück Brot geben. Derweil sie hinausging, derweil fiel Rabbi Elieser auf sein Gesicht (*pónem*) und murmelte den Bittgesang. Da kam die Frau und fand ihn, wie er den Bittgesang sprach. Da sagte sie zu ihm: »Weh, weh, steh auf, du hast mir meinen Bruder ums Leben gebracht.« Und wie noch eine Weile verstrich, da kam ein Geschrei auf: »Jetzt hat Rabbi Elieser den Rabban Gamliel ums Leben gebracht!« Da sagten die Leute zu Rabbi Eliesers Frau: »Wieso wußtest du, daß dein Bruder tot war?« Da sagte sie: »Ich hab es so überliefert bekommen (*mekábl sajn*) von meinem Vater: sind auch alle Tore zugeschlagen, so doch nicht das Tor (der Kränkung), wenn man einen zu Unrecht in Acht und Bann tut.«

Deshalb sollte sich keiner wieder gegen die ganze Gemeinde (*kóhol*) stellen. Obschon Rabbi Elieser ein großer (*kestlich*) Mann war und die Billigung des Heiligen, gepriesen sei Er, gefunden hatte, hat man ihn dennoch ausgeschlossen. Keiner soll sich gegen die ganze Gemeinde (die Gemeinschaft) stellen, selbst wenn er denkt, er sei im Recht. Er sollte seine Frömmigkeit bewahren und daran denken, was solch eine Haltung letztlich bringen kann. [135]

Quelle: Traktat Baba Metsia 59 b, aus dem Babylonischen Talmud.
Übers.: Goldschmidt BT Bd. 7 (1933), 637–639. – MB: Pappenheim 1929, Nr. 138.

Rabbinisches Exemplum Nr. 125 (Eliesers Entschiedenheit und übernatürliche Bestätigung).

Im Talmud wird das rigorose Verhalten der Weisen veranschaulicht: »Man erzählt, daß sie an jenem Tage alles holten, was Rabbi Elieser als rein erklärt hatte, und im Feuer verbrannten.«
Von Eliesers Frau, Emma Schalom, wird gesagt, daß sie seit dem Meerestoben und dessen Besänftigung durch Bruder Gamliel ihren Gatten »nicht mehr aufs Gesicht fallen ließ«. Das bezieht sich auf das Ritual des Tachanun-Gebetes, das zweimal täglich hergesagt wurde. Die Frau befürchtete, sein Gebet, das Gott um Schutz vor den Feinden und deren Bestrafung anruft, könnte auch hinsichtlich ihres Bruders Gehör finden.
Historisch bezeugt ist, daß Rabbi Elieser, Tannaite (Gesetzeslehrer) im frühen 2. Jh., Schüler des Rabbi Jochanan ben Sakkai, in dessen Lehrhaus zu Jerusalem er bis Mitte Zwanzig wirkte, einerseits sehr prinzipienfest war und an den von seinen Lehrern übernommenen Grundsätzen festhielt. Andererseits geriet er dadurch, daß er sich bestimmten Erneuerungen der Halacha widersetzte, in Konflikt mit Rabbi Josua ben Chananja und Rabbi Akiba ben Joseph, seinem Schüler, und auch mit dem gestrengen Nassi Rabban Gamliel, was letztlich zum Ausschluß aus dem Obersten Kollegium (Sanhedrin) führte. Fortan lebte er zurückgezogen in Lydda. Wegen seiner Standfestigkeit ist Rabbi Elieser, trotz seines Einzelgängertums, zum Helden vieler Legenden geworden.
Bibelvers hinsichtlich der Halacha: »Wenn einer mit vielen streitet ...«, Ex 23,2: »Stimme über einen Streitfall nicht so, dich zu beugen ins Gefolg einer Mehrheit – und so zu biegen.«

Die Tora ist das beste Gut

Die Geschichte geschah. Es fuhr ein Schiff voll mit Kaufleuten und voll mit Ware (*ßcháure*) übers Meer. Und mit den Kaufleuten fuhr ein großer Talmudgelehrter (*tálmid-chóchem*).

Nun, die Kaufleute kamen miteinander ins Gespräch,

was ein jeder so an Ware bei sich hatte. Da sagte er ihnen: »Ich habe meine Ware bei mir.« Da suchten die Kaufleute im ganzen Schiff nach der Ware, denn sie dachten, er hätte lauter Edelsteine bei sich, aber sie konnten nichts bei ihm finden. Da trieben sie Spott mit ihm, daß er gar keine Ware bei sich habe. Da sagte der Talmudgelehrte: »Warum verspottet ihr mich? Meine Ware, die ich bei mir habe, ist viel mehr wert als eure Ware, die ihr im Schiff habt.«

Nun geschah es, als sie weiter aufs offene Meer fuhren, daß Räuber (*gaslónim*) sie überfielen und ihnen all ihre Waren, die sie im Schiff hatten, wegnahmen. Als sie nun an Land kamen, da waren sie ganz arm geworden und hatten nichts zu essen und zu trinken und hatten auch keine Kleider anzuziehen.

Was aber tat der Talmudgelehrte? Er ging in die Stadt und betrat das Bethaus (*beß-médresch*). Als die Leute hörten, was er für ein bedeutender (*kestlich*) Mann war, gingen sie flugs hin und brachten ihm Kleider und auch viel Geld. Und die guten Leute, die in der Stadt waren, zogen mit dem Talmudgelehrten hinaus.

Und wie nun die Kaufleute sahen, daß man dem Juden (*jehúdi*) solch große Ehre (*kówed*) antat, da gingen sie wieder zu ihm und baten ihn um Verzeihung (*mechíle*), dafür daß sie ihn so verspottet hatten. Und baten ihn, daß er bei den Stadtleuten doch ein gutes Wort für sie einlegen möge, daß man ihnen etwas zu essen gebe, so daß sie nicht an Hunger stürben; denn er hätte doch wohl gesehen, daß man sie ihrer Sachen beraubt hätte.

Da sagte der Talmudgelehrte: »Habe ich es euch nicht vorausgesagt, daß meine Ware besser ist als die eure? Denn eure Ware habt ihr verloren, aber meine Ware habe ich noch. Und mehr noch, einer der kauft und verkauft, der gewinnt nicht immer. Einmal gewinnt er, einmal verliert er. Und auch wenn er gewinnt, so weiß er nicht, ob ihm der Gewinn bleiben wird oder nicht. Aber die Tora bleibt ewig, sie bleibt auf dieser Welt (*áulom-háse*) und in Jener Welt (*áulom-hábo*, Jenseits). Deshalb habe ich recht gehabt mit meiner Ware, die ich bei mir habe.« [136]

Quelle: Kommentar des Bachja (Bechaj) zu Ex 25,2, Tanhuma Ex Teruma, § 1,2; Chibbur ha-Ma'asijot (1519), Schlußteil.
Übers.: MB: Grünbaum 1882, 406 f. (nach den Ausgaben Wilhermsdorf Nr. 136 und Rödelheim fol. 39 b); Pappenheim 1929, Nr. 139.

Rabbinisches Exemplum Nr. 386 (Ware des Gelehrten). Born Judas, Bd. 2 (1917), 65 f.: Der Weisen Handel.
Eine berühmte Geschichte, bekannt schon durch Bias, einen der Sieben Weisen, und seinen Ausspruch »Omnia mea mecum porto«.
In der Bedeutung der Tora als Kernbestand der Bibel (Pentateuch) liegt hier eine Analogie zu den ›Geständnissen‹ Heinrich Heines (1854) vor, denen zufolge die Juden das heilige Buch »im Exile gleichsam wie ein portatives Vaterland mit sich herumschleppten, das ganze Mittelalter hindurch«. Dies war keineswegs eine späte Einsicht Heines; schon 1830, in Helgoland, stand er unter dem Eindruck der Bibellektüre: »Ein Buch ist ihr Vaterland, ihr Besitz, ihr Herrscher, ihr Glück und ihr Unglück« (›Ludwig Börne. Eine Gedenkschrift‹, 2. Buch, Erstdruck 1840).

Die Tora ist mehr wert als alle Reichtümer

Die Geschichte geschah. Rabbi Josse ben Kisma sagt: Ich wanderte einmal über Land (*bin gegángn íber feld*), da begegnete mir einer, der mir den Friedensgruß (*schólaum*) entbot. Also gab ich ihm den Friedensgruß zurück. Da fragte er mich: »Lieber Rabbi, wo seid Ihr her?« Also habe ich ihm erwidert: »Ich bin aus einer Stadt, darin lauter Schriftgelehrte (*talmíde-chachómim*) und Schreiber (*ßófrim*) wohnen.« Da sagte der Mann zu mir: »Lieber Rabbi, wollte Gott, Ihr solltet bei uns wohnen in unserer Stadt, so wollte ich dir hunderttausend Gulden geben und genug Edelsteine und Perlen.« Da antwortete ich ihm: »Mein lieber Sohn, auch wenn du mir alles Geld und alle Edelsteine und Perlen geben wolltest, die auf der ganzen Welt sind, so wollte ich nicht in einer Stadt wohnen, wo keine Tora existiert, sondern nur in einer Stadt, wo man Tora lernt. Denn wenn ein Mensch stirbt, dann begleiten ihn weder Gold noch Silber, oder Edelsteine oder Perlen. Nur die Tora, die geht mit ihm in Jene Welt (*jénewelt*, Jenseits). Wie der Schriftvers (*póßek*) sagt: ›Auf deinem Gang in Jene Welt wird dich die Tora führen und wird mit dir in dein Grab gehen. Da wird dich die Tora beschützen. Und bei deinem Aufwachen, also in Jener Welt, wird die Tora dein Fürsprecher sein vor Gott. Deshalb frage ich nie nach Geld, gleichwie König David in seinen Psalmen (*ßéjfer tílim*) gesagt hat. ›Gott spricht zu König David: Mir ist viel lieber dein Studium der Tora als deine hunderttausend Gulden. Und Gott spricht: ›Mir gehört alles Silber und Gold. Ich kann einen reich machen, wann immer ich will.‹«

Deshalb soll der Mensch jederzeit Tora lernen und soll nicht nach Geld trachten. Denn wenn einer meint, er hätte viel Geld, so kann der Heilige, gepriesen sei Er, es bald so fügen, daß er es rasch verliert. Und wenn einer die Tora lernt, so kann der Heilige, gepriesen sei Er, ihn auch schnell reich machen, wie wir in den zwei voraufgegangenen Geschichten (*ma'assim*) gehört haben.

Deshalb soll ein jeder sehen, daß er die Tora mehrt. Und soll sich verlassen und vertrauen auf Gott den Allmächtigen, der immer für ihn sorgen kann. [137]

Quelle: Traktat Abot VI,10, aus dem Babylonischen Talmud.
Übers.: Goldschmidt BT Bd. 9 (1934), 686. – MB: Pappenheim 1929, Nr. 140.

In den ›Sprüchen der Väter‹ – (Mischna Abot bzw. Pirke Abot) wird der zentrale Schriftvers erst am Schluß eingefügt: Stirbt ein Mensch, so begleiten ihn nur »die Tora und gute Handlungen, wie es heißt: ›wenn du gehst, wird sie dich geleiten, auf dieser Welt; wenn du dich legst, wird sie über dich wachen, im Grabe; wenn du aufwachst, wird sie dich unterhalten, in der zukünftigen Welt.‹« Das entspricht Spr 6,22. Die Übers. Buber/Rosenzweig arbeitet die drei Stationen Diesseits, Grab, Jenseits nicht so klar heraus.
Weitere Bibelverse: »Dein Studium der Tora ...« Ps 119,72: »Gut ist mir die Weisung deines Mundes/mehr als Tausende Goldes und Silbers.«
»Mir gehört alles Silber und Gold ...« Hag 2,8: »Mein ist das Silber, mein ist das Gold«.

Der Fromme und der Bär oder Weh denen, die den Sabbat entweihen

Die Geschichte geschah. Es wanderten einmal am Sabbatvorabend (*érew schábeß*) drei Männer über Land (*íber feld*). Und es war spät und schier schon Sabbat. Da sprach einer zu den anderen: »Was wollen wir tun? Der Weg ist durch Räuber (*gaslónim*) sehr gefährlich, und in dem Wald laufen auch viele böse Tiere herum. Es ist viel besser, wir gehen weiter und entkommen dem schlimmen (*bejs*) Weg, damit wir unser Leben retten können, als daß wir den Sabbat (*schábeß*) schützen und hierbleiben, und die Räuber und bösen Tiere kommen und töten uns.« Da war einer unter ihnen, der sprach: »Ich will nicht von hinnen weichen, bis der Sabbat vorbei ist, und will den Sabbat nicht entweihen (*mechálel-schábeß sajn*), denn der Heilige, gepriesen sei Er, hat selbst geboten, daß wir den Sabbat einhalten sollen. Deshalb werde ich nicht von hier weichen, bis der Sabbat vorbei ist, und werde ihn nicht entweihen. Denn der Heilige, gepriesen sei Er, kann mich gleichwohl vor allem Bösen beschützen.«

Die anderen zwei gingen fort und entweihten den Sabbat, und der eine blieb da allein und wollte dies nicht tun. Und schlug dort im Feld sein Zelt auf und richtete seinen Tisch her und hielt Sabbat. Und wie er nun essen wollte, da kam ein Bär, größer als jeder Mensch, den er je in seinem Leben erblickt hatte. Und der Bär setzte sich neben den frommen Mann (*chóßid*). Und wie der Fromme den Bären sah, da gab er ihm ein Stück Brot zu essen, und der Bär aß mit ihm. Und der Fromme hatte vor ihm keine Furcht. Und als nun der Fromme gegessen hatte, da betete (*bentscht*) er und legte sich zum Schlafen nieder, und der Bär legte sich auch bei ihm nieder und schlief auch. Und wie nun der Fromme erwachte, da sah er den Bären bei sich liegen. Da war er froh, daß der Bär ihm nichts getan hatte, und lobte des Heiligen, gepriesen sei Er, heiligen Namen (*schem hakáudesch*), daß er ihn beschützt hatte vor dem Bären.

Des Morgens betete (*ort*) der Fromme wieder und richtete danach seinen Tisch her und aß, und der Bär aß auch wieder mit ihm, und zur Mincha (*mínche*, Nachmittagsgebet) aß er die dritte Mahlzeit (*schalesúdeß*). Und wie nun der Sabbat zur Neige ging, da betete er den Maariw (*májrew*, Abendgebet) und die Hawdala (*hawdóle*, Schlußgebet) und ging danach seiner Straße weiter. Und der Bär begleitete ihn dabei, die Nacht hindurch.

Und in jener Nacht streiften Räuber durch den Wald und fanden die zwei Männer und nahmen all ihr Hab und

Gut weg. Indessen kam der Fromme mit dem Bären auch hinzu, und sowie der Bär die zwei Männer sah, die den Sabbat entweiht hatten, da sprang er auf sie voller Zorn und zerriß sie alle beide. Wie das nun der Fromme sah, da erschrak er sehr, denn er fürchtete auch um sich. In dem Augenblick kamen auch die Räuber herbei und fragten ihn: »Wer bist du?« Da sagte er: »Ich bin ein Jude.« Denn er wollte sich als Jude nicht verleugnen, sondern vertraute darauf, daß der Heilige, gepriesen sei Er, der ihn beschützt hatte vor dem Bären, ihn auch vor den Räubern beschützen werde. Dann sprachen sie: »Wo kommst du her?« Da sagte er: »Ich komme vom Haus des Königs.« Da sagten sie: »Von wannen kommt der Bär her, oder wer hat dir den Bären gegeben?« Da sagte der Fromme: »Der König hat ihn mir mitgegeben, daß er mein Geleitsmann sei und mir keiner etwas tun soll.«

Da sagte einer zum anderen: »Wie sehr muß der König diesen Mann schätzen, daß er ihm den Bären als Geleitsmann mitgegeben hat.« Da sprach der andere: »Vielleicht wird er uns verraten, daß wir Räuber sind, und der König könnte uns hängen lassen. Wir wollen ihm all unser Geld geben, damit er bloß stillschweigt.« Und so gaben sie ihm all den Mammon, daß er sie nicht verpfeifen (*farmáßern*) sollte, und beleiteten (begleiteten) ihn heim in sein Haus. Und nicht eher, als der Fromme heim in sein Haus gelangt war, brach der Bär wieder auf und ging seines Weges von ihm fort.

Deshalb soll ein jeder den Sabbat halten in acht,
so wird der Heilige, gelobt sei Er, vor ihm halten die Wacht.
Der kann euch beschützen vor Räubern und bösen Tieren,
wie ihr in dieser Ma'asse könnt merken und spüren.
Und so lasset euch nicht verführen. [138]

Quelle: Oxforder Hs. 13. Jh., Cod. G 185; ed. Gaster 1924: Exempla, hebr. Teil, Nr. CCCIII.
Übers.: MB: Grunwald 1898, Nr. 15: Die Sabbatfeier (nach der Ausgabe Dyhernfurth 1709); Pappenheim 1929, Nr. 141.

Rabbinisches Exemplum Nr. 309 (Belohnung für Beachtung des Sabbat). Der Gebetsritus an Sabbat wird hier exakt durchgeführt. Am Vorabend betete der Fromme vermutlich das »Weschamru bené Jisrael et haschabbat« (»Die Israeliten sollen den Sabbat hüten« sowie das »Atta kiddaschta« (»Du hast den siebten Tag geheiligt«), vielleicht auch das den allgemeinen Gottesdienst abschließende Kiddusch-Gebet. Am nächsten Tag erfolgte das Sabbat-Morgengebet (*scháchreß*, Schacharit), dann das nachmittägliche Mincha-Gebet (*mínche*), das offiziell dem *Lernen*, d. h. den belehrenden Vorträgen, folgte. Es schließt mit dem abendlichen Maariw-Gebet (*májrew*) und der Hawdala (*hawdóle*) zum Sabbatausgang.

Im Unterschied zur biblischen Tradition, in der der Bär oft als Metapher für Zorn und Grimm herhalten muß, erscheint der Bär in christlichen Heiligenlegenden eher als Reittier, als Diener und Helfer (Motiv: »Hilfreiche Tiere«). So zeigte ein Bär dem hl. Severin den Weg, und der hl. Gallus ließ einen solchen Holz zum Feuer tragen; dem hl. Magnus gar zeigte ein Bär Silber- und Eisenerzadern (siehe Bächtold-Stäubli, ›Handwörterbuch des dt. Aberglaubens‹, Bd. 1, 1927, Sp. 899).

Von Nanos dem Paradiesgefährten, der seine alten Eltern ehrte

Die Geschichte geschah an einem namens Rabbi Josua, dem träumte ein Traum, er werde im Paradies (*ganéjdn*, Garten Eden) einen Gefährten (*cháwer*) haben, und der hieße Nanos.

Und wie er morgens früh aufstand, da dachte er an seinen Traum und ging von Stadt zu Stadt, bis er herausbekam, wo der Nanos wohnte. Wie nun der Rabbi Josua dicht an die Stadt herankam, wo der Nanos wohnte, da kamen alle älteren Leute aus der Stadt ihm entgegen und ehrten ihn sehr und wollten ihm mitsamt seinen Schülern (*talmídim*) zu essen und zu trinken geben. Da sagte Rabbi Josua zu ihnen: »Ich will weder essen noch trinken, denn erst muß ich zu einem gehen, der Nanos heißt. Der soll mein Gefährte im Paradies sein, den will ich sehen und was für gute Werke er getan, daß er dessen würdig ist, im Paradies bei mir zu sein. Danach will ich mit euch essen und trinken.«

Da sagten die Ältesten zu Rabbi Josua: »Was habt Ihr mit dem Nanos zu schaffen? Er ist es nicht wert, daß er bei Euch sein soll.« Da sprach Rabbi Josua: »Gleichwohl wünsche ich ihn zu sehen, auch wenn ihr ihn so sehr verachtet.« Da liefen die Leute zu dem Nanos und sagten ihm, er solle zu Rabbi Josua kommen, der wolle mit ihm reden. Da lachte der Nanos, denn er glaubte ihnen nicht und wollte nicht mitkommen. Also gingen die Leute wieder zu Rabbi Josua und sagten: »Lieber Rabbi, er will nicht kommen, er denkt, wir machen uns über ihn lustig.«

Da stand Rabbi Josua auf, mit all seinen Schülern und mit all den würdigen (*kestlich*) Leuten, die in der Stadt waren, und gingen zum Haus des Nanos. Und wie der

Nanos den Rabbi Josua sah, da erschrak er sehr und ging dem Rabbi entgegen, fiel ihm zu Füßen und sagte: »Was bedeutet das, daß ein großer Meister (*kestlich raw*), der einem König (*mélech*) gleicht, zu mir in mein Haus kommt? Bin ich doch so schofel (*schofl*, gering) wie sonst irgendeiner.« Da sagte Rabbi Josua zu ihm: »Lieber, sag mir, was sind deine Werke auf dieser Welt? Deshalb bin ich hergekommen, daß ich dich dieses frage.« Da sprach der Nanos: »Lieber Rabbi, ich bin ein sehr armer Mann (*grojß óni*). Ich habe nichts weiter als einen Garten, in dem ich jeden Tag arbeite. Und ich habe einen alten Vater und eine alte Mutter, die beide so alt sind, daß sie sich nicht von der Stelle rühren können, und ich warte ihnen auf mit Kleidern und mit Essen und Trinken, und ich hebe sie hoch und trage sie dorthin, wo es vonnöten ist. Und aus dem Garten ernähre ich sie.« Da antwortete ihm Rabbi Josua: »Wie gut, daß ich einen solchen Gefährten im Paradies haben soll. Denn es gibt keine größere Mizwa (*mízwe*, gute Tat), als daß man Vater und Mutter ehrt. Dem beschert der Heilige, gepriesen sei Er, ein langes Leben, wie die Schrift (*póßek*) sagt: ›Ehre Vater und Mutter, auf daß du lange leben bleibst.‹« [139]

Quelle: Chibbur ha-Ma'asijot, ed. ibn Attar (Venedig 1695), 5. Gebot, letzte Geschichte.
Übers.: MB: Pappenheim 1929, Nr. 143.

Rabbinische Exempla Nr. 323 (Metzger als Gefährte im Paradies) und Nr. 413 (Gefährte im Paradies). Born Judas, Bd. 2 (1917), 220–222: Der Schriftgelehrte und sein Gefährte im Paradies.
Der Schriftvers zum Schluß drückt das fünfte Gebot aus, gemäß Ex 20,12: »Ehre/deinen Vater und deine Mutter,/damit sich längern deine Tage/auf dem Ackerboden, den ER dein Gott dir gibt.«
Eine andere Geschichte aus dem ›Chibbur ha-Ma'assijot‹, die ebenfalls nach der Qualität des künftigen »Paradiesgefährten« fragt, sich aber nicht

auf das fünfte Gebot bezieht, handelt vom »frommen Metzger« (siehe Heller 1930, 326, unter Nr. 7). Gottgefällige Tat ist dort der Loskauf eines gefangenen Mädchens, die Bestimmung zur Braut des eigenen Sohnes, die Ausrichtung der Hochzeit – und dann, im letzten Augenblick, als ihr verschollener Bräutigam auftaucht, die Freigabe der Braut. – Das ist auch der Stoff der Kölner Sage vom »Guten Gerhard«, Typus »Dankbarer Toter« (AaTh 505–508), der sich sowohl im Versepos ›Der guote Gêrhart‹ des Rudolf von Ems niederschlug (um 1225) wie auch in einem nachgelassenem Märchen der Brüder Grimm: »Der dankbare Tote und die aus der Sklaverei erlöste Königstochter« (KHM 217).
Anhand einer neu aufgefundenen Maiße-Handschrift aus Rovere ist Ane Kleine der Überlieferungsgeschichte nachgegangen: ›Der Gefährte im Paradies.‹ Der guote Gêrhart und die jüdische Überlieferung. In: Mitteilungen Jiddistik Nr. 17 (April 1997), 1–17.

Rabbi Meirs Versuchung oder »Ein böses Weib ist bitterer als der Tod«

Die Geschichte geschah an Rabbi Meir, der wohnte in Babylon und ging jedes Jahr hinauf nach Jerusalem (*jeruscholájim*). Und unterwegs war er jedesmal in der Herberge eines Metzgers (*kázew*), der Juda (*jehúdo*) hieß. Und der Juda hatte eine fromme Frau, die dem Rabbi Meir, wenn er zu ihnen kam, große Ehre (*kówed*) antat, denn er war ein würdiger (*kestlich*) Mann, wie wir von ihm auch aus der Gemara (*gemóre*, steht für Talmud) erfahren. Sie hielt ihn gut mit Essen und Trinken und hielt ihm auch ein eigenes Bett bereit und alles, wessen er bedurfte.

Nun begab es sich, daß die gute Frau starb und der

Metzger sich eine andere Frau nahm. Und er befahl der Frau, wenn Rabbi Meir kommen werde, soll sie ihm auch große Ehre antun, so wie es schon seine erste Frau getan hatte. Nun, es begab sich, daß Rabbi Meir wiederkam, so wie es jedes Jahr seine Gewohnheit (*ßéjder*) war. Da kehrte er wie gewohnt in der Herberge des Metzgers ein. Da sah er, daß drinnen eine andere Frau war, die er nicht kannte. Rabbi Meir fragte: »Wo ist des Hausherrn (*bal habájiß*) Frau?« Da antwortete sie ihm: »Sie ist schon lange tot, und der Metzger hat mich zur Frau genommen. Aber er hat mir befohlen, wenn Rabbi Meir kommt, so soll ich ihn sehr ehren und ihn freundlich empfangen.« Und das wollte sie gern tun, mehr noch als die erste Frau es getan. Wie nun der Rabbi Meir hörte, daß die erste Frau gestorben war, da ging er aus dem Haus und grämte sich sehr um (*mezáer sajn sich íber*) den Tod seiner guten Wirtin.

Wie er nun so stand, da kam der Metzger und fand den Rabbi Meir vor seiner Tür stehen. Da empfing ihn der Metzger und sagte zu ihm: »Lieber Rabbi, warum geht Ihr nicht in mein Haus, wie es Eure Gewohnheit ist? Und wie kommt es, daß Ihr nun draußen vor meiner Tür steht? Ich habe doch meiner Frau befohlen, daß sie Euch gut behandeln soll, so wie es meine erste Frau mit Euch gehalten hat.« Da ging Rabbi Meir mit ihm in sein Haus hinein. Da ging die Frau und brachte alles, was sie im Haus brauchte, und bereitete für den Rabbi Meir etwas zu essen und gab ihm gute Getränke, und erwies ihm in jeder Beziehung Respekt (*kówed*). Nun, der Rabbi Meir war ein hübscher Mann, und des Metzgers Frau kriegte große Lust auf ihn und war in ihn verliebt, wußte aber nicht, wie sie es anstellen sollte, daß er bei ihr läge. Eines Nachts geschah es, daß niemand daheim war. Da machte die Frau für Rabbi Meir leckeres Essen (*gut schpais*) und bezeugte ihm große Ehre. Und sie trank mit ihm so lange, bis er trunken war, so daß er nicht wußte, was er tat. Und die Frau ließ ihn schlafen gehen und legte sich zu ihm, und er bemerkte es nicht, weder ihr Beilager noch ihr Aufstehen. Des Morgens, als er nun aufstand, da betete er (*tet tfíle*), wie es seine Gewohnheit war. Und wie er nun zu Ende gebetet hatte, da richtete ihm die Wirtin den Tisch, und sie aß und trank mit ihm und nahm sich viele Frechheiten aus (*trib fil áseßkeit*) bei ihren Worten über den Tisch (bei ihrer Konversation). Als das Rabbi Meir sah, da verwunderte er sich sehr über die Frau, daß sie gar so frech (*áseß*) war und schämte sich vor ihr und wollte sie nicht ansehen. Da sprach die Frau: »Lieber Rabbi, warum schämt Ihr Euch jetzt so sehr, Ihr habt doch heute die ganze Nacht bei mir gelegen und habt Euch nicht geschämt? Und warum schämt Ihr Euch dermaßen jetzt?«

Als das der Rabbi Meir hörte, da erschrak er sehr und sagte: »Das ist wahrlich nicht geschehen.« Doch die Frau beschrieb ihm so viele Anzeichen (*ßimónim*) an seinem Körper, daß er ihr glauben mußte. Wie er das nun vernahm, daß es, Gott bewahre, wahr ist, da fing er jämmerlich an zu schreien und war über sich betrübt und sagte: »Ach weh mir, was habe ich getan? Wo habe ich meine Tora und all meine Gebote (*mízweß*), nach denen ich mein Lebtag mich gerichtet und jeden Tag darüber gearbeitet habe, das gebe ich nun verloren und muß in der Hölle (*gehínom*) darum leiden.« Und sagte: »Ich will zum Oberhaupt des Lehrhauses (*rosch jeschíwe*) gehen und ihm meinen Kummer klagen. Und was er mir aufträgt, um die Sünde (*awéjre*) zu büßen, das will ich gern tun.« Und ging unter lautem Klagen heim und zerriß seinen Mantel und streute Erde auf sein Haupt.

Da kam seine ganze Familie (*all sajn gesínd*) und fragte ihn, was ihm geschehen war. Da erzählte er ihnen die Geschichte (*schmúe*), wie es ihm ergangen war. Da erschrak die

Familie sehr, und sie fragten ihn, was er zu tun gedenke. Da sagte er: »Ich will zum Oberhaupt des Lehrhauses gehen und will es ihm sagen. Und alles, was er mir auftragen wird, das will ich tun.« Da verwehrte ihm dies seine ganze Familie: er solle es bleibenlassen, weil er es ja nicht freiwillig getan hätte, und kein bißchen davon gewußt hat, da würde der Heilige, gepriesen sei Er, ihm sicher vergeben. Doch wollte er sich nicht daran halten und ging zum Oberhaupt des Lehrhauses und berichtete ihm, wie es ihm mit der Frau ergangen war; deshalb wolle er von ihm Buße (*tschúwe*) auferlegt bekommen. Da sprach der Oberste der Jeschiwa: »Komm morgen wieder, bis dahin will ich danach suchen, was deine Buße ist.« Am nächsten Morgen kam der Rabbi Meir wieder, und der Oberste der Jeschiwa sagte: »Ich habe nachgesehen und herausgefunden, daß dich die wilden Tiere fressen sollen. Das ist das Urteil (*din*), das du (nach dem Gesetz) verdient hast.« Da sagte Rabbi Meir: »Wenn das Urteil so ist, so will ich es gern auf mich nehmen.«

Alsbald gebot der Oberste der Jeschiwa zwei starken Männern, den Rabbi Meir in einen Wald zu führen, darin wilde Tiere leben, und ihn an einen Baum zu binden. Und sie sollten auf einen hohen Baum steigen und sehen, wie es mit ihm abginge (was ihm geschehe); wenn ihn die wilden Tiere aufgefressen hätten, so sollten sie ihm die Gebeine bringen, damit er um ihn klagen könne, weil er das himmlische Gericht (*din schomájim*) auf sich genommen hätte. Also führten sie ihn in einen Wald, wie es der Oberste der Jeschiwa ihnen befohlen hatte, und banden ihn an einen Baum. Und in der Mitternacht kam ein großer Löwe und brummte und roch an ihm und verzog sich wieder. Da sagten die zwei Männer dem Obersten der Jeschiwa, daß ihm der Löwe nichts getan habe. Da sagte dieser, man solle ihn noch eine Nacht da angebunden lassen. In der nächsten Nacht kam der Löwe wieder und wendete den Rabbi Meir auf die andere Seite und ging aber wieder davon. Da berichteten sie es dem Obersten der Jeschiwa wieder, wie der Löwe in der Nacht zurückgekehrt sei, ihm aber nichts getan habe. Da sagte der Oberste der Jeschiwa, man solle ihn noch die dritte Nacht angebunden lassen. Die dritte Nacht kam der Löwe wieder und riß Rabbi Meir eine Rippe aus dem Körper und fraß davon ein Stück, nicht größer als eine Ölbeere (Olive), und ließ ihn liegen. Da nahmen die zwei Männer den Rabbi Meir und brachten ihn vor das Oberhaupt der Jeschiwa. Da ließ man ihn wieder heilen. Und als dann Rabbi Meir heimkehrte und in sein Haus kam, da erscholl eine Stimme vom Himmel und rief: »Rabbi Meir, du bist nun bereit für Jene Welt (*jéne-welt*, Jenseits).«

Deshalb sagt die Schrift: ›Ein böses Weib ist bitterer als der Tod.‹ Deshalb bedenkt (*séet*), was dem Rabbi Meir geschah, wiewohl er davon nichts wußte. Um wieviel größer muß die Pein für einen sein, der, Gott bewahre, die Sünde mit Vorbedacht getan hat. Deshalb, ihr lieben Leute, sehe sich ein jeder vor, daß es ihm, Gott bewahre, nicht so ergeht. [140]

Quelle: Aseret ha-Dibrot, 7. Gebot, 2; Bet ha-Midrasch, Bd. 1 (Leipzig 1853), 81–83.
Übers.: MB: Pappenheim 1929, Nr. 144.

Rabbinisches Exemplum Nr. 384 (Rabbi Meir und des Metzgers Weib).
Born Judas, Bd. 1 (1916), 129–34: Rabbi Meir und die Hurenfrau.
Erschleichung des Beischlafs ist ein Vergehen, das Frauen nicht weniger betrifft als Männer, nur wird das im Midrasch über das siebte Gebot sehr viel freimütiger erörtert als etwa in der christlich-theologischen Exegese. Selbst bin Gorion ist in seiner Übersetzung, die sich anno 1916 an ein breites bürgerliches Publikum wandte, verhüllter und weniger direkt als das Original. Dort mußte die zweite Frau des Rabbi Juda (sic!) eine »Hurenfrau« sein; nicht pure Lust trieb sie an, sondern »sie erhob ihre

Augen zu ihm und trug nach ihm Verlangen«. Da er tat, was nicht sein durfte, mußte Rabbi Meir auch noch beteuern: »Ich habe dich nicht gesehen und habe bei dir mein Lebtag nicht geschlafen, weder bei dir noch bei einer andern.«
Bibelvers: »Ein böses Weib ...«, Koh 7,26: »Da finde ich,/bittrer als den Tod, ein Weib,/jenes, das Fanggarne ist/und Schleppnetze ihr Herz,/ Fesseln ihre Hände./Der, der vor Gott als gut besteht, darf ihr entrinnen,/der Sünder aber wird durch sie verstrickt.« – Zum Sprichwort verkürzt, war es außerordentlich populär; kehrt als Anspielung in Text 202 wieder. Zum Gottesgericht: Dem Löwen ausgeliefert zu sein bedeutet, den Tod vor Augen zu haben, wie die Geschichte von Daniel in der Löwengrube zeigt, die ihn allerdings unversehrt beläßt: »Mein Gott hat seinen Boten gesandt/und hat den Rachen der Löwen geschlossen,/sie haben mich nicht verletzt,/alldieweil ich vor Ihm war lauter befunden/und auch vor dir, König, nichts verletzt habe« (Dan 6,23). Die dreimalige mitternächtliche Begegnung ist, vor allem in ihrer Steigerung, ein ausgesprochenes Märchenelement.

Von Alexander dem Grossen und dem Verlangen nach göttlicher Verehrung

Die Geschichte geschah. Alexander Mukden (der Mazedonier) war ein gewaltiger König, der die ganze Welt (*áulom*) bezwang. Und wie er nun die ganze Welt bezwungen hatte, da sagte er zu seinen Knechten, sie sollten ihn für einen Gott halten und ihn anbeten. Da sagten die Klugen unter seinen Knechten zu ihm, er habe keine Gewalt über Jerusalem (*jeruscholájim*) und über den heiligen Tempel (*beß-hamíkdosch*). Da zog er hin und bezwang auch Jerusalem und wollte haben, daß auch sie ihn als Gott anbeteten.

Da saßen drei Weise (*chachómim*) vor ihm, und der eine sagte: »Willst du gegen deinen Herrn in Seinem Haus dich erheben? Geh heraus aus Seinem Haus, so will ich dich als einen Gott verehren. Denn Sein Haus sind Himmel und Erde, und du bist darin. So lange wie du darin bist, kann ich dich nicht als einen Gott verehren.« Der nächste sprach: »Du bist Gott? Der Gott hat Himmel und Erde geschaffen und auch dich. Und du bist nichts.« Der dritte sprach: »Warte eine kleine Weile. Ich habe noch etwas zu erledigen, danach will ich dich als einen Gott verehren.« Da sprach der Alexander: »Was ist es denn, das du tun mußt?« Da sprach der Weise (*chóchem*): »Eines meiner Schiffe fährt auf hoher See (*af dem jam*) und droht jetzt unterzugehen.« Da sprach der König: »Ich will dir flugs meine Schiffe entgegen schicken, daß sie deinem Schiff behilflich sind.« Da sprach der Weise: »Lieber König, ehe dein Schiff ankommt, ist mein Schiff untergegangen. Tu mir die Freundschaft und schick mir ein wenig Wind, daß es flugs hinweg kommt.« Da sprach der König: »Wo soll ich den Wind hernehmen?« Da sprach der Weise: »Lieber König, wenn du keine Gewalt über den Wind hast, so bist du auch kein Gott, denn es steht geschrieben: ›Gott schuf Himmel und Erde und die Menschen auf Erden.‹«

Da stand der König auf und ging heim zu seiner Frau und sagte ihr, wie es ihm ergangen war, und bat seine Frau, ihn als einen Gott zu verehren. Da antwortete sie: »Lieber Mann, das will ich gern tun, aber du hast ein Pfand (*pikódaun*), das man dir aufzuheben gegeben hat, das gibst du zuvor wieder her. Danach will ich nach deinem Willen tun und dich als einen Gott verehren.« Da sagte der König: »Was ist es denn für ein Pfand?« Da sprach die Frau: »Deine Seele (*neschóme*), die dir der Heilige, gepriesen sei Er, gab, die sollst du ihm vorher wiedergeben.« Da wandte der König gegen seine Frau ein: »Wenn ich die Seele wiedergeben würde, was könnte ich denn tun, wenn ich keine Seele mehr habe?« Da sagte seine Frau: »Um wieviel mehr (*mikól schekén*), wenn du deiner selbst nicht mächtig bist, wie willst du denn über andere Macht haben und willst ein Gott sein?«

Als der König das hörte, da schämte er sich und ließ von seinen bösen Gedanken ab. [141]

Quelle: Tanchuma Bereschit 7 (nach Gaster 1934, S. 685, mit Bezug auf Kaiser Hadrian).
Übers.: MB: Pappenheim 1929, Nr. 145.

Rabbinisches Exemplum Nr. 3 (Hadrian als Gott verehrt).
Bibelvers: »Gott schuf Himmel und Erde ...« Jes 42,5: »So hat der Gottherr, ER, gesprochen,/der die Himmel schuf und sie spannte,/der die Erde breitete zusamt den aus ihr Gesprossnen«.

Alexander der Große (356–323 v. Z.) erhob in der Tat den Anspruch, Sohn des Zeus-gleichen libyschen Königs Ammon zu sein, vgl. EM Bd. 1, 1977, Sp. 273. Während des europäischen Mittelalters wurde er literarisch außerordentlich populär, was sich in Adaptionen des griechischen Alexanderromans (3. Jh.) und in Volksbüchern vom großen Alexander niederschlug. – Von zwei jüdischen ›Sefer Alexandrôs Môqdôn‹ berichtet das ›Lexikon des Mittelalters‹ Bd. 1 (1999), Sp. 365.
Sein »Verdienst« benennt eine genuin jüdische Legende, der zufolge Alexander zum irdischen Paradies aufbrach, wo er Tribut forderte. Er erhielt einen Stein, worauf ein menschliches Auge gemalt war. Pappas, ein alter Jude, erklärte ihm die Bedeutung: der Stein überwiege alles, bis ein bißchen Staub darauf kommt, dann überwiegt ihn eine einzige Feder. »So begehrt auch das Auge Alexanders die ganze Welt, bis es nach dem Tod von Staub verschlossen wird« – zitiert nach EM Bd. 1, 1977, Sp. 286. – Zum Motiv des Pfandes (Depositum) siehe Anm. Text 31.

Rabbi Tarfon und seine Mutter

Die Geschichte geschah an einem, der hieß Rabbi Tarfon, der hatte eine Mutter, die von Alters wegen nicht gehen konnte, und er trug sie überall dorthin, wo sie hinwollte. Und er gab ihr jederzeit das Beste zu essen und zu trinken. Und er tat ihr jederzeit alles erdenkliche Gute, aus ganzem Herzen und mit großer Mühe und Arbeit.

Einmal gingen die Weisen (*chachómim*) zu Rabbi Tarfons Mutter und fragten sie, wie es ihr ginge, und ob ihr Sohn ihr auch viel Gutes täte und ob ihr irgend etwas abginge. Da dankte sie ihrem Sohn und wußte kaum, wie sie ihn loben sollte, und sagte zu den Weisen, welche Arbeit und Mühe ihr Sohn mit ihr hätte. Da sprachen die Weisen: »Und wenn er noch tausendmal so viel tun sollte, so täte er doch nicht genug, denn Vater und Mutter zu ehren hat kein Maß (*schíur*), man kann nicht zuviel davon tun.«

Einst klagte die Mutter von Rabbi Ismael über ihren Sohn und sagte: »Er will mir nicht den Respekt bezeugen, den er mir schuldet.« Als das die Weisen hörten, da schämten sie sich für ihn, daß sie es ihm sagen sollten, denn er war ein hervorragender Schriftgelehrter (*kestlich tálmid-chóchem*), und doch ehrte er seine Mutter nicht.

Da fragten sie die alte Mutter, was das denn sei, weswegen sie sich über ihren Sohn beklage. Da sagte die Mutter: »Liebe Freunde, er tut mir damit meinen Willen nicht: Wenn er mit seinen Schülern (*bócherim*) aus dem Lehrhaus (*beß-médresch*) kommt, dann will ich ihm die Füße waschen, aber das will er nicht leiden und tut mir nicht den Gefallen und erweist mir keine Ehre.«

Da sagten die Weisen zu Rabbi Ismael: »Weil deine Mutter es so haben will und es als eine Ehre ansieht, die du ihr erweist, so solltest du ihr erlauben, deine Füße zu waschen, denn sie tut es zugleich dir zu Ehren.« [142]

Quelle: Traktat Pea 15 c,35–46, aus dem Jerusalemer Talmud.
Übers.: Gerd A. Wewers JT Bd. I/2 Pea – Ackerecke (1986), 14. – MB: Pappenheim 1929, Nr. 146.

Rabbinisches Exemplum Nr. 190 (Respekt vor der Mutter).
Ehrfurcht vor den Eltern, kindliche Pietät – das gilt insbesondere für die jüdische Tradition. BT erzählt von dem blinden Rabbi, der den Schritt seiner Mutter hört und ausruft: »Ich will mich erheben vor der Heiligkeit Gottes« (Kidduschin 31 b). Gerade das fünfte Gebot »Ehre Vater und Mutter« (Kabed et awicha w'et imecha) habe »den stärksten Widerhall in den Herzen der jüdischen Menschen gefunden« (Else Rabin).
Die Fußwaschung ist ein religiöses Ritual, das allen drei Mittelmeerreligionen – Judentum, Christentum, Islam – geläufig ist: sowohl als Zeichen orientalischer Gastfreundschaft, als Ausdrucksform christlicher Bruderschaft wie als Ritus demütiger Nächstenliebe – was auch laut Talmud so weit gehen konnte, daß man nicht nur die Füße wusch, sondern noch von dem Wasser trank. Tradiert ist z. B. auch der Fußkuß, den klösterliche Gemeinschaften mit der Fußwaschung am Gründonnerstag verbanden; das ›Capitulare monasticum‹ von 817 schrieb vor, daß der Abt am Gründonnerstag die »Füße der Brüder« zu waschen und zu küssen habe.

Rabbi Chanina und der Frosch

Die Geschichte geschah an einem, der lebte in Israel (*érez-jißróel*) und war des Königs Vertrauter. Er war ein reicher, frommer Mann und wußte um alle Dinge, die geschehen sollten. Und er hatte einen Sohn namens Rabbi Chanina, der kannte die ganze Tora.

Und als er nun alt war und sterben sollte, da schickte er nach seinem Sohn und sagte ihm seinen Letzten Willen (*zawóe*), daß er Tag und Nacht Tora lernen und sich nach den Geboten richten (*mízweß ton*) und den Armen getreu sein solle. Denn er, sein Vater, und seine Mutter würden an einem Tag sterben, und die sieben Trauertage (*schíwo jómim*) würden am Vorabend des Pessachfestes (*érew péjßech*) vorbei sein. »Du sollst nicht zu viel trauern, und wenn du von den sieben Trauertagen aufstehst, sollst du auf den Markt gehen. Und was du als erstes zu kaufen findest, das kaufe, selbst wenn man es noch so teuer anbietet.

Und wenn es etwas wäre, was man aufziehen könnte, solltest du es mit großer Sorgfalt (*grojß kówed*) aufziehen, denn deine Mühe wird dir gut belohnt werden.« Aber er wollte ihm nicht sagen, was es sein werde. Und wie er nun seinen Letzten Willen kundgetan, so starben er und seine Frau an einem Tag, so wie er es gesagt hatte. Und sein Sohn Rabbi Chanina hielt das ein, was ihm sein Vater zuletzt befohlen hatte.

Und wie es nun an den Vorabend von Pessach kam, da stand er von den sieben Trauertagen auf und ging auf den Markt. Da begegnete ihm ein alter Mann, der hatte ein schönes silbernes Gefäß (*kéjle*) feil. Da sprach Rabbi Chanina: »Wie teuer ist das silberne Gefäß?« Da sprach der alte Mann: »Achtzig Gulden.« Da bot ihm Rabbi Chanina sechzig Gulden. Da sprach der alte Mann: »Für das Geld gebe ich dies nicht her.« Schließlich (*leßóf*) kaufte er es, obschon es zu teuer war, denn er wollte sich an seines Vaters Letzten Willen halten.

Nun, am ersten Sederabend (Seder, die rituelle häusliche Feier am 1. und 2. Abend von Pessach) setzte er das Gefäß auf den Tisch, und wie er es aufmachte, da fand er darin noch ein Gefäß, und er öffnete auch dieses. Da fand er einen Frosch in der Dose sitzen, und der Frosch tanzte und sprang darin fröhlich herum. Und er gab dem Frosch zu essen und zu trinken, und als Pessach (*péjßech*) zu Ende ging, da war der Frosch so groß, daß ihm das Gefäß zu klein war. Also machte Rabbi Chanina dem Frosch ein kleines Schänklein (Schränkchen), tat ihn hinein und gab ihm zu essen und zu trinken, bis ihm endlich der Schrank auch zu klein war. Also baute er ihm eine kleine Kammer, setzte den Frosch hinein und versorgte ihn so gut mit Essen und Trinken, daß er all das verzehrte, was Rabbi Chanina gehabt hatte. Und all das tat er, um seines Vaters Letzten Willen zu erfüllen. Er war nun so arm, daß er rein gar nichts mehr besaß.

Da ging Rabbi Chanina mit seiner Frau in die Kammer zu dem Frosch und sagte: »Lieber Freund, wir können dir nichts mehr zu essen geben, denn wir haben deinetwegen alles verzehrt.« Da fing der Frosch an zu reden und sprach: »Lieber Rabbi Chanina, kränke dich nicht (*saj nit mezáer*) deswegen, daß du mich aufgezogen und ernährt hast. Wünsch dir von mir, was dein Herz begehrt, so will ich's dir geben.« Da sagte Rabbi Chanina: »Ich wünsche mir weiter nichts von dir, außer daß du mich die ganze Tora lehrst.« Da sprach der Frosch: »Ja, das sei dir zugesagt«, und lehrte (*lérnt*) ihn die ganze Tora und lehrte ihn auch die siebzig Sprachen (*schíwim-lescháuneß*, d. h. sämtliche Sprachen). Der Frosch lehrte ihn so: Er nahm ein Papier und schrieb einige Wörter darauf und ließ es Rabbi Chanina hinunterschlucken. Da konnte er die ganze Tora und konnte die siebzig Sprachen verstehen. Und er lehrte ihn auch die Sprache der Tiere und Vögel. Und danach sprach der Frosch zu Rabbi Chaninas Frau: »Du hast mich sehr gut gepflegt, und ich habe es dir noch nicht vergolten. Deshalb will ich dich bezahlen. Seht, ich will mich nun von euch trennen, aber ihr müßt mich bis zum Wald hin beleiten (begleiten), und da werdet ihr sehen, was ich euch geben will.«

Und sie gingen mit dem Frosch bis zum Waldrand, und als sie den erreichten, da stieß der Frosch ein lautes Geschrei aus und rief allerlei Tiere herbei. Ehe er ausgeschrien hatte, da kamen vielerlei Tiere und Vögel aller Art, die kaum zu zählen waren. Da gebot ihnen der Frosch, daß ein jeder so viele Edelsteine bringen sollte, wie er zu tragen imstande sei, und gebot ihnen auch, daß sie allerlei gute Kräuter und Wurzeln für die Frau mitbringen sollten, so daß sie viele böse Krankheiten damit heilen konnte. Er lehrte sie auch, wozu jedes einzelne gut war, und hieß das alles in Rabbi Chaninas Haus tragen. Und wie nun der Frosch von hinnen gehen wollte, da sagte er: »Möge der Heilige, gepriesen sei Er, sich eurer erbarmen, für die viele Arbeit, die ihr mit mir gehabt habt. Ihr habt mich nicht einmal gefragt, wer ich bin. Und doch will ich es euch sagen. Ich bin der Sohn Adams (*ódom horíschaun*, Adam der erste Mensch), und er bekam mich von Lilit während der hundertdreißig Jahre, die er von Eva geschieden war. Und Gott hat mir die Kraft verliehen, mich verändern zu können, in was für Gestalt und Form ich auch immer will.« Und damit nahm er Abschied von Rabbi Chanina und seiner Frau und ging von ihnen weg. Und sie kehrten heim und waren reich und auch bei dem König hoch in Ehren, so wie es bei seinem Vater gewesen war.

Zu der Zeit hatte der König von Israel (*jißróel*), der ein sehr übler Mann (*grojß rósche*) war, keine Frau. Da kamen die Ältesten von Israel zu ihm und sagten ihm, er möge doch heiraten, denn es wäre nicht schön (*hipsch*), als König ohne Frau dazustehen. Sie dachten aber, wenn er eine Frau hätte, dann würde er fromm werden. Da sagte der König zu ihnen, sie sollten in acht Tagen wiederkommen, dann werde er ihnen Antwort geben.

Und in diesen acht Tagen lernte Rabbi Chanina den Abschnitt über die Vögel (*hílcheß áufeß*) und disputierte darüber mit seinen Schülern. Da erschien ein schwarzer Rabe und betete, daß der Heilige, gepriesen sei Er, Rabbi Chanina vor dem großen Mammon, den er haben werde, beschützen möge. Da verwunderte sich Rabbi Chanina sehr, daß der Rabe solches redete, denn er hatte es genau verstanden. Nach einer Weile erschien wieder ein Vogel und schrie so wie der Rabe und betete auch zu dem Heiligen, gepriesen sei Er, er möge Rabbi Chanina vor dem großen Mammon beschützen, den er bekommen werde. Und Rabbi Chanina verstand sehr wohl, was die Vögel miteinander redeten, denn der Frosch hatte es ihn gelehrt, so wie ihr oben gelesen habt.

Als nun die acht Tage um waren, die der König angesetzt hatte, da gingen die Ältesten wieder zum König und wollten eine Antwort von ihm haben, hinsichtlich dessen, sich eine Frau zu nehmen. Und wie sie nun so mit ihm redeten, da flog ein Vogel heran und trug ein großes Haar in seinem Schnabel, und das Haar war so gelb wie Gold. Da ließ der Vogel das Haar auf die Achsel des Königs niederfallen. Der König nahm das Haar und besah es; da war das Haar so lang wie der König war. Und er sagte zu den Ältesten Israels, er wolle keine andere zur Frau haben als diejenige, von der das Haar herkäme. Und sagte zu den Ältesten Israels, sie sollten sehen und sich Gedanken machen, wie sie eben diese Frau vor ihn brächten, von der das Haar herrühre. Und wenn sie das nicht schaffen würden, dann wolle er sie, Gott bewahre, alle töten lassen. Da erschraken die Israeliten (*jißróel*) sehr, denn sie wußten nicht, wie sie den Menschen finden sollten.

Nun waren einige unter den Ältesten, die waren Rabbi Chanina feindlich gesonnen, dieweil er bei dem König so angesehen (*chóschew*) war. Und sie sagten zum König: »Es dient keiner besser dazu, diese Sache zu verrichten, als Rabbi Chanina, denn durch seine Klugheit (*chóchme*) wird er herausbekommen, wo diese Königin lebt.« Sie rieten das dem König, weil sie nicht glaubten, daß diese Königin zu finden wäre, und rechneten damit, daß der König dann sein Feind werde.

Als nun der König solches vernahm, da ließ er Rabbi Chanina zu sich kommen und sagte ihm, er müsse ausziehen und die Königin suchen. Da konnte Rabbi Chanina nicht nein dazu sagen, sonst hätte ihn der König gleich töten lassen. Da wollte ihm der König einen Mann mitgeben, doch er wollte gar keinen mitnehmen. Also ging Rabbi Chanina heim und gesegnete sich (nahm Abschied) von seiner Frau und den Kindern, nahm sich zwölf Gulden und drei Laib Brot zur Zehrung, und damit verabschiedete er sich. Und seine Schüler (*talmídim*) begleiteten ihn bis vor die Stadt, dann hieß Rabbi Chanina sie wieder heimgehen.

Und er ging dann allein fort und ging im Schnee bis über die Knie, so daß er, ach je (*nébech*), recht müde wurde und sich an einen Baum lehnte, um ein wenig zu ruhen. Da hörte er einen Raben schreien und krächzen, daß er in drei Tagen nichts gegessen hätte. Als das Rabbi Chanina hörte, da ging er hin und gab dem Raben ein Stück Brot zu fressen, damit er sein Leben behielt. Am nächsten Tag hörte Rabbi Chanina einen Hund schreien und jämmerlich klagen, er hätte in sechs Tagen nichts gegessen. Da ging Rabbi

Chanina hin und gab auch dem Hund ein Stück Brot zu fressen, damit er das Leben behielt. Nun hatte Rabbi Chanina keinen Bissen Brot mehr.

Am dritten Tag kam er aus dem Wald heraus, da schien die Sonne sehr heiß, und er kam auf ein schönes großes Feld und fand, daß auf ihm allerlei gute Kräuter wuchsen. Da aß er davon und erquickte sich damit. Danach kam er an einen großen Bach, dort fand er Fischer, die nach Fisch fischten, und sie fingen einen so großen Fisch, daß sie ihn nicht aus dem Wasser ziehen konnten. Da half er ihnen, den Fisch an Land zu bringen. Da sah er, es war ein schöner, großer Fisch, und er kaufte ihnen den Fisch um zwölf Gulden ab und warf ihn wieder ins Wasser, da war der Fisch wieder erlöst.

Alsdann ging Rabbi Chanina weiter, da sah er eine Stadt vor sich liegen. Da ging er hinein, und dies war eben die Stadt, in der die Königin wohnte, von der das schöne Haar gekommen war. Und Rabbi Chanina suchte so lange nach der Königin, bis er herausfand, wo sie lebte. Und er ging vor das Haus, wo drinnen die Königin wohnte, da sah die Königin ungefähr (zufällig) zum Fenster hinaus und sah den Rabbi Chanina vor ihrem Haus stehen. Da erkannte sie, daß er in allen Dingen ein großer Weiser (*chóchem*) war, und sagte zu ihren Räten (*jáuezim*): »Unten steht ein würdiger (*kestlich*) Mann, laßt ihn vor zu mir.« Also wurde er gerufen, er möge hineinkommen und vor die Königin treten. Wie er nun vor sie trat, da wählte er seine Worte an die Königin sehr gut, wie ihr euch denken könnt, und wie es sich einer Königin gegenüber gebührt. Und er trug der Königin auch die Sache vor, wie es mit den Juden (*jehúdim*) stünde, wenn sie den König nicht nimmt, da kämen, Gott bewahre, alle Juden ums Leben.

Da sagte die Königin: »Ja, ich habe deine Rede wohl verstanden. Ich will schon mit dir ziehen, nur damit ich die Juden rette. Aber ich weiß wohl, daß du ein sehr kluger

Mann bist, und so will ich dich um zweierlei bitten. Wenn du es zuwege bringst, so will ich mit dir ziehen. Wo nicht, so will ich dies nicht tun. Meine erste Bitte ist, daß du zwei Krüglein mit Wasser zuwege bringst, eines mit Garten Eden-Wasser (*ganéjdn-wáßer*), das andere mit Höllenwasser (*gehínom-wáßer*). Und wenn das geschehen ist, dann will ich die andere Bitte tun.« Denn sie glaubte, dies auszuführen wäre nicht möglich, wie es in Wahrheit so ist. Nun, mein guter Rabbi Chanina war sehr traurig. Sie sagte zu ihm: »Ich weiß wohl, daß das Haar von mir stammt, denn einmal habe ich mich in meinem Garten gewaschen (*gezwógen*), da ist ein Vogel gekommen und hat mir ein Haar genommen. Darum sieh zu, daß du mir das zuwege bringst, dann will ich mit dir ziehen.«

Und was tat der Rabbi Chanina? Er ging vor die Tür und war sehr betrübt und betete zu dem Heiligen, gepriesen sei Er, er müsse doch das Wasser bekommen, damit er die Juden vor dem Tod retten könne. Und er sei so einen weiten Weg gegangen und habe so manche Gefahr (*ßakóne*) durchgestanden, und doch solle er nichts ausrichten. Und wie er nun so betete, da kam der Rabe geflogen, der in drei Tagen nichts gegessen und dem er ein Stück Brot zu essen gegeben hatte, und rief Rabbi Chanina beim Namen und sprach: »Lieber Rabbi, kennt Ihr mich nicht mehr? Ich bin der Vogel, den Ihr im Wald ernährt habt mit Eurem Brot, das Ihr mir zu essen gabt. Und nun hörte ich Eure Klage wegen der beiden Wasser. Deshalb hängt mir zwei Krüglein an meine Flügel, so will ich fliegen und will Euch das Wasser zuwege bringen, damit Ihr das Leid (*geséro*) loswerden könnt.« Da war der Rabbi Chanina recht froh, als er das hörte, und band dem Vogel die zwei Krüglein an die Seite, so wie es sich gehört.

Und alsbald flog der Vogel zur Hölle und füllte das eine Krüglein, und vor großer Hitze verbrannte er sich die

Federn. Da flog er flugs zu dem Bach, der aus dem Garten Eden fließt, und wusch sich darin. Da wurden seine Flügel wieder so weiß wie zuvor, und er war geheilt. Da füllte er auch das andere Krüglein voll und flog danach fort und brachte es mit großen Freuden zu Rabbi Chanina. Und Rabbi Chanina wiederum brachte es mit großer Freude (*ßímche*) zur Königin. Da sagte die Königin: »Ich will ausprobieren, ob die Wasser gleich sind, wie sie es sein sollten.« Und ging hin und nahm den Krug mit dem Höllenwasser und schüttete es auf ihre Hand, da brannte es ihr fast die Hand ab. Da nahm sie geschwind wieder das Garten Eden-Wasser und schüttete es auf die Hand, da wurde sie geheilt, und die Hand war wie zuvor.

Da erkannte sie, daß die beiden Wasser die richtigen waren, und hob wieder an: »Jetzt will ich dir meine andere Bitte sagen. Ich fuhr einmal auf dem Meer und ließ einen schönen goldenen Ring (*fingerl*), besetzt mit einem köstlichen Edelstein, aus der Hand ins Meer fallen. Wenn du ihn mir wieder zuwege bringen kannst, danach will ich mit dir ziehen, wohin du willst.« Sie dachte, es wäre unmöglich, ihn wiederzukriegen. Aber der Heilige, gepriesen sei Er, der half ihm doch.

So ging der Rabbi Chanina wieder traurig vor die Stadt und kam an das Gewässer und betete wieder zum Heiligen, gepriesen sei Er. Da kam der große Fisch, den er von den Fischern erlöst hatte, und sagte: »Mein lieber Rabbi Chanina, alles was Ihr wünscht, will ich Euch bringen.« Da sagte Rabbi Chanina: »Ich muß das Ringlein haben, das die Königin einmal ins Meer fallen ließ.« Da schwamm der gute Fisch geschwind wieder hinweg und schwamm zum Leviathan und erzählte ihm, wie der Mann ihm einmal geholfen und sein Leben vor einem Fischer gerettet hätte. »Er bat mich nun um ein Ringlein, das die Königin einmal ins Meer fallen ließ; das will er gar zu gern wiederhaben.

Deshalb bitte ich Euch, Ihr mögt das Ringlein dem Rabbi Chanina wieder verschaffen.« Da schickte der Leviathan nach allen Fischen und befragte sie unter Bann (*bechérem*), welcher das Fingerlein hätte, der solle es wieder hergeben. Da kam ein Fisch und spie das Ringlein wieder aus. Da nahm der große Fisch das Ringlein und brachte es Rabbi Chanina und spie es aufs Land. Da kam gerade ein Wildschwein (*wildcháser*) vorbei und verschlang das Ringlein wieder.

Da hob Rabbi Chanina wieder an zu klagen (*schrájn*) und betete wieder zum Heiligen, gepriesen sei Er. Da kam der Hund, den er ebenfalls mit seinem Brot im Wald ernährt hatte. Der sprach: »Lieber Rabbi, erkennt Ihr mich nicht? Ich bin der Hund, den Ihr im Wald ernährt habt. Darum bin ich jetzt gekommen und will Euch dienen, wozu Ihr meiner bedürft.« Da sagte Rabbi Chanina: »Gerade jetzt bist du mir sehr willkommen. Denn ich verlor ein Ringlein, und ein Wildschwein kam und hat mir's verschlungen.« Da lief der Hund dem Wildschwein nach und zerriß es in zwei Stücke, und Rabbi Chanina fand sein Ringlein wieder und zog damit zur Königin. Da erschrak die Königin sehr, denn sie hatte ja geglaubt, es wäre nicht möglich, daß er's bekommen könnte. Und sie sagte zu Rabbi Chanina: »Ich hab es dir zugesagt, wenn du mir die zwei Sachen zuwege bringst, so will ich mit dir ziehen, und du hast es ausgeführt. Darum will auch ich halten, was ich dir zugesagt, und will mit dir ziehen.« Und so zog sie, begleitet von ihren Räten (*jáuezim*), zum König.

Und wie sie zu ihm kam, da gefiel ihm die Königin sehr, und er schickte Rabbi Chanina los, um Leute zu seiner Hochzeit (*cháßene*) zu bitten. Und wie nun die Weisen (*chachómim*) sahen, daß Rabbi Chanina wieder beim König ein- und ausging, da lauerten sie ihm auf und schlugen ihn tot. Wie das die Königin erfuhr, da erschrak sie sehr und ging behende zu ihm und sagte: »Er ist nicht tot.« Und sie nahm Wasser vom Garten Eden und wusch ihn damit, da wurde er wieder lebendig als wäre er nie tot gewesen.

Da nahm es den König und die Weisen sehr wunder, daß ihn die Königin zum Leben erweckt hatte, und der König sagte: »Ich will sie nicht zur Frau nehmen, außer sie schlägt mich auch tot und macht mich auch wieder lebendig.« Da sprach die Königin: »Mein lieber Herr König, ich bitte dich, tu es nicht, denn wenn ich einen lebendig mache, dann muß er durch und durch fromm (*ganz zádik*) und gottesfürchtig sein.« Aber der König wollte es nicht glauben, und er beauftragte einen seiner Knechte, der mußte ihn totschlagen. Da nahm die Königin das Wasser aus der Hölle und goß es auf ihn. Da verbrannte er und wurde zu Asche und Pulver. Da sagte die Königin: »Nun seht, liebe Herren, wäre der König wirklich fromm gewesen, so wäre er wieder lebendig geworden, aber ich sehe wohl, daß er ein großer Sünder (*rósche*) war.«

Wie nun die Weisen sahen, daß Rabbi Chanina ein solch großer Weiser und gottesfürchtiger Mann war, und ihm dazu seine Frau verstorben war, da beratschlagten sie miteinander, daß sie Rabbi Chanina zu einem König über Israel machen wollten. Und sie gaben ihm die Königin zur Frau und er lenkte (*richtt*) Israel lange Zeit. Deshalb hat er seinen Zweck gut angelegt (sein Ziel erreicht), daß er die Königin zur Frau bekam. [143]

Quelle: Oxforder Hs. 13. Jh., Cod. G 185; ed. Gaster 1924: Exempla, hebr. Teil, Nr. CCCV, 197–206. Dort ist Rabbi Jochanan der Held, vgl. Israel Lévi, Un recueil de contes juifs inédits; in: Revue des études juives, Jg. 33, 1896, 239 f. (dazu Heller 1930, 351, dort als Nr. 8).

Übers.: MB: Grünbaum 1882, 407–411 (nach den Ausgaben Wilhermsdorf Nr. 143 und Rödelheim fol. 42a f.); Grunwald 1889, Nr. 4 Die dankbaren Tiere (nach der Ausgabe Dyhernfurth 1709, Nr. 132); Pappenheim 1929, Nr. 147.

Rabbinisches Exemplum Nr. 316 (Froschprinzessin). Born Judas, Bd. 2 (1917), 225–230: Die sieben Glücksjahre.
Grünbaum ging der Verzahnung narrativer Elemente europäischen und orientalischen Ursprungs nicht nach, er urteilte: »Die Hauptzüge sind deutschen Märchen entnommen, während die Hauptperson, Rabbi Chanina, semitischen Ursprungs ist.« – Den Tierhelfer als Märchenmotiv untersuchte Gaster (MGWJ 29. Jg. 1880, 549–553) u. d. T. ›Frosch und Skorpion‹; so erzählt die Hs. von einem Skorpion im Becher, nicht vom Frosch in silberner Doppeldose.
In der Tat ist die Geschichte von Märchenmotiven durchzogen: Das goldene Haar, das Sehnsucht nach der Trägerin (Prinzessin) erweckt; Dankbarkeit der Tiere (Hunger-Klimax); drei Tierhelfer; unlösbare Aufgaben; Wasser des Lebens und des Todes; Wiedererweckung zum Leben; Tiersprachenkundiger (AaTh 670 – vgl. Anm. Text 113); Lilith, die erste Frau Adams – siehe L. Ginzberg, Legends Bd. 1, 118 ff.; der Frosch als Wesen dämonischer Herkunft; Tötung des alten Königs um des Brautwerbers willen.
So sind auch Züge Grimmscher Märchen nachweisbar, man denke an: »Die treuen Tiere« (KHM 114a), »Der Froschkönig« (KHM 1), »Der Teufel mit den drei goldenen Haaren« (KHM 29, dort das Haarmotiv, in Verbindung mit Brautschau), »Das Meerhäschen« (KHM 191, mit ebenfalls drei Tierhelfern aus den Bereichen Luft, Wasser, Erde – dort: Adler, Fisch und Fuchs).
Der Geschichte von Rabbi Chanina kommt jedoch ein Typus am nächsten: »Treu und Untreu« (KHM 126, AaTh 531), mit einem Zauberpferd als dem übernatürlichen Tierbegleiter. Es finden sich dort: das Haarmotiv, das die Brautschau auslöst; die drei unmöglichen Aufgaben, das Wasser des Lebens und des Todes herbeizuschaffen sowie einen ins Meer geworfenen Schlüssel. – In der Version Wilhelm Buschs (›Der Herrgott als Pate‹, 1910) ist, näher noch an der jüdischen Geschichte, von einem goldenen Schlüsselbund und vom »König der Fische« die Rede, vgl. Leviathan. – Dazu finden sich: drei Tierhelfer aus drei Elementbereichen, die Vernichtung des »alten Königs« und die Kür eines »neuen«, d. h. des Brautwerbers. Das hat mannigfache Bezüge zur Epik des Hochmittelalters, vor allem zur Struktur von »Tristan und Isolde«. Dort zieht der Held aus, »um die blonde Isolde, von der

Schwalben ein Haar zum alten König Marke gebracht haben, aufzusuchen und ihm als Gattin zuzuführen; der Ausgang ist freilich tragisch« (Bolte-Polívka Bd. 3, 1918, 31).
Heller 1936, S. 234 hat die Nähe zum »Tristan und Isolde«-Stoff nochmals vertieft: angefangen mit dem Haar als Erkennungs- und Sehnsuchtsmotiv (Isolde), weiter mit Rabbi Chanina als Brautwerber (Tristan), und schließlich dem Ende: »Sein König verfällt dem Tode, er selbst ersteht zu Leben und Liebe.«
Lilith (Lilit, »die Nächtliche«) kommt nur an dieser Stelle im MB vor. Im Talmud wird sie als dämonisches Wesen mit menschlichem Antlitz, Flügeln und langen Haaren geschildert. Die Mystik sieht sie als erste Frau Adams an, gleich ihm aus dem Staub geschaffen und von ihm schwanger geworden; im Streit verließ sie ihn, ließ sich auf den Fluten des Meeres nieder und weigerte sich, trotz Aufforderung dreier himmlischer Boten, zu Adam zurückzukehren. Erst dann, so die mystische Überlieferung, sei die Erschaffung Evas aus Adams Rippe erfolgt. Vgl. Moses Gaster, ›Lilith und die drei Engel‹ (MWGJ 29. Jg. 1880, 553–564).
»Die Máiße ist klar zweiteilig«, urteilt Erika Timm 1995, 251–254; sie untersucht R. Chanina als Protagonisten eines internationalen Märchens, die fluktuierende Tiergestalt, auch die jüdische Herkunft des Märchens. Zur Bedeutung und Ambivalenz von R. Chanina (Texte 37, 105, 169) siehe Starck 1991, 482–484.

Der alte Mann und die Schlange und das Urteil König Salomos

Die Geschichte geschah in Zeiten des Königs David, er ruhe in Frieden, als sein Sohn Salomo noch klein war. Da ging ein alter Mann im Winter auf die Gasse und fand dort eine Schlange liegen, die schier erfroren war. Und der Mann dachte in seinem Sinn, es steht doch geschrieben, man solle sich aller Dinge erbarmen. Und nahm die Schlange an seinen Busen und wollte sie wärmen. Und wie die Schlange zu sich kam, da ringelte sie sich um den Körper des alten Mannes, und die Schlange drückte ihn so hart, daß er fast gestorben wäre.

Und der alte Mann sprach zu der Schlange: »He, warum tust du mir Böses und willst mich töten, und ich habe dir doch Gutes getan und habe dich vom Tod erlöst? Wenn ich nicht gewesen wäre, wärst du doch erfroren.« Dann sprach der alte Mann zu der Schlange: »Ich will mit dir vor Gericht (*míschpet*) gehen, ob du mich zu Recht tötest.« Da sagte die Schlange: »Ich will es gern tun, aber vor wen wollen wir treten?« Da sprach der alte Mann: »Vor den ersten, der uns begegnen wird.«

Da begegnete ihnen als erster ein Ochse. Da sagte der alte Mann zum Ochsen: »Steh still, und sei Richter über uns beide«, und fing an zu berichten, wie er die Schlange vom Tod beschützt hatte, aber jetzt wolle die Schlange ihm Böses tun und wolle ihn umbringen. Da antwortete die Schlange: »Ich tue es mit Recht, denn in der Tora steht geschrieben: ›Eine Feindschaft will ich machen zwischen dem Menschen und der Schlange.‹« Da sprach der Ochse: »Die Schlange hat recht, obwohl du ihr Gutes getan hast und sie dir Böses entgegensetzt. Denn so ist es die Regel (*ßéjder*) im Leben: Wenn einer einem Gutes tut, so tut man ihm wieder Böses dagegen. – Denn mein Herr macht es auch mit mir so: Ich arbeite den ganzen Tag auf dem Acker und tue ihm viel Gutes, und am Abend, wenn es zum Essen geht, dann ißt er das Beste und gibt mir ein wenig Hafer und Stroh. Mein Herr liegt in einem Bett, mich aber legt er auf den Hof in die Streu, daß es auf mich regnet. Dies ist nun einmal die Regel. – Darum tut die Schlange auch recht daran, daß sie dich umbringen will, obwohl du sie am Leben gehalten hast.«

Dem alten Mann tat die Rede sehr weh. Und sie gingen weiter, da begegnete ihnen ein Esel. Da traten sie auch vor den Esel und fingen an zu reden, wie sie vor dem Ochsen auch getan hatten. Da wies der Esel ebenso wie der Ochse auf jenen Schriftvers (*póßek*) hin.

Da ging der alte Mann vor den König David und klagte über die Schlange. Da sagte König David: »Die Schlange hat recht. Warum hast du dich nicht an die Tora gehalten? Darin steht geschrieben: ›Eine Feindschaft will ich machen zwischen dir und der Schlange.‹ Darum kann ich dir nicht helfen. Du solltest sie nicht gewärmt haben. Du hättest sie lassen sollen, weil sie uns ja feind ist.«

Da ging der Mann mit Tränen in den Augen vom König fort. Und wie er nun weiterging, da fand er den jungen König Salomo bei einem Brunnen auf dem Feld. Ihm war gerade ein Stecken in den Brunnen gefallen, und er befahl den Knechten, die er bei sich hatte, sie sollten die Quelle des Brunnens weiter aufgraben, damit das Wasser in den Brunnen laufen und dann den Brunnen füllen könne; dann werde der Stecken wieder heraufschwimmen, so daß er ihn sich wieder angeln könne.

Wie nun der alte Mann das sah, da dachte er bei sich: »Dies muß ein kluger Junge sein, ich will auch vor ihn hintreten. Vielleicht kann er mich vor der Schlange beschützen.« Und hob an, ihm seine Geschichte zu erzählen, wie es ihm mit der Schlange ergangen war. Da sagte Salomo: »Seid ihr nicht bei meinem Vater gewesen?« Da sprach der alte Mann: »Ja, aber er hat gesagt, er könne mir nicht helfen.« Da sprach der junge Salomo: »Laß uns gemeinsam wieder zu ihm gehen.«

Also ging er zusammen mit Salomo vor den König David, und der Alte hatte den Stecken in der Hand, daß er sich daran festhalte. Und als sie nun vor den König David kamen, da hob Salomo an zum Vater zu sprechen: »Warum sprichst du nicht Recht über den Mann und die Schlange?« Da sagte der König David: »Ich weiß kein Recht darüber auszusprechen. Es geschieht ihm doch recht. Warum hat er nicht gehalten, was in der Tora steht.« Da sprach der junge Salomo: »Lieber Vater, gib mir Erlaubnis (*reschúß*), daß ich über die beiden das Urteil (*din*) ausspreche.« Da sprach der König David: »Lieber Sohn, wenn du es kannst, dann tu es frei und unbenommen.«

Da sprach der junge Salomo zur Schlange: »Warum tust du dem Böses, der dir Gutes getan hat?« Da sagte die Schlange: »Der Heilige, gepriesen sei Er, hat geboten, ich soll den Menschen in die Ferse beißen.« Da entgegnete Salomo: »Willst du dich an die Tora halten und an das, was darin geschrieben steht?« Da sagte die Schlange: »Ja, sehr gern.« Da sprach Salomo zur Schlange: »Wenn du dich daran halten willst, was in der Tora steht, so geh von dem Mann herunter und stell dich neben den Mann auf die Erde, denn es steht in der heiligen Tora geschrieben, sie soll da stehen zwischen zwei Männern, die einander bekriegen. Darum mußt auch du neben ihm stehen.« Da sprach die Schlange: »Ich bin es zufrieden.« Und ging von dem Mann herunter und stellte sich neben ihn.

Da hob Salomo an und sprach zu dem alten Mann: »Tu mit der Schlange, wie es geschrieben steht in der heiligen Tora. Dort steht, du sollst ihr den Kopf zerquetschen. Darum tu auch du, wie es in der Tora geschrieben steht. Sie will doch ebenfalls die Tora (das Gesetz) auf sich nehmen.«

Der gute alte Mann hatte einen Stecken in der Hand, auf den er sich gewöhnlich stützte, denn er war schon sehr alt. Da erhob er seinen Stock und schlug die Schlange tot.

So beschützte der gute Salomo mit seiner großen Weisheit (*chóchme*) den alten Mann vor der Schlange.

Deshalb soll einer einem Bösen nichts Gutes tun, so wie es der alte Mann getan hat. [144]

Quelle: Midrasch Tanchuma, ed. Salomon Buber (Berlin 1885), Einführung, 79.

Übers.: Jason 1976, Nr. 10/1: König Schlomo, der Weise unter den Menschen. – MB: Grünbaum 1882, 411–13 (nach den Ausgaben Wilhermsdorf Nr. 144 und Rödelheim fol. 43 b); Pappenheim 1929, Nr. 149.

Rabbinisches Exemplum Nr. 441 a-b (Mensch und Schlange). Born Judas, Bd. 3 (1918), 83–86: Die Schlange und der Mensch (II).

Zugrunde liegt der Warnspruch »Tu dem Bösen nichts Gutes, daß dir nichts Böses geschehe«; davon handelt schon Äsops Fabel vom Wanderer und der erstarrten Schlange, die ihren Retter zu Tode beißt. Vergleichbares kennt auch das altindische ›Pantschatantra‹.
Die Schlange beruft sich auf das Bibelwort, das Gott nach ihrer Verführung Evas sprach: »Feindschaft stelle ich zwischen dich und das Weib . . .« (Gen 3,15). Sie könnte sich auch auf den Koran berufen (Sure 20,21), wonach Gott zu Adam und zur Schlange gesagt hat: »Ihr sollt einander feind sein.«
Die Rabulistik erreicht ihren Höhepunkt mit Salomos Hinweisen auf Dtn 19,17 (»die beiden Männer, welche den Streit haben, erheben sich vor SEINEM Antlitz«) und nochmals Gen 3,15 (»er stößt dich auf das Haupt«). Das ist beste talmudische Tradition.

Märchentypen: »Undank ist der Welt Lohn« (AaTh 155) und »Salomonische Urteile« (AaTh 926) sowie die »Klugheit Salomos« anhand von Beweisen, wie den in den Brunnen gefallenen Stock. Auch zum Motiv »Undankbares Tier kehrt in die Gefangenschaft zurück« siehe Schwarzbaum 1968, 113, mit Hinweisen auf die islamische Folklore-Tradition.

Joab belagert Rabba, die Hauptstadt der Ammoniter

Die Geschichte geschah in Zeiten König Davids, er ruhe in Frieden. Damals schickte er seinen Hauptmann Joab ben Zeruja aus, einen starken Helden, er solle ihm die große Stadt Rabba in Ammon gewinnen. Da belagerte Joab die Stadt sechs Monate lang, und er hatte bei sich zwölftausend auserwählte Männer aus Israel (*jißróel*). Aber er konnte der Stadt nichts anhaben.

Und nach den sechs Monaten versammelten sich alle Hauptleute (*róschim*) vor Joab und hielten ihm vor: »Wir sind nun lange Zeit hier im Feld gelegen und haben nichts ausgerichtet, und wir können der Stadt doch nichts tun. Und die Häuser rund um die Stadt sind verwüstet. Was sollen wir hier noch länger?« Da fragte Joab die Hauptleute: »Was habt ihr denn vor?« Da sagten die Hauptleute: »Wir haben vor, wieder heimzuziehen, denn wenn wir noch länger hier liegen, so richten wir doch nichts aus.«

Da sprach Joab zu den Hauptleuten: »Meine lieben Brüder, ihr solltet das nicht tun, wieder heimziehen zu unserem König David und zwar unverrichteter Dinge; sicher würden uns alle Völker verspotten und über uns herziehen. Doch hört mir zu und folgt meinem Rat. Werft mich mit dem Baum (als Katapult) in die Stadt hinein und bleibt dann noch vierzig Tage vor der Stadt liegen. Wenn ihr in der Zeit kein Blut aus der Stadt herauslaufen seht, so wißt ihr, daß ich zu Tode kam. Seht ihr aber in der Zeit das Blut dort herausfließen, so wißt ihr, daß ich die meisten in der Stadt umgebracht habe. Dann erstürmt auch ihr tapfer die Stadt, und wir werden sie, so Gott will, gewinnen, denn ich will zu meinem König nicht mit leeren Händen heimkehren. Entweder ich nehme diese Stadt ein, oder ich will davor sterben.« Als die Hauptleute das vernahmen, waren sie sehr damit zufrieden.

Da nahm Joab tausend rote Goldgulden mit sich und sein gutes Schwert und ließ sich mit einem hohen Baum in die Stadt schleudern. Er fiel hart herab auf sein Schwert, vor dem Haus einer Witwe (*almóne*), und sein Schwert zerbrach in zwei Stücke.

Nun hatte diese Witwe eine junge Tochter, die verheiratet war. Und eben die Tochter fand den Joab in ihrem Hof liegen. Und er war von dem Fall so geschwächt, daß er fast tot war. Da nahm sie ihn und führte ihn ins Haus hinein und labte ihn, so daß er wieder zu sich kam. Da fragten sie ihn, wer er wäre und wo er herkäme. Da sagte Joab: »Ich bin vom Geschlecht der Amalekiter, und die Juden haben mich gefangengenommen und haben mich vor ihren Hauptmann gebracht. Da befahl er, mich in die Stadt hereinzuwerfen (schleudern). Deshalb bitte ich euch, laßt mich hier bei euch bleiben.« Und zog aus seinem Beutel zehn Goldgulden heraus und gab sie ihr, damit man dafür gute Speisen kaufe.

Und Joab blieb bei der Witwe sieben Tage. Und nach den sieben Tagen wollte Joab heraus und in die Stadt gehen, um sie zu besichtigen. Da wollten sie ihn nicht in seinen Kleidern gehen lassen, sondern liehen ihm andere Kleider. Da ging er in die Stadt und sah recht gut, wie groß und wie stark sie war. Da fand er wohl hundertvierzig Märkte (*mark*) darin, einer schöner als der andere. Und er ging auch alle Tore besehen. Da kam er an das Haus eines Schwertmachers, in das ging Joab hinein und fragte ihn: »Kannst du mir so ein Schwert machen wie dieses hier, das ich zerbrochen habe?« Da erschrak der Schwertmacher und verwunderte sich sehr und sprach: »Solch ein Schwert habe ich mein Lebtag nicht gesehen.« Da sprach Joab: »Mach mir so ein Schwert, ich will dir's redlich bezahlen.« Da machte der Schwertmacher ein gutes Schwert. Doch sowie es Joab in seine Hand nahm, da zerbrach es in zwei Stücke. So machte es Joab an drei Schwertern nacheinander, die er alle zerbrach.

Danach machte er (der Schmied) eines, wie seinesgleichen nie zuvor gesehen worden, viel besser und stärker, als das seinige gewesen war. Da sprach Joab zum Schmied: »Wer wäre dir am liebsten, den ich mit dem Schwert totschlagen soll?« Da sprach der Schmied: »Der Juden Hauptmann.« Da sprach Joab: »Schau, was dort hinter dir liegt.« Als der Schmied hinter sich sah, da schlug ihm Joab den Kopf ab. Dann sprach Joab zum Schmied: »Wie geht es dir?«, denn der Kopf war ihm noch nicht ganz abgetrennt. Da sagte der Schmied: »Mir ist so, als ob ein kalter Schnee über den Nacken läuft.« Da gab ihm Joab noch einen Tritt, daß ein Stück dahin und ein anderes dorthin flog. Und danach ging Joab in einen Hof, in dem er fünfhundert starke Männer vorfand, wohlgerüstet zum Krieg (*milchóme*). Die schlug er alle tot, daß keiner davon übrigblieb. Danach steckte er sein Schwert wieder ein und ging heim. Da erhob sich bald ein Geschrei in der Stadt, daß fünfhundert Mann in einem Hof zu Tode geschlagen wären und niemand wisse, wer es getan hätte. Und sie sprachen: »Das hat kein anderer getan als Aschmodai.« Und Joabs Wirtin fragte ihn, ob ihm nicht zu Ohren gekommen, wer es getan hätte.

Da sprach er: »Nein, wer würde mir's sagen, wer es getan hat?« Und nahm zehn rote Gulden aus seinem Beutel und gab sie seiner Wirtin, daß man ihm dafür gute Speisen kaufe und was immer man bedürfe.

Und er blieb noch zehn Tage bei ihr, und danach ging er wieder aus dem Haus und auf den Markt; und er hatte das Schwert in seiner Hand und schlug wieder fünfzehnhundert Mann tot. Und das Schwert klebte ihm von alledem an den

Händen fest, daß er es nicht herunterbringen konnte. So lief er rasch heim und fand die junge Frau im Haus. Da sprach er zu ihr: »Mach mir das Wasser warm, daß ich das Schwert wieder lösen kann.« Da sprach sie zu Joab: »Ich sollte für dich Wasser warm machen, und du ißt und trinkst mit uns, und du schlägst unsere Leute hier in der Stadt tot? Ich will dir nichts warm machen.« Als Joab das hörte, da ging er hin und schnitt ihr den Bauch auf und stieß seine Hände in ihren Bauch, löste so das Schwert und lief wieder aus dem Haus.

Da hörte er ein Rufen (*geschraj*) in der Stadt, das besagte: »Wer einen fremden Gast in seinem Haus hat, den soll er vor den König bringen.« Da begegnete Joab demjenigen, der dies ausrief. Da ging Joab hin und schlug ihn tot. Und wen immer er traf, den schlug er tot, und schlug so lange, bis er an das Tor kam, das machte er auf, und das Blut (*dam*) lief zum Tor hinaus.

Die Israeliten (*jißróel*) hatten inzwischen um Joab geweint, denn sie glaubten, er wäre schon lange tot. Und als sie nun sahen, daß das Blut zum Tor herausgelaufen kam, da schrien sie vor großer Freude und mit kräftiger Stimme: »Höre, Israel!« (*schmá-jißróel*, Beginn des jüdischen Glaubensbekenntnisses, auch Ausruf in Gefahr). Als Joab das vernahm, da stieg er auf ein hohes Tor und rief den Vers: »Der Heilige, gepriesen sei Er, verläßt nicht sein Volk Israel.« Dann sprach er: »›Gott, Er sei gelobt, wird für uns streiten, und ihr sollt stillschweigen.‹ Und jetzt schickt geschwind einen zum König David, daß er komme, denn wir haben die Stadt ganz eingenommen.« Und wie Joab herabblickte, da stand auf seiner rechten Hand geschrieben: ›Er wird dir antworten, der Heilige, gepriesen sei Er. Hilfe vom Heiligen (*kódesch*).‹ Und König David kam und vollendete den Psalm.

Dann sagte David zu Joab: »Hast du die Amalekiter alle totgeschlagen?« Da sagte Joab: »Mein Herr und König, es lebt keiner mehr in der Stadt, außer dem König und einigen seiner Leute.« Da brachte man sie gleich vor den König außerhalb der Stadt, und er ließ sie alle sogleich totschlagen. Und König David nahm die Krone vom Haupte des Königs, die wog ein Zentner Gold, abgesehen von sonst noch vielen Edelsteinen, die darin eingesetzt waren. Und David ging hin und verbrannte alle ihre Götzen. Und danach nahm er sich alles, was in der Stadt war, und zog in Frieden heim. [145]

Quelle: Chibbur ha-Ma'assijot, ed. ibn Attar (Venedig 1695), Nr. 8.
Übers.: MB: Grünbaum 1882, S. 413 f. (nach den Ausgaben Wilhermsdorf Nr. 147 und Rödelheim fol. 44 a – gekürzt); Pappenheim 1929, Nr. 150.

Rabbinisches Exemplum Nr. 304 (Joab in Kinsari). Als Nr. XV »Sühnende Buße«, übersetzt aus einer ›Compilatio singularis exemplorum‹, auch in Wesselski 1925. Daß im MB der Schluß gekürzt ist und von der hebr. Vorlage abweicht, stellte Meitlis 1933, 136 fest.
Dreimal zitiert Joab Schriftverse, zunächst wohl in Paraphrase von Ps 91,15: »Bei ihm bin ich in der Drangsal« (vgl. Ps. 121,4, zitiert in Text 185), dann Ex 14,14: »Er wird für euch kämpfen, und ihr, seid still!«, dann, als Worte auf Joabs rechter Hand, den Beginn des 20. Psalms (»Antworte dir Er« und »Er sende dir Hilfe«). David ist es, der diesen Psalm dann vollendet.
Der biblische Joab, König Davids oberster Feldherr, eroberte erst Jerusalem, dann führte er zusammen mit Bruder Abischai die Israeliten in den Kampf gegen die Ammoniter. Deren Kapitale, Rabba oder Rabbath genannt, ist das heutige Amman, die Hauptstadt Jordaniens.

Sagen- und Märchenmotive: Wie Jung-Siegfried läßt sich Held Joab ein Schwert schmieden, zerbricht eines nach dem anderen, mit dem richtigen tötet er dann den Schmied. Das führt zum Motiv des Dädalus: Der Künstler soll kein zweites Kunstwerk schaffen dürfen.
Das Motiv des Waffentests findet sich vor allem in russischen Märchen: Beim Schmied läßt sich der junge Nikita immer stärkere Keulen oder

Stäbe machen, verwirft sie, zieht am Ende mit der riesenstarken Waffe los, und mit ihr nimmt er den Kampf gegen den grimmigen Zaren auf (»Der beinlose und der blinde Held«).
Der Baum als Katapult, um die belagerte Stadt zu erstürmen, in diesem Falle Jerusalem, ist bereits im Midrasch Tehillim (ed. Salomon Buber 76 b) mit Bezug auf Ps 18,25–39 vorgezeichnet. Dort stellt sich Joab auf den Kopf König Davids, biegt den Wipfel einer jungen Zypresse zu sich herab, und der wieder emporschnellende Baum schleudert ihn auf die Stadtmauer.

Der Sünder, der aus der Hölle ins Paradies kam

Die Geschichte geschah in den Tagen des Rabbi Akiba, da lag ein Mann bei einer Jungfrau (*bßúle*) an Jom Kippur (*jom-kipur*, Versöhnungstag). Und die junge Frau war mit einem anderen Mann entspust (verlobt) und sollte bald getraut werden (*bróche ton*). Als man das bemerkte, da war es so, als wenn einer, Gott bewahre, mit einer verheirateten Frau (*éjscheß-ísch*) zusammengewesen wäre. Also hat man ihn hinausgeführt, um ihn zu steinigen, wie es denn auch geschah.

Nun, die Frau blieb von ihm schwanger, und einige Wochen später bekam sie einen Sohn. Da wollten ihn die Leute nicht jüdischen (*jídischn*, beschneiden), denn sie waren der Ansicht, daß aus dem Jungen nichts Gutes würde, weil sein Vater etwas so Böses getan hatte.

Nun begab es sich einmal, daß Rabbi Akiba über Land wanderte (*íber feld ging*), da begegnete ihm einer, der trug eine große Last auf seinen Schultern, wie sie kein Esel oder Pferd tragen könnte. Da sagte Rabbi Akiba zu ihm: »Ich beschwöre dich beim Namen des Heiligen, gepriesen sei Er, mir zu sagen, ob du ein Mensch bist oder ein Dämon (*sched*) oder was für ein Geschöpf du bist.« Da sagte der Mann: »Ich war ein Mensch und bin abgeschieden von dieser Welt, und jeden Tag muß ich eine solche Last Holz herbeischleppen, daß man mich darauf verbrennt, jeden Tag dreimal.« Da fragte ihn Rabbi Akiba: »Was hast du denn getan?« Da antwortete er dem Rabbi Akiba, wie er an Jom Kippur bei einer Jungfrau gelegen sei, und die Jungfrau sei mit einem anderen Mann verlobt gewesen. (Und er fügte hinzu:) »Ich habe noch mehr getan. Ich war Almosenverwalter (*gábe-zdóke*) und habe die reichen Leute verschont und nicht so viel von ihnen genommen, wie ihnen zukam, dagegen haben mir die Armen mehr geben müssen.« Da fragte ihn Rabbi Akiba: »Hast du denn gehört, ob dir zu helfen ist?« Da entgegnete der Mann: »Lieber Rabbi, halte mich nicht auf, denn die, die mir vorgesetzt sind, werden über mich urteilen (*lérnen*), und dann wäre mir nicht zu helfen. Aber eines habe ich gehört: Wenn ich einen Sohn hätte, der das Kaddisch (*kádisch,* Totengebet) für mich sagte, dann könnte mir geholfen werden.« Da fragte ihn Rabbi Akiba nach seinem Namen und dem seiner Frau und nach seiner Stadt. Da sagt er ihm alles und zog seiner Straße weiter.

Da nahm Rabbi Akiba auf sich und war willens, in diese Stadt zu ziehen und dem Mann zu helfen, wenn es möglich sei. Und zog also in die Stadt hinein. Und als er dort ankam, da kamen die Ältesten der Stadt ihm entgegen und ehrten ihn sehr (*mekábl sajn*). Da fragte Rabbi Akiba: »Hat nicht in dieser Stadt einer gewohnt, der so und so geheißen hat?« Da sagten die Leute: »Ja, vor langer Zeit ist er hier gesteinigt worden.« Da fragte er nach der Frau, und sie sagten: »Möge ihr Name ausgelöscht werden (*jemách schemáu*). Sie ist nicht mehr hier, sie ist weggezogen.« Da fragte

Rabbi Akiba: »Hat er keinen Sohn hinterlassen?« Da sagten sie: »Ja, aber er wurde noch nicht gejüdischt.« Da wies Rabbi Akiba sie zurecht (*lernt iber si*), daß sie den Jungen nicht gejüdischt hatten: »Und wenn schon der Vater nicht gut gewesen, was kann das Kind denn dafür? Es kann darum doch ein guter Mensch werden.«

Und Rabbi Akiba schickte nach dem Jungen und jüdischte ihn und begann, Tora mit ihm zu lernen, doch er konnte ihm nichts beibringen. Da nahm Rabbi Akiba vierzig Tage Fasten auf sich und betete (*tet tfíle*) vor Gott, daß er ihn erhöre, und dann fuhr er fort, ihn Tora zu lehren; und lehrte ihn beten und segnen (*orn un bentschn*) und nahm ihn mit in die Synagoge (*schul*), daß er das »Seelenheil sei willkommen« (*bórchu kádisch*, Kaddisch-Segen) aufsage, und die ganze Gemeinde antwortete ihm.

Alsbald kam der Mann aus der Hölle in das Paradies (*ganéjdn*, Garten Eden). In derselben Nacht kam der Mann wieder zu Rabbi Akiba und sprach zu ihm: »Der Heilige, gepriesen sei Er, möge es dir in der ewigen Welt bezahlen. Und warum? Du hast mich von der Hölle erlöst.« Da sprach Rabbi Akiba: »Die Gerechtigkeit des Heiligen, gesegnet sei Er, ist ewiglich, von Geschlecht zu Geschlecht (*gebirt zu gebirt*). Deshalb spricht der Heilige, gesegnet sei Er: ›Ich habe dich zur Welt gebracht, darum sieh zu und tue gute Werke und lerne Tora und verrichte Gutes (*mízweß*), denn ein Gutes bringt das andere Gute hervor und eine Sünde (*awéjre*) bringt die andere Sünde hervor.‹«

Deshalb möge jeder Mensch dessen würdig sein, einen männlichen Erben (*kádisch*) zu haben, der ihn aus der Hölle in das Paradies bringt, so wie auch diesem Mann geschehen ist. [146]

Quelle: Chibbur ha-Ma'assijot, ed. ibn Attar (Venedig 1695), Nr. 14.
Übers.: MB: Pappenheim 1929, Nr. 151.

Rabbinisches Exemplum Nr. 134 (Akiba und der Tod). Born Judas, Bd. 2 (1917), 156–158: Der wandernde Tote (II).
Heller 1930, 328, Nr. 18 gibt einen Abriß der Geschichte (»Akiba rettet den Verdammten«) und merkt an, sie sei christlich geprägt.
Kaddisch (aram. »Heiliger«) ist ein altes Gebet in aramäischer Sprache, nur sein Schlußsatz ist hebräisch. Es verkündet die Heiligkeit Gottes und spricht von der Hoffnung auf Erlösung. Zum einen ist es ein Gebet, das den täglichen Gottesdienst beschließt, zum anderen ist es das Gebet des Sohnes (oder auch der Söhne) bei der Beerdigung ihrer Eltern, dann das Trauerjahr hindurch und auch am Jahrestag. »Hat sich das Grab geschlossen, dann tritt der Sohn vor das frische Grab und spricht in Anwesenheit von wenigstens zehn Glaubensbrüdern (Minjan) das Kadischgebet« (Müller 1934, 54 f., dort vollständig wiedergegeben).

Die Tora bringt Speise von weither

Die Geschichte geschah. Rabbi Chanina nahm sich eine Frau, die ihm viel Geld gab und auch viel Gold und viel Edelsteine. Und er lernte Tag und Nacht Tora. Und alle seine Knechte und Mägde gaben ihm anständig zu essen und zu trinken, das Beste was sie finden konnten, und dienten ihm jederzeit gern. Und wenn er gegessen und getrunken hatte, dann sprach er zu seiner Frau: »Du mußt nicht denken, daß ich etwas von dem Deinigen gegessen oder getrunken habe, oder daß du es warst, die mir Essen gabst. Allein der Heilige, gesegnet sei Er, gibt es mir, aus dem Grund, daß wir seine Tora lernen und um das Verdienst (*ßchuß*) unserer Schüler (*talmídim*) willen.« Als seine Frau das hörte, wurde sie recht zornig über ihren Mann, aber sie ließ sich nichts anmerken. Doch Frauen haben lange Kleider und kurzen Sinn.

Eines Tages sprach die Frau zu ihren Knechten und Mägden: »Was soll ich denn mit dem Meinigen tun? Wenn ich ihm schon jederzeit Gesottenes und Gebratenes bringe, so hilft es mir doch nicht, und ich habe keinen Dank von ihm; er spricht jederzeit davon, daß Gott es ihm gibt, um seiner Tora willen. Nun will ich sehen, ob ihm seine Tora zu essen geben wird, wenn ich ihm nichts bringe.« Und nahm alle Speisen, die sie im Haus hatte, und trug sie mit ihren Mägden aus dem Haus.

Dazu haben unsere Weisen (*chachómim*) nicht umsonst gesagt: Lernen ist gut, wenn man sich auf ein Handwerk (*melóche*) versteht, auch muß man die Sitten dieser Welt (*áulom*) kennen (*lérnen*). Aber wo Tora ist und kein Handwerk dabei, da hat die Tora keinen Bestand.

Und wie nun Rabbi Chanina im Lehrhaus (*beß-médresch*) saß und lernte, da kam ein Schiff auf dem Meer (*jam*) hergefahren, das drohte unterzugehen. Da schrie das (Schiffs-) Volk: »Hilf uns, Du Gott, Dessen Name gelobt ist, Du, an den Rabbi Chanina glaubt, hilf uns! Wenn wir davonkommen, wollen wir Rabbi Chanina den Maasser (Zehnten) geben von allem, was wir im Schiff haben.«

Als Rabbi Chanina das vernahm, da ging er in das Bethaus und tat für sie beten (*tet tfíle*). Und noch ehe Rabbi Chanina das Bethaus wieder verließ, da kamen die Kaufleute, die auf dem Schiff gewesen, fielen Rabbi Chanina zu Füßen und sprachen zu ihm: »Lieber Herr, komm mit uns auf unser Schiff und nimm das Deine.« So ging Rabbi Chanina mit ihnen, und sie gaben ihm den Maasser von allem, was im Schiff war, von Gold, Silber und Edelsteinen und von gutem Essen, und er ließ alles heimtragen. Und wie er in sein Haus kam, da fand er keinen Menschen in seinem Haus, und er wußte auch nicht, wo sie hingegangen waren. Da merkte er nun wohl, daß sie deswegen weggegangen waren, weil er ihnen widersprochen hatte wegen des Essens, und weil er gesagt hatte, nicht seine Frau gibt ihm etwas, nur der Heilige, gesegnet sei Er, gibt es ihm, dieweil er Tora lernt.

Da sagte Rabbi Chanina zu seinen Schülern: »Geht hin, dingt Knechte und Mägde und laßt uns ein köstliches Festmahl (*ßúde*) herrichten.« Da führten es die Schüler ganz bald aus. Und er ließ viele hervorragende Talmudgelehrte (*kestlich talmíde-chachómim*) zum Mahle bitten, um mit ihm zu essen und zu trinken. Und sie kamen zu ihm und waren mit ihm sehr fröhlich. Und wie das seine Frau hörte, da kam sie wieder heim. Als sie in das Haus kam, da fiel sie ihrem Mann Rabbi Chanina zu Füßen und bat ihn, er möge ihr verzeihen, daß sie aus dem Haus gegangen war. Und weiter sprach sie: »Gelobt sei Gott der Allmächtige, der Euch erwählt hat, um Tora zu lernen. Es ist die Wahrheit, was in der Tora geschrieben steht.« Denn es steht in der heiligen Tora: ›Von weitem bringt die Tora ihre Speise.‹ [147]

Quelle: Traktat Baba Metsia 84 b, aus dem Babylonischen Talmud.
Übers.: Goldschmidt BT Bd. 7 (1933), 725 f. – MB: Grünbaum 1882, 414–416; Pappenheim 1929, Nr. 152.

Born Judas, Bd. 2 (1917) 63–65: Die Lehre speist ihre Getreuen.
Das Motto der Geschichte geht auf einen Bibelvers zurück, dort gemünzt auf »ein Weib von Tucht«, was soviel wie *virtus* oder Tüchtigkeit heißt. Er findet sich in Spr 31,14: »Sie gleicht den Handelsschiffen,/aus der Ferne bringt sie ihr Brot.«
Zum Torastudium (*táuro lérnen*): »Wer Torakenntnis sich angeeignet, fleißig gearbeitet, die Pflichten kennt und sie nicht übt, wehe ihm! Denn er hat sich abgemüht in dieser Welt und die künftige verscherzt« (›Sefer Chassidim‹, in Auswahl A. Sulzbach 1923, 13 f., § 17).
Im Talmud wird die Geschichte Rabbi Eleasar ben Rabbi Simeon zugeschrieben und knapper erzählt. Die Biederfrau mit der reichen Mitgift findet gegenüber ihrem Mann klare Worte: »Du hast bereits das Vermögen meines elterlichen Hauses durchgebracht.« Sie widersetzt sich und geht zu ihren Eltern zurück. Als sie die Tochter bittet, einmal nach dem Vater zu sehen, kann der ihr voller Genugtuung mitteilen: »Geh und sag deiner Mutter, unser Vermögen ist größer als ihres.«

Von dem Verarmten, dem der Prophet Elia für sieben Jahre Wohlstand verschaffte

Die Geschichte geschah an einem, der sein Hab und Gut verloren hatte und so arm geworden war, daß er anderen Leuten dienen mußte, und er ackerte für die Leute um Lohn.

An einem Tag ackerte er gerade, da kam der Prophet Elia (*Elijóhu ha-nówi*) zu ihm und sprach zu dem armen Mann: »Du sollst sieben gute Jahre haben. Wann willst du sie haben, in deinem Alter oder gleich?« Da sprach der arme Mann: »Du bist ein Zauberer (*mecháschef*), ich habe nichts, was ich dir zum Lohn geben kann.«

Am anderen Tag kam der Prophet Elia wieder und sagte das gleiche, was er gestern auch gesagt hatte. Da gab ihm der Mann wieder die Antwort, die er ihm gestern gegeben hatte. Er glaubte, der andere täte es darum, daß er zum Lohn dafür Geld haben wollte.

Am dritten Tag kam er wieder und sagte zu ihm: »Der Heilige, gesegnet sei Er, hat gesagt, es soll dir sieben Jahre wohl ergehen. Darum sag mir, wann willst du sie haben, jetzt oder in deinem Alter?« Da sprach der Arme: »Ich bitte dich, laß mich heimgehen und meine Frau fragen.« So ging er heim und sagte die ganze Sache seiner Frau, wie der alte Mann drei- oder viermal dagewesen wäre und hätte ihm den und den Vorschlag gemacht, und er solle sieben gute Jahre haben, wenn er sie haben wollte. »Darum, liebe Frau, bin ich zuvor heimgegangen und will dich zuvor fragen, wann wir sie haben wollen.« Da sprach die Frau: »Wir wollen sie jetzt nehmen. Deshalb, lieber Mann, laß sie dir gleich geben.«

Da ging der arme Mann aufs Feld. Da kam der Prophet Elia wieder zu ihm und fragte ihn, wann er sie haben wollte. Da sagte der Arme, er wolle sie jetzt haben. Da sagte der Prophet Elia: »Geh nun heim, so wirst du genug haben. Ehe du in dein Haus kommst, so wirst du viel Segen (*bróche*) sehen.« Indessen liefen die Kinder herum und stocherten ungefähr (unabsichtlich) im Mist; da fanden sie viel Mammon, daß sie sieben Jahre davon essen konnten. Und die Kinder riefen die Mutter und zeigten ihr das Geld. Und noch ehe er heimkam in sein Haus, kam ihm seine Frau entgegengelaufen und brachte ihm die Botschaft (*bßúre*) von dem Geld.

Alsbald lobten sie den Heiligen, gepriesen sei Er, daß er ihnen solches beschert hatte, und waren damit gar wohl zufrieden.

Nun, was tat die fromme Frau? Sie sagte zu ihrem Mann: »Der Heilige, gesegnet sei Er, hat uns eine große Gnade erwiesen und hat uns beschert, daß wir sieben Jahre davon haben sollen. Wir wollen damit den Leuten auch Gutes (*gmileß-chéßed*) erweisen und wollen in den sieben Jahren davon Almosen (*zdóke*) geben. Vielleicht wird sich der Heilige, gesegnet sei Er, über uns erbarmen und wird uns weiterhin geben.« Und sie erwiesen auch anderen Leuten viele Wohltaten. Und über das, was sie jeden Tag ausgab, sprach sie zu ihrem Jüngsten: »Lieber Sohn, schreib auf, was wir vom Mammon ausgeben.« Und der Sohn schrieb alles auf.

Wie nun die sieben Jahre fast vergangen waren, da kam der Prophet Elia wieder zu dem Mann und sprach zu ihm: »Nun, die Zeit ist gekommen, daß ich dir wieder nehmen soll, was du von mir bekommen hast. Deshalb will ich dir das Geld wieder nehmen.« Da entgegnete er: »Ich gebe dir nichts wieder, außer mit Erlaubnis (*reschúß*) meiner Frau – denn ich habe ebenso nichts, außer mit Erlaubnis meiner Frau, nehmen wollen.« Und er ging zur Frau und sagte, der alte Mann ist wiedergekommen und will das Seinige, was er uns gegeben hat, wiederhaben. Da sagte die Frau: »Geh hin und sag dem alten Mann, wenn er Leute findet, die glaubhafter sind als wir, und uns das Pfand (*pikódaun*) nehmen und es anderen Leuten geben will, so gib ihm das Geld wieder und laß es ihn an andere Leuten geben, um es aufzubewahren.«

Da sah der Heilige, gepriesen sei Er, was sie geredet und was sie mit dem Mammon Gutes getan hatten. Da mehrte der Heilige, gepriesen sei Er, ihren Mammon noch mehr, wie um den Schriftvers (*póßek*) zu bestätigen: ›Und das Werk der Barmherzigkeit ist vollendet.‹

Deshalb soll sich keiner darauf verlassen, daß er Geld hat; denn der Heilige, gepriesen sei Er, kann's ihm bald wieder nehmen und auch wieder geben, so wie es diesem Armen geschah. Und soll dem Heiligen vertrauen, gepriesen sei Er, und gelobt sei sein heiliger Name. Amen (*oméjn*). [148]

Quelle: Jalkut (Sammelband) Ruth 607, aus: Midrasch Zutta, ed. Salomon Buber, Berlin 1894, 35.
Übers.: MB: Pappenheim 1929, Nr. 153.

Rabbinisches Exemplum Nr. 317 (Sieben gute Jahre in der Jugend). Born Judas, Bd. 2 (1917), 225–230: Die sieben Glücksjahre.
Bibelvers: »Und das Werk der Barmherzigkeit . . .«, Jes 32,17: »die Tat der Wahrhaftigkeit wird Friede,/der Dienst der Wahrhaftigkeit Stillehalt« – Die Schlußpassage spielt auf Ijob 1,21 an: »ER ists, der gab, und ER ists, der nahm,/SEIN Name sei gesegnet!«
Der Stoff ist in der Dichtung des europäischen Mittelalter weitverbreitet. So zieht Ritter Placidus im 110. Kapitel der ›Gesta Romanorum‹ vor, die Hiob-gleichen Versuchungen sofort zu bestehen, nicht erst im Alter. Das Grundmotiv findet sich auch in der »Legenda aurea« (Nr. 156). Dort sagt Christus dem neu getauften römischen Heerführer Eustachius (alter Name: Placidas) eine ähnliche Prüfungszeit wie dem Hiob voraus und stellt ihn vor die Wahl, das Leiden jetzt oder am Lebensende zu erdulden; Eustachius entscheidet sich für das erste. – Ein anderer Motivstrang der »Placidas«-Legende (AaTh 938) – siehe auch den Artikel in EM – findet sich in Text 222.
Zur konträren Geschichte von »sieben Fronjahren« siehe Text 217. Zu all diesen Texten bringt Schwarzbaum 1968, 14 weitere Belege.

Vom Rabbi, den eine Frau, ein Mädchen und ein Junge besiegten

Die Geschichte geschah. Rabbi Josua ben Chananja sagt: »Mein Lebtag hat mich kein Mensch bezwungen, außer einer Frau, einem Jungen und einem Mädchen.«

Zuerst das mit der Frau: »Einmal war ich bei einer Frau zu Gast, da kochte sie mir Linsen. Einige sagen, es seien Bohnen gewesen. Am ersten Tag aß ich sie alle auf und ließ nichts übrig. Den nächsten Tag aß ich sie wieder ganz auf. Am dritten Tag ging die Frau hin und versalzte mir die Linsen. Und als ich die Linsen probierte, da schmeckte ich das gleich und hörte auf zu essen. Da sagte die Frau zu mir: ›Warum hast du meine Linsen nicht aufgegessen und hast sogleich mit Essen aufgehört?‹ Da sagte ich zu ihr: ›Ich habe heute schon gegessen.‹ Da sagte sie zu mir: ›Warum hast du dich denn gewaschen und hast den Segensspruch (*bróche*) gesprochen, wenn du nichts hast essen wollen?‹ Dann sprach sie erneut: ›Lieber Rabbi, warum hast du an den zwei Tagen nichts übriggelassen? Haben doch unsere Weisen (*chachómim*) gesagt, man läßt nichts übrig im Topf, wohl aber in der Schüssel. Und man gibt es dem Diener (*schámeß*) oder der Magd.‹ Damit bezwang mich die Frau.«

Dies nun das erste. Das andere war mit dem Mädchen. »Eines Tages ging ich den Weg entlang, der gebahnt war über dem Feld, und ich ging diesen Weg, der übers Feld lief. Da rief das Mädchen mir zu: ›Rabbi, ist das nicht ein gebahnter Weg über den Samen? Es heißt doch, man soll über kein Samenfeld gehen?‹ Da sagte ich: ›Liebe Tochter, es ist doch ein gebahnter Weg.‹ Da sagte das Mädchen zu mir: ›Ja, solche Räuber (*gaslónim*) wie Ihr und Euresglei-

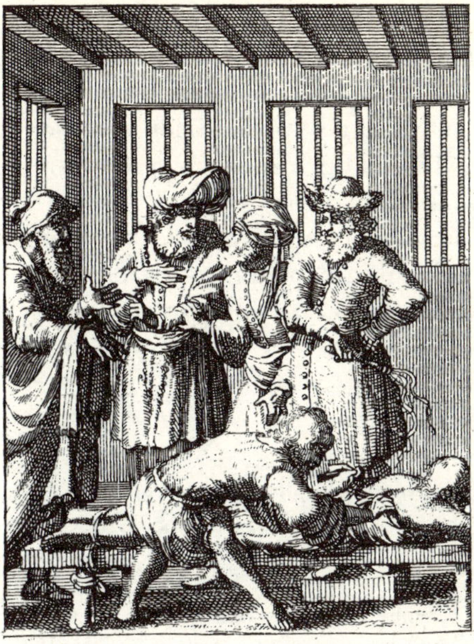

chen, die haben ihn gebahnt.‹ Da hat auch das Mädchen obsiegt, und ich tat damit ebenfalls Unrecht.«

Das dritte war mit dem Jungen. »Eines Tages wanderte ich über Land. Da sah ich einen Jungen an einer Wegscheide. Und wo der Junge saß, da führten zwei Wege in die Stadt. Da fragte ich den Jungen, welcher Weg der beste sei, um in die Stadt zu gelangen. Da sagte der Junge: ›Mein lieber Rabbi, der Weg da ist kurz und ist lang, und der Weg ist lang, aber kurz.‹ Da ging ich den Weg, der kurz war und lang. Und wie ich nun an den Stadtrand kam, da sah ich, daß die Stadt mit Weingärten umgeben war, und ich konnte nicht in die Stadt hineinkommen und mußte wieder zu dem Jungen zurückkehren. Und ich sagte: ›Mein lieber Sohn, du hast doch gesagt, der Weg sei kurz.‹ Da sagte der Junge zu mir: ›Lieber Rabbi, ich habe Euch doch gesagt, er ist kurz und doch lang. Damit meinte ich, er ist wohl nahe zur Stadt, aber man kann nicht in die Stadt gelangen, nur zu dem Stadtwall, und man muß weit herumgehen, ehe man, wegen der Weinberge, in die Stadt kommen kann. Aber jener Weg ist weit, doch kann man auf ihm gleich in die Stadt kommen.‹

Als ich die Gewitztheit (*chóchme*) des Jungen vernahm, stand ich auf, küßte den Jungen auf den Kopf und sagte: ›Wohl euch, Israel (*jißróel*), daß ihr solche klugen Leute seid.‹« [149]

Quelle: Traktat Erubin 53 b, aus dem Babylonischen Talmud.
Übers.: Goldschmidt BT Bd. 2 (1930), 160. – MB: Pappenheim 1929, Nr. 154.

Rabbinisches Exemplum Nr. 236 (Rabbi Josua lernt Regeln).
Vor allem die letzte paradoxe Geschichte ist, in ihrer Pfiffigkeit, ein beliebtes Erzählmotiv.
Rabbi Josua ben Chananja, geb. zw. 30–40 n. Z., wirkte bereits vor Zerstörung des 2. Tempels als Tannaite (Gesetzeslehrer); er war einer der fünf Vorzugsschüler Rabbi Jochanans ben Sakkai, bescheiden und standfest. Berühmt ist Rabbi Josuas Ausspruch: »Das böse Auge, der böse Trieb und Menschenhaß bringen den Menschen aus der Welt« (Pirke Abot II,16).

Fromme und Sünder beklagen den bösen Trieb

Die Geschichte geschah. Rebbe sagt: »Dereinst, wenn da der Messias (*moschíach*) kommen wird, dann wird ganz Israel (*jißróel*) in Trauer (*héßped*) sein.« Und weswegen in Trauer? Darüber streiten sich die Gelehrten (*krign sich chamómim*). Der eine sagt, es wird den Messias ben Joseph betreffen, der wird getötet werden, und andere sagen, es geht um den bösen Trieb (*jéjzer-hóre*), und der wird getötet werden.

Dazu sagt die Gemara (*gemóre*, steht für Talmud): Nach dem, der sagt, es bezieht sich auf Messias ben Joseph, wird dies richtig sein, denn es steht geschrieben: ›Ihr sollt über den Messias ben Josef klagen wie einer, der über seinen einzigen Sohn klagt.‹ Aber nach dem, der sagt, man wird wegen des bösen Triebes in Trauer sein, ist das nicht einleuchtend. Warum sollte man den bösen Trieb beklagen?

Umgekehrt (*áderabe*) sollte man fröhlich sein, wenn der böse Trieb tot ist. Und doch soll man weinen, wie es Rabbi Jehuda gelehrt hat. Wenn da der Messias kommen wird, so wird der Heilige, gepriesen sei Er, den bösen Trieb vor die Frommen (*zadíkim*) und vor die Frevler (*reschóim*) bringen und ihn vor ihren Augen töten (*schéchtn*). In den Augen der Frommen wird er wie ein hoher Berg sein, und den Frevlern wird er wie ein kleines Härchen erscheinen. Die Frommen werden weinen vor großer Freude, und die Frevler werden auch weinen, vor großem Schmerz. Die Frevler werden weinen und sagen: »Weh uns, daß wir den bösen Trieb nicht haben bezwingen (*kaufe sajn*) können, er ist doch so klein wie ein Härchen.« Und der Heilige, gepriesen sei Er, wird sich selber verwundern.

Rabbi Aschi sagt: Anfangs gleicht der böse Trieb einem Zwirnsfaden, der nicht stark ist; und danach verstärkt er sich, je länger desto mehr, und wird so stark wie ein großes dickes Seil. Und wie kommt es, daß er so stark wird? Das will ich euch beschreiben: Wenn ihm einer seinen Willen tut, so verführt er ihn ganz, und bei dem wird er überaus stark. Wenn man ihm einen Finger reicht, so will er eine ganze Hand haben, wie auch die Gemara sagt (*gemóre gejt*): Ein Glied hat der Mensch bei sich, da meint sie den bösen Trieb damit, je mehr man ihn sättigt, desto hungriger wird er. Doch wenn man ihm seinen Willen nicht tut und läßt ihn hungrig werden, so wird er den Menschen satt und läßt ab davon, ihn zu verführen. Wenn man ihn aber sättigt, indem man ihm seinen Willen tut, so bekommt er Hunger auf den Menschen und verführt ihn, je länger desto mehr, und läßt nicht nach.«

Deshalb soll jeder Mensch den bösen Trieb aushungern und ihm seinen Willen nicht tun, alsdann wird der böse Trieb von ihm ablassen. So ist dieser Mensch auch stark genug, daß er bei den Frommen sitzen wird, und auch ihm wird der böse Trieb erscheinen wie ein hoher Berg. [150]

Quelle: Traktat Sukka 52 a, aus dem Babylonischen Talmud.
Übers.: Goldschmidt BT Bd. 3 (1930), 399. – MB: Pappenheim 1929, Nr. 155.

Der Talmud ist bildhafter und plausibel zugleich. Dort weinen die Frommen, indem sie sagen: Wie konnten wir nur solch einen hohen Berg bezwingen?, und die Frevler weinen, indem sie sagen: Wie konnten wir solch eine Haarfaser nicht bezwingen? – Auch Rabbi Asi (Aschi) stellt in knappen Worten einen bildhaften Vergleich her: Anfangs gleicht der böse Trieb dem Faden des Spinngewebes, zuletzt aber gleicht er Wagenseilen.

Bibelvers: »Ihr sollt über den Messias ben Joseph klagen ...«, Sach 12,10: »nun werden sie um ihn jammern/gleich dem Jammer um den Einzigen,/bitter klagen um ihn,/wie man bitter klagt um den Erstgebornen.«

Zum Messiasglauben: Maschiach (»der Gesalbte«) ist der gesalbte König Israels, der in der Endphase der Geschichte auftreten wird, um den »Umbruch«, das heißt Heil und Verdammnis, anzukündigen. – Noch ist der obige Text nicht berührt von der Lurianischen Kabbala, jener mystischen Strömung, die das Wirken des Pseudomessias Sabbatai Zwi (1626–1676) stark begünstigt hat. Doch ist dem MB, zumal seinem inneren Aufbau, eine »messianische Botschaft abzulesen« (Starck 1991, 485).

Je bedeutender der Mann, desto stärker sein böser Trieb

Die Geschichte geschah. Abbaje sagt: »Der böse Trieb (*jéjzer-hóre*) macht sich bei den Talmudgelehrten (*talmíde-chachómim*) stärker bemerkbar als bei anderen Leuten, wie ich es euch beschreiben will.«

Abbaje sagt: »Ich habe einmal gehört, wie ein Mann zu einer Frau sagte, wir wollen morgen früh miteinander durchs Feld gehen.« Da dachte Abbaje bei sich, ich will ihnen nachgehen, daß sie miteinander, Gott behüte, keine Sünde begehen (*awéjre ton*). Und ging ihnen drei Meilen nach bis an eine Wiese. Da schieden sie voneinander. Die Frau ging nach Süden (*dórem*), und der Mann ging nach Norden (*zófaun*). Da hörte Abbaje, daß der Mann zu der Frau sagte: »Wir sind lange miteinander gegangen, es wäre eine nette Gesellschaft (*hipsch chawrúße*), wenn wir wieder miteinander ausgingen.« Und obwohl sie nicht wußten, daß Abbaje ihnen hinterherging, hat keiner dem anderen zugemutet, eine Sünde zu begehen. Da sagte Abbaje: »Wenn ich, Gott bewahre, mit der Frau allein gewesen wäre so wie dieser Mann, so hätte ich, Gott behüte, der Sünde nicht entrinnen können.« Dann ging er und legte sich nieder vor den Riegel seiner Tür und lag da in Gedanken (*machschóweß*) und quälte sich sehr (*mezáer sajn*). Da kam ein alter Mann und lehrte ihn dies: »Wer als Mann größer (*kestlicher*) ist als sein Gefährte (*cháwer*), dessen böser Trieb ist ebenfalls größer.«

Rabbi Isaak sagt: »Der böse Trieb des Menschen bemächtigt sich seiner jeden Tag mehr. Die Schrift (*póßek*) sagt: ›Nur der böse Trieb dauert fort‹, das heißt, daß er von Tag zu Tag böser wird und den Menschen zu Tode bringen will, wie die Schrift sagt: ›Es lugt der böse Trieb, der da Frevler (*rósche*) heißt, auf den Gerechten (*zádik*) und sucht ihn umzubringen.‹

Und wenn der Heilige, gepriesen sei Er, nicht dem Menschen hilft, so könnte kein Mensch vor dem bösen Trieb bestehen – wie der Vers es sagt: ›Der Heilige, gepriesen sei Er, läßt keinen in der Hand des bösen Triebes.‹«

Rabbi Ismael hat gelehrt: »Wenn dich der böse Trieb bezwingen will, so geh ins Bethaus (*beß-médresch*) lernen. Denn selbst wenn er so hart wie ein Stein ist, er muß doch von dir weichen. Denn der böse Trieb kann nicht bleiben, wenn man lernt oder gute Taten (*mízweß*) verübt.« Eine Frau sollte Gutes (*mízweß*) tun, wenn sie nicht lernen kann, so läßt auch von ihr der böse Trieb ab. [151]

Quelle: Traktat Sukka 52 a–b, aus dem Babylonischen Talmud.
Übers.: Goldschmidt BT Bd. 3 (1930), 400 f. – MB: Pappenheim 1929, Nr. 156.

Es liegt ganz in der Absicht des MB, seine Leserinnen in ihrem sittlichen Tun zu bestärken. Wenn sie nicht, wie die Männer, unentwegt »lernen« können, so bleibt ihnen die Praxis der »Guttaten«, um den bösen Trieb von sich abzuwenden. – Diese Schlußmoral findet sich wiederum nicht im Talmud.

Bibelverse: »Nur der böse Trieb dauert fort.« Gen 6,5: »ja, groß war die Bosheit des Menschen auf Erden«.

»Es lugt der böse Trieb ...«. Ps 37,32: »Der Frevelsschuldige bespäht den Bewährten/und sucht ihn zu töten«.

»Der Heilige, gepriesen sei Er, läßt keinen ...« Ps 37,33: »ER überläßt ihn nicht seiner Hand/und schuldigt ihn nicht, wann man ihn richtet.«

Der Dämon in einem Jüngling oder Der Dibbuk

Die Geschichte geschah an einem jungen Mann (*bócher*), in den ein böser Geist (*bejs rúach*) gefahren war. Da beschwor man den Geist, er solle seinen Namen offenbaren oder den seiner Frau. Doch sooft man ihn an seine Frau erinnerte, hob er an zu schreien und sagte, seine Frau sei die Frau eines Verschollenen (*agúne*). – Das heißt, sie darf keinen zum Mann nehmen, um dessen willen, der im Meer versunken ist. – Und die Weisen (*chachómim*) könnten ihr nicht erlauben, einen (anderen) zum Mann zu nehmen.

Er jedoch verlangte von den Weisen, sie sollten ihr erlauben, einen Mann zu nehmen. Und gab ihnen viele Zeichen (*ßimónim*), daß er selbst im Meer ertrunken war. Aber sie wußten nicht, wo er zu Hause war, und deswegen, so sagten die Weisen, könnten sie es nicht erlauben. Und darüber schrie er, weil sie inzwischen eine Hure geworden war, da man ihr nicht hatte erlauben wollen, einen Mann zu nehmen.

Da fragten ihn die Weisen, warum er nicht in Frieden ruhte (*menúche hobn*) und was für Sünden (*awéjreß*) er begangen hätte. Da sagte er, er wäre bei einer verheirateten Frau (*éjscheß-ísch*) gewesen. Da fragten die Weisen, wie die Frau heiße, mit der er zusammengewesen sei. Da wollte er es nicht sagen, denn sie sei schon lange tot. »Es ist euch damit doch nicht geholfen, wenn ich es schon sagen wollte.« Und er sagte: »Ich bin in der Lage dessen, von dem unsere Weisen sagen, daß man ihm vier Tode antun soll, weil er eine verheiratete Frau verführt hat (*éjscheß-ísch ton*). Aber auf die Weise bin ich nicht gestraft worden.«

Und während sie so miteinander redeten, da erhob sich der Jüngling und stand auf seinen Füßen. Da fragten ihn die Weisen: »Warum bist du jetzt aufgestanden?« Da sagte der junge Mann: »Weil jetzt ein Talmudgelehrter (*tálmid-chóchem*) hereinkommen wird.« Da sahen sie sich um, und alsbald kam ein Talmudgelehrter herein, so wie der Jüngling es gesagt hatte. Und eine Gruppe (*chawrúße*) junger Leute (*bócherim*) folgte ihm in das Haus und wollte auch zuhören.

Da sagte der böse Geist: »Weshalb seid ihr hereingekommen? Daß ihr mich sehen wollt? Es sind doch auch unter euch welche, die das gleiche getan haben, und es wird ihnen auch so ergehen wie mir.« Da erschraken die jungen Leute sehr. Da sagte der böse Geist: »Was verwundert ihr euch so sehr? Der Jüngling dort unter euch in den weißen Kleidern, der ist bei einem Mann gelegen. Das ist genauso arg wie bei einer Verheirateten.«

Da erschraken die jungen Leute noch mehr, und einer sah den anderen an. Indessen fing der in den weißen Kleidern zu schreien an: »Es ist bei Gott wahr. Ich habe es getan, und der andere (neben mir) auch.« Und beide bekannten sich zu ihren bösen Geschichten.

Da fragte einer der Weisen: »Wie hast du das gewußt, daß sie das getan haben?« Da hob der böse Geist an zu lachen und sprach zu ihnen: »Es steht doch geschrieben: ›Und in der Hand eines jeden Menschen ist ein Siegel‹, und das besagt, auf seiner Hand steht geschrieben, was für Taten er getan hat.« Da sprachen sie zu ihm: »Wie kannst du auf ihre Hände sehen, haben sie doch ihre Hände unter den Mänteln?« Da hob der böse Geist wieder zu lachen an und sprach: »Kann ich nicht überall hinsehen?«

Danach fragten sie ihn, wie er in den jungen Mann gekommen sei. Da sagte der böse Geist, im Wasser habe er keine Ruhe gehabt, die Fische hätten seinen Körper gefressen, dann sei ihm die Seele (*neschóme*) entfleucht und in eine Kuh gefahren; die Kuh sei verrückt (*meschúge*) geworden und der Goi (*goj*, Nichtjude als ihr Besitzer) hätte sie einem Juden verkauft. Und der Jude habe sie geschächtet. Und der junge Mann sei gerade dabeigestanden, und da sei er gleich in ihn hineingeflogen.

Darauf haben die Weisen ihn beschworen (exorziert). Da ist er aus dem jungen Mann wieder hinausgeflogen, und weg war er. [152]

Quelle: Unbekannt, laut Gaster 1934.
Übers.: MB: Pappenheim 1929, Nr. 157.

Laut Gaster hatte ihm Louis Ginzberg mitgeteilt, dies sei »die früheste Erzählung von einem Dibbuk, der mir zunächst in den Texten über Lurja und seine Schüler begegnet ist. Zeitlich am nächsten kommt die, die von Lurja und [dem Exorzisten] Rabbi Vital handelt und in einigen, ausnahmslos späteren Versionen überliefert ist«.
Vor dem Erstdruck, MB Basel 1602, hat es aber bereits im ›Schalschelet ha-Kabbala‹ (1586) die Schilderung einer Dämonenaustreibung gege-

ben, die in Ferrara 1575 geschehen sein soll. Der Autor Gedalja ibn Verga gibt sie als Augenzeugenbericht wieder (vgl. Anm. Text 184). Damals sei der Plagegeist sei in eine 25jährige eingedrungen, bald unter die Zunge, bald in andere Körperteile. Es habe sich wohl um einen kurz zuvor gehenkten Dieb gehandelt, der sich mit seinem Befrager, nämlich Ibn Verga, auf italienisch habe verständigen können.
Ein Sensationsstoff, der damals wohl in der Luft lag. In seiner ›Weltgeschichte des jüdischen Volkes‹ (Bd. VI, 64f.) beschreibt Dubnow jenen »wunderlichen Spiritismus« in einem System der Dämonologie, den die Einsiedler von Safed (d. h. die frühen Kabbalisten) entwickelt hätten – mit engem Bezug zu diesem Text).
Dem berühmtesten unter den Kabbalisten, Rabbi Jizchak Lurja ha-Levi Aschkenasi (1534–72), genannt ARI, »der Löwe«, hat Chajim Bloch seine ›Kabbalistischen Sagen‹ (Leipzig 1925) gewidmet. In Blochs klassischer Erzählung wird der Dibbuk (Dibbuk me-rúach raa, »das Anhaften eines bösen Geistes«), so eingeführt: »In Safed geschah einmal eine entsetzliche Begebenheit. Eine im Wirrsal befindliche Seele, der Geist eines sündhaft verstorbenen Menschen, drang in eine Witwe ein, quälte sie und tat ihr furchtbares Leid an. Kamen Menschen in das Haus und redeten den Geist an, so antwortete er auf jedes Wort, und man erkannte die männliche Stimme ...«
Es geht dabei, wie auch im MB, um eine »lebendige Witwe«, d. h. um eine Frau, deren Mann verschollen ist, ohne daß sein Tod festgestellt werden konnte. Die jüdischen Ehegesetze sahen vor, daß nur in dem Fall, wenn sein Tod mit großer Sicherheit anzunehmen ist, doch keine gesetzlichen Zeugen existieren, die Aguna (*agúne*, Witwe) einzig auf Beschluß eines Rabbinerkollegiums mit 100 Teilnehmern rechtmäßig geschieden werden konnte.

Zum Dämonenglauben, der zu der Zeit gang und gäbe war: Es ist erwiesen, daß auch die berühmte Hamburger Kauffrau Glückel von Hameln (Glikl bas Leib, 1646–1724) ihn teilte. Ihre Kenntnisse bezog sie nicht nur aus dem MB, sondern auch aus ›Schewet Jehuda‹ (vgl. Anm. Text 185), dem ›Brantschpigl‹ und dem ›Jesch Nochalin‹ des Jesaja ha-Levi Horowitz (Prag 1615); siehe Trachtenberg 1961, 282, Anm. 11; Natalie Zemon Davis, ›Women on the Margins‹ (Cambridge/Mass. und London 1995), 51, 251.
Die Legende vom Dibbuk erlebte im 20. Jh. eine Auferstehung. In einem Mysterienspiel des jüdisch-russischen Autors An-ski (d. i. Salomon Seinwil Rappoport) wurde sie neu gestaltet (1916), in Wilna auf jiddisch uraufgeführt (1920), in Berlin von Max Reinhardt inszeniert

und in Moskau an der Habima (1922), schließlich auch zur Oper umgeformt (D. Temkin, New York 1951). Dreimal wurde ›Der Dibbuk‹ verfilmt, in Polen 1937 (jiddischer Klassiker), in Koproduktion BRD/Israel 1968 und wiederum in Polen 1978/79.

Am Sabbat kann man eine zweite Seele erhalten

Die Geschichte geschah. Die Weisen (*chachómim*) haben in bezug auf Schammai ha-Saken (den alten Schammai) gesagt: »Alles, was er gegessen hat, das aß er zu Ehren des Sabbat (*schábeß*).« Wenn er ein stattliches Vieh (*hipsch behéjmo*) fand, so sagte er, das soll für den Sabbat sein. Und wenn ihm danach ein besseres Vieh unterkam, so sagte er: »Nun will ich das erste schächten und das andere für den Sabbat aufbewahren.« Damit geschah alles, was er aß, dem Sabbat zu Ehren.

Und Hillel ha-Saken (der alte Hillel) hat eine andere Eigentümlichkeit (*míde*) an sich gehabt. All seine Werke (*ma'assim*) waren um des Himmels willen (*leschém schomájim*) getan, denn er verließ sich jederzeit auf Gott, daß er ihm ein gutes Stück Vieh zum Sabbat bescheren werde. Oder wenn er sonst was kaufte, hat er sich stets auf Gott verlassen, der werde ihm etwas bescheren, so wie der Schriftvers (*póßek*) besagt: ›Gelobt sei Gott, der da beschert alle Tage.‹

Und wir lernten auch, daß das Lehrhaus Schammai sagt: »Ab dem ersten Tag in der Woche, das heißt von Sonntag an, soll einer stets für (den nächsten) Sabbat kaufen. Und wenn er etwas beschert kriegt (etwas Besseres bekommt), soll er das erste essen und das andere für den Sabbat aufbewahren.«

Weiter sagt Rabbi Josse im Namen des Rabbi Simeon ben Jochai: »All die Gebote (*mízweß*), die Gott an Israel (*jißróel*) gab, die gab er als Offenbarung.« Nur den Sabbat hat er Israel heimlich gegeben, wie die Schrift (*póßek*) schreibt: ›Gott sagt, der Sabbat ist ein Zeichen zwischen mir und meinen Kindern Israel im Verborgenen.‹ Das besagt, er ist den anderen Völkern verhehlt, nur die Kinder Israel (*jißróel*) wissen es. Da fragt die Gemara (*gemóre*, steht für Talmud): Wenn die Völker nicht wissen, daß wir den Sabbat haben, warum sollen sie denn hinterher ihre Strafe darum erleiden müssen, daß sie den Sabbat nicht halten? Darauf antwortet die Gemara: Sie wissen ganz gut, daß wir den Sabbat haben, und es ist nicht vor ihnen verborgen. Deshalb werden sie gestraft werden. Nur der Lohn des Sabbat, der ist ihnen verborgen.

Danach hat ein Menschenkind (*ben ódom*, Adamssohn) am Sabbat eine Seele mehr (*íberik neschóme*) als an Wochentagen, wie man gut beobachten kann. Rabbi Simeon ben Lakisch sagt: »Eine zweite Seele hat der Heilige, gepriesen sei Er, den Menschen auch am Sabbatvorabend (*érew schábeß*) gegeben. Und sobald der Sabbat ausgeht (endet), nimmt der Heilige, gepriesen sei Er, die Seele wieder.« Der Vers ›Er ruhte aus und erfrischte sich‹ bedeutet, daß, wenn einer die Sabbatruhe beendet hat, entweicht ihm die zweite Seele. Darum riechen (*schmekn*) wir am Sabbatausgang an den Gewürzen (*bßómim*), daß wir wieder Kraft bekommen sollen, weil die Seele wieder von uns geht. Daher kriegt einer, wenn er den Sabbat richtig einhält, einen guten Lohn und eine zweite Seele. Aber er soll es nicht deshalb tun, um Lohn dafür zu kriegen. Gleichwie unsere Weisen (*chachómim*) gesagt haben: »Ein Mensch sei nicht wie ein Knecht, der seinem Herrn um Lohn dient. Ein Mensch soll zu dem

Heiligen, gepriesen sei Er, einzig so stehen wie ein Knecht, der seinem Herrn aus Liebe dient.« Und wenn der Mensch eine gute Tat (*mízwe*) tut, so soll er nicht erwarten, der Heilige, gepriesen sei Er, werde es ihm in dieser Welt bezahlen. Nur aus großer Liebe soll er dem Heiligen, gepriesen sei Er, dienen, dann kommt der Lohn allezeit von selbst. Wenn aber einer den Sabbat nicht recht ehrt, so kriegt er die zweite Seele nicht und kann auch nicht ruhen. Wie die Gemara weiterhin sagt: Wenn der Mensch Freitagnacht von der Synagoge (*schul*) in sein Haus geht, so gehen mit ihm zwei Engel heim. Und wenn die Engel finden, daß die Lichter hübsch brennen und der Tisch hübsch zubereitet ist, so sagt der gute Engel: Möge es am nächsten Sabbat genauso sein. Dann muß der andere Engel, der ein böser Engel ist, gegen seinen Willen dazu Amen (*oméjn*) sagen. Wenn es aber umgekehrt ist und die Lichter nicht brennen und der Tisch nicht gut gedeckt ist, so wie es sein soll, dann sagt der böse Engel: Möge es am nächsten Sabbat genauso sein, und der gute Engel muß gegen seinen Willen Amen sagen.

Deshalb soll ein jeder Mensch den Sabbat ehren auf die allerbeste Weise, wie er vermag: mit gutem Fisch und gutem Fleisch und mit gutem Wein. Dann bezahlt ihm der Heilige, gepriesen sei Er, das Doppelte zurück. Dann auch ist er dessen würdig, daß er die zweite Seele wieder erhält, um gut ruhen und rasten zu können. Denn die Gemara sagt: Wenn einer auf den Sabbat hin borgt, so zahlt es ihm der Sabbat zurück, was heißt, wenn er auf den Sabbat hin viel ausgibt, so bezahlt es ihm der Sabbat wieder, und der Heilige, gepriesen sei Er, beschert ihm noch viel mehr,
so daß er den nächsten Sabbat ehrlich kann halten,
und es erreicht, gut und in Frieden zu altern. [153]

Quelle: Traktat Betsa 16a, fortgeführt von Traktat Sabbat 119b und 119a, aus dem Babylonischen Talmud.

Übers.: Goldschmidt BT Bd. 1 (1929), 803 (zum Teil). – MB: Pappenheim 1929, Nr. 158.

Bibelverse: »Gelobt sei Gott, der da beschert alle Tage.« Ps 68,20: »Gesegnet mein Herr!/Tagtäglich lädt er sichs für uns auf«.
»Der Sabbat ist ein Zeichen ...« und »Er ruhte aus ...« Ex 31,17: »Zwischen mir und den Söhnen Jißraels/ist sie [die Feier] Zeichen auf Weltzeit,/denn ein Tagsechst/machte ER den Himmel und die Erde,/aber am siebenten Tag/feierte ER und eratmete.«
Zur Sabbatauslegung der Gemara vgl. Text 6.
Den Beinamen »der Alte« oder »Ältester Gelehrter« teilen sich die beiden Widersacher Hillel und Schammai, die um die Zeitenwende lebten und als das letzte der fünf »Paare« (hebr. Sugot) bekannt sind. Ihre unterschiedlichen Festlegungen, was z. B. die Reihenfolge der Segenssprüche bei Ausgang des Sabbat betrifft, finden sich bei Zabel 1935, 79.

Engelslehre: In der rabbinischen Tradition sind Engel am zweiten oder fünften Schöpfungstag geschaffen und nehmen am Schöpfungswerk teil, gehören dem Rat Gottes an und sind, so auch hier, seine Dienstengel. So wie es Friedensengel und feindselige Engel, Engel des Lebens und Engel des Todes gibt, so treten sie hier als antagonistisches Paar auf.

Vom Scharfsinn zweier jüdischer Sklaven

Die Geschichte geschah an zwei Juden (*jehúdim*), die am Berg Karmel gefangengenommen waren, und ihr Fänger ging hinter ihnen. Da sagte der eine zum andern: »Es geht ein Kamel vor uns her, das ist auf einem Auge blind, und es trägt zwei Fäßchen, in dem einen ist Wein und in dem andern ist Öl. Und mit dem Kamel gehen zwei Männer, der eine ist ein Jude (*jehúdi*) und der andere ein Heide (*goj*).«

Wie nun der Fänger das von den Gefangenen vernahm, da sprach er zu ihnen: »Was für ein hartnäckiges Volk seid ihr Juden. Woher wollt ihr dies wissen?« Da sprachen sie zu ihm: »Wir wollen dir's sagen. Das Kamel hat geäst und hat nur von der einen Seite, wo es sehen konnte, gefressen; auf der anderen Seite, wo es blind war, hat es nicht gefressen. Das zweite, was wir wissen können, ist, daß seine Traglast zwei Fäßchen sind, eines mit Wein und das andere mit Öl gefüllt. Denn wir sehen, daß es auf beiden Seiten feucht ist von den Fäßchen, da sie getropft haben. Auf der Seite, wo der Wein ist, ist es in die Erde versickert, und auf der anderen Seite schwimmt es obenauf, so muß es Öl sein. Darum wissen wir dies. Und daß wir gesagt haben, es sind zwei Leute mit dem Kamel mitgegangen, einer ein Jude und der andere ein Goi, das will ich dir auch beweisen. Denn wir sehen, daß der Goi seine Notdurft mitten auf dem Weg verrichtet hat, der Jude aber hat seine Notdurft zur Seite hin verrichtet.«

Da ging der Fänger geschwind voran und eilte dem Kamel nach und fand es genauso vor, wie sie gesagt hatten.

Solch kluge Köpfe (*grojß chachómim*) gab es zu jener Zeit

in Jerusalem (*jeruscholájim*). Und daß sie gefangen wurden, lag an den großen Sünden (*awéjreß*), die sie begangen hatten. [154]

Quelle: Traktat Sanhedrin (Synhedrin) 104 a-b, aus dem Babylonischen Talmud.

Übers.: Goldschmidt BT Bd. 9 (1934), 101 f. – MB: Pappenheim 1929, Nr. 159.

Rabbinisches Exemplum Nr. 51 (Die klugen jüdischen Sklaven).
Diese Art Scharfsinnsproben finden sich sowohl in der europäischen wie in der arabischen Schwank- und Märchenliteratur. Sie werden dem Typus »Die kluge Bauerntochter« (AaTh 875) zugerechnet; vgl. die Texte 155, 198, 199, 227.
Der Talmudtext spricht von Schläuchen, mit denen das Kamel beladen war; das MB macht daraus Legel – die in Österreich gebräuchliche Schreibweise für Lägel, »Fäßchen«. Der Gefangenenführer ist von beider Scharfsinn dermaßen begeistert gewesen, daß er sie aufs Haupt küßte, sie in sein Haus brachte, ein großes Mahl veranstaltete, vor ihnen tanzte und – sie in die Freiheit entließ.
Zusammen mit der folgenden Geschichte vom Scharfsinn der Jerusalemer gilt diese als älteste jiddische Version berühmter Schwankmotive; ihnen geht Schwarzbaum 1968, 214 nach.

Die vier scharfsinnigen Juden aus Jerusalem

Die Geschichte geschah an vier Juden; sie kamen aus Jerusalem und übernächtigten bei einem Juden, der ein sehr reicher Mann war. Als sie nun der Reiche sah, da waren sie ihm sehr willkommen, und flugs ließ er Fleisch bei einem jüdischen

Metzger (*kázew*) holen und dazu Wein bei einem jüdischen Weinhändler, und sie aßen und tranken miteinander, und der Hausherr (*bal habájiß*) war mit ihnen fröhlich. Und danach, als sie gegessen und getrunken hatten, wies er ihnen einen Schlafplatz zu. Dann ging der Hausherr vor die Kammer und wollte doch hören, was sie miteinander beredeten, denn der Hausherr konnte sich wohl denken, daß sie ausnehmend kluge Leute (*grojß chachómim*) waren, dieweil sie von Jerusalem (*jeruscholájim*) kamen.

Da hob einer an und sprach zu seinem Gefährten (*cháwer*): »Ich liege in einem Bett, das ist weder im Himmel noch auf der Erde« – denn jenes Bett war an Seilen festgemacht und wie eine Schaukel, daß man sanft darin läge. Da dachte der reiche Mann bei sich, der hat schon mal die Wahrheit (*émeß*) gesagt.

Da sprach der andere Gefährte: »Das Fleisch, das wir aßen, schmeckte so, als ob es von einem Köter (*kélew*) gewesen wäre.« Da sprach der dritte: »Der Wein, den wir tranken, hat nach einem toten Menschen geschmeckt.« Da sprach der vierte: »Der Hausherr hier ist ein Bastard (*mámser*), denn seine Mutter hat ihn mit seinem rechten Vater nicht gezeugt.«

Da sagte sich der Hauswirt: »Mit dem ersten, mit der Bettlade, haben sie recht gehabt; ich muß das mit den anderen herausfinden.«

Des Morgens ging er früh hinaus zum Metzger und sagte zu ihm: »Lieber, sag mir, was hast du mir gestern (*nechtn*) für Fleisch meinem Diener mitgegeben?« Da sagte der Metzger: »Was für ein Fleisch soll ich dir geschickt haben? Ich habe dir gutes Schaffleisch geschickt.« Da sprach er wieder zu ihm: »Wo hast du das Fleisch aber hergehabt?« Da sagte der Metzger: »Ich will dir's sagen, ich hatte ein Schaf, das ein junges Lämmchen warf und gleich danach krepierte (*gepéjgert sajn*). Ich hatte ebenso eine Hündin, die bekam junge Hunde (*klówim*). So habe ich das junge

Lämmchen für eine Weile bei der alten Hündin säugen lassen. Und als du aus deinem Haus nach Fleisch geschickt hast, da hatte ich gerade keines. Da hab ich flugs das Lämmchen geschlachtet (*geschécht*) und hab es dir geschickt.« Da dachte der Hauswirt bei sich, der andere Gast hat auch die Wahrheit gesagt, ich muß weiter nachforschen (*gejn*).

Und ging dann zum Weinschenk und sprach zu ihm: »Lieber Wirt, was hast du mir gestern für einen Wein geschickt?« Da sprach der Wirt: »Ich hab dir guten Wein geschickt.« Da fragte er: »Wo hast du ihn aber hergehabt?« Da sagte der Wirt: »Ich will es dir sagen. Ich habe, als du nach mir geschickt hast, just diesmal keinen Wein gehabt. Nichts als ein Faß hatte ich, und das hatte ich zur Erinnerung behalten, denn als mein Vater starb, da habe ich auf sein Grab (*kéjwer*) eine Weinrebe gepflanzt, und diese Rebe hat Trauben angesetzt (*wajn trogn*). Den Wein füllte ich eigens in ein Faß, meinem Vater zum Gedächtnis. Und dieweil ich dieses Mal keinen anderen Wein hatte, so habe ich dir zuliebe den Wein geschickt.« Da dachte der Hauswirt bei sich, der dritte Mann hat auch recht; nun will ich zu meiner Mutter gehen und will auch das herausfinden.

Und ging zu seiner Mutter und fragte sie: »Meine liebe Mutter, was für einen Vater habe ich gehabt? Oder wessen Sohn bin ich?« Da sprach die Mutter: »Was fragst du? Du bist mein Sohn, und ich habe dich mit deinem Vater gezeugt.« Da sagte er: »Willst du mir nicht die rechte Wahrheit sagen, so mußt du von meiner Hand sterben.« Und nahm ein Blutschwert und setzte es ihr auf die Brust. Da sagte sie: »Mein lieber Sohn, ich will dir die rechte Wahrheit sagen. Von dem Mann, mit dem ich die Ehe eingegangen war, konnte ich keine Kinder bekommen. Und wenn er kinderlos gestorben wäre, dann hätte ich keinen Mammon mehr in Händen gehabt. Also bin ich hingegangen und hab mich mit einem anderen Mann eingelassen, und mit diesem

Mann habe ich dich gezeugt. So ist mir der Mammon geblieben.« Da dachte der Hauswirt bei sich, der vierte hat auch die Wahrheit gesprochen. Und der Hausherr dachte des weiteren, auf die Weise werden uns die aus Jerusalem zu lauter Bastarden (*mamséjrim*) machen. So beschlossen sie in der Gemeinde (*únter kóhol*) einen Bann (*chéjrem*), daß man keinen mehr aus Jerusalem beherbergen solle.

Deshalb soll man nicht horchen. Hätte er nicht gehorcht und ihre Gespräche abgehorcht, so hätte er all das von seinen Gästen nicht vernommen. [155]

Quelle: Midrasch Echa rabbati (Klagelieder) 1.2.
Übers.: MB: Pappenheim 1929, Nr. 160.

Der Midrasch zum Buch Klagelieder bzw. den Klageliedern Jeremias, Ende des 7. Jh.s entstanden, gehört zu den ältesten und bedeutendsten Midraschim (siehe auch Text 187). Echa, hebr. Ekha, bedeutet »Klagelieder«; rabbati kommt wohl vom ersten Vers der biblischen »Klagelieder« her, dort heißt Jerusalem *rabbati*, die (einst) »vielbevölkerte«.

Ein berühmtes Beispiel vom Scharfsinn der Jerusalemer, siehe das rabbinische Exemplum 51 (Die klugen jüdischen Sklaven) zum vorigen Text. Zum Märchentypus und zu weiteren Scharfsinnsproben siehe Anm. Text 154.

Rabbi Josse ben Kimcha löst seine gefangenen Kinder aus

Die Geschichte geschah. Die zwei Kinder des Rabbi Josse ben Kimcha wurden in Jerusalem (*jerusCholájim*) gefangengehalten von einem Fürsten (*ßar*), der sehr unbarmherzig war.

Da ging ihr Vater zu ihnen und sagte: »Meine lieben Kinder, seid getrost, ich will euch mit Geld auslösen, doch tut niemandem etwas Böses.« Und Rabbi Josse ging zum Fürsten, diesem üblen Mann (*rósche*), und sprach zu ihm: »Mein lieber Herr, gib mir meine zwei Kinder gegen Lösegeld. Ich will dir hundert Gulden dafür geben.« Da sprach der Fürst: »Nein, ich will es nicht tun.« Da ging Rabbi Josse weg und hob seine Augen zum Himmel auf und weinte gar sehr. Da kam der Engel Michael vom Himmel hernieder und überzog (plagte) den Fürsten mit Schmerzen und großen Leiden.

Da sahen seine Räte (*jáuezim*) den Anteil (*chéjlek*), den der große Fürst daran hatte, und sagten zu ihm: »Mein Herr, hast du auch den frommen Mann erzürnt?« Da sprach er: »Ja.« Da sagten seine Räte: »Deshalb hast du auch solche Leiden. Denn dieser Mann ist ein gar heiliger Mann, und Gott der Allmächtige hat ihm seine Bitte erhört und kränkt dich (*mezáer sajn*).«

Also schickte der Fürst wieder nach Rabbi Josse. Und wie nun Rabbi Josse zum Fürsten kam, da hatte dieser eine Ruhepause (*menúche*). Da sprach der Fürst zu Rabbi Josse: »Gib mir die hundert Gulden, nimm dir deine Kinder und zieht heim.« Da sagte Rabbi Josse: »Ich habe gut zwanzig Gulden davon ausgegeben, also habe ich nicht mehr als achtzig Gulden. Nimm die von mir, und gib mir meine Kinder.« Da wurde der Fürst sehr zornig und sprach zu seinen Dienern: »Heißt ihn, bald von mir zu gehen, oder ich werde ihn zu seinen Kindern setzen.« Da ging Rabbi Josse wieder hinaus.

Doch sobald der Rabbi Josse wieder hinaus war, fingen die Schmerzen des Fürsten wieder an.

Da sprach der Fürst zu seinen Räten: »Laßt den Rabbi Josse wieder zu mir hereinkommen.« Wie nun Rabbi Josse wieder zu ihm kam, da hatte er erneut Ruhe. Da sprach der Fürst zu Rabbi Josse: »Nun gib mir die achtzig Gulden, nimm dir deine Kinder und zieht heim.« Da sprach der Rabbi Josse zum Fürsten: »Ich will dir sechzig Gulden geben.« Denn Rabbi Josse sah, daß der Fürst sehr an Schmerzen litt und keine Ruhe fand, wenn er nicht bei ihm war. Darum wollte Rabbi Josse ihm noch mehr Schmerzen zufügen. Da sprach der Fürst: »Ja, gib mir die sechzig Gulden her und nimm deine Kinder.« Da sprach Rabbi Josse: »Ich will dir vierzig Gulden geben.«

Endlich (*leßóf*) sprach der Fürst zu Rabbi Josse: »Nimm deine Kinder hin. Du brauchst mir kein Geld zum Lohn dafür geben. Denn ich sehe ja, daß ich keine Ruhe vor dir habe.« Da schwor Rabbi Josse bei der Awoda (*awáudo*, »So wahr ich Gott diene«): »Ich will nicht von dir gehen, bis du mir Rechenschaft (*chéschbon*) gibst, wie lange du meine Kinder gefangen hast, und was die Kinder (an Geld) versäumt haben, das sie hätten verdienen können.« Also rechneten sie miteinander aus, daß die Kinder in der Zeit so und so viel hätten verdienen können. Da wollte Rabbi Josse das Geld haben, umgekehrt wollte der Fürst seine Ruhe haben. So hat er achtzig Gulden geben müssen, und er ließ die Kinder mit ihm in Frieden (*beschólaum*) heim in sein Haus gehen. [156]

Quelle: Sefer ha-Mussar, ed. Mantua, IV, 23 b-29 a; Alphabet des Ben Sira, ed. Konstantinopel 1580.
Übers.: MB: Pappenheim 1929, Nr. 161.

Die erste Quelle gehört zu den seit 1542 in Mode gekommenen »Zucht und Tugendbüchern«. Mussar heißt auf hebr. »Moralpredigt«, und das jidd. *musser sogn* besagt, eine Strafpredigt zu halten. Den Leser bessern wollte auch der ›Brantschpigl‹ (Brennspiegel) des Moses ben Henoch Altschul (siehe Text 157). Jener wurde zunächst 1597 in Krakau, dann 1602 bei Konrad Waldkirch in Basel gedruckt, also eben dort, wo zeitgleich das ›Ma'assebuch‹ erschien – das sich *cum grano salis* ebenfalls zur Mussar-Literatur zählen läßt.
Ein solch kaltblütiger Handel um Lösegeld, eine solch raffinierte Geldpsychologie wie in der zweiten Quelle, dem »derb humoristischen Volksbuch ›Alphabet des Ben Sira‹« (siehe EM Bd. 1, Sp. 334) ist in der europäischen Märchenliteratur schwerlich zu finden.
Von dem ma. hebräischen Volksbuch existieren über fünfzig Handschriften; entstanden ist es im Orient, vermutlich in der gaonäischen Epoche nach der talmudischen Zeit. Maimonides (12. Jh.) urteilte in seinem Mischna-Kommentar über den Verfasser etwas harsch, seine Bücher enthielten »Spöttereien, weder von Geschmack noch von Nutzen«.

Der Prophet Elia und die drei Söhne, die im Kräutergarten ihres Vaters Wache hielten

Die Geschichte geschah an einem Frommen (*chóßid*), der schon sehr betagt war. Und als er nun sterben sollte, da hinterließ er drei Söhne und sagte als seinen Letzten Willen (*zawóe*), daß die Brüder sich nicht miteinander verzanken sollten, denn durch das Gezänk würden sie Eide (*schwúeß*) schwören, und er habe sein Lebtag nichts beeidet. Und wie er nun gestorben war, da hinterließ er ihnen einen schönen Kräutergarten, den mußten sie allezeit vor Dieben (*ganówim*) schützen.

Nun, in der ersten Nacht lag der älteste Sohn im Garten (auf der Lauer). Da kam der Prophet Elia (*Elijóhu ha-nówi*) und sprach zu ihm: »Mein Sohn, was ist dein Wunsch? Zu lernen? Willst du die ganze Tora lernen? Oder willst du viel Geld haben? Oder willst du ein schönes Weib haben?« Da antwortete er, er wolle viel Geld haben. Da gab ihm der Prophet Elia eine Münze, und da hatte er viel Geld.

Nun, in der nächsten Nacht lag der mittlere Sohn im Garten. Da kam der Prophet Elia auch zu ihm und fragte ihn ebenso, was er sich wünsche. Da sagte er, er wolle die ganze Tora lernen. Da gab er ihm ein Buch (*ßéjfer*).

In der dritten Nacht lag der jüngste Sohn im Garten. Da kam der Prophet Elia auch zu ihm und fragte ihn, was er sich wünsche, zu lernen oder was auch immer zu besitzen. Da wünschte sich der Jüngste ein schönes Weib. Da sprach der Prophet Elia: »So mußt du mit mir wegziehen, dann will ich dir ein schönes frommes Weib geben.« Also zogen sie miteinander fort.

Die erste Nacht lagen sie bei einem in der Herberge,

dort war der Hausherr (*bal habájiß*) ein übler Kerl (*rósche*). Da hörte der Prophet Elia in der Nacht, wie die Hühner und die Gänse miteinander redeten: »Was muß dieser Jüngling für Sünden (*awéjreß*) begangen haben, daß ihm bestimmt ist, die Tochter des Hausherrn zur Frau zu bekommen? Denn sie taugen doch nichts miteinander, frönen alle dem Götzendienst.« Wie nun der Prophet Elia das hörte, da verstand er es genau, und sie zogen weiter.

In der nächsten Nacht lagen sie wieder bei einem im Quartier. Da redeten die Hühner und die Gänse wieder miteinander: »Was muß der für eine Sünde (*awéjre*) begangen haben, daß ihm bestimmt ist, des Hausherrn Tochter zur Frau zu nehmen; denn sie sind eitel Sünder (*reschóim*) und dienen überdies den Götzen.« Am Morgen standen sie auf und zogen wieder ihrer Straße.

In der dritten Nacht lagerten sie wieder bei einem Hausherrn, der hatte eine ausnehmend hübsche Tochter. Da hörte der Prophet Elia in der Nacht die Hühner und die Gänse miteinander reden: »Was muß der Junge für ein Verdienst (*ßchuß*) haben, daß ihm bestimmt ist, eine so bildschöne und fromme Frau zu bekommen, denn hier im Haus gibt es nur Gerechte (*zadíkim*).« Am Morgen stand der Prophet Elia auf und war der Schadchen (*schadchn*, Eheanbahner) und vermittelte, daß der Hausherr dem Jungen seine Tochter zur Frau gab. So machten sie Hochzeit (*cháßene*) und zogen in Frieden (*beschólaum*) heim.

Das gab ihm Gott,
weil er des Vaters Letzten Willen gehalten,
und gelangte mit Freuden später zu den Alten. [157]

Quelle: Brantschpigl, Krakau 1597, dann Basel 1602, VI, 8d-9b – dort laut Gaster 1934 ein erweiterter Text (in Gasters Besitz befand sich zudem eine ältere hebr. Handschrift, siehe unten).

Übers.: MB: Grünbaum 1882, 416 f. (gekürzt, nach den Ausgaben Wilhermsdorf Nr. 157 und Rödelheim fol. 46 b); Pappenheim 1929, Nr. 162.

Rabbinisches Exemplum, Nr. 355 (Drei Gaben des Elia). Born Judas, Bd. 1 (1916), 305–307: Die drei Brüder.
Der Schlußvers, der sich schon in der Wilhermsdorfer Ausgabe (um 1675) findet, spricht für Vollständigkeit. Laut Gaster geht jedoch die Geschichte weiter. Elia habe jeden der Brüder noch einmal besucht, um zu sehen, was sie aus seinen Gaben gemacht hätten. Gaster stützt sich dabei auf eine hebr. Handschrift, die er im Anschluß an seine englische Textausgabe wörtlich hinzufügt (Seite 315 f. des ersten Bandes, insgesamt 35 Zeilen).
Nach Auskunft Louis Ginzbergs – Anm. in den ›Jewish Legends‹ Bd. 4, 1939, 328 – wittern es die Tiere: Wenn die Hunde freudig kläffen, ist der Prophet Elia nicht weit; wenn sie jaulen, ist der Todesengel in ihrer Nähe (nach Baba Kamma, fol. 60 b).
Dieses durchgeformte Märchen bildet den Schluß des ersten Hauptteils und ist das einzige, das dem ›Brantschpigl‹ entnommen ist, der beim selben Drucker und im selben Jahr erschien wie das MB.

Die Märchentypen und -motive: Die drei Söhne als Gartenwächter, vgl. Grimms Märchen »Der goldene Vogel« (KHM 57, AaTh 550). Dann die Münze als Heckpfennig (AaTh 745), auch die sprechenden Tiere, der Tiersprachenkundige (AaTh 670); drei Wünsche (AaTh 750 D); die Dreizahl als Steigerung: drei Söhne, drei Doppelnächte, drei Gaben, drei Hausherren, drei Töchter zur Wahl. – Zum Motiv der Gabe siehe Max Lüthi, ›Die Gabe im Märchen und in der Sage‹ (Diss. Bern 1943).
Der Prophet Elia ist ein eminent jüdischer Märchenheld, berühmt auch für seine Gaben (Münzen, Wunderkästchen, ja auch Kindersegen).
Das ebenso jüdische wie christliche Erzählmotiv vom Mann, der zeitlebens keinen Schwur tat, findet sich auch in Text 222.

Allhie will ich nun anheben, die Geschichten zu schreiben von Rabbi Samuel dem Frommen (*Schmuel chóßid*) und seinem Sohn Rabbi Jehuda dem Frommen (*Jehúdo chóßid*) aus Regensburg, und was zu ihren Zeiten sich begeben hat.

Rabbi Samuel Chassid der Pergamentmacher

Die Geschichte geschah an einem Großen (*gódaul*), der hieß Rabbi Jakob und hatte zu seiner Zeit viel erzählen hören von Rabbi Samuel dem Frommen (*Schmuel chóßid*), dem Vater von Rabbi Jehuda dem Frommen (*Jehúdo chóßid*). So wünschte Rabbi Jakob sehr, den Rabbi Samuel den Frommen zu sehen.

Es begab sich eines Tages, daß der Rabbi Samuel auszog, um zu lernen, und in eben die Stadt kam, in der Rabbi Jakob wohnte. Und so ging er in das Haus des Rabbi Jakob zur Herberge und gab sich nicht zu erkennen, denn er befürchtete, er werde seiner Tora halber viel Gutes genießen, und es gehört sich nicht, seiner Tora halber viel zu genießen.

Nun, der Rabbi Jakob redete kein Wort mit ihm, solange er bei ihm war, denn er hielt ihn für einen schlichten Mann. Doch zuletzt fragt ihn Rabbi Jakob: »Mein lieber Freund, wie heißt Ihr?« Da sagt er: »Samuel.« Da sprach Rabbi Jakob: »Habt Ihr keinen Zunamen?« Da sagt er: »Ich heiße Samuel der Pergamentmacher (*Schmuel Permentmachr*), nach meinem Handwerk.« Da dachte sich Rabbi Jakob, gewiß ist es wahr, daß er ein Pergamentmacher ist, und tat ihm nicht mehr Ehre (*kówed*) an als irgendeinem anderen Gast auch.

Und als nun der Rabbi Samuel der Fromme fortziehen wollte, da gab ihm Rabbi Jakob mit seinen Schülern (*talmídim*) das Geleit. Und Rabbi Samuel der Fromme ging mit einem jungen Schüler (*bócher*) von Rabbi Jakob etwas voraus. Als nun Rabbi Jakob wieder in seine Stadt zurückkehrte, da sagt Rabbi Samuel zu dem jungen Mann: »Gestern hat mich dein Rabbi gefragt, wie ich heiße, und so hab ich zu ihm gesagt, ich heiße Samuel der Pergamentmacher. Nach meinem Handwerk (*melóche*) habe ich mich so genannt, denn ich bin sachverständig (*bóke*), was die ganze Tora betrifft, und die ist auf Pergament geschrieben.«

Damit schied Rabbi Samuel von dem jungen Schüler. Als nun der Jüngling wieder nach Hause kam, da sagte der Schüler zu seinem Rabbi, was der Gast zu ihm gesagt hatte. Da sprach Rabbi Jakob: »Das war gewiß Rabbi Samuel der Fromme. Und er hat sich deswegen nicht zu erkennen gegeben, damit ich ihm keine Ehre (*kówed*) erweise. Gleichwie es auch die Wahrheit ist, daß ich ihm keine Ehre angetan habe.«

Dann sagte Rabbi Jakob zu seinem Schüler: »Komm, wir wollen ihm nacheilen (und sehen), ob wir ihn erreichen können. Dann muß er wieder mit uns umkehren. Aber hüte dich, daß du mir keine Lüge (*schéker*) auftischst.« Da sagte der Schüler: »Gott behüte, daß ich euch anlüge.«

So ging Rabbi Jakob raschen Schrittes und eilte Rabbi Samuel dem Frommen nach. Er erreichte ihn und bat Rabbi Samuel den Frommen so inständig, bis er einwilligte, mit ihm nach Hause zu gehen.

Und sobald er ihn heimgebracht hatte, gingen sie beide in ein Zimmer (*chéjder*) und brachten darin vierzehn Tage und Nächte zu, und kein Mensch hat gewußt, was sie zusammen taten. Und danach zog Rabbi Samuel unter großen Ehren wieder von Rabbi Jakob fort. Der Heilige, gepriesen sei Er, lasse uns ihr Verdienst (*ßchuß*) zu allen Zeiten genießen. [158]

Quelle: Brüll 1889, Nr. 13 (Hss. Frankfurt Nr. 5, Innsbruck Nr. 69, Rovere Nr. 83).
Übers.: Brüll, ebd. (kursorisch). – MB Pappenheim 1929, Nr. 163; Strauß 1934, Nr. 4.

Fast alles, was erzählerisch von den »deutschen Frommen« des 12./13. Jh.s überliefert ist, findet sich im Jh. vor Drucklegung des MB in größeren und kleineren hebr. Sammelhandschriften, deren erste Nehemia Brüll entdeckt hat und hundert Jahre später Erika Timm deren vorläufig letzte (Hs. Rovere).

Rabbi Samuel Chassid und sein Sohn Jehuda Chassid gehören zu den *Chassidim Aschknasim*, zu den »Frommen Deutschen«, und damit zu den Vorbildern, auf die hin das MB angelegt war. Rabbi Jehuda (Juda) galt für einige Jahrhunderte als »die zentrale religiöse Figur des deutschen Judentums« (Scholem 1957, 89). Seine geschichtliche Rolle kommt der seines Zeitgenossen Franz von Assisi gleich (F. I. Baer). Er lehrte in Speyer und in Regensburg, wo er 1217 starb. Mit seinem Namen ist das ein Jahrhundert später kompilierte ›Sefer Chassidim‹ (Buch der Frommen) verbunden, darin sich die jüdische Ethik des Mittelalters niederschlug.

Legendäres mischt sich mit Historischem. Von Rabbi Samuel ist bekannt, daß er lange Jahre von Ort zu Ort wanderte, von einem Lehrort zum nächsten; er »kann dabei wohl in Berührung mit jüdischen Sektierern und Häretikern oder deren Schriften gekommen sein« (Scholem 1957, 124). So hat er auch Rabbi Jakob ben Meir (Rabejnu Tam) im nordfranzösischen Ramerupt besucht.

Der Vorspann zu dieser Geschichte zeigt an, daß hier ein neues Kapitel aufgeschlagen wird. Es beginnt ein Kranz mittelalterlicher »Wundergeschichten«, der um die beiden zentralen Helden der Aschkenasen kreist. Er wird auch der mittelalterliche oder Regensburger Zyklus genannt und umfaßt Text 158–183.

Rabbi Samuel Chassid reitet auf einem Löwen

Die Geschichte geschah. Als Rabbi Samuel der Fromme (*Schmuel chóßid*) beständig dem Lernen nachging, da gelangte er einmal an das Meer, und ein Schiff kam gefahren. So fuhr er mit dem Schiff weg. Wie er nun so fuhr, da hörte er auf dem Land ein jämmerliches Geheul. Da bat der Fromme den Schiffer, doch an Land zu fahren. Das tat der Schiffer. Und wie er nun an Land kam, da ging er dem Geheul nach, bis er in die Nähe kam.

Da sah er einen wilden Löwen laufen, der floh vor einem anderen Tier, das man Pardel (Panther) nennt, das lief dem Löwen nach, und der Löwe fürchtete sich sehr vor dem Tier, denn es schießt immerfort Feuer aus seinem Maul, damit verbrennt es die anderen Tiere, wo es sie antrifft. Und der Löwe wußte sich nirgends sicher, deshalb floh er und heulte so jämmerlich. Als nun der Fromme das mit ansah, da lief er hinzu, um den Löwen von dem Panther zu beschützen. Sobald der Panther den Frommen erblickte, lief er fort, und der Löwe war gerettet.

Und als nun der Löwe sah, wie ihm der Fromme geholfen hatte, da wollte er dem Frommen nicht von der Seite weichen und verhielt sich gar zutraulich zu ihm. Zuallerletzt kniete der Löwe nieder und ließ den Frommen auf sich reiten.

So ritt der Fromme auf dem Löwen, bis er wieder zum Schiff kam, denn der Schiffer hatte auf den Frommen gewartet. Da bestieg er wieder das Schiff, und der Löwe stand am Meeresstrand und sah dem Frommen nach, so lange er das Schiff sehen konnte: gleich als ob es ein Mensch gewesen, der einem das Geleit gibt und ihm nachschaut, soweit er ihn noch sehen kann.

Daran sieht man, daß einem kein Böses geschieht, wenn man etwas Gutes getan hat. [159]

Quelle: Brüll 1889, Nr. 9 (Hss. Frankfurt Nr. 1, Innsbruck Nr. 70, Rovere Nr. 84).

Übers.: Brüll, ebd. (gekürzt). – MB: Pappenheim 1929, Nr. 164; Strauß 1934, Nr. 5.

Als Legenden- und Märchenmotive finden sich die »Dankbarkeit der Tiere« und der »Löwe als Begleiter«. Der mittelalterliche Legendenkranz um den hl. Franziskus von Assisi weiß von einem Löwen, den das Christuskind reitet. Als Reittier kennt ihn auch die außereuropäische Märchen- und Schwankliteratur.
In das jüdische Erzählen fließen Vorstellungen des frühmittelalterlichen »Physiologus« ein. Der freilich kennt den Panther als eher sanftes Tier. Im 18. Jh. weiß man es anders: »Ein fürchterliches Tier ist der Pardel, wenn er seinen Rachen öffnet und brüllt« (Georg Christian Raff, 1791).

Rabbi Samuel Chassid übertrumpft drei fremde Priester mit magischen Künsten

Die Geschichte geschah. Einst kamen zu Rabbi Samuel Chassid (Schmuel der Fromme) drei heidnische Priester (*galóchim*) aus fremdem Land, denn sie hatten gehört, daß er ein großer (*kestlich*) Mann war. Und die Priester sagten zu ihm, sie verstünden sich auf magische Künste (*ma'asse schéjdim*), und sagten zu Rabbi Samuel dem Frommen: »Wir haben viel gehört von deinen Künsten und Meisterstücken, in allen Landen, in denen wir gewesen sind. Nun bitten wir dich sehr, du mögest uns etwas von deinen Künsten sehen lassen, so wollen wir auch dich unsere Künste sehen lassen, die größer sind als deine. Und versag uns die Bitte nicht, denn wir sind von weit aus fremden Landen zu dir gekommen.«

Nun war zu dieser Zeit in einer anderen Stadt ein Großer, Rabbi Jakob geheißen. Der hütete ein seltenes Buch (*ßéjfer*), das Rabbi Samuel gehörte. Da sprach er zu den Priestern: »Könnt ihr den Dämon (*sched*) beschwören, daß er einen Brief von mir mitnimmt und ihn dem Rabbi Jakob bringt, auf daß der mir das Buch schickt, dann wollte ich viel von euch halten, und daß ihr rechte Meister seid.«

Da sprachen die Priester zu ihm: »Wir sind zu dir gekommen um dich zu ehren. Darum wollen wir ein noch größeres Kunststück wagen (*ton*) und es gut hinbringen.« Und sprachen zu ihm: »Kommt, laßt uns aufs Feld gehen an eine heimliche Stelle. Dort wirst du ein großes Wunder sehen, denn einer von uns dreien wird einen Kreis ziehen und der andere wird unseren dritten Gefährten beschwören, daß ihm die Seele (*neschóme*) aus dem Leib fährt. Und sie wird deinen Brief aus deiner Hand nehmen und wird ihn Rabbi Jakob bringen und wird dir wieder eine Antwort überbringen und das Buch ebenfalls mitbringen, wie du es von uns verlangt hast. Und der unter uns, dem die Seele ausgegangen ist, soll sich drei Tage lang nicht von der Stelle bewegen und dort im Kreis still liegenbleiben. Und nach den drei Tagen wird die Seele wieder in seinen Körper zurückkehren, so wird er wieder frisch und gesund werden.«

Da ging der Fromme mit den drei heidnischen Priestern aufs Feld und sie machten alles genau so, wie sie es gesagt hatten. Und als nun die Seele aus dem Priester (*gálech*) entwich, da sprachen die anderen zwei: »Kommt, wir wollen wieder in die Stadt gehen. Was sollen wir hier draußen? Doch wenn es zum dritten Tag kommt, um die Mittagszeit, dann wollen wir wieder hinaus gehen. Dann wird die Seele wieder in den Leib kommen und wird deine Botschaft ausgerichtet haben, wie du von uns verlangt hast.« Also gingen sie wieder in die Stadt hinein. Und wie es nun zu dem dritten Tag kam, da sprachen die zwei Priester zu Rabbi Samuel: »Wohlan, laßt uns auf das Feld gehen. Du wirst sehen, wie die Seele wieder in den Körper unseres Gefährten hineinfährt.«

Da ging der Fromme mit ihnen aufs Feld. Nun hatte der Fromme es bewirkt, daß die Seele, wenn sie herankam, nicht wieder in den toten Körper hinein konnte. Und als nun die zwei Priester sahen, daß der Leichnam (*péjger*) nicht wieder aufstehen wollte und da liegenblieb wie jeder andere Tote auch, da überkam sie großer Jammer wegen ihres Gefährten, und sie beklagten ihn sehr. Da sagte der Fromme: »Wollt ihr mir zugeben, daß ich mehr kann als ihr, so will ich machen, daß die Seele wieder in den Leib hineingelangen kann, so wie zuvor.«

Da fielen sie beide zu seinen Füßen nieder und baten den Frommen in Gottes Namen, er solle es doch so machen, daß ihr Gefährte wieder lebendig werde. Sie wollten gern anerkennen, daß er ein großer Meister sei, mehr noch als sie. Also beschwor der Fromme den Dämon, daß die Seele wieder in den Körper gelangen möge.

Von Stund an stand der Priester auf seinen Füßen und gab dem Frommen seinen Brief und das Buch, das er lange schon gern gehabt hätte. Die Geistlichen dankten dem Frommen und gingen wieder ihrer Straße und sagten, seine Kunst sei noch um vieles größer als das, was man von ihm in fremden Landen berichtet. [160]

Quelle: Brüll 1889, Nr. 12 (Hss. Frankfurt Nr. 4, Innsbruck Nr. 71, Rovere Nr. 71).

Übers.: Brüll, ebd. (gekürzt). – MB: Grunwald 1889, Nr. 8: Der magische Briefbote (nach der Ausgabe Dyhernfurth 1709); Pappenheim 1929, Nr. 165.

Born Judas, Bd. 6 (1923), 120–122: Rabbi Samuel und die drei Priester. Sowohl in dieser Version wie auch in Brülls früher Handschrift ist das ersehnte Buch nicht ursprünglich im Besitz Rabbi Samuels gewesen. Er habe schon lange danach verlangt, so bin Gorion, »eine seltene Schrift zu schauen, die sich in den Händen Rabbi Jakobs (...) befand«. Und die Handschrift: »Ein Buch, das (sich) im Besitze eines ferne wohnenden Rabbi Jakob befand«, hätte er »gern gesehen«. – Pappenheims Übersetzung ist an der Stelle nicht ganz eindeutig, während Gaster sich so entscheidet: »Rabbi Jakob hatte ein Buch in Besitz, das Rabbi Samuel gehörte« (ed. 1934, 321).

Hier nun wird ein Beispiel »erlaubter«, d. h. weißer Magie geboten, in das schamanistische Motive der »Geisterbeschwörung«, der »gebannten Seele« und der »Wiederbelebung eines Toten« hineinspielen. Märchenmotive sind das »Wetteifern der Zauberer«, das schon aus dem altindischen ›Pantschatantra‹ bekannte »Hineinfahren der Seele in einen Leichnam«, was hier durch den Bann des Geistwesens (*sched*) verhindert wird. Vgl. Grunwalds Anm. Nr. 8, S. 70.

Daß der fromme Rabbi Samuel, mehr noch sein Sohn Jehuda, sich auf magische Praktiken verstand und darin den »ungläubigen« Magiern über war, erhöhte im späten wundergläubigen Mittelalter ihre Popularität. Allerdings suchten sich die sublimen Lehren des dem Rabbi Jehuda zugeschriebenen ›Sefer Chassidim‹ von solcher Dämonologie fernzuhalten (dort § 1172).

Rabbi Samuel Chassid ruft mit Gottes heiligem Namen einen Löwen herbei und tut Busse

Die Geschichte geschah. Rabbi Samuel Chassid (Schmuel der Fromme) ging einst zu einer Mühle und wollte zu Pessach (*péjßech*) seinem Vater Kalonymos Weizen mahlen. Und während er in der Mühle war und das Mehl mahlte, da kam ein Wolkenbruch nieder und die Wasser stiegen so hoch, daß die Esel nicht das Mehl heimfahren konnten, denn es wäre sonst naß geworden und hätte den Teig gesäuert (*chómezdik*). Darüber war Rabbi Samuel sehr betrübt und wußte zunächst nicht, was zu tun war. Da ging er hin und machte, mit Gebrauch eines heiligen Gottesnamens (*schem*), daß ein großer Löwe kam, viel größer als ein Kamel. Da nahm der Rabbi Samuel den Sack mit Mehl und legte ihn auf den Rücken des Löwen und setzte sich oben drauf. Und ritt so auf dem Löwen über das Wasser und kam heim bis an seines Vaters Haus. Und wie nun der Vater sah, daß er mit einem solchen Löwen heimkam, da verstand er sehr wohl, daß dies ein Baalschem (*bal-schem*, kabbalistischer Rabbi) getan hatte. Da wurde der Vater sehr zornig und sprach zu ihm: »Du hast eine große Sünde (*awéjre*) begangen, daß du den Löwen unter Anrufung des heiligen Namens geschaffen hast. Um der großen Sünde willen wirst du dein Lebtag keine Kinder haben.« Dem Rabbi Samuel tat dies sehr leid, und er hatte nicht gewußt, daß es eine große Sünde war.

Nach zwei Tagen ging er wieder zu seinem Vater und sprach: »Lieber Vater, du sagst, ich habe eine große Sünde begangen. Nun bitte ich dich, daß du mir eine Buße (*tschúwe*) festsetzen mögest. Ich will sie gern annehmen.« Da antwortete ihm sein Vater: »Lieber Sohn, die Buße, die ich dir wie recht und billig auferlegen sollte, die wäre dir viel zu schwer. Du kannst sie nicht bestehen.« Da sprach der Sohn: »Lieber Vater, ich will all das tun, was du mir auferlegst.« Da sprach der Vater wieder: »Willst du Sühne (*kapóre*) haben für die Sünde, die du begangen hast, so mußt du sieben Jahre unablässig wandern und darfst nicht mehr als eine Nacht an einem Ort bleiben, außer an Sabbat (*schábeß*) oder am Feiertag (*jóntew*). Falls du die Buße gewissenhaft ausführst, so will ich mich dafür verbürgen (*órew sajn*), daß du eine Sühne erhältst, und danach wirst du fromme Kinder haben.« Und so nahm er die Buße auf sich und zog sieben Jahre unablässig umher, um im Galut (*góleß*, Verbannung) zu lernen. Einige sagen, er brachte neun Jahre im Exil zu, um die Sabbat- und Feiertage wettzumachen.

Eines Tages kam er in ein Witwenhaus. Da sprach er zur Witwe (*almóne*): »Verkauf alles, was du hast, und kaufe lauter Getreide (*twúe*) dafür. Denn im nächsten Jahr, das da kommt, wird es eine so große Teuerung (*jákreß*) geben, daß kein

Mensch sich an solch ein Jahr erinnern wird.« Also folgte die gute Frau dem Frommen (*chóßid*) und verkaufte alles, was sie besaß, und kaufte dafür lauter Getreide. Und wie es die Leute in der Stadt sahen, daß die Witwe alles verkaufte und lauter Getreide dafür erstand, da fragten sie die Witwe, warum sie das täte. Sie sagte, der Weise (*chóchem*), der bei ihr zu Gast gewesen, hätte ihr das geheißen, denn er hätte zu ihr gesagt, im nächsten Jahr werde eine so große Teuerung kommen, wie sie seit Menschengedenken noch nie gewesen sei.

Und wie nun die Leute diese Worte von der Witwe vernahmen, da gingen auch sie hin und verkauften das Ihrige und kauften für das Geld lauter Getreide. Da war das nämliche Jahr aber ein wohlfeiles Jahr und so gut wie zuvor viele Jahre nicht. Es war so wohlfeil, daß die Leute an ihrem Korn, das sie gekauft hatten, viel Geld verlieren mußten. Und der Fromme kränkte sich sehr (*mezáer sajn*), daß er die Leute um ihr Geld gebracht hatte. Er hatte ja gemeint, in diesem Jahr wäre eine Hungersnot gekommen. Da nahm er auf sich, der Sünde wegen noch zwei Jahre im Galut umherzuziehen. Aber im nächsten Jahr kam eine gewaltige Hungersnot in das Land, und die Leute litten großen Hunger. Wie nun das teure Jahr herum war, da kam wieder eine Sättigung in das Land. Und als nun der Fromme seine Buße vollendet hatte, da kam er wieder heim zu seinem Vater und zu seiner Frau, und gewann mit großen Ehren wieder Kinder mit seiner Frau.

Und er bekam (*gewán*) zwei Söhne auf einmal. Einer ward geheißen Rabbi Elieser und der andere Rabbi Abraham, und sie waren zwei große Herren in der Tora. Und danach bekam er Rabbi Jehuda Chassid den Frommen. Der Heilige, gepriesen sei Er, läßt uns alle seiner genießen. Amen (*oméjn*). [161]

Quelle: Hs. Frankfurt Nr. 8 (lt. Zfatman 1979; s. a. Hss. Innsbruck Nr. 72, Rovere Nr. 89).
Übers.: MB: Pappenheim 1929, Nr. 166.

Zu den Vorbereitungen des Pessachfestes (Ostern) gehört, daß alles Gesäuerte (Chamez oder Chomez) aus dem Hause entfernt oder nach bestimmter Vorschrift gekaschert (gereinigt) werden muß. Das Speisegebot folgt Ex 13,7: »Fladen esse man das Tagsiebent durch,/Gesäuertes sei bei dir nicht zu sehn, Gäre sei bei dir nicht zu sehn in all deiner Gemarkung.« Die Siebenerzahl kehrt hier als Zeit der Prüfungen, Zeit der Buße (sieben Jahre lang) wieder. Das Motiv des langen Reisens gehört zu den Legenden von Rabbi Samuel, siehe Text 158. In der hebr. Version der Geschichte, so Meitlis 1961, V, gehört das Attribut eines von ihm geschaffenen Homunkulus dazu, der Samuels Diener und Reisebegleiter wurde.
Zum Baalschem: So wird der kabbalistische Rabbi bezeichnet, der durch Anrufung des Schem, des heiligen Namens Gottes, Wunder wirkt. »Meister der Kabbala« kennt schon das mystische Zentrum im katalanischen Gerona (frühes 13. Jh.), ein Ehrentitel vergleichbar dem mit »Vater der Weisheit« titulierten Jehuda Chassid (siehe Gershom Scholem, ›Ursprünge und Anfänge der Kabbala‹, 1962, 229 f. und 325).
Das Herbeizaubern des Löwen verbindet sich mit dem Legendenmotiv »Frommer reitet auf Löwe«, vgl. Text 159. – Im Legendären verbleibt die Zahl der Söhne des Samuel Chassid. Hier sind es drei, das Zwillingspaar Rabbi Elieser und Rabbi Abraham gefolgt vom berühmten Rabbi Jehuda Chassid. Nach anderer Quelle ist von zweien die Rede, erst Abraham, dann Jehuda: sowohl handschriftlich belegt (Brüll 1889, Nr. 11, Reutlingen Nr. 10) wie auch durch den Basler Erstdruck (1602), in dem sich jener Text als Nr. 182 findet. Da er als einziger *nicht* in die Amsterdamer Ausgabe 1723 aufgenommen wurde, sei er hier wörtlich wiedergegeben:

Rabbi Samuel Chassid wanderte einmal mit zwei Leuten über Land. Plötzlich sah er, daß der Himmel offenstand, und er sagte zu seinen Gefährten (*chawéjrim*): »Ich sehe, daß sich die Himmel geöffnet haben. Jeder kann eine Bitte an den Heiligen, gepriesen sei Er, richten, und sie wird ihm gewährt werden.« Einer der Männer bat um hübsche Kinder, der andere bat um Reichtum. Und Rabbi Samuel bat um Kinder, denn er hatte bisher keine. Allen dreien wurden die Bitten gewährt. Wie der Fromme nach Hause kam, wurde seine Frau schwanger und gebar den Rabbi Abraham. Danach gebar sie den Rabbi Jehuda Chassid von Regensburg. Möge der Heilige, gepriesen sei Er, uns sein Verdienst (*ßchuß*) genießen lassen. Amen (*oméjn*). Sela.

Rabbi Samuel Chassid bewirkt, dass ein Reicher seinen Geiz bereut

Die Geschichte geschah an Rabbi Samuel Chassid (Schmuel der Fromme): Der kam einstmals nach Köln am Rhein, um Almosen (*zdóke*) zu empfangen, denn er hatte nicht viel Eigenes. Da fragte er die Gemeinde (*kóhol*) von Köln, ob sie ihm helfen könnten, denn es ging ihm recht schlecht, und er hatte eine große Familie (*gesínd*) zu ernähren. Da ging die Gemeinde hin und stellte ihm zwei Talmudgelehrte (*talmíde-chachómim*), sie sollten sich im Sprengel (*kehíle*) umtun und die reichen Leute ansprechen, um dem Rabbi Samuel Chassid Hilfe zu erweisen. Auf die Weise brachten sie für ihn siebzig Gulden auf. Und die zwei Rabbinen (*rabónim*) kamen in das Haus eines reichen Mannes und baten auch ihn um eine Hilfe. Da nahm dieser reiche Mann vor lauter Zorn einen Pfennig und warf ihn zu Boden und sagte zu den zwei Talmudgelehrten, sie sollten den Pfennig wieder aufheben und ihn dem Rabbi Samuel Chassid geben. Denn wenn es um Wohltätigkeit ging, war er ein karger Mann.

Da verdroß es die Talmudgelehrten sehr; sie ließen den Pfennig auf dem Boden liegen und gingen wieder zu Rabbi Samuel und händigten ihm das Geld aus, welches sie im Sprengel aufgebracht hatten. Und erzählten dem Frommen (*chóßid*), wie der Gemeindevorsteher (*párneß*) einen Pfennig zu Boden geworfen und sie geheißen hatte, ihn aufzuheben, aber sie hätten ihn nicht aufgehoben. Da sagte der Fromme zu den zwei Rabbinen: »Ihr lieben Brüder, geht hin und nehmt den Pfennig auf und gebt ihn mir. Denn weil der Heilige, gepriesen sei Er, es meinethalben so gefügt hat, daß ich, Gott bewahre, der Leute bedarf, so soll man nichts verschmähen, es sei, was es ist, viel oder wenig.«

Da gingen die zwei Rabbinen wieder zu dem reichen Mann und sagten ihm, wie der Fromme geredet hatte. Als der Vorsteher das hörte, da bereute er tief (*krigt grojß charóte*), daß er solches getan hatte. Da ging der reiche Mann selbst zu dem Frommen und bat ihn inständig, daß er ihm verzeihen möge. Und gab dem Frommen viel Geld, so wie es billig war, gleichwie die Schrift (*póßek*) sagt: ›Zu einem frommen Menschen kommt die Speise aus fernem Land.‹ [162]

Quelle: Hs. Frankfurt Nr. 9 (lt. Zfatman 1979); s. a. Hss. Innsbruck Nr. 73, Rovere Nr. 90.
Übers.: MB: Pappenheim 1929, Nr. 167.

Bibelvers: »Zu einem frommen Menschen kommt die Speise ... «, Spr 31,14: »Sie gleicht den Handelsschiffen,/aus der Ferne bringt sie ihr Brot.« Vgl. Text 147.
Die sprichwörtliche Auffassung »Wer den Pfennig nicht ehrt ...« verbindet sich hier mit reuiger Einsicht: wiederum ein Gleichnis auf das Gebot der Wohltätigkeit (*zdóke gebn*), wie es das MB in immer neuen Varianten aufzeigt und den Lesern eindringlich vor Augen hält.

Rabbi Samuel Chassid begegnet dem Propheten Jeremia und erlegt drei Sündern Buße auf

Die Geschichte geschah dem Rabbi Samuel Chassid (Schmuel der Fromme), der eines Tages dem Lehrhaus (*jeschíwe*) zustrebte, um zu lernen. Und wie er über Land (*íber feld*) wanderte, stießen drei Juden (*jehúdim*) zu ihm, die wollten auch des Weges ziehen, dorthin wo der Fromme (*chóßid*) hinwollte. Also zogen sie miteinander fort und kamen an einen großen Wald, den sie durchqueren mußten. So irrten sie den ganzen Tag umher und wußten nicht, wo sie sich befanden. Wie es nun fast Nacht wurde, da blickte der Fromme hin und her, ob er irgendein Haus erspähen konnte. Zuletzt sah der Fromme im Wald ein Haus stehen. Da rief der Fromme auch seine Gefährten, sie kamen zu ihm und er sagte zu ihnen: »Meine lieben Mitbrüder, seid fröhlich, denn ich habe dort ein Haus stehen gesehen, aber hütetet euch bei Leib und Leben davor, hineinzugehen; denn zuvor will ich allein in das Haus gehen und will sehen, was für Leute darin wohnen.«

Also entfernte er sich von seinen Gefährten und ging in das Haus. Und wie er in das Haus kam, da sah er beim Feuer viele Töpfe stehen. Aber der Fromme sah im Haus niemanden. Da wollte er umkehren und wollte auch seine Gefährten herbeirufen. Doch als er hinausgehen wollte, da begegnete ihm ein alter, greiser Mann mit schneeweißem Bart. Da entbot der Alte dem Frommen den Friedensgruß (*schólaum*). Der Fromme dankte dem Alten zurück. Da sprach der Alte: »Bleib heute hier drinnen bei mir in meinem Haus, ich will dir zu essen und zu trinken geben.«

Da sprach der Fromme: »Wenn ich schon hier drinnen bleibe, wo bleiben da meine Genossen, die dort im Wald herumgehen?« Da sagte der alte Mann: »Was deine Begleiter (*chawéjrim*) dort im Wald angeht, so laß sie nur fortgehen, denn sie sind es wert, daß die wilden Tiere sie fressen. Denn sie sind große Sünder (*reschóim*) und sind böse in all ihren Taten. Aber gleichwohl, sie sollen dein Verdienst (*ßchuß*) genießen, und so heiße auch sie herein zu kommen und lasse sie mit essen und mit trinken. Aber sei weiterhin gewarnt, noch weiter mit ihnen zu wandern, damit dir nicht etwas Böses, Gott behüte, ihretwegen geschehen möchte.«

Da rief der Fromme seine Gefährten und hieß sie herein. Da lagen sie die Nacht über drinnen und aßen und tranken und ließen es sich wohl sein. Nach dem Essen nahm der alte Mann den Frommen in ein Zimmer (*chéjder*) und sagte zu ihm: »Ich bin der Prophet Jeremia.« Und zeigte ihm viele Bücher (*ßfórim*), die er verfaßt hatte. Darin stand nichts anderes als lauter Klagelieder (*kíneß*), die er auf die Zerstörung Jerusalems (*churben jeruscholájim*) gedichtet hatte. »Und jeden Tag gehe ich in diesen wilden Wald und beklage die Zerstörung Jerusalems.«

Des Morgens, als der Fromme fortgehen wollte, nahm er Abschied von dem alten Mann, und dieser segnete (*bentscht*) den Frommen. Und der alte Mann wies ihnen den rechten Weg durch den Wald, sonst hätten sie noch lange in dem Wald umhergehen müssen. Denn es war ein großer, langgestreckter Wald, darin sich viele Räuber (*gaslónim*) und wilde Tiere aufhielten.

Wie nun der Fromme von dem alten Mann wegging, da sagte er seinen Gefährten, was der alte Mann zu ihm gesagt hatte: daß sie große Sünder seien, und nur um seines Verdienstes willen seien sie heute in dessen Haus gelegen, sonst hätten sie die wilden Tiere nachts aufgefressen – »wegen eurer bösen Taten, die euch anhaften«.

Als sie dies hörten und daraus entnahmen, daß ihre Sünden (*awéjreß*) offenbar geworden waren, da weinten sie vor dem Frommen und baten ihn um Buße (*tschúwe*) für ihre Sünden, denn sie verspürten große Reue (*charóte*) über all das, was sie getan hatten, und wollten gerne Buße tun. Da setzte ihnen der Fromme eine Buße und sagte zu ihnen: »Werdet ihr die Buße erfüllen, die ich für euch festsetze, wohl euch! Dann habe ich keinen Zweifel daran, daß ihr in das Paradies (*ganéjdn*) kommen und Anteil an der künftigen Welt (*jéne-welt*, Jenseits) haben werdet. Erfüllt ihr aber eure Buße, die ich euch setze, nicht richtig, dann werdet ihr das Jahr nicht zu Ende erleben und werdet einen schändlichen Tod sterben.« Da sagten sie: »Lieber Rabbi, alles was du uns aufsetzt, das wollen wir mit ganzem Herzen erfüllen, lieber mehr noch als weniger.«

Also zogen sie miteinander bis in die Stadt, wo er Tora lernen wollte. Und wie sie nun dort angelangt waren, da gingen sie in das Bethaus (*schul*) und stellten sich vor die heilige Lade (*óraun hakáudesch*) und sagten: »Hört, ihr Rabbinen, wir sind große Sünder.« Und bekannten die Sünden, die sie begangen hatten. »So haben wir Buße genommen von diesem Frommen; die wollen wir erfüllen, so wie er sie uns aufgesetzt hat.« Und erfüllten auch ihre Buße richtig.

Da kam einmal zu dem Frommen bei Nacht eine Stimme, die tat ihm kund und zu wissen, daß die Buße der drei vom Heiligen, gepriesen sei Er, gut angenommen sei, und sie würden Anteil an der künftigen Welt haben. Am Morgen stand der Fromme auf und ging in das Bethaus und lehrte (*dárschent*), daß niemand an sich selber verzweifeln solle, und es solle auch einer nicht denken: »Ich habe viele Sünden getan, ich kann sie niemals büßen, ich will keine Buße tun, was hilft mir mein Bußetun. Darum soll jeder sich ein Beispiel nehmen an den drei Leuten, die viele Sünden begangen haben und große Sünder gewesen sind. Und sie wären wohl wert gewesen, daß die bösen Tiere sie auffräßen, wie mir der alte Mann auch gesagt hat. Und dennoch, als sie ihre Buße, die ich ihnen auferlegt habe, recht befolgt haben, da haben sie wieder Anteil an der künftigen Welt bekommen, gleich als wenn sie nicht gesündigt hätten. Und sind viel reiner geworden. Denn unsere Weisen (*chachómim*) haben gesagt, wohin die Bußfertigen kommen, da können sogar rechte Zaddikim (*zadíkim*, Gerechte) nicht hin.«

Und die Ursache ist die. Ein rechter Zaddik, der allezeit fromm gewesen ist, der hat weder böse Gedanken noch böse Werke verübt. Aber die bösen Leute, die Sünder gewesen sind und danach Buße tun, die haben ihren bösen Trieb bezwungen (*jéjzer-hóre kaufe sajn*), so daß sie die Sünde, die sie vordem begangen, nicht wiederholen.

Der Fromme brachte drei Jahre mit Lernen zu und danach zog er in Frieden (*beschólaum*) heim. [163]

Quelle: Brüll 1889, Nr. 14 (Hss. Frankfurt Nr. 6/II, Innsbruck Nr. 75, Rovere Nr. 88 a).
Übers.: Brüll, ebd. (gekürzt). – MB: Pappenheim 1929, Nr. 168.

Märchen- und Legendenmotive sind der große, undurchdringliche Wald, in dem Bedrohung (die drei zufälligen Wandergenossen) und Verheißung (der alte Mann, der sich als Beschützer und als kein anderer als der Prophet Jeremia erweist) nahe beieinander sind; dann das einsame Haus mit den vielen Töpfen auf dem Feuer; dann die Läuterung der Bußfertigen, um ihres Seelenheils willen. – Als alter Mann mit langem weißen Bart in einem Waldhaus findet sich Jeremia in Text 169 wieder, dort im Verein mit anderen Vätergestalten.
Die handschriftliche Vorlage beginnt mit dem Hinweis, Rabbi Samuel habe sich einen Homunkulus geschaffen, der zwar nicht sprechen konnte, der ihn aber in seinen Wanderjahren – so auch hier – begleitet und bedient habe. Und sie schließt damit, daß Jeremia den Reisenden morgens den Weg zeigte, »und es war ihnen jetzt, als ob sie im ganzen kaum eine Meile gegangen wären«.

Jeremia (Jirmejahu, um 627–586 v. Z.) ist der Prophet der Zerstörung Jerusalems, deren Zeuge er wurde. Den Glauben Jesajas und dessen Gefolge an die Unverletzlichkeit des Tempelberges teilte er nicht, führte einen verzweifelten Kampf gegen solche zionistische Zuversicht und gegen die Illusionen des Volkes. Er hat, wovon seine »Klagelieder« künden, unter der eigenen Prophetie gelitten – später auch physisch: unter politischem Terror, Gefängnis, Schutzhaft.
Dem BT zufolge hat Jeremia die ›Bücher der Könige‹ verfaßt. Homiletischen Midraschim nach kehrte er aus dem Exil in das zerstörte Jerusalem zurück.

Ein Speyrer Ratsherr schmäht Rabbi Samuel Chassid an Jom Kippur und wird bekehrt

Die Geschichte geschah. Rabbi Samuel Chassid (Schmuel der Fromme) ist einmal zu Speyer an Jom Kippur (*jom-kipur*, Versöhnungstag) der Vorbeter (*chasn*) gewesen. Da schickte sich ein sündhafter Mensch (*rósche*) an, in die Synagoge (*schul*) zu gehen; er war ein Ratsherr (*jáuez*) beim Hegemon (Statthalter). Und der Sünder sah, daß der Fromme (*chóßid*) mit großer Andacht betete (*mit kewóne ort*). Da kam dem Bösen ein Gedanke in seinem Herzen, und er sprach zu seinen Genossen, die mit ihm in der Synagoge waren: »Ich kann es nicht lassen und muß dem Vorleser eine Schmach antun, dieweil er sein Gebet mit ganzem Herzen verrichtet, mit seinen Augen wie in den Himmel schaut und seinen Gott gar so fleißig anbetet.«

Da ging der böse Mensch hin und spie dem Frommen ins

Gesicht (*pónem*), denn er vermeinte, er könne ihn irremachen in seinem Gebet. Aber der Fromme ließ sich nicht beirren und fuhr in seinem Gebet fort. Und als der Sünder das sah, daß sich der Fromme nicht beirren ließ, da überkam ihn große Reue, daß er dem Frommen ins Gesicht gespien hatte. Und sprach zu seinen Bediensteten: »Ich habe Unrecht getan, daß ich dem Juden solch eine Schmach zugefügt habe, denn ich sehe wohl, daß er ein heiliger Jude ist, und sein Gesang ist schön und lieblich. Ich befürchte, daß ich eine große Sünde begangen habe.«

Und der Sünder grämte sich sehr, daß er solches getan hatte. Am Tag nach Jom Kippur ging der Sünder zu dem Frommen und bat ihn, er solle ihm doch sagen, warum er gestern so ernsthaft gebetet habe. Da entgegnete der Fromme: »Lieber Herr, was fragt Ihr mich danach? Ihr habt mir eine so große Schmach angetan, wie sie mir mein Lebtag noch von keinem Menschen widerfahren ist. Ich will schweigen von dem anderen Gespött, das Ihr in der heiligen Synagoge getrieben habt, und das an einem solch heiligen Tag, wie wir ihn gestern gehabt haben. Denn gestern ist der Tag gewesen, den uns der allmächtige Gott gesetzt hat, daß wir den ganzen Tag in der heiligen Synagoge verbleiben sollen, und daß Gott unsere Sünden vergibt, wie es in unseren heiligen Büchern steht. Doch in meinem Herzen habe ich über die Schmach, die du mir zufügtest, gelacht. Denn ich bin meines allmächtigen Gottes versichert, daß er uns unsere Sünden verzeiht und vergibt, um unserer Schmach willen, die du mir hast angetan, und von wegen unseres großen Unglücks, das wir nun jederzeit von euch erleiden müssen. Und wir nehmen es jederzeit gutwillig von euch an. Darum habe ich mein Gebet mit solcher Freude und mit Andacht verrichtet.«

Als nun der Fromme mit viel Worten ausgeredet hatte, da war der Sünder ganz mitgenommen, daß er vor großem

Schrecken kein Wort hervorbrachte. Und er bat den Frommen, er möge es ihm verzeihen, er hätte sich nicht soweit besonnen. Und er möchte Gott um seinetwillen bitten, daß er ihm verzeihen möge, es solle sein Leben lang nicht mehr geschehen. Und er wolle es jeden Tag gegenüber den Juden abverdienen (abbüßen), sei es mit Worten oder mit Werken, daß er es noch spüren werde. Der Fromme ließ ihn reden und gab ihm keine Antwort und ließ ihn so wieder von sich weggehen.

Am dritten Tag kam der Sünder wieder zum Frommen und bat ihn noch mehr als zuvor, und so von Tag zu Tag mehr. Und alles, was er beim Statthalter von den Juden gehört hatte, das legte er alles zum Guten aus. Und er bat den Frommen so lang und so ernsthaft, daß der Fromme sprach: »Nun, du hast eine große Sünde begangen (*awéjre ton*), daß du mir eine solche Schmach zufügtest, aber weil ich sah, daß dich die Sache so sehr gereut hat, und ich auch von dir höre, daß du solche Sachen nicht mehr tun willst, sondern alles zum Wohl der Juden tun willst, so will ich Gott bitten, daß er dir die Sünde verzeihen soll. Denn es gibt keine bessere Sache, als nichts Böses mehr zu tun.«

So betete der Fromme zu dem Heiligen, gepriesen sei Er, und trat für den Sünder ein. Und dieser kam danach zu dem Frommen und bekehrte sich zum Judentum (*megájer sajn*) und wurde frommer Fremdling (*ger zédek*) genannt. Und er gab seinen Mammon als Almosen (*zdóke*) für die armen Juden. [164]

Quelle: Brüll 1889, Nr. 25 (Hss. Frankfurt Nr. 5, Innsbruck Nr. 76, Rovere Nr. 86).

Übers.: Brüll, ebd. (gekürzt). – MB: Pappenheim 1929, Nr. 169.

Brülls Handschrift nach verlief die Geschichte etwas anders; dort wird sie dem »Jehuda von Speyer« zugeschrieben: Angespuckt von einem christlichen Geistlichen, ließ Rabbi Jehuda als der Gemeindevorsteher diesen schlagen, daraufhin wurde er vor den Bischof zitiert. Dieser befand dann, erstaunlicherweise, daß dem Geistlichen durchaus Recht geschehen sei.
Die Geschichte verlagert sich hier zu dem Übeltäter hin, der durch die Kraft der Rede des Frommen eine völlige Umkehr vollzieht: Er bereut, er setzt sich für die Belange der Juden ein, er bekehrt sich zum Judentum und er stiftet sein Vermögen zu wohltätigen Zwecken.

Wie Rabbi Samuel Chassid ein schlimmes Verhängnis von den Speyrern abwehrte

Die Geschichte geschah. Da Rabbi Samuel nun einmal sehr arm war, da begab es sich eines Tages, daß er zu seiner Frau sagte: »Mein liebes Weib, ich sehe, daß, Gott bewahre, ein schlimmes Verhängnis (*grojß gesêro*) die (Gemeinde) von Speyer bedroht. Darum laß uns zu Gott beten, vielleicht können wir es abwenden mit unserem Gebet.« Und er gebot seiner Frau bei ihrem Leben, keinem Menschen etwas davon zu erzählen.

So fasteten sie drei Tage und drei Nächte und beteten inständig. Rabbi Samuel Chassid (Schmuel der Fromme) stand in einem Eck und seine Frau stand in einem anderen Eck. Und als nun die drei Tage um waren, da hob der Fromme (*chóßid*) an und sagte zu seiner Frau: »Mein liebes Weib, laß uns nun fröhlich sein, denn ich sehe wohl, daß das Verhängnis abgewendet worden ist, dank Gott und seiner großen Barmherzigkeit.«

Und der Fromme nahm einen jungen Hahn und schlachtete (*schéchtet*, schächtete) ihn und ließ ihn kochen. Indes kam einer seiner Schüler (*talmídim*) und sah, wie sein Rabbi einen Hahn schlachtete, worüber sich der Schüler (*tálmid*) mächtig verwunderte und nicht länger an sich halten konnte. Und sprach zu dem Frommen: »Mein lieber Rabbi, was mag das bedeuten, daß Ihr heute Hühner eßt? Denn ich weiß wohl, daß das nicht Eure Gewohnheit (*ßéjder*) ist, denn Ihr habt doch in unserer großen Armut nicht so viel übrig.«

Als Rabbi Samuel Chassid das von seinem Schüler vernahm, da sagte der Fromme zu ihm: »Lieber Sohn, schweig still. Denn wenn es die Leute hören sollten, daß wir Hühner essen, dann werden sie meiner spotten.« Aber der Schüler wollte nicht ablassen, denn er wollte wissen, was es bedeutete, daß er mehr Hühner aß als sonst im Jahr. Und drang so lang auf ihn ein, bis der Fromme mit der Wahrheit herausrücken mußte. Als das der Schüler hörte, da bat er den Frommen um Verzeihung, daß er ihn so bemüht hatte, ihm dies unbedingt sagen zu müssen.

So wurde das Verhängnis mit Hilfe des Heiligen, gepriesen sei Er, durch den Frommen und seine Frau ganz abgewendet, und zwar durch ihr inständiges Gebet, das sie an den Heiligen, gepriesen sei Er, gerichtet hatten. Der Heilige, gepriesen sei Er, soll uns ihren Verdienst (*ßchuß*) noch alle Tage und für alle Zeiten genießen lassen. Amen (*oméjn*). [165]

Quelle: Brüll 1889, Nr. 10 (Hss. Frankfurt Nr. 2, Innsbruck Nr. 77, Rovere Nr. 85).
Übers.: Brüll, ebd. (gekürzt). – MB: Pappenheim 1929, Nr. 170.

Samuel Chassid (Rabbi Schmuel der Fromme, ca. 1150–1217) leitete seinerzeit in Speyer, dem geistigen Zentrum der Aschkenasen nach Vernichtung der jüdischen Gemeinden von Worms und Mainz, eine Jeschiwa (Lehrhaus). Um 1195, als eine Mordbeschuldigung ein blutiges Progrom auslöste, zog sein Sohn Jehuda Chassid von Speyer nach Regensburg und gründete dort eine bedeutende Talmudhochschule.

Das westjidd. *geséro*, ostjidd. *gséjre*, das auch »judenfeindliches Gesetz« bedeuten kann, hat Nehemia Brüll mit »Verfolgung« übersetzt und Bertha Pappenheim, eher vorsichtig und letztlich verschleiernd, mit »Unglück«.

Heilen durch die Kraft des Gebets gelingt nur dem wahren Chassiden, vgl. die Texte 43, 97, 98.

Der unwissende Jüngling Jehuda lernt Tora und wird Schriftgelehrter

Die Geschichte geschah. Rabbi Jehuda Chassid (Jehuda der Fromme) war schon achtzehn Jahre alt, ehe er ein Wort (Tora) lernen konnte, denn er war ein großer Nichtwisser (*am hóorez*, Ignorant) und ein großer Nichtsnutz (*lauchéfez*), denn er tat nichts anderes als mit der Armbrust und mit Pfeilen zu schießen.

Einmal trug sein Vater, Rabbi Samuel Chassid im Lehrhaus (*beß-médresch*) die Halacha (*halóche*, Gesetzeslehre) vor. Da waren die jungen Schüler (*bócherim*) sehr zornig auf den Frommen und sagten zu ihm: »Lieber Rabbi, alle Eure Vorväter (*ówaus*) sind große Schriftgelehrte (*talmíde-chachómim*) gewesen, ebenso Euer Vater Rabbi Kalonymos und Euer Großvater Rabbi Efraim. Und Ihr laßt Euren Sohn mit der Armbrust schießen wie es sonst nur Räuber (*gaslónim*) tun.«

Da sagte Rabbi Samuel: »Ihr habt recht, und ihr sollt sehen, ich werde meinen Sohn anders erziehen.« Als nun die Schüler heimgingen, da rief er seinen Sohn Jehuda und sagt zu ihm: »Lieber Sohn, willst du nicht Tora lernen? Denn ich muß mich deiner schämen.«

Da sagte Jehuda: »Mein lieber Vater, warum soll ich nicht lernen wollen? Ich will gern lernen, wenn du mit mir lernen willst, so wie du mit den anderen Schülern auch lernst.«

Da ging sein Vater Rabbi Samuel hin und führte seinen Sohn Jehuda ins Lehrhaus und setzte ihn neben sich. Und seinen Sohn Rabbi Abraham setzte er ebenfalls neben sich, zur anderen Seite. Dann sagte Rabbi Samuel einen heiligen Namen (*schem*), daß das ganze Lehrhaus voller Licht ward und sein Sohn Jehuda nicht die Kraft (*káuach*) hatte, in das Licht zu sehen. Und er deckte sein Gesicht (*pónem*) mit dem Mantel zu, fiel auf die Erde nieder und konnte nicht aufschauen.

Da sagte Rabbi Samuel zu seinem Sohn Rabbi Abraham: »Die Stunde (*scho*) ist von Gott dem Gesegneten zu meinem Sohn Jehuda gekommen. Ich weiß wohl, daß du noch alle Tage ein großer Gelehrter (*lamden*) warst. Aber dein Bruder Jehuda wird viel mehr lernen und wird auch wissen, was oben im Himmel geschieht, wie er wissen wird, was unten auf Erden geschehen soll, und kein Ding wird vor ihm verborgen sein. Aber in der Tora wird er nicht so bewandert sein (*bóke*, Experte), wie du in all deinen Tagen warst. Aber er wird viel mehr Dinge tun, als du in deinen Tagen tatest.«

Und Rabbi Samuel lernte mit ihm. Und alles, was er mit ihm lernte, konnte dieser gleich auswendig. Und als nun am anderen Tag die Schüler kamen und wollten von Samuel dem Frommen die Halacha hören, da trug Rabbi Samuel ihnen die Gesetzeslehre vor. Da stellte ihm sein Sohn Jehuda viele Fragen (*káscheß*), mehr als alle anderen Schüler Fragen stellten.

Da verwunderten sich alle Schüler sehr und sprachen: »Sieh nur, der hat nie im Leben gelernt und fragt mehr, als wir alle fragen.«

Und als nun die Halacha beendet war, da sagte Rabbi Samuel zu seinem Sohn Jehuda: »Geh und bring mir deinen Pfeil und Bogen, mit denen du geschossen hast.« Da ging Jehuda auf der Stelle, holte sie und brachte sie seinem Vater. Da nahm sie Rabbi Samuel und zerbrach sie vor den Schülern und sagte: »Mein lieber Sohn Jehuda, die haben dem Schießen als deinem Handwerk gedient, jetzt aber sollst du mit der Tora dein Handwerk treiben.«

Also lernte er fort und fort, und aus ihm wurde der Herr Rabbi Samuel Chassid, von dem ihr noch wahre Wunder hören werdet. [166]

Quelle: Brüll 1889, Nr. 22 (Hss. Innsbruck Nr. 81, Rovere Nr. 96).
Übers.: Brüll, ebd. (gekürzt). – MB: Grünbaum 1882, 418–420 (nach den Ausgaben Wilhermsdorf Nr. 170 und Rödelheim fol. 48 b); Pappenheim 1929, Nr. 171; Strauß 1934, Nr. 6.

Brülls Handschrift weicht an entscheidender Stelle ab: Zweimal spricht Vater Samuel einen heiligen Namen, und jedesmal entsteht ein stärkerer Lichtglanz. Zunächst »senkte Abraham den Blick zur Erde, Jehuda hingegen verzog keine Miene«. Beim Anruf des zweiten Namens »wurde der Lichtglanz so stark, daß Abraham, der ihn nicht ertragen konnte, sich in ein Kleid seines Vaters einhüllte und Jehuda den Blick zur Erde senkte«.

M. J. bin Gorion ist im ›Born Judas‹ dieser Fassung gefolgt, vgl. Bd. 6 (1923), 114 f. »Von Rabbi Juda dem Frommen«.

Rabbi Jehuda der Fromme (Juda ben Samuel he-Chassid, um 1150–1217) gilt als Begründer des aschkenasischen Chassidismus. Er selbst steht in einer Kette deutscher »Frommer«: Sein Großvater war Rabbi Kalonymos, Vorsteher der Gemeinde in Mainz. Sein Urgroßvater Rabbi Efraim war der Lehrer seines Vaters Samuel, und dieser wiederum hat Jehuda relativ spät initiiert. Daß Jehuda das höhere Licht besser erträgt als sein Bruder Abraham, weist auf seine Bestimmung als unangefochtener religiöser Lehrer hin – »den man überdies im Besitz magischer und okkulter Kräfte wähnte, was ihm grenzenlose Macht über die Gegner seines schlimm drangsalierten Volkes verlieh« (Meitlis 1961, VI).

Bereits vor Jehudas Geburt in der Wormser Judengasse scheint seine spätere Bestimmung auf, als nämlich die mit ihm schwangere Mutter auf wunderbare Weise vom Tode errettet wird; siehe ›Sefer Ma'asse Nissim‹, Frankfurt a. d. Oder 1702, Nr. 8. – Dies ist nichts weniger als biographisch, ebensowenig der Topos »Taugenichts wird tüchtig« bzw. ein Frommer. Das wird z. B. auch dem berühmten Philosophen Mose ben Maimon (1135–1204) angedichtet, der, aus Cordoba stammend, als Juwelenhändler begann und sich als Arzt in Kairo niederließ, bevor er zur Autorität in der Lehre wurde. Unter Brüll 1889, Nr. 39 findet sich ein Text, wonach auch Maimonides bis zum zwanzigsten Jahr nichts Rechtes gelernt haben soll. Eines Tages zeigte ihm sein Herr vor der Abreise einige Gefäße, von deren Inhalt er nicht naschen sollte; es befand sich Baldrian darin. Maimonides genoß davon, wurde jäh »geisteshell« und reifte zu jenem Mann, der schließlich »die ganze Tora« kannte.

Zur rabbinischen Praxis, einen heiligen Namen (den Namen Gottes) anzurufen, vgl. Text 173: Jehuda nahm den Stab und schrieb damit auf der Erde in den Sand etliche heilige Namen. – Gershom Scholem hielt auf der Eranos-Tagung 1970 darüber einen Vortrag: ›Der Name Gottes und die Sprachtheorie der Kabbala‹ (in: G. S., ›Judaica 3‹, Frankfurt a. M. 1970). Er hob die »Unaussprechbarkeit« hervor, »in der der Name Gottes zwar *angesprochen*, aber nicht mehr *ausgesprochen* werden kann«, und zitierte dazu Hermann Cohen: »Aber *Schem* [der Name], das hat eine unerschöpfliche Sprachkraft im religiösen Gefühl des Juden« (15 f.).

Rabbi Jehuda Chassid, der Bürgermeister von Regensburg und das blökende Lamm

Die Geschichte geschah zu Regensburg. Einmal ging der Rabbi Jehuda auf die Gasse, da begegnete ihm sogleich der Bürgermeister (*rosch iren*, Stadtoberhaupt), dem lief ein kleines Lämmchen nach, und dieses Lämmchen schrie mäh, mäh – wie es die Art (*ßéjder*) der kleinen Lämmchen ist, daß sie so schreien.

Da fragte der Bürgermeister den Rabbi Jehuda Chassid (Jehuda der Fromme): »Lieber Rabbi, Ihr seid der älteste Rabbi unter den Juden und wollt alle Dinge wissen, die im Himmel und auf Erden geschehen. Darum sagt mir, was das Lämmchen so sehr schreit: mäh, mäh. Ihr könnt Euch doch auf allerlei Sprachen verstehen.« Und er drängte ihn gleichsam dazu (*klójmer mezárech sajn*).

Da sprach der Fromme (*chóßid*): »Mein lieber Herr, ich weiß recht wohl, was das Lämmchen schreit, aber es steht einem nicht gut an, dies auszusprechen.« Da bat ihn der Bürgermeister inständig, daß er es ihm doch sagen sollte. Da wollte der Fromme nicht mit der Sprache heraus, denn es möchte etwas Böses, Gott bewahre, daraus entstehen. Da versprach ihm der Bürgermeister ganz im Vertrauen, er möge es nur sagen, es betreffe, wen es wolle. Und gab ihm seine Hand darauf, daß ihm nichts geschehen solle.

Da sagte der Fromme: »Lieber Herr, ich will es Euch sagen. Das Schaf schreit Euch nach und tut Euch kund und zu wissen: ›Während Ihr hier draußen spazierengeht, derweil liegt ein anderer daheim bei Eurer Frau. Um herauszufinden, daß das wahr ist, geht geschwind heim, so werdet Ihr sie noch beieinander erwischen.‹« Und der Bürgermeister ließ sich das nicht zweimal sagen, er lief geschwind heim und fand den Sauerteig (*chómez*) beieinander, so wie der Fromme gesagt hatte. Da schickte er nach dem Frommen und sagte zu ihm: »Nun hab Dank, daß du mir das gesagt hast. Du sollst dein Lebtag dessen genießen.« Und schenkte dem Frommen ein schönes Geschenk und setzte sich auch sehr gut für die Juden ein. Aber seine Frau (*gója*, Nichtjüdin), die hat daran keine Schuld gehabt, denn man hatte sie mit Gewalt gezwungen. Also richtete (*din sajn*) der Bürgermeister eben jenen Mann (*goj*, Nichtjude). [167]

Quelle: Brüll 1889, Nr. 35 (Hss. Innsbruck Nr. 79, Rovere Nr. 95).
Übers.: Brüll, ebd. (gekürzt). – MB: Grünbaum 1882, 420 f. (nach den Ausgaben Wilhermsdorf Nr. 158 und Rödelheim fol. 48 b); Pappenheim 1929, Nr. 172.

Brülls Handschrift beginnt anders: »Als ein Christ einst bei Rabbi Jehuda saß, kam aus einem Fluß ein meckerndes Schaf herbei.« – Der hübsche Vergleich des Beilagers mit dem Chomez, d. h. dem gesäuerten Brot, das vor Pessach aufgesammelt wird, um es in den Ofen zu stecken, fehlt dort, desgleichen jeder Hinweis darauf, daß die Frau vergewaltigt worden sei.

Märchentypen und -motive: »Verratener Ehebruch« (AaTh 243A), »Inzest-abwendendes Gespräch« (AaTh 674), »Geheimnisse, erlauscht aus Gesprächen von Tieren«, allgemein: »Warnende Tiere«, »Tiersprachenkundiger«. Dazu Literaturangaben in Schwarzbaum 1968, Anm. zur Geschichte vom »sprechenden Kalb«, Nr. 224, 184. Starck 1999, 166–169, untersucht die Figuration: der Allwissende (Rabbi), der Unwissende (Bürgermeister) und der Bote (Lämmlein), sowie die narrative Struktur. Eine Geschichte in mündlich-lebendigem Tonfall (Meitlis 1933, 138), dazu eine seltene, die »ins Schwankhafte abirrt« (Heller 1936, 241 f.). Daß der Bürgermeister von Regensburg große Stücke auf Rabbi Jehuda Chassid hielt, bezeugt auch Text 171.

Einem Zögling des Rabbi Jehuda Chassid steht Wahrheit an der Stirn geschrieben

Die Geschichte geschah in den Tagen des Jehuda Chassid (Jehuda der Fromme). Da wurde ein Kind geboren, dem stand Wahrheit (*émeß*) an seiner Stirn geschrieben. Der Fromme (*chóßid*) nahm das Kind und zog es auf, bis es groß war. Und wo immer er hinging, nahm Rabbi Jehuda das Kind mit und zog es sorgfältig (*hipsch*) auf. Und der Junge diente ihm, so wie der Knecht seinem Herrn dient. Und Rabbi Jehuda lernte mit ihm, und er wurde ein großer Talmudgelehrter (*tálmid-chóchem*) in der Tora. Und ward geheißen Rabbi Emmeßi, nach der Wahrheit, die ihm auf der Stirn eingegraben war. Das bedeutet, daß das Kind das Zeug zu einem großen Talmudgelehrten hatte. Der Heilige, gepriesen sei Er, mag alle bösen Herzen zum Guten kehren. Amen (*oméjn*). [168]

Quelle: Brüll 1889, Nr. 14/I (lt. Zfatman 1979, 139f.); s. a. Hss. Frankfurt Nr. 6/I, Innsbruck Nr. 74, Rovere Nr. 88.
Übers.: MB: Pappenheim 1929, Nr. 173.

Gaster nennt den Helden Rabbi Amitai, von hebr. emet, »Wahrheit«. Die predigthafte Geschichte ist eine Umspielung des Spruchs »Es steht ihm an der Stirn geschrieben«, das heißt, eigenes Wesen und innere Vorgänge seien von der Stirn abzulesen. Die Vorstellung ist seit dem 15. Jh. geläufig, siehe Stephan Fridolin, ›Deutsche Predigten‹: »Ists yhm [die Auferstehung] an die styrn gemalet.«
Auch das Märchen kennt solche besonderen Stirnzeichen, z. B. ein goldenes Mal auf der Stirn zur Kennzeichnung von Prinzen und Prinzessinnen. – Ein antagonistisches Heldenpaar, die Brüder »Wahrheit« und »Lüge«, ist aus altägyptischer Überlieferung (Papyrus 12. Jh. v. Z.) bekannt: dort in volkstümlicher Umdichtung des Mythos von den streitenden Götterbrüdern Osiris und Seth. – Als Brudermärchen »Pravda i krivda« (Wahrheit und Lüge) taucht es in den Lubok, den russ. Volksbilderbogen, um 1900 wieder auf. Vgl. Artikel »Wahrheit und Lüge« in ›Who's who im Märchen‹ (4. Aufl. 2002, dtv-Nr. 32 537).

Wunderbare Erlebnisse des Schwiegersohnes von Rabbi Jehuda Chassid

Die Geschichte geschah. Rabbi Jehuda Chassid wollte seiner Tochter einen Mann geben, denn er wollte nicht länger ertragen, daß sie mit Schulden (*chójweß*) und Verpfändungen (*maschkóneß*) umging, denn sie brachte sich damit in große Gefahr (*ßakóne*).

Da sprach er zur Tochter: »Ich will dir einen Mann geben.« Da sagt die Tochter: »Lieber Vater, wer soll denn mit den Schulden und Verpfändungen umgehen?« Da sprach der Fromme (*chóßid*): »Darum will ich dir einen Mann geben, der dies tun soll.« Da sagte die Tochter: »Mein lieber Vater, wenn du mir denn einen Mann geben willst, so gib mir einen Studierten (*lérner*). Denn es steht geschrieben, wer seine Tochter einem Nichtswisser (*am hóorez*) gibt, tut das gleiche, als wenn er seine Tochter vor einen Löwen bindet.«

Die Tochter mochte viel Schlaues (*chóchme)* einwenden, der Vater wollte sich nicht dran kehren; sie trieb es so lange mit ihrem Vater weiter, bis er über sie zornig wurde und schwor, daß sie einen Mann nehmen müsse. Da sprach der Vater: »Meine liebe Tochter, ich habe geschworen, daß du einen Mann nehmen mußt.« Da sagte die Tochter: »Mein lieber Vater, so du denn geschworen hast, will ich deinen Schwur nicht brechen. Nun mein lieber Vater, wenn du mir denn einen Mann geben willst, so gib mir einen Talmudgelehrten (*tálmid-chóchem*).«

Da sprach der Vater: »Ich will den anderen Frommen, der hier wohnt, aufsuchen, und will ihn um Rat (*éjze*) fragen.«

Da ging Rabbi Jehuda Chassid zu dem anderen Frommen und hörte zu, wie dieser die Halacha (*halóche*, Gesetzeslehre) vortrug. Und wie nun der Vortrag beendet war, ging jeder Jüngling (*bócher*) wieder auf sein Zimmer (*chéjder*). Da sagte Rabbi Jehuda Chassid zu dem anderen Frommen: »Lieber, habt Ihr keinen jungen Mann in Eurem Lehrhaus (*jeschíwe*), der besonders gut lernt?« Da sagte der andere Fromme: »Ja, ich habe zwei junge Leute, die lernen beide sehr gut. Der eine heißt Rabbi Jochanan und der andere heißt Rabbi Chanina.«

Da ging Rabbi Jehuda Chassid wieder heim und sagte seiner Tochter, daß der Rabbi zwei feine Jünglinge in seiner Jeschiwa habe, die alle beide gut lernten, der eine heiße Rabbi Jochanan und der andere Rabbi Chanina.

Und eben dieser sei würdig, wie kein anderer Mensch würdig sei. Da sprach die Tochter: »Mein lieber Vater, ist er gut oder böse?« Da sprach der Vater: »Meine liebe Tochter, das weiß kein Mensch vor seinem Tod.« Da sprach sie: »So will ich den Rabbi Chanina haben.«

Am nächsten Tag ging Rabbi Jehuda Chassid in des anderen Frommen Jeschiwa und wartete, bis die Schüler heimgingen, und gebot dem Rabbi Chanina dazubleiben, denn er habe ein Wort mit ihm zu reden. Dann sprach der Fromme zu Rabbi Chanina: »Lieber, willst du dir eine Frau nehmen?« Da sagte der Rabbi Chanina: »Nein, denn ich habe noch nicht genug gelernt.« Da sprach Rabbi Jehuda Chassid zu ihm: »Du mußt meine Tochter nehmen.« Da erwiderte Rabbi Chanina: »Nein, lieber Rabbi, denn ich bin es nicht wert, Eure Tochter zu nehmen.« Da schwor Rabbi Jehuda Chassid, es müsse so sein. Da sprach Rabbi Chanina: »Wenn es denn sein soll, so will ich ihr eine Gabe geben und will sie entspusen (mich mit ihr verloben), aber ich will noch nicht mit ihr unter den Trauhimmel (*chúpe*, Chuppa) gehen, bis ich vorerst mehr gelernt habe. Danach, wenn ich, so Gott will, wiederkomme, dann will ich zum Guten (einvernehmlich) Hochzeit machen.«

Da berichtete Rabbi Jehuda Chassid dies seiner Tochter, und sie war es recht wohl damit zufrieden. So wurde zum Guten der Brautvertrag (*knáß*) aufgesetzt, und sie machten eine Zeit aus für den Trausegen (*bróche*).

Der gute Rabbi Chanina zog aus, um zu lernen. Und der Heilige, gesegnet sei Er, half ihm, daß er zu einem Rabbi kam, der sich in der ganzen Tora auskannte. Und Rabbi Chanina war nun gut hundert Meilen weg von Regensburg, und man hörte nichts von ihm, so weit war er gelegen. Nun, Rabbi Jehuda Chassid und der andere Fromme sahen im Traum (*chólaum*), daß Rabbi Chanina zur festgesetzten Zeit nicht kommen konnte, und so weinte der

Fromme, Tag und Nacht. Am Ende (*leßóf*) sagte er es seiner Tochter. Und als sie das von ihrem Vater vernahm, da hob sie jämmerlich an zu weinen, viel mehr noch als ihr Vater. Erst war sie es gar nicht zufrieden, einen Mann zu nehmen, aber jetzt wurde ihr, ach, die Arme (*nébech*), die Zeit zu lang. Da sagte der Vater: »Meine liebe Tochter, du brauchst nicht zu weinen. Kommt er nicht an dem Sonntag vor dem Trausegen, so wie er die Zeit (*sman*) angesetzt hat, dann will ich dir gleich einen anderen geben.«

Schließlich kam die Zeit, und der Bräutigam (*choßn*) kam nicht zum Trausegen. Da wurde der Brautvertrag mit einem anderen aufgesetzt. Aber derjenige war nicht würdig, mit ihr unter den Trauhimmel zu gehen. Deshalb weinte sie Tag und Nacht und bat Gott sehr darum, Er möge ihren Bräutigam Rabbi Chanina zurückbringen.

Nun, Rabbi Chanina war wohl zehn Jahre bei jenem Rabbi gewesen und hatte so viel gelernt wie der Rabbi selbst. Einmal stritten (*krígtn*) sie miteinander um ein bestimmtes Wort, da fand Rabbi Chanina den Jehuda Chassid darin geschrieben stehen. Da erinnerte er sich daran, daß er doch seine Tochter nehmen sollte, und sah gleich nach der Zeit. Und am kommenden Sonntag war die Zeit um. Da zählte er die Meilen, und es waren mehr als hundert Meilen bis nach Regensburg.

Da ging Rabbi Chanina zu seinem Rabbi, der ein Prophet (*nówi*) war, und klagte es ihm. Da sagte der Rabbi: »Kommst du zur gesetzten Zeit nicht heim, dann geht deine Braut (*kale*) mit einem anderen unter die Chuppa. Alsdann werden die Kinder lauter Bastarde (*mamséjrim*), Gott bewahre, das liegt alles an dir.«

Da weinte Rabbi Chanina sehr und sagte: »Lieber Rabbi, gebt mir einen Rat, was ich tun soll.« Da sprach der Rabbi: »Ich will dir sagen, wie du es machen sollst. Ich werde dir die besten Schüler, die ich habe, mitgeben. Geh mit ihnen morgen früh los, wenn der Tag anbricht. Vielleicht hilft der Heilige, gesegnet sei Er, daß du zur rechten Zeit nach Hause kommst.«

So nahm er fünfzig vortreffliche Schüler mit sich und ließ sich von seinem Rabbi segnen (*bentschn*), nahm Abschied von ihm und ging in Frieden (*beschólaum*) mit seinen Schülern fort, und das an einem Freitagmorgen. Und ging so lange, bis sie an einen großen Berg kamen, an dessen Fuß ruhte er eine Weile. Und wie sie (die Schüler) nun auf dem Berg waren, da wurden sie so müde, daß sie sich niederlegten und einschliefen. Und derweil sie eingeschlafen waren, war Rabbi Chanina unten ebenfalls eingeschlafen, und sie schliefen fast bis zum Abend. Da erwachte einer von ihnen und weckte die anderen auf. Und sie riefen nach Rabbi Chanina, da kam aber von ihm keine Antwort. Und sie wußten nicht, wo Rabbi Chanina hingekommen war. Da sagten sie: »Wir wollen weiterziehen, vielleicht hilft uns der Heilige, gesegnet sei Er, daß wir beizeiten dorthin kommen und die Breiluft (Hochzeit) aufhalten.«

Also zogen sie voran, und wie sie nun eine Stunde weg waren, da wachte auch Rabbi Chanina auf. Und er ging auf den Berg und rief nach seinen Schülern. Da waren sie nicht da, denn sie waren weitergezogen. Da setzte Rabbi Chanina sich nieder und weinte gar sehr. Und er rang seine Hände über seinem Haupt und bat den Heiligen, gesegnet sei Er, um Hilfe. Und ging dann weiter und dachte, vielleicht wird mich der Heilige, gesegnet sei Er, erhören, daß ich noch beizeiten nach Regensburg komme. Und dachte weiter, daß es besser sei, in eine Herberge zu gehen, als daß er, Gott bewahre, den Sabbat entweihe (*mechálel-schábeß sajn*). Da sah er vor sich einen großen Wald und dachte bei sich, in dem Wald sind gewiß viele Räuber (*gaslónim*), die werden mich töten. Doch ist es viel besser, ich komme ums Leben, als daß ich, Gott behüte, den Sabbat entweihe. Und ging so weiter, und wie er nun aus dem Wald kam, da war es drei Uhr nachmittags im Winter, so daß nun bald Sabbatzeit war. Da dachte er bei sich, es ist nun bald Sabbat, so will ich mich da unter einen Baum legen und will den Sabbat über dort ruhen.«

Da sah er um sich und sah ein hübsches Haus vor sich stehen. Da dachte er bei sich, in dem, Haus sind sicher Räuber, da komme ich gewiß um mein Leben. Doch ist es besser, wenn ich umkomme, als daß ich den Sabbat entweihe. Und er dachte bei sich, ich will den Sabbat über in diesem Haus bleiben. Und so ging er hinein, machte die Tür auf und sah sich in dem Haus um.

Da sah er vier Kammern, auf jeder Seite eine Kammer. Da machte er eine Kammer nach Osten (*mísrech*) auf und sah hinein. Da stand ein schönes Bett darin. Und hinter der Kammer waren noch drei Kammern, eine hübscher als die andere. Da kam er in eine andere Kammer, da standen auch schöne Betten darin. Die Bettbezüge waren ganz aus Seidenstoff (*pféller*) und die Bettlade aus Silber, und der Boden war auch mit Silber gepflastert. Und in der hintersten Kammer saß ein alter Mann auf einem hübschen Stuhl und hatte eine Torarolle (*táuro ßéjfer*) vor sich, und gegenüber stand noch ein Stuhl. Darauf setzte sich Rabbi Chanina und sprach: »Es ist besser, ich bleibe hier und höre dem Lernen zu, als daß ich, Gott bewahre, den Sabbat entweihe.« Und der alte Mann hatte einen langen Bart, fast bis auf den Boden.

Als es nun Sabbatzeit war, kam ein Schammes (*schámeß*, Bethausdiener) zu dem Alten und fragte ihn: »Ist es jetzt Zeit, daß ich herumgehe, zum Gottesdienst (*in der schul*) zu klopfen und die Lichter anzuzünden?« Da sagte der alte Mann: »Wenn du willst.«

Über eine kleine Weile kam der Schammes wieder und brachte gute Lauge (Waschwasser) und wusch den alten

Mann, dem Sabbat zu Ehren, und wusch auch Rabbi Chanina. Da dachte Rabbi Chanina bei sich, die Lauge ist wahrlich sehr gut, sie riecht nach lauter Gewürzen (*bßó-mim*).

Wie er sie nun gewaschen hatte, ging er wieder seiner Straße. Über eine kleine Weile kam der Schammes wieder und klopfte zum Gottesdienst. Da kamen ihrer sieben in die Kammer gegangen, und mit dem Schammes waren es acht, und der alte Mann und Rabbi Chanina machten die Zehn (Minjan) gerade voll.

Da stand der Alte auf und betete (*ort*). Und der Diener nahm Rabbi Chanina und führte ihn dem alten Mann hinterher. Und ein jeder wußte, wo er hingehen sollte. Und als sie nun ins Bethaus kamen, da war lauter Edelstein und Wohlgeruch und viel Schönheit darin. Und der Schammes nahm Rabbi Chanina und setzte ihn zu dem Alten. Da stand der Alte auf und betete. Da dachte Rabbi Chanina bei sich, sein Lebtag hätte er keine bessere Stimme gehört, weit schöner als alle Orgeln und Pfeifen. Da betete er nun Maariw (*májrew*, das Abendgebet), wie man auch bei uns zu beten pflegt. Als man nun ausgebetet hatte (das Beten beendet hatte), sah sich Rabbi Chanina um, ob auch Orgeln oder Pfeifen oder Sänger (*sínger*) im Bethaus wären; er konnte aber nichts sehen als nur den Vorbeter (*chasn*). Die anderen schwiegen still.

Da hört Rabbi Chanina eine Stimme rufen: »Mein Gott, vor Dir ist es offenbar, daß ich gern Deinen Willen täte, aber der böse Trieb (*jéjzer-hóre*) hindert mich lange schon. Mein Gott, möge sich Dein Erbarmen so über mich erhitzen, daß ich imstande bin, Dich zu fürchten.«

Danach drang wieder eine Stimme zu Rabbi Chanina: »Du sollst wissen, daß du keine Sorge zu haben brauchst, denn am Sonntag wirst du beizeiten und mit großen Freuden in Regensburg sein.«

Als man nun zu Ende gebetet hatte, da setzte sich der alte Mann wieder auf seinen Stuhl und Rabbi Chanina tat desgleichen, während der Schammes den Tisch anrichtete. Und sie lernten noch eine Weile, die anderen aber stiegen zum Himmel auf.

Und der Schammes stellte auf den Tisch auch schöne Gefäße (*kéjlim*) aus Silber und aus Gold, und er brachte Wein, der nach herrlichen Gewürzen aus dem Garten Eden (*ganéjdn*) duftete. Und es war köstlicher Wein, den man Zypernwein (*kapri-wajn*) nennt. Und als der Tisch nun gedeckt war, da sprach der Schammes zu dem alten Mann: »Steht auf und wascht Eure Hände.« Da wusch sich der alte Mann. Und danach wusch sich auch Rabbi Chanina und setzte sich an den Tisch. Da tischte der Schammes viele feine Sachen auf, von allerlei guten Speisen, die kein Mensch sein Lebtag weder gesehen noch davon gehört hat, und zu jedem Gericht einen noch besseren Wein.

Als der Rabbi Chanina nun gut gegessen und getrunken hatte, da dachte er an seine Braut, aber er verhielt sich ruhig und war dankbar für alles, was man ihm angedeihen ließ, denn es erschien ihm allemal besser, als wenn er, Gott bewahre, auf dem Feld gelegen wäre.

Und als sie nun gegessen hatten, führte der Schammes Rabbi Chanina in eine Schlafkammer, darin war ein Karfunkelstein, der erleuchtete die Kammer die ganze Nacht, als ob es heller Tag wäre. Da legte sich Rabbi Chanina auf das Bett, das auf vier goldenen Rädern stand. Die Kissen waren perlenbestickt, die Laken (*lajnlakn*) rein aus Seide gemacht.

Als es nun wieder Tag war, stand Rabbi Chanina wieder auf und hörte wieder zu, wie der alte Mann lernte. Da kam der Schammes und rief wieder zum Gottesdienst. Als sie nun wieder ins Bethaus kamen, stand der Vorbeter auf und betete. Gestern waren ihrer acht gekommen, jetzt waren es ihrer sechzehn, die zum Vorbeter hielten, und insgesamt waren es zweiundzwanzig Stimmen, die sich zum Himmel erhoben. Und als man nun die Torarolle heraushob, da las man den Wochenabschnitt (*sídre*, Sidra) und rief als Priester (*káuhen*, der erste Gerufene) den Hohepriester Aaron auf und als Leviten unseren Lehrer Mose (*Máusche rabejnu*) und danach die anderen alle. Und Rabbi Chanina wurde danach ebenfalls aufgerufen. Und als man nun zu Ende gebetet hatte, da disputierten Aaron und der Alte über die Tora. Rabbi Chanina schwieg still.

Nach einer Weile rief der Schammes wieder zum Essen, und sie aßen wieder alles Gute. Als man nun gegessen hatte, ging man wieder zum Bethaus und betete das Nachmittagsgebet (*mínche*, Mincha). Als sie nun das Nachmittagsgebet zu Ende gebetet hatten, da aßen sie miteinander die dritte Mahlzeit (*schaleschúdeß*) und disputierten wieder über die Tora, bis es an der Zeit war, das Maariw (Abendgebet) zu beten. Da stand der alte Mann wieder auf und betete, und als er zu Ende gebetet hatte, da entbot der alte Mann Rabbi Chanina den Friedensgruß (*schólaum*), und Rabbi Chanina dankte ihm zurück. Und danach las man Hawdala (*hawdóle*, Zeremonie zum Abschluß des Sabbat), und nach der Hawdala verschwanden sie alle auf einmal, außer dem Schammes.

Danach wollte der Schammes auch fortgehen, doch Rabbi Chanina lief ihm nach, ergriff ihn am Mantel und sprach zu ihm: »Lieber, sag mir, wer waren diese Herren da, die ich gesehen habe? Und wer bist du?« Da sagte er zu Rabbi Chanina: »Ich bin der Prophet Elia (*Elijóhu ha-nówi*). »Und der Vorbeter, der gebetet hat?« – »Das ist unser Lehrer Mose (*Máusche rabejnu*) gewesen, und die anderen sind Abraham, Isaak, Jakob und Aaron der Priester (*Ahron hakáuhen*) gewesen, und der alte Mann ist der Prophet Jeremia gewesen.«

Da erschrak Rabbi Chanina sehr und ließ den Schammes gehen. Da rief der Alte den Rabbi Chanina wieder zu sich und sagte: »Komm, wir wollen wieder Tora miteinander lernen.« Da ging Rabbi Chanina wieder zu dem Alten, und der lehrte ihn die ganze Tora und lehrte ihn auch siebzig Sprachen sprechen.

Als Rabbi Chanina alles konnte, da sagte der Alte zu ihm: »Komm, wir wollen ein wenig essen miteinander.« Als sie nun gegessen hatten, da begann Rabbi Chanina zu klagen und berichtete dem Alten, wie sein Handel bestellt war. Und sprach zu ihm: »Lieber Rabbi, gebt mir einen Rat (*éjze*), wie ich es machen soll.« Da sprach der Alte: »Ich weiß wohl, daß deine Braut morgen mit einem anderen unter den Trauhimmel gehen soll, wenn du nicht kommst. Darum will ich dir einen Rat geben. Steh morgen früh auf und geh auf der linken Seite den Berg hinauf, so wirst du in einen Wald kommen. Dort wirst du deine fünfzig Jünglinge finden, die dich verloren haben. Und sie werden über dein Kommen hocherfreut sein. Und dann wird sich eine Wolke niederlassen zu deinen Füßen. So setzt euch hinein, du und deine fünfzig jungen Leute. Dann wird die Wolke auffliegen und wird euch in einer kleinen Weile nach Regensburg bringen.«

Da legte sich Rabbi Chanina schlafen. Als es nun wieder Tag wurde, da stand Rabbi Chanina auf und ließ sich von dem alten Mann segnen (*bentschn*), und nahm Abschied von ihm und ging also seines Weges fort. Und ging genau so, wie der alte Mann ihm geheißen hatte.

Und als er nun in den Wald kam, da fand er seine Schüler wieder, die hocherfreut waren über sein Wiederkommen und ihm den Friedensgruß (*schólaum*) entboten, und Rabbi Chanina dankte ihnen liebevoll. Und als sie nun eine kleine Weile gegangen waren, da kam eine Wolke vom Himmel und ließ sich hernieder zu ihren Füßen. Und sie setzten sich alle miteinander in die Wolke. Da trug sie die Wolke recht schnell auf Regensburg zu.

Dort ging soeben Rabbi Jehuda Chassid auf das geheime Örtchen (*beß-hakíße*), um seine Notdurft zu verrichten; denn zu jenen Zeiten sind die geheimen Örtchen auf dem Feld gewesen. Da sah er dort eine Wolke herankommen mit vielen Leuten darin. Da schickte Rabbi Jehuda Chassid nach dem anderen Frommen, daß auch er nach draußen kommen und sehen sollte, wie eine große Wolke daherkommt mit vielen Menschen. Da kam der Fromme auch nach draußen aufs Feld und sah die große Neuigkeit, und sie schauten so lange zu, bis sich die Wolke niederließ auf einen hohen Berg vor der Stadt Regensburg. Da liefen die zwei Frommen auf den Berg und wollten sehen, was für Leute darin waren. Da ging Rabbi Chanina mit seinen Jungens aus der Wolke. Da erkannte Rabbi Jehuda seinen Schwiegersohn Rabbi Chanina und fiel ihm um den Hals, küßte ihn und weinte sehr und gab ihm den Friedensgruß. Da gab Rabbi Chanina Gruß und Dank zurück, und der andere Fromme tat desgleichen. Da fragten sie ihn, was er gelernt habe, daß er gar so lange ausgeblieben sei. Da sagten die Jünglinge, er könne die ganze Tora und siebzig Sprachen dazu, und außerdem sei er ein Prophet (*nówi*). Da fiel Rabbi Jehuda Chassid ihm zu Füßen und küßte ihn.

Und als er dann wieder aufstand, da schickte er zuerst nach seiner Tochter, sie möge zu ihrem Bräutigam Rabbi Chanina kommen, denn er wäre nun gekommen mit großer Gesellschaft. Die Tochter lief alsbald auf den Berg und fiel vor Rabbi Chanina nieder, küßte ihm seine Füße und schrie und weinte vor großer Freude.

Alsdann führte ihn der Fromme in die Stadt und danach hielt er Trauung (*bróche machn*), und sie lebten sieben volle Tage auf dem Berg. Und es war schon alles dafür angerichtet gewesen, daß die Tochter mit einem anderen die

Trauung vollzogen hätte, wenn Rabbi Chanina nicht eben an diesem Tag gekommen wäre.

Alsdann kamen viele Leute und lernten bei Rabbi Chanina. Der Heilige, gesegnet sei Er, möge uns ihr Verdienst (*ßchuß*) zu allen Zeiten genießen lassen. Amen (*oméjn*). Sela. [169]

Quelle: Nicht belegbar (s. Timm 1995, 255, Anm. 28).
Übers.: MB: Grunwald (1889, Nr. 21: Das Bethaus im Walde (stark verkürzt, nach der Ausgabe Dyhernfurth 1709); Pappenheim 1929, Nr. 174; Strauß 1934, Nr. 7.

Gaster vermutete als Vorlage ein deutsches Märchen; es sei nichts spezifisch Jüdisches daran, ausgenommen die Namen der Helden.
Märchenmotive gibt es tatsächlich zuhauf: der Auszug des Helden in die Fremde (Aventiure), das geheimnisvolle Haus im Wald, die Prophezeiung eines weisen Alten (Jeremia); die vergessene Braut, der lange Schlaf, der ein Wunder nötig macht; dann die wundersame Reise, d. h. der Wolkenritt; der Bräutigam, der im letzten Augenblick eintrifft und das »glückliche Ende« erfüllt.
Dennoch enthält das Märchen genuin Jüdisches, ganz abgesehen davon, daß die Zeremonien von Verlobung und Verheiratung ebenso durchgespielt werden wie der Gebetsritus.
Starck 1991, 484 f. untersucht die beiden füreinander bestimmten Helden, sie wertet R. Chanina als »messianischen Vorboten«, der an die Stelle Elias tritt, und R. Jehudas Tochter als die daran Mitwirkende, die in ihrem Anspruch auf Bildung als »Vorbild für die Leserin« wirkt.

Jüdischer Tradition entspricht die Versammlung der zehn Männer im Bethaus, die eine Art überirdisches »Minjan« (*mínjen*, Zahl) darstellen; denn sind ihrer Zehn beisammen, so kann überall Gottesdienst abgehalten werden. Elia als Tempeldiener, Mose als Vorbeter, Aaron als Kohen (*káuhen*, Priester) und die drei Erzväter finden sich in der Waldsynagoge ein. – Hierzu hat Bernhard Heller (1936, 240) auf eine spätere jidd. Legende hingewiesen, in der das Minjan noch durch Abraham ergänzt wird – siehe Immanuel Olsvanger, ›Rosinkes mit Mandlen‹, 2. verm. Auflage 1931, Nr. 367: »Awrom owinu in Chewrêjn«.

Ein biblisches wie kabbalistisches Zahlensymbol ist die Siebzig, das Zehnfache der heiligen Sieben. Adam kannte der Legende nach siebzig Sprachen, ein Inbegriff aller Sprachen der Welt. Nicht von ungefähr bekommt Rabbi Chanina sie von einem Alten »im Garten Eden« gelehrt, denn als paradiesisch erweist sich nicht nur der gereichte Wein, sondern auch Reichtum, Schmuck und Glanz jenes Bethauses in der Wildnis.
Zur Wolkenreise: Eine solche wird auch, im Umkreis des Kabbalisten Nachmanides (um 1195 bis 1270) dem Wormser Magier Rokeach (Eleasar ben Juda) angedichtet; dessen Seele machte sich von Worms auf nach Gerona, indem sie eine herbeigezauberte Wolke bestieg. Siehe Grunwald 1889, Nr. 7: »Der Wolkenritt von Worms nach Spanien« – nach dem ›Sefer ma'asse Nissim‹, Frankfurt a. d. Oder 1702. Das Reisegefährt entspricht dem Wunschmantel eines Fortunatus oder Dr. Faustus. Andererseits gleicht es den »Siebenmeilenstiefeln«, die jede Entfernung rasch überbrücken, vgl. die Reise in Text 173.

Von einem Reichen, der fürs Bartscheren bestraft wurde

Die Geschichte geschah zu Speyer in den Tagen des Rabbi Jehuda Chassid. Da saß ein Hausvater (*bal habájiß*) zu Speyer, der war ein sehr reicher Mann (*grojß áuscher*) und schor jedesmal seinen Bart mit einem Schermesser, was uns in unserer heiligen Tora verboten ist. Da wurde es Rabbi Jehuda Chassid gewahr, und er schrie ihn oftmals deswegen an und verwehrte es ihm, dies zu tun. Aber der reiche Mann wollte sich nicht daran kehren und sagte: »Ich bin sehr empfindlich (*grojß mefúnek*) und kann es (das Barttragen) nicht ertragen.«

Da sprach der Fromme (*chóßid*): »Sieh, du willst dich nicht davon abhalten lassen. Aber sieh, nach deinem Tod werden böse Geister (*schéjdim*) kommen, Gott steh uns bei,

die werden aussehen wie große Kühe und werden dich hart treten. Denn es steht in der heiligen Tora geschrieben: ›Du sollst die Ecken deines Hauptes nicht abschneiden und sollst sie nicht verderben.‹«

Und als nun die Zeit kam, da der reiche Mann sterben sollte, da saßen die Ältesten in Speyer bei ihm. Und als er dann tot war, da saß man bei dem Leichnam (*meß*), um zu wachen, wie es Sitte ist. Da kam Rabbi Jehuda Chassid und brachte einen Brief, auf dem kabbalistische Zeichen (*schéjmeß*) standen, und warf ihn auf den Toten.

Da stand der Tote wieder auf, und alle Leute liefen von ihm weg, denn sie fürchteten sich sehr vor ihm. Da fing der Tote an zu schreien und riß sich vor Schmerzen die Haare vom Kopf und zerkratzte sich sein Gesicht (*pónem*). Da fragte ihn der Fromme: »Was fehlt dir, daß du so sehr schreist und dir die Haare von deinem Kopf reißt?« Da sagte er:

»Wehe mir, daß ich dir nicht gefolgt habe und mich nicht von dir habe abhalten lassen.« Da sagte der Fromme wieder zu ihm: »Lieber, sag mir, was hat man deiner Seele (*neschóme*) getan, als sie dir aus deinem Körper herausging?«

Da sagte er: »Als mir die Seele herausging, da kam ein böser Geist (*sched*), der aussah wie eine große Kuh. Der brachte ein Gefäß voller Schwefel und Pech, und dort hinein empfing man meine Seele. Da habe ich nicht wieder aus dem Gefäß herauskommen können. Und danach kam ein Engel (*málech*) und nahm das Gefäß mit meiner Seele von dem Geist fort und brachte sie vor den Heiligen, gepriesen sei Er, der alle Seelen erschaffen hat. Da kam ein Schreien vom Himmel und rief zu mir: ›Hast du auch das Chumesch (*chúmesch*, die Fünf Bücher Mose) oder die Gemara (*gemóre*, Talmud) gelernt?‹ Da hab ich gesagt, ja. Alsbald hörte ich eine Stimme, daß man mir ein Chumesch bringen sollte. Also wurde mir ein Chumesch gebracht. Da hieß man mich, ich solle darin lesen (*léjnen*). Und wie ich das Chumesch aufschlug, da fiel mein Blick auf den Schriftvers (*póßek*): ›Du sollst die Ecken deines Hauptes nicht verderben.‹ Das heißt, du sollst dir die Schläfenlocken (*péjeß*) nicht abscheren lassen. Da hat man mich gefragt: ›Wie verantwortest du das? Du hast das doch nicht eingehalten?‹ Da habe ich alsbald wieder eine andere Stimme gehört, die rief aus: ›Gebt die Seele dieses Mannes tief hinab in die Hölle (*gehínom*).‹ Und während sie mich genommen und meine Seele in Händen getragen haben, da kam wieder eine Stimme und rief: ›Warte noch mit der Seele und trag sie noch nicht hinunter zur Hölle, denn mein Sohn Rabbi Jehuda Chassid säumt noch ein wenig.‹«

Das bedeutet, daß der Heilige, gepriesen sei Er, wissen konnte, daß Rabbi Jehuda Chassid noch um ihn beten (*tfíle ton*) werde, so daß er vor der Hölle beschützt bliebe.

Nun sprach der reiche Mann, der da gestorben war, zu Rabbi Jehuda Chassid: »Lieber, sei darum gebeten und bitte (*mißpálel sajn*) für mich, damit meine Seele nicht in die Hölle kommt.«

Da betete Rabbi Jehuda für ihn, so daß er vor der Hölle beschützt wurde. Deshalb soll sich keiner versündigen (*awéjre ton*) gegen das, was verboten ist, denn jede Sünde, die ein Mensch verübt, hat einen besonderes Dämon (*sched*). Der bringt eben diese Sünde vor den Heiligen, gepriesen sei Er, sobald der Mensch stirbt – wie auch ihr in der Geschichte gelesen habt, daß der Dämon dieser Sünde »Kuh« heißt. Und der Dämon der Sünde, wenn einer Schatnes trägt (*schátneß*, Mischgewebe aus Wolle und Flachs), der heißt Satan. Deshalb soll sich ein jeder Mensch davor vorsehen, sich gegen das, was verboten ist, zu versündigen. [170]

Quelle: Sefer ha-Gan (1579), IV.
Übers.: MB: Pappenheim 1929, Nr. 175.

Schriftvers »Du sollst die Ecken deines Hauptes nicht abschneiden ...«, Lev 19,27: »Abrundet nicht die Ecke eures Haupthaars,/verdirb nicht die Ecke deines Bartes.«
Die Halacha (Gesetzeslehre) verbietet das Bartscheren bzw. Rundscheren des Bartes, falls ein Rasiermesser (*ta'ar*) dazu benutzt wird. Das Schneiden und Rasieren mit Scheren ist hingegen erlaubt.
Mit dem Schneideverbot verbunden ist das Auftreten des bösen Geistes in Gestalt von Kühen: Die Anfangsbuchstaben der hebr. Worte Peath roschêkhem welo thaschchith ergeben nämlich das Wort für »Kühe« (p [a] r [o] wth). Halb Buchstabenspiel, halb Wortgläubigkeit, so wie es im jüdischen Schrifttum häufig vorkommt.
Schwarzbaum (1968, 142, Anm. zu Nr. 85) ist dem Motiv »Wie schaut ein Chasside ohne Bart aus« nachgegangen, im Zusammenhang mit jüdischen Volkserzählungen – so auch dieser – und mit einer chassidischen Tradition, die auf älteren Vorstellungen basiert: »Der Bart symbolisiert den Pfad der Orthodoxie, in Lebensführung, religiösem Eifer, Andacht und Frömmigkeit.« – Eine andere interessante Tradition ist die Vorstellung von der Hölle als eines Gefäßes voller Pech und Schwefel,

das die Seele des Verstorbenen in sich aufnimmt. Das entspricht cum grano salis auch mittelalterlich-christlichen Vorstellungen, ebenso das Ringen von Himmel und Hölle um die arme Seele – wobei die dreifache Stimme von oben (*baßkól*, Hallstimme) die Dramatik unterstreicht. Ebenso, wie ein Kleidertausch zwischen Frauen und Männern biblisch begründet ist, so geht auch das Verbot, Kleider aus Mischgewebe (*scha'atneß*) zu tragen, auf den Pentateuch zurück, nämlich auf Lev 19,19 und Dtn 22,11: »Kleide dich nicht in Mengstoff, Wolle und Flachs zusammen.« Das Motiv der Wiederbelebung eines Toten durch Gebet oder magische Mittel in Verbindung mit der Bestrafung des Sünders kehrt in der nächsten Geschichte wieder.

Rabbi Jehuda Chassid rettet die Regensburger Juden vor Verfolgung

Die Geschichte geschah zu Regensburg. Da waren zwei Maurer, die arbeiteten bei einem Juden in der Judengasse. Und wie sie so arbeiteten, da sahen sie in der Kammer des Juden viel Silber und Gold liegen. Da beredeten sie unter sich, daß sie in der Zeit, wenn die Juden in der Synagoge (*schul*) waren, miteinander in die Kammer einsteigen und alles hinwegführen wollten.

Und das taten sie auch und stiegen hinein und entnahmen große Schätze (*fil chéfzeß*) an Silber und Gold. Da dachte einer der Maurer bei sich, was soll mir ein Kumpan (*cháwer*)? Ich will es alleine ausführen. Und ging hin, schlug seinem Genossen, als der zum Loch herauskriechen wollte, mit einem Hammer auf den Kopf, so daß er in die Kammer herabfiel und tot war. Und nahm alles Silber und Gold von dem Toten (*péjger*) und lief damit weg.

Zu der Zeit waren alle Juden in der Synagoge. Und wie

sie nun aus der Synagoge kamen, da fand der Hausvater (*bal habájiß*) jenes Hauses in seiner Kammer einen Toten liegen. Da erschraken sie sehr und wollten den Leichnam insgeheim fortschaffen, denn sie fürchteten sich vor einem Auflauf, Gott bewahre, wie er denn auch geschah. Denn draußen in der Christengasse hatte man bemerkt, die Juden (*jehúdim*) hätten einen Christen (*goj*) getötet. Und es kamen viele Christen (*gójim*) in die Judengasse gelaufen und wollten, Gott bewahre, daraus eine schlimme Verfügung machen (*geséro*, im Sinne von Verfolgung, Pogrom).

Da kam Rabbi Jehuda Chassid (Jehuda der Fromme) auch hinzu und lief gleich zu dem Bürgermeister (*rosch iren*) und sagte: »Mein Herr, was gedenkt Ihr zu tun? Wollt Ihr wegen eines Toten so viel Volk umbringen? Ihr wißt doch wohl, daß wir's nicht getan haben, denn die zwei haben hier drinnen gearbeitet. Und ich will Euch beweisen, daß einer den andern umgebracht hat.« Da sprach der Bürgermeister zu ihm: »Wenn du mir das beweisen kannst, dann soll keinem von euch ein Leid widerfahren.« Und gebot den Christen in der Gasse, wieder stillzuhalten.

Da sprach der Fromme: »Schließt die Pforten, daß mir der Mörder nicht weglaufen kann.« Das geschah alsbald. Da ging der Fromme hin und schrieb ein Amulett (*kaméje*) mit heiligen Namen (*schéjmeß*) und gab sie dem Getöteten (*hójreg*) in die Hand. Da stand der Getötete wieder auf und sah sich um und sah, wie jener hinter einem anderen verborgen stand. Da lief er zu ihm und sagte zu ihm: »Du Mörder, du hast mich um mein Leben gebracht. Und du hast dies deshalb getan, um das Diebesgut (*gnéjwe*) allein für dich zu haben. Du bist hingegangen und hast mir mit dem Hammer vor den Kopf geschlagen, daß ich wieder in die Kammer hineingefallen bin.« Da nahm man ihn und legte ihn ins Gefängnis, und sogleich wurde er zum Tode verurteilt, was ihm denn auch geschah.

Da sagte der Fromme zu dem Bürgermeister: »Sagt nun, wenn ich Euch nicht aufgehalten hätte, hättet Ihr viel unschuldiges Blut vergossen.« Da sagte der Bürgermeister, das sei wahr. »Darum, lieber Meister, verzeiht es mir, es soll nimmermehr geschehen, denn ich werde zuerst selbst versuchen, die Wahrheit herauszufinden.«

Nun hatte der Tote viele reiche Freunde, und die baten den Frommen, er möge den Toten leben lassen, sie wollten ihm zum Lohn dafür viel Geld geben. Aber der Fromme war nicht der Meinung, denn, so sagte er, er dürfe dies nicht tun. So nahm er das Amulett wieder von dem Getöteten, da fiel dieser nieder wie jeder andere Tote auch. Und der Bürgermeister tat danach dem Frommen viel Gutes. [171]

Quelle: Brüll 1889, Nr. 34 (Hss. Innsbruck Nr. 85, Rovere Nr. 91).
Übers.: Brüll, ebd. (gekürzt – dort ist von zwei Dachdeckern die Rede). – MB: Pappenheim 1929, Nr. 176.

Rabbinisches Exemplum Nr. 339 (Toter verweist auf Mörder).
Das Motiv des den Juden unterstellten Christenmordes ist in der Ma'asseliteratur nicht eben selten, siehe Anm. Text 178. Weitere Erzählmotive: Schatzraub, Erweckung eines Toten als Blutzeuge. Die Schatzgeschichte hat ein wenig mit der durch Herodot bekannten von »Rhampsinit« (AaTh 950) gemeinsam. Die allerdings handelt von zwei Meisterdieben, von denen der eine, in eine Falle geraten, den anderen bittet, ihm den Kopf abzuschneiden, damit er unerkannt bleibe.
Hier steht das Schicksal aller Stadtjuden auf dem Spiel. Die Rolle des Detektivs übernimmt Rabbi Jehuda mittels eines Amuletts, das dem Toten die Zunge öffnet. Wieder ein Beispiel weißer (erlaubter) Magie, für die der Rabbi berühmt war, und zugleich das Markieren einer Grenzlinie: Den Toten auf Dauer wiederzubeleben war ihm nicht gestattet.
Historisch plausibel ist das gute Einvernehmen zwischen dem christlichen Bürgermeister (vgl. Text 167) und Rabbi Jehuda Chassid, der

Autorität im Regensburger Judenviertel, das um den späteren Neupfarrplatz lag. Er lehrte dort seit 1196; die Synagoge wurde erst 1210 errichtet.
Ein solches Judenviertel – »eigentlich die Judengasse genannt, weil sie aus kaum etwas mehr als einer einzigen Straße besteht« –, hat Goethe aus der Sicht eines Nichtjuden in ›Dichtung und Wahrheit‹ geschildert. Auch das Frankfurter Ghetto war um 1760 noch durch Tore abgegrenzt. »Es dauerte lange, bis ich allein mich hineinwagte, und ich kehrte nicht leicht wieder dahin zurück, wenn ich einmal den Zudringlichkeiten so vieler etwas zu schachern unermüdet fordernder oder anbietender Menschen entgangen war.«

Rabbi Jehuda Chassid klärt einen schweren Raub auf und rettet so einen Hofjuden

Die Geschichte geschah in Regensburg an einem mächtigen Herzog (Dukes), der gut zu den Juden (*jehúdim*) war. Jedesmal, wenn er verreiste, gab er die Schlüssel über all seine Schätze (*chéfzeß*) einem Juden. Einige Leute sagen, er gab sie Rabbi Efraim, und andere sagen, Rabbi Samuel.

Einstmals zog der Herzog aus und gab den Schlüssel dem Rabbi, damit er seine Schätze wohl bewahre, so wie er es immer getan. Nun, einmal bei der Nacht gingen Diebe hin (*ganówim*), es waren ihrer neun, und brachen in des Herzogs Schatzkammer ein und nahmen so viel mit, wie ein jeder tragen konnte. Unter den Dieben waren einige Stadtleute (*ejrónim*), und die übrigen waren Bürger aus dem Ort.

Nun, am Morgen ging der Rabbi hin und wollte nach

den Schätzen sehen, wie es seine Gewohnheit (*ßéjder*) war. Und als er in das Gewölbe kam, da fand er darin nur noch wenig, denn sie hatten fast alles herausgetragen. Als der Rabbi das sah, da erschrak er sehr, wie man sich wohl denken kann. Da ging er zu Rabbi Jehuda Chassid (Jehuda der Fromme) und fragte ihn um Rat (*éjze*), wie er es anstellen sollte, daß er wieder zu dem Seinigen (den anvertrauten Schätzen) gelange. Denn wenn der Herzog heimkäme, könnte er ihm die Schuld geben und könnte ihn, Gott bewahre, ums Leben bringen. Und großer Jammer trieb ihn um, wie sich denken läßt.

Da führte ihn der Fromme (*chóßid*) an ein Fenster und sprach zu ihm: »Sieh da hinaus und tue nichts anderes, als ich dir sagen werde.« Und so machte der Fromme seine heiligen Zeichen (*schéjmeß*), und danach fragte der Fromme den Rabbi: »Was seht Ihr nun?« Denn das Fenster war sehr hoch, so daß man weit ins Land (*feld*) sehen konnte. Da sprach der Rabbi: »Ich sehe recht wohl, daß das Zimmer (*chéjder*), in dem wir sind, hoch über sich hinausgewachsen ist, und daß ich über alle Dächer der Stadt sehen kann.«

Da fragte ihn der Fromme zum zweiten Mal: »Was siehst du?« Da sagte der Rabbi: »Ich sehe die Diebe, die mir den Diebstahl (*gnéjwe*) angetan haben, und das Diebesgut tragen sie in ihren Händen.« Da sprach der Fromme: »Gib gut acht darauf, wohin sie das Diebesgut tragen.« Da sprach der Rabbi: »Ich sehe, wie sie das Diebesgut gern unter die Erde verstecken würden. Aber wie mir scheint, nehmen sie es wieder heraus und gehen mit dem Diebesgut herum, als ob sie nicht wüßten, wo sie es hintun sollten.« Da sprach der Fromme zu dem Rabbi: »Schau hin, wo sie mit dem Diebesgut hinwollen.« Da sprach der Rabbi: »Jetzt nehmen sie das Diebesgut und gehen damit in ein Schmiedehaus. Und einige der Diebe unterhalten sich (*redn schmúeß*) mit dem

Schmied und halten ihn mit Worten auf, damit er nicht sehen soll, was die anderen Diebe tun. Denn sie begraben den Mammon in einem Pferdestall und decken das Diebesgut mit Mist zu.« Da sagte der Fromme: »Hast du genau gesehen, wo sie das Diebesgut hingetan haben? Und weißt du mit Gewißheit, wo das Haus steht? Nimm dir Anzeichen dafür, damit du weißt, wie du hinkommst. Und sei nunmehr wohlgemut, denn sie können das Diebesgut nicht weiter fortbringen. Und tue nichts anderes, als was ich dir auftrage. Sieh, wenn der Herzog heimkommt, so fall ihm zu Füßen und bitte ihn um Gnade und erzähl ihm deine Klage.«

Da machte es der Rabbi so, wie ihm der Fromme geheißen, und wartete, bis der Herzog heimkam. Da sprach der Herzog: »Steh auf und laß mich deine Klage hören. Dir soll Gnade zuteil werden.« Da erzählte der Rabbi dem Herzog, wie es ihm mit den Dieben ergangen war. Da fragte ihn der Herzog: »Weißt du aber, wie viele es waren und wer sie gewesen und woher sie gekommen, und sind auch Bürger der Stadt darunter?«

Da sprach der Rabbi: »Mein gnädiger Herr, ich kenne sie alle und weiß auch, wo sie das Diebesgut hingebracht haben.« Da sprach der Herzog: »Mein lieber Meister, da du also weißt, wo das Diebesgut ist, so nimm genug von meinen Leuten mit und greif dir das Gut wieder, wenn du weißt, wo es ist. Und bring es wieder an den Ort, wo es zuvor gewesen ist.« Da sprach der Rabbi: »Nein, mein lieber Herr, laßt sie erst fangen und vor Gericht stellen. Und wenn sie den Diebstahl bekennen, so laßt ihnen Recht widerfahren, so wie es solche Leute verdient haben. Denn wenn sie diesmal davonkommen sollten: Haben sie es heute getan, so tun sie es morgen wieder. Man wird vor ihnen nicht sicher sein, denn es sind großmächtige stattliche Bürger aus der Stadt.« Da sagte der Herzog: »Herr Meister, Ihr sprecht

recht in der Sache. Und wir wollen den Dieben auch ihr Recht tun, nach ihrem Verdienst, nicht mehr. Sagt mir, wer sie sind.« Da nannte der Rabbi sie alle der Reihe nach.

So schickte der Herzog nach den Stadtleuten und nach den Dieben. Denn die wenigen Stadtleute darunter merkten auf die Weise nicht, was der Herzog von ihnen haben wollte; hätte der Herzog allein nach den Dieben geschickt, dann hätten es diese Stadtleute gemerkt und vielleicht die Flucht ergriffen (*pléjte machn*).

Und als sie alle beim Herzog waren, da sprach der Herzog zum Rabbi: »Lieber Meister, geht hin und nehmt genug von meinen Leuten mit und bringt mir das Geld heimlich her, denn ich will die Leute ein Weilchen bei mir aufhalten, damit sie nichts merken. Danach wollen wir es ihnen vorhalten, wie es um die Sache bestellt ist.«

So nahm der Rabbi Leute des Herzogs mit sich und holte das Diebesgut und brachte es vor den Herzog. Da sagte der Herzog: »Nun, ihr Bösewichter (*reschóim*), stellt euch zusammen, die ihr den Diebstahl begangen habt. Denn ich weiß wohl, unter euch sind einige, die das gestohlen haben.« Da wußten die Diebe, die daran beteiligt waren, nichts zu antworten. Da wurde nun offenbar, wer die Diebe waren. Da sagte der Herzog zu den anderen Stadtleuten, sie sollten über die Diebe das Urteil aussprechen, darum daß sie ihm einen Eid geschworen hätten, in allen Dingen treu zu sein; und jene hätten den feierlichen Eid gebrochen. Die Diebe hätten ihm das Gewölbe aufgebrochen und das Seinige daraus gestohlen. »Und überdies«, sagte er, »hätten sie es gern gesehen, wenn ich meinen Hofjuden hätte beschuldigen müssen, weil ich ihm das Meinige anvertraut habe.«

Da erging das Urteil, daß man die Diebe an den Galgen hängen sollte, was auch sogleich geschah. Der Hofjude aber war vorm Tode gerettet. So wird an dem Frommen der

Schriftvers (*pößek*) bestätigt: ›Der Fromme wird vor dem Bösen beschützt und der böse Mensch (*rósche*) kommt an seine Stelle.‹ Wie auch geschah. [172]

Quelle: Brüll 1889, Nr. 32 (Hss. Innsbruck Nr. 78, Rovere Nr. 99). Übers.: Brüll, ebd. (gekürzt). – MB: Pappenheim 1929, Nr. 177.

In Brülls früher Fassung ist das zauberische – und zumal dreigestufte – Fenstermotiv stärker herausgearbeitet. Erst sei es dem Rabbi vorgekommen, als ob sich das Haus gehoben hätte, beim zweiten Blick habe er gesehen, das Haus stünde höher als alle Stadttürme, »das dritte Mal sah er die Diebe mit dem geraubten Gut in der Hand«.
Das Motiv des Fensters, von dem aus man alles Verborgene sieht, bestimmt auch Grimms Märchen vom »Meerhäschen« (KHM 191, AaTh 329): Dank der zwölf Fenster ihres hochgelegenen Schloßsaals, die reihum den Blick stärker schärfen, bleibt der Königstochter nichts auf Erden verborgen.
Wie schon in der vorigen Geschichte entwickelt Rabbi Jehuda dank eines magischen Mittels detektivische Fähigkeiten, und der Bibelvers am Schluß paßt auch zu einem Kriminalroman: »Der Bewährte wird aus Bedrängnis entschnürt,/der Frevler kommt an seine Stelle« (Spr 11,8).
Die Täter werden hier unterschieden in angesehene Stadtleute und Normalbürger (örtliche Diebe?). Bemerkenswert ist die Rechtsauffassung, wonach die Honoratioren aufgrund ihrer Position und wegen Wiederholungsgefahr um so strenger bestraft werden müssen.
»Persona grata« war Rabbi Jehuda Chassid offenbar nicht nur für den Bürgermeister (siehe Texte 167, 171), sondern auch für jenen »mächtigen Dukes in Regensburg«. In der Tat war Regensburg ursprünglich Sitz der bayerischen Herzöge; erst um 1230 wurde es freie Reichsstadt. In Text 175 taucht der Herzog, ohne daß ein Hinweis auf Regensburg erfolgt, wieder auf, und die Bande sind offenbar noch enger geworden – »der tät nit anders, als was ihm Rabbi Jehuda Chassid heißt«.

Rabbi Elieser lernt von Rabbi Jehuda Chassid das Mysterium der heiligen Namen

Die Geschichte geschah. In Mainz wohnte ein großer Frommer (*chóßid*), der soll Rabbi Amnon geheißen haben. Der hatte einen Sohn namens Rabbi Elieser. Als der Vater ans Sterben kam, da tat er dem Sohn als Letzten Willen (*zawóe*) kund, er solle sein Lebtag nicht über den Strom fahren, den man die Donau (*táune*) nennt. Und der Rabbi Elieser hatte aber in Mainz viel sagen hören von Rabbi Jehuda Chassid (Jehuda der Fromme); er wäre gern zu ihm nach Regensburg gezogen und hätte gern von ihm Tora (*épeß táuro*) gelernt, zumal er mit ihm entfernt verwandt war. Und so zog Rabbi Elieser über die Donau und hielt des Vaters Letzten Willen nicht ein, und er kam nach Regensburg zu dem Frommen.

Wie ihn der Fromme sah, entbot er ihm den Friedensgruß (*schólaum*), und Rabbi Elieser gab ihm den zurück. Da sagte der Fromme zu ihm: »Ich hätte dir, wie recht und billig, den Friedensgruß nicht geben sollen, denn ich sehe wohl, du hast deines Vaters Letzten Willen nicht eingehalten. Doch um deines Vaters Ehre (*kówed*) willen habe ich dir den Friedensgruß gegeben.« Da erschrak der Rabbi Elieser über die Worte, die ihm der Fromme mitgeteilt hatte, sehr.

Rabbi Elieser blieb gar lange beim Rabbi Jehuda Chassid, und gern hätte er viel von ihm gelernt: an Geheimnissen (*ßáudeß*) und anderen großen Dingen. Doch der Fromme hielt ihn die Zeit über davon fern und lehrte ihn nichts, obwohl er schon eine ganze Zeit (*sman*) bei ihm war, einen solchen weiten Weg auf sich genommen und lange schon von Hause weg war – und doch hatte er nichts von ihm gelernt.

Nun kam es einmal am Vorabend von Pessach (*érew péjßech*) dazu, daß Rabbi Elieser sehr traurig wurde. Die Ursache war, daß er bei sich dachte: »Jetzt sollte ich die Feiertage (*jóntew*) über daheim sein, um den Seder (*ßéjder*, Zeremonie am ersten und zweiten Pessach-Abend) zu geben, wie es sich für jeden Hausvater (*bal habájiß*) gehört. Und ich bin nun hier und sitze an einem fremden Tisch. Ich habe ja geglaubt, an Pessach wieder daheim zu sein, denn ich bin nun schon drei Sonnenwenden (*tkúfeß*) außer Hause gewesen, und meine Familie (*gesínd*) wird gar nicht wissen, wie es mir geht.« Und grübelte hin und her und war sehr traurig, nicht allein, weil er so lange draußen war, auch weil er nichts dazugelernt hatte.

Nun, Rabbi Jehuda Chassid sah, daß er so sehr traurig war und kannte sein Anliegen recht gut. Alles was der Fromme ihm angetan hatte, hatte er ihm alles zum Trotz (*leháchiß*) getan, weil er seines Vaters Letzten Willen nicht eingehalten hatte.

Da fing der Fromme an, den Rabbi Elieser anzureden: »Ich sehe wohl, daß du sehr traurig bist, und weiß auch, warum du traurig bist. Und ich kenne auch dein Anliegen gut, daß du die Feiertage über gern daheim wärst bei Frau und Kind, um ihnen den Seder geben zu können.« Da sagte Rabbi Elieser: »Ich hätte es gern gehabt, wenn es von Gott aus möglich gewesen wäre. Nun kann es nicht geschehen, denn es ist heute der Vorabend von Pessach, so daß die Zeit schon versäumt ist.« Da sagte der Fromme: »Was willst du mir schenken, wenn ich dich heute noch heim in dein Haus bringe, ehe der Feiertag angeht?« Da wurde der Rabbi Elieser noch trauriger und sagte zum Frommen: »Rabbi, Ihr verhöhnt mich noch dazu.« Da sagte der Fromme: »Nein, es ist mein voller Ernst.« Da sprach Rabbi Elieser:

»Ich wollte einem geben, was er auch wünscht, denn ich könnte keine größere Freude (*ßimche*) haben, als bei meiner lieben Frau und dem Kind zu sein.« Da sprach der Fromme: »Nun, es ist schon spät, wir müssen gehen und Mazzes (*mázeß*, ungesäuertes Pessach- oder Passabrot) backen. Danach will ich sehen, ob du heimkommen kannst.«

Da verwunderte sich Rabbi Elieser über die Worte des Frommen. Da ging Rabbi Jehuda Chassid Mazzes backen, und Rabbi Elieser half ihm dabei. Als nun die Mazzes aus dem Ofen geschossen waren, da sagte der Fromme zu Rabbi Elieser. »Nimm du die (eine) Mazze mit dir und steck sie dir in den Busen. Denn du sollst die Mazze so heimbringen, daß sie noch warm ist.« Da lachte Rabbi Elieser vor Freude und machte sich sogleich fertig. Und der Fromme steckte ihm die Mazze selbst in seinen Busen und ging mit ihm aufs Feld.

Da war Rabbi Elieser immer noch traurig, darum daß er von dem Frommen nichts gelernt hatte und so wieder heimziehen sollte. Nun, Rabbi Jehuda Chassid merkte sehr wohl, warum er so traurig war, und sagte zu Rabbi Elieser: »Ich kenne dein Anliegen, du hättest gerne Geheimnisse von mir gelernt.« Da sprach Rabbi Elieser: »Ja, deshalb bin ich hergekommen, weil ich gemeint hatte, etwas zu lernen.« Da sagte der Fromme: »Es wäre nur billig, wenn ich dich nichts weiter lehren (*lérnen*) würde, dieweil du deines Vaters Letzten Willen nicht eingehalten hast. Dennoch will ich dich etwas lehren, deines Vaters wegen, der mein Verwandter war und ein frommer Mann dazu.«

Da nahm Rabbi Jehuda den Stab, den er in seiner Hand trug, und schrieb damit auf der Erde in den Sand etliche Zeichen (*ßimónim*) und sagte: »Lieber Rabbi Elieser, lies, was ich da geschrieben habe.« Als er das nun gelesen hatte, da wußte er sogleich so viel wie der Fromme. Und danach löschte (*mekt*) der Fromme die Schrift wieder aus und

verdeckte sie mit Sand. Sogleich wußte er gar nichts und hatte alles vergessen, was er zuvor gekonnt hatte. Rabbi Jehuda Chassid tat dies nun dreimal, schrieb die Zeichen nieder und löschte das Geschriebene immer wieder aus. Da schmerzte es (*sajn sich mezáer*) den Rabbi Elieser sehr, daß er immer vergaß, was er gelernt hatte. Und ein viertes Mal schrieb der Fromme auf den Sand etliche Wörter und hieß Rabbi Elieser, sie mit der Zunge aufzulecken. Das tat Rabbi Elieser. Und sowie er die Wörter mit dem Sand eingeschluckt hatte, wußte er nun ebenso viel wie der Fromme und vergaß nichts mehr.

Und als er nun die Weisheiten (*chóchmeß*) von dem Frommen gelernt hatte, da nahm er von ihm Abschied (*reschúß*), und der Fromme segnete (*bentscht*) ihn. Und er zog mit Freuden fort und war wohlgemut, denn er vertraute auf das Wort des Frommen, daß er noch vor dem Fest heimkommen werde. Und der Fromme sprach ihm den Priestersegen (*birkaß káuhanim*) nach und sagte so viele Zauberworte (*schéjmeß*), daß Rabbi Elieser bald Mainz wieder vor sich liegen sah, und nach einer kleinen Weile kam er heim.

Und am Abend, als man ins Bethaus (*schul*) ging, sahen sie im Bethaus Rabbi Elieser, und die ganze Gemeinde (*kol ha-kóhol*) begrüßte ihn. Und sie fragten ihn, wo er die Nacht zugebracht hätte, und es sei doch nicht recht, daß ein Schriftgelehrter (*tálmid-chóchem*) am Festvorabend oder am Sabbatvorabend wandern würde. Da sagte Rabbi Elieser: »Ich bin heute nachmittag zu Regensburg gewesen und hab Rabbi Jehuda Chassid geholfen, Mazzes zu machen. Zum Zeichen, daß das wahr ist, habe ich noch eine warme Mazze bei mir im Busen, die hat mir der Fromme mitgegeben, daß ich sie meiner Frau mitbringe.« Und er übergab der Gemeinde auch einen Brief, den der Fromme an sie geschrieben hatte. Und Frau und Kind freuten sich sehr, daß er mit Freuden wieder heimgekommen, und es war ein großes Wunder, daß er so bald heimgekehrt war. [173]

Quelle: Brüll 1889, Nr. 21 (Hss. Innsbruck Nr. 80, Rovere Nr. 103).
Übers.: Brüll, ebd. (gekürzt). – MB: Pappenheim 1929, Nr. 178; Strauß 1934, Nr. 8.

Brülls Handschrift gibt gleich zu Beginn über das Verwandtschaftsverhältnis Auskunft: demnach war der Vater Eliesers der Sohn einer Tante Rabbi Jehudas des Frommen. Allerdings wird der Vater nicht als Rabbi Amnon bezeichnet, sondern als Rabbi Jehuda. – Seinerzeit gab es einen starken Verbund der Gemeinden Mainz (Eliesers Heimatstadt), Worms (Jehudas Geburtsort) und Speyer (Wirkungsstätte des Vaters Samuel); dieser Dreistädtebund (»SchUM«) wurde zur Zeit der »deutschen Frommen« sogar zur Appellationsinstanz für alle Juden des Reiches. Pessach oder Passa, das jüdische Ostern, gilt als das Fest der Befreiung aus

ägyptischer Knechtschaft, als Fest der Überschreitung (rite de passage) und Fest der Verschonung (siehe Anm. Text 54, 87). Für Juden ist es das höchste Jahresfest, siehe Anm. Text 182. Der Satz des abschließenden Tischgebetes: »Im nächsten Jahr in Jerusalem« spricht von Verlust und Verheißung zugleich.
Glanzpunkt des Pessach ist der zweifache Sederabend – wie alle Vorabende vor Feiertagen ein häusliches Fest. Jeder beeilt sich, rechtzeitig nach Hause zu kommen, um im Kreis der Lieben den Ritus zu begehen (von daher das Erzählmotiv der verhinderten rechtzeitigen Rückkehr.)
Über den vollständigen Ritus und seine Bedeutung siehe Thieberger 1936, 198–216.
Rabbi Jehuda der Fromme erweist sich hier ein weiteres Mal als Magier, der um der guten Sache willen den Rabbi Elieser wundersamer Weise nach Hause bringt – und bringen darf. Zugleich lehrt er ihn an einem Nachmittag all das, was dieser »in drei Sonnenwenden« nicht von ihm gelernt und schmerzlich vermißt hatte. Die Einführung in die esoterischen Lehren geschieht durch Schlecken und Schlucken, also durch ein Sich-einverleiben der mystischen Zeichen und Buchstaben. Dieses Eintrichtern gleicht der Prozedur an der Lehmgestalt des Golem, dem »der hohe Rabbi Löw« (1520–1609) eine Kamee – eine Art Gemme – mit dem unausgesprochenen Namen Gottes (*schem ha-mefórasch*) in den Mund gesteckt hat. Dadurch erlangte der Golem die Fähigkeit, sich selbst zu bewegen und auf Befehl des Rabbi allerlei Arbeiten zu verrichten. Mit Entziehung der Kamee, analog zum Verwischen der Zeichen im Sand, verwandelte sich der automatische Knecht jedesmal wieder in eine leblose Tonfigur; dies geschah am Sabbat, damit er ausruhe.
Zur Anrufung der »heiligen Namen« siehe auch Anm. Text 166. Heilig sind vor allem Buchstaben, wenn sie JHWE, den unaussprechlichen Namen des Höchsten, bilden.

Rabbi Jehuda Chassid und sein Widersacher, der Salzburger Hegemon

Die Geschichte geschah in den Tagen des Rabbi Jehuda Chassid. Da war zu Salzburg ein Hegemon (Statthalter bzw. Bischof), der sehr bösartig (*grojß rósche*) war. Eines Tages sagte er zu seinen Räten (*jáuezim*): »Ich habe gehört, daß in Regensburg ein bedeutender (*kestlich*) Jude lebt, der viel können soll und unter Juden und Christen sehr angesehen ist. Das kann ich nicht dulden, daß ein Jude eine solch große Herrschaft haben soll. Ich will mich nach Regensburg aufmachen und mich unterstehen, ihn mit eigener Hand zu töten, und will es sonst keinem vergönnen, das zu tun, denn das Volk hält ihn für einen heiligen Juden und sagt, wenn man ihn fragt, gibt er ihnen auf alles Bescheid. Und er wird für einen Propheten gehalten. Deshalb will es sich nicht schicken, daß ein solcher Jude am Leben bleibt und so viel Macht hat. Deshalb seid gerüstet, ihr lieben Diener, wenn ich euch fordere, denn den Juden kann ich kein größeres Leid antun, als daß ich ihren Propheten umbringe. Da will ich euch sehen lassen, seine Kunst ist gar nichts, und sein Gott kann ihn vor meiner Hand nicht schützen.«

Nun, nicht lange danach machte sich der Bösewicht von Herrscher auf und ging mit seinen Knechten auf Regensburg zu und hatte im Gefolge viele Ritter und Grafen. Und wie er nahe an Regensburg herangekommen war, da teilte er seine Leute in zwei Hälften ein. Er wolle dieweil in die Stadt und dort in die Judengasse gehen und zu des Juden Haus, und ihn wolle er töten. »Denn ich will nicht mehr als selbdritt zu ihm gehen.«

Da sagten seine Räte: »Gnädiger Fürst und Herr, wir müssen wohl tun, was Ihre fürstliche Gnaden haben will, aber wir haben gehört, welch ein besonderer (*kestlich*) Mann das ist. Vielleicht werdet Ihr ihm nicht beikommen können, vielleicht bringt er uns alle ums Leben. Deshalb seht Euch gut vor, daß es Euch nicht fehlschlägt und mißglückt.«

Doch der Hegemon wollte sich nicht daran kehren und nahm ein Messer und steckte es sich in den Stiefel, damit wollte er den Frommen (*chóßid*) töten. Und sprach zu seinen Wagenführern (*rachówim*): »Ich will selbdritt zum Juden gehen. Und wenn ihr ein Geschrei hört, hebt euch alle aufs Pferd, damit wir uns davonmachen und uns einer Gewalt erwehren können.«

Sobald nun der Hegemon seinen Anschlag gemacht hatte, da hatte es der Fromme bereits gewußt und hatte zu seinen Schülern (*bócherim*) gesagt, es käme ein solcher Bösewicht und würde sich unterstehen, Gott bewahre, ihn zu töten, und er sei schon auf dem Weg und käme nun bald. Dann sagte der Fromme zu seinen Schülern: »Wenn der Bösewicht das Lehrhaus (*beß-médresch*) betritt und euch fragen wird, wer unter euch der Meister ist, dann zeigt auf mich und erwartet, daß keinem von euch etwas geschieht, denn ihr sollt sehen, wie ich ihn fällen (niederwerfen) werde.«

Nun, noch ehe er zu Ende geredet hatte, war der Hegemon schon vor der Tür und schickte sich an, das Lehrhaus zu betreten. Und fragte gleich, wer der Meister unter ihnen sei. Da wiesen die Schüler sogleich auf den Frommen. Und sobald der Bösewicht den Frommen erblickte, hat der Fromme bewirkt, daß der Böse keine Kraft mehr hatte und ihm nichts tun konnte.

Da grüßte der Hegemon den Frommen, und der Fromme dankte ihm zurück. Da hob der Hegemon an, mit dem Frommen über andere Dinge zu reden (*schmúeß redn*) und sprach: »Lieber Meister, ich habe viel von Eurer Kunst sagen hören, daß Euresgleichen auf Erden nicht zu finden ist. Nun bin ich hierhergekommen, um Euch zu bitten, mich einen Teil Eurer Kunst sehen zu lassen, damit auch ich Euch preisen kann vor anderen Fürsten und hohen Herrn.«

Da sprach der Fromme: »Ja, recht gern, gnädiger Herr. Ich bitte, Ihr wolltet meine Künste nicht für verkehrt ansehen, denn ich bin ein armer Jude und kann nicht viel. Doch will ich einen Teil meiner Künste Euch sehen lassen, damit Ihr von mir berichten könnt.«

Und ging hin und führte ihn mit seinen zwei Räten (*jáuezim*) in ein Zimmer (*chéjder*). Dort hat er ihm seine Künste vorgewiesen. – Der Fromme sprach zum Hegemon: »So will ich Euch meine Künste zeigen. Seht hinaus aus jenem Fenster, dann werdet Ihr viele Künste sehen und viele schöne Stückchen.« Der Bösewicht steckte also seinen Kopf zum Fenster hinaus. Und sowie er seinen Kopf zum Fenster hinausgesteckt hatte, da bewirkte der Fromme mit Zaubernamen (*schéjmeß*), daß das Fenster länger und enger wurde, so daß der Bösewicht seinen Kopf nicht wieder herausbringen konnte und fast im Fenster erstickt wäre. Und die zwei Räte, die er mitgenommen, standen still und durften sich nicht rühren und sahen ihres Herren großes Leid und konnten es doch nicht abwenden.

Da sprach der Fromme: »He, ihr Schurken, ihr müßt alle miteinander sterben. Obschon du ein freier (*lojs*) Bischof bist, meinst du, daß du darum mich ums Leben bringen kannst? Oh nein, du hast weit gefehlt. Gott der Allmächtige hat dein böses Herz gezeigt und deine große Verschlagenheit. Und ich weiß genau, daß du in deinem Stiefel ein Messer bei dir hast, womit du mich hast umbringen wollen. Aber Gott der Allmächtige hat mich davor beschützt und dich jetzt an diese Stelle gebracht. Ich kann dir nicht helfen, du mußt sterben. Laß jetzt deine zweihundert Mann kommen, die du mitgenommen hast, und laß dir helfen vor meinen Händen. Nein wahrlich, sie können dir nicht helfen, du verschlagener Mann. Was habe ich dir mein Lebtag Böses getan, daß du von Salzburg nach Regensburg ziehst und mich töten willst? Gott hat sich heute an dir gerächt.«

Da sprach der Böse voller Erschrecken: »Hör zu, o Meister über alle Meister, ich bitte, seid mir diesmal gnädig. Denn ich bekenne mich ganz schuldig gegen Euch. Und ich bitte Euch um Gnade, laßt mich nicht so schändlich sterben. Helfe mir Gott, daß ich wieder in mein Land zu meiner Stadt komme, so will ich meine Juden, die ich vertrieben habe, wieder aufnehmen, und will ihnen viel Gutes tun, jeden Tag meines Lebens, und auch anderen Juden, wenn es in meiner Macht liegt, dies zu tun, das sollt Ihr selbst sehen. Laßt mich bloß in Frieden wieder in mein Land ziehen.«

Und als er nun den Frommen so lange bat, da antwortete ihm der Fromme und sagte: »Gib mir deine Hand her und gelobe mir bei der Wahrheit, daß du dem Gelöbnis nachkommen wirst und an den Juden keine Verbrechen mehr begehst, so will ich dir Gnade erweisen. Denn ich weiß sehr gut, daß dir deine zweihundert Mann nicht haben helfen können. Nun will ich dich aus meinem Bann entlassen und will deinen Worten Glauben schenken, denn du bist nun mal ein gewaltiger Bischof und es gebührt dir, daß du deiner Rede Kraft gibst und nicht wortbrüchig bist in dem, was du versprichst. Denn davor mußt du gewarnt sein, mehr als ein anderer, denn du bist von hoher Geburt. So du aber deinen Reden keine Kraft gibst und trügerisch an uns Juden handelst, wie du auch zuvor trügerisch warst, so sollst du wissen, vor mir kannst du nicht sicher sein, selbst nicht in deinem eigenen Haus. Denn ich kann dich überall finden, so wie ich dich auch hier gefunden habe.«

Da versprach es ihm der Hegemon bei seinem Glauben, und er solle es auch an ihm spüren, daß er all seine Tage den Juden Gutes tun wolle. Also ließ ihn der Fromme wieder fortziehen. Und wie er nun wieder zu seinem Gefolge kam, das auf ihn gewartet hatte, da fragten ihn seine Leute, ob er den Frommen erschlagen hätte. Da erzählte ihnen der Hegemon all die Dinge, die ihm passiert waren. Da verwunderten sich die Leute sehr über den Juden, daß er ein so kunstreicher Mann war.

So ritt er mit seinem Gefolge wieder nach Hause. Und wie er nach Salzburg kam, da schickte er nach den armen Juden, die er zuvor vertrieben hatte, und nahm sie wieder auf. Und er behandelte die Juden gut und machte ihnen keine Beschwernis und stand mit ihnen auf gutem Fuß. Am Ende bekehrte er sich (*megájer sajn*) und wurde selbst ein Jude, wurde fromm und ein Zaddik (*zádik*, Gerechter) geheißen. Gott soll uns ihrer beider Verdienst (*ßchuß*) genießen lassen. Amen (*oméjn*). [174]

Quelle: Brüll 1889, Nr. 15 (Hss. Innsbruck Nr. 83, Rovere Nr. 97).
Übers.: Brüll, ebd. (gekürzt). – MB: Pappenheim 1929, Nr. 179.

Brüll merkt zu seiner Hs. an, daß dort von einer Bekehrung des Bischofs zum Judentum nicht die Rede ist. Vermutlich ist der Topos vom »Übertritt« eines Andersgläubigen zum »rechten Glauben« erst in späteren Textredaktionen eingefügt. Er fügt sich gewissermaßen in die narrative Klimax einer solchen Legende ein: Zunächst bösartiges christliches Verhalten und durchweg überlegenes jüdisches Verhalten führen zu einem Überdenken (Metanoeite) und zu einem versöhnten Ende, das freilich nur eine Religion als Sieger kennt.
Zum Hegemon: Oft bleibt es im MB unklar, ob es sich beim Hegemon – fast immer ein christlicher Kontrahent –, um ein weltliches oder geistliches Oberhaupt handelt. Der Salzburger Hegemon wird in Pappenheims Übersetzung sogleich als »Bischof« tituliert, bei Gaster erst als

»governor«, dann in der direkten Ansprache des Frommen als »free bishop«. Das eine schließt das andere nicht aus, zumal ein Bischof damals über wehrhafte Leute verfügte. Historisch gesehen war es eben dieser Erzbischof von Salzburg, der 1498 die Juden aus Salzburg und Hallein vertrieben hat.
Zu den magischen Fähigkeiten Jehudas siehe Anm. zu den vorigen Texten, speziell zur Magie des Fensters siehe Anm. Text 172. Der Bezug auf den Bibelvers – Spr 11,8 – ist hier wie dort der gleiche.

Rabbi Jehuda Chassid rät dem Herzog von der Teilnahme an einem Krieg ab

Die Geschichte geschah zu Zeiten des Rabbi Jehuda Chassid (Jehuda der Fromme), da lebte (in Regensburg) ein mächtiger Herzog, der tat nichts anderes, als was ihm Rabbi Jehuda Chassid riet. Eines Tages kam ein König aus Rom, Philipp genannt, zum Herzog und forderte ihn auf, mit ihm in den Krieg zu ziehen und ihm Beistand zu leisten. Da sprach der Herzog: »Ich will zu meinem Juden gehen und will hören, ob er mir dazu rät. Denn der Jude weiß, ob wir Glück haben werden oder nicht.«

Also schickte der Herzog nach dem Frommen (*chóßid*) und teilte ihm mit, was der König von ihm begehre, nämlich daß er mit ihm in den Krieg zöge. »Deshalb wünsche ich Euren Rat, ob ich ziehen soll oder nicht.« Da sprach der Fromme: »Eure fürstliche Gnaden soll bei Leibesstrafe (bei Eurem Leben) gewarnt sein, mitzuziehen. Denn so Ihr denn zieht, so müßt Ihr wissen, daß Eure fürstliche Gnaden nicht wieder lebendig zurückkommt, denn sie alle werden im Krieg erschlagen.«

Also ging der Herzog wieder zum König und sagte zu ihm, daß er nicht mit ihm ziehe, aus dem Grund weil sein weiser Jude ihm davon abgeraten und ihm gesagt habe, wenn er mit ihm zöge, dann werde der eine wie der andere erschlagen werden. »Deshalb bitte ich Eure königliche Krone, wolltet es mir nicht für ungut abnehmen, daß ich diesmal nicht mit Euch ziehe. Denn ich tue nichts anderes, als wie mir mein Jude in allen Sachen rät.«

Da sprach der König: »Wollt Ihr Euch an die Worte eines falschen Juden kehren? Wie soll der Jude wissen, wie es uns im Krieg ergehen wird? So will ich für mich allein ziehen, und das wegen Eures falschen Juden, an den Ihr glaubt. Verhilft mir Gott wieder heim in mein Land, so will ich Euch bekriegen. Sollte mir Glück von Gott beschieden sein, daß ich Euch besiege, so werde ich Euren falschen Juden an den Füßen aufhängen lassen. Den Genuß soll er von seiner Weisheit haben.«

Und zog von dannen. Als er nun weg war, da gab der Herzog die Worte des Königs an den Frommen weiter. Da sprach der Fromme: »Lieber Herr, laßt ihn nur in den Krieg ziehen. Er hat gesagt, wenn er wieder heimkommt, so will er Euch bekriegen, und wenn er Euch besiegt, so will er mich erschlagen. Ich werde ihm verzeihen, wenn er mich erschlägt, falls er aus dem Krieg kommt.«

Nun, es dauerte nicht lange, da kam eine Post, daß der König von Rom mit all seinem Volk im Kampf erschlagen worden war. Da schickte der Herzog nach dem Frommen und las (*lejnt*) ihm die Briefe vor. Da sagte der Fromme: »Das habe ich vorher gewußt, daß er nicht wieder heimkommen wird. Wäret Ihr mit ihm gezogen, es wäre Euch auch so ergangen.« Da dankte der Fromme dem Heiligen, gepriesen sei Er, und sagte: »Gelobt sei Gott, der die Gedanken der Bösen (*reschóim*) vereitelt.« Da küßte der Herzog den Juden und sagte: »Wohl euch Juden, ihr seid ein großes (*kestlich*) Volk, daß Gott der Allmächtige euch die Werke, die geschehen sollen, enthüllt.« Und er achtete den Frommen je länger desto mehr. [175]

Quelle: Brüll 1889, Nr. 16 (Hss. Innsbruck Nr. 84, Rovere Nr. 98).
Übers.: Brüll, ebd. (gekürzt). – MB: Pappenheim 1929, Nr. 180.

In Brülls Hs. ist der Beginn etwas konkreter: »Ein Herzog, der zur Zeit Rabbi Jehudas des Frommen lebte, zog nie in den Krieg, ohne erst dessen Rat vernommen zu haben. Einst kam der Kaiser Philipp nach Regensburg und wollte, daß der Herzog mit ihm in den Krieg ausziehe.« – Brüll merkt dazu an: »Der König (Kaiser), von dem hier die Rede ist, ist Philipp II. (1198–1208), der von Otto von Wittelsbach meuchlerisch ermordet wurde.« Ergänzend sei gesagt, es war Philipp von Schwaben, jüngster Sohn Kaiser Friedrichs I., dem wiederum zu verdanken ist, daß alle herkömmlichen Rechte der Juden von Regensburg im Jahre 1182 erneuert wurden.
Hier wird eine neue Qualität des frommen Helden aufgezeigt: seine Befähigung zur Prophetie. Das gilt auch für seine Sterbestunde (siehe Text 183). Einem messianischen Visionär wie Rabbi Jehuda, so Meitlis 1961, VII, sei zugetraut worden, er besitze den Schlüssel zu dem großen Mysterium »das Ende der Tage«. Auf dem Totenbett, als Schüler und die Oberhäupter der Gemeinde ihn umstanden, habe Rabbi Jehuda nach Feder und Papier verlangt, damit er das Geheimnis des »Endes« niederschreibe; »doch bevor er dies tun konnte, starb er, und das Geheimnis blieb unaufgedeckt« (nach hebr. und jidd. Handschriften).

Rabbi Jehuda Chassid bewahrt den Sohn eines Reichen davor, getauft zu werden

Die Geschichte geschah. Es lebte einmal ein reicher Mann, der einen Sohn hatte. Den brachte er Rabbi Jehuda Chassid, daß er bei ihm lerne. Und der reiche Mann bat den Frommen (*chóßid*) inständig, er möge doch Obacht auf den Jungen haben. Da sprach der Fromme: »Geh, bringt mir den Jungen her, denn vorher will ich ihn sehen.« Da brachte der reiche Mann den Jungen zum Frommen. Und wie der Fromme den Jungen ansah, da sprach der Fromme zu dem Reichen: »Mein lieber Freund, ich will deinen Sohn nicht haben, nicht um wenig oder um viel. Nimm nur deinen Jungen wieder mit dir heim und bring ihn ein ganzes Jahr nicht wieder her. Aber wenn das Jahr vorbei sein wird, dann bring ihn wieder zu mir. Alsdann will ich mit ihm Tora lernen und will mein Bestes für ihn tun.«

Da sprach der reiche Mann: »Lieber Rabbi, warum wollt Ihr meinen Sohn in diesem Jahr nicht haben?« Das wollte ihm der Fromme nicht sagen. Da bat der reiche Mann den Frommen so lange, bis er sich überreden ließ, den reichen Mann in ein Zimmer (*chéjder*) führte und zu ihm sagte: »Ich will dir sagen, warum ich deinen Sohn nicht haben will, um mit ihm zu lernen. Denn in diesem Jahr wird ein Tag kommen, daß deinen Sohn eine böse Stunde überkommen wird, in der er begehren wird, sich taufen zu lassen (*schmadn sich*). Und willst du deinen Sohn vor Taufe (*schmad*) behüten, so bewahre deinen Sohn in deinem Haus ein ganzes Jahr davor, bis jener Tag um ist. Und danach bring ihn hierher. So weiß ich gewiß, daß ich einen großen Lehrer aus ihm machen kann, und obendrein wird er ein frommer Jude (*jehúdi*) werden.«

Da sagte der reiche Mann: »Lieber Rabbi, könnt Ihr mir nicht einen Rat (*éjze*) geben, wie ich die Sache abwehren kann?« Da sagte der Fromme: »Ich will dir einen Rat geben: Tu eines und laß für deinen Sohn ein eigenes Gewölbe bauen, weit weg von deinem Haus und auch von der Straße. Und laß es tief in die Erde bauen, damit er von der Welt (*áulom*) nicht viel hört und sieht. Und dinge ihm einen Rabbi, der mit dem Jungen lernt, und tu sie beide zusammen. Und schließ das Gewölbe gut zu, daß sie nicht herauskommen können. Und laß ihnen Essen und Trinken bringen und beachte all das, was ich dir sage, bis der böse Tag vorbei ist. Alsdann magst du ihn wieder frei dorthin gehen lassen, wohin er will.«

Der reiche Mann ging von dem Frommen fort und war recht betrübt, wie man sich denken kann, und ging mit seinem Sohn wieder heim. Und er verfuhr mit allen Dingen so, wie ihn der Fromme geheißen hatte. Er ließ ein Gewölbe bauen und dingte ihm einen Rabbi und tat sie alle beide in das Gewölbe und ließ ihnen Essen und Trinken geben. Auch dingte er ihnen einen Knecht, der auf sie aufpaßte, und ließ ein starkes Schloß an die Tür anbringen, so daß der Sohn nicht herauskommen konnte.

So blieben der Rabbi und der Junge beieinander, bis der Tag, den der Fromme genannt hatte, herankam. Und als nun der Tag kam, da wollte der Rabbi mit dem Jungen lernen, wie es seine Gewohnheit war. Da sagte der Junge: »Ich will heute nicht lernen, und ich bereue tief (*grojß charóte hobn*), daß ich mich hab überreden lassen, in das Gewölbe zu gehen und so lange zu lernen.« Dabei nahm er sich viel Frechheit (*áseßkeit*) heraus und redete viel seltsames Zeug, was sich nicht beschreiben läßt.

Da sagte der Rabbi zu ihm: »Mein lieber Sohn, wie

kommt es, daß du dich heute so benimmst wie an keinem Tag zuvor?« Da sagte der Junge mit einem unverschämten Gesicht (*grojß áseß-pónem*), er wolle hingehen und sich taufen lassen. Als nun der Rabbi solches von dem Jungen hörte, da wollte er nicht länger bei ihm im Gewölbe bleiben und machte, daß er von dem Jungen wegkam; er machte das Gewölbe fest zu und legte ein Schloß davor.

Da hob der Junge zu weinen an und wäre gern aus dem Gewölbe heraus und auf der Gasse gewesen. Er fing an zu schreien und sprach viel Lästerliches gegen den Heiligen, gepriesen sei Er, gelobt sei Sein heiliger Name für alle Zeit. Und er verleugnete den Heiligen, gepriesen sei Er, gar sehr. Und sprach von nichts anderem, als daß man ihn herauslassen sollte, denn er begehre die Taufe. Und der Rabbi wie auch Vater und Mutter standen vor dem Gewölbe und vernahmen die Riesenfrechheit (*grojß áseßkeit*) des Jungen. Das währte den ganzen Tag. Endlich (*leßóf*) gingen Vater und Mutter und sein Rabbi in das Gewölbe und fragten den Jungen, warum er das täte, und fragten ihn, woran es ihm mangele. Doch alles, was sie mit dem Jungen redeten, wollte dem Jungen nicht eingehen, und er schrie an einem Stück, man solle ihm den Galach (*gálech*, christlicher Geistlicher) holen, er wolle sich taufen lassen, und sprach: »Wäre ich bloß draußen, es sollte mich niemand abhalten können, ich wollte alle umbringen, wer immer mir begegnet und mich von der Taufe abzuhalten versucht.« Und tat, als sei er meschugge (*meschúge*, verrückt). Und wie sein Vater und seine Mutter sahen, daß sich bei ihm keine Besserung zeigen und er mit Gewalt ausreißen wollte, da warfen sie ihn im Gewölbe nieder und banden ihn an allen vieren und ließen ihn da liegen, den ganzen Tag und die ganze Nacht. Und entfernten sich von ihm aus dem Gewölbe und sperrten die Tür gut zu.

Und am nächsten Morgen ging der Vater wieder in das

Gewölbe. Da lag er ganz still und bat den Vater, er solle ihn aufbinden, und sie brauchten keine Sorge mehr um ihn haben, denn der böse Tag wäre vorbei. Und er weinte heftig, daß er solches getan hatte, wollte Buße tun (*tschúwe ton*) und Gott bitten, Er möge es ihm verzeihen. Dann sagte er zu seinem Vater: »Führe mich zu Rabbi Jehuda Chassid.« Denn er war wieder willig, zu lernen. Also brachten sie ihn wieder zu Rabbi Jehuda Chassid, und er tat große Buße, wie es einem frommen Juden ziemt, und lernte Tag und Nacht und wurde ein großer Herr (*kestlich man*) in der Tora. Und seine Freunde freuten sich alle mit ihm. Gott, der Gelobte, mag auch uns mit erfreuen. [176]

Quelle: Brüll 1889, Nr. 17 (Hss. Innsbruck Nr. 86, Rovere Nr. 92).
Übers.: Brüll, ebd. (gekürzt). – MB: Pappenheim 1929, Nr. 181.

In Brülls Hs. heißt es am Schluß: »Er erlegte sich Buße auf und schlief seitdem nie auf Kissen. Später wurde er Rabbi in seiner Vaterstadt.«
Von der vorhergesehenen »Krankheit« eines jungen Juden, nämlich der heftigen Aufwallung, getauft zu werden, ist auch in Text 177 und 180 die Rede. Eine wie es scheint einmalige Anwandlung, die stets als »böse Stunde« benannt wird. Dies ist eine Art Warn- und Schreck-Geschichte, die, historisch nur zu gut verständlich – siehe Anm. zum nächsten Text –, dem in seiner »Jídischkeit« Standfesten eine religiöse Karriere verheißt.

Rabbi Jehuda Chassid hält einen jungen Mann davon ab, sich taufen zu lassen

Die Geschichte geschah. Rabbi Jehuda saß einmal am Fenster und sah, wie ein Junge behende über die Gasse lief. Da sprach der Fromme (*chóßid*) zu seinen Schülern (*talmídim*): »Lauft dem Jungen nach und haltet ihn an seinem Mantel fest, bis ich euch wieder rufen werde.« So liefen sie dem Jungen nach und riefen ihm zu. Aber der Junge wollte nicht hören. Da erwischten sie ihn und hielten ihn beim Mantel und fragten ihn, warum er so renne und was sein Tun wäre. »Und warum hast du nicht gehört, als wir dich gerufen haben?« Da sprach der Junge: »Was geht es euch an, daß ihr mich nach meinem Laufen fragt?« Da sagten sie kurz und gut: »Wir wollen es von dir wissen. Wir fragen dich nicht umsonst.« Aber der Junge wollte es ihnen doch nicht sagen, und er glaubte, ihnen zu entkommen. Aber die Schüler wollten ihn nicht gehenlassen und hielten ihn so lange fest, bis sie drauf und dran waren, sich miteinander zu schlagen. Als das der Fromme sah, da rief er einen Schüler (*bócher*) zu sich und sprach zu ihm: »Lauf dorthin und sag, sie sollen ihr Schlagen bleiben lassen und mir den Jungen herbringen.« Was sogleich geschah.

Und wie sie zu dem Frommen kamen, da sprach er zu dem Jungen: »Weshalb bist du so sehr gerannt? Was hattest du so nötig zu laufen gehabt?« Da sprach der Junge zu dem Frommen: »Lieber Rabbi, ich muß eine Sünde (*awéjre*) bekennen«, und fing an zu weinen und sagte: »Ich habe etwas zu tun beabsichtigt, was nicht gut gewesen wäre. Aber durch Eure Schüler blieb vieles ungetan. Die haben mich diesmal davon abgehalten, bis die böse Stunde vorbei war. Darum, mein lieber Rabbi, bitte ich Euch, erlegt mir eine Buße auf (*tschúwe ton*), wie es sich für solche Sachen gebührt, und damit ich für meine Sünden (*awéjreß*) wieder eine Sühne (*kapóre*) habe.« Da erlegte der Fromme ihm Buße auf, und er hielt sie auch richtig ein und wurde ein frommer Jude. Da sagten seine Schüler: »Gelobt sei Gott, der denen, die Seiner fürchten, einen Teil Seiner Weisheit mitteilt.« [177]

Quelle: Brüll 1889, Nr. 18 (Hss. Innsbruck Nr. 90, Rovere Nr. 105). Übers.: Brüll, ebd. (gekürzt). – MB: Pappenheim 1929, Nr. 182.

Den Übertritt eines jungen Juden zum Christentum als die Begehung einer Sünde anzusehen – vgl. den vorigen Text –, ist als Reaktion auf die gängige päpstliche Religionspraxis einer Ausgrenzung der Juden zu verstehen. So wurden auf dem 4. Laterankonzil (1215), auf dem das eucharistische Dogma erstmals schriftlich fixiert wurde, eine ganze Reihe ausgrenzender Bestimmungen für Juden getroffen – bestätigt von immerhin 300 Bischöfen. So mußten die jüdischen Gemeinden in der Folgezeit um den Bestand ihrer Mitglieder fürchten.

Rabbi Jehuda Chassid und der Abtrünnige

Dies ist die Geschichte von einem Getauften (*meschúmed*, getaufter Jude). Der war ein großer Bösewicht (*rósche*) und hat durch seine Bosheit (*rísche߀*) den Tod vieler Juden bewirkt. So trieb er es viele Jahre.

Einst kam der Getaufte zu Rabbi Jehuda Chassid und bat

ihn, er möge ihm Buße (*tschúwe*) auferlegen, denn er verspüre große Reue (*charóte*) über all die Sünden, die er getan. Und er hob an, dem Frommen (*chóßid*) von den vielen großen Sünden zu erzählen, die er Tag für Tag begangen hatte, seit er sich hatte taufen lassen.

Als der Fromme solche bösen Stücke von dem Getauften hörte, da wollte er ihm keine Buße auferlegen und sagte ihm: »Deine Sünden sind viel zu groß.«

Und der Fromme schnitzte soeben an einem Dornenstecken, den er in der Hand hielt, und er sagte zum Getauften: »So wenig wie dieser Stock grünen kann und so wenig dieser Stecken grüne Blätter treiben kann, so wenig erlangst du Sühne (*kapóre*). Was für Buße soll ich dir denn festsetzen?« Da ging der Getaufte wieder weg von dem Frommen und sagte sich: »Will der Fromme mir keine Buße auferlegen, so will ich noch viel Schlimmeres tun, als ich bisher getan habe.«

Und nicht lange, nachdem der Getaufte fort war, da sah der Fromme, daß der Stecken grün geworden war und auch grüne Blätter hatte. Da verwunderte sich der Fromme sehr und dachte an die Worte, die er dem Getauften gesagt hatte; und dachte auch bei sich, der Getaufte könne doch noch Sühne erlangen, denn der Stecken sei wieder grün geworden.

Und von Stund an schickte er wieder nach dem Getauften und sagte zu ihm: »Sieh, ich wollte dir keine Buße auferlegen und habe dir gesagt, so wenig dieser Stecken grün wird und Blätter treibt, so wenig kannst du Sühne erlangen. Nun ist mir der Stecken wieder grün geworden und hat grüne Blätter getrieben. Jetzt sag mir, was für eine gute Tat hast du getan? Weil deinetwegen solch ein Wunder (*neß*) geschah, darum will ich dir eine große Buße setzen, und wenn du die Buße erfüllst, so wirst du wieder Vergebung bekommen.«

Da sprach der Getaufte: »Ich muß meine Sünden bekennen. Lieber Rabbi, ich will's Euch sagen. Seit ich mich habe taufen lassen, habe ich keinem Juden Gutes getan; nur alles Böse ich ihnen angetan, bis auf eine Ausnahme. Einst kam ich in eine Stadt, in der viele Juden wohnten, und die Christen (*gójim*) waren den Juden *(jehúdim)* feindlich gesonnen und wären sie gern losgeworden. Aber sie wußten nicht, wie sie das anstellen sollten. So erfanden sie eine Lüge, warfen ein totes Mamser (*péjgen mámser*, Bastard) in ein jüdisches Haus und sagten, die Juden hätten das uneheliche Kind getötet. Da taten sich alle Bürger der Stadt zusammen und wollten die Juden überfallen und sie alle töten. Da gab es einen vornehmen Mann (*chóschew*) im Rat, der war den Juden wohlgesinnt und sprach zu den Bürgern, die sich versammelt hatten: ›Vergreift euch an ihnen nicht so geschwind, ihr vergießt damit auch unschuldiges Blut. Wir wollen zuvor der Sache auf den Grund gehen, ob sie denn unser Blut haben müssen. Und wie wollen wir das herausfinden? Das will ich euch sagen. Wir haben hier unter uns einen getauften Juden, den wollen wir fragen, denn er wird es sicherlich wissen. Wird er sagen, ja, sie müssen unser Blut haben, so haben sie gewiß das Mamser umgebracht. Sagt der getaufte Jude aber nein, sie brauchen kein Blut, dann haben sie es gewiß nicht getan. Warum wollt ihr dann unschuldig Blut vergießen?‹

So schickten die Bürger nach mir und beschworen mich hart, ich solle ihnen die Wahrheit sagen, ob die Juden ihr Blut haben müßten oder nicht, da solches (eine Bluttat) nun einmal mit dem Mamser geschehen sei. Da sagte ich ihnen und gab meinen Schwur darauf, daß man den Juden damit Unrecht tue, und ich nannte ihnen viele Anzeichen (*ßimónim*), daß dies eine Lüge (*schéker*) sein müsse. Fürs erste dürfen die Juden kein Fleisch essen, es sei denn, sie schächten zunächst die Tiere, um das Blut herausfließen zu lassen. Und danach müssen sie das Fleisch eine Stunde in Salz liegen lassen. Und danach müssen sie es gründlich abwaschen, damit kein bißchen Blut daran bleibt, denn in ihrer Tora steht geschrieben, daß sie gar kein Blut genießen dürfen. Wozu sollen sie dann das Blut eines Menschen brauchen?

Darauf sagten die Bürger: ›Wenn das so ist, dann solle den Juden auch kein Leid geschehen‹, und so war das Unglück (*geséro*, Verfolgung, Pogrom) abgewendet. Hätte ich aber ja gesagt, so wären sie, Gott bewahre, alle ums Leben gekommen. Das ist das Beste, was ich mein Lebtag getan habe.«

Da sprach der Fromme: »Da hast du wirklich etwas Gutes getan.« Und er setzte ihm Buße auf, die der Mann ausführte und so wieder zu einem frommen Juden wurde. [178]

Quelle: Brüll 1889, Nr. 19/I (Hss. Innsbruck Nr. 87, Rovere Nr. 93).
Übers.: Brüll, ebd. (gekürzt). – MB: Grunwald 1889, Nr. 5: Der grünende Stab (nach der Ausgabe Dyhernfurth 1709); Pappenheim 1929, Nr. 183; Jason 1976, Nr. 30/II.

Entspricht dem nach Grimms Kinderlegende benannten Erzähltyp »Die drei grünen Zweige« (AaTH 756 in der Ausprägung C: »Der größere Sünder«). Es ist der ins Jüdische gewendete Tannhäuser-Stoff, nämlich der Venusritter als zerknirschter Büßer, vgl. Heller 1936, 241 und Art. »Tannhäuser« in: Elisabeth Frenzel, ›Stoffe der Weltliteratur‹, 7. Aufl. 1988. Märchenkundliche Anmerkungen bei Schwarzbaum 1968, 159.
Daß ein Bäumchen neu ausschlägt, deutet auch Jacob Grimm, ›Deutsche Mythologie‹ als ein Wahrzeichen der Erlösung (1835, 929).
Die Situation allerdings ist durch die reale Welt des Mittelalters bestimmt; der getaufte Jude war seines Bekenntnisse wegen in Lebensgefahr.
Das Motiv, ein totes Kind in das Haus eines Juden zu legen, um die ganze Gemeinde eines Ritualmordes bezichtigen zu können, findet sich in einer tief beunruhigenden und viel zitierten Historie in ›Schewet

Jehuda‹ (1554), siehe Text 185. Ein ritueller Gebrauch von Blut klingt bereits in den ›Annalen von Marbach‹ (1236) an. Noch dem jungen J. W. von Goethe »schwebten die alten Märchen von Grausamkeit der Juden gegen die Christenkinder, die wir in Gottfrieds ›Chronik‹ gräßlich abgebildet gesehen, düster vor dem jungen Gemüt« (Erster Teil ›Dichtung und Wahrheit‹, 1811). Wie grausig die hier vorgebrachte »Blutbeschuldigung« gewirkt haben muß, zeigt die Textwiedergabe in Kohut 1898, 631.
Zur Widerlegung der absurden »Blutbeschuldigung«: Nach den Speisegesetzen (*káschrut*), wie sie auch in dem Rabbi Jehuda zugeschriebenen ›Sefer Chassidim‹ verankert sind, hat die Zubereitung der Fleischspeisen durch die Schechita, d.h. das Schächten »reiner«, zuvor nicht betäubter Tiere zu erfolgen. Damit das Blut ablaufen kann, wird das geschächtete Tier kopfunter aufgehängt. Trinken oder Verzehr des Blutes sind seit jeher tabu.

Der Fürst, der seine Tochter mit einem bösen Geist vermählte

Die Geschichte geschah in Zeiten des Rabbi Jehuda Chassid (Jehuda der Fromme). Da lebte ein Fürst (*ßar*) von vornehmer Herkunft (*jícheß*), aus dem Stamm eines Königs, und ein sehr reicher Mann; er besaß Edelsteine von unschätzbarem Wert. Nun hatte dieser Fürst eine einzige Tochter, die wollte er keinem geben, es sei denn, er wäre so reich wie er selbst. Denn der Fürst glaubte, daß es keiner an Reichtum mit ihm aufnehmen könne.

Es geschah eines Tages, daß ein böser Geist (*sched*), Gott stehe uns bei, daherkam: in der Aufmachung eines schönen jungen Mannes, einem König gleich. Und er brachte mit sich gar schöne Schätze an Edelsteinen und Perlen, wie man sie auf Erden nie zuvor schöner gesehen hatte, und er brachte auch großen Mammon mit sich, mehr als einer zählen konnte. Er ging zu dem Fürst und sprach: »Gnädiger Herr, ich habe gehört, Ihr habt eine einzige Tochter und die wollt Ihr niemandem geben, es sei denn, er wäre so reich wie Ihr und auch von so noblem Geschlecht wie Ihr.« Da sprach der Fürst: »Ja, das ist wahr.« Da sprach der Dämon: »Dann gebt sie mir, denn ich bin ebenso reich wie Ihr und auch von so noblem Geschlecht wie Ihr. Und wenn Ihr's nicht glauben wollt, so kommt mit mir, dann will ich es Euch vorweisen anhand von allerlei Edelsteinen und Perlen, und anhand kostbarer (*kestlich*) Kleider und Silber und Gold, wie Ihr mit eigenen Augen im ganzen Leben nicht schöner gesehen habt.«

So ging der Fürst mit dem Geist in dessen Herberge auf das Zimmer. Da wies der Dämon dem Fürsten alles vor, so wie er es ihm gesagt hatte. Und er sagte zum Fürsten: »Das ist alles noch nichts. Wenn ich Eure Tochter zur Frau habe und sie heimbringe, dann erst wird sie den Reichtum sehen, denn ich bin ein König, mächtiger als irgendein König, der jetzt auf Erden lebt. Ich denke aber, Ihr seht selbst, wie es sich damit verhält. Ich glaube nicht, daß es einen Menschen auf Erden gibt, der so viel aufbringt, wie ich Euch gezeigt habe, ganz zu schweigen von dem, was ich daheim besitze. Ihr könnt auch an meiner Gestalt gut erkennen, daß ich ein Königssohn bin. Deshalb, wollt Ihr mir Eure Tochter zur Frau geben, so laßt es mich wissen.«

Da fragte ihn der Fürst: »Von woher seid Ihr, mein lieber Herr? Wie heißt Euer Königreich und in welchem Land liegt es?« Um es kurz zu machen, der Dämon war für den Fürst viel zu klug, und so überredete er den Fürst, ihm die Tochter zur Frau zu geben. Da ließ der Fürst ausrufen, so weit sein Land reichte, daß er seine Tochter verheiratet habe (*hot ójßgegebn*) und jedermann zur Hochzeit kommen solle. Und er machte eine gewaltige Hochzeit. Da gab es viel Freude, Tanzen und Springen, Stechen und Turnieren, wie es sich auf so einer Hochzeit gebührt.

Und als nun die Hochzeit vorbei war, da sprach der Dämon zu dem Fürsten: »Mein lieber Schwiegervater, ich will nun gern einmal mit meiner lieben Frau heim in mein Land ziehen. Also ersuche ich Euch, mir Urlaub geben zu wollen, denn meinem Volk habe ich versprochen, daß ich nicht lange draußen bleiben will.« Da bat der Fürst seinen Schwiegersohn, er möge noch länger bei ihm bleiben, doch der dachte nicht daran, denn er sagte, er müsse befürchten, daß es ihm großen Schaden bringen werde, wenn er länger draußen bliebe. Als nun der Schwiegervater sah, daß es nicht anders sein konnte, da gebot der Fürst, daß viele Herren mit seinem Schwiegersohn mitreiten sollten und auch viele, die zu Fuß mitgingen.

Der Fürst hatte nun einen alten Mann bei sich, der war bei ihm Lautenschläger gewesen und verstand sich auf allerlei Saitenspiel. Der zog auch mit dem Dämon mit und wollte ebenfalls dessen Land besehen. So zogen sie miteinander fort und das Hofgesinde dazu, mit viel Volk und großen Herren. Und der Fürst und die Fürstin zogen auch mit und gaben ihnen das Geleit. Schließlich (*leßóf*) nahmen sie unter viel Tränen (*mit grojß schrájn*) Abschied voneinander. Der Fürst kehrte wieder um, und der Dämon zog mit seiner Frau und dem Gefolge weiter. Nach drei Tagereisen sahen sie vor sich eine schöne Stadt liegen. Da sprach der böse Geist zu seinem Gefolge: »Kehrt ihr nur wieder um, denn ich will euch nicht mithaben in der Stadt.« Da bat ihn das Gefolge sehr, er solle sie auch mitreiten lassen in die Stadt. Da sprach der Geist: »Ich will es euch genießen lassen, derweil ihr so getreulich mit mir in fremde Lande gezogen seid, und will, daß ihr in Frieden wieder heimzieht. Wenn ihr nicht so treu bei mir gewesen wäret, hätte ich euch alle schädigen können.« Dann sagte er ihnen, daß er ein Dämon sei und der Fürst sich an seiner Tochter versündigt habe, weil er sie niemandem habe zur Frau geben wollen.

Wie nun die Leute das hörten, da erschraken alle sehr, und die junge Frau erschrak auch, daß sie wie tot niedersank. Denn sie dachte bei sich, das koste nun ihren Hals, denn sie mußte ja mit ihm ziehen. Sie wäre um vieles lieber mit ihren Leuten (*gesínd*) wieder heimgezogen, aber das war nicht möglich.

Da sprach der Dämon zu ihren Leuten, sie sollten wieder heimziehen. Da sprachen sie: »Wie sollen wir denn solches unserem Herrn berichten, wenn wir heimkommen? Auch wird er's uns nicht glauben. Gebt uns ein Wahrzeichen, daß wir es unserem Herrn vorweisen können.« Da sagte der Geist: »Zum Wahrzeichen dies: Ihr seid mit mir in drei Tagen hierhergeritten, und jetzt müßt ihr volle drei Wochen zurückreiten. Da wird es euer Herr wohl glauben, daß euch ein Dämon geführt hat.«

Also mußten sie vom Dämon Urlaub nehmen und unter großem Weinen von dannen ziehen, und erst in drei Wochen kamen sie heim und berichteten dem Fürst, wie es ihnen auf der Reise ergangen, und daß sein Schwiegersohn ein Dämon war. Da schrien die beiden ihren großen Jammer heraus, wie man sich vorstellen kann, weil sie ihre Tochter so schlimm verheiratet (*bejs ójßgegebn*) hatten; und alle beide starben vor Leid und Kummer.

Nun folgte ihnen nur der alte Lautenschläger bis in die Stadt hinein, in der lauter böse Geister (*schéjdim*) hausten, Gott stehe uns bei. Also wohnte der Dämon mit seiner Frau drei Jahre in der Stadt. Und im vierten Jahr sprach der Dämon zu seiner Frau: »Wohlan, mein Weib, du mußt jetzt mit, denn die Zeit, da du sterben sollst, ist gekommen.«

Also mußte sie mit ihm gehen, und der gute Lautenschläger ging mit ihr. Da führte sie der böse Geist bis an das Tor der Hölle (*gehínom*) und überantwortete seine schöne Frau den Geistern, welche die Leute umbringen (*fardárbn*) und die man bei uns Ausgeburt der Hölle (*málech-chabóle*, böse Engel) nennt. Also zogen sie die junge Frau in die Hölle, und der Dämon ging wieder in seine Stadt zu den anderen Dämonen.

Da blickte der Lautenschläger in die Hölle hinein und sah dort auch einen Lautenschläger sitzen, tief in der Hölle, und den kannte er, denn sie waren miteinander Kumpane (*chawéjrim*) gewesen. Da sagte er zu ihm: »Sag mir, mein lieber Genosse, was machst du hier in der Hölle?« Da antwortete er ihm: »Siehst du nicht, daß ich in der Hölle die Laute schlage?« Und er sagte noch: »Sieh dich beileibe vor, nicht zu der Frau zu gehen, mit der du hergekommen bist. Denn sobald du zu ihr gehst, mußt auch du hier drin bleiben. Denn sie ist nun den Geistern überliefert, deshalb geh nicht zu ihr.«

Da sprach der Lautenschläger, der draußen gestanden, zu dem, der drinnen war: »Sag mir, Lieber, warum bist du nicht verbrannt, du bist doch in der Hölle? Ich dachte, einer verbrennt gleich, wenn einer in die Hölle kommt. Du mußt doch irgend etwas Gutes getan haben, daß du nicht ganz verbrannt bist.« Da antwortete ihm der Lautenschläger: »Ich weiß von nichts Gutem, was ich mein Lebtag getan habe, sondern nur, daß ich den Juden auf ihren Hochzeiten aufgespielt und sie fröhlich gemacht habe. Das hilft mir jetzt.«

Da dachte der Lautenschläger, der draußen stand, bei sich: »Der da ist nicht in der Hölle verbrannt, weil er den Leuten aufgespielt und sie fröhlich gemacht hat; wie mag es einem ergehen, der ganz zum Juden geworden ist? Ich schätze, der kommt gar nicht in die Hölle.« Und sprach zu ihm: »Lieber, gib mir einen guten Rat (*éjze*), daß ich auf dem rechten Weg wieder heimkommen kann. Und gib mir auch ein Wahrzeichen, daß ich so mit dir geredet habe, denn wenn Gott mir das Glück gibt, daß ich wieder zu Leuten komme, dann werde ich sagen können, wie du mit mir geredet hast, und man wird mir glauben.« Da sprach er zu ihm: »Reich mir deine Hand her und berühre mich mit deinem kleinen Finger, so wirst du große Wunder sehen.« Da berührte er ihn, und der Finger fing Zunder und brannte ihm, und er konnte ihn nicht löschen. Dann wies er ihm den rechten Weg, wo er hingehen sollte.

Also ging er wieder von ihm fort, aber der Finger brannte ihm. Nach einer kleinen Weile war ihm das ganze Glied verbrannt. Er kam wieder auf den rechten Weg, und überall, wo er hinkam, fragte er nach Juden (*jehúdim*). Zuletzt (*leßóf*) kam er in eine Stadt, in der viele Juden lebten, da wollte er haben, daß sie ihn bekehrten. Da sagten sie zu ihm: »Geh zu Rabbi Jehuda Chassid, der wird dich bekehren.«

Also ging er von ihnen fort und wollte nach Regensburg zu dem Frommen (*chóßid*) gehen. Und wie er noch drei Meilen nach Regensburg hatte, da kam es dem Frommen prophetisch (*be-newúe*) in den Sinn, daß ein solcher Mann kommen werde. Und sagte zu seinen Schülern (*bócherim*): »Ich rieche (*schmek*) das Feuer der Hölle. Da wird einer kommen, der ist ein Goi (*goj*, Nichtjude), der wird nach mir fragen. Sagt ihm, ich bin nicht daheim, er kann nicht zu mir kommen. Fragt ihn, was er will, so wird er sagen, ich will mich bekehren lassen (*megájer sajn*). So bekehrt ihn, daß der böse Ruch der Hölle von ihm gehen möge.«

Da kam der Lautenschläger zu den Schülern nach Regensburg und sagte, er wolle sich bekehren lassen, wo der Meister denn wäre. Da sagten sie, er wäre nicht daheim, er könne nicht zu ihm kommen. Da sagte er: »Ich wollte mich gern bekehren lassen.« Da bekehrten ihn die Schüler in einem Zimmer (*chéjder*), das ihnen der Fromme gewiesen hatte. Von Stund an war das Feuer der Hölle erloschen und der Höllengestank verflogen. Da kam der Fromme und fand den Lautenschläger in seiner Stube sitzen. Da fragte er ihn, was sein Geschäft wäre und von wo er gekommen sei, mit dem Feuer aus der Hölle. Da erzählte er ihm all die Dinge, was ihnen geschehen und wie es dem Fürsten mit seiner Tochter gegangen sei. Und der Fromme lernte mit ihm, und er wurde ein frommer Jude. [179]

Quelle: Brüll 19/II (lt. Zfatman 1979); s. a. Hss. Innsbruck Nr. 88, Rovere Nr. 94.

Übers.: MB: Grunwald 1889, Nr. 9: Der getreue Lautenschläger (nach der Ausgabe Dyhernfurth 1709); Pappenheim 1929, Nr. 184.

Gaster 1934 vermutete dem Plot nach ein deutsches Märchen und verwies auf das rabbinische Exemplum Nr. 338 (Frau in der Hölle) sowie implizit auf den Satan als Bräutigam, worauf auch die »bösen Engel« hindeuten könnten.

In der Tat ist die »Teufelsbraut« ein besonders in Osteuropa häufiges Märchenmotiv. Das deutsche Märchen kennt zwar die Verschreibung des Kindes an den Teufel »in Unwissenheit und Übereilung« (Bolte-Polívka), jedoch kaum aus Geldgründen (der Böse übertrumpft den Reichtum des Brautvaters). Dafür sind Turnierfeste und Lautenschläger (als Heldenbegleiter) recht beliebte germanische Sagenmotive, und eben dort lassen sich Vorbilder finden.

Schon Grunwald wies in einer Anm. zu seiner Übersetzung auf Volker von Alzey und Horant hin, den werbenden Sänger im mhd. Epos ›Kudrun‹, der einen orpheusgleichen Gang in die Unterwelt wagte. Auch Heller 1936, 240 erinnerte an »Volker mit Brunhilde, Horant mit Hilde«.

Das Hilde-Epos als Teil des Gudrun-Stoffes führt auf die Spuren eines in jiddischer Umschrift erhaltenen mhd. Spielmannsliedes von der Brautwerbung Horants, des sog. ›Dukus Horant‹ (1382). Dort ist es der wilde König Hagen von Griechenland, der seine schöne Tochter Hilde nicht verheiraten will. Im Auftrag des jungen deutschen Königs Etene

reist der für betörende Sangeskunst berühmte dänische Herzog Horant als Brautwerber mit großem Gefolge zu Schiff nach Hellas. Es sind vor allem höfische und spielmännische Züge, die das Epos auszeichnen. Von ihm sagte Salcia Landmann: »Das älteste umfassende jüdisch-deutsche Schriftstück, das wir besitzen, ist eine deutsche Sage. Und die älteste Fassung dieser deutschen Sage ist eine jüdische Niederschrift!« (›Jiddisch, Abenteuer einer Sprache‹, dtv-252, 1964, 100).
Dieser Stoff scheint hier mit dem Bekehrungsmotiv verknüpft und der eigentümlichen Moral, wonach es selbst in der Hölle von Vorteil sein könnte, ein Bekehrter oder Proselyt zu sein.

Von einer Beschneidung, die Rabbi Jehuda Chassid nicht gutheissen konnte

Die Geschichte geschah in Zeiten des Rabbi Jehuda Chassid. Da wurde in seiner Stadt Regensburg ein Kind geboren. Und wie man das Kind in die Synagoge (*schul*) tragen wollte, um es zu jüdischen (*jídischn*, beschneiden), da stand die ganze Gemeinde (*kol ha-kóhol*) auf, wie es Sitte (*ßéjder*) ist, wenn man »Gesegnet sei, der kommt« (*borchhábe*) ausruft. – Denn, so sagt man, der Prophet Elia (*Elijóhu ha-nówi*) kommt stets mit dem Kind. Dies ist auch der Grund, weswegen man zwei Stühle nebeneinanderstellt.

Doch diesmal stand der Fromme (*chóßid*) nicht für das Kind auf, und als jedermann rief: »Gesegnet sei, der kommt«, da schwieg er still, denn er sah den Propheten Elia nicht mit hereinkommen, wie er sonst zu tun pflegt. Darüber war ein jeder verwundert, und die Leute fragten

ihn, weshalb er dem Kind solchen Schimpf angetan habe. Da sagte der Fromme: »Derweil ich nicht den Propheten Elia mit dem Kinde habe kommen sehen, und er hat sich auch nicht auf seinen Stuhl gesetzt, der für ihn bereitet war. Da könnt ihr euch wohl denken, daß aus dem Kind nichts Gutes wird.«

Und er sagte zu einigen der Leute: »Seht ihr dort in jenem Fenster, da sitzt der Prophet Elia in Gestalt eines alten Mannes mit langem schneeweißen Bart, und er betet (*tfile ton*).« Da baten ihn die Leute, er möge ihnen doch sagen, wie das kommt, daß sich der Prophet Elia nicht auf den Stuhl gesetzt hat, wie es seine Gepflogenheit (*ßéjder*) war.

Da antwortete er ihnen: »Ich will es euch sagen. Das Kind wird später einmal eine böse Stunde bekommen und wird sich taufen lassen (*schmadn sich*) wollen. Deshalb will der Prophet Elia nicht bei ihm sitzen.«

Und das ist eben jenes Kind gewesen, von dem ihr oben gelesen habt, in der 176. Geschichte. [180]

Quelle: Brüll 1889, Nr. 20 (Hss. Innsbruck Nr. 89, Rovere Nr. 102). Übers.: Brüll, ebd. (gekürzt). – MB: Pappenheim 1929, Nr. 185.

Der Legende nach standen Jehuda der Fromme und der Prophet Elia in guter Verbindung, zumal der Rabbi die Gabe der Prophetie besaß und auch die Fähigkeit, des anderen numinose Gegenwart wahrzunehmen (vgl. Text 182).
Bei einer solchen »Berit Mila« (Bund der Beschneidung) gehört der biblische Prophet konstitutiv dazu. Durch die Beschneidung (*míle*), die man an dem acht Tage alten männlichen Kind vornimmt, wird es in die jüdische Religionsgemeinschaft aufgenommen. Häufig befand sich in der Synagoge, in der früher der feierliche Akt der Mila vollzogen wurde, ein sog. Beschneidungssessel mit der hebr. Inschrift »Dieses ist der Sessel des Propheten Elia, er sei zum Guten gedacht«. – Es war der Prophet Maleachi, der den Bezug stiftete: »Wohlan, ich sende euch Elija den Künder,/bevor MEIN Tag, der große und furchtbare kommt,/daß er umkehren lasse/der Väter Herz zu den Söhnen,/der Söhne Herz zu ihren Vätern« (Mal 3, 23–24).
Deutlich ist die Verknüpfung mit Text 176, auf die sich auch das Wort von der »bösen Stunde«, das heißt einer individuellen Glaubensanfechtung, bezieht.

Wie Rabbi Jehuda Chassid einem stummen Kind zum Sprechen verhalf

Die Geschichte geschah in Zeiten des Rabbi Jehuda Chassid (Jehuda der Fromme), da wurde ein Kind geboren, das nicht reden konnte, und als es dann groß war, konnte es auch kein Wort reden. Nun hatte seine Mutter viel von Rabbi Jehuda Chassid zu Regensburg gehört, und so zog sie hin zu ihm und klagte ihm, sie habe ein Kind, das nun groß sei und noch kein Wort reden könne – was sie denn dafür tun solle.

Da sagte der Fromme (*chóßid*): »Geh und trag den Jungen, gleich als wenn du ihn nach Landshut trägst. (Das ist ein kleiner Ort bei Regensburg, der so heißt.) Unterwegs wirst du zu einem Dorf kommen, das Gumla heißt. Dort frag den ersten, der dir begegnen wird: ›Lieber, ich habe ein Kind, das nicht reden kann. Was kann ich tun, daß es reden kann?‹ Und was immer dieser Mensch dich zu tun heißt, das tue.«

Da machte es die Frau so, wie der Fromme sie geheißen hatte. Und wie sie an das Dorf kam, da begegnete ihr ein Christ (*goj*). Da fragte sie eben diesen, was sie tun solle, daß das Kind reden könne. Da antwortete ihr der Christ voller Bosheit (*séjer beríscheß*): »Wirf es ins Feuer.« Da dachte die Frau: »Der Christ soll der Sündenbock sein (*sajn a kapóre*) für mich und mein Kind«, denn sie war nicht der Meinung, daß dies ein Heilmittel (*refúe*) für ihr Kind sei.

So ging die gute Frau wieder zum Frommen und sagte ihm, wie es ihr ergangen war. Da sagte der Fromme zu ihr: »Du hast Unrecht getan, daß du nicht das getan hast, was der Christ dir sagte. Du hättest doch das Kind nicht verbrennen müssen. Wärst du nur hingegangen und hättest den Jungen auf ein heißes Brett auf dem Herd gelegt und hättest eine Multer (einen Trog) über das Kind gestürzt und hättest das Kind eine Weile darunter liegen lassen und hättest es dann wieder hervor genommen, so hätte dein Kind reden können. Deshalb geh heute bei Tag wieder in jenes Dorf und frag wieder den ersten, der dir begegnet, wie ich dir zuvor schon geraten habe. Und was der dich lehrt (*lernt*), tu das gleich.«

Also ging die gute Frau wieder nach draußen in das Dorf. Da begegnete ihr wieder ein Christ, und sie fragte ihn: »Lieber Freund, was soll ich tun, daß mein Kind reden lernt?« Da sprach der Christ voller Bosheit: »Wirf es in das Gewässer, das die Isar heißt.« Nun hatte die Frau eine

Christin (*góje*) bei sich. Da sprach die Frau zur Christin: »Ich will es auffangen, daß es nicht ertrinkt.« Und die Christin tat, wie es ihr die gute Frau hieß, und warf das Kind herab, und die gute Frau fing es in ihrer Schürze auf. Da schrie das Kind: »Schuch, schuch, schuch, wie kalt ist mir!« Und konnte von Stund an reden wie jeder andere Mensch auch.

Und der Fromme lernte danach mit ihm, und aus dem Kind wurde ein großer Talmudgelehrter (*tálmid-chóchem*). [181]

Quelle: Brüll 1889, Nr. 2 (Hss. Innsbruck Nr. 91, Rovere Nr. 100).
Übers.: Brüll, ebd. (gekürzt). – MB: Grünbaum 1882, 427 f. (nach den Ausgaben Wilhermsdorf Nr. 179 und Rödelheim fol. 55 a); Pappenheim 1929, Nr. 186.

Wie kaum sonst werden hier etliche Orte benannt, einmal Jehudas Wirkungsstätte Regensburg, dann Landshut (heute Verwaltungssitz des Regierungsbezirks Niederbayern), die Isar und auch ein historisch kaum zu lokalisierendes Dorf Gumla (bei Gaster: Gomla).
Grünbaum sah eine entfernte Verwandtschaft mit Herodots Erzählung vom stummen Sohn des Krösus, dem ein plötzlicher Schrecken – vor seinen Augen der Vater in Todesgefahr – zur Sprache verhilft. Eine solche mit Sprachhemmung verbundene »Schocktherapie« ist also schon seit dem 5. Jh. v. Z. bekannt (Erstes Buch der ›Historien‹). Eine andere Schocktherapie kennt das Grimmsche Märchen, nämlich das »Von einem der auszog, das Fürchten zu lernen« (KHM 4, AaTh 326). Dort ist es ein Eimer kaltes Wasser, voll mit zappelnden Gründlingen, der dem Helden zu guter Letzt das erwünschte »Gruseln« beibringt.
Selbst das Motiv »Kind ins Feuer werfen« ist Grimms Märchen nicht fremd, siehe »Frau Trude« (KHM 43, AaTh 334 A*); dort verwandelt die hexenhafte Heldin ein von Neugier geplagtes Mädchen in einen Holzblock, den sie ins Feuer wirft.
Feuer und Wasser sind Verwandlungssymbole. Beide Elemente sind auch verbunden mit Tests auf Glaubwürdigkeit, mit Gottesgerichten. Einer Backofenprobe muß sich z. B. Josua der Hohepriester unterziehen (Text 114), und in Text 193 läßt ein christlicher Hegemon drei Juden

durchs Feuer gehen, ausdrücklich mit Bezug auf die erprobten biblischen »Jünglinge im Feuerofen«, Chananja, Mischael und Asarja.
Bei dieser Feuer- und Wasserprobe geht es einmal um sibyllinische Anweisungen des Rabbi Jehuda (ebenfalls ein geläufiges Märchenmotiv), zum anderen um zynische Ratschläge einiger Christenmenschen, die auf Totschlag hinauslaufen. Letztlich obsiegt die Weisheit des Rabbi.

Rabbi Jehuda Chassid und ein Frommer aus Speyer feiern in Regensburg den Seder

Die Geschichte geschah bei Rabbi Jehuda Chassid (Jehuda der Fromme) und einem Godel (*gódaul*, großer Mann), der zu Speyer wohnte. Der hieß Rabbi Jehuda ben Schneier. Eines Tages wanderte er nach Regensburg und kam gerade am Vorabend von Pessach (*érew péjßech*) zu Rabbi Jehuda Chassid. Und als dieser in der ersten Nacht den Seder gab (*ßéjder*, Zeremoniell des ersten und zweiten Pessach-Abends), da war Rabbi Jehuda Chassid gar fröhlich. Als das der andere Fromme (*chóßid*), der aus Speyer, sah, daß Rabbi Jehuda Chassid so fröhlich war, da sprang der Fromme aus Speyer, sobald sie den Seder beendet hatten, in großer Freude vom Tisch auf. Da fragte ihn Rabbi Jehuda Chassid, warum er so fröhlich sei. Da tanzte und sprang er erst recht und klatschte vor Freuden in seine Hände.

Da fragte ihn Rabbi Jehuda Chassid noch einmal, warum er so fröhlich sei, und der Fromme aus Speyer sprach: »Darum bin ich so fröhlich, weil ich dich so fröhlich sah. Das hat mich so erfreut in meinem Herzen.« Da sprach Rabbi

Jehuda Chassid: »Ich will dir sagen, weshalb ich so fröhlich war. Während wir den Seder begingen, war der Prophet Elia (*Elijóhu ha-nówi*) bei uns.« Da sprach der Fromme von Speyer: »O wehe mir, daß ich nicht würdig war, auch den Propheten Elia zu sehen.« Da sprach Rabbi Jehuda Chassid: »Ich sage dir, er ist näher bei dir gesessen als bei mir.« Dennoch war der Fromme aus Speyer enttäuscht, bis Rabbi Jehuda Chassid zu ihm sagte: »Sei versichert, daß du ein Sohn der Anderen Welt (*ben áulom-hábo*, Teilhaber am Jenseits) bist und dich auch nicht zu fürchten brauchst, daß du nach deinem Tod Grabespein (*chibbut ha-kéjwer*) erleidest.«

Dann sprach der Rabbi Jehuda Chassid noch ein weiteres: »Es gibt drei Männer auf dieser Welt, welche die besten sind, und du bist einer von ihnen. Möge der Heilige, gesegnet sei Er, uns ihr Verdienst (*ßchuß*) genießen lassen. Amen (*oméjn*). [182]

Quelle: Brüll 1882, Nr. 4 (Hss. Innsbruck Nr. 92, Rovere Nr. 101). Übers.: Ebd. (gekürzt). – MB: Pappenheim 1929, Nr. 187.

Das MB spricht von Rabbi Jehuda ben Schneier, Gaster 1934 von Juda ben Scheneor, Brülls Handschrift von dem Speyrer Gemeindevorsteher Jehuda ben Schneor. Lexikalisch findet sich nur ein Jehuda ben Senior (Scheneor), der aber als frz. liturgischer Dichter gilt und um 1260, als nach der Zeit Rabbi Jehuda Chassids, gelebt hat.
Der Text führt ein in die gemeinschaftliche Lesung der Pessach-Haggada am Vorabend des jüdischen Osterfestes. Zum Seder (*ßéjder*), der traditionellen Ordnung oder Reihenfolge, gehört das Lesen der Pessach-Haggada (Oster-Erzählung); sie gestaltet und bestimmt den festlichen Abend.
»Vor dem Platz des Hausvaters, der zuoberst am Tisch auf einem mit Kissen besetzten Sessel sitzt, ist noch ein zweiter Becher mit Wein: der Kelch für den Propheten Elia, der im Geiste bei der heiligen Feier ist. (...) Die Haggada wird geöffnet. Der Vater, durch den sich die Feier vollzieht, spricht den Kiddusch (Weinsegen) mit erhobenem Weinbe-

cher: ›Heilige Pessachfeierklänge/Künden uns von alter Zeit,/Da uns Gott aus Schmach befreit,/Aus der Knechtschaft düstren Enge./Und so jauchzen freuderfüllet/Dankbar jubelnd wir dir zu,/Frühlingsfest der Freiheit du,/Sederabend, sei willkommen!‹ (...) Mit erhobener Stimme beginnt der Hausvater die Erzählung, auf die Mazzot (ungesäuerten Brote) hinweisend: ›Ha lachma anja.‹ ›Dies ist das Brot des Elends, das unsere Väter einst in Ägypten aßen‹« (Müller 1934, 20ff., siehe auch Anm. Text 173).

Und weiter geht es mit der Verlesung der Psalmen 117 und 118, mit gemeinsam gesungenen Festliedern und dem berühmten alten Kettenlied »Chad gadja« (Ein Zicklein) – das sich nicht nur in Heinrich Heines ›Der Rabbi von Bacharach‹ findet, sondern auch in Arnim/Brentanos Sammlung ›Des Knaben Wunderhorn‹.

Die ›Haggada schel Pessach‹ nimmt innerhalb der Agada, den erzählerischen Teilen von Talmud und Midrasch, einen besonderen Platz ein. Zum einen löst sie den Wortsinn von Haggada – Gesprochenes, Vorgetragenes, Erzähltes – ein, zum anderen bildet sie einen eigenen Zweig am Baum jüdischer Druck- und Buchgeschichte. Der reicht von prächtig illuminierten und illustrierten Handschriften des Spätmittelalters bis zu der von Fritz Kredel gestalteten ›Offenbacher Haggada‹ (1927) und dem Oratorium Paul Dessaus (1936).

Der Tod des Rabbi Jehuda Chassid und der umgestürzte Regensburger Turm

Diese Geschichte geschah in Zeiten des Rabbi Jehuda Chassid (Jehuda der Fromme). Da lebte in Regensburg ein Torwächter, der ein durch und durch böser Mensch (*grojß rósche*) war. Und wenn ein Jude starb, dann mußte man die Leiche (*meß*) durch dieses Tor hinaustragen. Und wenn man dabei war, den Toten hinauszutragen, dann fing der Böse aus lauter Bosheit (*grojß rischeß*) zu läuten an.

Als nun Rabbi Jehuda Chassid krank wurde und im Sterben lag, da schickte er nach der ganzen Gemeinde (*kol ha-kóhol*) und sprach zu ihr: »Liebe Herren (*rabójßaj*), ich bin nun in Gottes Gewalt und werde sterben. Ich will euch ein Zeichen geben, woran ihr erkennen sollt, daß ich ein Sohn des Jenseits (*ben áulom-hábo*) bin. Und das soll das Zeichen sein: Wenn man mich zum Tor hinausträgt, welches der Bösewicht hütet, wird er wieder zu läuten beginnen, wie es seine Gewohnheit ist. Dann wird der Turm umstürzen, und man wird mich nicht durch dieses Tor hinaustragen können. Und wenn das geschieht, so sollt ihr wissen, daß ich ins Paradies (*ganéjdn*) komme.«

Und als der Fromme (*chóßid*) nach Gottes Willen starb und man ihn zum Tor hinaustragen wollte, da hob der Bösewicht, sobald er dessen gewahr wurde, an zu läuten. Da plötzlich fiel der Turm um und erschlug den Torwächter, so daß man den Frommen durch jene Pforte nicht hinaustragen konnte.

Wenn einer das nicht glauben will, so gehe er nach Regensburg, dort werdet ihr es sehen und hören. Warum nur? Diesen Turm kann man nimmermehr erbauen. Man hat ihn viele Male wieder aufgebaut, und so oft man ihn aufgebaut hat, so oft fiel er wieder ein und wollte nicht stehenbleiben. [183]

Quelle: Brüll 1889, Nr. 36 (Hss. Innsbruck Nr. 95, Rovere Nr. 106).
Übers.: Brüll, ebd. (gekürzt). – MB: Pappenheim 1929, Nr. 188; Jason 1976, Nr. 30/III.

»Bis al hi ge'n di ma'assim reb juda« vermerkt das Inhaltsverzeichnis des Basler Erstdrucks. Mit dem hier geschilderten Tod des Jehuda Chassid,

der gewöhnlich auf 1217 datiert wird (nach Dukes starb er am 13. Adar 1223), schließt der sog. Rhein-Donau-Sagen-Zyklus, der von den »Deutschen Frommen« handelt.
Zu Beginn seiner Übersetzung informiert Brüll den Leser: »In Regensburg mußten alle Leichenzüge ein Tor passieren, an dem sich eine Glocke befand, die stets beim Anlangen eines solchen von dem Pförtner in Bewegung gesetzt wurde.« Und er fügt am Schluß hinzu, dies sei ein Zeichen, daß auch Christen anerkannten, »daß er ein Heiliger war im Leben und nach dem Tode«.
Daß sich um Rabbi Jehudas Tod Legenden ranken, ist auch aus der nächsten Geschichte in dem hs. Sammelband ersichtlich (Nr. 37 – vgl. Anm. Text 175).
Legendentypisch ist der Konflikt mit der christlich-agressiven Außenwelt, der zugunsten der »Jidischkeit« gelöst wird und mit der Bestrafung des Judenhassers endet. Die im MB ausgeformte Legende wurde hernach von litauischen Juden auf einen Wunderrabbi (*guter-jid*) übertragen. Dieser setzt sich auf der Totenbahre (*mite*) auf und heißt den Synagogendiener (*schámeß*), ihm ein Buch zu bringen. Zwei Tauben deuten ihm das Gewünschte, er bringt's, und der Rebbe schlägt ein bestimmtes Blatt auf. Man hat den Toten dann fortgekarrt und beerdigt. »Und als man ihn begrub, da hat man gesehen, wie die Kirche (*klejster*) einsank. Die Glocken haben geläutet, und die Kirche ist gesunken und gesunken und schließlich tief in der Erde versunken, bis auf den heutigen Tag« (Immanuel Olsvanger, ›Rosinkes mit Mandlen. Aus der Volksliteratur der Ostjuden.‹ 2. verm. Aufl. 1931, Nr. 380: »Der ajngesunkener klejster«).

Raschi prophezeit Gottfried von Bouillon das Ende des Kreuzzuges

Die Geschichte geschah in den Tagen Raschis. (Raschi ist aus den Initialen »Rabbi Salomo ben Isaak« gebildet.). Der Raschi war ein gebürtiger Franzose (*zórfauß*), doch hat er in Worms gewohnt. Und dort hatte er ein Lehrhaus (*beß-médresch*) mit einem Heiligen Schrein *(óraun hakáudesch)* darin. Denn er benutzte das Lehrhaus auch als Bethaus (*beß-haknéßeß*, Synagoge), das man noch heutigen Tages die Raschi-Schul nennt. Und die Leute pflegten an jedem Vorabend eines Monatsanfangs (*érew rosch-cháudesch*) darin den monatlichen Fastentag (*jom-kipur kóten*, Kleiner Versöhnungstag) abzuhalten, und die Schüler (*bócherim*) führten darin jedesmal an Simchat Tora (*ßímchaß-táuro*, Festtag der Gesetzesfreude) Gottesdienste durch. Das alles tat man Raschi zu Ehren.

Nun, eines Tages geschah es, daß der Herzog von Lothringen, dessen Name Gottfried von Bouillon war, mit großem Gefolge sich anschickte, nach Jerusalem (*jeruscholájim*) zu ziehen, um mit den Türken Krieg zu führen (*milchóme haltn*). Er hatte schon viel von der Weisheit (*chóchme*) Raschis gehört, und daß ihn die Christenheit (*úmauß*, Völker) ebenso für einen Weisen (*chóchem*) hielt wie die Juden *(jehúdim)* selbst. Denn er galt als ein Prophet (*nówi*), wie es auch in Wahrheit so war.

Also schickte der Herzog nach Raschi, er möge zu ihm kommen, denn er wolle von ihm einen Rat (*éjze*) einholen. Aber Raschi weigerte sich, zu ihm zu kommen. Wie der Herzog das erfuhr, daß Raschi nicht zu ihm kommen wollte, da verdroß es den Herzog sehr, daß ein Jude (*jehúdi*) sich gegen ihn auflehnte (*máured sajn*). Also machte sich der

Herzog mit seinem ganzen Gefolge auf und zog bis nach Worms und vor Raschis Haus. Da fand der Herzog alle Türen offen, und die Bücher (*ßfórim*) lagen offen auf dem Tisch, aber im Haus sah er keinen Menschen. Da hob der Herzog an, mit lauter Stimme zu rufen: »Schláumo (Salomo), Schláumo, wo bist du?« Da antwortete ihm Raschi: »Was wünschst du, Herr?« Da sagte der Herzog (aufs neue): »Schláumo, wo bist du?« Da antwortete Raschi: »Da bin ich, mein Herr.« Sooft ihn der Herzog rief, so oft gab ihm Raschi Antwort. Aber der Herzog sah niemanden. Darüber war er mächtig verwundert und ging wieder hinaus. Da kam einer von Raschis Schülern (*talmídim*) daher, und so fragte er ihn: »Wohnt Raschi hier?« Da antwortete ihm der Schüler (*tálmid*): »Ja, er ist mein Meister.« Da sagte der Herzog: »Sag deinem Meister, daß er zu mir kommt. Ich schwöre bei meinem Haupt, daß ihm von mir kein Schaden geschehen soll.«

Wie Raschi das nun hörte, da ging er zu dem Herzog und fiel ihm zu Füßen. Aber der Herzog hob ihn wieder auf und sagte: »Jetzt habe ich deine Weisheit begriffen (*gesén*). Nun will ich dir mein Begehr sagen, warum ich hierher zu dir gekommen bin. Mein Begehr ist, du mögest mir in einer großen Sache raten, die ich vorhabe zu tun. Ich habe ein großmächtiges Gefolge zu Fuß und zu Pferd vorbereitet, und mein Plan (*sín*) ist, daß ich Jerusalem bezwingen will; denn ich bin versichert in Gott, den Türken stark beizukommen, daß sie keinen Krieg mehr führen (*milchóme haltn*) werden. Deshalb bitte ich dich, laß deinen Rat hören und sag ihn mir frei heraus. Du brauchst dich nicht fürchten, ob du mir Gutes oder Böses sagst. Was immer du mir rätst, ich will es befolgen, denn ich weiß, daß du ein halber Prophet (*nówi*) bist und einem die Wahrheit sagen kannst, wie es einem ergehen kann im Krieg. Deshalb bitte ich dich, sag mir die Wahrheit (*émeß*), ob ich den Krieg gewinnen werde oder nicht.«

Da sprach Raschi mit wenigen Worten: »Mein Herr, ich will Euch die Wahrheit sagen. Ihr werdet im Anfang großes Glück haben, und Ihr werdet Jerusalem bezwingen. Und Ihr werdet drei Tage darin König sein. Aber am vierten Tag, da werden sich die Ismaeliten (*ismaélim*, Sarazenen) wieder zusammentun und werden Euch wieder heraustreiben, und Ihr werdet fliehen müssen. Und die meisten Eurer Leute werden erschlagen werden, und die Euch übrigbleiben, werden unterwegs sterben. Und Ihr werdet wieder in diese Stadt kommen mit drei Mann und einem Roßkopf. Deshalb mögt ihr jetzt tun, wie Euch beliebt, doch habt Ihr meine Meinung gehört.«

Wie nun der Herzog Raschis Rede vernahm, wurde ihm gar bang. Und er sagte zu Raschi: »Es mag wohl sein, daß du recht haben wirst, und es mag mir geschehen, wie du mir sagst. Aber das sage ich dir zu, wenn ich mit vier Mann wiederkommen werde, so will ich dein Fleisch den Hunden zu fressen geben und will alle Juden in meinem Land töten lassen.«

Und so zog der Herzog hinweg mit all seinen Reitern, aber es erging ihm so, wie Raschi gesagt hatte. Und er kam wieder nach Worms mit drei Mann und drei Pferden, und er mit seinem Pferd ist der vierte gewesen. Inzwischen waren vier Jahre vergangen, und er war an die vier Jahre im Krieg gewesen, so lange hatte der Krieg gewährt.

Als er nun nahe bei Worms war, da dachte er an Raschis Worte, wie er ihm gesagt hatte, er werde mit drei Pferden wiederkommen, und er kam nun mit vier Pferden wieder. Und sein Gedanke (*sín*) war, Gott bewahre, daß er Raschi, Gott behüte, Raschi zu töten. Denn er hatte es versprochen, wenn er mit vier Pferden wiederkäme, so wolle er Raschis Fleisch den Hunden zu fressen geben. Aber der Heilige, gepriesen sei Er, macht die Gedanken der Bösen zunichte. Denn als der Herzog zu Worms in das Tor hineinreiten wollte, da fiel ein Balken mit eisernen Spitzen herab – so wie man sie für gewöhnlich an den Stadttoren anbringt und sie zu Kriegszeiten außen vor das Tor herabläßt –, und diesmal fiel er von selbst herab. Da eben war der Herzog mit drei Mann nach Worms gekommen, und der vierte Mann war nicht mit dem Herzog in die Stadt gelangt, denn der Balken schlug seinem Roß den Kopf ab. Da mußte der Mann, der es geritten hatte, draußen bleiben. Darüber erschrak der Herzog sehr und erkannte an, daß ihm Raschi richtig prophezeit hatte, daß er nämlich nicht mit vier Pferden wieder in die Stadt hineinkommen werde. Und der Herzog wollte zu Raschi gehen, ehe er sein eigenes Haus betrat, und wollte sich vor ihm verneigen und bücken und wollte sich bei ihm für die Prophezeiung (*newíeß*) bedanken. Wie er nun zu Raschis Haus kam, da lag dieser noch in seinem Sarg (*orn*), und man hatte ihn noch nicht ins Grab gelegt. Wie nun der Herzog vernahm, daß Raschi gestorben war, da trauerte er sehr um Raschi, wie es auch recht und billig war, Trauer zu zeigen um solch einen Mann. Unser Herrgott mag uns und ganz Israel sein Verdienst (*ßchuß*) genießen lassen. Amen (*oméjn*). [184]

Quelle: Schalschelet ha-Kabbala 1586, 49 b.
Übers.: MB: Pappenheim 1929, Nr. 189.

Aus dieser Chronik Ibn Jachjas, eines in Italien lebenden Sepharden – ein Vorfahr gleichen Namens war Leibarzt und Hofastrologe des portugiesischen Königs Duarte –, entlehnt das MB eine Anzahl »romantischer Legenden über Beziehungen der mittelalterlichen Rabbinen zur christlichen Außenwelt« (Bernhard Heller), so auch die Texte 210–212, 242.
Der Verfasser glaubte an die Realität der Dämonen, wovon seine Geschichten um Rabbi Jezechiel (Texte 211 und 212) Zeugnis ablegen, auch der von ihm geschilderte Augenzeugenbericht, wonach er 1575 in Ferrara bei der Austreibung eines bösen Geistes aus einer kranken Frau dabei war und sich mit ihrem »Plagegeist« verständigen konnte (vgl. Anm. Text 152).
In dieser Legende geht es um zwei religiöse Antagonisten, die den Ersten Kreuzzug erlebt haben, um den Herzog von Niederlothringen in christlicher Führungsposition, nämlich Gottfried von Bouillon (um 1060 bis 1100), und um den unter dem Kreuzzug leidenden jüdischen Gelehrten Raschi (Abkürzung für RAbbi SCHlomo ben Isaak, 1040–1105). Tatsächlich hat dieser eine Zeitlang bei Isaak ben Eleasar ha-Levi in Worms gelernt; seine Prophetie in Sachen Krieg gleicht der des Rabbi Jehuda Chassid (siehe Text 175).
Sie waren beide französischer Herkunft: Gottfried ist in Boulogne geboren, Raschi in Troyes. Der Höhepunkt der Karriere Gottfrieds war Jerusalem, d. h. der einjährige Oberbefehl über die Kreuzfahrerherrschaft dort, wo er jäh verstarb. Raschi, der ihn um fünf Jahr überlebte, hatte schon 1070 in seiner Heimatstadt eine eigene Hohe Schule (Jeschiwa) gegründet, deren Ansehen beständig wuchs; berühmter noch wur-

de er für seinen Kommentar zum BT, den er in Europa durchzusetzen half. Bis heute zählt er zu den höchsten Autoritäten in der Auslegung der Hebräischen Bibel. Gottfried hingegen wurde für das europäische Rittertum zum idealisierten Vorbild und damit »Kult«. Die Legende machte ihn seit dem 12. Jh. zum *einzigen* Führer des Kreuzzuges und zum *ersten König* Jerusalems (vgl. Artikel in ›Lexikon des Mittelalters‹, dtv-Nr. 59057, 2002). Daß die ersten Kreuzritter für blutige Judenverfolgungen besonders im Rheinland verantwortlich waren, ging historisch unter.

Der König entdeckt einen vorgetäuschten Ritualmord

Die Geschichte geschah in Konstantinopel. Da sprachen einst die Türken (*táugrim*) zum König (*kínig*), daß die Juden (*jehúdim*) einen Türken (*táuger*) getötet hätten. Und wollten, Gott bewahre, ein Verhängnis (*geséro*, Verfolgung, Pogrom) daraus machen, wie es, Gott bewahre, oft schon geschehen war, daß man die Juden mit verlogenen Anschuldigungen (*alíleß*) beworfen hatte, wodurch viele Juden umgebracht worden sind.

Da schickte der König nach den Juden, und als sie kamen, da sprach der König zu den Juden: »Sagt mir auf deutsch den Vers im Psalter (*tílim*): ›Hine lau jonum welau jischon schaumer Jißroel.‹« Da sagten die Juden ihm dies auf deutsch: »Es schläft und schlummert nicht der Hüter vor allem Bösen.« Da sprach der König: »Nein, ihr habt den Psalm auf deutsch nicht richtig gesagt, denn der Schriftvers (*póßek*) geht so: ›Der Heilige, gepriesen sei Er, ist der Hüter Israels, der läßt andere Leute nicht schlafen, damit er sein Volk Israel vor Nichtjuden (*gójim*) beschützt und vor jedermann.«

Und der König fuhr fort und sagte: »In der vorigen Nacht habe ich nicht schlafen können; so bin ich von meinem Bett aufgestanden und habe zum Fenster hinaus gesehen. Und der Mond (*lewóne*) hat so hell geschienen, daß man deutlich auf die Gasse hat sehen können. Da habe ich gesehen, wie dort zwei Männer gingen und auf ihren Schultern einen toten Mann (*péjger*) trugen. Da habe ich flugs meine zwei Knechte nachgeschickt, sie sollten doch sehen, wo sie den toten Mann hintrugen. Da sahen sie, wie sie den Toten in ein Judenhaus warfen. Jetzt gehen die hin und beschuldigen die Juden, daß sie einen Christen (*goj*) getötet haben. Und täten gern, Gott bewahre, Rache (*nekóme*) an ihnen nehmen. Wenn ich nun geschlafen und das nicht gesehen hätte, hätte ich ja unschuldig Blut vergossen und hätte die Juden töten lassen. Aber der Heilige, gepriesen sei Er, der Hüter von Israel, hat mich darum nicht schlafen lassen, damit ich die Geschichte selber sehen sollte. Und deshalb soll euch nichts geschehen.«

Und der König ging hin und bestrafte (*nekóme ton*) die Mörder, die den Toten getragen hatten. Und die Juden sind diesmal von dem Volk beschützt worden. Der Heilige, gepriesen sei Er, möge uns weiterhin vor allem Bösen beschützen. Amen (*oméjn*). Sela. [185]

Quelle: Schewet Jehuda, ed. M. Wiener, Hannover 1855, Nr. 39; Simchat ha-Nefesch, Nr. 54.
Übers.: MB: Grünbaum 1882, S. 359 f.; Pappenheim 1929, Nr. 190.

Laut Gaster 1934 verlegt die ältere Quelle den Schauplatz unpassenderweise in die Türkei, im Gegensatz zum späteren »Simchat ha-Nefesch«, das ihn korrekt mit »Spanien« wiedergibt und den Disput des

Königs mit *den* Juden als den mit *einem* jüdischen Gelehrten darstellt. Es agiert also ein spanischer König, nicht etwa der Sultan von Konstantinopel.
Der Text läßt sich inhaltlich mit der Beschuldigung des Ritualmordes in Text 178 vergleichen, gewissermaßen auch mit dem Zeitpunkt seiner ersten Niederschrift. Dort wird aber zugleich eine »Blutbeschuldigung« erhoben, hier geht es »bloß« um untergeschobenen Mord.
Wie prominent, weil Ängste schürend, diese spanische Historie gewesen sein muß, geht aus deren Wiedergabe in den Memoiren der Hamburger Kauffrau Glückel von Hameln hervor, ebenfalls mit Bezug auf Ps 121,4 (»Wohl, nicht schlummert, nicht schläft er,/der Hüter Jißraels«) und der Quintessenz: »Aber Gott, der euer Hüter ist, der hat gemacht, daß ich nicht hab schlafen können und habe sehen müssen, daß man das Kind in eines Juden Haus geworfen hat. Wenn ich das nicht gesehen hätte, so wären alle Juden ums Leben gekommen« (so Bertha Pappenheim, ed. 1910/1994, 224; vgl. Alfred Feilchenfeld, 4. Aufl. 1923, 215, mit philologischen Hinweisen).

Von der Demut eines reichen Mannes

Die Geschichte geschah. Rabbi Akiba war eines Tages im Bethaus (*beß-haknéßeß*, Synagoge) und hielt in seiner Hand eine kostbare (*kestlich*) Perle, die sehr viel Geld wert war. Und wie er die Perle in seiner Hand hielt, da war auch ein Mann im Bethaus, der ging so schlecht gekleidet, daß die Leute dachten, er sei nicht imstande, auch nur einen Gulden zu bezahlen (zu spenden). Und saß im Bethaus auf einem Fleck zwischen den Armen, daß jedermann glaubte, er wäre sehr arm. Und als dieser Mann die kostbare Perle in der Hand des Rabbi Akiba sah, da fragte er ihn, ob er die Perle verkaufen wolle, und gab Rabbi Akiba die besten Worte, daß er mit ihm heimgehen möge. Der Rabbi Akiba ließ sich überreden und begleitete den Mann, der so zerrissene Kleider anhatte, nach Hause. Also ging Rabbi Akiba voraus, und seine Schüler (*talmídim*) hinterher, bis sie vor des Mannes Haus gelangten. Da kamen ihm seine Knechte entgegen, nahmen den Mann und setzten ihn auf einen goldenen Stuhl und wuschen ihn und bedienten ihn, und alsbald gab er dem Rabbi Akiba das Geld für seine Perle. Und der Mann gebot, dem Rabbi Akiba viel Ehre zu erweisen (*kówed ton*) und seinen Schülern ebenso. Also setzte man ihnen einen Tisch vor, damit sie speisten. Da aß Rabbi Akiba mit seinen Schülern, und sie waren miteinander fröhlich.

Als nun das Essen beendet war, da sagte Rabbi Akiba zu dem Mann: »Mein lieber Freund, dieweil der Heilige, gepriesen sei Er, dich geleutseligt hat (dir freundlich zugeneigt war) und dir solche Ehren und einen solchen Reichtum, wie ich ihn bei dir gesehen, beschert hat, warum hast du solch zerrissene Kleider an und hast dich so armselig (*schofl*) gemacht und dich zwischen die Armen im Bethaus gesetzt?« Da antwortete der Mann: »Lieber Rabbi, das will ich Euch erklären. Der Schriftvers (*póßek*) sagt: ›Der Mensch gleicht einem Nichts (*hewl*), und die Tage des Menschen sind wie ein Schatten, der vorüberhuscht und hinweg geht.‹ So ist der Mensch auch, heute lebt er, morgen ist er tot. Und wenn einer heute reich ist, so kann morgen kommen, daß er, Gott bewahre, wieder arm wird, denn das Glücksrad (*gilgal*, Kreis) geht in der Welt herum (dreht sich), heute ist einer reich und morgen arm. Darum habe ich mir gedacht, wenn ich bei den Armen sitze, so ist das besser für mich, als wenn ich mich meines Reichtums rühme. Und überdies, wenn ich mich als vornehm geriere (*chóschew haltn*) und mich obenan setze, und der Heilige, gepriesen sei Er, mich, Gott behüte, strafen sollte, daß ich wieder arm würde, da müßte ich mich auf einen armseligen (*schofl*) Platz setzen.

Aber jetzt bleibe ich auf meinem Platz sitzen. Und außerdem, mein lieber Rabbi Akiba, warum sollte ich mich mit meinem Geld hochmütig verhalten? Wir haben doch alle einen Gott, gepriesen sei Er, ein Gott hat uns alle erschaffen. Warum sollte sich denn ein Mensch für besser halten als jeden anderen? Der Heilige, gepriesen sei Er, tut doch denjenigen, der sich hochmütig gibt, hassen (*fajnt hobn*), und die Hölle (*gehínom*) steht diesem offen. Warum also soll ich mich meines Geldes rühmen? Auch kann ich, wenn ich untenan bei den armen Leuten sitze, hören, was ihnen in ihren Häusern abgeht.«

Als Rabbi Akiba diese Worte des Mannes vernahm, da gefielen sie ihm ausnehmend gut, und er lobte den Mann sehr, segnete (*bentscht*) ihn und sprach: »Du handelst nicht, wie die meisten von uns gewöhnlich handeln. Denn wenn einer jetzt Geld hat, da berühmt er sich sehr, und darum kommt es, mit Gottes Willen, oftmals dazu, daß ihm der Reichtum nicht bleibt.«

Deshalb, ihr Leute, seht, was der Mensch bedeutet. Wenn auch einer viel Geld hat, so soll er nicht gegen andere überheblich sein (*sich hojch haltn*). Wie es dieser Mann auch getan hat, der sich, obwohl er sehr reich war, recht demütig verhielt (*schofl haltn*) und in seinem Haus den Armen viel Gutes getan hat. Diese Geschichte steht im Midrasch. [186]

Quelle: Sefer ha-Mussar, Krakau 1597, III, 26 a; vgl. Simchat ha Nefesch, ed. Amsterdam, 33 b.
Übers.: MB: Pappenheim 1929, Nr. 191.

Mussar (*múßer*) bedeutet Moral oder Moralpredigt. Damit ist eine Gattung volkssprachlicher, aus dem Hebräischen transportierter »Sittenbücher« des 16./17. Jh.s umrissen. Eines der bekannteren war das 1542 anonym in Isny erschienene ›Buch der Tugenden‹ (*ßéjfer midot*), das sogar noch vor Erscheinen des hebr. Originaltextes (›Orchot zadikim‹, 1580) publiziert wurde und dem Leser praktische Anweisungen gab, »wie er den Zustand seiner Seele verbessert und zur wahren Gottesfurcht findet« (Otto F. Best 1973, 101).

Als Prototyp der geistlichen Mussar-Schriften kann das oft erwähnte ›Sefer Chassidim‹ (›Buch der Frommen‹, Basel 1580) gelten, dem das MB viel verdankt (siehe die Texte 226, 234, 236, 243–245, 251–254). Auch der ›Brantschpigl‹ (siehe Text 157, Anm. Text 156) rechnet dazu.

Der Text umkreist die Vanitas (»Alles ist eitel«), folgt dem rabbinischen Exemplum Nr. 371 (Rabbi Akiba und Perle). Born Judas, Bd. 2 (1917), 62: Ein seltsamer Mann. Zur talmudischen Vorstellung vom »Weltrad« siehe Traktat Schabbat 151 b.

Bibelvers: »Der Mensch gleicht einem Nichts ...«, Ps 144,4: »Der Mensch, der dem Dunste ähnelt,/dessen Tage gleichen dem ziehenden Schatten!«

Die Pole *arm* und *reich* und das dialektische Umschlagen des einen Zustandes in den anderen sind auch Thema des Textes 189; vgl. den nur scheinbar Armen in Text 93.

Der rechte Erbe

Die Geschichte geschah an einem reichen Mann aus Jerusalem (*jeruscholájim*), einem Kaufmann. Der zog von Jerusalem mit viel Ware übers Meer, denn sein Handel ging übers Meer, und er nahm großen Mammon mit sich. So kam er in das Haus eines (jüdischen) Hauswirts (*bal habájiß*) und lagerte bei ihm über Nacht und wollte den anderen Morgen seiner Straße ziehen. Da wurde er, möge es nie bei euch sein, sehr krank, so daß er nicht weiterkommen konnte. Und mußte sich hinlegen, und es war ihm nicht möglich, von seinem Lager wieder aufzustehen. Und als er nun fühlte, daß er sterben mußte, da gab er dem Hauswirt all den Mammon, den er bei sich hatte, damit er ihn aufbewahre, und hinterließ dem Hauswirt als Letzten Willen (*zawóe*), wenn er sterben werde, so sollte er den Mammon so lange in der Hand behalten, bis einer käme, der drei kluge Listen (*chóchmeß*) gebrauchen werde. Dem sollte er's geben, denn andere Anzeichen (*ßimónim*) für seinen Erben könne er ihm nicht geben. Dann ließ sich der Mann aus Jerusalem das Sündenbekenntnis (*wíde*) vorsprechen. So starb er in fremdem Land und unter fremden Leuten, und so wurde der Mann ehrlich begraben. Und der Hauswirt bewahrte den Mammon lange Zeit, und da kam keiner, der ihn begehrt hätte.

Indessen sah die Frau des Mannes, der im fremden Land gestorben war, daß ihr Mann nicht heimkam; da grämte sich die Gute sehr um ihn und sagte zu ihrem Sohn: »Mein lieber Sohn, was sollen wir tun? Dein Vater ist mit großem Gut übers Meer gezogen und ist nun viele Jahre draußen gewesen. Ich befürchte sehr, er wird gestorben sein und der Mammon in fremde Hände übergegangen, es sei denn, er wäre im Meer ertrunken. Denn von deinem Vater bin ich das nicht gewöhnt, daß er so lange draußen bleibt. Darum, mein lieber Sohn, wäre es mein Wunsch, daß du hinaus in alle Lande ziehen mögest, so lange, bis du etwas darüber herausfindest, wo dein Vater gestorben ist. Ist er bei einem Juden (*jehúdi*) gestorben, so wird er dir den Mammon wiedergeben.«

Da folgte der Sohn seiner Mutter und nahm Abschied und zog übers Meer. Und zog von einer Stadt zur anderen, so lange, bis er in die Stadt kam, wo sein Vater gestorben war. Nun war es Sitte (*ßéjder*) in dieser Stadt, daß man keinen Gast über Nacht behalten durfte, denn sie hatten untereinander solch eine Verordnung (*tíkun*) gemacht. Wie nun der Sohn nahe an die Stadt herankam, da sagten ihm die Leute, die außerhalb der Stadt wohnten, daß man keinen Gast bei Nacht beherberge. Da dachte der Sohn bei sich: »Ich muß eine List (*chóchme*) anwenden, um in die Stadt zu kommen.« Und er fragte die Leute, die außerhalb wohnten: »Ihr lieben Leute, ist hier nicht vor Zeiten einer aus Jerusalem gestorben, der großen Mammon hinterließ?« Da sagten sie ihm: »Ja.« Und sagten ihm, wie der Hauswirt hieß, dem er den Mammon hinterlassen hatte.

Wie er nun vor das Tor kam, so stand da einer, der hatte ein Bündel Holz zu verkaufen. Also kaufte er dem armen Mann das Holz ab, aber er müßte (so die Bedingung) es ihm zu einem Hauswirt tragen: Und er nannte ihm den Hauswirt, in dessen Haus sein Vater gestorben war. So trug der arme Mann das Holz vor die Tür, hinter der sein Vater gestorben, und der Erbe (*jáuresch*) aus Jerusalem ging ihm nach. Und als er das Holz dem Hauswirt ins Haus gebracht hatte, da sprach der Hauswirt: »Was soll ich denn mit dem Holz? Ich hab es doch nicht gekauft.« Da sagte der arme Mann dem Hauswirt: »Der Herr, der das Holz gekauft hat, der kommt mir hinterher.« Da dachte der Hauswirt, das wird nicht umsonst geschehen sein, und nahm das Holz und entbot dem Erben aus Jerusalem den Friedensgruß (*schólaum gebn*). Nun hatte er schon eine kluge List gebraucht. Da merkte der Hauswirt, das wird der Erbe des Mannes sein, der vor etlichen Jahren hier drin gestorben ist. »Dann muß ich ihn auf seine Klugheit hin erproben. Wird es dann so kommen, wie der Vater mir als Letzten Willen aufgetragen hat, dann werde ich ihm, will's Gott, sein Geld und Gut nicht vorenthalten.« Nun, zur Nacht ließ der Hauswirt ein großes Festmahl (*ßúde*) herrichten. Und das erste Gericht, das man auf den Tisch brachte, das waren fünf junge Tauben. Da wollte ihn der Hauswirt erproben und setzte dem Erben die fünf Tauben vor und sagte: »Mein lieber Freund, seid doch so gut und teilt die fünf Tauben so unter uns auf, daß einer so viel bekommt wie der andere.«

Da sagte der Erbe: »Mein lieber Hauswirt, das kommt mir nicht zu, denn ich bin ein Fremder.« Doch der Hauswirt bat ihn so lange, bis er sich schließlich die Tauben vornahm und sie austeilte. Nun hatte der Hauswirt zwei Söhne und zwei Töchter. Da gab der Erbe dem Hauswirt und seiner Frau zusammen eine Taube. Und den zwei Söhnen zusammen eine Taube und den zwei Töchtern zusammen auch eine Taube. Und für sich behielt er zwei Tauben. Nun, das verdroß den Hauswirt doch sehr, und er dachte bei sich: »Das kann nicht umsonst sein, da ist gewiß eine List dabei; ich will ihn noch einmal erproben.« Denn es wollte dem Hauswirt nicht in den Kopf, wie es sein konnte, daß der Gast zwei Tauben für sich behielt, und den anderen hatte er zu zweit jedesmal nur eine Taube gegeben.

Für die nächste Nacht ließ der Hauswirt wieder ein Mahl machen, und man kochte nicht mehr als ein Huhn. Der Hauswirt nahm das Huhn und legte es wieder dem Gast vor und sagte zu ihm: »Mein lieber Gast, teil uns dies Huhn auch in Teile, denn du hast uns gestern die Tauben so gut geteilt, daß ich an dir große Freude habe.« Aber der junge Mann wollte nicht. Der Hauswirt drang sehr auf ihn ein, bis er das Huhn nahm und es teilte. Und dem Hauswirt gab er den Kopf vom Huhn, und der Frau gab er das Eingeweide, und den zwei Söhnen gab er die beiden Schlegel und den zwei Töchtern gab er die beiden Flügel, und für sich selbst behielt er den ganzen Rumpf vom Huhn. Da nahm es den Hauswirt wieder groß wunder, daß er den ganzen Rumpf für sich behielt. Da fragte ihn der Hauswirt: »Mein lieber Mann, sag mir doch, wie meinst du das mit den Tauben und mit dem Huhn, daß du jedesmal das meiste für dich behältst?« Der Gast sagte: »Mein lieber Hauswirt, ich will's Euch sagen. Ihr habt gesagt, ich soll die Tauben zu gleichen Teilen teilen, das habe ich getan. Seht, Ihr und Eure Frau sind zwei: eine Taube dazu, so seid Ihr zusammen drei. Nun, Eure zwei Söhne und eine Taube sind auch miteinander drei, und Eure zwei Töchter und eine Taube ebenfalls. Nun, ich und zwei Tauben, das sind auch drei. Nun ist eines so viel wie das andere.« Als der Hauswirt das hörte, da dachte er bei sich: »Das ist nun auch wieder eine große List; das sind nun schon zwei schlaue Dinge gewesen.«

(Und der junge Mann fuhr fort:) »Warum ich das Huhn so geteilt habe, das will ich Euch auch sagen. Ich habe Euch den Kopf vom Huhn vorgelegt, das bedeutet, daß Ihr der Oberste des Hauses seid, so wie der Kopf auch das Oberste vom Huhn ist. Und ich habe Eurer Frau das Eingeweide gegeben, das bedeutet, daß sie die Kinder im Eingeweide ihres Gedärms trägt. Und ich habe Eurem Sohn die zwei Pfoten gegeben, das sind die zwei Schenkel, auf denen das Huhn geht: Das bedeutet, die Söhne sind auch die Stützen des Hauses, sie erhalten das Haus und ernähren Vater und Mutter, auf daß das Haus Bestand hat und auch ein Haus bleibt. Und daß ich Euren zwei Töchtern zwei Flügel gegeben habe, das geschah darum, weil die Töchter aus dem Haus fliegen müssen und sich anderswo Männer nehmen, gleich dem Huhn, das mit seinen Flügeln weit fliegt. Und ich selbst habe den Rumpf vom Huhn ganz behalten, das will ich auch erklären: Ein Huhn ohne Kopf und Füße und Flügel sieht eben wie ein Schiff aus. Das bezieht sich darauf, daß ich in einem Schiff hergekommen bin und in einem Schiff wieder wegfahren werde. Und ich will Euch sagen, was meine Absicht ist und was ich hier zu tun habe.« Und erzählte dem Hauswirt alles, weswegen er hergekommen war.

Da dachte der Hauswirt bei sich: »Der ist gewiß der rechte Erbe, den der Vater mit den drei klugen Listen gemeint hat. Denn die erste Klugheit hat er gebraucht mit dem Holz, die zweite mit den Tauben und die dritte

Klugheit mit der Teilung des Huhns.« Und es nahm ihn sehr wunder, wie es der verstorbene Mann vermocht hatte, seinen Letzten Willen auf diese Person zu beziehen. Und er sprach zu ihm: »Mein lieber Mann, ich ersehe aus deiner Klugheit, daß du der rechte Erbe bist. Komm her, ich will dir das ganze Geld deines Vaters wieder aushändigen.« Und gab ihm vollständig alles, denn er war ein frommer Jude. Das wäre heutzutage manchem nicht passiert! Und er fügte hinzu: »Ich habe viel gehört von den Weisen (*chachómim*) aus Jerusalem, jetzt sehe ich es mit eigenen Augen.«

In früheren Zeiten hat man, wenn ein Besucher aus Jerusalem dahergewandert kam, ihm einen Stuhl hingestellt, auf den er sich setzte, damit man ihm bei seinen klugen Reden hat zuhören können. Aber jetzt hat sich, leider Gottes, viel verändert. Auch findet man viele Berichte von ihrer Klugheit in »Echa rabbati«. Wenn einer Lust hat, darin zu lesen (*léjen*), so wird er all die Geschichten darin finden. [187]

Quelle: Midrasch Echa rabbati (Klagelieder) 1,4.
Übers.: Stemberger 1989, 113, Abschnitt 4. B., kommentiert 115 f. – MB: Grünbaum 1882, 428 (kursorisch); Pappenheim 1929, Nr. 192; Strauß 1934, Nr. 14.

Zur Quelle siehe Anm. Text 155. In jenem Abschnitt fügt der Midrasch, ehe er mit dem Text der »Klagelieder« fortfährt, in der Tat weitere Geschichten an, die belegen sollen, daß die Jerusalemer weitaus klüger waren als die Athener. Der Text dort ist viel knapper gehalten als in diesem. Er folgt dem rabbinischen Exemplum Nr. 303 (Drei kluge Listen) und ist auch als Versepos (›Die drei Meisterstreiche‹) überliefert.
Die Geschichte gehört zum Märchentypus »Die kluge Bauerntochter« (AaTh 875), dem solche Scharfsinnsproben durchweg zugeordnet werden. Vgl. die Texte 154, 155, 198, 227. Speziell das Motiv »Sinnreiche Teilung des Huhnes« ist eines der bekanntesten. Bolte-Polívka Bd. 2 (1915), 360 f. belegt u. a. eine arabische Geschichte in Hammer-Purg-

stall, ›Rosenöl‹, Bd. 2, (1813), 138, mit einem Beduinen als Helden. – Hier handelt es sich um eine unsentimentale Suchwanderung. Für die »lebendige Witwe« (siehe Anm. Text 152) könnte sie auch dem Nachweis des Todes ihres Mannes gelten, damit sie u. U. wieder heiraten kann. Von der Motivation her, bei Mutter und Sohn, geht es allein um die Suche nach dem verschwundenen Mammon, nicht so sehr um die Suche nach dem Verschollenen, der vielleicht noch lebt. Dank seiner zweckbestimmten Zielstrebigkeit erweist sich der Sohn als der rechte Erbe.

Von Rabbi Simeon aus Mainz und dem entführten Sohn, der dann Papst wurde

Die Geschichte geschah an Rabbi Simeon ha-Godel (*gódaul*, Großer), der in Mainz am Rhein gelebt hat. Nun, dieser Rabbi Simeon hatte drei große Spiegel in seinem Haus hängen, darin sah er alles, was geschehen war und was geschehen wird. Auch hatte er auf seinem Grab auf dem Friedhof zu seinen Häupten einen Quellbrunnen, der da hervorsprudelte. Der Rabbi Simeon ist ein Großer gewesen, und er hatte einen Sohn namens Elchanan, der noch ein kleiner Junge war.

Nun, es geschah eines Tages, daß die Sabbatfrau (*schábeß-gója*, d. i. eine Christin, die am Sabbat die häusliche Arbeit verrichtet) für einen Sabbat die Stube einheizen kam, wie es ihre Gewohnheit (*ßéjder*) war. Da nahm die Goje (*góje*, Nichtjüdin) das Kind auf den Arm und ging mit ihm fort. Die Magd, die im Haus war, hat nicht viel gefragt gehabt, denn sie hat gemeint, die Goje wird das Kinder wiederbringen, und die anderen waren in der Synagoge (*schul*). Also nahm die Goje das Kind und zog mit ihm fort und ließ das Kind taufen (*schmadn*). Da dachte sie nun, sie hätte ein Opfer (*korbn*) gebracht, denn in früheren Zeiten haben sie aufs Taufen (junger Juden) großen Wert gelegt. Als Rabbi Simeon der Große von der Synagoge heimkam, da war die Magd nicht daheim, denn sie war der Goje nachgelaufen, hatte sie aber nicht gefunden. Und so traf Rabbi Simeon seine Magd nicht an und sein Kind auch nicht. Urplötzlich kam die Magd daher und schrie sehr. Der Rabbi Simeon fragte die Magd, warum sie so schreie. Da sagte sie zu ihm: »Lieber Rabbi, Gott bewahre, die Schabbes-Goje hat das Kind fortgetragen, und ich weiß nicht, wo sie mit ihm hingegangen ist.« Also ließen sie das Kind überall suchen, aber sie konnten es nirgends finden. Das Kind war weg. Nun, Vater und Mutter verfielen in großen Jammer um ihr liebes Kind, wie man sich denken kann. Der Rabbi Simeon fastete Tag und Nacht, doch der Heilige, gepriesen sei Er, hat vor ihm verhehlt, wo das Kind hingekommen war.

Nun, das Kind kam von Hand zu Hand, bis es in die Hände von Geistlichen (*galóchim*) fiel, und sie zogen das Kind auf, so daß aus ihm ein großer Lehrer (*melámed*) wurde, denn das Herz (*lejw*) hatte er von Simeon dem Großen her. So zog der Jüngling von einer Hochschule zur anderen, bis er nach Rom kam; und er erlernte ernsthaft allerlei Sprachen, so daß er ein Kardinal zu Rom wurde, und sein Name wurde weithin bekannt, und des Rühmens war kein Ende. Er wurde mehr und mehr geachtet (*chóschew sajn*) und sah stattlich (*gar hipsch*) aus. Schließlich (*ßofdówor*) geschah es, daß der Papst (*apifjór*) starb und der Jüngling wegen seines großen Scharfsinns und seiner Kenntnis in allerlei Sprachen zum Papst gemacht wurde.

Nun hat er natürlich gewußt, daß er ein Jude war und daß er der Sohn des Mainzer Rabbis Simeon des Großen war. Doch er blieb unter Christen (*gójim*), wie man sich gut denken kann, denn es erging ihm wohl, zumal er als ein großer Mann geachtet war.

Eines Tages dachte er bei sich: »Es muß doch möglich sein, meinen Vater von Mainz nach Rom herzubringen.« So schrieb er einen Brief an den Hegemon (Bischof) nach Mainz, denn er war ja nun Papst, der alle Bischöfe unter sich hatte, er solle den Juden verbieten, den Sabbat zu feiern (*schábeß haltn*) und ein Kind jüdischen (*jídischn*, beschneiden) zu lassen und ihren Frauen, ins Tauchbad zu gehen (*táuweln*). Dabei hatte der Papst sich gedacht, daß nun sein Vater zu ihm hergeschickt werde, um solche Sachen (Dekrete) rückgängig zu machen, wie denn auch geschah.

Als nun der Brief des Papstes an den Bischof diesen erreichte, da ließ der die Juden die unglückliche Verfügung (*geséro*) sofort wissen. Da wollten die Juden dem Bischof reichlich stiften (um die Sache abzuwenden), er jedoch wies ihnen den Brief vor, der vom Papst gekommen war, und sagte, darum könne er ihnen nicht helfen. Wenn sie stiften wollten, so müßten sie selbst nach Rom zum Papst ziehen. Wer war da übler dran als die armen Juden?

Sie taten Buße, Gebete und Almosen geben (*tschúwe, tfíle un zdóke*). Und sie pflogen Rat, daß sie Rabbi Simeon den Großen mit zwei Rabbinen (*rabónim*) nach Rom schicken wollten, damit er beim Papst fürsprechen möge. Vielleicht werde ja der Heilige, gepriesen sei Er, an ihnen ein Wunder vornehmen (*neß ton*). Im geheimen ließen sie dennoch die Kinder jüdischen, denn sie hatten sich dies vom Bischof genehmigen lassen, freilich als großes Geheimnis (*ßod*). Also machten sie sich auf und zogen gen Rom zum Papst. Wie sie nun dorthin kamen, ließen sie sich bei Juden (*jehúdim*) ansagen und trugen ihnen die Sache vor. Als sie davon hörten, da verwunderten sie sich sehr, denn, so sagten sie, sie hätten seit Menschengedenken für die Juden keinen besseren Papst gehabt, denn er könne ohne Juden nicht leben und hätte insgeheim (*in ßod*) stets Juden bei sich, und sie müßten auch mit ihm Schachzabel ziehen (Schach spielen). Auch hätten sie nichts von der Verfügung gehört, und sie könnten es nicht glauben, daß die unglückselige Sache (*geséro*) vom Papst ausgegangen sei, sondern daß der Bischof es selbst getan haben müßte. Da wies Rabbi Simeon der Große Brief und Siegel des Papstes vor, so daß es die Juden glauben mußten und anhoben zu sagen: »Das muß eine versündigte Sache bei euch in Deutschland sein.« Und die Juden in Rom taten auch Buße, Gebete und Almosen geben, und die Gemeindeältesten (*parnóßem*) zu Rom gingen zu dem Kardinal, mit dem sie bekannt waren, und wollten viel stiften. Da sagte der Kardinal: »Der Brief wurde von Seiner eigenen Hand an den Bischof von Mainz geschrieben, so daß wir nicht viel ausrichten können.« Dann versprach er ihnen, das Beste zu tun, was ihm möglich sein werde, und trug ihnen auf, eine Supplikation (Bittgesuch) zu machen, dann werde er zusehen, daß sie der Papst in die Hände bekäme, und würde sein Bestes tun, um ihnen zu helfen.

Also machten die Juden eine Supplikation und gaben sie dem Papst. Sobald der Papst die Supplikation las (*léjnt*), konnte er sich denken, wie es um die Sache bestellt war, und hieß die Juden selber zu sich kommen. So trat denn Rabbi Simeon der Große vor den obersten Kardinal, und der stellte die Juden dem Papst vor, als da wären die Juden von Mainz, und sie wollten ihn gern selbst sehen und sprechen. Da gab er Bescheid, der Älteste unter ihnen möge zu ihm kommen. Nun, Rabbi Simeon der Große war der Älteste unter ihnen, und der Erscheinung nach war er wie ein Bote Gottes. Sobald er eintrat, fiel er auf seine Knie. Da saß gerade der Papst mit einem Kardinal zusammen und zog Schachzabel (Schachfiguren). Wie er nun den Rabbi Simeon sah, da erschrak der Papst sehr und hieß ihn aufstehen und sich derweil niedersetzen, bis er mit dem Spiel fertig wäre. Denn er erkannte gleich seinen Vater, wiewohl der Vater ihn nicht erkannte. Wie sie nun zu Ende gespielt hatten, fragte der Papst, was sein Begehr wäre. Der Große sagte es ihm unter Weinen und Schreien und wollte wieder vor dem Papst niederfallen. Das wollte aber der Papst nicht dulden, und er sprach: »Euer Anliegen habe ich wohl vernommen, doch es haben mich viele seltsame Briefe aus Mainz erreicht, so daß ich euch dies und jenes habe verbieten müssen.« Der Papst fing mit dem Rabbi Simeon an zu reden wie bei einem Pilpul (von Pilpel, Pfeffer: talmudischer Disput), und er hätte den Rabbi Simeon, Gott bewahre, fast besiegt. Den nahm sehr wunder, daß unter Christen ein solches Herz sich befinden sollte. Sie blieben wohl einen halben Tag beieinander, und dann sagte der Papst: »Mein lieber Studierter (*gelérnter*), ich sehe, du bist hochgelehrt, auch werden dich die Juden nicht umsonst geschickt haben. Nun habe ich Tag für Tag Juden bei mir, die mit mir Schach spielen. Spiel du auch einmal Schach mit mir. Deine Angelegenheit (*sach*) wird schon nicht böse enden.« Nun war der Rabbi Simeon ein Meister im Schachspiel, daß man seinesgleichen in der ganzen Welt nicht fand. Dennoch setzte ihn der Papst matt. Das nahm den Großen höchst wunder. Und so hoben sie wieder an, vom Glauben (*emúne*) zu reden, und Rabbi Simeon hörte von ihm viel Scharfsinniges (*grojß charífeß*), was ihn sehr erstaunte. Endlich, nachdem er des längeren Klagen und flehentliche Bitten vorgebracht hatte, hieß der Papst alle Kardinäle fortgehen. Dann fiel er ihm um den Hals, mit Tränen in den Augen, und sagte: »Lieber alter Vater, erkennt Ihr mich nicht?« Der Vater antwortete: »Woher sollte ich Euch, Eure königlichen Gnaden, kennen?« Der Papst sagte: »Lieber alter Vater, habt Ihr nicht einmal einen Sohn verloren?« Als das der Große hörte, da erschrak er sehr und sagte: »Ja.« Da sagte der Papst: »Ich bin dein Sohn Elchanan, der dir durch die Sabbatfrau verlorengegangen ist. Daß ich nun sagen kann, was daran auf Sünde (*awéjre*) beruht oder wie es dazu kam, das kann ich nicht wissen. Ich denke, Der, Dessen Name gelobt sei, hat es so haben wollen. Und ich habe das Gebot (Dekret) nur zu dem Zweck erlassen, daß du selbst zu mir kämest, wie ja auch geschehen ist. Nun will ich herauskommen (d. h. zum Väterglauben zurückkehren), deshalb will ich die Verfügung zunichte machen (*mewátl sajn*).« Und er gab ihm gute Briefe an den Bischof von Mainz mit (des Inhalts), daß die Anordnung wieder aufgehoben war. Alsdann fragte ihn der Sohn: »Lieber Vater, kannst du mir keinen Rat geben, wie ich dies wieder sühnen kann?« Da sagte Rabbi Simeon: »Mein lieber Sohn, sei unbesorgt, du bist ein Unsriger, denn als du von mir weg kamst, bist du noch ein Kind gewesen.« Da sprach er: »Mein lieber Vater, die ganze Zeit, die ich unter Christen lebte, habe ich gewußt, daß ich Jude gewesen bin, und die guten Zeiten, wie du siehst, haben dazu verholfen, daß ich nicht herauskam. Kann ich denn Sühne erlangen (*kapóre hobn*)?«

Einige Leute sagen, der Rabbi Simeon hat beim Schachspiel schon etwas gemerkt, daß er von jüdischer Abkunft (*mi sére jehúdim*) war. – Da sagte der Sohn nun weiter zum Vater: »Zieh heim, im Namen des Gottes von Israel (*jißróel*), und bringe die Briefe zu deinem Bischof, und sag nichts weiter von mir, ich will bald bei dir in Mainz sein. Doch ehe ich fortziehe, will ich ein Andenken hinterlassen, das den Juden Gutes bringen mag.«

Also kam Rabbi Simeon zurück zu den Juden (von Rom) und zeigte ihnen den Brief, wonach die schlimme Anordnung (*gesero*), gelobt sei Gott, wieder aufgehoben war. Da waren sie sehr froh. Und Rabbi Simeon zog mit seinen Gefährten (*chawéjrim*) wieder heim und überbrachte den Brief dem Bischof, daß nämlich die Anordnung wieder aufgehoben sei, gelobt sei Gott, und alle wurden fröhlich. Und Rabbi Simeon erzählte seiner Frau die Geschichte, wie es ihm ergangen und daß ihr Sohn ihr eigener Sohn war. Als sie das hörte, da verfiel sie in Jammern und Klagen, aber Rabbi Simeon sagte zu ihr: »Gräme dich nicht, wir werden unseren Sohn bald bei uns haben.«

Also schrieb der Papst ein Buch gegen den Glauben (*ßéjfer wíder emúne*) und schloß es in ein Gewölbe ein und verfügte, daß derjenige, der Papst werden sollte, darin lesen müsse. Man könnte nun viel darüber schreiben, was in diesem Buch alles steht.

Und nicht lange danach machte er sich auf, mit großem Mammon, und zog nach Mainz und wurde wieder ein vornehmer Jude; und zu Rom hat man nicht gewußt, wo er hingekommen war. Und auf diese Geschichte machte Rabbi Simeon der Große am nächsten Tag ein Rezitativ, als Teil der Feiertagsliturgie (*jáuzer*) an Rosch haschana (*rosche-schóne*, Neujahr); es beginnt mit »Elchanan mein Sohn.«

Deshalb denkt nicht, dies ist bloß eine Erfindung (*schlecht sach*), sondern es ist gewiß so geschehen, wie es da steht. Einige Leute sagen, Rabbi Simeon der Große hat seinen Sohn am Schachspiel erkannt, denn er hatte ihm einen (bestimmten) Zug gelehrt, als er noch klein war, und eben diesen Zug machte er jetzt im Spiel mit dem Vater. Daran merkte der, daß dies sein Sohn war.

Möge uns der Heilige, gepriesen sei Er, unsere Sünden (*awéjreß*) verzeihen durch das Verdienst (*ßchuß*) des Rabbi Simeon. Amen (*oméjn*). Sela. [188]

Quelle: Laut Gaster 1934 findet sich, basierend auf einer Cambridger Hs., eine kürzere hebr. Version im Bet ha-Midrasch, Bd. 6 (Wien 1877), 137–139.

Übers.: MB: Grünbaum 1882, 428–430 (nach den Ausgaben Wilhermsdorf Nr. 187 und Rödelheim fol. 56 b); Grunwald 1889, Nr. 27: Papst und Jude; Pappenheim 1929, Nr. 193.

Die Legende entstand Anfang des 14. Jh.s, wohl deswegen, weil Papst Anaklet II. (1130–38), jüdischer Herkunft war. Man unterscheidet drei Überlieferungen (EJ Bd. 2, 1928, Sp. 822–824): 1. Nach einem Ms. aus Cordoba, als Anm. zu einer Fasttags-Selicha. Danach ist ein Papst Andreas, als Jude geboren, zum Christentum übergetreten; er rettet die Juden vor der Gefahr eines Gemetzels; ein in Hebr. verfaßtes Bußgebet

gibt er der jüdischen Gesandtschaft mit. – 2. Aschkenasische Version: Von einem Diener erfährt Papst Elchanan das Geheimnis seiner Herkunft und zitierte Rabi Simeon zu sich. Körperliche Indizien, die schon das geraubte Kind aufwies, machen die Verwandtschaft evident, und Elchanan gibt sich zu erkennen. – 3. MB-Version: Hier gebraucht Elchanan die List, den Bischof von Mainz einzuschalten.
Auch Berliner 1893 (Bd. 2, 193) hebt hervor, Elchanan sei der einzige Jude gewesen, der es namentlich bis zum Papst gebracht habe. In Krakau rankt sich allerdings eine Gründungssage um ein ähnliches Motiv. Es geht um die Erbauung der »Reb Eisek (chathan) Reb Jekeles Schul«. Der arme Pfandleiher Reb Eisek beschenkt das Kind einer Aufwärterin, das er später, selbst zu Reichtum gekommen, in Rom als Papst wiedertrifft. Von ihm erhält er die Erlaubnis, »alles und überall zu bauen«, und so errichtet er das nach ihm benannte kostbar ausgestattete Gotteshaus (so Grunwald 1889, Anm. Nr. 27).
Das Erzählmotiv »Jude wird Papst« wird in der EM nicht eigens behandelt, wohl aber das Aufsteigermärchen vom tumben Grafensohn, dem Frösche die große Karriere prophezeien. Auch er erlernt Sprachen, nämlich die der Hunde, Vögel und Frösche, und in Rom wird er Papst, weil sich an ihm ein Wunderzeichen offenbart (»Die drei Sprachen«, KHM 33, AaTh 671 + 725).
Der Zauberspiegel, durch den man sieht, was auf Erden geschieht oder geschehen wird – hier eher ein »blindes Motiv« –, findet sich in Märchen durchaus, so bei Schneewittchen (AaTh 709), beim Meerhäschen (AaTh 329), auch im Feenmärchen ›La belle et la bête‹ der Mme. Le Prince de Beaumont. Vgl. Bolte-Polívka Bd. 1 (1913), 463 und Roheim, ›Spiegelzauber‹ (1919), 34 ff. Grunwald weist auf Elias Zauberspiegel hin, siehe auch Avidav Lipsker, ›The Mirror in which Rabbi Simon the Great of Mainz did not see clearly‹, in: ›Khulyot, Journal of Jiddish Research‹, Vol. 3 (1996).

Zum Judendekret (*gesėro*, ostjidd. *gsėjre*) s. Anm. Text 165.

Gott macht die Reichen arm und die Armen reich

Die Geschichte geschah. Es war einmal ein Mann, der spottete, wenn es darum ging, Almosen (*zdóke*) zu geben, indem er sprach: »Es nimmt niemand Almosen an, es sei denn, ihm ist die Hoffnung in dieser Welt abgeschnitten (verlorengegangen). Ein solcher Mann hat es nötig, daß man ihm Almosen gibt.«

Eines Tages ging dieser Mann über die Gasse. Da fand er einen armen Mann, der auf einem Misthaufen lag; die Kleider, die er trug, waren sehr zerlumpt. Da dachte der Mann: »Dem dort ist die Hoffnung in dieser Welt abgeschnitten; der hat es nötig, daß man ihm Almosen gibt.« Und sprach zu dem Mann, der auf dem Misthaufen lag: »Da hast du einen Gulden als Almosen, denn ich sehe wohl, daß du es nötig hast, und sehe auch, daß deine Hoffnung in dieser Welt abgeschnitten ist.« Da antwortete der Arme dem Reichen: »Deine Hoffnung ist dir abgeschnitten in dieser Welt, nicht die meine.« Da sprach der Reiche zum Armen: »Warum fluchst du mir? Ich wünsche dir Gutes zu tun.« Da sprach der Arme wieder: »Weißt du nicht, daß geschrieben steht: ›Gott macht niedrig die Hohen, die da hoffärtig sind, und macht hoch, die sich niedrig halten.‹ Und mehr noch, du denkst, schon weil ich auf dem Mist liege, ist mir deshalb meine Hoffnung abgeschnitten. Weißt du denn nicht, daß geschrieben steht: ›Gott richtet auf von der Erde den Armen, von dem Mist erhebt er den Dürftigen‹?«

Da sagte der Reiche zu dem Armen: »So sag mir, wem denn ist die Hoffnung in dieser Welt abgeschnitten und braucht es, daß man ihm Almosen gibt?« Da erwiderte der

Arme: »Das sind die Toten, die haben keine Hoffnung mehr auf dieser Welt.« Da sprach der Reiche: »Ist es so, dann will ich denen Almosen geben, die auf dem Friedhof liegen.« – Damit, daß er zu dem Armen gesagt hatte, er könne keine Hoffnung mehr haben in dieser Welt, hatte sich der Reiche versündigt.

Nun, der Reiche ging hin auf den Friedhof und vergrub hundert Gulden in einem Grab (*kéjwer*) und sprach: »Sieh, du toter Mensch, ich habe dir hundert Gulden gegeben, behalte sie, denn du hast keine Hoffnung mehr in der Welt. Also hast du es nötig, daß man dir Almosen gibt.« Und ging seiner Straße weiter.

Nun, lange danach geschah es, daß Gott der Allmächtige des armen Mannes gedachte, der da auf dem Mist gelegen war; und er wurde sehr reich, wie sonst kaum einer in der ganzen Stadt. Und jener Reiche wurde sehr arm, so daß er kein Brot zu essen hatte. Da erinnerte er sich, der Ärmste (*nébech*), an die hundert Gulden, die er auf dem Friedhof vergraben hatte, und dachte: »Die werden mir jetzt in meiner Not nützlich sein, ich will gehen und sie wieder ausgraben.« Und ging auf den Friedhof und wollte danach graben. Dabei erwischten ihn die Leute aus der Stadt und glaubten, er wolle den Toten die Totenkleider (*tachríchim*) ausziehen, und sie nahmen den Mann gefangen und brachten ihn vor das Stadtoberhaupt. Und das war nun der Arme, der auf dem Mist gelegen war, denn Gott hatte ihn erhöht, denn als der Schirmherr (*ßar*) der Stadt gestorben war, war er an dessen Stelle eingesetzt worden. Die Leute verklagten den (einstmals) Reichen, er habe versucht, den Toten Totenkleider auszuziehen.

Sobald der (einstmals) Arme den Reichen sah, da erkannte er ihn und hob an, ihn sehr hart zur Rede zu stellen. Da erwiderte der: »Gott beschütze mich, daß ich solches im Sinn gehabt haben sollte.«

Und er hob an, ihm die ganze Geschichte zu erzählen, wie es ihm ergangen war mit dem Armen und wie der ihm geflucht habe, und wie er hundert Gulden auf dem Friedhof verborgen habe; die habe er jetzt holen wollen. Da fragte ihn der oberste Herr: »Kennst du mich nicht?« Da sagte der Arme: »Wie sollte ich meinen Herrn kennen?« Da sagte der Herr: »Ich bin der arme Mann, der auf dem Misthaufen gelegen ist und dem du gesagt hast, meine Hoffnung sei abgeschnitten auf dieser Welt. Nun hat mich Gott erhöht, (in der Weise,) daß ich das Stadtoberhaupt geworden bin.« Und stand von seinem Stuhl auf und küßte und halste ihn und ordnete gleich an, man solle den Mammon ausgraben und ihm wieder übergeben. Danach sagte der Herr: »Sieh, mein lieber Freund, es soll sich keiner auf seinen Mammon verlassen. Aber weil du ja Almosen hast geben wollen, so sollst du dein Lebtag bei mir in meinem Haus sein, an meinem Tisch essen und in meinem Bett schlafen.«

Deswegen seht, ihr lieben Leut,
was die Geschichte in Wahrheit bedeut'.
Obschon einer verschmäht ist und veracht',
seht, wie reich ihn Gott bald wieder macht.
Und obschon einer heute reich und wohlgemut,
wie bald ihn Gott der Allmächtige bringt in Armut.
Deswegen nehmt die Geschichte für gut,
daß ihr, Gott bewahre, nicht auch kommt in Armut. [189]

Quelle: Chibbur jafeh me-ha-jjeschu'a (Ein frommes Buch über Befreiung aus Leid), in: Bet ha-Midrasch Bd. 5 (Wien 1873), 138–139.
Übers.: MB: Pappenheim 1929, Nr. 194; Strauß 1934, Nr. 18.

Zur Quelle siehe Literaturverzeichnis unter Chibbur ha-Ma'assijot. Die Geschichte wird von Heller 1930, 326f. beschrieben, unter Nr. 9 »Wohltätigkeit an Hoffnungslosen«. Sie folgt dem rabbinischen Exemplum Nr. 414 (Hoffnungslos und Hoffnungsvoll). Born Judas, Bd. 2 (1917), 253–255: Der Arme und der Reiche.

Legendentypus »Glückliche Armut« (AaTh 754). Parabeln vom Armen und vom Reichen siehe auch die Texte 64, 148, 186, 222, 235.

Zitate: »Gott macht niedrig die Hohen ...«: Nach einer Passage des Morgengebets, letzte Benediktion.

»Gott richtet auf von der Erde den Armen ...«, Ps 113,7: »(Wer ist wie ER, unser Gott,/der ...) vom Staub aufrichtet den Armen,/vom Kot der Dürftigen erhebt«.

»Denn Gott hat ihn erhöht ...« Vgl. Gen 42,6–7 und 45,9–11; Gen 45, 14.

Von dem Frommen, den ein Dämon im Baum zur Sünde verführte

Die Geschichte geschah. Es war einmal ein Frommer (*chóßid*), der besaß einen schönen Acker, und auf dem Acker stand ein schöner Baum. Und aus diesem Baum machten die Kutäer einen Götzendienst (*awáudo sóre*) und opferten in den Baum viel Geld. Und alles, was der Fromme auf dem Acker säte, das verdarben die Kutäer. Und der Fromme sagte zu seiner Frau: »Wie kommt es, daß unser Acker so beschädigt ist und wir den Acker doch gut mit Mist versehen?«

Eines Tages begab es sich, daß der Fromme auf dem Feld spazierenging. Da sah er, wie die Kutäer rund um den Baum spielten und tanzten. Da dachte der Fromme: »Jetzt sehe ich wohl, warum mir mein Acker so verdorben (*mechúle*) wird. Und ging stracks heim und holte eine Hacke und wollte den Baum abhacken. Und er sagte es seiner Frau. Da sagte sie: »Mein lieber Mann, dieweil du es nun gesehen hast, so hacke ihn ab, damit wir unsere Ernte nicht ganz verlieren.«

Da nahm der Fromme eine Hacke und ging zu dem Baum und wollte ihn abhacken. Da sprach der Baum zu dem Frommen, es war aber ein Dämon (*sched*), der redete: »Lieber, laß mich stehen. Du sollst jeden Morgen drei Gulden von mir haben.« Da dachte der Fromme bei sich: »Jeden Tag drei Gulden zu haben, die sind mir auch recht. Ich will den Baum stehenlassen.« Und er ging voller Freude heim und vermeinte, der Heilige, gepriesen sei Er, habe ihm solches beschert. Und als er heimkam, sagte er's seiner Frau, wie es ihm mit dem Baum ergangen war und der ihm das und das gesagt hatte. Da war es die Frau auch recht zufrieden. Und alle beide waren sehr in Freude, daß sie solch einen Vorteil (*mezíe*) gefunden hatten.

Nun ging der Fromme jeden Morgen auf seinen Acker und fand die drei Gulden vor. Da dachte der Fromme: »Sie können mir getrost meine Ernte verderben.« Aber der fromme Mann hatte nicht daran gedacht, daß die Kutäer aus seinem Baum ein Idol gemacht hatten. So wurde der Fromme gewaltig reich und kaufte sich viele Knechte und Mägde und Viehställe und Scheuern.

Nicht lange danach geschah es, daß dem Frommen alle Kinder starben. Da grämte sich der Fromme sehr und ging bei sich zu Rate: »Mein lieber Gott, was für eine Sünde (*awéjre*) soll ich denn getan haben, daß mir meine Kinder sterben?« Denn er glaubte, er wäre recht fromm, was auch die Wahrheit (*émeß*) war, außer daß er sich mit dem Baum versündigt hatte und nichts davon wußte, daß er ein Idol war.

Nun, eines Tages, als der Fromme auf seinem Acker spazierenging, da sah er, wie die Nichtjuden (*gójim*) Geld an den Baum warfen. Da erst wußte er, daß der Baum ein Idol war, und verstand nun, daß er sich darum versündigt hatte und ihm die Kinder deswegen gestorben waren. Da sagte er: »Lieber Gott, du hast mich hart gestraft mit meinen Kindern. Ich will den Baum abhacken gehen, und wollte er mir auch jeden Tag tausend Gulden geben.« Und mit diesen Worten ging der Fromme wieder heim und nahm eine Hacke zur Hand und lief zu dem Baum und fing an zu hacken. Da hob der Baum an: »Lieber, warum willst du mich abhacken, du findest doch jeden Tag so viel Geld bei mir?« Als der Fromme weiter vor sich her hackte, da sagte der Baum: »Lieber, laß mich stehen, du sollst jeden Tag zehn Gulden bei mir finden.« Da sagte der Fromme: »Ich laß dich nicht stehen, und wenn du mir auch tausend Gulden jeden Tag gibst.« Als nun der Dämon sah, daß sich der Fromme nimmermehr seiner erbarmen und ihn stehen lassen wollte, da flog er aus dem Baum heraus.

Da ging der Fromme zu dem Sanhedrin (Oberstes Gericht, Rabbiner-Kollegium) und fragte sie, wie er sich mit dem Geld verhalten sollte, das er vom fremden Gottesdienst (*awáudo sóre*) bekommen hatte. Da sagten die Sanhedriner, er solle all das Geld nehmen, das er von dem Baum erhalten hatte, und sollte es alles dem Baum wiedergeben. Das tat der Fromme denn auch und gab alles Geld dem Baum wieder und vergrub es in der Erde unter seinem Baum. Und beakkerte seinen Baum und säte sein Feld wieder ein. Da wuchsen ihm im Jahr hundert Achtelmaß Roggen (*korn*). Auf die Weise bescherte ihm Der, Dessen Name gelobt sei, doch genug Hab und Gut, so daß er reich wurde. Aber doch hatte er sich versündigt, daß ihm die Kinder gestorben waren.

Deshalb, ihr lieben Leute, laßt euch von fremdem Gottesdienst nicht verführen, selbst wenn sie euren Beutel vollschmieren wollen. Denn sie tun es darum, daß einem die Welt verlorengehen soll.

Der, Dessen Name gelobt sei, kann es ihm schicken,
daß es ihn mag wohl beglücken,
wenn er sich danach tut schicken. [190]

Quelle: Chibbur Ma'assijot, ed. ibn Attar, Nr. 15.
Übers.: MB: Pappenheim 1929, Nr. 195.

Rabbinisches Exemplum, Nr. 307 (Dämon im Baum). Born Judas, Bd. 2 (1917), 203 f.: Der Teufelshort.
Wie bei Gaster 1924, 307 belegt, findet sich das Motiv des Baumdämons im altind. ›Pantschatantra‹ ebenso wie in der arab. ›1001 Nacht‹ und in den Fabeln des Äsop.
Dem nachgebildet ist Burkart Waldis' Eingangsformel »Vor Zeiten, als die Beume redten« (›Esopus‹ 1548, Bd. 1, Nr. 38). Im ›Pantschatantra‹ will ein armer Weber einen Baum umhauen, in dem ein Geist wohnt; auf Bitten des Geistes läßt er davon ab und erhält einen Wunsch frei, der ihm jedoch zum Üblen ausschlägt (Bolte-Polívka Bd. 2, 1915, 213). Öfter findet man den beseelten Baum, der über dem Grab emporgewachsen ist, etwa bei Aschenputtels Mutter oder im Märchen vom »Singenden Knochen« (AaTh 780).
Zum beliebten Erzählmotiv »Geld im Baumversteck« siehe die Texte 203, 222. Das Motiv »L'arbre mystérieux« (Henri Chauvin) basiert auf altem Naturglauben, jedoch einer »falschen« Anbetung. »Sie hatten sich aber Stamm für Stamm seine eigne Gottheit gemacht«, heißt es in 2 Kön 17,29 von den Leuten aus Kut (Samaria). Deren Jahwe-Kult galt den Judäern als unrein; deswegen mußten alle »Koppenhäuser« in den Städten Samariens beseitigt und alle »Koppenpriester« abgeschlachtet werden (2 Kön 23,19 f.).

Verführt von einem bösen Geist in Gestalt eines Magiers

Die Geschichte geschah an einem Juden (*jehúdi*), der sich von einem Magier (*machschéjf*) verführen ließ. Der Jude war lahm und konnte nicht gehen. Einmal sagte man ihm, in der und der Stadt ginge einer umher und schmiere die Leute ein, daß sie wieder normal (*glaich*) wurden, und die Blinden, daß sie wieder sehen konnten, und alle Kranken mache er wieder gesund. Da sagte der Jude, er wolle auch in diese Stadt gehen, auf daß auch ihm geholfen werde. Doch der, welcher die Leute heilte, war ein Dämon (*sched*), Gott stehe uns bei. Und der Jude zog nun auch in jene Stadt, und wie er sie nun erreichte, da sah er des Nachts, daß einer umherging und die Kranken (*chalóim*) heilte. Und wie der Dämon auch zu ihm kam, da fragte der ihn, was sein Wunsch wäre. Da sagte er: »Ich bin ein Jude und habe gehört, daß du alle kranken Menschen gesund machst und alle Lahmen gerade machst. Darum bin ich zu dir gekommen, daß du auch mich gerade machen sollst.«

Da sagte der Mann: »Weißt du nicht, wer ich bin? Ich bin ein Dämon und habe mich zu einem Arzt (*ráufe*) gemacht, damit ich die Leute dazu verführe, sich auf Zauberei (*kíschef*) einzulassen, auf daß sie verloren sind. Und gerade jetzt war deine Zeit gekommen, daß du wieder heil werden solltest, aber derweil du dich von den Magiern (*machschéjfim*) hast verführen lassen, so hat dir Gott auferlegt, alle Tage lahm zu bleiben, bis an dein Ende.«

Deshalb lasse sich keiner verführen von den Magiern, sondern glaube an den Heiligen, gepriesen sei Er. [191]

Quelle: Aseret ha-Dibrot, 2. Gebot, 2; Bet ha-Midrasch Bd. 5 (Wien 1875), 71.
Übers.: MB: Pappenheim 1929, Nr. 196.

Rabbinisches Exemplum Nr. 376 (Dämon und Jude). Born Judas, Bd. 2 (1917), 200: Im Götzentempel.
Dort hält der böse Geist in der Hand einen Krug mit Öl, womit er alle Siechen bestreicht; allein den Judäer übergeht er. »Ich lasse sie nur gesund werden«, erklärt er ihm, »damit sie in ihrem Irrtum bestärkt werden und am künftigen Leben (*áulom-hábo*, Jenseits) nicht teilhaben.«
Seit jeher wird die ärztliche Kunst mit Magie in Verbindung gebracht,

personifiziert in dem »Wunderheiler«. So schreibt die Sage dem Paracelsus zu, er könne Blinde sehend, Taube hören und Aussätzige rein machen, aber dies nur mit Hilfe der schwarzen Magie.
»Lahmer und Blinder« werden in der talmudisch-rabbinischen Tradition oft gemeinsam genannt, teils symbiotisch – einer hilft dem anderen –, teils als Gleichnis für die enge Verbindung von Körper und Seele, die beide am Tag des Gerichts zur Rechenschaft gezogen werden (siehe den gleichnamigen Artikel in EM Bd. 8, 1995). –
Diese Warngeschichte steht ganz im Zeichen des zweiten Gebotes, gemäß Ex 20, 3–6: »Nicht sei dir andere Gottheit/mir ins Angesicht./ Nicht mache dir Schnitzgebild«.
Zur »Verkleidung als Arzt«: Das in Märchen und Schwank oftmals der Erheiterung dienende Motiv, man denke an Fortunatus (AaTh 566), man denke an das arabische Zauberpferd, worin sich der Prinz als Doktor verkleidet, um zur Geliebten zu gelangen, ist hier keineswegs als schwankhaftes Element eingesetzt. Es dient einzig als warnendes Exempel.

Vom Beschneidungsverbot und von der Geburt des Rabbi und des Antoninus

Die Geschichte geschah. Einstmals hatte die Herrschaft (*málcheß*) den Juden verboten, ihre Kinder zu jüdischen (*jídischn*, beschneiden). Zur selbigen Zeit wurde dem Rabbi Simeon ben Gamliel ein Sohn geboren, und das war der Sohn, der später »Rabbi« (der Lehrer schlechthin) oder unser heiliger Lehrer (*rabejnu hakáudesch*) genannt wurde.

Da sagte Rabbi Simeon ben Gamliel: »Der Heilige, gepriesen sei Er, hat uns die Mila (*míle*, Beschneidung) gegeben, die wir einhalten sollen. Und sie ist ein heiliges Gebot (*grojß mízwe*), denn unser Vater Abraham (*Awrohom owínu*) hat seinen heiligen Namen damit zum ersten Mal geheiligt. Und der König hat jetzt verboten, daß wir das Gebot einhalten. Werden wir nun das Gebot nicht einhalten, das der Heilige, gepriesen sei Er, selbst geboten hat, und uns an das Gebot des Königs, des Übeltäters (*rósche*), halten, so übertreten wir (*áuwer sajn*) das Gebot der Mila. Darum ist es besser, wir halten die Mila, die der Heilige, gepriesen sei Er, unserem Vater Abraham selbst geboten hat; und ich will das Gebot des Königs verschmähen (mißachten), und sollte es mich mein Leben kosten.« Da ging der Vater hin und jüdischte seinen Sohn, so wie es Gott geboten hat.

Nun war in derselben Stadt ein Hegemon (Statthalter, Bischof), der war dazu angehalten, aufzupassen, daß die Juden ihre Kinder nicht jüdischen; und wenn einer dennoch sein Kind jüdischen würde, so solle man das Kind mit dem Vater zum König schicken, dann wolle der sie zusammen töten lassen. Nun, der Hegemon fand heraus, daß Rabbi Simeon ben Gamliel sein Kind gejüdischt hatte, also schickte er nach Rabbi Simeon und sprach zu ihm: »Du weißt wohl, daß es verboten ist. Und du bist hingegangen und hast das Gebot des Königs verstört (mißachtet) und hast dein Kind selber gejüdischt.« Da sagte Rabbi Simeon: »Mich dünkt, daß es besser ist, das Gebot von Gott dem Allmächtigen, der Himmel und Erde erschaffen hat, zu halten, als sein Gebot zu verschwächen (mißachten) und das Gebot des Königs zu halten, der nichts weiter ist als Fleisch und Blut.«

Da sprach der Hegemon: »Du hast recht gesprochen, und auch dünkt es mich besser zu sein. Ich weiß, daß du ein frommer Jude bist, und ich würde gern Barmherzigkeit walten und es dich gern genießen lassen, derweil du das Oberhaupt der Juden bist. Aber was kann ich tun? Der König hat es streng (*hart*) verboten, und die Leute in der

Stadt haben es wahrgenommen, und so befürchte ich, wenn ich dir's nachließe, so könnte ich beim König angeschwärzt werden und könnte mein Leben verlieren. Deshalb kann ich dich nicht gehen lassen.«

Da sagte Rabbi Simeon: »Mein Herr, was beabsichtigst du, mit mir zu tun?« Da sagte der Hegemon: »Ich muß dich mit deinem Kind zum König schicken. Mit allem, was er dann mit euch macht, bin auch ich zufrieden.« Da sprach Rabbi Simeon: »Ich bin damit zufrieden.« Dann erteilte der Hegemon ihm den Ratschlag, die Mutter mit dem Kind zum König zu senden, denn das Kind könne die Mutter nicht entbehren.

Also machte sich die gute Mutter mit dem Kind auf den Weg. Und wie sie nun bei der Nacht in die Herberge kam, da hat es sich so gefügt, daß der Heilige, gepriesen sei Er, das Glück gab, daß die Wirtin des Hauses einen jungen Sohn gebar (*hot gewúnen*). Und der Name des Kindes (*kínig*, als Hinweis auf den späteren Rang) war Antoninus, Sohn des Severus.

Wie sie nun mit ihrem Sohn zu der Wirtin kam, da fragte diese sie, wo sie mit dem Kind hinwill oder was sie mit dem Kind vorhätte. »Denn ich sehe«, sagte sie, »daß du immer noch leidest, seit du ein Kind gebarst.« Da hob die Frau an und erzählte der Wirtin die ganze Geschichte (*schmúe*), und wie es ihr dabei erging: wie sie jetzt zum König gehen muß, weil sie ihr Kind beschnitten hat. Da sprach die Wirtin: »Hör zu, ich will dir einen guten Rat geben. Nimm mein Kind, das nicht beschnitten ist, mit dir und trag es zum König. Und laß einstweilen dein Kind bei mir, bis du wieder vom König kommst. So kannst du vorweisen, daß es nicht gejüdischt ist, und damit magst du dein Leben behalten.« Die Worte gingen (leuchteten) der Frau ein, und sie folgte der Wirtin und nahm das Wirtskind mit und ließ ihr Kind bei der Wirtin zurück.

Und zog also fort und kam zum König in den Palast, und der Hegemon war auch dort. Da trat der Hegemon vor den König und zeigte ihm an, daß er eine Frau mit ihrem Kind hergeschickt habe, denn sie hätte ihr Kind jüdischen lassen, und nun wären Mutter und Kind angekommen; deshalb könne der König tun, was ihm beliebe, denn sie habe sein Gebot nicht eingehalten.

Da wurde die gute Frau zum König geschickt, und als sie vor ihm erschienen, da fragte der König sie: »Sag mir, warum hast du dich nicht an mein Gebot gehalten? Du mußt nun dein Leben verlieren.« Da fiel die gute Frau zu seinen Füßen nieder und sagte: »Allergnädigster König, die Sache befindet sich nicht so, wie von ihr die Rede geht. Beschaut nur mein Kind. Wenn es so ist, wie Ihr sagt, dann habe ich mein Leben verloren. Aber der Bischof ist der Juden Feind, und er kann noch viel mehr Böses über uns verbreiten (*redn*).«

Da wurde das Kind aufgewickelt, und man sah, daß es nicht gejüdischt worden war. Da erzürnte der König über den Hegemon, daß er mit solch falschen Beschuldigungen hantiere (*úmgejt*). Da sagte der Hegemon: »Mein Herr König, das Kind ist gejüdischt worden. Fragt die Diener, die es gesehen haben, es muß nicht mit rechten Dingen zugegangen sein.« Da sagten die Diener zum König: »Mein Herr König, wir wissen es genau, daß das Kind beschnitten worden ist. Doch die Juden haben so einen getreuen Gott, und wenn sie Ihn mit ganzem Herzen anrufen, so tut Er ihren Willen. Wie auch in ihren Büchern (*ßfórim*) geschrieben steht: ›Wer ist ein solcher Gott wie Unserer Gott in unserem Anrufen!‹« Da sprach der König: »Wenn Gott an ihnen so viele Zeichen und Wunder verrichtet, was hilft es mir dann, daß ich ein solches Gebot erlasse?« Also ließ der König das Gebot in allen Landen wieder aufheben und gebot, man solle den Hegemon verurteilen (*din sajn*), was gleich geschah, wiewohl er daran unschuldig war.

Der König schickte nun die Frau wieder heim in Frieden, und so kam sie mit dem Kind wieder unbeschadet in ihre Herberge. Da sagte die Wirtin: »Derweil Gott dir solch ein Zeichen gab durch mein Kind und dein Kind, so sollen mein Kind und dein Kind, Gott mag sie beschützen, wenn sie groß werden, Freunde (*chawéjrim*) fürs Leben sein.«

So wuchsen sie heran und aus den zwei Kindern wurden zwei Herren. Der eine war Rabbejnu ha-Kodesch und der andere war (Kaiser) Antoninus, auch ein großer (*kestlich*) Mann und würdig des Jenseits (*ben áulom-hábo*), und sie waren als zwei Freunde zusammen ihr Leben lang, so wie ihr schon vorher in einer Geschichte gelesen (*geléjnt*) habt.

Der Heilige, gepriesen sei Er, möge uns unser Leben verlängern. Amen (*oméjn*). [192]

Quelle: Sefer Juchasin, in: Bet ha-Midrasch, Bd. 6 (Wien 1876), 130 f.
Übers.: Bin Gorion in Born Judas Bd. 2 (1917), 53–55: Zwei Fürsten (Juda Hanassi und Antoninus). MB: Pappenheim 1929, Nr. 197.

Eines der Midraschim, das aus Dtn 4,7 seine Kraft bezieht: »Denn welcher große Stamm ist,/der Götter hätte, ihm nah/wie ER unser Gott, allwann zu ihm wir rufen!«
Sein Thema ist die Berit Mila, der »Bund der Beschneidung«. Durch das *jídischn* wird die feierliche Aufnahme in die jüdische Glaubensgemeinschaft vollzogen, sich gründend auf Gen 17,10–14: »Beschnitten unter euch sei alles Männliche./Am Fleisch eurer Vorhaut sollt ihr beschnitten werden,/das sei zum Zeichen des Bundes zwischen mir und euch./Mit acht Tagen soll alles Männliche unter euch beschnitten werden«. Mit diesem Bibelwort ist auch die Prozedur, die am acht Tage alten Säugling vorgenommen wird, festgelegt (siehe Text 180). Als Zeichen des Bundes Gottes mit Abraham – der sich erst mit 99 Jahren beschnitten hat – wird die Mila auch Berit-Abraham (»Bund Abrahams«) genannt.
Ein Beschneidungsverbot bei angedrohter Todesstrafe, wie es erstmals

unter der Herrschaft Antiochos' Epiphanes (175–164 v. Z.) erging, kam für die Juden einem Religionsverbot gleich. Daher die schlüssige Verwendung der Sagenmotive »Kindertausch« und »Untergeschobenes Kind«.
In dieser Legende ist von zwei gegensätzlichen und doch einander anziehenden Helden die Rede, dem »Rabbi« und dem römischen Kaiser Antoninus; daß sie miteinander gut Freund waren, belegen die Texte 33 und 87.
Jehuda ha-Nassi, dessen Wirken in die 2. Hälfte des 2. Jh.s n. Z. fällt, wurde zumeist »Rabbi« oder »unser heiliger Lehrer« genannt. Er lebte erst in Bet Shearim (am Berg Karmel), später in Sepphoris. Seinem Vater Rabbi Gamliel II. folgte er als Patriarch nach. Als Vorsitzender (Nassi, »Fürst«) des Obersten Gerichts (Sanhedrion) war er für Rom ein Ansprechpartner, er soll mit den Römern gut gestanden sein.
Kaiser Antoninus, der auch Sohn des Severus genannt wird – Septimius Severus regierte von 193–211 –, ist nicht mit Bestimmtheit auszumachen. War es tatsächlich der blutige Caracalla, Severus' älterer Sohn, der sich als Kaiser den Namen Marcus Aurelius Antoninus zulegte? Oder war es doch, vom geistigen Format her, Kaiser Marc Aurel (161–180) selber? Jedenfalls kann sich die Legende die Freiheit nehmen, Helden zusammenzubringen, die sich zu Lebzeiten nie hätten begegnen können.

Drei fromme Juden gehen unversehrt durchs Feuer

Die Geschichte geschah. Es kam einmal ein Schiff voll mit Juden (*jehúdim*) aus dem Galut Jerusalems (*góleß fun jeruscholájim*, die erzwungene Auswanderung). Und sie kamen in eine Stadt, darin wohnte ein Hegemon (Bischof, Statthalter). Da schickte der Bischof nach den Juden und fragte sie: »Was für ein Volk seid ihr?« Da sprachen sie: »Wir sind Juden.« Da sprach der Bischof: »Wenn ihr Juden seid, so will ich euch ebenso auf die Probe stellen, wie auch Chananja,

Mischael und Asarja geprüft (*farsúcht*) worden sind, die man in einen heißen Kalkofen geworfen hat. Und wenn ihr genauso beschützt sein werdet wie sie und unversehrt herauskommen werdet, dann will ich glauben, daß ihr rechte Juden seid.«

Da sagten die Juden: »Gib uns drei Tage Zeit, so wollen wir unseren Gott bitten, daß er uns beschützen möge, gleichwie Chananja, Mischael und Asarja beschützt worden sind.« Da gestand der Bischof ihnen das zu. Und sie hoben an zu fasten, drei Tage und drei Nächte. Und an jedem Morgen dieser drei Tage mußte jeder von ihnen berichten, was er in der Nacht geträumt hatte.

Wie der dritte Tag anbrach, da kam ein alter Mann, der sehr gottesfürchtig war, nach vorn und sagte: »Mir träumte heute nacht, daß man mir einen Schriftvers (*póßek*) vorgelesen hat, und in dem Vers hat zweimal ki (»wenn«) gestanden und dreimal lo (»nicht«). Ich weiß aber nicht, was er bedeutet, und weiß auch nicht, wo der Vers geschrieben steht.«

Da war ein anderer alter Mann unter ihnen, ein großer Gelehrter (*lérner*), der sagte: »Der Traum, den du sahst, bedeutet, daß dir dieser Schriftvers eine große Hilfe sein wird, und daß sich der Heilige, gepriesen sei Er, unser erbarmen wird. Und der Vers selbst steht in Jesajas Kapitel dreiundvierzig. Und du wirst gewiß einer sein, der ins Feuer gehen wird, und auch du wirst beschützt werden, dieweil es dir so geträumt hat. Der Schriftvers ist im Himmel für dich verkündet worden.«

Nach den drei Tagen ließ der Bischof ein großes Feuer anzünden und schickte nach den Juden und sagte zu ihnen: »Die Zeit, die ihr euch erbeten habt, ist vorbei, und ihr müßt nun ins Feuer gehen. Wir werden ja sehen, ob euch euer Gott beschützen wird, so wie er Chananja, Mischael und Asarja beschützt hat.«

Und nämlicher Tag war ein christlicher Feiertag (*chóge*),

so daß sich viel Volk versammelt hatte und zusehen wollte. Also ging der alte Mann, der den Traum gehabt hatte, mit noch zwei Männern in das Feuer, aus freien Stücken und ungezwungen. Da zerteilte sich das Feuer in drei Teile, und die drei Männer kamen unversehrt aus dem Feuer heraus.

Als das nun der Bischof sah, daß ihnen nichts geschehen war, da hob er an und sagte: »Solch ein Volk wie das jüdische Volk ist mir mein Lebtag nicht unter die Augen gekommen. Denn sobald sie ihren Gott anrufen, so werden sie erhört.« Und miteinander hoben sie an, den Heiligen, gepriesen sei Er, zu loben. Und sagten: »Gelobt sei Gott für immer und ewig.« Und die drei Männer schufen das Gebet, das man am Montag und am Donnerstag sagt, derweil das Tribunal (*beß-din*) an diesen Tagen zu Gericht sitzt.

Deshalb vertraue ein jeder auf Gott, der uns niemals in der Not verläßt. [193]

Quelle: Kol Bo (Neapel 1490), fol. 18. – Traktat Sanhedrin 93 a, aus dem Babylon. Talmud. Vgl. Siddur Baer, Abodat Jißrael (Rödelheim 1868), 112 und Gross, Gallia Judaica, 73 (laut Gaster 1934).

Übers.: MB: Pappenheim 1929, Nr. 198.

Zu dem Bittgebet, das die drei Männer schufen und das mit »Vehu Rahum« (»Und ER ist barmherzig«) beginnt, hat Gaster angemerkt, die aitiologische Sage dazu finde sich in dem von ihm herausgegebenen ›Sefer Asufoth‹.

Dies ist einer der wenigen Texte, der die ihm zugrunde liegende Bibelstelle nennt. Er bezieht sich auf Jes 43,2: »Wenn durchs Wasser du ziehst,/bin ich mit dir,/durch die Ströme,/sie überfluten dich nicht,/ wenn quer durchs Feuer du gehst,/verbrennst du nicht,/und die Lohe,/sie sengt dich nicht an.«

Die mit Gottes Hilfe bestandene oder (vgl. Text 114) eben nicht bestandene Feuerprobe war gerade in Zeiten der Drangsalierung ein populäres Erzählmotiv. Der magischen Drei der Feuersymbolik entspricht

die wiederkehrende Beschwörung der drei Namen: Chananja, Mischael und Asarja. Diese sind keine anderen als die »drei Jünglinge im Feuerofen«, von denen Dan 3 berichtet.
Ursprünglich waren es, zusammen mit dem jungen Daniel, vier jüdische Gefährten gewesen. Von der königlichen Hofverwaltung bekam Daniel den Namen Belsazar zugelegt, Chananja wurde zu Schadrasch, Mischael zu Meschach und Asarja zu Abed Ngo. Da diese drei, inzwischen »über die Verwaltung des Gaues Babylon gesetzt«, aus Gründen ihres Glaubens Nebukadnezars goldenes Standbild nicht verehrt hatten, wurden sie auf Betreiben von Chaldäern verurteilt und in einen glühenden Feuerofen geworfen. Doch Nebukadnezar selbst wurde Zeuge eines Wunders: »und nicht war das Haar ihres Hauptes versengt,/und nicht waren ihre Mäntel versehrt,/und Brandgeruch war an sie nicht gekommen« (Dan 3,27).
Später bekam dieses Kapitel einen apokryphen Zusatz, den »Gesang der drei Männer im Feuerofen«. Den glaubensstarken jüdischen Gefährten Daniels galt später eigens ein Gedicht: »Drei Jünglinge im Feuerofen« (anonym, 12. Jh.).

Vom Sohn, der des Vaters Letzten Willen befolgte, und von König Leviathan

Die Geschichte geschah. Es lebte einmal ein Frommer (*chóßid*), der hatte einen einzigen Sohn. Wie er nun sterben sollte, da gab er ihm seinen Letzten Willen (*zawóe*) kund: »Lieber Sohn, ich liege in Gottes Gewalt und werde sterben. So bitte ich dich, daß du nach meinem Tod jeden Tag an das Gewässer (*wáßer*) gehst und ein Stück Brot ins Wasser wirfst, den Fischen zum Fraß. Denn ich weiß, es wird dir letzten Endes bezahlt werden.« Der Sohn gelobte es dem Vater mit weinenden Augen und sprach: »Lieber Vater, ich hoffe, daß du noch nicht sterben sollst, aber alles, was du mir aufträgst, werde ich mit der Hilfe Gottes ausführen (*haltn*), und wenn es noch soviel wäre, was du mir aufträgst.« Dann starb der Fromme unter viel Klagen und Mitleid (*rachmóneß*), denn er war wahrlich ein frommer Mann.

Als nun die sieben Trauertage (*schíwo jómim*, Schiwa) vorbei waren, da hob der Sohn an und ging alle Tage zum Wasser und warf ein Stück Brot hinein, so wie es sein lieber Vater letztwillig angeordnet hatte. Da war ein Fisch im Wasser, der das Brot eben dort, wo der Junge es hineinwarf, aufschnappte. Und wenn ein kleiner Fisch das Brot auffangen wollte, dann war der große Fisch zur Stelle und stieß die kleinen Fische weg, so daß er von dem frischen Brot, das der Jüngling hineinwarf, schließlich sehr groß wurde.

Als nun die kleinen Fische sahen, daß sie nichts von dem Brot genießen konnten, da gingen sie zu dem Leviathan, dem König über alle Fische, wie wir dies in den Büchern (*ßfórim*) finden. Und klagten es ihm und sagten: »Herr König, wenn du es beim Zusehen beläßt und es dem Fisch nicht verwehrst, so wird er so groß werden wie du. Darum sieh zu, daß du es ihm verwehrst.« Wie nun der König die Geschichte hörte, da sprach er zu den Fischen: »Geht hin und grabt eine Grube an der Stelle, wo dieser Mensch hinzugehen pflegt, wenn er das Brot hinwirft, so daß er hineinfallen muß. Und sagt dem großen Fisch, daß er euch dabei helfen soll, und bringt den Menschen zu mir herein.«

Da waren die kleinen Fische alle froh, daß es dem großen Fisch verwehrt worden war. Da gingen sie hin und sagten es dem großen Fisch, was der König angeordnet hatte, nämlich daß er helfen müsse, den Menschen zu fangen. Darüber wurde der Fisch recht traurig, denn er hatte sich von dem Brot ernährt, und mußte dies tun, weil es der König ihm befohlen hatte. Also gingen sie hin und machten eine Grube an dem Wasser, wo der Mensch hinkommen würde, so wie es der König angeordnet hatte. Wie nun der Jüngling kam und das Brot hineinwerfen wollte, wie es seine Gewohnheit war, da fiel er ins Wasser. Da kam der große Fisch und verschlang ihn und führte ihn vor den König und spie ihn wieder aus. Und als ihn der Fisch ausgespien hatte, da verschlang ihn der König. Da befiel den Menschen ein großer Jammer, daß er durch den Letzten Willen seines Vaters so große Not leiden mußte.

Da hob der König an und redete zu dem Menschen: »Sag mir, was hast du dir dabei gedacht, daß du jeden Tag ans Wasser gegangen bist und Brot hineingeworfen hast?« Da hob der Mensch an: »Mein Herr König, ich halte mich an meines Vaters Letzten Willen.« Und sagte dem König, wie ihm sein Vater befohlen hatte, jeden Tag Brot ins Wasser zu werfen, denn letzten Endes werde es ihm gut bezahlt werden. Aber er könnte nicht verstehen, womit er es versündigt hätte, daß er ins Wasser gefallen sei. Wie nun der König das von dem Menschen hörte, da sagte er zu ihm: »Weil du deines Vaters Gebot so gut befolgt hast, so will ich dich siebzig Sprachen lernen lassen. Das sollst du (als Belohnung) genießen.« So lehrte ihn der König, bis er siebzig Sprachen konnte, und spie ihn wieder aufs Trockene, daß er davon ganz schwach wurde und gern geschlafen hätte. Und er legte sich nieder und schlief.

Da saßen dort auf einem Baum zwei schwarze Krähen, ein Sohn und ein Vater. Da sagte der Sohn zum Vater: »Es gelüstet mich, die Augen des Menschen zu essen, der dort liegt«, denn sie glaubten, der Mensch wäre tot. Da sagte die andere Krähe: »Nähere dich diesem Menschen nicht, denn er stellt sich schlafend und könnte nach dir greifen und dich töten.« Da sagte der Sohn zum Vater: »Ich will es wagen.«

Nun hatte der Mensch im Wasser gelernt, alle Sprachen zu verstehen, und so verstand er auch, was die zwei miteinander redeten. Da kam die Krähe und setzte sich auf den Menschen und wollte ihm die Augen auspicken. Da erwischte der Mensch sie und wollte sie töten. Da schrie die andere Krähe: »Hei, wie recht geschieht dir. Ich hab es dir ja vorausgesagt, du sollst dich nicht dem Menschen nähern, aber du hast mir nicht folgen wollen.« Und zum Menschen sprach er: »Lieber Mann, laß meinen Sohn gehen, ich will dir einen Schatz voll Geld zeigen, daß du reich und selig wirst.« Da sprach der Mensch: »Wenn ich den zu sehen bekomme, so will ich deinen Sohn freilassen.« Da sagte die Krähe: »Geh zu dem Baum dort und grabe darunter, so wirst du reich und selig werden.«

Da ging der Mensch hin und grub unter dem Baum und fand einen Schatz, so groß, daß es nicht zu erzählen ist. Da ließ der Mensch die Krähe ziehen. Da sagte der Mensch: »Nun seht, wie mich der Heilige, gepriesen sei Er, gesegnet (*gebentscht*) und mir den großen Schatz gegeben hat. Davon will ich mir ein schönes Haus bauen.« Und baute sich ein schönes Haus und kaufte schöne Äcker und Wiesen, Knechte und Mägde, und war so reich, daß es nicht zu erzählen ist. Das bescherte ihm der Heilige, gepriesen sei Er, weil er seines Vaters Gebot eingehalten hat.

Deshalb, ihr lieben Leut,
seht, was die Geschichte bedeut'.
Halte ein jeder, was die Eltern gebeut.
So ergeht es ihm letzten Endes gut,
wie auch dem hier widerfahren tut. – Darauf wollen wir Amen (*oméjn*) sagen. [194]

Quelle: Alphabet des Ben Sira, ed. Moritz Steinschneider, fol. 4 b f.
Übers.: MB: Grunwald 1889, Nr. 16: König Liwjatan (nach der Ausgabe Dyhernfurth 1709); Pappenheim 1929, Nr. 199.

Das seit dem 11. Jh. nachgewiesene *Alef-bet di Ben Sira* berichtet vom Wunderkind Ben Sira, das zur Prüfung seiner Klugheit vor den babylonischen König Nebukadnezar gerufen wird. Der König stellt ihm, gemäß der Anzahl der Buchstaben des hebr. Alphabets, 22 Fragen, die Ben Sira analog mit Erzählungen beantwortet. Vgl. Heller 1930, 346–49.

Die Geschichte über das fünfte Gebot, bei Heller 1930, 346–349 u. d. T. »Der dankbare Fisch« behandelt, korrespondiert mit der darauf folgenden »Gutes dem Bösen« (AaTh 155). Sie folgt den rabbinischen Exempla Nr. 381 und Nr. 449 (Brot über dem Wasser), die sich wiederum auf Koh 11,1 beziehen: »Schicke dein Brot auf die Fläche des Wassers aus,/dennoch, nach vielen Tagen findest du es wieder.« Diesen Schriftvers greift der sterbende Vater auf und formuliert ihn als seinen Letzten Willen. – Heller verweist auf ähnliche Motive in einer hebr. Hs. der Bodleiana, die Gaster wiederum als Hauptquelle seiner Exempla 1924 benutzt hat, siehe Anm. Text 143.

Zu ihrem Märchen »Die Krähen« (1815, nach der 4. Aufl. 1840 ausgeschieden) merkten die Brüder Grimm an: »*Krähen*, die auf dem Baume sitzend, von Augen aushacken sprechen, auch in Helwigs jüdischen Legenden Nr. 23«. Sie bezogen sich dabei auf Helvicus 1617.

Einzelne Märchentypen und -motive: Jonas (Verschlingen eines Menschen durch einen großen Fisch); der tiersprachenkundige Mensch (AaTh 670); die sprechenden Tiere (AaTh 671); Leviathan, der König der Fische (*melek íber all di fisch*); Schatzweiser und Schatzgräber, der Schatz unter dem Baum.

Jüdischer Tradition verpflichtet ist vor allem Leviathan (*liweyatan*, »der Gewundene«), ein Meeresungeheuer in Drachen-, Fisch- oder Schlangengestalt, in der phönizischen Mythologie eine personifizierte Macht des Chaos. Alttestamentarisch belegt in Ijob 40,25 ff. und Jes 27,1. Die jüdische Volksliteratur unterscheidet den weiblichen, im Meer hausenden *Leviathan* vom männlichen, der Wüste zugeordneten *Behemoth* (siehe Art. »Leviathan« in EM).

Den Legenden nach hat König Leviathan mit König Salomo gemeinsam, daß er die Sprachen der Tiere spricht und, wie schon Adam, siebzig Sprachen beherrscht, was alle Sprachen der Welt bedeutet.

Symbol der *Sieben*: Sieben Tage lang wird auf dem Altar der Sühneritus vollzogen (Ex 29,37), sieben Tage lang währt die häusliche Trauer um den Toten, sieben Tage wartet Noah, ehe er die Taube ausschickt (Gen 8,10–12). – Siehe auch Anm. zum nächsten Text.

Von der Braut, die ihren Mann vor dem Todesengel rettete und Aufschub erlangte

Die Geschichte geschah an einem, der Rabbi Reuben genannt wurde. Der war ein großer Zaddik (*zádik*, Gerechter) und studierte (*lérnt*) Tag und Nacht, und sein Gebet fand Wohlgefallen bei Gott, gepriesen sei Er. Denn wann immer, Gott bewahre, ein Unglück (*geséro*, Judendekret) verhängt wurde, dann wendete er es mit seinem Gebet ab. Und er hatte nicht mehr als einen einzigen Sohn, der ein guter Schüler (*bócher*) war.

Eines Tages kam der Todesengel (*málech-hamóweß*) zu Rabbi Reuben und sagte zu ihm: »Ich soll dir von dem Heiligen, gepriesen sei Er, sagen, daß deines Sohnes Zeit gekommen ist und er nun sterben soll.« Da sprach Rabbi Reuben: »Was Gott tut, kann niemand wehren oder wenden. Aber ich bitte dich, laß mich zuvor meinem Sohn eine Frau geben, danach tu, was dir befohlen ist. Denn ich möchte noch die Freude erleben (*ßímche hobn*), meinen Sohn unter den Traubaldachin (*chúpe*) zu führen.« Da sprach der Todesengel: »Es sei dir zugesagt, daß du deinem Sohn zuvor eine Frau gibst.« Da ging der Fromme gar ungemut heim und richtete für seinen Sohn ein Verlobungsfest aus (*knáßmol lejgn*), und die Hochzeit sollte in vier Wochen sein. Daß er so bald Hochzeit machen sollte, nahm die Leute sehr wunder.

So schickte nun Rabbi Reuben seinen Sohn aus, daß er einige Leute auf die Breiluft breien (zur Hochzeit laden) möge. Also ging der Sohn und wollte Leute zu seiner Hochzeit (*cháßene*) bitten. Es begegnete ihm der Prophet

Elia (*Elijóhu ha-nówi*) und sprach zu ihm: »Mein lieber Sohn, wohin gehst du?« Da sagte er: »Ich bin dabei (*wil gejn*), Leute zu meiner Hochzeit zu bitten.« Da sagte ihm der Prophet Elia: »Weißt du denn nicht, daß du vor deiner Breiluft sterben mußt? Und daß der Heilige, gepriesen sei Er, dir deine Seele (*neschóme*) nehmen will? Denn deine Zeit, daß du sterben mußt, ist gekommen.«

Da sagte der Bräutigam (*choßn*) zu dem Propheten Elia: »Will es der Heilige, gepriesen sei Er, denn so haben, so will ich es willig annehmen, denn ich bin nicht bevorzugter (*béßer*) als unsere Väter Abraham, Isaak und Jakob, die auch gestorben sind.«

Da sprach der Prophet Elia: »Ich will dir einen guten Rat geben, den du befolgen solltest. Wenn es Zeit wird für deine Trauung (*bróche*, hier: Trausegen) und die Leute am Tisch sitzen, setz dich zu ihnen an den Tisch, doch iß und trink nichts mit ihnen und schlage die Augen nieder. Da wird einer kommen mit bloßem Haupt, und seine Haare werden wirr sein, und er wird zerrissene Kleider anhaben. Sobald er in die Stube kommt und du ihn siehst, steh vom Tisch auf und tritt hervor, verneige dich vor ihm und empfange ihn gut (*gar schejn*). Und lade ihn ein, ganz oben am Tisch zu sitzen bei den vornehmen (*kestlich*) Leuten. Will er aber nicht oben sitzen, dann setz dich neben ihn und tu ihm große Ehre an, und laß nichts von dem aus, was ich dir befehle.«

Und so zog der fromme Prophet Elia wieder seiner Straße, und der Sohn sprach, er wolle ihm in allem folgen. So lud er für sich zu seiner Hochzeit (*cháßene*) ein und ließ sich nicht anmerken, daß jemand bei ihm gewesen war. Dann kam er heim zu seinem Vater und sagte: »Lieber Vater, ich habe ausgerichtet, was du mir befahlst.«

Der Vater traf alle Vorbereitungen zur Hochzeit, und keiner ließ sich etwas anmerken, weder Vater noch Sohn. So kamen nun die Leute zur Trauung. Wie nun jedermann am Tisch saß und aß und trank, da saß der Bräutigam bei ihnen und war recht traurig. Aber es wußte niemand, warum der Bräutigam so traurig war.

Und wie sie nun eine Weile gegessen hatten, da kam ein zerlumpter, barhäuptiger Mann, der einem Bettler glich, zur Stube herein. Das war der Todesengel, der hatte sich zu einem Bettler gemacht, wie der Prophet Elia vorhergesagt hatte. Und wie der Bräutigam ihn sah, da wußte er gleich, wer er war, stand vom Tisch auf und trat hervor und nahm den alten Mann bei der Hand und sprach: »Kommt mit mir und setzt Euch oben an den Tisch.« Da wollte er nicht. So nahm ihn der Bräutigam bei der Hand und setzte den zerlumpten Mann neben sich an seine Seite und brachte ihm allerlei gute Speisen. Und er gab vor, sie zu essen. Der Bräutigam hielt alles ein, was ihm der Prophet Elia befohlen hatte. Und die Leute, die am Tisch saßen, nahm dies alles sehr wunder, daß der Bräutigam den da so sehr ehrte. Und der Bräutigam war sehr erschrocken, daß er kaum reden konnte.

Da hob der Mann an, zum Bräutigam zu reden: »Mein lieber Sohn, ich will dich etwas fragen. Wenn du ein Haus bauen willst und brauchst Stroh, das du zu dem Lehm nötig hast, woher willst du dieses Stroh nehmen?« Da sprach der Bräutigam: »Ich würde zu dem Mann in die Scheuer gehen und von ihm Stroh kaufen, denn dieser Mann macht das Stroh.« Da sprach der andere Mann: »Wenn du aber das Stroh verarbeitet hast und der Mann von der Scheuer käme dann und wollte sein Stroh wiederhaben, wie würdest du dann handeln?« Da sprach der Bräutigam: »Ich würde ihm sein Stroh bezahlen oder ihm anderes Stroh dafür geben.« Da erwiderte der Mann: »Wenn er aber kein anderes Stroh haben will außer seinem eigenen, das er dir gegeben hat, wie willst du dann handeln?« Da sprach der Bräutigam: »Dann wollte ich den Lehm wieder zerklopfen und das Stroh wieder herausnehmen, damit er sein Stroh wiederbekäme.«

Da gab ihm der Mann zur Antwort: »Der Heilige, gepriesen sei Er, ist der Herr über die Scheuer. Das Stroh ist die Seele im Menschen. Und ich bin der Todesengel – denn der Heilige, gepriesen sei Er, will sein Stroh, das er dir gegeben hat, wiederhaben, und er will dafür kein anderes Stroh haben. Deshalb bin ich hier, um dir deine Seele zu nehmen.«

Wie das die Leute hörten, da erschraken sie alle miteinander. Doch der Bräutigam faßte Mut und sagte zum Todesengel: »Ist es denn der Wille Gottes, daß ich sterben soll, so bitte ich dich, gib mir vorher Urlaub (*reschúß*), daß ich zu Vater und Mutter und zu meiner lieben Braut (*kale*) gehe und mich erst von ihnen verabschiede (*geségnen kon*). Danach will ich gern sterben.« Da sagte der Todesengel: »Ja, geh nur hin.«

Da ging der Bräutigam zu Vater und Mutter und Braut und nahm unter vielen Tränen von ihnen Abschied. Da hob der Vater an zu beten. Derweil ging der Bräutigam zu seiner Braut und wollte sich von ihr verabschieden. Da hob die Braut an, zu ihrem Bräutigam zu sprechen: »Wer will dir deine Seele nehmen?« Da sagte der Bräutigam: »Der Todesengel ist gekommen und will mich töten«, und küßte sie unter vielen Tränen (*mit grojß wéjnen*).

Da sprach die Braut zum Bräutigam: »Bleibe du hier drinnen, ich will zum Todesengel gehen.« Und ging also zu ihm und sprach zu ihm: »Bist du's, der meinem Bräutigam das Leben nehmen will?« Da sagte der Todesengel: »Ja, ich bin's.« Da sagte die Braut: »So bitte ich dich, daß du zum Heiligen, gepriesen sei Er, gehst und ihm sagst, es steht doch in der heiligen Tora geschrieben: ›Ein Mann, der ein Weib nimmt, der soll ein ganzes Jahr frei sein von allerlei Dingen und soll mit dem Weib, das er genommen, sich freuen.‹ Und jetzt will der Heilige, gepriesen sei Er, seine heilige Tora, Gott bewahre, selber unrichtig machen?«

Wie das nun der Todesengel hörte, da fühlte er selber Mitleid (*rachmóneß*) mit ihnen und trat selbst vor den Heiligen, gepriesen sei Er, und bat um sein Leben. Und die anderen Engel (*malóchim*) baten auch sehr für ihn, und auch der Vater betete inständig (*tet grojß tfíln*). Da erbarmte der Heilige, gepriesen sei Er, sich seiner und verlängerte ihm das Leben um sieben Jahre, gemäß der sieben Tage Breiluft (Hochzeit).

Und darauf ist der Spruch bezogen: ›Der Heilige, gepriesen sei Er, tut denen den Willen, die Ihn fürchten und ihn anrufen mit ganzem Herzen.

Dem hilft der Heilige, gepriesen sei Er, ohne alle Schmerzen.‹ [195]

Quelle: Chibbur ha-Ma'assijot, ed. ibn Attar, Nr. 1; Oxforder Hs., ed. Gaster 1896.

Übers.: MB: Gaster (engl. 1896) – laut Heller 1936, 234 noch ohne zu wissen, daß der Text im MB steht; Pappenheim 1929, Nr. 200; Strauß 1934, Nr. 20.

Rabbinisches Exemplum Nr. 139 (Braut und Todesengel). Born Judas, Bd. 1 (1916), 154–158: Rabbi Ruben und seine Schnur.

Eine berühmte Geschichte, mit der die ›Sammlung von Geschichten‹ des Talmudisten und Volkserzählers Nissim ben Jakob ibn Schahin (11. Jh.) beginnt. Es ist der antike Alkestis-Stoff, den er sich hier vornimmt, das Legenden- und Märchenmotiv des Opfertodes für den geliebten Mann (AaTh 899). Statt des Gottes Thanatos, der den Tod einfordert, erscheint der Todesengel, und statt Apollos ist es der Prophet Elia, der hier dem Todeskandidaten und, wie so oft, den bedrängten Brautleuten beisteht (Typus 888* nach Heda Jason). Das spezifisch jüdische Erzählmotiv »Errettung vor dem Todesengel« findet sich in Text 200 wieder, und mit negativem Ausgang in Text 17 und 81. Das Erstaunliche hier: Die Heldin argumentiert mit der Tora, erweist sich als gleichermaßen beschlagen und eloquent.

Bibelverse: »Ein Mann, der ein Weib nimmt ...«, Dtn 24,5: »Wenn ein Mann ein neues Weib nahm, fahre er nicht mit der Heerschar mit aus,/nichts ergehe über ihn in irgendeinem Beding,/ungestraft gehöre er seinem Haus ein Jahr lang,/er erfreue sein Weib, das er genommen hat.«

»Der Heilige ... tut denen den Willen ...«, Ps 145,18: »Nah ist ER den ihn Rufenden allen,/allen, die ihn rufen in Treuen ...«

Verlobungsfest: Knaß, Verlobung, ist das hebr. Wort für »Geldstrafe«. Denn durch das *verknäßn* legte man die Geldstrafe fest, die der eventuell zurücktretende Teil an den anderen zu zahlen hatte.

Zum Heiratszeremoniell siehe Anm. Text 100; Breiluft für »Hochzeit« ist ein mittelalterlicher Ausdruck, *chäßene* und *bróche* (Trausegen, Trauung) hingegen gebräuchlich. Die Hochzeitsfeierlichkeiten dauerten nach altjüdischer Sitte sieben Tage, sieben Segnungen gehörten dazu (nach Gen 12,2–3) – und entsprechend symbolisch ist die gewährte Lebensfrist von sieben Jahren. Vgl. den in mancher Hinsicht verwandten Text 200, dort dauert die Brautzeit sieben Jahre.

Die Geschichte einer Habsüchtigen

Die Geschichte geschah an einem reichen Mann, der überaus fromm war und daher gewohnt, gerne Almosen (*zdóke*) zu geben, und er tat den Armen viel Gutes. Aber er hatte eine böse, hoffärtige Frau, die gab niemandem gern Speise oder Trank. Und dieser Mann hatte drei Schatzkammern (*auzárnjeß*) voll mit Geld. Eine war voller Gold, davon gab er Almosen den Schriftgelehrten (*talmíde-chachómim*). Und eine war voller Silber, davon gab er den Witwen und Waisen. Und die dritte Schatzkammer bestand aus lauter Kleingeld, das gab er an die Armen. Und er gab einem jeden, was ihm vonnöten war.

Eines Tages begab es sich, daß der reiche Mann nicht daheim war, und die Armen kamen und wollten Almosen haben. Und wie sie hörten, daß der Mann nicht daheim war, da wollten sie nicht das Haus betreten und blieben draußen vor der Tür stehen. Wie nun die Frau das sah, daß die Armen vor der Tür blieben, da wollte sie ihnen Almosen geben, gleichwie es die Gewohnheit ihres Mannes war. Da ging sie zu der Schatzkammer, darin das Gold war, doch fand sie lauter Frösche darin. Da ging sie zu der Schatzkammer, darin das Silber war, doch fand sie lauter Ameisen darin. Und danach ging sie an die Schatzkammer, wo das Kleingeld drin lag, doch fand sie lauter Flöhe und Läuse darin. Da hob sie an zu weinen und schämte sich, wieder hinunter zu den Armen zu gehen, denn sie hatte den Armen nichts zu geben. Sie blieb oben sitzen, bis ihr Mann kam. Und wie er nun heimkam, da fand er die Armen vor seiner Tür stehen. Da war er zornig wegen der Armen, daß sie nicht sein Haus betreten hatten. Und wie er in sein Haus trat, fand er seine Frau laut weinend und schreiend, und sie sprach zu ihm, er solle ihr den Scheidebrief (Get) geben.

»Denn ich sehe wohl, daß du mir die richtigen Schlüssel nicht gegeben hast, die zu den Schatzkammern gehören. Statt dessen hast du mir Schlüssel gegeben, die zu Fröschen führen und zu Ameisen und zu Läusen und Flöhen.« Da sprach der Mann: »Awoda (*awáudo*, »So wahr ich Gott diene«), du hast die richtigen Schlüssel zu all meinen Schatzkammern gehabt. Wie du es aber damit angestellt hast, weiß ich nicht. Gib mir meine Schlüssel, ich will selbst nachsehen.«

Und wie er nun durch (*íber*) seine Schatzkammern ging, da fand er seine Schätze wieder, gleichwie er sie verlassen hatte. Und gab einem jeden Armen, gleichwie es seine Gewohnheit war. Darauf sagt der Schriftvers (*póßek*): ›Du sollst nicht mit einem essen, der es dir nicht gönnt und dich nicht gern essen sieht.‹ Und weiter sagt der Vers: ›Gesegnet ist der Mann, der da gibt sein Brot dem Armen mit gutem Auge.‹

Darum soll ein Mensch mit Liebe und Freude sein Brot dem Armen (*óni*) geben. So ist es dem Heiligen, gesegnet sei Er, genehm. Und er soll nicht warten, bis die Armen zu ihm kommen und sich dessen schämen (*pónem mewájesch sajn*). Der Reiche soll selber trachten und suchen (*cháuker wedáuresch sajn*) und den Armen etwas geben, was sie nötig haben, besonders wenn es auf Sabbat (*schábeß*) und Festtag (*jóntew*) zugeht. Denn Sabbat und Festtag sind deshalb eingesetzt (*gegébn*) worden, daß man die Armen erfreuen soll. [196]

Quelle: Oxforder Hs. 13. Jh., Cod. G185, ed. Gaster 1924: Exempla, hebr. Teil, Nr. CCCII; Bet ha-Midrasch Bd. 6 (Wien 1876), 143 f.
Übers.: MB: Pappenheim 1929, Nr. 201. – Strauß 1934, Nr. 16.

Rabbinisches Exemplum Nr. 306 (Guter und Böser Blick). Born Judas, Bd. 2 (1917), 182–84: Der Mann mit den drei Schätzen.
Entspricht dem Legenden- und Märchentypus »Schatz des armen Bru-

ders« (AaTh 834, 834 A) und dem Motiv der »dreierlei Schätze«, wie er sich in Andersens Märchen »Das Feuerzeug« findet: Die drei unterirdischen Schatztruhen sind dort der Reihe nach gefüllt mit Kupfergeld, mit Silber, mit Gold.

Der Schlußappell ist für das MB typisch; ohnehin ist eines seiner Leitmotive die Wohltätigkeit, nämlich das *zdóke gebn*.

Schriftverse: »Du sollst nicht mit einem essen ...«, Spr 23,6: »Speise nimmer von der Speise der Scheeläugigen,/sei nimmer lüstern nach seinen Leckereien.«

»Gesegnet ist der Mann ...«, Spr 22,9: »Wer guten Auges ist, wird gesegnet,/weil er von seinem Brote dem Schwachen gab.«

Die Geschichte einer Treulosen

Die Geschichte geschah in den Tagen des Königs Salomo (*Schláumo ha-mélech*) an einem jungen Mann (*bócher*), der von Tiberias in eine Stadt namens Bethar ging, denn er wollte dort Tora lernen. Und der Jüngling war recht jung und schön. Da erblickte ihn die Tochter eines Hausvaters (*bal habájiß*) in Bethar und fragte ihren Vater: »Ich bitte dich, lieber Vater, gib mir den Jüngling zum Mann.« Alsbald lief der Vater dem Jüngling nach und sprach zu ihm: »Ist es dein Wille, daß du dir eine Frau nehmen willst, so will ich dir meine Tochter geben.« Da sagte der junge Mann: »Ja.« Da ging der Jüngling mit dem Mann heim und verheiratete sich gleich mit der Jungfrau (*bßúle*) und zog mit ihr nach Hause und war mit ihr glücklich ein ganzes Jahr.

Wie nun das Jahr vorbei war, da sagte seine Frau zu ihm: »Mein lieber Mann, ich bitte dich, laß uns einmal zu meinem Vater und meiner Mutter ziehen und nachsehen, was sie machen.« Sobald er dies von seiner Frau hörte, nahm er zwei Pferde und setzte seine Frau auf das eine Pferd, und das andere belud er mit lauter schönem Obst und allerlei guten Speisen und guten Getränken, und miteinander zogen sie in Frieden (*beschólaum*) hinweg.

Wie sie nun auf dem Weg waren, da fielen Räuber (*gaslónim*), die mit Waffen (*kele sajin*) gewappnet waren, über sie her. Und als die Frau sie sah, da kriegte sie Lust zu einem der Räuber. Die Räuber nahmen nun Mann und Frau gefangen und banden den Mann mit starken Seilen an einen Baumpfosten. Und die Räuber nahmen die Frau her und trieben mit ihr viele schlimme Sachen (*bejs schtik*), danach gingen die Räuber hin und aßen und tranken miteinander. Und der gute Mann, der Arme (*nébech*), war an den Baumpfosten gefesselt und mußte zusehen. Und als sie nun gegessen und getrunken hatten, legten sie sich allesamt schlafen. Da nahmen die Räuber die Legels (Fäßchen) mit Wein und stellten sie unter ihre Köpfe und schliefen darauf.

Als sie nun eine Weile geschlafen hatten, da kam eine Schlange und trank aus den Legels und spie einen Gifttrank (*sam hamóweß*) wieder hinein. Und der gute Mann hatte das Wunder (*neß*) mit angesehen. Nun wachte ein Räuber (*gáslen*) nach dem anderen auf und trank aus seinem Legel. Sobald er getrunken hatte, fiel er nieder und starb, bis sie alle tot waren.

Und als der Mann den seltsamen Vorgang (*chídesch*) sah, da lobte er den Heiligen, gepriesen sei Er, daß er ihn beschützt hatte. Und sprach zu seiner Frau: »Mein herzliebes Weib, befreie mich von dem Baum und binde die Seile von meinem Körper los.« Da sprach sie: »Ich fürchte, du wirst mich umbringen, wenn ich dich von dem Baum befreie.« Da schwor der Mann ihr einen Schwur, daß er ihr nichts antäte. Da ging sie hin und griff nach dem Räuber, ob er noch lebte, doch er glich einem toten Stück Holz. Alsbald befreite sie ihren Mann, und sie zogen heim ins Haus ihres Vaters.

Wie nun der Vater sah, daß seine liebe Tochter mit ihrem Mann kam, da war er recht fröhlich bei Speis und Trank. Da sagte der Schwiegersohn: »Mein lieber Schwiegervater, ich kann weder essen noch trinken. Zuvor muß ich Euch sagen, wie es uns auf der Reise ergangen ist.« Alsbald erzählte er seinem Schwiegervater, wie es seine Frau mit dem Räuber getrieben (*handlt*) hatte. Wie das der Vater hörte, da tötete er die Tochter auf der Stelle.
Darum hat Salomo, er ruhe in Frieden, gesagt: »Eine rechte Frau habe ich nicht gefunden.« [197]

Quelle: Meschalim schel Schelomo (Gleichnisse Salomos), fol. 60a f.; Bet ha-Midrasch, Bd. 4 (Leipzig 1857), 146.
Übers.: Gaster in MGWJ, 78. Jg. 1934, 325 u. d. T. ›Das Weib und der Räuber‹ (I). – MB: Pappenheim 1929, Nr. 202.

Rabbinisches Exemplum Nr. 401 (Treulose Frau und Straßenräuber). Born Judas, Bd. 3 (1918), 95 f.: Vor den Augen des Gemahls.
Bin Gorion nennt die Stadt »Bittera«, Moses Gaster mal »Bethar«, mal »Beth-ther«, Bertha Pappenheim »Bethur«.
Salomos Rede »Eine rechte Frau ...«, Koh 7,28: »Eine Menschen aus tausend habe ich gefunden,/aber ein Weib habe ich unter all diesen nicht gefunden«.
Dieses Zitat ist sprichwörtlich, es findet sich auch in Text 113. »Soll bewiesen werden«, so Bernhard Heller über die Eigentümlichkeit hebräischer Märchen, »daß Männertreue über Weibertreue geht, so stützt sich das misogyne Märchen auf den Ausspruch Kohelets.«
Aus Nissims ›Chibbur jafeh‹, ed. Amsterdam, fol. 14a ff., ist eine Geschichte bekannt, wonach Salomo selbst die Treue eines Ehepaars testet. Er verspricht dem Mann die Königstochter, falls er sich seiner Frau entledigt; dieser bringt es nicht über sich. Dann verspricht Salomo der Frau die Ehe, falls sie ihren Mann tötet, und sie geht darauf ein. Aber das Schwert, das sie dafür erhält, erweist sich als stumpf. (Heller 1930, 326, Nr. 6; vgl. rabbinisches Exemplum Nr. 328: Mann ist treuer als Frau.)
In seinen ›Beiträgen zur vergleichenden Sagen- und Märchenkunde‹ hat

Gaster den Stoff behandelt, so auch die vorgenannte Geschichte übersetzt und u. a. eine frappante Parallele zur »Geschichte einer Treulosen« im altind. ›Pantschatantra‹ (ed. Th. Benfey, Bd. 1, 438–441) nachgewiesen; siehe MGWJ 78. Jg., 325 f. Er kommt zu dem Schluß, daß diese eher frauenverachtende Geschichte nicht im Judentum wurzelt, sondern »wesensfremden, vermutlich indischen Einfluß verrät« (ebd., 331).

Drei Ratschläge von König Salomo, und wozu sie gut waren

Die Geschichte geschah an drei Brüdern, die zogen aus, um zu lernen, und kamen zu König Salomo (*Schláumo ha-mélech*). Da sprach König Salomo: »Bleibt hier bei mir und dient mir, so will ich euch Weisheiten (*chóchmeß*) lehren.« Und der König Salomo setzte sie als seine Kammerherren ein. So blieben sie bei ihm dreizehn Jahre. Und wie nun die dreizehn Jahre herum waren, da sprach einer zum anderen: »Was haben wir getan? Wir haben seit langem unsere Häuser verlassen und sind bei unserer Familie (*gesínd*) seit dreizehn Jahren nicht gewesen und sind deswegen hergekommen, weil wir Tora lernen wollten. Nun haben wir nur gedient und haben nichts gelernt. Kommt, wir wollen vom König Abschied nehmen und wieder heimziehen.«

Nun, es begab sich eines Tages, daß sie vor den König Salomo traten und sprachen: »Mein Herr König, wir sind nun dreizehn Jahre hier bei dir gewesen und haben dir gedient, und wir wissen nicht, ob unsere Hausgenossen tot oder lebendig sind. Wir meinen, wir sind hier nun lang genug gewesen und haben nichts gelernt. Deshalb gib uns Erlaubnis (*reschúß*), so wollen wir wieder heimziehen, um zu sehen, was unsere Familie macht.« Alsbald rief der König Salomo den Mann, der für die Schätze (*áuzraus*) zuständig war, und ließ ihn dreihundert Gulden bringen und sprach zu ihnen: »Da, wählt euch eines von den zweien aus: ob ich einen jeden von euch drei Weisheiten (Künste) lehren soll oder ob ihr lieber, ein jeder von euch, hundert Gulden haben wollt?« Da hielten sie miteinander Rat, daß sie lieber das Geld nehmen wollten. So nahmen sie das Geld und nahmen Abschied und zogen in Frieden (*beschólaum*) fort.

Und wie sie nun vier Meilen Wegs von Jerusalem (*jeruscholájim*) entfernt waren, da fing der Jüngste an und sagte zu seinen Brüdern: »Was haben wir getan? Sind wir hergekommen, weil wir lernen wollten, oder sind wir hergekommen, um Geld zu verdienen? Wir haben doch Tora lernen wollen. Und jetzt haben wir uns vom bösen Trieb (*jéjzer-hóre*) verführen lassen und haben jeder hundert Gulden genommen. Darum wollen wir, wenn ihr mir darin noch folgen wollt, umkehren und wollen den Mammon zurückgeben und wollen lieber Weisheiten von ihm lernen, denn das Geld vergeht und die Weisheit besteht.« Da sagten die beiden anderen: »Du magst das Geld zurückbringen und Weisheiten lernen, aber wir wollen nicht Worte für Geld kaufen.«

Alsbald kehrte der Jüngste wieder um und kam wieder zum König und sprach: »Mein Herr König, ich bin nicht von Geldes wegen hierhergekommen. Deshalb bitte ich dich, nimm das Geld wieder und lehre mich dafür dreierlei Weisheiten.«

Sobald König Salomo das vernahm, da fing er an mit ihm Tora zu lernen, und er sagte zu ihm: »Mein Sohn, wenn du auf der Reise bist, so sei gewarnt: Sobald der Morgenstern aufgeht, sei du schon bereit, deines Weges zu ziehen, und am Abend früh wieder in die Herberge zu gehen. Da hast du eine Weisheit (Lebensregel) von mir. Und wenn du einen Bach siehst, der angeschwollen und vollgelaufen ist, so geh nicht gleich durch, sondern warte ab, bis der Bach wieder klein wird und in sein altes Bett kommt. Da sind nun schon zwei Weisheiten. Und entflekke (offenbare) auf ewig einer Frau keine Heimlichkeit, nicht einmal (*afíle*) deiner eigenen Frau. Da hast du nun drei Weisheiten.«

Und sobald er die drei Weisheiten aufgenommen (*gelérnt*) hatte, nahm er Abschied von König Salomo und setzte sich auf sein Pferd und ritt geschwind seinen Brüdern nach. Und wie er nun zu ihnen kam, da fragten sie ihn: »Was hast du für Weisheiten gelernt?« Und verspotteten ihn.

Da sagte er: »Was ich gelernt habe, das habe ich gelernt. Was fragt ihr danach?« Und sie zogen miteinander weiter, bis es Abend wurde.

Da kamen sie in eine Stadt, die recht ansehnlich (*hipsch*) war. Da hob der kleinste Bruder an: »Fürwahr, ihr lieben Brüder, die Stadt ist gut für uns, um darin zu übernachten. Und warum? Nun wir können hier alles bekommen, Wasser und Holz und Futter für die Pferde, daß sie zu fressen haben. Wenn ihr mir folgen wollt, so laßt uns heute hierbleiben und morgen, sobald der Morgenstern aufgeht, mit Gottes Hilfe wieder auf den Weg begeben.« Da sprachen die anderen zwei Brüder: »Du Narr (*schójte*), wir haben es an dir bemerkt, du gabst den Mammon weg und hast Weisheiten gelernt. Du bist ein Narr, denn wir können heute eine Meile Wegs gehen, ehe es Nacht wird, und du willst es haben, daß wir hier übernachten sollen.« Da sprach der Jüngste wieder: »Tut nach eurem Gutdünken, aber ich ziehe diese Nacht nicht weiter und bleibe, mit Gottes Hilfe, bis morgen früh.« So gingen sie ihres Weges voran, und der Jüngste blieb da und schnitt sich Holz ab und zündete ein großes Feuer an. Und er machte sich ein kleines Hüttlein, daß er darin liegen konnte. Und sein Pferd ließ er eine Weile grasen, bis es Nacht war. Zur Nacht führte er auch das Pferd in das Hüttlein und gab ihm Gerste zu fressen. Und er aß und legte sich schlafen und schlief in Frieden die ganze Nacht.

Und seine Brüder zogen fort, bis es ganz Nacht war, und eine Weide für ihre Pferde hatten sie nicht gefunden und hatten auch kein Holz oder Feuer bekommen können. Und in der Nacht hat es dann sehr auf sie geschneit, bis sie vor Kälte gestorben sind. Aber dem Jüngsten war nichts geschehen, denn er hatte sich vor all dem vorgesehen. Wie es nun Morgen wurde, so machte er sich reisefertig und eilte seinen Brüdern nach. Und als er zu ihnen kam, da waren sie alle beide tot. Wie er das sah, da stieg er von seinem Pferd ab und fiel auf sie nieder und weinte und klagte. Und er begrub sie und nahm ihr Gut und zog seiner Straße.

Da ging die Sonne auf, so daß der Schnee zerschmolz und alle Bäche voll davon waren und alle überliefen von dem vielen Schnee, so daß der Jüngste mit seinem Pferd nicht übersetzen konnte. Also stieg er herunter, um zu warten, bis der Bach wieder kleiner wurde. Unterdessen sah er die Knechte von König Salomo, die brachten zwei Tiere heran, die schwer mit Gold beladen waren. Da sagten die Knechte zu dem jüngsten Bruder: »Warum setzt du nicht über?« Da gab er zur Antwort: »Derweil der Bach so groß ist, will ich warten, bis er wieder klein wird.« Aber die Knechte setzten von jener Seite über. Und als sie in die Mitte des Baches kamen, da war die Strömung so stark, daß sie umfielen und alle ertranken. Und der jüngste Bruder wartete so lange, bis der Bach wieder klein war. Da fand er alles Gold, das die Knechte bei sich gehabt hatten, und nun setzte er über den Bach und kam in Frieden heim. So haben ihm die zwei Weisheiten geholfen, daß er dadurch viel Mammon bekam.

Wie nun die Frauen seiner Brüder sahen, daß ihre Männer nicht heimkamen, da fragten sie ihn, warum ihre Männer nicht auch mitgekommen seien. Da sagte er zu ihnen: »Eure Männer sind noch dort bei König Salomo geblieben und wollen noch Weisheiten lernen.« Dann fing er an Felder und Weingärten zu kaufen, Knechte und Mägde, und baute sich hübsche Häuser mit allerlei Vieh. Da fragte ihn seine Frau einmal: »Mein lieber Mann, wo hast du all deinen Mammon her?« Alsbald wurde er ihretwegen zornig, und er schlug sie und entgegnete: »Was hast du danach zu fragen?« Sie lag ihm aber in den Ohren und sprach: »Ich sehe wohl, du hast mich nicht lieb, weil du es mir nicht sagen willst. Ich bitte dich sehr, sag mir, wo hast du den Mammon her.« Und sie kippelte ihn (quengelte) so lange, wie es der Frauen Art (*ßéjder*) ist, bis sich der Mann überreden ließ und ihr sagte, wie es ihm mit seinen Brüdern und mit des Königs Knechten ergangen war. Da hatte er nun die dritte Weisheit nicht befolgt, was ihn bald in Not gebracht hat, wie ihr weiter hören werdet.

Es begab sich einmal, daß er mit seiner Frau zankte und sie schlug. Da fing sie an zu schreien und rief: »Ist es nicht genug, daß du deine zwei Brüder und des Königs Knechte erschlagen hast, willst du auch mich noch erschlagen?« Wie das die zwei hörten, daß ihre Männer tot waren und der jüngste Bruder sie ums Leben gebracht hatte, da liefen sie vor den König Salomo und verklagten den Bruder. Als der König Salomo das hörte, da schickte er nach ihm und gebot, man solle ihn umbringen. Da bat der jüngste Bruder, man solle ihn doch selbst vor den König lassen, denn er müsse ein Wort mit ihm reden.

Also wurde er vor den König geführt. Und wie er nun vor den König kam, da fiel er auf die Knie nieder und sagte zu ihm: »Mein Herr der König soll ewig leben. Ich bin einer von den drei Brüdern, die bei dir dreizehn Jahre gedient haben, um Weisheit zu lernen. Und ich bin der Jüngste unter ihnen, der dem König das Geld wiedergebracht hat, und habe dafür Weisheit gelernt. Und die klugen Ratschläge (*chóchmeß*), die ich von dir gelernt habe, die haben mich vor allem Bösen beschützt. Aber nun habe ich den dritten Ratschlag nicht befolgt und habe meiner Frau das Geheimnis (*ßod*) anvertraut. Da hat sie mich angeschwärzt (*vermáßert*) und es dahin gebracht, daß es mir übel ergeht.«

Sobald der König das hörte, da erkannte der König ihn und sprach: »Steh auf und fürchte dich nicht. Obschon du das Gut von deinen Brüdern und von meinen Knechten genommen hast, geht es nicht darum, denn es ist alles dein. Die Weisheit, die du von mir gekauft hast, die hat dich vor dem Tod beschützt und vor der Hand deiner Frau. Deshalb geh in dein Haus in Frieden und sei mit deiner Frau vergnügt.«

Darauf hat der König Salomo, er ruhe in Frieden, den Satz gesprochen: ›Weisheit lernen ist besser als feines Gold, aber dein Geheimnis offenbare nie deinem Weib.‹ [198]

Quelle: Dibre ha-Jamim schel Mosche (Leben Moses) (Konstantinopel 1516); Bet ha-Midrasch, Bd. 4 (Leipzig 1857), 148–50.

Übers.: MB: Pappenheim 1929, Nr. 203.

Rabbinisches Exemplum Nr. 402 (Salomos drei Maximen). Born Judas, Bd. 3 (1918), 100–103: Der gute Rat.

Salomos Ausspruch »Weisheit lernen ist besser als feines Gold ...« bezieht sich auf Spr 16,16: »Weisheit erwerben, wieviel besser als Gold,/ Verstand erwerben ist erlesner als Silber.« Den König Salomo zugeschriebenen sprichwörtlichen Rat, der eigenen Frau nicht sein Geheimnis zu verraten, findet sich in der Spruchdichtung des Ben Sira. »Der Frau nie die Wahrheit zu sagen«, war zum Beispiel Letzter Wille (und dritter Rat) eines Ukrainers (›Ukrainische Märchen‹, ed. Bohdan Mykytiuk, 1979, Nr. 31). – »Wenn du ein Geheimnis hast, so vertraue es niemals einem Weib an«, war wiederum siebte und letzte Lehre eines Bretonen auf dem Sterbebett (›Bretonische Märchen‹, ed. Ré Soupault, 1959, Nr. 13).

Jüdischer Tradition verhaftet ist Salomos erster Ratschlag, nur bei Tageslicht zu reisen; siehe Text 231, wo dies eigens thematisiert wird.

Als markantes Beispiel späterer Sammlungen von Midraschim beschreibt Heller 1930, 353 die Geschichte als Nr. 3 »Die befolgten Ratschläge«. Auch Goebel 1932, 230–232 behandelt den Stoff. – »Die klugen Ratschläge« sind ein eigener Typus (AaTh 910 A), hier versehen mit dem

Motiv »Gute Ratschläge des Dienstherrn«, was sich auf den deutschen Ritterroman ›Ruodlieb‹ (um 1050) bezieht: Jenem Ritter gibt ein afrikanischer König zwölf weise Ratschläge mit auf den Weg – anderswo sind es zumeist drei. Umgekehrt bezieht in den ›Gesta Romanorum‹ (14. Jh.) der Kaiser Domitianus drei weise Sprüche vom Händler, mit der Schlußvariante »Geh nachts in keine Herberge, wo der Hausherr alt und seine Frau jung ist« (Nr. 103, AaTh 910C + 910B).

Der junge David verhilft einer Witwe zu ihrem Gold

Die Geschichte geschah in den Tagen König Sauls. Da lebte ein Mann mit einer schönen Frau, und die war gewaltig reich. Der Mann war sehr alt, und es kam die Zeit, daß er sterben sollte. Und wie er nun tot war, da trauerte die Frau lange Zeit um ihren Mann. Weil nun aber diese Frau so besonders schön war, warf der Fürst des Landes (*ßar fun der medíne*) sein Auge auf sie und wollte die schöne Frau mit Gewalt haben. Aber diese Frau war sehr fromm und wollte ihrem Mann unter der Erde keine Schande antun. Deshalb ängstigte sie sich sehr und nahm ihren halben Mammon und steckte ihn in einen Krug und schmierte oben in das Mundloch des Kruges Honig hinein, daß man es nicht merken sollte. Und gab es einem Mann zur Aufbewahrung, den sie gut kannte. Und eben dieser war ein Verwandter ihres Mannes. Und sie nahm Zeugen (*éjdim*) dafür, als sie ihm den Krug mit Honig zur Aufbewahrung gab. Und sie verließ das Land, um von seinem Fürsten wegzukommen.

Nicht lange danach kam der Fürst ans Sterben. Als das

die gute Frau hörte, daß der Fürst tot war, da kam sie wieder in ihre Stadt. Nun hat jener Mann, dem sie das Depositum (*pikódaun*) zur Aufbewahrung gegeben hatte, für seinen Sohn eine Hochzeit (*cháßene*) ausrichten wollen.

Also brauchte er etwas Honig und ging zu dem Krug und wollte ein wenig Honig entnehmen. Da fand er das Geld unter dem Honig. So ging er hin und nahm alles Geld heraus und füllte den Krug wieder mit lauter Honig. Da kam nun die gute Frau zu dem Mann und begehrte ihr Depositum wieder, das sie ihm zur Aufbewahrung gegeben hatte. Da sprach der Mann: »Geh hin und bring die zwei Zeugen, die dabeigewesen sind, so will ich dir deinen Krug wiedergeben.« Also ging sie hin und brachte ihre zwei Zeugen mit. Da gab ihr der Mann ihren Krug wieder. Und wie sie nun heimkam mit ihrem Krug und sehen wollte, ob ihr Depositum noch darin war, da fand sie lauter Honig im Krug, und das Geld war entnommen. Da fing sie an zu schreien und zu klagen und ging zu dem Richter (*scháufet*) in die Stadt und ließ jenen Mann vorladen. Da sagte der Richter zu der Frau: »Hast du Zeugen dabeigehabt, als du ihm den Krug mit Gold zur Aufbewahrung gegeben hast?« Da sagte die Frau: »Mein lieber Herr, die Zeugen, die ich dabeigehabt habe, die wissen nichts anderes, als daß Honig in dem Krug war.« Da sagte der Richter: »Meine liebe Tochter, wie kann ich dir denn helfen? Du mußt das vor dem König Saul vorbringen, laß dir durch ihn helfen.«

Also brachte sie das vor den König Saul und verklagte den Mann. Da schickte der König Saul nach dem Sanhedrin (Oberstes Gericht). Da sagte das Sanhedrin auch zu ihr: »Liebe Tochter, hast du Zeugen dabeigehabt, als du ihm den Krug mit Geld zur Aufbewahrung gegeben hast?« Da sagte die Frau: »Nein, in bezug auf das Geld habe ich keine Zeugen dabeigehabt, denn ich habe das alles als List (*ermo*) gebraucht, damit unser Fürst nicht wissen sollte, daß ich einen so großen Mammon habe, sonst hätte er ihn mir mit Gewalt entwendet.« Da sagte das Sanhedrin: »Meine Tochter, wir haben in Israel (*jißróel*) keine Erlaubnis zu richten, außer wenn es dafür Zeugen gibt. Denn wir können nicht beurteilen, was einer in seinem Herzen bewegt.« Da ging die Frau traurigen Herzens wieder von dem Sanhedrin fort und schrie und weinte.

Und wie sie nun heimgehen wollte, da begegnete ihr der König David. Der war noch sehr jung und hütete noch die Schafe und spielte noch mit den Jungen. Als er die Frau so sehr schreien hörte, da fragte er, warum sie so schrecklich schreie. Da sagte die Frau, wie es ihr mit dem Mann ergangen war, und sie hätte ihn vor dem König gehabt und auch vor dem Sanhedrin, doch sie hätten darüber kein Urteil gefällt (*din gegébn*). »Deshalb«, sagte sie, » will ich dich bitten, verhilf mir wieder zu dem Meinigen und urteile du darüber.« Da sprach David: »Geh zu dem König Saul und bitte ihn, daß er mir Erlaubnis (*reschúß*) gibt, so will ich den Handel vor jedem klarstellen, daß du Recht bekommst, und will ein gerechtes und wahres Urteil fällen.«

Also lief die gute Frau wieder zum König und sprach: »Mein Herr König, ich habe einen Jüngling gefunden, der den Spruch (*póßek*) dazu geben will, so daß ein jeder sehen könnte, wie es damit steht.« Da sagte der König: »Meine Tochter, wenn du so einen weißt, bring ihn mit dir her.« Also rief die Frau den Jüngling vor den König Saul. Da sagte Saul zu David: »Bist du der, der darüber ein gerechtes und wahres Urteil sprechen will?« Da sagte David: »Mein Herr König, wenn du mir die Erlaubnis gibst, so versichere ich mich des Heiligen, gepriesen sei Er, daß ich solches tun will.« Da befand Saul: »Geh mit ihr, mein lieber Sohn, und hilf der guten Frau, denn sie schreit jämmerlich und man kann ihr nicht helfen.«

Da ging David mit der Frau in ihr Haus und sprach: »Bring deinen Krug her, den du hergabst zur Aufbewahrung.« Da brachte sie den Krug her. Da sprach David zu ihr: »Bist du auch sicher, daß dies der rechte Krug ist?« Da sagte sie: »Ja, mein lieber Herr, das ist der Krug, ich kenne ihn genau.« Dann wandte er sich an den Mann, der das Depositum bei sich gehabt hatte, und fragte ihn: »Ist das der Krug, den dir die Frau zur Aufbewahrung gab?« Da sprach auch er: »Ja, mein Herr, ich habe sonst keinen anderen Krug gehabt.« Da sprach David zu ihr: »Geh hin und bring mir noch einen anderen Krug, der noch leer ist.«

Da ging sie hin und brachte ihm einen leeren Krug. Da leerte er den vollen Krug in den leeren Krug aus. Danach nahm er den Krug, in dem der Honig gewesen war, und zerbrach ihn vor aller Augen in kleine Stücke. Und suchte in den Scherben und fand unter den Stückchen an einer Scherbe zwei Goldgulden kleben. Als das David sah, sprach er zu allen: »Da seht ihr nun, daß die Frau die Wahrheit gesagt hat.« Deshalb sprach David zu dem Mann: »Geh hin und gib ihr alles Geld wieder, was du ihr genommen hast, denn es ist klar ersichtlich, daß du den Krug ausgeleert hast.«

Wie nun alle das sahen und hörten, da verwunderte sich der König Saul, und jedermann konnte erkennen, daß der Geist der Prophetie (*newúe*) auf David ruhte, derweil er all dieses zu wissen vermochte. Der Heilige, gepriesen sei Er,
laß uns sein Verdienst (*ßchuß*) genießen
und uns den Messias (*moschíach*) her schießen (senden).
Amen (*oméjn*). Sela. [199]

Quelle: Meschalim schel Schelomo (Gleichnisse Salomos); Bet ha-Midrasch Bd. 4 (Leipzig 1857), 150 f.
Übers.: MB: Pappenheim 1929, Nr. 204.

Rabbinisches Exemplum Nr. 403 (Gold in Krügen). Born Judas, Bd. 3 (1918), S. 58–61: Das verwahrte Gut.
Gehört zu den »Salomonischen Urteilen«, siehe Heller 1930, 353, unter b) Krüge voll Gold. – Als Beispiel für »Scharfsinnsproben«, die an den Märchentypus von der klugen Bauerntochter (AaTh 875) anknüpfen, listet Jakob Meitlis (1933, 18) außer dieser Geschichte noch die Texte 154, 155, 198 und 227 auf.
Signifikant für die rabbinische Agada ist, der ethischen Lehre halber, das Motiv von der Veruntreuung eines in Obhut gegebenen Guts, wie es auch in den Texten 85 und 215 thematisiert wird (siehe A. Marmorstein, »Das Motiv vom veruntreuten Depositum in der jüdischen Volkskunde«, in MWGJ 78. Jg. 1934, 183–195). Die scheinbare Umsicht der Frau zeigt sich darin, daß sie Zeugen, nämlich die vorgeschriebenen zwei, für die Übergabe des Honigkrugs beibringt; deren Testat dann für die jüdische Rechtsprechung maßgeblich ist. Zum Sanhedrin siehe Anm. Text 230.
Der biblische Saul, zum Stamm Benjamin gehörend, wurde vom Seher Samuel zum ersten König Israels gesalbt; er regierte 1012–1004 v. Z. Sein Nachfolger war König David vom Stamm Juda, und die vierzig Jahre seiner Regentschaft gelten als Goldenes Zeitalter; an seinen Namen knüpften sich alle Hoffnungen des jüdischen Volkes. Vgl. Elias Auerbach, ›Wüste und gelobtes Land‹, Bd. 1, 1932, Kap. »Saul« (176 ff.) und »David« (207 ff.).

Rabbi Schefifon schützt einen Todgeweihten

Die Geschichte geschah an einem Menschen, der hat Ben Seber geheißen. Nun, es lebte in seiner Stadt ein Verwaister (*jóßem*), der hatte sich mit einer Pilzel entspust (einer Jungfrau verlobt) und mußte sie schon sieben Jahre warten lassen, denn sie konnten aus lauter Armut miteinander nicht unter den Trauhimmel treten (*únter chúpe gejn*). Da nahm der Ben Seber den

Eine Jüdische Braut, wie sie in Procession bis an die Schule ghet und hernach samt etlichen Frauen Wechsels weis mit Wax Kerzen herum tanzet.

Bräutigam (*choßn*) und Silber und Gold und allerlei gute Speise mit sich und wanderte fünfzehn Tagesreisen weit, bis er in die Stadt kam, in der die Braut (*kale*) wohnte. Dort brachte er Bräutigam und Braut zusammen, um in Gottes Namen die Trauung vorzunehmen (*bróche machn*), und danach gingen sie in Frieden unter den Trauhimmel (Chuppa). Und die Hochzeit währte ganze sieben Tage.

Als nun der Fromme (*chóßid*) wieder heimziehen wollte, da kam er an einen hohen Berg, und auf dem Berg stand das schönste Obst, das in der ganzen Welt zu finden sein mochte. Und jeder Mensch, der da vorbeigehen wollte, mußte sterben, denn es lagen da allerlei üble Würmer und Ungeheuer davor, und sobald sie einen Menschen rochen (*schmektn*), töteten sie ihn. Und es lag auch ein großer Drache dabei. Und der gute Mann, der Ben Seber, schritt über den Drachen hinüber, denn er meinte, es wäre ein Bock. Und wie er nun über den Drachen gelangt war, da begegnete ihm ein Mann, der war gar nicht schön (*hipsch*) von Gestalt. Das war der Todesengel (*málech-hamóweß*).

Da fragte ihn der Todesengel: »Wer bist du?« Da sprach der Ben Seber: »Mein richtiger Name ist Ben Seber.« Da fragt ihn der Todesengel: »Wo kommst du her, oder wohin willst du gehen?« Da sprach der Ben Seber: »Ich war in einer Stadt, wohl fünfzehn Tagereisen von hier, und bin mit einem armen Verwaisten gezogen, um ihm zu einer Frau zu verhelfen, und habe ihm die Breiluft (Hochzeit) auf meine Kosten gerichtet und ihm dazu viel Silber und Gold gegeben.« Da sprach der Todesengel: »Weißt du denn, daß ich jetzt auf dem Weg bin, dir deine Seele (*neschóme*) zu nehmen? Denn die Zeit ist gekommen, daß du sterben sollst.«

Wie nun Ben Seber die Worte des Todesengels vernahm, da hob er seine Hände zum Himmel auf und betete und sagte: »Herr der Welt (*káune-hákel*), es steht doch in Deiner heiligen Tora geschrieben, daß, wer unter der Hand eine gute Tat vollbringt (*mízwe hobn*), davon keinen Schaden hat und ihm nichts Böses geschieht. Und ich bin nach der Mizwe noch so manche Meile Wegs gezogen und habe viel Geld zu wohltätigen Zwecken verteilt (*zdóke gegébn*), ehe ich hierher kam. Hilft mir denn das Gutestun, das ich diesmal getan, alles nichts? Und soll ich auf dem Weg so jämmerlich sterben? Wäre ich nur daheim bei den Meinigen, um meinen Letzten Willen (*zawóe*) kundzutun, wie sie es halten sollen nach meinem Tod.«

Da kam eine Stimme vom Himmel herab und sagte: »Ben Seber, du hast noch fünfzehn Tage Zeit, ehe du sterben mußt, so daß du noch zu den Deinigen heimkommen und bestimmen kannst, wie sie es halten sollen nach deinem Tod.«

Als er das hörte, da wurde er froh und ging also weiter und kam in eine große Stadt. Und unter dem Tor begegnete ihm ein Mann, den fragte der Ben Seber, ob keine Gelehrten (*lérner*) in der Stadt wären. Da sprach der Mann: »Ja, es sind viele Gelehrte hier, und es gibt auch einen Obersten des Lehrhauses (*rosch jeschíwe*) hier, das ist ein hervorragender (*kestlich*) Mann. Und mit Namen heißt er Rabbi Schefifon aus Laisch; einige Leute sagen auch, er hieße Ben Laisch. Er hat viele tausend Schüler (*talmídim*), die von ihm lernen.« Da sprach der Ben Seber: »Mein lieber Sohn, führe mich zu Rabbi Schefifon in seine Schule (*chéjder*).«

Da führte ihn jener Mann zu Rabbi Schefifon in seine Schule, und wie nun der Ben Seber zu dem Rabbi Schefifon kam, da leuchtete sein Gesicht (*pónem*) wie der Mond (*lewóne*). Als das der Rabbi Schefifon sah, da stand er auf mit seinen Schülern, und sie empfingen ihn und hießen ihn sich setzen. Und wie sie nun eine Weile beieinander saßen, da wurde das Gesicht Ben Sebers ganz bleich. Als das der Rabbi Schefifon sah, fragte er den Ben Seber, was ihm ermangele, ob er etwas essen oder trinken wolle – »oder gebricht es dir sonst an etwas?«

Da hob der Ben Seber an und erzählte dem Rabbi die Geschichte, wie es ihm mit dem Todesengel ergangen war. Da sprach der Rabbi: »Setzt Euch nur zu mir nieder und habt keine Sorge, denn deshalb wirst du nicht sterben, ich will dir dafür ein Bürge (*órew*) sein.« Da erwiderte Ben Seber dem Rabbi: »Wie willst du mir dafür bürgen? Steht doch geschrieben: Es hilft weder Geld noch Gut.« Da erwiderte der Rabbi Schefifon dem Ben Seber: »Sorge dich nicht, für diesmal wirst du nicht sterben, ich will dich von deinem Tod diesmal erlösen.« Und der Ben Seber setzte sich zum Rabbi und hob an und lernte Tora vierzehn ganze Tage, in denen keiner vom anderen ließ.

Nun geschah es an einem Freitag, daß es um den Rabbi Schefifon finster wurde. Da sprachen seine Schüler: »Lieber Rabbi, wie geht es an, daß es so geschwind finster wird?« Da sprach der Rabbi zu seinen Schülern: »Geht hinaus und seht nach, ob es draußen auch so finster ist.« Da kamen die

Schüler wieder und sagten: »Lieber Rabbi, es ist nirgends so finster wie hier drinnen in Eurem Lehrhaus (*beß-médresch*).« Da ging der Rabbi hin und fing an zu beten (*tfíle ton*), denn er ahnte, das werde für Ben Seber kein gutes Omen sein. Da kam der Todesengel und zeigte sich dem Rabbi Schefifon und sprach zu ihm: »Gib mir das Pfand (*pikódaun*) her, das du bei dir hast, denn die Zeit ist gekommen, daß Ben Seber sterben muß.« Da beschwor der Rabbi Schefifon den Todesengel, so daß er von ihm hinweg ging.

Da ging der Todesengel vor den Heiligen, gepriesen sei Er, und sagte: »Herr der Welt, der Rabbi Schefifon will mir nicht den Ben Seber geben, auf daß ich ihm seine Seele nehme.« Da erwiderte der Heilige, gepriesen sei Er: »Geh wieder zu Rabbi Schefifon und sag ihm: er soll dir den Ben Seber geben oder er soll vor ihm sterben. Und frag ihn, ob ihm sein Leben nicht lieber ist als das des Ben Seber.« Da schwebte der Todesengel wieder zu Rabbi Schefifon hinab und überbrachte ihm die Worte des Heiligen, gepriesen sei Er. Da erwiderte Rabbi Schefifon dem Todesengel: »Nein, mein Leib ist mir nicht lieber als der des Ben Seber. Deshalb geh wieder zu dem Heiligen, gepriesen sei Er, und sag ihm, will er den einen töten, so soll er den andern auch töten. Denn beide haben wir ein Gelöbnis (*schwúe*) getan, daß keiner vom anderen scheiden werde.«

Da ging der Todesengel wieder zu dem Heiligen, gepriesen sei Er, und überbrachte Ihm die Worte des Rabbi Schefifon. Und sobald der Todesengel fort war, da stand Rabbi Schefifon auf und betete inständig (*tet grojß tfíle*), so lange, bis sein Gebet von dem Heiligen, gepriesen sei Er, erhört wurde und Ihm genehm war.

Da erging eine Stimme vom Himmel und rief: »Ich habe über Ben Seber verhängt, daß er sterben muß, doch die zwei Zaddikim (*zadíkim*, Gerechte) verstören mit ihrem Beten mein Gebot! Und ihrer großen Wohltätigkeit wegen muß ich ihr Leben verlängern.« Und der Heilige, gepriesen sei Er, verlängerte beider Leben, das des Rabbi Schefifon und das des Ben Seber, um zweihundert Jahre. Und so lange die zwei lebten, gab es keinen Hunger im Land, und es starb kein Mensch unter siebzig Jahren, und es starb kein Kind vor seinem Vater, und keine Frau bekam ihr Kind vor der Zeit.

Doch als dann die zwei Zaddikim starben, kam Hunger ins Land. Da stand ein Rabbi auf namens Rabbi Tanchuma, der gebot Fasten (*tániß*) zu halten und verrichtete große Buße und Gebete vor dem Heiligen, gepriesen sei Er: »Allmächtiger Gott, wir sind die Kinder Deines Sohnes Abraham, Deines Freundes, und die Kinder Isaaks, Deines Auserwählten, und die Kinder Jakobs, des Vollkommenen und des Frommen.«

Und er betete so lange vor dem Heiligen, gepriesen sei Er, bis auch sein Gebet erhört wurde. Und der Heilige, gepriesen sei Er, ließ den Hunger beenden. [200]

Quelle: Chibbur ha-Ma'assijot, ed. ibn Attar, Nr. 18; Bet ha-Midrasch, Bd. 6 (Wien 1876), 133.
Übers.: MB: Pappenheim 1929, Nr. 205; Strauß 1934, Nr. 19.

Rabbinische Exempla Nr. 137 und 398 (Ben Seber und der Todesengel). Born Judas, Bd. 2 (1917), 170–74: Die zwei Gerechten; den Namen des zum Tode Bestimmten schreibt bin Gorion »ben Sabbar« und den des Rabbi »Sephiphon«, das bedeutet »Drache, Sohn eines Löwen«. Pappenheim wiederum schreibt »Bar Schebur«.
Schwarzbaum 1968, 279 sieht diese Geschichte als »eine der populärsten« an und verweist im Zusammenhang »Todesengel beansprucht die Seele eines Wohltätigen« auf Rabbi Reuben (Text 195). Ist der Todesengel hier lapidar als »ein Mann nicht hübsch von Gestalt« benannt, so wird er dort als zerlumpter Bettler in allen Schattierungen beschrieben.
Märchenmotive klingen an: »der Berg als jenseitige Welt« und »der Drache auf der Schwelle«, wobei in anderer Version der Berg ein reißender Strom und der Drache ein Krokodil ist; sodann »dem Tod von

der Schippe springen«, »Ringen um eine Seele«, »Einforderung eines Depositum« (siehe Anm. Text 199). Leitmotiv ist das Gebot der Wohltätigkeit: »Mildtätigkeit rettet vorm Tode (*zdóke tázzil mimóweß*)«, rief der Schammes, der Synagogendiener, früher bei einer Beerdigung, wenn er mit dem Trauerzug mitzog und die Sammelbüchse hob.

Die Geschichte von Ben Seber und Rabbi Schefifon ben Lajisch findet sich in EJ Bd. 4, 1929. Sp. 72.

Bibelverse: »Wer ... eine gute Tat vollbringt ...«, Koh 8,5: »Wer das Gebot beachtet, lernt eine üble Sache nicht kennen,/aber die Frist und die rechte Art, das Herz des Weisen kennt sie.«

»Es hilft weder Geld noch Gut.« Spr 11,4: »Nicht nutzt Habe am Tag des Überwallens,/aber Bewährung rettet vom Tod.«

Maimonides und Rabbi Meir

Die Geschichte geschah an einem Rabbi, der hieß Rabbi Mose ben Maimon (*Máusche Maimoni*). Der war ein großer Kenner (*gwáldig her*) der Tora, wie man noch an den Büchern (*ßfórim*) sieht, die er geschrieben hat, die man den Maimon nennt und noch andere Bücher mehr, die er ebenfalls geschrieben hat. Auch war er ein großer Arzt (*gwáldig ráufe*).

Da machte er aufs neue ein Buch (*ßéjfer*), von dem keiner zu dieser Zeit viel verstehen konnte, weil es so schwierig war. Und er saß in Spanien, doch er hatte viele andere Rabbinen (*rabónim*) um sich, die nicht mit ihm übereinstimmten und ihn für einen Min (*min*, Häretiker) hielten, das ist auf deutsch ein Ungläubiger, weder Jude noch Christ (*goj*). Wer die Tora nach seiner Meinung (*déje*) auslegt und nicht so, wie sie unsere Weisen (*chachómim*) gedeutet haben, der heißt ein Min.

Da schrieben die anderen Rabbinen aus Spanien nach Deutschland hin, daß Rabbi Mose Maimon es verdiene, in Bann getan (*in chéjrem lejgn*) zu werden, denn er wäre ein Mann, der nicht recht an den Heiligen, gepriesen sei Er, glaubte. Wie nun die deutschen Rabbinen den Brief aus Spanien bekamen, da trafen sie sich miteinander und sagten: »Es steht nicht an, von solchem Mann zu glauben, daß er ein solcher (Häretiker) ist, wiewohl die Rabbinen aus Spanien uns das geschrieben haben. Denn er ist sein Leben lang ein frommer Jude gewesen.« Da kamen die deutschen Rabbinen überein, einen deutschen Juden zu ihm nach Spanien zu schicken, und dieser Jude sollte sein Buch einsehen und prüfen, was es damit auf sich hat. Vielleicht werde man dadurch erkennen, was für eine Art Mann er sei, und ihm auf den Grund (*scháuresch*) gehen können.

Und sie gingen zu einem, der hieß Rabbi Meir und berichteten ihm den ganzen Vorgang, wie es sich mit dem Rabbi Mose Maimon verhielt, und wiesen ihm auch den Brief vor, den die Rabbinen aus Spanien geschrieben hatten. Und sagten: »Deshalb bitten wir dich, du mögest zu ihm ziehen, denn du kannst bald an ihm erkennen, ob er ein solcher (Häretiker) ist oder nicht.« Denn der Rabbi Meir war auch ein großer Kenner der Tora und dazu ein halber Prophet (*nówi*).

Nun, sie redeten viel mit dem Rabbi Meir, und der machte sich auf den Weg nach Spanien und nahm einen Diener (*meschóreß*) mit. Und als er nun noch eine halbe Meile von der Stadt entfernt war, wo der Rabbi Mose Maimon wohnte, da kam er an eine Quelle (*brúnem*). Da setzte sich Rabbi Meir mit seinem Diener nieder, um bei dieser kühlen Quelle zu essen und zu trinken. Und wie sie nun gegessen und getrunken hatten, gingen sie wieder fort. Aber Rabbi Meir vergaß ein Buch an der Quelle, aus dem er unterwegs gelernt hatte. Als sie nun in die Stadt kamen, da fragte Rabbi Meir nach Rabbi Mose's Haus, und die Leute wiesen ihn dorthin. Als er an die Tür klopfte, da sah ein Diener zum Fenster heraus und sagte zu Rabbi Meir: »Man läßt augenblicklich (*jetzunder*) keinen herein, denn der Herr speist. Darum kann keiner zu ihm. Ihr müßt schon warten bis nach dem Mahl.« Da sagte Rabbi Meir zu jenem Diener: »Ich weiß es wohl, daß dein Herr jetzt speist, und zum Wahrzeichen sei gesagt, er ißt zu Mittag Eier.« Als das der Diener hörte, ging er zu seinem Herrn und sagte: »Da war einer vor der Tür und hat geklopft. Also habe ich ihm gesagt, mein Herr ißt gerade. Da hat er mir geantwortet, er wisse das wohl, und zum Wahrzeichen: Er ißt Eier.« Da sagte Rabbi Mose zu seinem Diener: »Geh hin und sag ihm, er hat die Wahrheit gesagt. Zum Wahrzeichen: Er hat sein Buch bei der Quelle vergessen.«

Da dachte Rabbi Meir an sein Buch und suchte bei sich, fand es aber nicht. Dann erinnerte er sich daran, daß er das Buch bei der Quelle benutzt hatte. Und Rabbi Meir sagte zu sich: »Ich sehe wohl, der kann mehr als ich.« So ging Rabbi Meir mit seinem Diener geschwind wieder zu der Quelle, da fand er sein Buch in dem Graben (*grub*) liegen, wo er gelernt hatte. Also nahm er sein Buch und ging wieder in die Stadt. Da kam er wieder vor die Tür des Rabbi Mose Maimon und klopfte wieder an, denn es war fast Abend. Also wurde er stracks eingelassen, zumal es Zeit für das Abendessen war. Da kam der Diener und brachte ein Essen auf den Tisch, das sah so aus, als wenn es Hände von einem Menschen wären. Da wollte Rabbi Meir nichts davon essen und gab vor, er fühle sich unwohl und würde heute nichts essen. Da sprach Rabbi Mose: »Vielleicht trinkt er gern.« Und rief den zweiten Diener und sprach zu ihm: »Peter, geh hin und zapf mir einen Krug mit Wein aus dem gleichen Faß wie zuvor.« Da dachte Rabbi Meir bei sich: »Soll mir etwa Peter den Wein bringen? Der ist ein Kutäer und macht mir den Wein ungenießbar (*neßach*).«

Wie nun der Peter den Wein brachte, da sagte Rabbi Mose zu Rabbi Meir, er solle den trinken, derweil er doch nichts essen mag. Da gab der Rabbi Meir zurück: »Ich mag auch nichts trinken. Ich bin nicht gut drauf (*nit lustig*), denn ich bin recht müde und bin zu viel gelaufen (*mich íbergangn*) und will lieber schlafen gehen.« Da sprach Rabbi Mose zu dem dritten Diener: »Steh morgen früh auf und schlag den Ochsen nieder, damit wir morgen für den lieben Gast frisches Fleisch haben, dieweil er sich nicht wohl fühlt (*nit recht af is*).« Wie Rabbi Meir das alles hörte, da dachte er bei sich, das ist gewiß alles wahr, was die Rabbinen in Spanien über Rabbi Mose geschrieben haben, denn die Minhagim (Bräuche, Gewohnheiten), die er an sich hat, sind alle nicht gut, und solche Stückchen tut er gar viele.

Als nun Rabbi Meir am nächsten Morgen wieder aufstand, da nahm ihn Rabbi Mose in ein besonderes Zimmer (*chéjder*) und sagte zu ihm: »Mein lieber Rabbi Meir, ich weiß recht gut, warum du zu mir aus Deutschland (*áschkenas*) gekommen bist, und weiß auch, wer dich zu mir geschickt hat. Und ebenso weiß ich, wessen man mich beschuldigt. Aber ich will dir sagen, man soll keinen einer Sache beschuldigen, es sei denn, man weiß es gewiß, daß es wahr ist. Ich weiß wohl, warum du mit mir nichts hast essen oder trinken wollen. Nicht essen hast du wollen, weil das Essen aussah wie die Hand eines Menschen. Laß mich dir sagen, es war ein Kraut (Gemüse), das wie die Hand eines Menschen aussieht.« Und er wies ihm dieses Kraut vor, denn der Rabbi Mose Maimon war ein vorzüglicher Arzt (*ráufe*) und hat genau gewußt, welches Kraut gesund ist und gut zu essen. »Ich will dir gleichfalls sagen« (sprach er weiter), »warum du keinen Wein hast trinken wollen. Dieweil ich meinen Diener ›Peter‹ gerufen habe, hast du gedacht, er wäre ein Ungläubiger (*goj*) und wird dir den Wein ungenießbar machen. Nein, er heißt mit seinem richtigen Namen Peter und ist ein frommer Jude, wie man ihn nur irgend findet, und er heißt so nach einem großen Talmudgelehrten (*kestlich tálmid-chóchem*).« Und er zeigte ihm in der Gemara (*gemóre*, steht für Talmud), daß einer Rabbi Peter hieß. »Zum dritten, daß du auch von dem frischen Fleisch nicht hast essen wollen, weil ich ihm befohlen habe, niederzuschlagen und nicht zu schächten. Auch das will ich dir erklären. Der Ochse war ein Ungeborenes, das ergibt sich, wenn eine Kuh trächtig ist und man sie schächtet und das Kalb nach dem Schächten lebend aus dem Mutterleib bringt: Dann braucht man für das Kalb keine Schechita (*schchíte*, Schächtung) und braucht auch keinen Segen (*bróche*) darüber zu sprechen. Denn mit der Segnung der Mutter ist es koscher (*kóscher*, erlaubt).« Und er erklärte ihm weiter viel Neues (in der Tora) und beklagte sich bei ihm, daß seine Genossen (*chawéjrim*) so feindselig seien, und daß sie ihm nachstellten, und daß sie sein Buch nicht verstünden, das er geschrieben hätte. Und der Rabbi Mose lehrte (*lérnt*) dem Rabbi Meir eben dieses Buch, das man den Maimoni nennt. Da standen viele neue Sachen drin, wie man Tag für Tag an seinem Buch sehen konnte, was er für ein großer Mann war. Denn es steht vorn in seinem Vorwort (*hakdóme*), daß von Mose an bis zu Rabbi Mose Maimon kein solcher Moses aufgestanden ist.

Wie nun der Rabbi Meir all das von dem Rabbi Mose hörte, da bat er ihn um Verzeihung (*mechíle*). So verzieh ihm der Rabbi Mose alles, und Rabbi Meir zog wieder davon und tat das Seinige dazu, daß man ihn für einen großen (*kestlich*) Mann hielt, wie denn auch geschah. Und seine Genossen, die ihn so (der Häresie) beschuldigt hatten, wurden alle körperlich heimgesucht, so, wie man geschrieben findet: Wer einem einer Sache beschuldigt, die er nicht getan hat, der wird an seinem Körper gepeinigt. Wie da auch geschah.

Deshalb soll einer niemanden verdächtigen, und er wird in Frieden (*beschólaum*) leben. [201]

Quelle: Laut Gaster 1934 und auch nach Louis Ginzberg keine hebr. Quelle zu ermitteln.

Übers.: MB: Pappenheim 1929, Nr. 206.

Eine weitere Maimonides-Geschichte findet sich einzig in der Rödelheimer Ausgabe (1753), fol. 10a, siehe Grünbaum 1882, 391). Sie folgt dem rabbinischen Exemplum Nr. 365 (Elieser von Worms und Maimonides). Auch dort geht es um deutsch-spanische Beziehungen.
Hier nun werden zwei dem Rang nach unterschiedliche Größen der rabbinischen Tradition zusammengebracht, der glänzende Philosoph Maimonides und der weit weniger bekannte Rabbi Meir ben Baruch.

Letzterer ist erst nach Mose ben Maimons Tod (1204) in Worms geboren (um 1220); von ihm ist bekannt, daß er in Süddeutschland, vor allem in Rothenburg ob der Tauber, tätig war und mit den Gemeinden in Spanien korrespondiert hat. Das »Buch Maimoni«, das ihm Maimonides hier nahebringt, ist wohl die – halachisch maßgebliche – ›Mischne Tora‹ (*Wiederholung der Tora*) und nicht der ›More Newuchim‹ (*Führer der Unschlüssigen*) auf der Basis aristotelischer Philosophie. Beide Bücher waren bei Erscheinen revolutionär, sie wirkten polarisierend. So scheint es plausibel, wenn spanische Glaubensgenossen erwogen, Maimonides aus der jüdischen Gemeinde auszuschließen, also ihn zu exkommunizieren.
1293 starb der deutsche Rabbi Meir – nicht zu verwechseln mit dem legendären Tannaiten Rabbi Meir, der im 2. Jh. in Kleinasien gewirkt hat.
Mose ben Maimon, Philosoph, Rechtsgelehrter und Arzt, wurde 1135 in Cordoba geboren, floh mit seiner Familie um 1149 nach Fez (Marokko) und weiter nach Palästina und Ägypten, wo er sich 1166 in Fostat bei Kairo als Arzt niederließ und später der Leibarzt von Sultan Saladin wurde. Er starb dort 1204. Mit der Publikation des ›Kodex Mischne Tora‹ (1185) hat es Maimonides zum rabbinischen Oberhaupt der ägyptischen Juden gebracht, fünf Jahre später mit dem ›More Newuchim‹ zum bedeutendsten jüdischen Religionsphilosophen seiner Zeit.
Über sein Nachleben in der Agada, auch in Verbindung mit anderen Protagonisten wie Nachmanides, Ibn Ezra, Rabbi Jehuda ha-Chassid, informiert der Artikel »Maimonides« in der EM (1997). Märchenbezug haben die diversen »Wahrzeichen« (*ßimónim*), die drei Prüfungen beziehungsweise Vortäuschungen des Meisters und dessen überlegene Beweisführung, auch die Klimax der drei Diener.
Auf Maimonides den »plant man« oder Pflanzenkenner weist Ginzberg in den ›Jewish Legends‹ im Zusammenhang mit dieser Geschichte hin (Bd. 5, 50, in Anm. 148 und 150). Vgl. auch bekannte Gemüse wie »Ladyfingers«.

Von Rabbi Josses Leben, Tod und Wiederkehr

Die Geschichte geschah an einem bedeutenden (*kestlich*) Rabbi, geheißen Rabbi Josse der Galiläer (ha-Gelili). Der hatte eine böse Frau, bitterer als der Tod. Und sie schmähte ihren Mann jederzeit vor den Leuten und ließ an ihm stets ihre Bosheit aus.

Eines Tages sprachen die Rabbinen (*rabónim*) zu Rabbi Josse: »Lieber Rabbi, gebt Eurer Frau den Get (*get*, Scheidebrief), denn wie könnt Ihr das dulden, daß sie Euch immerdar schmäht und Euch nie ein gutes Wort gibt. Sie ist es doch nicht wert, Eure Frau zu sein.« Da sprach Rabbi Josse: »Nein, das tu ich nicht, denn sie ist aus guter Familie (*fun ejner gutn mischpóche*).«

Eines Tages begab es sich, daß Rabbi Josse im Lehrhaus (*beß-médresch*) lehrte, und nach ihm lehrte Rabbi Elieser, und als sie nun zu Ende gelehrt hatten, da sprach Rabbi Josse zu Rabbi Elieser: »Lieber, geh mit mir heim und iß mit mir zu Mittag.« Da ging er mit ihm.

Wie nun Rabbi Josses Frau sah, daß er Rabbi Elieser mitbrachte, da ging sie rasch und nahm das Fleisch, das sie gekocht hatte, vom Herd weg und setzte flugs einen Topf mit Linsen aufs Feuer. Da fragt Rabbi Josse seine Frau: »Was hast du Gutes gekocht? Ich hab mir einen lieben Gast mitgebracht.« Da sagt sie: »Ich weiß weiter nichts, als daß ich Linsen aufs Feuer gesetzt habe.« Da ging Rabbi Josse selber zum Feuer, um zu sehen, ob das wahr war, und fand lauter junge Tauben im Topf auf dem Feuer stehen. Da sprach er zu seiner Frau: »Warum hast du mir gesagt, du hast Linsen aufs Feuer gesetzt? Es stehen doch lauter junge Tauben auf dem Feuer.« Da sagte die Frau: »Bei der Wahrheit, ich habe nichts anderes aufs Feuer gesetzt als Linsen.« Da sprach Rabbi Josse: »Da merk ich nun wohl, daß der Heilige, gesegnet sei Er, ein Wunder (*neß*) getan hat.« Und so aßen sie die jungen Tauben.

Wie sie dies nun beendet hatten, da sprach Rabbi Elieser zu Rabbi Josse: »Gib doch deiner Frau den Get, denn sie ist nicht wert, Eure Frau zu sein.« Da antwortete er: »Ich kann ihr den Scheidebrief nicht geben, denn ihr Ehevertrag (*keßúbe*) ist zu groß, und ich bin außerstande, ihr so viel Geld zu geben.« Da erwiderte Rabbi Elieser: »Wir wollen unter uns so viel aufbringen, daß du ihren Ehevertrag lösen kannst.« So ließ sich der Rabbi Josse überreden und gab ihr den Get, und die Rabbinen brachten die Mittel zur Auflösung des Vertrages auf.

Danach nahm Rabbi Josse eine andere Frau, die sehr brav war und ihn gut hielt, wie es recht und billig war. Und sie lebten recht gut miteinander und in Frieden. Und die frühere Frau nahm einen anderen Mann, einen Gemeindevorsteher (*párneß*) in der Stadt, und der war zu dieser Zeit sehr reich.

Und nicht lange danach begab es sich, daß der Vorsteher sehr arm wurde und dazu noch ganz blind. Er mußte Almosen (*zdóke*) nehmen, und seine Frau mußte ihn vor alle Türen führen, denn er ging vor alle reichen Häuser betteln. Und der Blinde kannte sich in allen Gassen der Stadt aus, wiewohl er blind war. Und als nun die Frau an die Gasse kam, darin der Rabbi Josse wohnte, da führte sie ihn nicht hinein. Da fragte er seine Frau: »Warum kehrst du allemal um, wenn du in die Gasse kommst, darin Rabbi Josse wohnt, und führst mich nicht vor Rabbi Josses Tür? Ich habe gehört, daß er sehr wohltätig ist.«

Doch die gute Frau schämte sich, ihn zu Gesicht (*pónem*) zu bekommen, und entschuldigte sich, sie wolle dies nicht mehr tun, aber sie tat es oftmals wieder. Zuletzt schlug sie der Blinde, so daß sie ihn vor Rabbi Josses Tür führen mußte. Und die gute Frau weinte sehr und mußte ihres Mannes Willen ausführen.

Da hörte Rabbi Josse sie, ach die Arme (*nébech*), schreien, sah zum Fenster hinaus und sah, daß es seine frühere Frau war, der er den Get gegeben hatte. Da erbarmte er sich sehr über sie und gab ihr viel Almosen und brachte sie alle beide in ein Haus nebenan und ließ sie dort wohnen. Und er speiste sie von seinem Tisch, solange sie lebten, wie um den Schriftvers (*póßek*) zu bestätigen: ›Und von deinem Fleisch sollst du nichts vorenthalten.'

Und die Frau, die Rabbi Josse jetzt angetraut war, hatte die Gewohnheit (*ßéjder*) an sich, daß jedesmal, wenn ihr Mann am Freitagabend aus der Synagoge (*schul*) kam, sie ihm mit einem Becher Wein entgegentrat, und er hatte sich gleich an den Tisch zu setzen und Kiddusch zu machen (den Weinsegen zu sprechen), so daß er sich über die Seinigen (*gesínd*) gar nicht erst ärgern konnte. So hielt sie es auch an jedem Festvorabend (*érew jóntew*).

Als nun für Rabbi Josse die Zeit zum Sterben kam, da nahte sich ihm der Todesengel (*málech-hamóweß*) in Gestalt eines Menschen. Da saß Rabbi Josse gerade da und lernte. Da fragte Rabbi Josse ihn: »Was ist dein Tun oder wer bist du?« Da sprach der Todesengel: »Ich bin vom Heiligen gesandt, gesegnet sei Er, damit ich dir deine Seele (*neschóme*) nehme. Denn deine Zeit ist gekommen, da du sterben sollst.« Da entgegnete ihm Rabbi Josse: »Ich weiß sehr gut, daß du mir nichts tun kannst, weil ich über dem Buch (*ßéjfer*) sitze und lerne.«

Da ging der Todesengel wieder fort und ging vor den Heiligen, gesegnet sei Er, und sagte: »Herr der Welt (*káunehákel*), Du hast mich doch geschickt, Rabbi Josse dem Galiläer die Seele zu nehmen, und ich kann ihm nichts tun, denn er sitzt und lernt stets in Deiner heiligen Tora.« Da sprach der Heilige, gesegnet sei Er, zum Todesengel: »Geh hin und zieh deine Kleider aus und zieh deine erbarmungslosen Kleider an, die du anzutun pflegst, wenn du den Leuten ihre Seele nimmst. Und dann geh wieder zu Rabbi Josse.« Da tat der Todesengel, wie der Heilige, gesegnet sei Er, ihm befohlen hatte.

Unsere Weisen (*chachómim*) sagen, der Todesengel ist so groß, daß er von der Erde bis hinauf zum Himmel reicht und daß er voller Augen ist, vom Kopf bis zum Fuß. Und wie der Engel nun zu Rabbi Josse wiederkam, da saß er wieder und lernte. Sobald Rabbi Josse ihn sah, da erschrak er vor ihm und sah wohl, daß es der Todesengel war. Rabbi Josse fiel vor ihm nieder und sprach zum Todesengel: »Lieber, warte nur ein klein wenig, denn ich will meiner Frau sagen, daß du da bist, denn ich weiß, wer du bist. Aber ich fürchte mich nicht vor dir, denn es steht in der Tora geschrieben: ›Wer Tora lernt, der erkauft das Leben.‹« Da sprach der Todesengel zu Rabbi Josse: »Es steht auch geschrieben: ›Dein erster Vater hat gesündigt, und dein Fürsprecher hat Missetat an mir getan.‹«

Als Rabbi Josse den Schriftvers hörte, da wurde er schwach und sagte: »Ich will nun auch gern sterben, denn ich bin nicht besser als meine Voreltern waren.« Da sprach der Todesengel: »Geh, sag es zuvor deiner Frau und tu deinen Kindern deinen Letzten Willen (*zawóe*) kund, wie sie es nach deinem Tod halten sollen.« Da ging er zu seiner Frau und sprach: »Meine liebe fromme Frau, du mußt nun sehn, wie du dich ernährst, denn ich werde dich auf dieser Welt nicht länger ernähren können.« Als die Frau das hörte, da sprach sie: »Mein herziger lieber Mann, wieso kommst du mit einem Mal darauf? Du hast doch dein Lebtag so nicht geredet.« Da erwiderte Rabbi Josse: »Meine herzliebe Frau, ich bin diesmal gezwungen dazu, und die Ursache ist, ich habe einen sehr weiten Weg von dir weg zu wandern.«

Wie nun die Frau diese Worte von ihrem Mann hörte, da hob sie an zu weinen und wollte sich nicht trösten lassen. Wie nun Rabbi Josse sah, daß seiner Frau um seinetwegen solch großer Jammer ankam, da sprach er: »Meine liebe Frau, das kann anders nicht sein. Aber das eine will ich nach meinem Tod für dich tun: Alle Abende vor Sabbat und Festtag (*érew schábeß un jóntew*) will ich zur Nacht wieder zu dir kommen und für dich Kiddusch machen, so wie ich es auch in meinem Leben tat.« Da verließ ihn seine Seele, und er wurde begraben. Und die Weisen hielten auf ihn eine große Grabrede (*héßped machn*).

Und wie der Freitagabend kam und es Zeit wurde, Kiddusch zu machen, da kam Rabbi Josse der Galiläer und machte seiner Frau Kiddusch. Und als er den Kiddusch beendet hatte, da ging er wieder seiner Straße fort, und aß und trank kein bißchen.

Nun, das hielt Rabbi Josse lange Zeit so. Eines Freitagabends saß Rabbi Josse und machte seiner Frau Kiddusch, wie es seine Gewohnheit war. Da gingen Leute am Fenster vorbei und hörten, wie einer in ihrem Haus Kiddusch machte. Da sagten die Leute: »Die Frau hat gewiß heimlich einen fremden Mann bei sich, der ihr Kiddusch macht.«

Und am Morgen wurde die Geschichte in der Synagoge (*schul*) erzählt und kam auch den Rabbinen zu Ohren. Und als die Rabbinen das hörten, da sagten sie: »Es ist nicht gut, zu solchen Sachen stillzuschweigen, wir täten nicht recht daran.« So schickten sie nach der Frau und sagten ihr, daß man ihr das und das nachsage, und deshalb solle sie sich verantworten. Da sagte die Frau: »Das ist eine Lüge (*schéker*). Kein fremder Mann ist in meinem Haus gewesen, um für mich den Kiddusch zu sprechen.« Da sagten die Rabbinen: »Wie könnt Ihr das leugnen? Zwei glaubhafte Männer haben es gesehen.«

Wie nun die gute Frau das sah, da konnte sie es nicht leugnen. Da hob sie an und erzählte den Rabbinen die ganze Geschichte, wie ihr lieber Mann Rabbi Josse jeden Freitagabend und an jedem Vorabend eines Festtags zu ihr kam und für sie Kiddusch machte. Doch die Rabbinen wollten ihr nicht glauben. Da sagte die Frau: »Wartet bis Freitagabend, so werdet ihr es selbst sehen«. Nun, die gute Frau war sehr traurig, daß man sie solcher Dinge verdächtigte. Wie es nun wieder Freitagabend wurde, da kam ihr Mann Rabbi Josse wie gewohnt wieder. Da sah er, wie seine Frau so sehr betrübt war, und sie hatte nichts zum Sabbat gekocht. Da fragte er sie, warum sie denn Freitagabend so sehr betrübt sei, mehr als sonst irgendwann. Da erzählte sie ihm die ganze Geschichte, wie sie ihr passiert war. Da sprach er zu ihr: »Sei deshalb nicht traurig und gräme dich nicht, ich will die Sache selbst verantworten, und sie müssen mir glauben.«

Also zog der gute Mann, Rabbi Josse der Galiläer, mit seiner lieben Frau vor die Rabbinen. Und wie die Rabbinen den Rabbi Josse sahen, da erschraken sie sehr und fielen auf ihr Gesicht (*pónem*) nieder. Da sprach Rabbi Josse: »Ihr Zeugen (*éjdim*), erhebt euch alle auf eure Füße und sagt, was ihr gesehen oder gehört habt. Denn ich bin der Mann, der ihr jeden Freitagabend und an den Abenden vor den Festtagen Kiddusch gemacht hat. Ich bin Rabbi Josse der Galiläer, und ihr wollt meine fromme Frau in bösen Verruf bringen. Gott möge richten zwischen ihr und euch.«

Da schwiegen sie alle still, und niemand konnte vor Furcht und Schrecken etwas antworten. Und Rabbi Josse sagte: »Derweil ihr mir nicht antwortet, so will ich es dabei bewenden lassen, doch jetzt und von Stund an werdet ihr mich oder meine Frau nie mehr auf dieser Welt sehen.« Und damit gingen sie von ihnen fort, und die gute Frau war noch sehr traurig. Nicht lange danach starb auch sie.
Gott möge beider Verdienst (*ßchuß*) uns lassen genießen
und den Messias (*moschíach*) zu uns herschießen (senden).
Amen (*oméjn*). Sela. [202]

Quelle: Laut Gaster 1934 eine kürzere Version in Menachem Zijjoni, ›Wajechi‹ und R. Elijah ha-Kohen, ›Scheschet Musar‹, 35, 114 b. Siehe auch ›Sefer Juchassin‹, ed. Filipowski, 230.
Übers.: MB: Pappenheim 1929, Nr. 207; Strauß 1934, Nr. 21.

Diese Geschichte reiht sich ein in die Heimsuchungen anderer frommer Rabbinen, die vor dem Todesengel, der sich ihnen in Menschengestalt naht, nicht gefeit sind (siehe Text 195, 200).
Schwarzbaum 1968, 291 weist auf eine Vielzahl von Varianten im ›Ozar ha-Schira weha-Pijut‹ (»Schatztruhe agadischer Volksliteratur«) hin sowie auf die eigene Studie ›Angel of Death – Outwitted by Mortals‹.
Der Glaube, daß die Toten in ihre alte Behausung zurückkehren, ist ein Merkmal so mancher jüdischer Sage. So soll auch der verstorbene Rabbi Jehuda ha-Nassi jeden Freitag sein Haus besucht haben (vgl. MWGJ 78. Jg. 1934, 193).

Bibelverse: »Und von deinem Fleisch ...«, Jes 58,7: »Ists nicht:/für den Hungernden brechen dein Brot,/das schweifende Gebeugte/du ins Haus kommen lassest ...« (anderer Sinn!).
»Wer Tora lernt ...«, Spr 13,14: »Des Weisen Lehre ist Born des Lebens,/um auszuweichen den Schlingen des Tods.«
»Dein erster Vater hat gesündigt ...«, Jes 43,27: »Dein früher Vorvater schon hat sich versündigt«.
Zum Ehevertrag siehe Anm. Text 100. – Zu den Scheidungsgesetzen siehe die Studie von Gabrielle Atlan, ›Les Juifs et le divorce‹, Bern 2003.
Mit dem Kiddusch-Segen, der »Heiligung« des Weines am Freitagabend, beginnt der Sabbat. Er umschließt das ganze häusliche Zeremoniell. Dem Weihesegen vor Beginn der Abendmahlzeit gehen die Verse Gen 2,1–3 voran. Es folgt der Segensspruch über den Wein (in Ermangelung dessen auch der Segensspruch über das Brot) und dann der eigentliche Weihesegen: der Kiddusch, hebr. kidusch, »Heiligung«. Ihn gibt es schon länger als das christliche Abendmahl und die Eucharistie.

Rabbi Abraham, Drechsler aus Jerusalem, und das im Baum versteckte Geld

Die Geschichte geschah an einem Mann, der war sehr reich und wohnte nahe bei Jerusalem (*jeruscholájim*). Nun kam eines Tages einmal ein Kutäer (Samaritaner) und brachte ein Pfand zu dem reichen Mann, er solle ihm darauf leihen. Da sagte er zu seiner Frau, sie sollte in die Kammer hinaufgehen und sollte an die Kiste gehen und sollte Geld holen. Da ging die gute Frau hinauf. Und wie sie die Kiste aufmachte und das Geld herausnehmen wollte, da rief eine Stimme und sprach: »Laß das Geld liegen, denn es gehört dir nicht.«

Als die Frau den mächtigen Ruf (*geschraj*) hörte, da erschrak sie sehr und ging also wieder hinab und sagte es dem Mann, wie es ihr ergangen war; er möge selber hinaufgehen und das Geld holen. Da ging der Mann selbst hinauf und wollte an die Kiste gehen. Da kam die Stimme wieder und sprach: »Laß das Geld liegen, denn es gehört dir nicht.« Als das der Mann hörte, da erschrak auch der Mann sehr. Endlich ermannte er sich wieder und gab zur Antwort: »Wenn das Geld nicht mir gehört, so laß mich den wissen, dem es zukommt.« Da antwortete die Stimme ihm wieder: »Wenn du es denn wissen willst, so wisse, daß es Rabbi Abraham (*Awrohom*) Drechsler aus Jerusalem gehört.«

Da dachte der gute Mann, dieweil das Geld ja nicht mir gehört, so will ich es auch nicht haben. Und nahm das Geld und all sein Silber und Gold und Wertsachen (*chéfzeß*) und Kleinodien (*tachschítim*), die er besaß, und machte ein Loch in einen Baum, der in seinem Garten stand, und tat alles hinein. Und ging wieder weg und nahm es hin von Gott, daß er solch Mißgeschick (*bejs sach*) auf ihn lud.

Nach einer Zeit begab es sich, daß ein großes Gewitter aufzog und das Wasser viele Häuser und Bäume wegriß. Also wurde der Baum, in dem all der Mammon steckte, auch weggeschwemmt. Da kam ein Fischer gefahren und sah den Baum treiben. Da dachte der Fischer: »Das ist ein schöner Baum, um gut daraus zu drechseln. Ich will ihn nach Jerusalem bringen, denn ich kenne da einen Juden, der Rabbi Abraham Drechsler heißt, der wird mir den Baum gut bezahlen.« Und so fuhr der Fischer mit seinen Fischen nach Jerusalem und langte am Vorabend von Sabbat (*érew schábeß*) dort an. Da kam eben Rabbi Abraham Drechsler gegangen und wollte auch Fische zum Sabbat kaufen. Da sprach der Fischer zu ihm: »Rabbi Abraham, ich habe daheim einen schönen Baum, den habe ich aus dem Wasser gezogen, der wäre gut für dich; du kannst viel hübsche Sachen daraus drechseln.«

So ging Rabbi Abraham mit dem Fischer heim und besah sich den Baum, und er gefiel ihm gut und war mit ihm zufrieden und ließ sich den Baum in sein Haus bringen. Und wie er daheim den Baum spaltete, da fand er all die Schätze darin, die jener gute Mann hineingetan hatte. Also war der Rabbi Abraham hocherfreut, daß ihm der Heilige, gesegnet sei Er, solch einen großen günstigen Kauf (*mezíe*) beschert hatte.

Nun, nicht lange danach begab es sich, daß jener gute Mann, der das Geld in den Baum gesteckt hatte, arm geworden war und nicht anders konnte, als im Land umherzuziehen und Almosen anzunehmen. Eines Tages sprach er, ach der Arme (*nébech*), zu seiner Frau: »Liebe Frau, eins wollen wir tun, wir wollen gehen und nachsehen, ob unser Mammon nach Jerusalem gelangt ist, so wie die Stimme es uns gesagt hat.«

Also gingen sie beide nach Jerusalem in Rabbi Abraham Drechslers Haus und keiner von ihnen ließ sich etwas anmerken. Und wie sie nun an einem Freitag dort ankamen, da machte eben Rabbi Abraham Drechsler ein großes Spinnholz (eine Art Polterabend) für seinen Sohn, wobei es der Brauch (*ßéjder*) will, daß man schöne silberne Becher auf den Tisch stellt.

Und als die guten Leute da alle ihre Geräte (*kéjlim*) auf dem Tisch stehen sahen, da fingen sie an zu weinen. Da merkte Rabbi Abrahams Frau, daß sie weinten, und ging zu ihnen und fragte sie, warum sie so weinten. Da wollten sie ihr nichts sagen. Da sagte die Frau zu ihnen: »Ihr habt ja gewiß nicht umsonst geweint.« Und bat sie so lange, bis sie ihr die ganze Sache erzählten, daß die schönen Geräte, die da standen alle ihnen gehört hatten. Und erzählten ihr, wie es ihnen gegangen war mit dem Geld, und mit der Stimme, und wie der Baumstamm weggeschwemmt war. Und fragten, ob dies alles wahr sei. »Denn wir sehen die Kleinodien und Schätze bei euch, wie es die Stimme gesagt hat.«

Wie nun die Frau solches hörte, da sprach sie: »Meine lieben Leute, seid fröhlich am Sabbat. So sie euer gewesen sind, so wollen wir sie euch alle wiedergeben. Denn wir haben gottlob genug, auch wenn wir euren Mammon nicht haben.«

Da sprachen die beiden Leute: »Wir wollen nichts davon wiederhaben, denn hätten wir den Mammon behalten sollen, dann hätte die Stimme vom Himmel nicht zu uns gesprochen. Denn wir sehen ja doch, daß es für euch bestimmt ist. Deshalb wollen wir von dem Mammon nichts haben. Denn wir haben es versündigt vor dem Heiligen, gesegnet sei Er.« Damit schwiegen sie still.

Und der Rabbi Abraham erfuhr die Geschichte von seiner Frau. Da gingen beide hin und machten einen feinen Kuchen, den sie ihnen mitgeben wollten auf den Weg. Und versetzten den Kuchen mit Honig und allerlei gutem Gewürz und taten, so daß keiner es wissen sollte, vierhundert Goldgulden hinein. Denn Rabbi Abraham dachte: »Wir wollen ihnen, wenn sie von dannen ziehen, den Kuchen mitgeben. Und wenn sie ihn dann aufbrechen, so werden sie die vierhundert Gulden drinnen finden.«

Also rüsteten sie sich Sonntagmorgen früh zum Aufbruch und nahmen von Rabbi Abraham und seiner Frau unter Tränen Abschied. Und Rabbi Abraham wollte ihnen viel Geld mitgeben, aber sie wollten nichts haben. Schließlich (*leßóf*) gaben sie ihnen den Kuchen mit und sagten zu ihnen: »Nehmt den Kuchen mit auf den Weg, er wird euch gut bekommen. Wenn es euch hungert, so brecht ihr ihn auf und labt euch damit euer Herz.« Da wollte die arme Frau auch den Kuchen nicht nehmen. Da bat Rabbi Abrahams Frau, und sie drängten sie so lange, bis sie den Kuchen nahmen. So zogen sie in Frieden (*beschólaum*) wieder fort.

Unterwegs kamen sie in eine Stadt, wo ein Zoll (*mécheß*) erhoben wurde, doch sie konnten dem Zöllner nichts geben. So sagten sie zum Zöllner: »Wir haben kein Geld, nehmt diesen Kuchen als euren Zoll.« Da hob der Zöllner an und sagte: »Dieser Kuchen kommt mir gerade recht. Ich will ihn Rabbi Abraham Drechsler aus Jerusalem schenken, zur Hochzeit (*cháßene*) seines Sohnes. Damit werde ich willkommen sein.« Und der Zöllner nahm also den Kuchen und ließ sie in Frieden fortziehen. Und der Zöllner zog nach Jerusalem und schenkte den Kuchen Rabbi Abraham, der so den Kuchen mit dem Geld wieder bekam. Darauf ist der Schriftvers gemünzt: ›Mein ist das Silber und das Gold, spricht Gott der Allmächtige, gesegnet sei Er.‹

Und jenes Ehepaar starb also in Armut, weil sie niemals Almosen (*zdóke*) gegeben hatten, und so hat Gott sie gestraft. Darum also: Wer seinen Mammon salzen will, damit er nicht zu stinken beginnt, der soll davon den Armen viel Wohltätigkeit erweisen (*zdóke gebn*). Alsdann bleibt sein Mammon bestehen. Und so auch umgekehrt: Wenn einer seinen Mammon nicht einsalzt und gibt davon keine Almosen, dem wird sein Mammon nicht bleiben, und es wird ihm so ergehen, wie es den beiden Leuten geschehen ist. Viel besser möge es uns ergehen. Amen (*oméjn*). Sela. [203]

Quelle: Laut Gaster 1934 keine hebr. Quelle zu ermitteln; vgl. Timm 1995, 255, Anm. 28.

Übers.: MB: Pappenheim 1929, Nr. 208; Strauß 1934, Nr. 17.

Rabbinisches Exemplum Nr. 423 (Geld im Baum), anhand dessen sich die Frage, warum eigentlich der Reiche des Schatzes unwürdig sei und wodurch ihn Rabbi Abraham Drechsler verdient habe, plausibler beantworten läßt: Das Geld war nämlich dem Rabbi gestohlen worden, der Dieb hatte es verloren und der Reiche dann aufgefunden.

Bibelvers: »Mein ist das Silber und Gold ...«, Hag 2,8: »Mein ist das Silber, mein ist das Gold,/ist SEIN des Umscharten Erlauten.«

Der einschlägige Legenden- und Märchentypus ist der »Heckpfennig« (AaTh 745 A). Das beliebte Motiv: »Geldversteck im Baum« findet sich auch in Text 222, als Götzenkult in Text 190.
Der Stoff ist seit dem 14. Jh. durch die ›Gesta Romanorum‹, Kap. 109, bekannt: »Die der Teufel reich macht, die täuscht er und führt sie wegen ihrer Habsucht ins Tal Gehenna«. Gaster hat diese Version in einer motivgeschichtlichen Studie ›Der Schatz im Baumstamme‹ behandelt (MGWJ 29. Jg. 1880, 78–82) und sie mit Abraham Drechslers Geschichte verglichen. Über die Quelle hat er damals noch gemutmaßt, sie sei wohl »ein Auszug aus dem bekannten Ma'asse-Buch, das mir unzugänglich geblieben ist«.
Nebenher wies Gaster auf die talmudischen Quellen des Eideslist-Motivs »Geld im Stock« hin, was er dann zu einer eigenen Studie ›Das Gold im Stocke‹ (MGWJ 1880) ausbaute. Vgl. Rabbinisches Exemplum Nr. 121 a, siehe auch Heller 1930, 323.
Hebräisch-jemenitische und neuere israelitische Versionen von »Schatz im Baum« benennt Schwarzbaum 1968, 268 f.: So etwa stirbt der Dieb an einem Herzanfall, das Geld wird vom jungen Ephraim gefunden, und ihm bedeutet ein Traum, es gehöre dem Abraham und müsse zu ihm irgendwie zurückkehren.

Die verleumdete Gattin, die Ärztin wurde

Die Geschichte geschah an einem Mann, der wollte der Geschäfte wegen *(noch ßcháure)* in fremde Länder ziehen. Er ließ seine Frau solange in der Hand seines Bruders und bat ihn sehr, auf sein liebes Weib achtzuhaben, daß ihr nichts geschähe; er wüßte wohl, daß er ein frommes Weib hätte; deshalb solle er es ihr an nichts mangeln lassen, wie er es ihm zutraue. Der Bruder sagte, er wolle sein Bestes an ihr tun, wie es einem Schwager gezieme. Also zog er hinweg, und der Bruder nahm die Frau in sein Haus und gab ihr ein besonderes Zimmer (*chéjder*).

Der Schwager ging nun bei seiner Schwägerin (*geschwéje*) ein und aus und sah alle Tage nach ihr, ob es ihr an nichts mangele. Nun war sie sehr schön und züchtig. Eines Tages warf ihr Schwager die Augen auf sie und ging zu ihr ins Zimmer und sprach: »Hör, meine liebe Schwägerin, sei mir zu Willen, und ich will alles tun, was du von mir wünschst.« Die Frau antwortete: »Solche Sachen sind mir zu tun verboten, denn die Frau, die Unkeuschheit treibt und bei einem anderen Mann liegt, die verleugnet den Heiligen, gesegnet sei Er, und ihren ehrlichen Mann. Und warum sollte ich solch eine Sache tun? Du weißt ganz gut, daß wir beide keinen Anteil an Jenem Leben haben würden, wenn wir solche Sachen täten. Und wie kannst du mir solches zumuten? Du weißt genau, daß mich dein Bruder in deine Hände befohlen hat, mich zu beschützen und zu bewahren. Und wie wolltest du es übers Herz bringen, so etwas zu tun? Ich bin dir besonders verboten, weil dein Bruder noch lebt. Und in der heiligen Tora steht geschrieben: ›Wer da lieb hat seines Genossen Weib, der wird mit Kummer geschlagen und in der Hölle (*gehínom*) gerichtet werden.‹« Nun, der Schwager ließ sich für diesmal abweisen, doch ging er jeden Tag zu ihr ins Zimmer und sah nach, ob ihr nichts mangele.

Eines Tages schickte er seinen Knecht nach Wasser aus; derweil ging er zu seiner Schwägerin und gedachte sie mit Gewalt zu bezwingen. Da hob die gute Frau an, mit lauter Stimme zu schreien, doch konnte sie keiner hören, denn es war niemand sonst im ganzen Haus. Dennoch erwehrte sie sich seiner mit großer Kraft, so daß er seinen Willen nicht durchsetzen konnte, und so mußte er von ihr lassen. Und ging auf den Markt und dingte zwei falsche Zeugen (*éjdim*), daß sie aussagen sollten, wie sie die Frau bei einem jungen Gesellen hätten liegen sehen, während ihr Mann ausgewesen war. Also gingen die zwei falschen Zeugen vor das Gericht (*beß-din*, Haus des Gesetzes) und zeigten ihm an, solches von der Frau gesehen zu haben, daß sie mit einem jungen Gesellen Unkeuschheit getrieben hätte. Also schickte das Gericht nach der Frau und hielt ihr die Sache vor, daß sie als verheiratete Frau (*éjscheß-ísch*) untreu geworden sei, und die falschen Zeugen standen da und sagten es ihr ins Gesicht. Da sagte sie, alles sei Lüge (*schéker*), und dies werde sich noch erweisen. Und sie sagte vor Gericht aus, wie es ihr mit ihrem Schwager gegangen war. Da sagten die falschen Zeugen: »Was haben wir mit deinem Schwager zu schaffen? Wir haben das von dir gesehen.«

Da wurde die gute Frau verurteilt, daß man sie steinigte, wie man mit so einer zu tun pflegt. Also wurde sie gleich hinaus zum Steinhaufen geführt, und man warf sie mit Steinen zu Tode und legte auf sie einen großen Haufen Steine.

Nun, die gute Frau lag darunter bis an den dritten Tag. Da kam ein fremder Mann aus fremden Landen dahergezogen, der hatte einen Sohn dabei, den er nach Jerusalem führte, um ihn dort lernen zu lassen. Sie ruhten sich da bei dem Steinhaufen aus, und da es spät war, so daß sie keine Stadt mehr erreichen konnten, blieben sie über Nacht bei dem Steinhaufen liegen.

Sie wußten aber nicht, daß jemand darunter lag. Da hörten sie bei der Nacht eine Stimme, die sagte: »Ach, wie bin ich grundlos gesteinigt worden, und das einer Verleumdung wegen. Ich bin unschuldig und habe den Tod nicht verdient.« Wie der Mann das hörte, da stand er auf und räumte den Steinhaufen weg und wollte sehen, wer da so redete unter den Steinen. Und räumte so lange, bis er die

Frau da fand, und sie lebte noch. Da fragte er sie: »Meine gute Frau, wie ist das geschehen, daß du gesteinigt worden bist?«

Da erzählte ihm die Frau, wie es ihr ergangen war, und wie zwei falsche Zeugen über sie falsch Zeugnis ausgesagt hatten. Danach fragte die Frau den Mann, wohin er mit dem Jungen ziehen wolle. Da erwiderte der Mann, er wolle ihn nach Jerusalem führen, damit er lerne. Da sprach die Frau: »Willst du mich mit dir heimnehmen, so will ich mit deinem Sohn lernen (ihn alles lehren): Tora, Propheten, Schriften (*táuro, newíim, kßówim*).« Da sprach der Mann wieder zu ihr: »Kannst du denn Tora lernen, so will ich dich mit heimnehmen.« Da sprach sie: »Ja, ich kann Tora lernen.«

So kehrte der Mann im Namen des Gottes von Israel (*jißróel*) wieder heim, zusammen mit der Frau. Und wie er nun wieder heimkam, da baute er ihr eine besondere Lernstube (*chéjder*), von der Stadt zweitausend Ellen (*tchumschábeß*, d. h. so weit, wie man am Sabbat gehen darf) entfernt, damit niemand zu ihr kommen könnte, der sie störte. Allein ein Knecht (*meschóreß*) diente ihr und brachte ihr Essen und Trinken.

Nun geschah es eines Tages, daß der Hausknecht seine Augen auf die Frau richtete und auf sie Lust kriegte. Und er sagte auf einmal zu ihr, sie solle bei ihm liegen. Da wollte die gute Frau nicht auf seine Stimme hören und sprach zu ihm: »Gott soll mich davor schützen, solche Sachen zu tun. Ich bin immer noch verheiratet, und mein Mann wird, mit Gottes Hilfe, bald zu mir herkommen.«

Da wurde der Knecht sehr böse (*bráuges*) und nahm ein Schwert und wollte sie töten. Da fiel der Junge dem Knecht ins Schwert, und der Knecht spaltete dem Jungen den Kopf in zwei Hälften, so daß er starb. Als das der Knecht sah, lief er in einen wilden Wald, da kam ein Löwe und zerriß ihn und fraß ihn ganz auf. Denn der Heilige, gepriesen sei Er, hatte den Löwen zu ihm geschickt, dieweil er eine solch schreckliche Sünde (*grojß awéjre*) begangen hatte.

Wie die gute Frau nun sah, daß der Junge ihretwegen ums Leben gekommen war, wiewohl sie keine Schuld daran hatte, da floh auch sie von dannen, um nicht den großen Jammer zu sehen, in den Vater und Mutter um ihr Kind treiben würden. Und sie gelangte ans Ufer des Meeres (*jam*). Da kam ein Schiff mit Räubern (*gaslónim*) gefahren, und sie griffen sich die gute Frau und führten sie mit sich hinweg. Aber der Heilige, gepriesen sei Er, ließ einen großen Wind übers Meer kommen, daß das Schiff fast untergehen wollte. Die Schiffsleute heulten und weinten und sprachen: »Wir wollen das Los unter uns werfen (um herauszufinden), weshalb Gott auf uns zornig ist, und den wollen wir dann ins Wasser werfen. Denn wir sehen ja genau, allein unser Schiff hat dieses Unwetter, die anderen Schiffe haben guten Wind und bei ihnen scheint die Sonne. Wir aber haben ein böses Wetter. Es muß bei uns an einer Versündigung liegen.«

So warfen die Schiffsleute das Los unter sich, und das Los fiel auf die gute Frau. Da fragten sie sie: »Sag uns an, was ist dein Geschäft, daß Gott so zornig auf dich ist? Denn uns treibt die Sorge, daß wir deinetwegen alle ertrinken müssen.« Da sagte die gute Frau: »Ich bin eine Jüdin und glaube an den allmächtigen Gott, Der Himmel und Erde erschaffen hat.«

Und sie erzählte den Schiffsleuten, wie es ihr bis dahin ergangen war. Da hatten alle Männer, die im Schiff waren, großes Erbarmen mit ihr und warfen sie nicht gern ins Meer hinaus. Und sie erhoben alle miteinander ihre Hände zum Himmel und baten den Heiligen, gepriesen sei Er, er möge sie vor der Übeltat bewahren, daß sie die gute Frau aus dem Schiff werfen sollten. Da erhörte der Heilige, gepriesen sei Er, ihr Gebet und ließ das Meer sich wieder beruhigen.

So fuhren sie mit der guten Frau wieder an Land und setzten sie auf dem Trockenen ab, auf ein schönes Stück Erde, und die Schiffsleute fuhren ihrer Straße weiter.

Die gute Frau hatte so manches Mal darauf bestanden, daß sie nicht ablassen wolle vom Heiligen, gepriesen sei Er, gelobt sei Sein heiliger Name. So richtete die gute Frau am Ufer des Meeres ihre Wohnung ein und machte sich ein kleines Hüttlein, und der Heilige, gepriesen sei Er, ließ bei ihr allerlei gute Kräuter wachsen, die zu vielerlei gut waren, und sie erwehrte sich damit des Hungers. Und der Heilige, gepriesen sei Er, gab ihr die Gnade und das Wissen, daß sie die Heilkräfte all dieser Kräuter verstand, und auch all die Grindigen und Aussätzigen heilen konnte, und auch sonst jede Krankheit lernte sie heilen, und das durch die Natur der Kräuter.

Und die Frau bekam einen mächtigen Ruf als Heilkundige (*ráufeß*) bis in weite Lande, so daß viele Leute, die ein Gebrechen hatten, zu ihr gezogen kamen, um heil und gesund zu werden. Und sie heilte einen jeden, mit Gottes Hilfe. Und die Frau wurde sehr reich und erwarb viele Knechte und Mägde, Pferde, Kühe, Ochsen und Schafe.

Nun, während der Zeit, als die Frau in so viel Unglück geraten war, wie ihr hier gelesen (*geléjnt*) habt, war ihr Mann aus fremden Ländern mit seiner Ware heimgekommen und hatte geglaubt, seine liebe Frau wieder daheim und in großen Ehren vorzufinden, an der Hand seines Bruders. So fragte er seinen Bruder nach seiner Frau, wo sie denn wäre, und er sähe sie nicht. Da sagte der Bruder: »Wo soll sie sein? Wo andere Huren auch sind, denn sie war widerspenstig gegen Gott den Allmächtigen; sie hat bei einem jungen Gesellen gelegen, und zwei Zeugen haben das gesehen. Also hat man sie gleich dazu verurteilt, gesteinigt zu werden.«

Wie nun der Bruder solches vernahm, da überkam ihn

großer Jammer um sein liebes Weib, denn er hatte das nicht von seiner Frau gedacht. Und er sagte: »Es mag sein, wie es will, ich glaube es nicht; denn ich habe eine fromme Frau gehabt, sie ist eine Keusche (*znúe*) und eine Fromme (*chóßide*) dazu. Aber was soll ich tun? Da sind, leider Gottes, zwei Zeugen, die es gesehen haben.«

Und der Mann verfiel in großen Jammer. Das währte viele Monate. Doch der Heilige, gepriesen sei Er, Der nichts ungerechnet (ungesühnt) läßt, schlug den Bruder und seine zwei lügnerischen Zeugen mit Krankheit, der großen Sünde (*awéjre*) wegen, die sie an der guten Frau begangen hatten. Wie sie nun eine Zeitlang krank daniederlagen, sprach einer zum anderen: »Wir haben gehört, daß dort am Ufer des Meeres eine Jüdin wohnen soll, die soll Leiden (*zóreß*) heilen können. Wir sollten uns aufmachen, um zu ihr zu ziehen; vielleicht wird sie uns helfen können.« So faßten sie alle drei den Entschluß, dorthin zu ziehen. Da sprach der gute Mann, dem die Frau gesteinigt worden war: »Ich mag vor großem Schmerz auch nicht daheimbleiben. Ich will mit euch ziehen (und sehn), ob ich mein liebes Weib vergessen kann.«

Also zogen sie zu viert miteinander fort, um die Frau aufzusuchen. Und sobald sie zu ihr kamen, da kannte die Frau sie alle vier recht gut, aber sie tat so, als ob sie sie nicht kennen würde. Da fragte sie die Männer: »Wo kommt ihr her, oder was wollt ihr hier tun?« Da sprachen sie: »Wir sind zu dir gekommen, denn wir haben gehört, du bist eine hervorragende Ärztin (*kestlich ráufeß*) und kannst alle Schmerzen heilen. Deshalb bitten wir dich sehr, du mögest uns helfen. Du sollst Silber und Gold genug von uns bekommen, wenn du uns von den Leiden heilen kannst.«

Da gab ihnen die Frau zur Antwort: »Ich sehe wohl, daß ihr leidend seid, aber ich sehe auch, daß Gott euch nicht umsonst mit Leiden gestraft hat. Ich sehe, ihr seid sündige

Menschen. Darum kann ich euch nicht helfen, oder ihr müßtet mir erst die Sünde, die ihr begangen habt, offenbaren. Denn Gott straft keinen mit Leiden, es sei denn, er hat eine große Sünde getan.«

So hoben sie an und erzählten von einigen Vergehungen (*awéjreß*). Da sagte die Frau: »Ach nein, das sind nicht die rechten Sünden. Denn Gott straft einen nicht mit diesen Leiden wegen solch kleiner Sünden. Darum, wenn ihr mir nicht die richtige Wahrheit sagen werdet, kann ich euch nicht helfen, und ihr mögt dann wieder heimziehen.«

Sie hätte gern gehabt, daß ihr Mann ihre Schurkerei gehört hätte, wie sie mit ihr umgegangen waren, wie denn auch geschah. Denn als die Bösewichter (*reschóim*) sahen, daß die Frau ihnen nicht helfen wollte, es sei denn, sie sagten ihr die Wahrheit über ihre Sünden, da hoben sie an und sagten ihr die richtige Wahrheit, wie sie mit einer gewissen Frau umgegangen waren, und dachten nicht, daß dies die Frau wäre. Und sagten in seinem Beisein vor dem Mann aus, wie sie falsch Zeugnis über seine Frau abgelegt hatten, wodurch sie gesteinigt worden war.

Wie die Frau das von den Bösewichtern hörte, da sagte sie: »Ihr habt Unrecht getan, und ich schwöre bei Gott dem Allmächtigen, ich werde euch nicht helfen. Denn alle Heilmittel, die es auf der Welt gibt, helfen euch gar nichts. Gott ist nicht wie der Mensch, daß Er lügen könnte, spricht, Er selbst hat zu Mose unserem Lehrer (*Máusche rabejnu*) gesagt: ›Du sollst keine Verleumdung treiben unter dem Volk.‹ Und weiter steht in der Tora geschrieben: ›Nicht sollst du stehen beim Blut deines Genossen; denn Verleumden bringt Morden.‹ – Und zu euch, ihr Bösewichter: Ich bin jene Frau, über die ihr Verleumdung (*rechíleß*) getrieben und falsches Zeugnis über mich gesagt habt. Und ihr habt gemacht, daß ich zu Unrecht gesteinigt worden bin. Aber der Heilige, gepriesen sei Er, gelobt sei Sein heiliger Name, hat mich beschützt mit Seiner großen Barmherzigkeit. Denn der Heilige, gesegnet sei Er, Der weiß um alle Herzen und Heimlichkeiten, und alles Verborgene kommt zuletzt an den Tag. Und ihr Bösen müßt alle geschlagen sein mit Elend (*zóreß*), bis an euer Ende. Und ihr müßt eure Sünde tragen auf Jene Welt (*jéne-welt*, Jenseits).«

Wie nun der Mann das Bekenntnis der Frau vernahm, da lobte er den Heiligen, gepriesen sei Er, daß Er ihm seine fromme Frau wiedergegeben hatte, und sagte: »Ich habe solche Sachen nicht von dir glauben wollen, wiewohl ich es habe glauben müssen, weil da die falschen Zeugen gewesen sind.«

Also haben sie die falschen Zeugen verachtet, und diese waren jeden Tag ihres Lebens mit Aussatz geschlagen. Und der Mann blieb bei seiner Frau, und sie waren reich und selig.

Und der Mann, dessen Sohn ihretwegen erschlagen worden war, dem gebar seine Frau wieder einen Sohn, und der lernte vorzüglich und wurde ein gewaltiger Talmudgelehrter (*tálmid-chóchem*). Denn der Heilige, gepriesen sei Er, erbarmte sich seiner.

Deshalb seht, ihr lieben Leute, was Verleumdung und böse Zunge (*loschn-hóre*) für große Sünden sind. Denn durch ihr Lügenzeugnis sind diese hier leidend geworden und haben ihr Lebtag keine Heilung erlangt. Wer gottesfürchtig sein will, der hüte seine Zunge vor falschem Zeugnis, so wie der Schriftvers spricht: ›Wer da hütet seine Zunge und seinen Mund,
der behütet seinen Leib vor Leid
und kommt in die ewige Freud,
das schwör ich bei meinem Eid,
es sei Mann oder Maid.‹ [204]

Quelle: Oxforder Hs. 13. Jh., Cod. G 185; ed. Gaster 1924: Exempla, hebr. Teil, Nr. XXXIV; engl. Teil, Nr. 313.

Übers.: MB: Grünbaum 1882, 430 f. (nach den Ausgaben Wilhermsdorf Nr. 203 und Rödelheim fol. 64 b). – Pappenheim 1929, Nr. 209. – Strauß 1934, Nr. 13.

Rabbinisches Exemplum Nr. 313 (Böser Schwager). Born Judas, Bd. 1 (1916), 263–68: Die Ärztin (Eine Susanna-Geschichte).

Das im Text gebrauchte Wort »Krankheit« wirkt harmlos; tatsächlich ist damit Aussätzigkeit bzw. Lepra gemeint.

Legenden- und Märchentypus ist der im Mittelalter stark verbreitete von der »verleumdeten Unschuld«, auch Crescentia- oder Genovefa-Typus genannt (AaTh 712, siehe EM). Zum Umfeld gehört die Geschichte »Von der guten Florentia von Rom« (J. G. Theodor Graesse, ›Die großen Sagenkreise des Mittelalters‹, 1842, 286) und jene aus Albert Wesselskis ›Mönchslatein‹ 1909, Nr. 116. Berühmtes Hauptmotiv: »Wie eine unschuldige Frau zur Untreue verführt wird«.

Heller 1936, 238 hob den jüdischen Einschlag der Geschichte hervor: Variierung der biblischen Erzählung in Jon 1; Erforschung der Wahrheit durch Auslosung, das sensible Gottesurteil; das klare Bekenntnis zum Judentum; der Raum, die besondere Hütte, die Pflanzung (sog. Kikajon-Motiv), die Aussätzigkeit als Strafe für Verleumdung.

Die verleumderische Behauptung des Schwagers wird durch zwei Zeugen gestützt, gegen deren Aussage gibt es nach altem jüdischen Recht keinen rechtsgültigen Einwand.

Auch die weibliche Aktivität und Entschiedenheit, Tora zu lernen, ist ein eminent jüdisches Motiv und fügt sich in die didaktischen Absichten des MB ein, vgl. die Strukturanalyse von A. Starck 1999, 169–173.

In den Geschichten des Rabbi Nachman (von Bratzlaw), die Martin Buber 1906 publik machte, findet sich der Typus »Der verräterische Bruder« im zweiten Text »Der König und der Kaiser« wieder (siehe Heller 1930, 354); neuere Übers. von Michael Brocke, München 1985, 19–33). Über dessen Popularität auch in der arabischen Folklore siehe Schwarzbaum 1968, 33 f.

Bibelverse: »Wer da lieb hat seines Gesellen Weib …«, Spr 6,29: »So wer kommt zum Weibe seines Genossen,/ungestraft bleibt nicht, allwer es berührt.« – »Du sollst keine Verleumdung treiben …«, Lev 19,16: »Trage nicht Verleumdung unter deinen Volkleuten feil,/steh nicht still bei dem Blut deines Genossen.« – »Wer da hütet seine Zunge …«, Spr 21,23: »Wer seinen Mund und seine Zunge hütet,/hütet vor Bedrängnissen seine Seele«.

Julianos und Pappos

Die Geschichte geschah an einem König, der eine einzige Tochter hatte. Eines Tages geschah, daß man sie auf dem Feld tot auffand. Da beschuldigte der König fälschlich die Juden, gleich als ob sie es getan hätten, denn er war ein großer Bösewicht (*rósche*) und wollte alle Juden töten, obwohl er wußte, daß die Anschuldigung (*alílo*) falsch war. Und sagte zu seinem Volk in der Stadt, sie sollten alle Juden töten, so viele wie es in der Stadt gab. Da wurden die Juden gewahr, daß ihnen ein solches Verhängnis (*geséro*, Judendekret) drohte. So kamen sie zusammen und beratschlagten miteinander, wie die Gefahr durch Fürsprache (*schtadlóneß*) abzuwenden sei. Sie gelobten den Adligen große Geschenke (*scháuched*, Bestechung), aber es gab für die Juden keinen Trost (*nechóme*).

Nun waren da zwei Brüder, gute und fromme Leute, und sie hießen Julianos und Pappos. Die gingen stillschweigend beiseite und beratschlagten untereinander, daß sie sagen wollten, sie hätten es getan; vielleicht werde das die anderen Juden beschützen, so daß sie nicht um ihr Leben kämen. Also gingen sie heimlich zum König und sagten: »Mein Herr König, du sollst dich nicht vergreifen und alle Juden töten, denn sie haben keine Schuld daran. Wir haben es getan, doch wir taten es nicht aus freien Stücken. Denn als wir des Weges gingen, da kamen Leute und wollten uns Böses tun, also haben wir uns gewehrt. Und so haben wir sie erschlagen. Aber wir hatten nichts gegen sie.« Und redeten so sehr auf den König ein, daß der König es zufrieden war. Doch das taten sie allein deswegen, damit die anderen Juden beschützt waren und am Leben blieben.

Dann schickte der König nach dem Henker (*táljen*), daß

er die zwei Brüder töte, wiewohl sie keine Schuld hatten. Da redete der König sie an: »Gehört ihr jenem Volk an, dem Chananja, Mischael und Asarja angehörten, so laßt auch diesmal euren Gott kommen und laßt euch vor meiner Hand beschützen, wie er sie damals vor Nebukadnezar beschützt hat.« Da entgegneten sie: »Mein Herr König, zum einen, wir sind nicht so fromm, wie sie es waren, als daß der Heilige, gepriesen sei Er, an uns ein solches Zeichen tut. Zum anderen, du bist nicht ein so gewaltiger König wie Nebukadnezar es gewesen ist, und doch sind wir des Todes schuldig. Der Heilige, gepriesen sei Er, tat es dir zuleide, daß Er unser Blut an dir rächen will. Sonst hätte uns der Heilige, gepriesen sei Er, Löwen oder Bären oder sonstige wilde Tiere zugeschickt und hätte uns nicht in deine Hände zu schicken brauchen. Er tat es darum, daß Er uns an dir rächen will.«

Aber der König kehrte sich nicht daran und ließ sie vielerlei Tode sterben, wie sie nicht zu beschreiben sind. Und als nun der Bösewicht wieder heimgehen wollte in sein Haus, da lauerten ihm zwei Grafen auf, die seine Feinde waren, und töteten ihn. Also zahlte es ihm der Heilige, gepriesen sei Er, gleich wieder heim.

Unsere Weisen (*chachómim*) sagen, daß kein Büßer (*baltschúwe*) und kein Zaddik (*zádik*, Gerechter) in Jener Welt (*jéne-welt*, Jenseits) den zwei Brüdern nahe sein kann, weil sie viele Seelen vor dem Tod errettet und selbst große Not gelitten haben. [205]

Quelle: Raschis Erklärung zum Traktat Taanit 18 b. Dazu Gaster 1934: Allein der erste Teil ist von Raschi, der Rest aus dem BT.

Übers.: Goldschmidt BT Bd. 3 (1930). 695 f. – Jason 1976, Nr. 17/II und III. – MB: Pappenheim 1929, Nr. 210.

Rabbinisches Exemplum Nr. 22 (Lulianus und Pappus); vgl. Nr. 21 (Zwei Märtyrer von Lud/Laudicea).
Im Talmud geht es um die Begründung des Trajantages, und damit um Kaiser Trajan einerseits, Lulianus (Julianus) und dessen Bruder Pap(p)os andererseits. Die Tötung der beiden erfolgt in Lud (südöstlich von Jaffa), und dort läßt auch Trajan sein Leben: »Da kamen zwei Räte aus Rom und zerschlugen sein Gehirn mit Stöcken.«
Raschis Zutat ist, daß beide Brüder die fälschlich des Mordes beschuldigten Juden retten wollten, indem sie die Schuld auf sich nahmen, *sie* hätten die Königstochter getötet.
Der historische Nebukadnezar, König von Babylonien, regierte von 604 bis 562 v. Z. Er bekriegte die Städte der Phönizier und Philister. Als das Königreich Juda sich seiner Oberherrschaft entziehen wollte, führte er auch gegen Jerusalem Krieg und nahm es 597 ein. Phasenweise fühlte er sich zum jüdischen Glauben hingezogen.

Wie das Gelüst einer Schwangeren gestillt wurde

Die Geschichte geschah an einer Frau, der gelüstete am heiligen Jom Kippur (*jom-kipur*, Versöhnungstag) zu essen, denn sie trug gar schwer. Da sagten die Leute dem Rabbi Tarfon: »Wie soll man mit der Frau vorgehen?« Da sagte der Rabbi Tarfon: »Sagt der Frau ins Ohr, daß heute Jom Kippur sei. Und ihr werdet sehen, ob sie euch Gehör schenkt.«

Also gingen sie zu der Frau und taten, wie Rabbi Tarfon ihnen geheißen, und sagten ihr ins Ohr: »Es ist heute Jom Kippur.« Sobald die Frau das hörte, ward sie satt und es gelüstete sie nicht mehr zu essen.

Da las Rabbi Tarfon den Schriftvers (*póßek*) vor: ›Ehe ich

dich im Bauch (deiner Mutter) geschaffen habe, habe ich dich gekannt.‹

Als sie nun ausgetragen hatte, da gebar (*gewán*) sie einen Sohn, der wurde (später) Rabbi Jochanan genannt, dessen oft gedacht wurde, was für ein Talmudgelehrter (*tálmid-chóchem*) er war. [206]

Quelle: Traktat Joma 82 b, aus dem Babylonischen Talmud.
Übers.: Goldschmidt BT Bd. 3 (1930), 239.

Der Talmud führt eingangs dieser und der folgenden Geschichte aus: Eine Schwangere habe am Versöhnungstag den Duft von Speisen gerochen, im ersten Falle habe sie sich erholt (sich besonnen), im zweiten nicht.
Bibelvers: »Ehe ich dich im Bauch geschaffen habe ...«, Jer 1,5: »Ehe ich dich bildete im Mutterleib,/habe ich dich gekannt«.
An Jom Kippur, dem Festtag allumfassender Versöhnung wie auch der »Versöhnung mit uns selbst«, verlangt die Tora zur Kasteiung der Seele die Enthaltung von Speise und Trank. »Das Fasten erscheint als Symbol der Befreiung des Menschen von allem Irdischen und Materiellen, während er sich selbst und seinem Gott geistige Rechenschaft gibt« (Müller 1934, 33).

Wie das Gelüst einer Schwangeren überhandnahm

Die Geschichte geschah in den Tagen des Rabbi Chanina. Da lebte eine Frau, der hat auch gelüstet, am heiligen Jom Kippur (*jom-kipur*, Versöhnungstag) zu essen. Da gingen die Leute zu Rabbi Chanina und fragten ihn, ob man ihr zu essen geben solle oder nicht. Da sagte Rabbi Chanina, man solle ihr heimlich ins Ohr sagen, daß heute Jom Kippur sei, und solle sehen, ob ihr das genüge.

Also taten die Leute, wie Rabbi Chanina ihnen geheißen hatte. Und man sagte ihr in ein Ohr: »Es ist heute Jom Kippur, man darf nicht essen.« Da wollte sie nicht darauf hören und wollte mit Gewalt Essen haben.

Da las Rabbi Chanina den Schriftvers (*póßek*) auf die Frau: ›Die Bösen entfremden sich schon vom Mutterleibe her.‹ Als sie dann in die Wochen kam, gebar (*gewán*) sie einen Sohn, der hieß Sabbatai der Getreidewucherer (*Schabbatai áuzer peri*) und war ein großer Bösewicht (*rósche*). [207]

Quelle: Traktat Joma 82 b–83 a, aus dem Babylonischen Talmud.
Übers.: Goldschmidt BT Bd. 3 (1930), 239. – MB: Pappenheim 1929, Nr. 212.

Bibelvers: »Die Bösen entfremden sich ...«, Ps 58,4: »Abgefremdet sind die Frevler vom Schoß an,/vom Mutterleib an abgeirrt die Redner der Täuschung.«
Zum Essensverbot an Jom Kippur siehe Anm. zum vorigen Text.

Vom Königssohn, der mit dem Stallmeister zusammen die Welt bereiste

Die Geschichte geschah an einem König, der einen einzigen Sohn hatte. Dieser König hatte seinen Sohn noch nie im Leben ausgeschickt, daß er hätte Lebensart (*tárbuß*) lernen können, so wie es andere Fürsten tun. Denn er hatte seinen Sohn so sehr lieb, daß er ihm nichts zutrauen wollte. Deshalb wurde er wie ein heimgezogenes Kalb, ein großer Fresser und Säufer.

Nun begab es sich, daß der König Gäste aus fremden Ländern hatte, und wie sie nun am Tisch saßen, da fragten ihn die fremden Fürsten, warum nicht auch sein Sohn am Tische sitzen würde, denn sie sähen ihn ebenfalls gern. Da erwiderte der König: »Meine lieben Freunde, was wollt ihr an ihm sehen? Ich hab ihn noch nie von mir weggeschickt, daß er die übliche Zucht (Manieren) gelernt hätte. Darum mag ich ihn nicht an meinen Tisch setzen, wenn ich fremde Gäste (*lajt*) bei mir habe.« Aber die Fürsten wollten auch ihn am Tisch sitzen haben, und so hieß er ihn, sich an den Tisch zu setzen. Wie er nun an den Tisch kam, da fraß er und soff und schob ein wie eine Kuh. Nun, die Fürsten sahen wohl, was das für ein Vogel war und waren seiner bald müde, aber sie ließen sich nichts anmerken.

Wie nun der König sah, daß sie seinen Sohn nicht achteten, da dachte er bei sich: »Wie werde ich meinen Sohn erziehen?« Da fiel ihm ein, daß er einen Stallmeister hatte, einen klugen Kopf (*grojß chóchem*), den wollte er mit seinem Sohn fortschicken, um die Welt zu besehen. Und er beschloß, ihnen genug Geld mitzugeben.

Also ließ er den Stallmeister rufen und sagte zu ihm: »Mein lieber, getreuer Stallmeister, jetzt bitte ich dich, mit meinem Sohn auszuziehen, um die Welt zu besehen. Und ich will euch genug Geld mitgeben, damit mein Sohn die Welt kennenlernt und etwas Manieren annimmt.« Der Stallmeister konnte es dem König nicht abschlagen und versprach ihm, sein Bestes an ihm zu tun. So ließ der König zwei Pferde anschirren und gab ihnen genug Geld mit und ließ sie von dannen ziehen.

Sie kamen in eine Stadt, in der ein König war, und quartierten sich ein bei einem Rat (*jáuez*) des Königs. Als der Rat vernahm, daß zwei große Herren zu ihm ins Haus gekommen waren, fragte er sie, wo sie her seien. Da sagten sie: »Wir sind aus Pommern.« Und der Rat ging zum König und zeigte ihm an, daß zwei gewaltige Herren aus Pommern in sein Haus gekommen waren. Also hieß ihn der König, sie des Nachts mitzubringen, um mit ihnen zu speisen. So brachte der Rat seine Gäste des Nachts zu Hofe, auf Geheiß des Königs. Und so setzte man sich an den königlichen Tisch. Es herrschte nun die Sitte (*ßéjder*), daß man einem jeden einen Brotteller vorsetzte, von dem er aß; und hatte er dann gegessen, so trug man den Teller wieder weg und gab das Brot den armen Leuten.

Nun, sobald das Brot auf den Teller des Königssohnes kam, da griff er danach und aß es auf. Da erschrak der Stallmeister. Und alle, die am Tisch saßen, sahen den jungen König an, denn sie wußten nicht, was sie davon halten sollten. Da holte der Stallmeister den Geldbeutel aus seinem Sack hervor, zog ihn auf und warf den Armen lauter Kronen hin. Da glaubten die anderen Fürsten, er hätte es absichtlich getan und darum alles Brot aufgegessen, um statt dessen Almosen (*zdóke*) zu geben. Nun ließ sich der Königssohn doch ein wenig von dem Stallmeister unterweisen, so daß er nicht mehr wie zuvor der große Fresser war.

Danach zogen sie weiter und kamen vor ein Schloß, darin wohnte ein König. Als nun der König mit seinen Fürsten und der Stallmeister mit seinem jungen König zu Tisch saßen und recht fröhlich waren, da hob der König an und sagte: »Ihr lieben Herren, so wie wir hier beieinandersitzen, wollte ich euch gebeten haben, daß ein jeder seine Ausfahrt (Abenteuer in der Fremde, Aventiure) erzählen soll, damit wir unsere Zeit etwas verkürzen, ganz wie es Sitte bei Fürsten und Königen ist, daß jeder zum Kurzweil seine Ausfahrt erzählt.«

Als das nun der Stallmeister hörte, da dachte er bei sich: »Wie wird mein junger König von seiner Ausfahrt zu erzählen wissen? Er weiß noch nichts davon, denn sein Leben lang ist er noch nicht außer Landes gewesen.« So dachte sich der Stallmeister einen anderen Plan aus und zog den jungen König beiseite und sprach zu ihm: »Vernimm zuvor meine Worte, denn jetzt wird jeder von seiner Ausfahrt erzählen. Nun sag mir, was willst du berichten? Denn du weißt noch nichts, du bist noch nicht umhergewandert. Deshalb folge mir, so will ich dich lehren, wie du diesmal davonkommst. Geh nun und setz dich wieder an den Tisch, und wenn die anderen Fürsten auf dein Wohl anstoßen, so will auch ich dies tun. Dann sagst du: Mein lieber Herr Stallmeister, wollt Ihr mich noch voller machen? Prostet man mir nicht schon genug zu? Und dann fall sachte auf deinen Arm nieder und stell dich schlafend. Dann werden sie dich liegenlassen, und du kommst so um deine Ausfahrt.«

Da ging der junge König wieder an den Tisch, und wie sie nun so saßen, da stießen die Fürsten auf den jungen König an und suchten ihn betrunken zu machen. Als dann der Stallmeister auch anhob, auf den jungen König zu trinken, da sprach der junge König: »Mein lieber Stallmeister, bin ich nicht schon voll genug, und Ihr prostet mir nochmals zu?« Doch tat er ihm ebenfalls Bescheid, und sobald er getrunken hatte, fiel er nieder auf seinen Arm, als wenn er einschliefe. Da verdroß es die anderen Fürsten, daß der junge König schlief, und sie sprachen: »Wir wollen den jungen König aufwecken.« Aber der Stallmeister sprach: »Nein, er ist nun voll, wir wollen unsere Ausfahrt uns ein andermal erzählen.« So kam der junge König davon.

Nun, morgens zogen sie weiter und kamen an ein Schloß, darin war eine Mühle, mit der man Edelsteine durchlöchert. Und darin wohnte ein Graf, und dieser Graf hatte die schönsten Töchter, wie man ihresgleichen auf Erden nicht hätte finden können. Und als der junge König sie sah, da kriegte er große Lust auf die Töchter. Nun hätte er gern eine der Töchter gehabt, aber der Graf wollte ihm keine geben.

Nun geschah es, daß gerade der Jahresmarkt bei dem Schloß stattfand, und so kamen viele Kaufleute (*ßóchrim*), und einer der Kaufleute hatte drei Karfunkelsteine (Feuerrubine) zum Kauf. Und der junge König hätte die Karfunkel gern gehabt, wußte aber nicht, wie er daran kommen sollte, denn er hatte nicht so viel Geld, wie sie wert waren. So ging der König hin und ließ sich ein Narrenkleid machen von vielerlei Farben und sprach zu seinem Stallmeister: »Seht mir nur zu, wie ich Karfunkel kaufen gehe.« Und sprach: »Seht her, ich habe ein Narrenkleid über meine königlichen Kleider angezogen. Nun achtet darauf, wenn ich die drei Steine in meiner Hand halte und um sie feile (feilsche), so werde ich beim (ersten) Preis stracks zuschlagen; und wenn der Kaufmann sie mir wieder nehmen will, so steht nahe bei mir und kommt mir zu Hilfe und fragt den Kaufmann, ob ich die Karfunkel nicht redlich gekauft habe. Und sagt noch zu ihm: ›Gibst du deine Steine einem Narren oder einem Kaufherrn zum Kauf her. Dann sieh, was für einen Vogel du im Garn hast‹.«

Nach diesen Worten ging der junge König in seinem

Narrenkleid auf den Kaufmann zu und blieb bei ihm stehen und nahm die drei Karfunkel in seine Hand. Er fragte den Kaufmann: »Wie teuer gebt Ihr mir die drei Feuersteine?« Da sagte der Kaufmann: »Um hundert Gulden«, denn er glaubte, es wäre ein Narr. Da sagte der junge König: »Ach Herr, gebt sie mir um zehn Gulden, anders sind sie mir zu teuer.« Da sagte der Kaufmann: »Komm geschwind, zähl mir das Geld auf, dafür sollen sie dein sein .« So zählte er ihm geschwind die zehn Gulden auf und nahm seine Karfunkel und wollte damit weggehen. Da wollte ihn der Kaufmann nicht fortlassen und schrie: »Ach und weh, ich habe es nicht ernst gemeint. Denn der Herrn kann sich wohl denken, ich hätte es um das Geld nicht geboten, wenn es mein Ernst gewesen wäre. Sie sind ein ganzes Königreich wert.«

Da zog der Narr seine Narrenkleider aus und war gekleidet wie ein König. Und er sprach zum Kaufmann: »Siehst du wohl, wer ich bin und wem du deinen Stein verkauft hast? Deshalb laß mir meine Steine, denn ich habe sie dir redlich abgekauft. Oder wir greifen noch zu anderen Dingen, die du dir nicht erträumst.« Indes kam sein Stallmeister auch hinzu, mit vielen Nachtretern (nachfolgenden Begleitern), die er vom Schloß mitgenommen hatte, und sprach: »Was ist das für ein Geschrei über meinen Herrn?« Und er versuchte, den jungen König mit Gewalt von dem Kaufmann wegzureißen. Da sprachen die Leute, die dabeistanden: »Laß es bleiben. Wir wollen doch sehen, ob sie zu einem Vergleich kommen können, der gerecht sein wird.« Damit war es der Stallmeister zufrieden.

Als nun die anderen Fürsten davon hörten, da hoben sie an: »Der König hat die Steine redlich gekauft und sollte sich auf sein Recht berufen.« Wie auch geschah, und so zogen sie vor Gericht. Es wurde darauf erkannt, daß der König die Steine rechtmäßig gekauft habe, jedoch solle der junge König dem Kaufmann noch zweitausend Gulden bezahlen, damit der Schaden nicht gar so groß wäre. Als das der arme Kaufmann hörte, da schrie er und weinte und wollte sich damit nicht zufriedengeben. Da sagten die Fürsten, die im Gerichtssaal waren: »Ist das nicht genug, was der König tut? Er war dir nichts weiter schuldig. Deshalb nimm das Geld und scher dich weg.« Und der Kaufmann wurde tieftraurig.

Nun hatte sich der junge König überlegt, wie er es angreifen solle, eine von den Töchtern des Grafen zu bekommen. Zunächst geschah es, daß der König mit seinem Stallmeister wieder fortzog, doch nicht lange danach zog er wieder auf das Schloß, darin der Graf mit seinen Töchtern wohnte; und dem jungen König wurde ein besonderes Zimmer (*chéjder*) als Lagerstatt angewiesen. Er bewahrte die drei Karfunkel bei sich im Zimmer auf, damit es hell leuchten solle. Eines Tages, als der König mit seinem Stallmeister spazierenging, liefen derweil die Töchter hin und machten das Zimmer auf, sahen die schönen Steine und bekamen große Lust darauf. Als die zwei wieder heim ins Haus kamen, spürten sie, daß jemand im Zimmer gewesen war. Aber sie durften sich ihre Vermutung, daß jemand darin gewesen war, nicht anmerken lassen.

Nun kamen die drei Töchter zum jungen König und sagten zu ihm: »Mein Herr König, wollt Ihr einer jeden von uns einen Stein schenken, so wollen wir, jede auf besondere Art, mit Euch eine Stunde lang der Frauen Spiel spielen, wie es sich von Rechts wegen gehört, als eine Gegengabe zu diesen Gaben.« Nun, sie wurden sich über den Kauf einig, eine Stunde lang miteinander zu spielen. Derweil ging die älteste Tochter zum Glöckner und sprach zu ihm: »Sieh zu, daß du zweimal geschwind nacheinander die Glocke läutest, denn ich will mit dem jungen König eine Stunde der Frauen Spiel spielen. Sieh also zu, wenn ich zu ihm ins Bett steige, die Glocke wieder zu läuten, dann will ich aus dem Bett wieder heraussteigen. Und achte auch darauf, wenn er mir eine falsche Gabe geben will: dann läute die Glocke, und ich habe mir mein Geld verdient.«

So ging sie nun zum jungen König auf sein Zimmer. Da konnte der Glöckner durchaus sehen, wenn sie in das Bett hineinstieg. Und sie spielten miteinander der Frauen Spiel. Da sah der Glöckner, daß er ihr eine falsche Gabe geben wollte, und ließ geschwind die Glocke läuten. Da sprach sie: »Diesmal habe ich mein Teil verdient, denn die Stunde ist um, die Glocke hat gerade geläutet. Deshalb gib mir nun meinen Karfunkelstein.« Da gab er ihr den Stein.

Alsbald lief sie zu ihren anderen Schwestern und sagte, wie sie nun das Ihrige sich verdient habe. Da hielten es die beiden anderen Schwestern mit dem Glöckner so wie die Älteste, und die Mittlere kriegte es auch auf die Weise. Aber als die Jüngste auf das Läuten des Glöckners hin wieder aus dem Bett steigen wollte, da erwischte sie der junge König und gab ihr eine falsche Gabe, wie oben schon steht, und gab ihr danach auch den Karfunkel.

So kam sie zu ihren Schwestern und sagte, daß sie bei ihm gelegen sei. Da sagten die anderen Schwestern: »Es schadet dir nichts. Aber du hättest es ebenso tun sollen wie wir.«

Danach ging der junge König zu den anderen beiden Schwestern und sprach zu ihnen: »Legt euch auch zu mir, oder gebt mir meinen Karfunkel wieder.« Da nahmen sie an, dies sei ein guter Vergleich (*pschóre*), und legten sich auch zu ihm. Und als er seine Sache mit ihnen verrichtet hatte, da sprach er zu allen drei Schwestern: »Gebt mir meine Karfunkel wieder, oder ich will es eurem Vater sagen.« Nun, sie fürchteten sich sehr vor ihrem Vater und gaben ihm alle drei wieder. Um es kurz zu machen (*bekízer*), die

Jüngste wurde von ihm schwanger, so daß sie recht bleich aussah, wie sich leicht denken läßt. Da sah der Vater, wie bleich seine Tochter war, und er fragte: »Meine liebe Tochter, was ist dir geschehen, daß du immer so bleich bist, und bist doch sonst die allerhübscheste unter meinen Töchtern?« Da sagte sie dem Vater, wie es ihr ergangen war. Da sagte der Vater: »Obwohl du von ihm schwanger bist, so will ich dich doch nicht ihm zur Frau geben.«

Wie nun die Tochter von ihrem Vater dies hörte, daß sie den jungen König nicht bekommen sollte, da wurde sie sehr traurig. Und sie ging hin und sagte es dem jungen König, was der Vater alles gesagt hätte und daß es ihr das Herz bräche, denn sie hatte ihn lieb. Nun wurde der junge König auch sehr traurig, denn er hätte die Tochter zu gern gehabt und wußte nicht, wie er sie bekommen sollte. So klagte er es dem Stallmeister. Da sprach der Stallmeister: »Ich will dir einen guten Rat (*éjze*) geben, wie du die Tochter bekommen kannst. Geh hin und nimm einen Karfunkelstein und mach ein kleines Ritzchen hinein, daß man es nicht sieht. Und geh zum Grafen und sag ihm: ›Lieber Graf, ich wollte Euer Gnaden gebeten haben, Ihr möchtet mir mit Hilfe Eurer (Schleif-)Mühle ein Loch in meinen Karfunkelstein machen.‹ Denn ich weiß genau, sie werden ihn zerbrechen (*mechúle machn*). Dann kannst du deinen Stein einschätzen so hoch wie du selber willst, und der Graf wird nichts haben, ihn zu bezahlen. Alsdann muß der Graf tun, was du willst.«

Also ging der junge König zum Grafen und brachte ihm den Karfunkelstein, und sagte ihm alles so, wie ihm sein Stallmeister geraten hatte. Da schickte der Graf den Stein zu seiner Mühle und gab strikten Befehl, man sollte bei Leibesstrafe aufpassen, daß man kein Loch danebenbohren solle, damit der Stein keinen Schaden nähme.

Der Mühlherr nahm den Stein an sich und versprach, er

wolle sich befleißigen und alles dafür tun, soweit es für ihn möglich sei. Und der Mühlmeister gab den Stein dem Mühlknecht, er solle ein Loch hinein machen, ohne ihn zu beschädigen, daß ja kein Loch daneben angesetzt werde. Nun, der Mühlmeister ging derweil in den Feldern spazieren, und in der Zeit wollten die Knechte ein Loch in den Karfunkelstein bohren. Da brach der Stein mitten auseinander. Wie nun die Knechte das sahen, da liefen sie alle von der Mühle fort (*machtn pléjte*), denn mit all ihrem Hab und Gut konnten sie ihn nicht bezahlen. Nun schickte der Graf einen Diener nach dem Karfunkelstein in der Mühle, und in der Mühle war niemand. Derweil kam auch der Mühlmeister heim, und der Diener sagte, er wollte den Stein haben: »Denn der Graf will sehen, ob ihr ihn eingelocht habt«. Da der Mühlmeister niemanden in der Mühle sah, suchte er den Stein. Da lag er dort auseinandergebrochen. Da gab der Mühlmeister dem Diener die einzelnen Stücke, dann lief auch er fort, denn auch er vermochte ihn nicht zu bezahlen. Also brachte der Diener die Stücke seinem Herrn.

Wie nun der Graf den Stein in Stücken sah, da erschrak er sehr, denn er wußte nicht, wie er damit vor den jungen König treten sollte. Derweil kam auch der junge König hinzu und wollte nach seinem Stein sehen, ob alles richtig gemacht sei. Da sprach der Graf zum König: »Hochgeborener König, ich kann Euch nicht verschweigen, was mir geschehen ist. Euer Stein ist mitten auseinandergebrochen.« Und der Graf verfiel in großen Jammer und sprach zum jungen König: »Ich weiß nicht, wie ich Euch diesen Stein bezahlen soll«, und riß sich vor lauter Gram das Haar vom Kopf. Da sprach der junge König zum Grafen: »Seid nicht so verzweifelt (*tut nit so scheizlich*). Euch ist noch zu helfen. Gebt Ihr mir dafür Eure jüngste Tochter zur Frau, so will ich Euch den Steinschaden verzeihen.«

Wie der Graf das von dem König hörte, da war er sehr froh, daß er es mit seiner jüngsten Tochter bezahlen konnte. Also gab der Graf seine Tochter dem König zur Frau. Und so feierte man die Hochzeit mit großen Freuden, und ein jeder erzählte bei Tisch von seiner Ausfahrt.

Da hob der junge König an und erzählte sein erstes Abenteuer: »Ich ging einmal auf einen Acker. Da begegneten mir drei schöne weiße Tauben, und eine von den dreien war von reinem Weiß. Da schoß ich nach einer, konnte sie aber nicht treffen. Danach schoß ich nach der zweiten, konnte sie aber auch nicht treffen. Danach schoß ich nach der dritten und traf sie zwischen die Flügel, daß ihr der Bauch auflief.«

Wie das die anderen Grafen hörten, da lachten sie und verstanden es recht wohl und waren fröhlich. Und so bekam der junge König die hübsche Tochter und lebte mit ihr in Freuden. [208]

Quelle: Unbekannt. Für Gaster 1934 eindeutig »a german folktale«, wohl wegen der Herkunft des Helden, nämlich »Pommern«, und auch wegen des adligen Personals.

Übers.: MB: Grunwald 1889, Nr. 10: Die Ausfahrt (nach der Ausgabe Dyhernfurth 1709). – Pappenheim 1929, Nr. 213.

Die Geschichte vom Vatersöhnchen, vom sprichwörtlich »heimgezogenen Kalb, das nichts weiß von der Welt« (vgl. Text 95), muß seinerzeit populär gewesen sei. Eine Variante dazu bringt die Kauffrau Glückel von Hameln (Glikl bas Leib, 1645–1724) in ihren Memoiren (ed. Bertha Pappenheim 1910/1994, 194–98). Dort taucht das Kalb als geschlachtetes Tier auf, was der Erprobung wahrer Freundschaft dienen soll. Der Sohn prüft auf Geheiß des Königs den Hofmeister, den Schreiber, den Kammerdiener – und erst dieser wird für würdig befunden, »ihm ein ganzer Freund zu sein« – so wie hier von Beginn an der Stallmeister.

Grundmotiv ist der Auszug des jugendlichen Helden von Zuhause,

seine einzelnen Stationen, die Prüfung und Reifung in der Welt draußen. Die Aventiure oder Queste des Helden verweist in der Tat auf europäisch-mittelalterliche Sagenstoffe, vor allem in der Figur des Stallmeisters als eines klugen Mentors, Ratgebers und Helfers, mit deutlichen Zügen des »getreuen Eckart« aus der germanischen Heldensage (Dietrich von Bern-Epik, ›Thidrekssaga‹, ›Nibelungenlied‹).
Im Unterschied zur motivverwandten höfischen Geschichte vom »getreuen Lautenschläger« (Text 179) kommen hier Geld und Handel ins Spiel, auch etwas Spitzbubenhaftes und eine Portion Chuzpe.
Die Liebeshändel des Königssohns mit den drei Grafentöchtern sieht Meitlis 1933, 17 geschildert mit »erotischer Pikanterie«; formal wie inhaltlich stecke eine »abendländische Quelle« dahinter. Da auf einen novellistisch-zeitgenössischen Ton gestimmt, zählt er sie »zum Kreis der sehr beliebten und weit verbreiteten Schelmstreiche-Literatur« (ebd., 120).
Heller 1936, 242 kennzeichnet die Geschichte als »mutwilliges Fabliau«, das ihn in der anzüglichen Rede des Helden über seine Liebeserfolge »an die lose Ruhmredigkeit der Abenteurer« erinnere, etwa an den »Rätselkampf« in Wesselski 1925, Nr. 25.
Der Glöckner oder Türmer ist eine Figur aus dem »Tagelied« des höfischen Minnesangs: Er warnt vom Turm her die heimlich Liebenden vor dem anbrechenden Tag.

Von der frommen Kuh, die am Sabbat nicht pflügen wollte

Die Geschichte geschah an einem Frommen (*chóßid*), der eine Kuh besaß, mit der er sich ernährte. Die ganze Woche pflügte (*ákert*) er mit ihr und am Sabbat (*schábeß*) ruhte er mit ihr aus, wie uns der Heilige, gepriesen sei Er, geboten hat: ›Am Sabbat sollst du ruhen, du und dein Knecht und deine Magd und dein Vieh.‹

Nun geschah es, daß der Fromme sehr verarmte, so daß er die Kuh an einen Christen (*goj*) verkaufen mußte. Und er bürgte dem Christen, daß sie ohne jeden Fehler war. Nun, der Christ pflügte mit ihr die ganze Woche und sah, daß die Kuh keinen Fehler hatte. Wie es aber Sabbat war, da führte der Christ die Kuh auf das Feld und wollte mit ihr pflügen. Da fiel die Kuh nieder und wollte nicht pflügen, denn sie war es bei dem Juden so gewohnt, daß sie am Sabbat nicht pflügte, sondern ausruhte. Der Christ schlug sie sehr hart, doch wollte die Kuh nicht pflügen, und sie fiel zu Boden und wollte nicht wieder aufstehen.

Wie das der Christ sah, daß die Kuh einen Fehler hatte, da ging er wieder zu dem Juden und sprach zu ihm: »Du hast mir die Kuh ohne jeden Fehler verkauft, und doch will die Kuh nicht pflügen. Und wenn ich sie schlage, fällt sie zu Boden. Deshalb gib mir mein Geld wieder.«

Und wer war nun übler dran als der Fromme, denn er hatte das Geld schon verzehrt. Dann fiel ihm ein, die Kuh werde noch des Sabbats gedenken. Und fragte die Christin (*góje*): »Will sie denn die ganze Woche nicht pflügen?« Da sprach der Christ: »Die Woche über arbeitet sie gut, nur am Sabbat will sie nicht pflügen.«

Wie es nun wieder zum Sabbat kam, ging der Fromme mit dem Christen auf den Acker. Da lag die gute Kuh auf dem Feld. Der Christ schlug sie, doch sie wollte nicht aufstehen. Da ging der Fromme zu der Kuh und sprach zu ihr: »Kuh, so lange du bei mir gewesen bist, war dir auferlegt, daß du am Sabbat ruhen sollst, denn unser lieber Herr Gott hat es uns so geboten. Aber seit du nicht mehr bei mir, sondern bei dem Christen bist, so ist der Sabbat nicht mehr für dich da, um auszuruhen, denn der Christ hält den Sabbat nicht. Deshalb erhebe dich und mach deine Arbeit, damit ich vor dem Christen Ruhe und Frieden haben kann.« Wie nun die Kuh dies hörte, da stand sie wieder auf und pflügte aufs neue. Und wie das nun der Christ sah, da verwunderte er sich sehr und fragte den Juden, was er der Kuh denn eingeraunt hätte, damit er es ein andermal ihr auch einleispern (zulispeln) könnte, wenn sie nicht pflügen wolle. Da sagte er ihm, was er ihr zugeflüstert hatte.

Wie das nun der Christ vernahm, da begann er zu weinen und sprach: »Sieh, das Vieh will den Sabbat halten, wie der Heilige, gepriesen sei Er, es geboten hat. Was soll dann ein Mensch tun?« Und ging hin und bekehrte sich mit seinem ganzen Hausgesind und wurde ein frommer (*kestlich*) Jude. Er nahm den Namen Rabbi Chanina an und wurde Stadtrabbiner (*raw*). [209]

Quelle: Aseret ha-Dibrot, 4. Gebot, 10; Bet ha-Midrasch, Bd. 5 (Wien 1873), 74 f.
Übers.: MB: Pappenheim 1929, Nr. 214.

Laut Schwarzbaum 1968, 37 existiert eine zweite Quelle: Pesikta Rabbati (1653), ed. Isch Schalom, 56 f. – eine der großen Predigtsammlungen zu Sabbat- und Feiertagen.

Rabbinisches Exemplum Nr. 312 (Kuh achtet den Sabbat). Born Judas, Bd. 2 (1917), 92–94: Der Heide und die fromme Kuh.
Das vierte Gebot beinhaltet der Schriftvers »Am Sabbat sollst du ruhen …«, bezogen auf Ex 20,10: »aber der siebente Tag/ist Feier IHM, deinem Gott:/nicht mache allerart Arbeit,/du, dein Sohn, deine Tochter,/dein Dienstknecht, deine Magd, dein Tier«.
Heller 1936, 238 erwähnt im Zusammenhang mit dem Legendenmotiv »Gottesfürchtige Tiere« zum einen den Esel des Rabbi Pinchas, der Unverzehntetes verschmähte (siehe Text 55), zum anderen Abrahams Kamele, die nicht eher in Labans Haus eintraten, bis die Götzenbilder entfernt wurden.

Rabbi Jechiel von Paris, der Geistliche und die beiden Dämonen

Die Geschichte geschah an einem, der hieß Rabbi Jechiel und lebte in Paris in Frankreich. Der war ein frommer Mann, in all seinen Werken. Und er war ein großer Kenner (*lérner*) der Kabbala und Astronomie (*techine*) und von allerlei Philosophie, wie ihr noch von seinen Werken hören werdet. Und er war ein sehr frommer Mensch (*grojß chóßid*) und lernte Tag und Nacht.

In der Stadt Paris lebte auch ein Geistlicher (*gálech*), ein Domprobst, der ein großer Gelehrter (*melámed*) und stark in seinem Glauben (*emúne*) war. Und der Geistliche und der Rabbi Jechiel, so verschieden (*lehawdil*) er war, gingen miteinander freundlich um.

Eines Tages lernte der Rabbi in einem Buch (*ßéjfer*) auf seinem Zimmer (*chéjder*) des Nachts, wie es seine Gewohnheit (*ßéjder*) war. Da hörte er jammervolles Schreien hinter seinem Haus. Und er erschrak sehr, da er nicht wußte, was es war, und hob an, das Schemá zu lesen (*krias schemá léjen*), bis das Geschrei aufhörte. Und in großer Furcht weiterlesend, schlief er über dem Buch ein. Da kam das Geschrei wieder, aber er hörte nicht, woher es kam.

Nun, ich will euch sagen, was das für ein Geschrei war. Zwei Dämonen (*schéjdim*), Gott bewahre uns, waren in seinen Garten gekommen, und einer hatte den andern gefragt, warum er eher in den Hof des Frommen gekommen sei als zu einem anderen Ort. Da sprach der andere Dämon (*sched*), er habe von den Engeln gehört, kein größerer (*kestlicher*) Rabbi sei auf der Welt als Rabbi Jechiel, dank all seiner Werke. »Und dies ist wahr«, sagte er, »denn er sitzt da über dem Buch und lernt. Die ganze Welt hängt ab von seinem Verdienst (*ßchuß*).« Da erwiderte der andere böse Geist: »Auch ich bin aus der Hölle (*gehínom*) gekommen und habe über den Geistlichen gehört, er sei so stark in seinem Glauben, daß ihn niemand davon abbringen kann, weit weniger noch als der Rabbi von dem seinen.« Das tat dem anderen Dämon weh, daß er den Frommen so geringschätzte.

Schließlich wetteten beide Dämonen miteinander und setzten ihr Leben aufs Spiel. Der Rabbi hatte einen Dämon zur Seite, der mit dem anderen Dämon wettete, er wolle den Geistlichen zu einem Juden machen. Und der Geistliche hatte auch einen Dämon zur Seite, der wettete, er wolle den Juden von seinem Glauben abbringen. Also wetteten sie miteinander, daß, wer von ihnen gewinnt, den anderen schächten (*schechtn*, abschlachten) soll.

Demgemäß ging der eine Dämon zum Rabbi: »Lieber Rabbi, mich hat der Heilige, gepriesen sei Er, zu dir geschickt (um dir zu sagen), du sollst kein Jude mehr sein.« Und gab ihm süße Worte, denn der Dämon glaubte ja, er könne den Frommen überreden. Da erschrak der Fromme sehr und von Stund an dachte er bei sich, dies müsse ein böser Geist sein, und er verachtete ihn sehr und beschwor ihn, daß er von ihm hinweg gehen müsse. Die nächste Nacht kam er wieder und machte sich zu einem alten Mann, als wenn er der Prophet Elia (*Elijóhu ha-nówi*) wäre. Und wieder gab er dem Frommen gute Worte, weil er meinte, damit könne er etwas bei dem Frommen ausrichten, aber es half nichts. Als nun der Dämon sah, daß der Fromme vom Glauben nicht abkehren wollte, kam er in der dritten Nacht wieder und machte sich zu einem Weibsbild, konnte aber nichts ausrichten. Als nun der Fromme sah, daß der Dämon nicht von ihm ablassen wollte, da befürchtete er, irgendwelche Sünden begangen (*awéjreß ton*) zu haben, weil ihm solche Sachen zustießen. Und ging gleich hin und nahm einen Fasttag (*tániß*) auf sich und gab viel Almosen (*zdóke*) den Armen, so daß es alle Welt wundernahm, daß er so fromm war. Und er tat auch große Buße (*tschúwe*).

Wie nun der Dämon sah, wie er so fromm war und große Buße tat, und die Zeit abgelaufen war und er nichts hatte ausrichten können, da ließ er von ihm ab. Und ging zu dem anderen Dämon und berichtete von seinen Versuchen, wie es ihm mit dem Frommen ergangen war.

Da war der andere Dämon recht froh, daß er sein Leben behalten sollte. Und sprach: »Nun will auch ich gehen und versuchen, was ich nur kann, an dem Geistlichen auszurichten.« Und ging zu dem Geistlichen in kostbaren Kleidern. Und der Geistliche saß da und hatte viele Kerzen (*licht*) um sich brennen und viele Diener um sich sitzen, so wie die Domherren es gewohnt sind. Da sprach der Dämon zu ihm: »Hör zu, Domprobst, und wisse, daß mich Gott zu dir geschickt hat und dir sagen läßt, du bist nun lang genug ein Christ (*goj*) gewesen, und von nun an mußt du ein Jude werden und in den Bund Abrahams (Berit-Abraham) eintreten (d. h. dich beschneiden lassen). Und falls nicht, so wirst du immer und ewig verloren sein und wirst in die Hölle kommen.« Und er nahm den Geistlichen und führte ihn in die Hölle und zeigte ihm, welch andere Leute in der Hölle sitzen, und sein Vater und Mutter und Brüder waren dabei, und all seine Freunde, die er ihr Leben lang gekannt hatte. Als das der Geistliche sah, da schrie er auf den Dämon ein, er solle ihn rasch wieder aus der Hölle führen, und er wolle tun, was er von ihm haben wollte. Da führte ihn der Dämon wieder aus der Hölle und führte ihn in das Paradies (*ganéjdn*, Garten Eden), und er sah da die Zaddikim (*zadíkim*, Gerechte) sitzen, einer hervorragender (*kestlicher*) als der andere, und auch von ihnen kannte er viele. Da sprach der Geistliche: »Wohl euch, daß ihr dessen würdig geworden und in der Seligkeit und der Würdigkeit sitzet.« Und danach sah er etliche Sitze leer stehen. Da fragte der Geistliche: »Wem gehören die leeren Plätze?« Da sagte der Dämon: »Die werden noch für einige Zaddikim freigehalten, die jetzt noch am Leben sind. Darum, wenn du ein Jude wirst und dich beschneiden läßt, wirst auch du in das Paradies kommen.«

Da sprach der Geistliche zu dem Dämon: »Wenn ich das gewiß wüßte, daß ich zu anderen frommen Leuten kommen werde und mit ihnen das ewige Leben teile, so wollte ich mich gewiß beschneiden lassen.« Da erwiderte der Dämon: »Ich stehe dir als Bürge (*órew*) dafür ein.« Als der Geistliche das hörte, da sagte er dem Dämon zu, daß er ein Jude werden wolle, und der Dämon brachte ihn wieder heim.

Nach einer Zeit trafen sich die zwei Dämonen im Garten des Rabbi Jechiel Chassid wieder und wollten voneinander hören, wie die Sache stand. Da sagte der eine Dämon: »Ich habe den Geistlichen so weit gebracht, daß er ein Jude wird.« Der andere Dämon sagte: »Nein, du hast noch nicht gewonnen, denn ich glaube noch nicht, daß der Geistliche wegziehen und ein Jude werden wird.«

Nun, in der nächsten Nacht erhob sich der Geistliche und trug all das zusammen, was er an Kleinodien und Geld mitnehmen konnte, und trug es zum Haus des Rabbi Jechiel. Er klopfte an seine Haustür an und bat Rabbi Jechiel, man möge ihn einlassen. Aber der gute Rabbi fürchtete sich sehr vor einer falschen Verdächtigung, weil er des Nachts kam, und sprach zu dem Geistlichen, er wolle ihm nachts nicht aufmachen. Aber der Geistliche bat den Rabbi Jechiel inständig und sagte, er dürfe für sich nichts Schlimmes befürchten. Da öffnete ihm der Rabbi Jechiel die Tür und ließ ihn herein. Alsdann erzählte der Geistliche dem Rabbi Jechiel alles, was geschehen, und bat ihn, ihm zu helfen, daß er wegziehen könne, um gejüdischt (*jídischn,* beschneiden) zu werden. Da ging Rabbi Jechiel hin und jüdischte ihn selber und lernte mit ihm Tora.

Und wie nun die zwei in dieser Nacht beieinander saßen, der Rabbi und der Ger (*ger,* der zum Judentum Übergetretene), da hörte Rabbi Jechiel, wie einer vor seinem Haus den Segen (*bróche*) über die Schlachttiere (*schéchite*) sprach. Da gingen Rabbi Jechiel und der fromme Gast hinaus. Da standen die zwei Dämonen, und der eine wollte den anderen schächten. Da fragte Rabbi Jechiel: »Was tut ihr hier?« Da sagten sie: »Wir sind die zwei Dämonen, die miteinander gewettet haben, wer von uns beiden euch überreden und von seinem Glauben abbringen kann, der solle den anderen schächten. So hab ich nun gewonnen, weil ich den Geistlichen überredet habe. Aber Euch hat er nicht überreden können, deshalb will ich ihn schächten.« Wie der Fromme das hörte, da betete er zum Heiligen, gepriesen sei Er, und lobte und dankte ihm, daß er ihn vor dem Satan beschützt habe. Und als auch der Ger dies vernahm, da war er sehr froh, ein Jude geworden zu sein, und lobte und pries den Heiligen, gepriesen sei Er. Doch ließ es Rabbi Jechiel nicht zu, den Dämon in seinem Garten zu schächten, sondern er mußte ihn aufs Feld führen und dort schächten.

Und dann stellte der Rabbi Jechiel dem Ger zwei Juden

(*jehúdim*) bei, die mit ihm in großem Frieden und mit viel Geld ins Land Israel (*érez-jißróel*) zogen. Und der Ger wurde ein frommer Jude, nahm sich eine Frau und bekam (*gewán*) mit ihr Kinder, die auch fromm wurden; und er verheiratete sie ehrenvoll und hinterließ, als er starb, einen guten Namen. Und der Rabbi blieb für immer ein wahrlich großer Frommer. [210]

Quelle: Schalschelet ha-Kabbala; Gaster 1934, 690 vermutet Einblick des MB-Kompilators in eine frühe Hs. dieses Sammelwerks.
Übers.: MB: Pappenheim 1929, Nr. 215.

Schemá, sch'ma (hebr. »Höre«) ist das häufigste aller Gebete und zugleich jüdisches Glaubensbekenntnis: »Höre Jißrael:/ER unser Gott, ER Einer!/Liebe denn/IHN deinen Gott ...« (Dtn 6, 4–9).
Über den »Bund Abraham« siehe Anm. Text 192. Der Übertritt zum Judentum erfolgt bei Männern durch zweierlei: die Beschneidung und das sich anschließende Tauchbad, die Mikwe (siehe Anm. Text 20).
Legendenmotive sind der Wettstreit um den rechten Glauben bzw. der Kampf um die Standfestigkeit des Gläubigen; die wiederholten Verführungsversuche Satans, denn das heißt es im Kern: »Jechiel von Paris widersteht den Anfechtungen des Teufels kräftiger als der Domprobst von Paris« (Heller 1936, 237).
Märchenhaft ist die dreifach gestufte nächtliche Versuchung, mit der Klimax: 1.) Botschaft, der Heilige wolle es so, 2.) Auftritt in Gestalt des Propheten Elia, 3.) Maskierung als verführerisches Weib. Dem entspricht die polare Versuchung des zweiten Dämons: zunächst mit der Drohung (Hölle), dann mit der Verheißung (Paradies).
Die bösen Geister wie auch Satan selbst sind Gott unterstellt und haben sich nach seinen Geboten zu richten, so auch bei der rituellen Schlachtung. Geschächtet werden nur die zum Verzehr erlaubten Tiere, und dem Vollzug geht ein Segensspruch (*bróche*) voraus, den in der Regel ein bei der Gemeinde angestellter Schächter (*schäuchet*) ausspricht.

Rabbi Jechiel ben Joseph aus Paris (1190–1268), als Gelehrter ein sogenannter Tossafist, war Schüler des Rabbi Jehuda ben Isaak sire Léon,

übernahm nach dessen Tod 1224 die Leitung der Hochschule (Jeschiwa) in Paris, die etwa 300 Schüler zählte. Unter ihnen war auch Rabbi Meir ben Baruch aus Rothenburg (siehe Text 201). Berühmt wurde der Glaubensdisput in Paris 1240, bei dem Rabbi Jechiel mitwirkte (siehe EJ Bd. 8, 1931, Sp. 905–907, und Anm. zum folgenden Text).
Im Dämonenglauben der Juden haben die Geschichten um Rabbi Jechiel einen festen Platz, vgl. ›Wikuach Rabenu Jechiel mi Paris‹, Thorn 1873, und Trachtenberg 1961.

Rabbi Jechiel und der König oder Die Zauberlampe

Die Geschichte geschah an dem Rabbi Jechiel, der ein großer Weiser (*chóchem*) und ein Kabbalist (*bal-kabbalá*) war. In seinem Studierzimmer (*lern-chéjder*) hatte er eine Kerze (*lícht*) brennen, das er jedesmal am Vorabend des Sabbat (*érew-schábeß*) anzündete, und es brannte ohne Öl die ganze Woche hindurch.

Diese wundersame Sache (*chídesch*) wurde bald jedem bekannt, und der König schickte nach dem Rabbi und befragte ihn, ob es wahr sei, was er von dem brennenden Licht gehört habe, er wünsche das von ihm zu erfahren. Da sagte der Rabbi, nein, es wäre nicht wahr, und leugnete es heftig, und tat dies darum, weil er nicht damit großtun (*chóschew machn*) wollte. Und er machte sich zudem klein (*schofl*), da er befürchtete, man werde ihn für einen Magier (*mecháschef*) halten.

Nun, der König schwieg dazu. Und dachte bei sich, er wolle sich nicht darauf versteifen, doch wolle er selbst gehen und es, ob wahr oder unwahr, besehen. Also hielt der König mit seinen Ratgebern (*jáuezim*) darüber Rat (*éjze*), an einem Mittwoch des Nachts hinzugehen, um die Wahrheit herauszufinden.

Nun war eine große Judenfeindlichkeit (*rischeß*) in Paris, denn es lebten viele Vornehme (*prízim*) in der Stadt, die waren dem Frommen (*chóßid*) sehr feind und klopften ständig an die Tür seines Studierzimmers. So erfand der Fromme etwas, um zu verhindern, daß ihn die Edelleute vom Lernen abhielten: Er nahm einen Eisennagel und steckte ihn in den Boden; und wenn die Edelleute kamen und an sein Studierzimmer klopften, so hatte der Nagel eine Eigenschaft (*téwe*) an sich, die mit Klugheit (*chóchme*) ersonnen war. Nahm man einen Hammer und tat einen Schlag auf den Nagel, dann versank derjenige, der an der Tür geklopft hatte, in den Boden.

Nun, wie der König ankam und bei Nacht klopfte, da nahm der Rabbi einen Hammer und klopfte auf den Nagel. Da sank der König ein, bis an die Lenden. Da klopfte der König noch einmal. Da schlug der Rabbi ebenfalls noch einmal auf den Nagel, denn er vermutete, es seien Edelleute, die so klopften. Da sprang der Nagel mit einem Mal weit heraus. Als das der Rabbi sah, da erschrak er sehr und dachte bei sich: »Das geschieht gewiß für keinen anderen als für den König.« So machte Rabbi Jechiel geschwind die Tür auf und bückte sich zum König hin und bat ihn, er möge ihm verzeihen, denn er hätte nicht gewußt, daß es Seine Königliche Majestät war. Und sowie der Nagel aus dem Boden sprang, so sprang auch der König wieder aus dem Boden. Nun, seine Fürsten und seine Diener hatten mit angesehen, wie es dem König ergangen war, und befürchteten sehr, daß der König ganz in den Boden versänke. Und sie baten den Rabbi, er möge dem König helfen. Da ging der Rabbi hin und brachte den König ans Feuer (Licht) und besorgte ihm viele vorzügliche (*kestlich*) Arzneien und erquickte ihn so lange, bis er wieder zu sich kam.

Da fragte der Rabbi den König: »Mein König, was ist Euer Begehr, daß Ihr bei Nacht an mein Haus kommt? Fürwahr, der König soll wissen, daß an meiner Tür ein Wind vorbeigeht, und wer mir etwas Böses antun will, den verschlingt der Erdboden. Und wenn ich nicht so rasch zu dir herausgekommen wäre, so hätte dich der Boden ganz verschlungen.« Da sprach der König: »Ich bin schon halb vom Boden verschlungen gewesen, wohl dir, daß du mich davor bewahrt hast. Ich will dir auch sagen, warum ich zu dir gekommen bin. Ich habe viel davon reden hören, wie weise du in Zaubersachen bist, und daß ein Licht bei dir ohne Öl brennen soll. Und eben das möchte ich gerne sehen.«

Da erwiderte der Rabbi: »Gott bewahre, daß ich ein Magier bin. Aber sonst kenne ich mich ein wenig aus in weltlichen Dingen (*hándl*) und weiß auch ein wenig mit Heilmitteln (*ßgúleß*) Bescheid.« Und er zeigte dem König das Licht, das ohne Öl brannte. Aber es war ein Licht wie ein Martel (glänzender Stein?).

Wie nun der König das sah, da verwunderte er sich sehr und nahm den Rabbi mit sich heim an seinen Hof und machte ihn zu seinem obersten Rat (*jáuez*). Und der Rabbi wurde reich und selig, und der König hielt große Stücke auf ihn (*gar kestlich haltn*).

Nun hatte der König viele Fürsten und Prinzen an seinem Hof, die erfaßte Neid auf den Rabbi Jechiel. Sie gingen hin zum König und sagten: »Mein Herr König, wie kannst du den Juden leiden, der dich für unrein hält, hier bei dir an deinem Hof? Wenn du irgendein Glas berührst, in dem Wein ist, trinkt er nicht, um wieviel weniger trinkt er mit dir aus einem Glas.« Nun, der König schwieg dazu.

Eines Tages gab der König dem Rabbi Wein zu trinken. Da sprach der Rabbi wiederum: »Ich darf noch nicht in diesem Augenblick trinken, aber bevor ich heimgehe, will ich vor deinen Augen trinken. Laß mir nur eine Weile Zeit.«

Als nun die Zeit kam, daß man dem König die Hände über dem Tisch wusch, wie es Sitte (*ßéjder*) ist, daß man sich nach dem Essen die Hände wäscht, da wusch der König seine Hände in einem goldenen Becken. Und sobald der König seine Hände gewaschen hatte, nahm der Rabbi das goldene Becken und trank das Wasser aus, vor dem König und vor den Fürsten. Und der Rabbi sagte im Beisein aller Fürsten: »Das darf ich wohl trinken, das ist mir erlaubt, aber den Becher mit Wein darf ich nicht trinken, die Tora hat es mir verboten.«

Und als der König das sah, da hatte er ihn noch viel lieber als zuvor, weil er sein Händewasser nicht verschmäht hatte. [211]

Quelle: Schalschelet ha-Kabbala, fol. 57 a-b.
Übers.: MB: Grunwald 1889, Nr. 28: Die Wunderlampe (nach der Ausgabe Dyhernfurth 1709); Pappenheim 1929, Nr. 216.

Daß der französische König – gemeint ist der bigotte Louis IX – den Rabbi Jechiel liebhatte, ist Legende. Tatsächlich machte eine Verfügung des Papstes Gregor IX., wonach in Frankreich und anderen Ländern sämtliche Talmudschriften einzuziehen seien, am 24. Juni 1242 einen dreitägigen öffentlichen Disput über den Talmud notwendig. Er fand in Paris in Anwesenheit der Königinmutter Blanche statt. Auch Rabbi Jechiel konnte nicht verhindern, dass die Zensurkommission eine Bücherverbrennung beschloß. Insgesamt 24 Wagenladungen konfiszierter Talmudexemplare wurden in einem Autodafé vernichtet.
Die Legende hier zielt auf das »Chanukka-Wunder«, das auf Traktat Schabbat 21 b BT zurückgeht. Dort wird von einem Fläschchen reinen Öls berichtet, das, als einziges von den Griechen nicht entweiht, statt wie üblich nur einen Tag die Tempellampe volle acht Tage gespeist hat – das heißt so lange, bis wieder reines Olivenöl hergestellt war (Text Jason 1976, Nr. 13/IV).
Das Symbol des Chanukkafestes, gefeiert zur Erinnerung an die Tempelweihe unter Juda Makkabi (Makkabäus), sind die Lichter, die in einem achtarmigen Leuchter, der Menora, jeweils bei Anbruch der Nacht in

steigender Zahl angezündet werden: am ersten Abend eins, am achten und letzten Tag alle acht. Dies wird begleitet von besonderen Segenssprüchen, die bei der häuslichen Feier nach dem Abendgebet angestimmt werden – in den Synagogen jeweils davor. Bei Sabbatbeginn, vor der familiären Feier, wird jeden Freitagabend das »Sabbatlicht« angezündet, und die Hausfrau spricht den dafür vorgesehenen Segen.

Martel: Begriff unbekannt, weder in jüdischen Lexika noch in Grimms Wörterbuch zu finden. Grunwald übersetzt, »(das Licht) war aus Marmel, das leuchtet wie Öl«. Er hält also *martel* für einen Schreibfehler und gebraucht die Lesart *marmel*, Marmorstein.

Das Weinverbot der Tora bezieht sich zum einen auf übermäßigen Genuß, mit dem schon Noah, der erste Rebgärtner, zu kämpfen hatte (Gen 9, 21: »Als er vom Wein trank, berauschte er sich und lag kleiderbar (nackt) mitten in seinem Zelt«), vgl. Text 249, 250, und zum anderen auf das Reinheitsgebot. Wein aus nichtjüdischer Produktion zu trinken, war verpönt.

Trinken vom Wasser, mit welchem der König seine Hände gewaschen hat, galt als extreme Huldigung. Das Motiv findet sich laut Grunwald auch in einer Maimonides-Legende. Selbst die Mutter des Rabbi Ismael wollte von dem Wasser trinken, in dem ihr Sohn die Füße gewaschen hatte (JT, Traktat Pea I,5 c).

Über Rabbi Jechiel und seine magischen Praktiken siehe Anm. zum vorigen Text.

Das Martyrium des Rabbi Amnon von Mainz

Die Geschichte geschah an einem hervorragenden (*kestlich*) Rabbi, der Rabbi Amnon hieß und am Hof des Hegemon (Bischof) zu Mainz hoch angesehen war, denn er war vorzüglich in jeder Beziehung. Er war gelehrt, reich und aus guter Familie, und zudem sehr klug (*grojß chóchem*). Er hatte alle vorzüglichen Eigenschaften (*kestlich mídeß*) an sich, die einem Juden in jeder Weise gut anstehen. Und deshalb wurde er respektiert bei Fürsten und Grafen und Herren, die ihn alle mochten und gern bei sich hatten. Und doch gab es, was die Frömmigkeit anging, nicht seinesgleichen.

Eines Tages, als er am Hof des Bischofs weilte, wandten sich die Fürsten an ihn: »Meister Amnon, bekehre dich doch zum Christentum, dann will unser gnädiger Fürst dich zum obersten Ratsherrn (*jáuez*) machen, denn er schätzt dich sehr. Wir haben schon so manches Mal mit dem erlauchten Fürsten davon geredet, er möge dich zu hohen Ehren bringen. Deshalb bitten wir dich, nimm doch bald den christlichen Glauben an.« Da wollte Rabbi Amnon nicht auf sie hören.

Eines Tages sprach der Bischof selbst zu ihm, er möge sich taufen lassen (*sich schmadn*). Da wollte er auch den Bischof nicht erhören. Das ging nun Tag für Tag, aber er hörte ihnen nicht zu. Eines schönen Tages stellte der Bischof dem Rabbi Amnon vor Augen, er möge sich dringend taufen lassen. Wie nun der Bischof ihn so sehr bedrängte, da sprach Rabbi Amnon zu ihm: »Ich will darüber nachdenken und Eurer Fürstlichen Gnaden in drei Tagen wieder antworten.« Aber er tat es nur deswegen, weil er vermeinte, damit könne er den Bischof abweisen und dieser ließe ihn endlich in Ruhe *(menúche)*. Doch als er von dem Bischof fortging, dachte er darüber nach, was er getan hatte, daß er nämlich zum Bischof gesagt hatte, er wolle darüber nachdenken, gleich als ob er die Taufe in Betracht ziehen (*schteln únter a ßófek*) und, Gott bewahre, den Heiligen, gepriesen sei Er, verleugnen wolle. Das lag ihm nun schwer auf dem Herzen.

Und er ging heim, wurde traurig und sehr betrübt und wollte sich nicht trösten lassen. Seine Frau fragte ihn, was er getan habe, oder was ihm zugestoßen sei, es wäre doch seine Art (*ßéjder*) nicht, so traurig zu sein. Aber er wollte seiner Familie (*gesínd*) nichts sagen. Und zu sich sagte er: »Ich will vor Kummer in die Grube fahren und will meinen Kopf nicht sanft betten, bis ich die Sünde (*awéjre*) gebüßt habe.«

Und wie es auf den dritten Tag ging, da schickte der Bischof nach ihm, er solle sagen, wie er sich entschieden habe. Da antwortete Rabbi Amnon, er wolle nicht kommen und hätte nichts mit ihm zu schaffen. Da schickte der Bischof zweimal hintereinander nach ihm, und dennoch wollte er nicht kommen. Da ließ sich der Bischof den Zaddik (*zádik*, Gerechter) mit Gewalt holen. Und wie er nun zum Bischof kam, da sagte der Bischof zu Rabbi Amnon: »Wie hast du das gemeint, daß ich dreimal nach dir geschickt habe und du nicht hast kommen wollen? Du hast zugesagt, mir nach drei Tagen eine Antwort zu geben. Deshalb will ich heutigen Tages eine Antwort haben auf unser Begehren.«

Der Zaddik sprach: »Ich weiß Euch keine Antwort zu geben auf das, was Ihr von mir begehrt habt oder noch begehrt. Und um dessentwillen, daß ich mit unbedachtem Mund gesprochen habe, ich wolle es drei Tage überdenken, kommt das dem gleich, als hätte ich den Heiligen, gepriesen sei Er, verleugnet. Deshalb will ich mir mein Urteil selber geben. Von wegen des Wortes, das ich gesprochen habe, ich wolle darüber nachdenken, soll man mir die Zunge, die so geredet hat, abschneiden.« Denn der Rabbi Amnon wollte es abbüßen (*tschúwe ton*) und wollte den heiligen Namen ehren.

Doch der böse Mann (*rósche*), nämlich der Bischof, sprach: »Das Urteil, das du dir selbst gabst, geht mir nicht in den Sinn, denn das ist viel zuwenig. Die Zunge, die so geredet hat, die hat die lautere Wahrheit gesagt. Aber die Füße, die nicht zu mir gekommen sind, die soll man dir abhacken; und die anderen Glieder an deinem Körpers, die wollen wir auch peinigen.« Und er ließ ihm Hände und Füße abschneiden.

Und jedesmal, wenn er ihm ein Glied abschnitt, ließ er ihn fragen, ob er sich noch nicht bekehren wolle. Da sagte Rabbi Amnon jedesmal nein dazu, und jedesmal sprach er: »Peinigt mich härter, denn ich habe es nur verdient, bei den Worten, die ich geredet habe.« Und wie der Böse seinem Willen Genüge verschafft und ihn hart gepeinigt hatte, da gebot der Bischof, man solle ihn in ein Bett legen und seine Gliedmaßen neben sich und solle ihn so heim in sein Haus schicken. Das geschah denn auch.

Und wie ihn seine Frau und Kinder sahen, so waren sie voller Jammer (*tribn grojß jammer*), wie ihr euch wohl denken könnt, wie es ihnen, nicht euch, zu Herzen ging. Da sagte Rabbi Amnon zu seiner Frau und den Kindern: »Liebe Frau, ich habe völlig verdient, wie es mir da ergangen ist, denn ich habe, Gott bewahre, den Heiligen, gepriesen sei Er, verleugnen wollen. Aber ich hoffe auf Den, Dessen Name gelobt sei, und will meine Sünde auf dieser Welt büßen, damit ich den Anteil an Jener Welt (*jéne-welt*, Jenseits) erlangen werde.«

Nun, kurz darauf kam Rosch haschana (*roscheschóne*, Neujahrsfest). Da bat Rabbi Amnon, man solle ihn mit dem Bett in die heilige Synagoge (*schul*) tragen, gleich neben den Vorbeter (*chasn*). Also wurde er in die Synagoge getragen und neben den Vorbeter hingestellt. Und wie nun der Vorbeter während der Heiligung (Keduscha) das Mittaggebet (Mussaf) hielt, da sprach der Zaddik zu dem Vorbeter: »Halt ein, ich will Gott heiligen, ehe ich sterbe.« Und hob an und sprach den Hymnus »Ubekenleka ta'ale keduscha«, den wir noch jedes Jahr an Rosch haschana und an Jom Kippur (Fest der Versöhnung) anstimmen. Danach sprach er den Hymnus »Unetane tokef«. Und sobald er ihn beendet hatte, verschwand er vor den Leuten, und kein Mensch hat ihn mehr gesehen. Der Heilige, gepriesen sei Er, hat ihn hinweggeführt zu den anderen Frommen ins Paradies (*ganéjdn*).

Und am dritten Tag danach erschien er seinem (Lehrer, dem) Rabbi Kalonymos ben Rabbi Meschullam des Nachts im Traum und bat ihn, er möge den »Unetane tokef«, den er komponiert hatte, an alle Orte schicken, in denen Juden (*bnej-jißróel*) leben. Das tat er auch. Dieses sein Gebet, den »Unetane tokef«, stimmen wir noch heute an allen Orten an, an Rosch haschana und an Jom Kippur. Der Heilige, Dessen Name gelobt sei, möge uns des frommen Zaddik Verdienst (*ßchuß*) genießen lassen. [212]

Quelle: Laut Gaster 1934 in deutschen und italienischen Machsorim (Gebetbüchern, von Machsor, hebr. »Wiederholung«) häufig. Siehe Davidson, ›Ozar Midraschim‹, Bd. 2, 200, und Schalschelet ha-Kabbala, fol. 56 b–57 a.
Übers.: MB: Pappenheim 1929, Nr. 217.

Eine Anzahl jüdischer Legendenmotive, speziell Märtyrerhandlungen, kommt hier zusammen: Sich der christlichen Taufe widersetzen – vermeintliche Verleugnung des eigenen Gottes – die Verstümmelung der Glieder als Bußübung (oder auch das Ausstechen der Augen, um der Verführung zu widerstehen, vgl. Heller 1936, 240).
Das Martyrium des todwunden Rabbi findet seinen Ausdruck im Zeremoniell von Rosch haschana, dem jüdischen Neujahrsfest. Eingangs der

Keduscha (»Heiligung«) wird an dem hohen Festtag das Mussafgebet (hebr. »Zusatz«) gesprochen – der liturgische Höhepunkt. »Unetane tokef« (»Wir wollen die Gewalt und Heiligkeit des Tages verkünden«) ist eine Gebetseinlage, die, »beschwörend und zugleich voll poetischer Kraft« (Müller 1934), vom Weltgericht handelt.
In bezug darauf wurde unterschiedlich übersetzt: Während Pappenheim nur vom Hymnus »Unetane tokef« und, etwas ungereimt, von dessen Wiederholung spricht, berichtet Gaster vom Anstimmen *zweier* Hymnen: erst dem »Ubechén lecha ta'ale keduscha«, dann dem »Unetane tokef keduschat ha-jom«. Wie dem auch sei, die Legende führt den berühmten »Unetane tokef« aitiologisch auf das Martyrium Rabbi Amnons zurück.

Der jüdische Märtyrer, der Bischof und der Zwerg

Die Geschichte geschah an einem Menschen, der den Heiligen, gepriesen sei Er, oft verleugnete, und dies zuletzt (*leßóf*) sehr bereut hat (*hot grojß charóte af*). So dachte er bei sich: »Wie werde ich meine Sünden (*awéjreß*) büßen können? Soll ich mit Fasten vieles abbüßen (*tschúwe ton*)? Das kann ich nicht aushalten, denn ich bin nie gewöhnt gewesen, viel zu fasten.« Und er kam zu dem Schluß: »Ich kann nichts Besseres tun als Gott zu heiligen (*mekádesch haschém sajn*), das ist die beste Buße, die ich tun kann.«

Also ging er in eine Stadt, in der ein Hegemon (Bischof) wohnte, und der war sehr stark im Glauben. Und als nun der Mensch dorthin kam, ging er zum Bischof aufs Schloß und fragte ihn: »Was hat einer verdient, der falsche Münze macht?« Da sprach der Bischof: »Der Mann ist es wert, daß man ihn verbrennt.« Da sprach der Jude (*jehúdi*): »Den Lohn habe ich verdient, denn ich habe falsche Münze geschlagen.« Da setzte man ihn gleich gefangen.

Zwei Tage danach ließ ihn der Bischof vor sich bringen und fragte ihn, wie er das meine, daß er sich selber solcher Sachen bezichtigt. Da erwiderte er: »Das ist wahr, denn ich habe falsche Münze geschlagen, und die Ursache ist die: Früher habe ich an Gott den Allmächtigen geglaubt, doch jetzt habe ich mich von ihm abgekehrt und glaube, daß nichts daran ist.«

Als das der Bischof hörte, da tat es ihm weh, darum daß er seinen Gott verachtete, und er gab Befehl, ihn hart zu peinigen, damit er dies wieder zurücknehme (*cháuser sajn*). Aber der Jude blieb fest bei dem, was er gesagt hatte.

Als der Bischof davon erfuhr, befürchtete er, der Jude werde seinen Glauben vielleicht noch stärker miesmachen (*megáne sajn*). So beriet er sich, ihn gar bald töten zu lassen. Er ließ ein eisernes Seil mit einer eisernen Kette daran anfertigen, um es aufs offene Feld aufzustellen, und ließ im ganzen Land ausrufen: Wer einen Juden lebendig braten sehen will, der möge sich an dem und dem Tag an dem und dem Ort einfinden, da werde man es sehen.

Also kamen von überall her alle Leute zusammen. Und an dem Tag, den der Bischof hatte ausrufen lassen, wurde um das Seil herum ein Feuer gemacht. Man ließ den Juden an die Kette des eisernen Seils anbinden und ließ ihn herumlaufen. Und man trieb ihn so langsam (*linsum*) herum, bis er fast gebraten war. Und er (der Bischof) tat dies darum, daß ihn die Todesangst so niederdrücke, daß er geständig sei. Wie nun der Henker (*táljen*) sah, daß er ein schlimmes (*bejs*) Ende nahm, ging er von ihm fort und wollte ihn nicht verurteilen (*din sajn*), denn ein so elendes Ende dauerte ihn selbst. Wie das nun der Bischof sah, daß der Henker nicht das Urteil an ihm ausführen wollte, da erhob er sich von seinem Stuhl und sprach: »Ich will ihn selber richten, meinem Glauben zuliebe.« Und trieb ihn selber mit der Kette und mit dem Seil herum, daß ihm das Fett von seinem Leib herunterrann. Und dennoch lobte er (der Jude) den Namen Gottes.

Das setzte der Bischof drei ganze Tage fort, um ihn zu peinigen, ehe er starb, und oftmals hielt er inne und fragte ihn, ob er von seinem Glauben ablassen wolle; dann wolle er ihn wieder losbinden. Doch er schrie nur jedesmal: »Nein!« So trieb er ihn weiter herum. Als er fast tot war, sprach er zum Bischof: »Hör mir zu, Bischof, ehe acht Tage vorbei sind, will ich dich richten, wie du mich gerichtet hast, und das wird einem jeden klar und deutlich sein.« Und fing an zu rufen: »Schemá Jißroel Adonai Elohenu Adonai echod« (»Höre, Israel, unser Herr und Gott ist einzig«), und bei »einzig« verließ ihn seine Seele, und er verbrannte zu Pulver.

Danach ließ der Bischof dem Landvolk eine gute Mahlzeit richten und gab ihnen genug Wein zu trinken, um seinen Glauben zu stärken. Und wie sie nun zu Tisch saßen, da hob der Bischof an zu lachen. Da fragten ihn seine Räte (*jáuezim*): »Euer Fürstliche Gnaden, warum lacht Ihr?« Da sagte der Bischof: »Soll ich nicht lachen? Der närrische Jude, den ich gerichtet habe, hat zu mir gesagt, ehe acht Tage vergehen, will er auch mich richten. Deshalb lache ich.«

Da saß am Tisch ein Rat (*jáuez*), der war ein Zwerg, und er sprach: »Gnädiger Fürst und Herr, wäre ich damals dabeigewesen, so wollte ich Euch die Sache nicht geraten haben.« Da fragte er, was er damit meine. Da sagte das Zwerglein: »Ich kann Euch weiter nichts dazu sagen.« So aßen sie und tranken sie weiter, doch urplötzlich fing der Bischof an zu schreien: »Au weh, mir ist so heiß!« Da trug man ihn in einen Keller, es half aber nichts. Da sagte das Zwerglein: »Der Jude hat dir die rechte Wahrheit gesagt, denn ich will euch zeigen, daß der Jude dich richtet, so wie du ihn gerichtet hast.« Und das Zwerglein gab jedermann zu sehen, daß der Jude den Bischof richtete, so wie der ihn gerichtet hatte. Und trieb ihn um das Seil herum, und alle Männer sahen die augenscheinliche Rache. Indessen verschwand der Zwerg, und niemand wußte, was aus ihm wurde. [213]

Quelle: Laut Gaster 1934 ihm und auch Louis Ginzberg nicht bekannt.
Übers.: MB: Pappenheim 1929, Nr. 218.

Wieder geht es in dieser Märtyrerlegende um einen bedeutsamen Hinweis auf das jüdische Hauptgebet »Schemá Jißrael«, das zugleich Glaubensbekenntnis ist (nach Dtn 6, 4-9, vgl. Anm. Text 210). Bei dem Wort echod (»der Ewige ist *einzig*«) stirbt, wie schon in Text 29, der Märtyrer: ein Zeichen seiner Standfestigkeit wie eine Bekräftigung des ersten und zweiten Gebotes.
Typisch ist der scharfe Dualismus: hier der Hegemon in der Bedeutung »Statthalter, Bischof«, als Phänotyp »christlicher Bischof und Schurke«, dort der fromme, gottergebene Jude: Die Dramaturgie ist vorgegeben.
Von mythischer Bedeutung ist der Zwerg, hier nicht in helfender, sondern in rächender Funktion (wie oftmals in europäischen Sagen); zudem als einer, der um die Zukunft weiß.

Der Tote mit dem zerrissenen Ärmel

Die Geschichte geschah. In der heiligen Gemeinde (*kehíle*) zu Worms lebte einmal ein Rabbi namens Bunim, der pflegte mit den Toten umzugehen (war bei den Grablegungen dabei). Eines Tages geschah es, daß ein alter Mann starb, und der Rabbi Bunim begleitete den Toten zum Grab, wie es seine Gewohnheit (*ßéjder*) war.

Als Rabbi Bunim am nächsten Tag ins Bethaus (*schul*) ging, da stand einer am Eingang in Totenkleidern (*tachrí-*

chim) und hatte einen Kranz auf seinem Haupt. Da fürchtete sich Rabbi Bunim vor ihm, denn er glaubte, er wäre ein böser Geist (*sched*), und wollte wieder davonlaufen. Da rief der in den Totenkleidern: »Fürchte dich nicht, komm her. Kennst du mich nicht?« Da sprach Rabbi Bunim: »Bist du nicht der, den ich gestern zu Grabe geleitet habe?« Da sprach er: »Ja, ich bin es.« Da fragte ihn Rabbi Bunim: »Warum kommst du her, oder wie kommst du zurecht in Jener Welt (*jéne-welt*, Jenseits)?« Da sprach er: »Ich komme gut zurecht und bin im Garten Eden (*ganéjdn*) ein geachteter Mann (*chóschew*).« Da sprach Rabbi Bunim: »Man hat dich doch auf dieser Welt für einen schlechten Juden (*jehúdi*) gehalten. Sag mir, was für ein gutes Werk (*mízwe*) hast du getan, daß man dich so anständig hält?« Da gab der Tote zur Antwort: »Das will ich dir sagen. Dieweil ich alle Morgen früh aufgestanden bin und mit Andacht (*kewóne*) mein Gebet (*tfíle*) getan und die Segenssprüche (*bróche߀*) mit ganzem Herzen gesprochen habe, deshalb sage ich im Garten Eden jetzt auch Segenssprüche und man hält mich gut. Und wenn du es nicht glaubst, so will ich dir ein Anzeichen (*ßímen*) sagen, das dich überzeugen soll. Als du mir gestern meine Totenkleider anlegtest, da hast du mir einen Ärmel zerrissen.« Da sprach Rabbi Bunim: »Was bedeutet der Kranz auf deinem Haupt?« Da sprach der Tote: »Daß mir die bösen Geister dieser Welt nichts tun können, denn es sind gute Kräuter aus dem Garten Eden.« So machte nun Rabbi Bunim seinen Ärmel wieder ganz, denn der Tote sagte, er müsse sich sonst schämen, daß andere Tote unversehrte Kleider anhätten, und er ein zerrissenes. Dann verschwand der Tote wieder. Deshalb soll ein jeder sein Gebet mit Andacht sprechen, dann wird es ihm in Jener Welt wohlergehen. Und er soll gut achtgeben, daß man an einem Toten nichts zu tun vergißt. [214]

Quelle: Sefer ha-gan, II. – Zusatz zum Sefer Chassidim (1893), Abt. 427.
Übers.: MB: Pappenheim 1929, Nr. 219.

Es ist anzunehmen, daß der Rabbi der Chebra Kaddischa (»Heiligen Bruderschaft«) angehörte, die sich des Todkranken annahm, ihm in der Sterbestunde hilfreich zur Seite stand und die Bestattung des Toten würdig vollzog. Bis zur Grablegung ist eine Totenwache der Chebra ständig anwesend. Nach der Waschung (Tahara) wird der Tote mit einem – für alle gleichen – einfachen, leinenen Sterbegewand (Tachrichim) bekleidet, die Männer auch mit Gebetsmantel (Tallit), und in einen schmucklosen Sarg (Aron) gelegt. Eine Gleichheit im Tode, die sich auch auf alten jüdischen Friedhöfen zeigt, wo »Reihe um Reihe ein Grabstein in seiner Prunklosigkeit dem andern gleicht, selbst die hebräischen Inschriften eine gewisse Einheitlichkeit aufweisen und jeder Blumenschmuck auf den Gräbern vermieden ist« (Müller 1934, 53).
Thema ist der Übertritt von *dieser* Welt in *Jene Welt*, die in der rabbinischen Tradition von höchster Bedeutung ist. So lehrt der Traktat Abot (Pirke Abot, »Sprüche der Väter«), der als Sabbatlektüre dient: »Diese Welt ist wie ein Vorzimmer für die zukünftige Welt; rüste dich im Vorzimmer, damit du Einlaß findest in den Saal« (BT, Vierter Abschnitt, XXI, übers. von L. Goldschmidt). Siehe auch Art. »Pirkej Awot« in ›Kindlers Literatur Lexikon‹, Bd. 19 (1992).

König Salomo verhilft einem Kaufmann wieder zu seinem Geld

Die Geschichte geschah in den Tagen des Königs Salomo (*Schláumo ha-mélech*). Da wanderten drei jüdische Kaufleute (*ßóchrim jehúdim*) nach Ware (*ßcháure* – d. h., sie befanden sich auf Geschäftsreise).

An einem Freitagabend kamen sie in einen Wald, wo sie voneinander getrennt wurden und einer den andern aus den Augen verlor. Einer von ihnen setzte seine Reise fort, kam in ein fremdes Land und wollte dort Ware kaufen. Da dachte sich der Kaufmann: »Wie soll ich vorgehen? Ich bin ein Fremder in fremdem Land und kenne niemanden, dem ich mein Geld anvertrauen kann, um es für mich aufzuheben.« Da ging er hinaus aufs Feld, sah sich gut um, daß ihn niemand sähe, und vergrub das Geld in einem Erdloch, wo man das Korn von Jahr zu Jahr (d. h. im Winter) aufzuheben pflegt. Nun war eben der Mann, dem der Kornspeicher gehörte, in der Nähe und sah von weitem, wie der andere das Geld im Erdloch verbarg. Wie nun der Kaufmann von dannen zog, nahm der Mann das Geld. Als der Kaufmann nach drei oder vier Tagen wiederkam und sein Geld wieder an sich nehmen wollte, da fand er nichts mehr vor. Da schrie er heftig und sprach: »Ich armer Mann, was soll ich nun anfangen? Ich habe mich so gut umgesehen, und niemand ist da gewesen, gleichwohl ist mir mein Geld abhanden gekommen.«

Da ging er zu König Salomo und trug ihm die Klage vor. Da sprach König Salomo: »Finde zuerst heraus, wem das Erdloch gehört, dann geh zu diesem Mann und sag ihm, du bist ein Fremder und hast viel Geld mitgeführt, und dann sag zu ihm: ›Ich vergrub einen Teil davon, aber ich habe noch viel Geld bei mir und weiß nicht, was ich machen soll: ob ich das Geld, das ich noch bei mir habe, dazulege, oder es einem ehrenhaften Mann zur Aufbewahrung gebe, oder es an anderer Stelle vergrabe.‹ So wird er erwidern: ›Folge meinem Rat: Ist es ein sicheres Versteck, wo das andere Geld liegt, so verstecke das ebenfalls dort.‹ Dann wird er das andere wieder da hinlegen, denn er wird denken, wenn du erst siehst, es liegt kein Geld da, dann wirst du das Geld dort nicht deponieren (*hin bréngn*). So wird er es wieder hinlegen, und du gehst hin und nimmst dein Geld wieder.«

Da ging der Kaufmann und fand heraus, wem das Erdloch gehörte. Und ging zu demjenigen und wünschte von ihm einen Rat (*éjze*). Da gab der ihm den Rat, er solle das Geld auch zu dem anderen legen. Da sagte der Kaufmann, er wolle seinem Rat folgen, ging in die Stadt hinein und dort eine Weile spazieren. Der Mann aber, der das Geld genommen hatte, dachte bei sich: »Wenn der Kaufmann sieht, daß kein Geld mehr daliegt, wird er das Geld nicht mehr dort vergraben. Ich will das Geld, das ich genommen, wieder dorthin legen. Danach nehme ich mir alles.«

Er wußte aber nicht, daß es so angelegt (vorausbestimmt) war. Mithin legte er das Geld wieder an die vorige Stelle, und der Kaufmann kam und sah, sein Geld war wieder da. Da nahm er es und ging seiner Straße. Da kam der Dieb (*gánew*) wieder und wollte alles Geld mitnehmen, doch es lag nichts mehr da. So erhielt der Kaufmann sein Geld zurück, durch den Rat des Königs Salomo. [215]

Quelle: Aseret ha-Dibrot, 3. Gebot, 3; Bet ha-Midrasch Bd. 1 (Leipzig 1853), 87 f.

Übers.: MB: Pappenheim 1929, Nr. 220.

Rabbinische Exempla Nr. 111/112 (Salomo entlarvt Dieb) und Nr. 324 (Geld mittels Trick zurückerlangt). Born Judas, Bd. 2 (1917), 131 f.: Der betrogene Betrüger (2).
Vgl. ebd. Bd. 3 (1918), 97–100: ›Der Dieb verrät sich selbst‹. Dort die Version nach Chibbur ha-Ma'assijot, wie sie von Heller 1930, 328 als Nr. 19 wiedergegeben wird: Einer der drei Reisenden gräbt das gemeinsam vergrabene Geld in der Freitagnacht aus. (Die Reise zu dritt erweist sich daher nicht als »blindes Motiv«.) Als Salomo den Streit der drei schlichten soll, tut er so, als wünsche er ihren Rat in einem Rechtsstreit, den ihm der König von Rom vorgelegt habe. Mittels dieser eingeschobenen Erzählung wird der Delinquent letztlich entlarvt: »Du bist der Dieb«, sagte Salomo zum dritten, »du denkst an Geld und Schätze.«
Vermutlich bietet das Chibbur Jafeh, parallel zum Chibbur ha-Ma'assijot, die älteste hebr. Fassung (vgl. Gaster/Heller, »Salomo und der Dieb« in: MGWJ 78. Jg. 1934, 277 f.). Zu weiteren Quellen siehe Schwarzbaum 1968, 240.
Laut Gaster hält sich die Version im MB zu Beginn an den Midrasch vom achten Gebot, Abschnitt 1 (»Stiehl nicht«), folgt dann dem Midrasch vom dritten Gebot, Abschnitt 3 (»Trage nicht SEINEN deines Gottes Namen auf das Wahnhafte«).
Zum »betrogenen Betrüger« siehe EM Bd. 2 (1979), Sp. 235.
Ein Verbrechen am Freitagabend (*érew schábeß*), an dem man sich dem Feiertag zurüstet, muß um so härter geahndet werden.

Wie Rabbi Meir den Rabbi Jehuda und seine Familie vor dem Tod rettete

Die Geschichte geschah an Rabbi Meir, der gewohnt war, immer vier Stunden am Tag im Bethaus (*beß-médresch*) zuzubringen und zu lernen. Eines Tages ging er sehr früh aus dem Bethaus, obwohl das nicht seine Gewohnheit (*ßéjder*) war. Da wunderte es ihn selbst, wie das käme, daß er so bald aus dem Bethaus gegangen war. So stand er eine Weile still. Da hörte er, wie zwei Schlangen miteinander redeten. Eine Schlange fragte die andere, wo sie hingehen wollte, und die andere sagte: »Der Heilige, gepriesen sei Er, hat mich geschickt, daß ich Rabbi Jehuda (ha-Antoti, der Anatotäer) mein Zeichen setze und ihn und seine Kinder ums Leben bringe.« Da fragte die erste Schlange: »Was hat der Rabbi Jehuda getan?« Da sprach die andere Schlange: »Er hat sein Leben lang keine Almosen (*zdóke*) gegeben.«

Wie nun Rabbi Meir das hörte, da ging er bald zu dem Haus von Rabbi Jehuda und machte sein Gesicht (*pónem*) ganz schwarz, daß man ihn nicht erkenne, und ging in das Haus hinein. Da war niemand im Haus, der ihn erkannte, und Rabbi Jehuda hielt ihn für einen Dieb (*gánew*).

Wie nun Rabbi Jehuda essen wollte, da setzte sich Rabbi Meir auch an den Tisch. Da fingen die Kinder mit ihm zu streiten (*krign*) an und sagten, er solle hinausgehen. Da sagte Rabbi Meir: »Auch wenn ihr euch die Köpfe einschlagt (*hárgt*), ich werde nicht hinausgehen, bis ich gegessen habe.« Und gegen ihren Willen setzte er sich nieder und aß.

Als er nun gegessen hatte, da sprach er zu Rabbi Jehuda: »Geh hin und nimm einen Laib Brot und gib ihn mir als Almosen.« Da sprach Rabbi Jehuda zu ihm: »Du Bösewicht, ist es nicht genug, daß ich dir zu essen und zu trinken gegeben habe, und du willst noch einen Laib Brot haben.« Da ging Rabbi Meir hin und löschte das Licht aus, da leuchtete sein Antlitz wie die Sonne. Da dachte Rabbi Jehuda: »Er hat mir den Laib Brot nicht vergebens angeheischt (abgefordert), denn warum sonst kommt Rabbi Meir daher?« Und gab ihm einen Laib Brot um Gottes willen. Da sagte Rabbi Meir: »Folge mir, schick Frau und Kind aus dem Haus und laß sie nicht wieder hineinkommen bis morgen, drei Stunden nach Tagesbeginn.«

Da folgte Rabbi Jehuda dem Rabbi Meir und schickte Frau und Kinder aus dem Haus. Und nur Rabbi Jehuda blieb mit Rabbi Meir im Haus. Als Rabbi Meir ging und seine Notdurft entrichten wollte, kam die Schlange und wollte Rabbi Jehuda mit Frau und Kind töten. Da rief Rabbi Jehuda dem Rabbi Meir zu: »Hilf mir, denn da ist eine Schlange, die will mich töten.« Da sprach Rabbi Meir zu der Schlange: »Was tust du hier?« Da sprach die Schlange: »Der Heilige, gepriesen sei Er, hat mich hierhergeschickt, daß ich Rabbi Jehuda und seine Kinder töte.« Da sagte Rabbi Meir: »Was hat er denn getan?« Da sprach die Schlange: »Er hat kein Almosen gegeben.« Da beschwor Rabbi Meir sie, sich zu entfernen, indem er darauf verwies, daß er von Rabbi Jehuda Essen und dazu Almosen bekommen hatte. Da ging die Schlange hinaus, und Rabbi Meir ging hin und schloß das Haus gut zu. Und sagte zu Rabbi Jehuda: »Mach die Tür nicht auf bis morgen, vier Stunden nach Tagesbeginn.«

Wie sie nun schliefen, da kam die Schlange in der Mitternacht und legte sich eine Stimme zu wie die Frau des Rabbi Jehuda und sprach: »Lieber Mann, mach mir die Tür auf, denn ich bin schon ganz erfroren.« Da sprach Rabbi Meir: »Mach nicht auf, denn es ist nicht deine Frau.« Nach einer Stunde kam sie wieder und legte sich eine Stimme zu wie sein ältester Sohn und sprach: »Lieber Vater, mach mir die Tür auf, denn ich bin schon ganz erfroren.« Da sagte Rabbi Meir: »Mach nicht auf, denn es ist nicht dein Sohn.« Und so kam die Schlange noch oft in dieser Nacht, aber sie konnte nichts ausrichten.

Wie nun die Schlange sah, daß sie ihm nichts tun konnte und ganz und gar nichts verrichten konnte, da legte sie sich auf ihren Bauch und schrie: »Weh mir, der Heilige, gepriesen sei Er, hat mir etwas befohlen, und die Leute wenden es mit Gebeten (*tfile*) ab.« Und ihr Jammer war so groß, daß sie entzweisprang.

Wie nun der Tag vier Stunden alt war, da kamen Frau

und Kinder des Rabbi Jehuda und klopften an. Da sprach Rabbi Meir: »Mach auf, denn die schlimme Zeit ist vorbei, und laß dir zeigen, wer in der Nacht geschrien und geklopft hat.« Da ging Rabbi Jehuda mit Rabbi Meir hinaus. Da sah er eine Schlange liegen, und ihr Bauch war aufgespalten. Da sagte Rabbi Meir zu Rabbi Jehuda: »Es hilft nicht Geld noch Gut, wenn Gott zornig ist; doch Wohltätigkeit (*zdóke*) beschützt einen vor dem Tod.« So wie dem Rabbi Jehuda geschah.

Und wäre nicht Rabbi Meir gewesen und seine Rettungstat, so wäre Rabbi Jehuda mit Frau und Kindern ums Leben gekommen. Deshalb hat es sich so gefügt, daß Rabbi Meir früh aus dem Bethaus ging, damit Rabbi Jehuda mit Frau und Kindern beschützt würde. Danach gab Rabbi Jehuda reichlich Almosen (*grojß zdóke*). Deshalb soll ein jeder sich von der Geschichte ein Beispiel nehmen und von Herzen Almosen geben. Denn Wohltätigkeit erlöst einen vom Tod, so wie es in dieser Geschichte steht. [216]

Quelle: Chibbur ha-Ma'assijot, ed. ibn Attar, Nr. 13.
Übers.: MB: Pappenheim 1929, Nr. 221.

Rabbinisches Exemplum Nr. 314 (Von der Schlange errettet). Born Judas, Bd. 2 (1917), 177–80: Das aufgehobene Todesgericht.
Die Eingebung Rabbi Meirs, so früh aus dem Bethaus zu gehen, ergänzt bin Gorion mit einem der Handlung vorauseilenden Satz: »Sollte der Herr durch mich ein Wunder vollbringen wollen?« Auch der dem Rabbi verliehene Name Meir (»der Erleuchtete«) wäre heranzuziehen, nämlich als eminente Gelehrsamkeit und kluges Gespür in kritischen Situationen. Rabbi Meir lebte wie Rabbi Jehuda aus Anatot im 2. Jh. n. Z.
Schwarzbaum 1968, 280 zufolge nimmt die Geschichte von Rabbi Jehuda dem Anatotäer in der reichen Midraschischen und Agadischen Literatur einen Sonderplatz ein, er verweist auf Versionen in Midrasch

Gen. Rabba, Levitikus Rabba und Numeri Rabba. Die Raffinesse des Rabbi Meir besteht darin, daß er Rabbi Jehuda veranlaßt, ihm zusätzlich zum Essen einen Laib Brot zu geben, was ihn wohltätig macht und letztlich salviert. EJ vermutet hier die Erfindung eines Moralpredigers.
Die Quintessenz, »Wohltätigkeit errettet vom Tod«, bezieht sich auf Spr 10,2 und ist auch Thema von Text 83.
Märchenmotive: Neben den »Sprechenden Tieren« und dem »Tiersprachenkundigen« geht es hier vorzugsweise um die »Nachahmung menschlicher Stimme, um Einlaß zu gewinnen«, vgl. den Wolf in Grimms Märchen (KHM 5: ›Der Wolf und die sieben jungen Geißlein‹, und KHM 26: ›Rotkäppchen‹). Auch die mitternächtliche Attacke und deren Abwehr ist märchenbezogen; daß diese dreimal erfolgt sei, also genau nach der Märchennorm, ist eine Version bin Gorions.

»Weil du von der Tora abliessest, musst du sieben Jahre Frondienste tun«

Die Geschichte geschah an einem Frommen (*chóßid*), der keine Kinder hatte und recht betagt war. Also betete er zu Gott, Er möge ihm noch in seinem Alter ein Kind bescheren, und versprach, er wolle es in der Tora unterweisen (*táuro lérnn*) lassen. Da erhörte ihn Gott und gab ihm einen Sohn, den hieß er Saul, das heißt auf deutsch »der Erbetene«. Als nun sein Sohn groß war, ließ er ihn Tora lernen, und er wurde ein großer Kenner der Tora. Es geschah nun, daß sein alter Vater starb. Da sprach die Mutter: »Mein Sohn, folge mir, nimm das Geld, das dir dein Vater hinterlassen hat und kaufe dafür Ware (*ßcháure*), damit wir uns selbst ernähren können.«

So folgte er seiner Mutter und zog fort mit dem Geld.

Da sah er, wie die Leute nicht redlich handelten und falsche Schwüre taten, und zog wieder heim. Da fragte ihn seine Mutter: »Mein lieber Sohn, wo ist die Ware, die du gekauft hast?« Da sprach der Sohn: »Meine liebe Mutter, ich will keine Geschäfte (*másse-máten*) treiben, denn sie schwören falsch und handeln nicht redlich, und ein jeder leugnet es. Darum habe ich keine Lust auf Geschäfte, sondern will das lassen und will (weiter) Tora lernen, das ist die beste Ware, die man handeln kann.« Da antwortete ihm die Mutter: »Mein lieber Sohn, du bist das einzige Kind, das ich habe, und wenn du Tora lernen willst, will ich es dir nicht verwehren.« Also zog er wieder weg.

Und wie er nun aufs offene Feld kam, da sah er dort einen Mann ackern, und der hatte ein Buch (*ßéjfer*) auf dem Pflug liegen. Da ging der Junge zu ihm und sagte: »Gott mit Euch.« Da dankte er dem Jungen und sagte: »Gott segne dich.« Und der alte Mann war kein anderer als der Prophet Elia (*Elijóhu ha-nówi*). Da sprach der Junge zu dem alten Mann: »Für wen ackert Ihr da?« Da gab der alte Mann zurück: »Ich ackere und säe und gebe das Korn den armen Leuten und den Talmudgelehrten (*talmíde-chachómim*).« Da sprach der Junge: »Dies ist auch mein Handwerk (*melóche*).«

Da fragte ihn der alte Mann: »Mein Sohn, wo willst du hin?«, und der Junge antwortete ihm: »Ich ziehe des Weges, um Tora zu lernen, und dann wollte ich gern ein frommes Weib heiraten. Denn meine Mutter ist schon sehr alt, deshalb wollte ich gern, daß sie es noch erlebt, daß ich eine zur Frau nehme.« Da sprach der alte Mann: »Es gibt zwei fromme Jungfrauen (*bßúleß*) auf der Welt, eine heißt Hanna, und die andere heißt Sara. Und die Sara ist für dich bestimmt, und es sind noch drei Tagereisen zu ihr hin.«

Da zog der alte Mann mit dem Jungen in eben die Stadt, wo die Braut (*kale*) lebte, und sprach zu ihr: »Sara, ich habe dir einen Bräutigam (*choßn*) mitgebracht.« Da sprach Sara:

»Soll ich einen Mann nehmen, den ich nicht kenne?« Der alte Mann redete und redete, bis Sara zuletzt damit zufrieden war. Dann bewirkte der alte Mann, daß sie über ihre Güter einig wurden, und in Frieden (*beschólaum*) legten sie die Verlobung (*knaß*) fest, und machten auch gleich den Trausegen (*bróche*) und waren gar fröhlich. Dann ließ sie der alte Mann beieinander und zog wieder seiner Straße.

Nach einiger Zeit kam der alte Mann wieder und sah, wie sie miteinander schimpften, und der Mann hatte darüber die Tora gelassen und nichts gelernt. Da sagte der Prophet Elia: »Weil du von der Tora ließest, deshalb wirst du für sieben Jahre als Knecht (Sklave) verkauft werden.« Und er zog wieder seiner Straße fort. Der Bräutigam lief ihm nach und verfiel in großes Jammern, desgleichen die junge Frau, doch er konnte ihn nicht erreichen.

Nun, er wurde sehr mürrisch. Eines Tages sprach die Frau zu ihrem Mann: »Warum bist du so verdrießlich? Gefall ich dir nicht? Oder bist du deswegen bekümmert, weil du gern einmal zu deiner Mutter und den Freunden ziehen wolltest?« Da sagte er: »Ja, meine liebe Frau.«

Da machten sie zusammen alles bereit, was sie mitnehmen konnten, und sie zog mit ihm in sein Land zu seinen Freunden. Und wie sie so miteinander zogen, da sagte sie: »Wir wollen eine Weile ausruhen und uns niedersetzen und einen Bissen Brot essen. Denn wir sind müde und haben heute nicht viel gegessen.« Und der Mann lief an den Bach und wollte die Hände waschen. Da kam der Prophet Elia und führte ihn fort von seiner Frau, so daß sie nicht wußte, wohin er verschwunden war, und verkaufte ihn als Sklaven.

So saß die gute Frau betrübt da und wußte nicht, wo ihr Mann hingekommen, und weinte und schrie und blickte sich um, aber sie sah weit und breit niemanden. Da dachte sie bei sich: »Wo soll ich ein und aus, ich bin in einem fremden Land und weiß nicht, wo ich hinsoll. Ich will mir eine kleine Hütte bauen und meine Zeit hier vertreiben. Vielleicht wird der Heilige, gepriesen sei Er, sich meiner erbarmen und mir meinen Mann heimkommen lassen.« Und sie klagte, ach die Ärmste (*nébech*), sehr. Sie baute sich ein Häuschen dahin und kaufte viel Korn und dingte Knechte und Mägde und zog allerlei schmucke Schafe und Rinder auf.

Nun geschah es, daß eine große Teuerung alle Länder überzog, so daß die Leute vor Hunger nicht bleiben konnten. Da hieß es, eine Frau würde am Flußufer (*wáßer*) leben, die viel Korn zu verkaufen hätte, und so zogen viele Leute dorthin und kauften der Frau das Korn ab. Und die Hungersnot war im fünften Jahr gekommen, seit ihr Mann verkauft worden war.

Da sprach derjenige Herr, an den der Mann verkauft worden war: »Wir wollen auch dahin ziehen und von der Frau Korn kaufen.« Aber der Mann (sein Sklave) wußte weder, daß sie seine Frau war, noch wußte er, wie ihm damals geschehen war. So zogen sie miteinander los und kamen zu der Frau. Sobald der Mann dorthin kam, da erkannte sie ihn, aber er erkannte sie nicht. Da sprach sie zu ihrem Mann: »Wo kommst du her, was willst du, und wie heißt du?« Da gab er ihr zur Antwort: »Ich heiße Saul und habe eine Frau, die heißt Sara. Aber ich bin von ihr getrennt worden, so daß ich gar nicht weiß, wo sie ist oder wie es ihr geht. Wir saßen zusammen an einem Fluß, da sind wir voneinander gekommen, und ich weiß nicht, wo sie ist und ob sie noch am Leben ist oder nicht.«

Als sie diese Worte von ihm hörte, da konnte sie nicht länger an sich halten und fing an zu weinen (*schrájn*) und sprach zu ihm: »Lieber Mann, ich bin die Frau, die du am Fluß hast sitzenlassen. Und gelobt sei der Heilige und Sein heiliger Name, Er verläßt niemanden und hat mich erhört und beschützt vor allem Bösen. Er hat mir gewährt, was mein Herz begehrte, ich habe mir hier ein Haus gebaut und darin Handel getrieben mit unserem Mammon, und habe viel dazugewonnen.«

Dann fragte sie ihn: »Wie kommt es, daß du so urplötzlich von mir gingst?« Da erwiderte er: »Weil ich für sieben Tage die Tora versäumt habe, während ich mit dir schimpfte, darum mußte ich dafür sieben Jahre dienen wie jeder andere Sklave. Nun habe ich schon fünf Jahre gedient und muß noch zwei Jahre dienen.« Und so schieden sie voneinander. Nach den zwei Jahren brachte der Prophet Elia ihren Mann zurück, und sie lebten in Freuden. Und die Mutter kam auch zu ihnen gezogen, und alle lebten sie in Freuden miteinander. [217]

Quelle: Aseret ha-Dibrot, 7. Gebot, 4; Bet ha-Midrasch, Bd. 1 (Leipzig 1853), 84–86.

Übers.: MB: Pappenheim 1929, Nr. 222.

Rabbinisches Exemplum Nr. 327 (Standfeste Frau). Born Judas, Bd. 1 (1916), 172–81: Die sieben Fronjahre.

Ein Lob der Ehe, auf dem Hintergrund des siebten Gebotes nach Ex 20,14: Buhle nicht. Die Geschichte von Saul und Hanna endet in bin Gorions Fassung mit einem Doppelspruch: »Wer findet einen Mann, der so redlich wäre« (siehe Spr 20,6) und: »Ein Weib, das Gott fürchtet, soll gepriesen werden.« Die Geschichte ähnelt in manchen Zügen der Alexius-Legende (›Gesta Romanorum‹, Nr. 15). Der Held dort blieb 17 Jahre unerkannt, »im Dienste Gottes«, im Haus seines Vaters; dann starb er, beweint von Eltern und Gattin.

Der Lebenslauf der Heldin, daß sie sich erst ein Haus baut, dann einen Beruf ergreift und als Händlerin sehr selbständig wird, läßt sich mit der Vita in Text 204 vergleichen.

Der Prophet Elia ist Schutzpatron der Ernte. Er hat den Auftrag, den Armen und Frommen zu helfen. Er ist der ideale Heiratsvermittler, der vor allem armen Brautleuten beisteht.

Sieben ist die heilige Zahl, die Zahl der biblischen Schöpfungsage, des

Sabbat, die Zahl der Prüfungen, die der fetten und der mageren Kühe in Pharaos Traum (Gen 41,1–32), die der lampenbesetzten Arme des Leuchters der Stiftshütte, die der Stufen zum Tempel Salomos, vor allem auch die der Hochzeits- und Trauertage.
Das hebr. Wort sâba, »schwören«, weist auf den »Schwur bei den sieben heiligen Dingen« hin. »Alle Siebener sind beliebt«, sagt der Midrasch; numinose und auch okkulte Kräfte werden ihnen zugeschrieben (vgl. Trachtenberg 1961, 119).
Tora lernen als die beste Ware, die man handeln kann, ist sprichwörtlich zu nehmen, vgl. Text 136. – Die Verlobung des jungen Paares beinhaltet, daß der *knaß*, die »Geldstrafe«, festgestellt wird, d. h. die Summe, die der etwa zurücktretende Partner dem anderen zu zahlen hat. So will es jüdischer Heiratsbrauch.

»Die Vögel, die zwischen Himmel und Erde fliegen, die werden es aussagen«

Die Geschichte geschah an einem Juden, der über Land wanderte. Da überwältigte ihn ein Räuber (*gáslen*) und nahm ihm alles, was er bei sich hatte. Als er nun das Seinige genommen hatte, da hob der Räuber an: »Nun will ich dich umbringen. Denn wenn ich dich leben lasse, so wirst du mich vermassern (*máßern*, verraten) und wirst mich ums Leben bringen. Darum will ich dich töten, denn so weiß ich gewiß, daß mir nichts geschieht.« Da sprach der Jude (*jehúdi*) mit weinenden (*schrájent*) Augen: »Lieber, ich bitte dich, laß mich doch leben, ich will dich nicht vermassern. Aber eines sage ich dir, wenn du mich umbringst, werden die Vögel dich vermassern, und du wirst doch ums Leben kommen.« Da sprach der Räuber: »Ich sehe, du verspottest mich.« Da sprach der Jude: »Nein, denn in unserer heiligen Schrift steht geschrieben: ›Die Vögel, die zwischen Himmel und Erde fliegen, die werden es aussagen.‹ Darum sieh! Der Vogel, der dort auf jenem Baum sitzt, der sagt es aus. Oder aber, wie einige Leute sagen: Ein Engel vom Himmel, der Vogel (*of*) heißt, führt das Geschrei aus.« Da sprach der Räuber: »Du wirst mich gewiß vermassern.« Und der Räuber wurde zornig und tötete ihn, Gott bewahre uns.

Und der Räuber zog fort und kam in ein Wirtshaus, und er aß und trank. Da brachte der Wirt eine Schüssel mit Vögeln auf den Tisch. Wie er die Vögel sah, da fing er an zu lachen. Der Wirt blieb an dem Tisch stehen und sah, wie der Gast lachte. Da fragte er ihn: »Warum lachst du? Dieweil du so ganz allein lachst, geht es gewiß um eine Schalkheit (Schelmerei). Darum, Lieber, sag es mir, warum lachst du?« Da vermeinte der Mörder (*rauzéach*), weil es ein Jude war, war wenig daran gelegen, und hob an und erzählte dem Wirt das Geschehen, wie es sich mit dem Juden zugetragen hatte, und wie der ihn verspottet und gesagt hatte, die Vögel unter dem Himmel werden ihn verraten. Und als er nun die Vögel gesehen, habe er darum lachen müssen.

Da dachte der Wirt, der Jude hat ihm die rechte Wahrheit gesagt. Und dachte bei sich: »Hat er einen Juden umgebracht, so hat er gewiß noch mehr getan und wird sicherlich ein richtiger Mörder sein. Solch Ding gehört von Rechts wegen angezeigt.« Also ging er zum Bürgermeister (*rosch iren*) und sagte ihm, in seinem Haus wäre eine Person, die so einen Mord begangen habe. Also sprach der Bürgermeister, er solle heimgehen, er wolle bald bei ihm sein.

Nach einer Viertelstunde kam der Bürgermeister mit drei Gerichtsdienern in die Wirtsstube und sprach zum Mörder: »Gib dich gefangen!« Da erschrak der Mörder sehr und war fast wie tot. Da ergriff man ihn und führte ihn gleich ins Gefängnis und spannte ihn auf die Folter (*sajn im menazéjech*). So hat er gestanden, daß er den Juden getötet hat und noch andere Mordtaten, und wurde geradbrecht (aufs Rad geflochten).

So war es die Wahrheit, was der Jude gesagt hat: »Die Vögel werden ihn verraten.« [218]

Quelle: Mussarei ha-Filosofim (Sinnsprüche der Philosophen), ed. Abraham Löwenthal (1896).

Übers.: MB: Grünbaum 1882, 431 f. (nach den Ausgaben Wilhermsdorf Nr. 217 und Rödelheim fol. 70 a. – Grunwald 1889, Nr. 13: Die Vögel des Himmels werden es verraten (nach der Ausgabe Dyhernfurth 1709). – Pappenheim 1929, Nr. 223.

Rabbinisches Exemplum Nr. 431 (Vogel als Zeuge).

Der Jude, den Tod vor Augen, beruft sich auf Koh 10,20: »denn ein Vogel des Himmels mag den Laut entführen,/ein Geflügelter mag die Rede vermelden«.

Vom hessischen Fabeldichter Burkart Waldis stammen christliche Versionen, die er im ›Esopus‹ (1548) als das Exemplum ›Vom Juden und einem Truchsessen‹ zusammenfaßt, darunter der Judenmord, den Rebhühner als Zeugen aufdecken.

Meitlis 1933, 17, 95 f. hält die Geschichte »trotz ihres jüdischen Kolorits« für nicht jüdischen Ursprungs und verweist auf deutsche wie auf arabische Märchen sowie auf das weltweit verbreitete Motiv von der Zeugenschaft der Vögel (ebd., 120). In der Tat findet sich das Motiv bei den Brüdern Grimm (KHM 115 »Die klare Sonne bringts an den Tag«, nach mündlicher Überlieferung durch Dorothea Viehmann). Zu diesem Märchentypus (AaTh 960) bringt Bolte-Polívka Bd. 2 (1915), 532–534 zahlreiche Belege, u. a. arabische und persische. Die älteste Version, durch Schillers Ballade berühmt geworden, stammt von Plutarch: Sterbend ruft der Lyriker Ibykus die vorbeifliegenden Kraniche als Zeugen des Mordes an.

Gleichnisse und Exempla von Vögeln sind in der jüdischen Erzählliteratur keineswegs selten, man denke z. B. an das von Glückel von

Hameln gebrauchte Exemplum vom Vogelvater, der in Not und großer Gefahr zwei seiner drei Kinder ins Meer fallen läßt, weil sie nicht aufrichtig zu ihm waren, und der nur das jüngste am Leben läßt, weil es Wahrhaftiges geredet hat (›Die Memoiren der Glückel von Hameln‹, in Pappenheims Ausgabe 13 f.). Glückels Biographin N. Z. Davis (1995, 253 f.) gibt Literaturhinweise zu »Jewish folktales and folklore about birds«. Eingehend würdigen »The Jew and the King's Cup-Bearer« E. Zago, J. Owen und M. Servatka in: ›Fabula‹, 42. Bd. 2001, 213–242.

Von einem Ehebruch und seiner Bestrafung

Die Geschichte geschah. Es war einmal ein Jude, der war ein ziemlicher Schurke (*grojß rósche*). Er wohnte nahe bei einem sehr reichen Mann, und der hatte eine schöne Frau.

Und der böse Mensch hatte große Lust auf sie und ging zu ihr hin und mutete ihr an (verlangte von ihr), ihm zu Willen zu sein. Und er versprach, ihr großen Mammon (viel Geld) zu geben. Sie aber wollte nicht auf ihn hören und schalt ihn als schändlich (*gar scheizlich*) und sprach gegen ihn: »Solch eine große Sünde (*awéjre*) willst du tun?« So verließ er sie wieder.

Eines Tages begab es sich, daß ihr Mann geschäftshalber (*der ßcháure wegn*) auf Reisen ging. Das bemerkte der Böse und brach an einem Sabbat (*schábeß*) zur Nacht eine Wand ein, damit er zu ihr kommen könnte, und entweihte den Sabbat. Da bezwang er die gute Frau mit Gewalt in ihrem eigenen Haus, und er legte ihr ein Tuch (zweel) um den Hals, daß sie nicht kreischen konnte. So vergewaltigte der Schurke die Frau. Wie er sie nun genug gepeinigt hatte und seinen bösen Trieb (*jéjzer-hóre*) befriedigt hatte, da schlug er die Frau zu Tode, damit er nicht verraten (*vermáßert*) werden könnte, und hat sich vergangen gegen: »Du sollst nicht morden.«

Da fand man bald heraus, daß er die Frau ums Leben gebracht hatte, und hieß, ihn gefangen zu nehmen, und wollte ihn verurteilen. Da sagte der Böse, man solle ihn freilassen, dann wolle er sich (zum Christentum) bekehren. Da entsprach man seinem Wunsch. Und wie er nun bekehrt worden war, da warf man ihn ins Wasser, und diesen Lohn gab ihm Gott.

Nun seht, wie viele Sünden (*awéjreß*) der Schurke begangen hat, wegen seiner Gier, eine Frau mit Gewalt zu nehmen. Zum ersten hat er sich vergangen gegen: »Du sollst nicht gelüsten nach deines Genossen Weib.« Zum andern hat er dagegen verstoßen, den Sabbat zu entweihen. Danach hat er sich vergangen gegen: »Du sollst nicht unkeuschen (Ehebruch treiben).« Und hat sich (außer dem Mord) noch versündigt gegen: »Du sollst keinen anderen Gott lieb haben als mich.« Und überdies ist er abtrünnig geworden.

So gab ihm Gott seinen Lohn auf dieser Welt, daß er ins Wasser geworfen wurde, und in Jener Welt (*jéne-welt*, Jenseits) ist er gewiß noch bezahlt worden. [219]

Quelle: Orachot Zadikim (Weg der Gerechten), XIV; Kad hak-Kemach, I, 86 b ed. Breit – vgl. Ginzberg, Legends Bd. 6 (1939), 43, Anm. 235.

Übers.: MB: Pappenheim 1929, Nr. 224.

Im Judentum gilt Ehebruch (Niuf) nicht als Privatsache, es ist ein Vergehen gegen den Gatten, gegen die Familie der Frau und vor allem gegen Gott. Doch eine Verurteilung und Bestrafung ist nur bei der Ehefrau rechtens.

In dieser Geschichte wird benannt, daß es beim Ehebruch um eine

Verletzung von nicht weniger als vier der Zehn Gebote geht: um das zweite (»Nicht sei dir andere Gottheit«), das fünfte (»Buhle nicht«), das sechste (»Morde nicht«) und das zehnte (»Begehre nicht das Weib deines Genossen«).
Hinzu kommt – in der Aufzählung am Schluß bereits an zweiter Stelle – die Entweihung des Sabbat, an dem die meisten Arbeiten verboten sind. Darunter zählt auch, nach der Mischna Schabbat VII,2, sowohl das Bauen wie das »Einreißen, um zu bauen«.

Die drei Töchter oder Was böse Zungen anrichten

Die Geschichte geschah an einem Frommen (*chóßid*), der drei Töchter hatte. Die älteste war eine Diebin (*gánewte*), die zweite war ein Schleppsack (Faulpelz, liederliche Schlampe), die dritte war eine Lügnerin (*schákrente*): Alles, was sie redete, war lauter Lüge (*schéker*) und ging auf Verleumdung (*rechíleß*) aus, wenn keiner deren gewahr wurde.

Eines Tages kam ein Frommer des Weges und sagte: »Ich habe drei Söhne und du hast drei Töchter. Laß sie uns miteinander verheiraten, meine drei Söhne und deine drei Töchter.« Da sprach der andere Fromme: »Laß mich allein, denn meine Töchter taugen nichts für deine Söhne, denn eine jede hat ihren Mangel.« Da sprach der andere Fromme: »Was haben sie denn für einen Mangel?« Da hob der Fromme an und sagte: »Die älteste ist eine Diebin, die zweite ist ein fauler Schleppsack und die dritte ist eine Lügnerin.« Da sprach der andere Fromme: »Haben sie keine anderen Fehler mehr als diese, so will ich's ihnen wohl abgewöhnen. Laß mich nur dafür sorgen.«

So legten sie miteinander die Verlobung (*knaß legn*) fest, und er führte sie mit sich heim und erteilte seinen drei Söhnen und den drei Töchtern den Spruch (*bróche*) zu Glück und Segen. Wie nun der Segensspruch erteilt (d. h. die Trauung gehalten) war, da gab er der Diebin alle Schlüssel zu seinem Mammon und erfüllte ihre Augen (stillte ihre Gier), daß sie nicht stehlen konnte. Und der Faulen dingte er genug Knechte und Mägde, damit sie nichts selbst zu tun brauchte. Der dritten gab er ganz nach ihrem Willen, alles was sie nur haben wollte, damit sie keine üble Nachrede betriebe und Lügen verbreitete. Und wann immer der Schwiegervater aus ihrem Haus ging, dann halste und küßte er sie, denn er glaubte, ihr durch Gutestun die bösen Gedanken abzugewöhnen, und daß sie keine schlimmen Sachen mehr machen würde.

Nun, eines Tages begab es sich, daß der Vater dorthin zog, um zu sehen, was seine Töchter so täten: ob sie noch gesund waren, oder wie es ihnen sonst erging. So kam er zu ihnen und fragte sie, wie sie mit ihren Männern lebten und wie sie von ihren Schwiegereltern behandelt wurden.

Da sprach die Diebin: »Gesegnet (*gebentscht*) sollst du sein, mein lieber Vater, daß du mich hierherverheiratet hast, denn ich habe alles zur Verfügung, was mein Herz gelüstet und begehrt. Und dazu habe ich die Schlüssel in meinen Händen und brauche nun nicht mehr zu stehlen (*ganéwen*).«

Danach ging er zu der Schleppsack und fragte auch sie, wie es ihr ging. Da sprach sie ebenso: »Gesegnet sollst du sein, mein Vater, daß du mich hierher verheiratet hast. Denn ich muß keine Hand rühren, ich habe genug Knechte und Mägde. Und mein Mann und die Schwiegereltern behandeln mich gut.«

Dann ging er zu der Lügnerin, um auch sie zu fragen, wie es ihr ging. Da sprach sie: »Du bist wahrlich ein feiner

Vater. Denn ich dachte, du hast mir einen Ehemann gegeben, dabei hast du mir zwei gegeben, den Vater und den Sohn. Denn wenn jener aus dem Haus geht, so kommt mein Schwiegervater und küßt mich und drückt mich und will haben, daß ich ihm zu Willen bin. Mein lieber Vater, wenn du es nicht glauben willst, so komm morgen früh und du wirst sehen, daß ich die Wahrheit sage.«

Am Morgen kam der Vater. Da stellte (plazierte) sie ihren Vater in ein Zimmer (*chéjder*), so daß er in die Stube sehen konnte. Wie nun der Schwiegervater kam, war es seine Gewohnheit (*ßéjder*), wenn er aus- oder einging, sie zu küssen. So tat er auch diesmal, er küßte sie und halste sie und sprach: »Liebe Schnur (Schwiegertochter), wie geht es dir? Geht dir irgend etwas ab?« Und das tat er alles zum Guten und meinte, sie damit von verleumderischen Gedanken abzubringen. Dies sah ihr Vater alles mit großem Zorn, er sprang aus dem Zimmer heraus und tötete seinen Gegenschwiegervater (*mechútn*).

Nun, als er ihn getötet hatte, da wollte er wieder von dannen ziehen. Da kamen die zwei Schwäger der Verleumderin heim und sahen ihren Vater tot daliegen. Da töteten sie ihren Schwiegervater ebenfalls. Da fing die Verleumderin an zu schreien: »Mord über Mord!« Da merkten sie, daß auf ihr Betreiben solch schlimme Sache geschehen war. Da gingen sie hin und erschlugen auch ihre Schwägerin. So waren durch die üble Nachrede drei Menschen umgekommen.

Dazu hat Rabbi Hona gesagt: »Die Sünde (*awéjre*) der bösen Zunge (*loschn-hóre*) ist größer als die drei Sünden: Du sollst nicht morden, du sollst nicht unkeuschen (ehebrechen), du sollst nicht stehlen.«

Nun komm und sieh, welch schlimme Dinge das sind, die böse Zunge und die Verleumdung und das Lügenerzählen. Selbst die Hölle (*gehínom*) kann den nicht dulden, der sich dieser Dinge schuldig macht. Wenn der Heilige, ge-

priesen sei Er, diejenigen richten wird, die da Verleumdung betrieben und Lügen erzählt haben, dann wird Er zu der Hölle sprechen: »Tu auf deinen Mund und verschlinge, die da ihre bösen Zungen gebraucht haben.« Da wird die Hölle erwidern: »Herr des Alls (*káune-hákel*), sie sind für mich unerträglich, denn im Himmel tun sie ihre Rede.« Und der Schriftvers (*póßek*) sagt es nach dem Midrasch: ›Im Himmel tun sich ihre Reden auf, und es öffnen sich die Münder der Schwätzer, und ihre Zunge geht auf die Erde.‹

So schüttet Gott seine Pfeile auf diese Menschen, und danach empfängt sie die Hölle. So straft sie Gott im ersten Gericht, danach werden sie von der Hölle gericht'. Deshalb,
o Mensch, hüte bloß deinen Mund,
das ist für deine Seele nur gesund,
laß jedermann das Seinige schwätzen
und tu nicht jedesmal dein Maul zerfetzen.
Dann kannst du in Ehren überall bleiben,
im Garten Eden deine Zeit vertreiben. [220]

Quelle: Aseret ha-Dibrot, 9. Gebot, 1; Bet ha-Midrasch Bd. 5 (Wien 1873), 145 f.

Übers.: MB: Grünbaum 1882, 432–435 (nach den Ausgaben Wilhermsdorf Nr. 219 und Rödelheim, fol. 70b); Pappenheim 1929, Nr. 225.

Rabbinisches Exemplum Nr. 143 (142) (Drei schlimme Töchter). Born Judas, Bd. 2 (1917), 121 f.: Die drei Schwestern – mit einer zweischneidigen Zutat: »›Laß ab von mir‹, sprach darauf das Weib, ›mein eigener Vater ist hier.‹ Da glaubte der unter dem Bette Horchende, daß der Vater seines Eidams wirklich Sündiges im Sinne hätte; er kam aus dem Versteck hervor und schlug den alten Mann tot.«
Pappenheim erfand für *mechútn*, den Schwiegervater der eigenen Töchter, den Begriff »Gegenschwiegervater«. Dieser ist insofern glücklich gewählt, als von Beginn an beide Väter Partner und Kontrahenten sind: Sie haben nämlich den »Knaß« auszuhandeln, wörtlich »die Geldstrafe«, übertragen: »die Verlobungsmodalitäten«. Im Jüdischen ist dies ein Begriff schönster Doppeldeutigkeit, denn im Verlobungsakt pflegte man die Geldstrafe festzustellen, die der zurücktretende Teil an den anderen zu zahlen hatte.
Allgemeinen Märchenbezug haben »die geschlossenen egalitären Dreiergruppen: drei Töchter hie (mit gleichen Defekten), drei Söhne dort; dann die Klimax Diebin, Hausschlampe und Lügnerin, was zu dreifachem Totschlag und zum neunten Gebot hinführt: »Aussage nicht/gegen deinen Genossen als Lügenzeuge« (Ex 20,16).
Auch daß der Vater geraume Zeit nach der Heirat reihum zu Besuch kommt, um nach dem Rechten zu sehen, ist ein Märchenmotiv – der Argwohn, der ihn befällt, ein genuin jüdisches.
Bibelvers: »Im Himmel tun sich ihre Reden auf . . .«, Ps 73,9: »Sie setzen an den Himmel ihren Mund,/und ihre Zunge ergeht sich auf der Erde.«

Zwei Raubmörder und ihre gerechte Bestrafung

Die Geschichte geschah an zwei Straßenräubern, die sprachen zueinander. »Komm, wir wollen zur Wegscheide (Weggabelung) gehen und jeden, der uns dort begegnet, morden und berauben, damit auch wir großen Mammon bekommen können.« So gingen sie beide und hoben zwei Gruben aus und mordeten jeden, der an ihnen vorbeikam, und warfen sie in die Gruben. Das trieben sie recht lange.

Eines Tages geschah, daß ein Fürst (*ßar*) durch den Wald mit viel Gefolge geritten kam, und einer von ihnen sprach: »Ich erinnere mich noch gut, daß das ein schöner gebahnter Weg war, und jetzt ist er ganz verwüstet.« Sie ritten den Weg weiter und fanden die zwei in einer Grube sitzen. Da griffen sie die zwei, die viel Mammon bei sich hatten, auf und nahmen alles mit und verhörten (folterten) sie. Da gestanden sie die vielen Morde, die sie begangen hatten, und der Fürst ließ sie eines schändlichen Todes sterben.

Darauf ist der Schriftvers (*póßek*) gemünzt: ›Mein Sohn, wenn dich die Sünder überreden wollen, mit ihnen zu gehen, dann sollst du ihnen nicht zuhören. Denn ihre Füße laufen zu Bösem, um unschuldig Blut zu vergießen.‹

Denn hintennach steht der Getötete (*hójreg*) selber vor Gott und sagt: »Herr der Welt (*káune-hákel*), du hast mich im Mutterleib geschaffen und mich aus dem Mutterleib herausgezogen und hast mich mit Deiner Barmherzigkeit gespeist, jeden Tag meines Lebens. Und nun hat der Blutvergießer (*rauzéach*), eines Deiner Geschöpfe, das Du erschaffen hast, mich totgeschlagen. Herr der Welt, jetzt räche mich an dem Mörder.« Sobald der Heilige, gepriesen sei Er, das hört, da erzürnt sich Gott über den Mörder und schickt ihm einen zu, der ihn totschlägt. Und er kommt in die Hölle (*gehínom*) und hat keinen Anteil an der anderen Welt, doch in der Hölle richtet man ihn an jedem Tag dreimal.

Deshalb soll sich jedermann vor Blutvergießen hüten und vor sonst welchen Sünden (*awéjreß*), denn der Heilige, gepriesen sei Er, läßt nichts ungerächt und gibt jeglichem seinen Lohn. [221]

Quelle: Aseret ha-Dibrot, 6. Gebot, 1.
Übers.: Pappenheim 1929, Nr. 226.

Rabbinisches Exemplum Nr. 382 (Zwei Räuber werden entlarvt). Born Judas, Bd. 2 (1917), 265–267: Die beiden Räuber.
Nach bin Gorion fanden die Reisenden drei Erdlöcher vor: eines voll Geld, das andere mit Leichen angefüllt und das dritte als Versteck der beiden Räuber.
Der Schauplatz »Weggabelung« ist ebenso wie der »Kreuzweg« prädestiniert, unheilvolles Geschehen auf sich zu ziehen und sich somit zu *verwüsten* – hier im Zusammenhang mit dem sechsten Gebot (»Morde nicht«) und dem Verbrechensmotiv »Mord aus Habgier«. Solche Schnittstellen bieten einerseits reale Okkasionen, zum anderen wirkt sich hier Übernatürliches aus: »Da erkennt man Verborgenes und Zukünftiges, erlangt Glück und Liebe oder aber Unglück und Tod« (Artikel »Kreuzweg« im ›Handwörterbuch des deutschen Aberglaubens‹, Bd. V, 1932/33).
Bibelvers: »Mein Sohn, wenn dich die Sünder ...«, Spr 1,10 und 16: »Mein Sohn, locken Sünder dich,/nimmer willige ein!/... wenn ihre Füße laufen zum Bösen,/eilen, Blut zu vergießen!«

Der Lohn der Tugend oder Geschichte des Mannes, der nie einen Schwur tat

Die Geschichte geschah an einem reichen Mann, der hatte sein Lebtag keinen Schwur getan. Und wie er nun sterben sollte, da tat er seinen Kindern seinen Letzten Willen (*zawóe*) kund, daß sie niemals schwören sollten, was auch immer es sei. »Denn all mein Reichtum«, sagte er, »kommt mir von daher, daß ich mein Leben lang nicht geschworen habe, und der Heilige, gepriesen sei Er, hat mir in all meinem Tun großes Glück gegeben.«

Nun, seine Kinder gelobten ihm, sie wollten es so halten. Als er starb, teilten die Kinder ihren Mammon (das väterliche Vermögen) redlich auf, ohne zu schwören. Nach der Teilung ging ein jeder seiner Wege, außer einem Sohn, der allein in des Vaters Haus wohnen blieb.

Nun gab es böse Schelme in der Stadt, die fanden heraus, was ihm der Vater als Letzten Willen aufgetragen hatte, nämlich keinen Eid (*schwúe*) zu leisten. Da kam einer und sprach den Sohn um tausend Gulden an, die ihm der Vater schuldig geblieben sei. Der Sohn stritt das ab, es wäre Lüge (*schéker*). Da lud er ihn vor Gericht (*beß-din*). Nun, schließlich lief es auf einen Schwur hinaus, daß er über den Vorfall nichts wüßte. Der Sohn dachte bei sich: »Schwöre ich, so breche ich meines Vaters Letzten Willen; es ist besser, ich schwöre nicht und gebe ihm das Geld und will meines Vaters Willen nicht brechen.«

Also bezahlte er den Bösewicht, wiewohl er zu Recht hätte schwören können. Wie das die anderen Bösewichter hörten, daß er nicht schwören wollte, so kamen sie und sprachen den Sohn ebenfalls um viel Geld an. Schließlich brachten sie ihn um alles, was er zu eigen hatte. Nun kamen wieder Bösewichter und luden ihn vor Gericht, er wäre ihnen seines Vaters wegen etliche Gulden schuldig. Das Gericht erlegte ihnen einen Eid auf. Da schworen sie, daß er ihnen schuldig wäre. So erging der Spruch, daß er ihnen bezahlen müsse. Und er, ach je (*nébech*), hatte nichts mehr zum Bezahlen. Schließlich ließen sie ihn ins Gefängnis werfen.

Nun hatte er eine fromme und zudem schöne Frau, die alles für gut nahm, wie immer ihr auch geschah. Sie schämte sich, Almosen (*zdóke*) zu nehmen, weil sie vordem reich gewesen war. Da ging sie, ach je, für die Leute waschen, und mit dem, was sie an Lohn verdiente, speiste sie ihren Mann und die Kinder.

Eines Tages stand sie am Meeresufer (*wáßer*) und wusch Hemden. Da kam ein Schiff gefahren. Da sagte der Schiffer zu der Frau: »Wirst du mir meine Hemden waschen?« Da sprach die Frau: »Ja.« Und der Schiffer sah sie immerzu an und hatte Lust auf sie. Da fragte der Schiffer, wem sie gehöre. Da erzählte sie ihm die Geschichte (*hándl*), wie sie fälschlich um ihr Geld gekommen und wie die Nachbarn sie ruiniert hatten. Da sagte der Schiffer: »Da habt ihr einen Gulden, wasch mir mein Hemd.« Da nahm sie den Gulden und was sie sonst noch verdient hatte und löste ihren gefangenen Mann aus. Danach ging sie und wollte dem Schiffer das Hemd bringen, und sobald sie das Schiff betrat, da fuhr sie der Schiffer mit Gewalt weg.

Die Kinder sahen, wie die Mutter wegfuhr, und sie erfaßte großer Jammer, wie sich wohl denken läßt. Und sie liefen heim und sagten es ihrem Vater, wie ihre Mutter mit Gewalt ins Schiff gehievt wurde, und wie es dann mit ihr weggefahren war. Als der Mann das hörte, da hob er seine Hände zum Himmel auf und lobte Gott und flehte Ihn an, Er möge sich seiner und seiner kleinen Kinder erbarmen.

So nahm denn der arme Mann seine kleinen Kinder bei der Hand und zog mit ihnen fort. Und wie sie so gingen, da kamen sie an einen Fluß nahe dem Meer. Und es war kein Schiffer da, der sie hätte übersetzen können. Da ging er hin und zog seine Kleider aus, nahm seine Kinder und wollte durch den Fluß waten. Da war die Strömung so stark, daß sie ihn mit den Kindern fortriß. Da ließ ihm der Heilige, gepriesen sei Er, ein kleines Schifflein zukommen, an das sie sich hielten und einstiegen und hinüberfuhren und so an einen Ort gelangten, in dem viele Juden (*jehúdim*) lebten. Sie nahmen sich seiner an, denn sie hatten Mitleid (*rachmóneß*) mit ihm, und hielten ihn als Schafhirt, denn sie hatten sonst keinen.

Eines Tages geschah, daß er seine Kinder die Schafe am Meeresufer hüten ließ. Da kam das Schiff, darin die Frau steckte, und die Schiffsleute ergriffen die Kinder mit Gewalt und fuhren mit dem Schiff weg.

Eines Tages, als er bei den Schafen war und sie hütete, dachte er darüber nach, wie er so viel Geld gehabt hatte und wie schändlich es ihm abhanden gekommen war und die Schelme ihn darum gebracht hatten; und wie schändlich er um Frau und Kinder gekommen war und jetzt sein Leben als Schafhirt fristen mußte. So ging er sinnend das Flußufer hinauf und hinab. Da sah er darin viele tote Menschen, die von Schlangen und Ottern totgebissen worden waren. Und er dachte: »Für mich ist der Tod doch besser als mein Leben. Wollte Gott, ich wäre von Schlangen und Ottern totgebissen worden.« Dann dachte er, wenn er sich selbst im Wasser ertränke, wäre er das große Elend los.

Da hörte er plötzlich eine Stimme vom Himmel, die rief: »Geh dorthin und grabe unter jenem Baum, so wirst du einen großen Geldschatz finden, der ist für dich aufbewahrt, weil du den Letzten Willen deines Vaters so stark befolgt hast.« Also ging er dorthin und grub unter jenem Baum und fand einen großen Schatz, wie er kaum zu ermessen ist. Das machte ihn wieder froh, und er lobte Den, Dessen Name gepriesen sei, daß Er ihm aus der Armut herausgeholfen hatte. Und er hoffte darauf, daß ihm Der, Dessen Name gepriesen sei, Frau und Kinder wieder bescheren wird, wenn sie denn noch am Leben sind.

Dann ging er zum König und holte sich die Erlaubnis, sich am Meeresufer ein neues Haus zu bauen, und daß jedes Schiff, das da vorbeifuhr, ihm als Abgabe an den Königsschatz (*áuzer fun dem kínig*) einen Zoll (*méjeß*) entrichten mußte. Nun mußten alle Schiffe vor seiner Tür anlegen. Und wenn dann ein Schiff ankam und an seinem Haus anlegte, dann betrat er jedes Schiff und suchte, ob nicht seine Frau und die Kinder darin waren.

Nicht lange danach geschah, daß das Schiff, darin seine Frau und die Kinder waren, dahergefahren kam, um ihm Zoll zu entrichten. Da ging der Mann ins Innere des Schiffes, um zu prüfen, was für Ware in dem Schiff war, und sah drinnen seine Frau und die Kinder sitzen. Da erkannte er sie, aber Frau und Kinder erkannten ihn nicht. Da wandte er sich an den Schiffer: »Wo kommst du her mit der jungen Frau und den Kindern?« Da sprach der Schiffer: »Mein Herr, ich habe sie aus fernen Landen hierhergeführt.« Wie nun die Frau die Frage hörte, da fing sie zu weinen an, denn sie dachte an ihre Heimat. Da konnte auch der Mann nicht an sich halten und fing auch an zu weinen, und sagte zum Schiffer: »Die Frau da gehört mir, du hast sie mir schändlich entführt. Ich werde dich deshalb zum König schicken und dein Schiff derweil hier fest anpflocken. Und was immer der König mit dir machen wird, ich bin dessen zufrieden.« Da bat ihn der Schiffer, ihm das Leben zu schenken, er wolle ihm dafür all sein Gut schenken. Und so wurde der Mann reich. Er ging hin und nahm Frau und Kinder und all das Gut, das im Schiff war, und ließ ihn von dannen ziehen. Und all dies geschah darum, daß er sich an den Letzten Willen seines Vaters gehalten hatte. [222]

Quelle: Aseret ha-Dibrot, 3. Gebot, 4; Chibbur ha-Ma'assijot, ed. Attar, Nr. 5; kürzere Version in Bet ha-Midrasch, Bd. 1 (Leipzig 1853), 72–73. Gaster 1934 vermutet, daß hier beide Quellen zugrunde liegen.

Übers.: MB: Grunwald 1889, Nr. 3: Von einem, der nicht schwören wollte (nach der Ausgabe Dyhernfurth 1709); Pappenheim 1929, Nr. 227.

Rabbinisches Exemplum Nr. 378 (Mann, der nicht schwören wollte). Born Judas, Bd. 1 (1916), 181–189: Die Wiedervereinigung der Getrennten.

Der Stoff führt in den Umkreis der Legenden von »Placidas« bzw. »Eustachius« (Typus AaTh 938), siehe Anm. zu Text 148. Es ist die Geschichte vom frommen Dulder, dessen höchstes Sinnbild der biblische Hiob ist – gemeinsames Gut christlicher wie jüdischer Überlieferung.

Ein spezifisch jüdisches Erzählmotiv bildet den Auftakt, die letztwillige Verfügung eines reichen Vaters auf dem Sterbebett (vgl. Text 157) und die Belohnung dafür, daß sie eingehalten wurde: der unter dem Baum vergrabene Geldschatz (vgl. Text 190, 203).

Das Motiv der drangsalierten Wäscherin am Meeresstrand hingegen gehört eher der Heldenepik an, vgl. die Episode im Kudrun-Epos (1230–40); dort allerdings naht das Schiff als Vorbote der Rettung.

Aufschlußreich ist eine Variante, die Glückel von Hameln um 1700 ihren Kindern erzählt hat, bewußt als »Trost für alle betrübten und besorgten Herzen, daß man niemals verzweifeln soll an der Hilfe Gottes, Er sei gelobt, gleichwie diesem frommen Mann geschehen ist« (›Die Memoiren‹, ed. Bertha Pappenheim 1910/1994, 36). Diese Geschichte weicht ab. Nicht das Schwurverbot des Vaters und die dieses ausnutzenden betrügerischen Nachbarn bringen den Mann in Not, sondern die eigene Schuldenlast. Ein Alter gibt der Frau ein, sie solle Wäscherin werden und damit ihre Familie ernähren. Der Schiffer zieht sie, als sie ihm das frische Hemd hinüberreicht, in sein Schiff hinein. Die Söhne bringen die Nachricht dem Vater ins Gefängnis. Der träumt von einer

Wildnis und deutet es positiv. Der junge König der Stadt setzt alle Gefangenen, so auch ihn, frei. Mit beiden Kindern schifft sich der Schriftgelehrte ein, erlebt Schiffbruch, wähnt seine Kinder ertrunken, wird selber »ausgeworfen« in eine »große Wüstenei«, paart sich mit der nackten wilden Königstochter, wird Viehhüter. Nach zwei Jahren bei den Wilden reut es ihn, er will sich im Meer ertränken. Eine Stimme weist ihm einen Schatz oben am Berg, einen Kasten mit Gold und Edelsteinen. Er schifft sich wieder ein, läßt das wilde Weib zurück; voller Zorn nimmt sie ihr gemeinsames »wildes Knäblein bei den Füßen und zerreißt es in zwei Hälften«. So weit die erste Hälfte.

Literatur bei Schwarzbaum 1968, 14; E. Yassif, ›From Jewish Oicotype to Israeli Oicotype: The Tale of the Man Who Never Swore an Oath‹, in: ›Fabula‹, 27. Jg. 1986, 216–236.

Die drei Erben und der verschlossene Kasten

Die Geschichte geschah einst an einem großen Frommen (*kestlich chóßid*), der drei Söhne hatte, alle drei waren Rabbinen (*rabónim*), und der Fromme war sehr reich.

Als er nun ans Sterben kam, da schickte er zuvor nach den Häuptern seiner Gemeinde (*kóhol*) und nach seinen drei Söhnen. Und sagte zu seinen Söhnen: »Liebe Kinder, ich hinterlasse euch großen Reichtum, der nicht zu schätzen ist; ihr werdet für euer Leben genug daran haben. Nun habe ich noch einen Kasten, der verschlossen ist. Ich wünsche von euch allen dreien, und ihr sollt mir die Hand darauf geben, daß ihr ihn nicht öffnet, außer, Gott bewahre, bei dringender Not. Und wenn einer den Kasten in Verwahrung hat, soll der andere den Schlüssel haben.« Also schworen sie vor der ganzen Gemeinde, sich daran zu halten. So starb denn der Fromme, die drei Brüder teilten den Mammon und waren alle reich.

Am Ende kam der Jüngste von seinem Mammon ab (verlor ihn) und wurde arm, denn er war ein großer Verbringer (Verschwender). Da forderte er seine Brüder auf, den Kasten aufzutun, um sich seinen Anteil herauszunehmen. Die Brüder ärgerten sich sehr, daß sie ihres Vaters Letzten Willen (*zawóe*) brechen sollten. Der älteste Bruder sprach: »Ehe ich meines Vaters Letzten Willen breche, will ich dir fünftausend Gulden leihen. Bezahl mir sie, oder bezahl mir sie nicht.« Der jüngste Bruder ließ sich abschweigen (beschwichtigen) und nahm die fünftausend Gulden. Und wie nun auch das Geld aufgebraucht war, kam er wieder und wollte den Kasten aufmachen. Da sprach der andere Bruder: »Ehe ich meines Vaters Letzten Willen breche, will ich es ebenso tun wie mein ältester Bruder, und lieh ihm auch fünftausend Gulden: »Bezahl sie mir oder bezahl sie mir nicht.« Nun, der jüngste Bruder ließ sich vom anderen Bruder wieder abschweigen. Als er auch das verpraßt hatte, da dachte er nach, was er tun wollte. So ging er, als der Schlüssel an ihn kam, hin und ließ einen Schlüssel nachmachen, damit er dann, wenn im dritten Jahr der Kasten an ihn kommen werde, daraus entnehmen könnte, was er wollte.

Nun, im dritten Jahr kam der Kasten an ihn. Da probierte er den Nachschlüssel und nahm, da er hübsch genau hineinpaßte, das Geld heraus. Und vom gleichen Gewicht wie das Geld, das er herausnahm, legte er Steine wieder hinein, damit man nichts an dem Kasten merken sollte. Und hob an zu handeln. Die Brüder aber glaubten, ihr Bruder sei auf gutem Wege und würde weiterhin bedacht sein. Aber sie wußten das wahre Geheimnis nicht, wie er sich des Kastens hatte bemächtigen können.

Und das Geld, das im Kasten gewesen, verpraßte er innerhalb von vier Jahren. Nach den vier Jahren ging er wieder zu seinen Brüdern und sagte zu ihnen: »Ich habe gedacht, ich würde eurer nicht mehr bedürfen, aber ich sehe, ich habe kein Glück (*masl*), denn ich bin um alles gekommen, was ich besaß. Da gibt es nur eines zu tun, nämlich den Kasten zu teilen. Auch hat der Vater befohlen (*zawóe ton*), wenn man, Gott bewahre, in Not geraten sei, solle man den Kasten öffnen. Nun ist die Zeit gekommen, denn ich bin in der Not.« Da sahen die Brüder ein, daß es nicht anders sein konnte. So schickten sie nach der ganzen Gemeinde (*kol ha-kóhol*) und ließen den Kasten in die Synagoge (*schul*) tragen und hoben vor der ganzen Gemeinde an: »Ihr seht, daß er fest verschlossen ist, wie ihn unser Vater uns nach seinem Tod hinterlassen hat.« Da war die ganze Gemeinde Zeuge, daß es der rechte Kasten war.

(Dann fuhren die Brüder fort:) »Nun ist es leider Gottes dazu gekommen, daß wir ihn teilen müssen, denn unser jüngster Bruder will es unbedingt so haben, wiewohl wir ihm viel Mammon gegeben haben.« Und erzählten der ganzen Gemeinde, wie ihr Bruder mit ihnen gehandelt hatte. So öffneten sie den Kasten und fanden nur Steine darin. Da hob der jüngste Bruder an und sprach mit großer Frechheit (*áseßkeit*): »Da seht nur, ihr lieben Leute, wie sie mit mir umgegangen sind. Deshalb haben sie den Kasten nicht öffnen wollen und mir stets Geld gegeben, deshalb sind sie reich geworden und ich arm. Sie haben das Geld herausgenommen und Steine in den Kasten gelegt.« Wiewohl sie keine Schuld daran hatten, denn der jüngste Bruder hatte es getan, sah dennoch einer den anderen an und dachte, der hat es getan. Letztlich konnte die Gemeinde nicht erkennen, wer unter ihnen der Dieb (*gánew*) war, denn dazu waren sie nicht klug genug. Da sagte die Gemeinde: »Wir können euch keinen Schiedsspruch (*pßak*) machen, denn wir sind dafür nicht klug genug. Unsere

Meinung ist, ihr solltet zu dem Rabbi (*row*) ziehen, der nicht weit von hier wohnt. Der ist ein geschwinder (schlauer) Schriftgelehrter (*bal táuro*) und wird euch helfen können, daß ihr voneinander kommt.«

So zogen sie alle drei miteinander zu dem Rabbi. Und als sie in die Nähe der Stadt kamen, in welcher der Rabbi wohnte, da kam ein Jude gelaufen und fragte sie, ob sie nicht ein Pferd wahrgenommen hätten. Da hob der älteste Bruder an: »War es nicht weiß?« Da sagte der Jude: »Ja.« Darauf sagte er: »Dort in den Wald lief es.« Da hob der zweite Bruder an: »War es nicht auf einem Auge blind?« Da hob der jüngste Bruder an: »Trug es nicht zwei Lägel (Fäßchen, von lat. lagena, Flasche), eines mit Öl und das andre mit Wein?« Da hob er an: »Ja, es ist in jenen Wald gelaufen.« Kurz, sie hatten das Pferd beschrieben, obwohl sie das Pferd mit eigenen Augen nicht gesehen hatten noch wußten, wie es (beladen) war.

Schließlich (*leßóf*) lief der Jude in jenen Wald, um sein Pferd zu suchen, aber er konnte es nicht finden. Da lief er wieder den drei Brüdern nach und fragte, in welcher Herberge sie waren. Dann ließ er sie vor den Rabbi laden, und so kamen sie vor den Rabbi. Da hob der Jude an: »Rabbi, ich habe ein Pferd verloren und eine Satteltasche mit Geld, so bin ich meinem Pferd nachgelaufen. Da sind mir die drei begegnet, und ich habe sie gefragt, ob sie nicht ein Pferd gesehen haben. Da haben sie gesagt, ja, und haben mir alle Merkmale (*ßimónim*) beschrieben und mich aufgefordert, in jenen Wald zu laufen, da werde ich mein Pferd finden. Also bin ich dem Pferd nachgelaufen, habe es aber nicht gefunden. Nun sagte ich mir, fürwahr, sie haben die Satteltasche genommen und das Pferd laufenlassen. Deshalb beanspruche ich mein Geld wieder. Und ich will auch wissen, wo sie mein Pferd hingebracht haben.«

Da hoben die drei Brüder an: »Lieber Rabbi, wir haben

das Pferd weder gesehen noch gehört.« Da fragte sie der Rabbi: »Wie habt ihr denn die Merkmale erkannt?« Da sagten die drei Brüder: »Das wollen wir Euch sagen. (Der erste begann:) Ich sah, das Pferd war weiß, und wußte das deshalb, weil an dem Zaum, den er in Händen hatte, einige weiße Haare klebten; also muß es weiß gewesen sein.« Dann hob der zweite Bruder an: »Daß ich gesagt habe, das Pferd sei auf einem Auge blind, sah ich an seinem Gang, denn wenn es Gras fraß, hat es das böse Gras (Unkraut) gefressen und das gute stehen lassen, und das nur auf einer Seite. Da habe ich mir gedacht, es muß auf einem Auge blind sein.«

Da wandte sich der Rabbi an den Jüngsten: »Wie hast du gewußt, daß es zwei Lägel getragen hat, eines mit Wein und eines mit Öl?« Da hob der Jüngste an: »Das will ich Euch sagen. Öl steht still und Wein trocknet ein. So muß er gewiß zwei Lägel getragen haben. Die Tatsachen (*händl*) haben wir nur längs des Weges gesehen, doch daß wir es mit eigenen Augen gesehen haben sollten, wird sich nie und nimmer erweisen.«

Da sah der Rabbi, daß sie überaus scharfsinnig (*grojß chachómim*) waren. Da schaffte er den Juden ab (d. h. entließ ihn) und fragte sie nach ihrer eigenen Angelegenheit. Da sagten sie dem Rabbi, was für einen Zank sie miteinander hätten, und er möge darüber eine Entscheidung treffen (*pßak gebn*). Sie hoben an zu erzählen, ein jeder, was er zu berichten hatte. Wie sie nun alles erzählt hatten, da hob der Rabbi an: »Liebe Leute, ihr müßt eine Weile hier bleiben, denn das Urteil ist nicht aus dem Ärmel herauszuschütteln.«

Und doch verstand er den Fall (*händl*) recht gut und sagte zu ihnen: »Ich sehe, ihr drei seid kluge Männer. Darum will ich euch in einer Angelegenheit befragen, die mir von Ägypten (*mizráim*) her zugetragen wurde, und ihr sollt mir dazu einen Rat (*éjze*) geben. Seht, in Ägypten lebten zwei Hausväter (*bale bátim*), sehr reiche Leute, und jeder von ihnen hatte ein einziges Kind. Sie sind einander versprochen worden, als beide noch in der Wiege lagen. Schließlich starben beide Väter dieser Kinder, und jeder hat seinem Kind dreimal hunderttausend Kronen hinterlassen. Aber der Junge geriet ungut und vertat all das Seinige, daß er nicht mal einen Schuß (keinen Pfennig) mehr besaß. Aber das Mädchen war ein Juwel (*táchschit*), in jeder Beziehung, und an Schönheit war keine ihr gleich. Nun, als es so weit kam, daß beide vierzehn Jahr alt waren, sollten sie miteinander Hochzeit halten (*cháßene machn*). Also ließ das Mädchen dem Bräutigam (*choßn*) entbieten, er möge sich zur Hochzeit (*bróche*) rüsten, so wie es ihre Papiere (*schtaroth*) auswiesen. Da entbot der Junge dem Mädchen wiederum, er wolle nicht kommen, sie solle in Gottes Namen einen anderen nehmen, der ihr gefiele. Denn es wäre genug, daß er das Seine vertan hätte, und ihn dünke, es wäre besser, allein in Armut zu leben, als auch noch sie in Armut zu bringen. Am Ende (*leßóf*) ließ das Mädchen einen armen Burschen (*bócher*) rufen, der tüchtig lernte, und sagte zu ihm: ›Ich will dich heiraten (*némn*), doch schicke ich voraus, ich will zunächst dreimal zu meinem vorigen Bräutigam gehen und ihn fragen, ob er unserer Väter Vermächtnis (*zawóe*) halten und sich jetzt mit mir entspusen (verloben) wolle. Und wenn er es nicht will, dann sollst du mein rechter Bräutigam sein, und ich werde mit dir, so Gott will, zur Trauung (*chúpe*) gehen.‹ Mein guter armer Bräutigam war mit der Abmachung (*akurd*) recht zufrieden. So feierten sie zu gutem Glück (*bemásl-tow*) Verlobung (*knaß legn*). Nach der Verlobung kleidete sich das Mädchen in Samt und Seide, ging selbst zu ihrem ersten Bräutigam und sprach: ›Lieber Bräutigam, ich bitte dich, brich nicht unserer Väter Vermächtnis, derweil sie uns beide zusammengegeben haben. Du mußt dich nicht sorgen, ich habe Geld und Gut genug. Spielst du für dich, können wir uns dennoch gut ernähren.

Wirst du Huren nachgehen wollen, bin ich genug für dich da.‹ Da sagte der Bräutigam: ›Ich kann meine schlimmen Streiche (*níwsike schtik*) nicht lassen und will dir das Deine nicht vertun, daß wir, Gott bewahre, alle beide in Armut geraten.‹ Da ging das Mädchen wieder seiner Straße.

Nach acht Tagen kam die Braut (*kale*) wieder, ganz in Silber und Gold gekleidet, und bat den Bräutigam noch inständiger, er möge das Vermächtnis doch halten. Der Bräutigam gab ihr die gleiche Antwort wie zuvor. Nach acht Tagen ging die Braut wieder zum Bräutigam, diesmal angetan mit lauter Edelsteinen und Perlen, und nahm ein Schuß voll mit (Gold-)Kronen mit. Und ging zum ersten Bräutigam und sprach: ›Ich bitte dich, nimm mich und halte unserer Eltern Vermächtnis, wir haben Geld genug.‹ Da sprach der Bräutigam: ›Gott gebe dir Glück und Segen, nimm, wen du willst, ich verzeih es dir, denn ich kann nicht die Sünde (*awéjre*) begehen, dich zu betrüben und dich um das Deinige zu bringen.‹

Schließlich, als das Mädchen sah, daß ihr erster Bräutigam nicht wollte, ging es fort und hielt mit dem Burschen Trauung und machte eine glänzende Hochzeit (*kestlich cháßene*), wie sich bei solchem Mammon wohl denken läßt. Am Ende, als man den Bräutigam und die Braut schlafen führen sollte, mußte man sie über die Gasse führen, denn im Breiluftheim (Hochzeitshaus) konnten sie nicht liegen. Nun gab es in Ägypten viele Räuber (*gaslónim*), die auf Bräutigam und Braut warteten. Und sie entführten sie mit Gewalt, und niemand wußte, wo sie hingekommen waren. Da war unter den Dieben ein alter Bösewicht (*rósche*), der wollte die Braut mit Gewalt nehmen. Die Braut wollte ihn nicht bei sich liegen lassen und sagte: ›Willst du eines kurzen Vergnügens wegen den Anteil an der künftigen Welt (*áulom-hábo*, Jenseits) verlieren?‹ Schließlich erbarmte er sich der Braut und schickte sie wieder weg – ›in

Frieden, im Stillehalten, mit Zusicherung‹ – und mit all ihrem Gut.

Nun hat der Rabbi (*row*) von Ägypten mich um Entscheidung gebeten, wer von den dreien der Beste sei: der Bräutigam, oder die Braut, oder der Räuber? Doch ich weiß nicht, wer der Beste ist. Jetzt sehe ich, ihr seid drei ausnehmend kluge Leute (*grojß chachómim*), so gebt mir einen Rat (*éjze*). Danach will ich euern Spruch aufsetzen (*pßak gebn*).«

Da hob der erste Bruder an: »Der erste Bräutigam ist der Beste, weil er den Mammon nicht vertun wollte.« Da hob der mittlere Bruder an: »Die Braut ist die Beste, weil sie den Letzten Willen (*zawóe*) nicht brechen wollte.« Da hob der jüngste Bruder an: »Der Räuber ist der Beste, weil er seinen bösen Trieb (*jéjzer-hóre*) bezwang und sie friedlich heimgehen ließ. Und zum anderen muß er ein großer Narr gewesen sein, daß er den Mammon nicht genommen hat. Der Narr hätte das Geld behalten können.«

Da hob der Rabbi an: »Gelobt sei Gott, Der nichts unverschwiegen läßt. Höre, du junger Bösewicht, und sieh: Auf das Geld, das du nicht gesehen hast, hattest du Lust; um wieviel mehr (*mikól schekén*) auf das Geld, das du gesehen hast. Deshalb nehmt den Dieb fest. Er hat das Geld aus dem Kasten genommen.«

Da setzten sie ihn gefangen und verhörten ihn, und er gestand, wie er den Schlüssel hatte nachmachen lassen und Steine und Blei so schwer wie das Geld, das er herausgenommen, wieder hineingelegt hatte. So kam der Rabbi durch seinen Scharfsinn (*chóchme*) der Frage, wer es getan hatte, auf den Grund (*scháuresch*), und so kam der jüngste Sohn in große Armut, doch den anderen Brüdern ging es gut, weil sie den Letzten Willen ihres Vaters eingehalten hatten. [223]

Quelle: Aseret ha-Dibrot, 8. Gebot, 1.
Übers.: MB: Grünbaum 1982, 435–440 (nach den Ausgaben Wilhermsdorf Nr. 222 und Rödelheim, fol. 71 b); Grunwald 1889, Nr. 23: Die verschlossene Truhe; Pappenheim 1929, Nr. 228.

Vgl. das rabbinische Exemplum 111/112 (Salomo entlarvt einen Dieb) und Text 215.
Es geht hier um zwei Handlungsstränge: einerseits der Diebstahl an den beiden Brüdern, dingfest gemacht im »Kästchen«: ein Verstoß gegen das achte Gebot. Und andererseits die brüderlichen Scharfsinnsproben, die hier ein salomonischer Rabbi untersucht (vgl. die Scharfsinnsproben der Jerusalemer, Text 154 und 155).
Das Motiv des/der verschlossenen Kasten wird erzählerisch unterschiedlich gehandhabt, so bei Wesselski 1925, Nr. 18: »Die drei Kästchen«. – Quelle dort sind die ›Gesta Romanorum‹, Kapitel 218 (ed. W. Dick, 1890) bzw. Kapitel 251 (ed. H. Oesterley, 1872).
Die Übersetzungsvarianten »Truhe« und »Kästchen« beziehen sich auf den Schatz, den der Kasten birgt: Früher war der Kasten oftmals in eine Truhe eingelassen, und »Kästlein« als kleiner Kasten enthielt zumeist die Preziosen, siehe Grimms Wörterbuch.
Märchentypus ist »Die scharfsinnigen Brüder« (AaTh 655, 655A – siehe Art. in EM, Bd. 2 1979). Heller 1930, 323 verweist auf historische Beispiele »vom Talmud bis zu Voltaires ›Zadig‹« und sieht einen Zusammenhang mit dem Schwankmotiv, ein Huhn zu teilen (vgl. Text 187). Zudem handelt es sich um den Typus AaTh 926 C »Fälle gelöst auf Salomonische Art«.
An anderer Stelle (1936, 239) geht Heller auf den Text näher ein: »Hier schlingen sich die verschiedensten Motive, jüdische und außerjüdische, ineinander: 1. der Kasten, der nicht geöffnet werden darf; 2. das verlaufene Pferd (gewöhnlich Kamel, so im Traktat Sanhedrin 104 ab, Midrasch Echa Raschi 1,2); 3. der ersonnene Rechtsstreit zur Erforschung der Gesinnung der Streitenden; 4. immer schönere Kleider, siehe Perraults ›Peau de l'âne‹.«
Zur Eheschließung: Eine alte talmudische Regel besagt, »mit Achtzehn zum Traualtar« (nach dem Traktat Pirke Abot, »Sprüche der Väter«, Fünfter Abschnitt, 24), falls noch früher, um so besser. Dem Neugeborenen wünschten die Eltern als Lebensgüter dreierlei: »Tora, Ehe und gute Werke« (Lazar Abramson, ›Ehe‹, im Sonderheft ›Ostjuden‹ der Süddt. Monatshefte, Febr. 1916, 793).

Der wahre Bräutigam oder wie man das Geld am besten anlegt

Die Geschichte geschah an einem großen (*kestlich*) Rabbi, der sehr reich war, wie zu seiner Zeit nur irgendeiner zu finden war. Und er hatte eine einzige Tochter, die war sehr schön und mit allerlei begabt, was nur ein Mensch sich ausdenken kann. Und der Rabbi und seine Frau waren ziemlich alt, und da sie in die Jahre gekommen waren, wollte der Rabbi seine Tochter herausgeben (verheiraten). Nun hatte der Rabbi einen Schwesterssohn, der reich war und gut lernte und überhaupt eine schmucke (*schejn*) Person war.

Einmal, als der Rabbi und seine Frau beieinander lagen, hob der Rabbi an und sagte zu seiner Frau: »Wir sind nun alt und haben nur eine einzige Tochter. Heute oder morgen sterben wir und haben niemand, der sich ihrer annimmt. Wem wollen wir sie geben?« Da hob die Frau an: »In der Tat (*émeß*), wann geschieht es endlich, daß wir ihr einen Mann geben?« Da hob der Rabbi an: »Ich habe mir schon Gedanken gemacht. Ich will ihr meinen Neffen geben. Der ist reich und mit guten Tugenden gesegnet.« Da hob die Frau an: »Wir wollen ihr meines Bruders Sohn geben. Ist er schon nicht reich, so ist er tugendhaft, schön und er lernt gut. Und ist er auch nicht reich, so haben doch wir Geld genug.« Da hob der Rabbi an: »Mein Neffe scheint mir passender zu sein als deines Bruders Sohn. Denn wir sind reich, und er ist es auch.« Also konnten sie sich nicht einigen und hatten es die ganze Nacht miteinander.

Nun, am Morgen bereitete der Rabbi ein großes Festmahl (*ßúde*) vor, und sie luden gute Freunde wie auch gute fromme Leute dazu ein, seine Freunde und auch die zwei jungen Leute (*bócherim*). Und gaben ihnen zu essen und zu trinken und waren recht fröhlich. Und wie sie nun gegessen und getrunken hatten, da hieß der Rabbi die zwei jungen Leute hinausgehen. Und wie sie nun hinausgegangen, da sprach der Rabbi: »Ihr guten Freunde, wir sind alt und wollten gern unsere Tochter verheiraten, doch kann ich mich mit meiner Frau nicht darüber einigen. Ich will sie mit dem Sohn meiner Schwester verheiraten und sie mit dem Sohn ihres Bruders. Nun wollen wir es euch überlassen; alles, was ihr dazu sagt, wollen wir tun.«

Da baten die Leute den Rabbi, mit seiner Frau (*rébezn*) hinauszugehen, derweil wollten sie sich beraten. Also ging der Rabbi mit seiner Frau hinaus, und sie berieten sich miteinander. Und ließen dann den Rabbi mit seiner Frau wieder hereinkommen und sagten: »Beide junge Männer sind die Jungfrau (*bßúle*) wert, obschon der eine arm und der andere reich ist. Also bleibt uns der Ratschlag, man gebe einem jeden zweihundert Gulden in den Beutel und schicke sie miteinander fort, damit sie für das Geld Ware kaufen. Wer die beste Ware für sein Geld kaufen wird, soll das Mädel haben. Aber sie müssen ein ganzes Jahr ausbleiben, ehe zum guten Glück die Trauung (*bróche*) vonstatten gehen kann.«

Da gefiel dem Rabbi und seiner Frau der Rat (*éjze*) sehr gut, und so bat man die jungen Leute wieder herein. Also gab der Rabbi jedem von ihnen zweihundert Gulden in den Beutel und sagte: »Da gebe ich einem jeden von euch zweihundert Gulden, ihr sollt damit ausziehen um Ware (um Handel zu treiben). Und wer die beste Ware davon kaufen wird, der soll meine schöne Tochter haben.«

So zogen sie miteinander fort, und ihre Herzen waren von Freude erfüllt, denn ein jeder meinte, er würde die Schöne (*das schejn mentsch*) bekommen. Denn es war, als sei ihnen eine gebratene Taube ins Maul geflogen, und keiner hatte irgend etwas davon gewußt.

Also zogen sie ›zum Wohle und in Frieden‹ (*lechájim ule schólaum*) miteinander übers Meer und kamen in eine schöne Stadt, wo es viele schöne Ware zu kaufen gab. Der Neffe des Rabbi kaufte vorzügliche Ware (*kestlich ßcháure*) für seine zweihundert Gulden, und der Neffe der Rabbinerfrau kaufte für sein Geld lauter gute Edelsteine, denn er dachte, sie wären das Geld wohl wert. Also zogen sie wieder heimwärts.

Als sie auf halbem Wege waren, nächtigten sie in einem Wirtshaus, wo es viele Schelme und Ganoven (*ganówim*) gab, die sie beide ausforschten (und herausfanden), daß sie Geld und Geldeswert bei sich hatten. Die jungen Leute legten sich schlafen, und um Mitternacht kamen die Ganoven und brachen in ihre Kammer ein. Sie machten sich über ihre Säcke her und stahlen (*gánewen*) ihnen alles, was sie hatten, nahmen das Geld und die Edelsteine.

Als die Jünglinge am Morgen aufstanden, da war ihnen alles genommen. Der Bursche mit den Edelsteinen grämte sich mehr als der andere, nicht so sehr um das Geld, sondern weil er jetzt die Schöne verlieren würde, denn er hatte nichts mehr im Beutel und konnte so auch nichts mehr ausrichten. Aber der andere Bursche grämte sich nicht, denn er hatte wenig Geld in seinem Beutel gehabt, und die ganze Ware hatten sie ihm nicht genommen. So sprach der eine zum anderen, ob er mit ihm heimziehen wolle. Da sprach der andere: »Nein«, und so zog der Jüngling mit der ihm verbliebenen Ware heim. Aber der andere Jüngling wollte der Schande wegen nicht heimziehen. Wie nun der Jüngling mit der Ware nach Hause kam, da fragte man ihn nach seinem Gefährten (*cháwer*), wo er denn wäre. Da sprach er: «Ich weiß nicht, wo er hingezogen ist, denn er hat einen anderen Weg genommen.« Da sagten sie zu ihm: »Wenn der andere Jüngling sich nicht rechtzeitig einstellt, so wird man dir die Tochter zur Frau geben.« Aber die Frau des Rabbi grämte sich sehr um ihren Verwandten, zumal sie nicht wußte, wo er hingekommen war. Aber sie schwieg still und dachte bei sich, es ist noch ein halbes Jahr Zeit; vielleicht hilft ihm Der, Dessen Name geheiligt sei, zurück.

Nun wollen wir eine Weile Bräutigam und Braut (*choßn un kale*) bleiben lassen und von jenem armen Jüngling berichten, der seine Edelsteine verloren hatte. Wie nun sein Gefährte von ihm weggegangen war, da schämte er sich, mit leeren Händen heimzuziehen, und dachte bei sich selber: »Ich will nicht verzagen, denn ich kann ja noch lernen, also will ich auf eine Toraschule (*jeschíwe*) gehen, um zu lernen. Werde ich die schöne Jungfrau (*hipsch bßúle*) nicht kriegen, was kann ich machen? Vielleicht wird mir Der, Dessen Name geheiligt sei, etwas Schöneres bescheren.«

Also zog er seiner Straße weiter, zu dem Nassi (Oberhaupt) von Babylon, der auf seiner Talmudschule vierhundert junge Leute hatte, die alle sehr gut lernten. Und wie er nun Babylon erreichte, da kam er zerlumpt und zerschlissen und ärmellos gekleidet daher. Es gab niemanden, der ihn anschauen wollte, wiewohl er besser lernte als die vierhundert jungen Leute. Wenn sie alle in der Talmudschule waren, setzte sich der Jüngling ins Lehrhaus (*beß-médresch*) hinter den Ofen und gab sich nicht als Talmudist (*lamden*) aus.

Einmal geschah es, daß der Nassi eine schwierige Stelle in der Gemara (*gemóre*, steht für Talmud) las, eine Differenz in der Auslegung (*chílek*), doch die jungen Leute konnten sie nicht verstehen. Da sagte der Nassi, sie sollten ihm morgen eine Antwort (*tschúwe*) geben. So ging ein jeder der jungen Leute heim.

Und wie es nun Nacht war, da erhob sich der zerlumpte Jüngling hinter dem Ofen und setzte sich an den Tisch, nahm die Gemara vor und lernte sehr ernsthaft. Und wie er so beim Lernen war, kam der Prophet Elia (*Elijóhu ha-nówi*) zu ihm und lernte mit ihm, was immer er wünschte, und er konnte nun mehr als der Nassi mit seinen Schülern (*talmídim*). Dann ging der Prophet Elia wieder von ihm weg. Da schrieb der Jüngling die Auslegung (*téjrez*) auf die Frage auf den Tisch und legte sich wieder hinter den Ofen.

Am Morgen stand der Nassi früh auf. Da fand er die Auslegung auf den Tisch geschrieben vor, hatte aber keinen Gedanken an den, der hinter dem Ofen lag. Nun, der Nassi fragte einen jeden, wer dies getan habe, doch es gab keinen, der gewußt hätte, wer es getan hatte. Anderntags las der Nassi einen anderen Abschnitt mit unterschiedlicher Auslegung, schwieriger noch (*mer chúmre*) als der erste. Die Burschen lernten einen ganzen Tag darüber, konnten ihn aber nicht verstehen.

Wie sie nun schlafen gingen, da erhob sich wieder der Jüngling hinter dem Ofen und schrieb die Auslegung wieder auf den Tisch. Früh am Morgen stand der Nassi wieder auf und sah die Auslegung wieder auf den Tisch geschrieben. Da sprach er: »Ich sehe, ich habe erstaunliche (*kestlich*) Schüler.« Und verwunderte sich sehr, solch vorzügliche Schüler auf der Jeschiwa zu haben. Und fragte wieder, wer es getan hatte, aber unter ihnen war keiner.

Am dritten Tag las der Nassi wieder einen Text mit unterschiedlicher Auslegung (*chílek*), die war reine Prophetie. Da wußten die jungen Leute wieder nicht, ihn auszulegen. Was tat der Nassi? Er machte ein Loch in sein Zimmer (*chéjder*), so daß er hinunter in das Lehrhaus sehen konnte. Als die Schüler alle schlafen gegangen waren, stand der zerlumpte Jüngling wieder auf und setzte sich an den Tisch und lernte. Und als er gelernt hatte, schrieb er die Auslegung wieder auf den Tisch und ging wieder hinter den Ofen. Diesem Vorgang sah der Nassi nun zu, und es nahm ihn sehr wunder, daß er nichts von seinem Lernen gewußt hatte. Und schwieg still und sagte keinem etwas davon. Der Nassi ging wieder in die Jeschiwa und ließ sich nichts anmerken. Und der arme Jüngling setzte sich wieder hinter den Ofen, und auch er ließ sich nichts anmerken. Als der Nassi wieder eine Frage (*kásche*) stellte, waren die jungen Leute darüber sehr uneins (*mewúlbl*, verwirrt), aber sie wußten keine Auslegung. Da fragte der Nassi den Jüngling hinter dem Ofen und sagte zu ihm: »Ich bin sicher, daß du mir die Auslegung geben kannst.« Da sprach der Jüngling: »Mein lieber Rabbi, wie kommt Ihr darauf? Ich kann nichts und weiß nichts.« Da drang der Nassi wieder auf ihn ein, daß er die Auslegung geben müßte. Da gab der Jüngling die klare Auslegung (*téjrez kipschúte*), und danach hob auch er an und erklärte selbst eine Stelle so, daß keiner noch Fragen hatte. Da fragten die jungen Leute den Rabbi, wie er das spitz bekommen hätte, und der Rabbi antwortete: »Er war der, der jede Nacht die Auslegung auf meine Frage bezüglich des Unterschiedes (*chílek*) auf den Tisch geschrieben hat, und ich habe das von oben durch das Loch gesehen.«

Nun hatte der Rabbi eine schöne Tochter, die wollte er ihm geben. Da sagte der arme Jüngling: »Nein, denn ich bin Eure Tochter nicht wert. Überdies bin ich bereits Bräutigam.« Und erzählte ihm, was ihm alles geschehen war.

Eines Nachts, als der arme Jüngling im Bett lag, dachte er an Vater und Mutter, die er verlassen hatte, und daß bald die Zeit käme, zu der Hochzeit (*bróche*) gemacht werden sollte. Als es dann früh am Morgen war, nahm er von dem Rabbi Abschied und zog fort. Da ging der Nassi mit all seinen Schülern mit ihm hinaus und gab ihm zweimal Geleit (*lewáje*), und sie disputierten (*dárschent*) den ganzen Weg. Dann kehrte der Rabbi mit den Schülern wieder um.

Und der Jüngling zog weiter und kam in einen großen finsteren Wald. Drei Tage und drei Nächte zog er darin umher, daß er vor Hunger fast gestorben wäre. Doch ging er weiter und sah auf einmal einen schönen Apfelbaum vor sich stehen. Da pflückte er davon ab und aß. Sobald er davon gegessen hatte, da wurde er aussätzig (*mezáure*). Da verfiel er in großen Jammer und wollte sich selber töten. In seinem Elend (*zóre*) ging er noch ein Stück Weges und kam wieder an einen Apfelbaum. Da dachte er: »Ich will wieder essen, vielleicht sterbe ich davon, denn der Tod ist besser für mich als das Leben.« So pflückte er davon ab und aß. Da wurde er wieder ganz gesund und viel schöner als zuvor. Da dankte er Dem, Dessen Name gelobt sei, und ging wieder zurück zum ersten Baum und brach viele Äpfel und nahm sie an sich. Danach ging er wieder zu dem heilkräftigen Baum und brach ebenso viele ab. Dann zog er weiter, indem er sich sagte: »Nun habe ich genug gelernt. Es wird mir sicher eines Tages nützen.« Und damit ging er fort.

Da kam er in seine Gegend (*medíne*), also dorthin, wo er daheim war. Und als er in die erste Stadt kam, da sah er, daß alle Leute traurig waren. Da fragte er einen Mann, warum sie so traurig wären und was ihnen geschehen wäre. Da sprach der Mann zu ihm: »Mein lieber Freund, wir haben einen frommen König, der plötzlich aussätzig geworden ist, möge Gott sich seiner erbarmen. Wir haben viele Ärzte konsultiert (*dóktorim do hobn*), es will aber nichts helfen.«

Da sprach der Jüngling: »Lieber Freund, führe mich doch zum König, ich hoffe mit Gottes Hilfe ihm so gut zu helfen, daß er geheilt wird.« Da sprach der Mann: »Gottes Wunder ist groß, aber ich glaube nicht, daß ihm zu helfen ist. Denn schon viele Ärzte haben ihn untersucht und ihm doch nicht helfen können. Wollt Ihr dennoch gehen, so will ich Euch zum König führen.« Da gingen sie miteinander zum König.

Wie er nun an des Königs Hof kam, ließ er sich anmelden: Es wäre da einer, der dem König mit Gottes Hilfe helfen wolle. Da ließ man ihn ein. Da fiel er dem König zu Füßen und gab ihm den Gruß. Da sprach der König mit zugedecktem Gesicht (*pónem*): »Getraust du dich, mir zu helfen?« Da sprach der Jüngling: »Falls mir Seine Majestät folgen will, so will ich Ihr mit Gottes Hilfe wohl helfen.« Als der König hörte, wie maßvoll seine Rede war, da sprach er: »Wenn du mir helfen kannst, so wollte ich dir mein halbes Königreich geben, denn der Tod nützt mir mehr als das Leben.« Da erwiderte der Jüngling: »Eure Königliche Majestät wird zufrieden sein, denn ich hoffe, es wird mit Euch besser werden.«

Da ging der Jüngling in eine Apotheke und schnitt von einem aussatzbringenden Apfel ein Stück ab und ließ es mit Zucker überziehen. Dann gab er es dem König zu essen. Sobald es der König gegessen hatte, war er noch mehr aussätzig als zuvor, und es tat ihm noch weher. So sagte der König: »Ich habe ja vorher gewußt, daß es mir der Doktor (*ráufe*) noch ärger machen wird.« Da hob der Jüngling an und sprach: »Mein Herr König, ich habe vorher gesagt, Ihr müßt eine Weile leiden, es wird besser werden.«

Danach ging er in eine andere Apotheke und schnitt ein Stück von dem guten Apfel ab und ließ auch dies mit Zukker überziehen. Und gab es dem König zu essen. Sobald es der König gegessen hatte, kriegte er einen Stuhlgang und war dann schöner als je zuvor. Da war der König voller Freude, und jedermann in der Stadt war wieder fröhlich, wie man sich denken kann. Da nahm der König den Jüngling allein vor und sprach zu ihm: »Mein lieber Herr Doktor, was heischt Ihr nun an (verlangt Ihr dafür)? Alles, was Ihr mir anheischt, soll Euch zuteil werden.« Da hob der Jüngling an: »Königliche Majestät, ich begehre nichts von Eurer königlichen Krone, das zu Eurem Schaden wäre. Lobt dafür Gott, der Euch geholfen hat, denn Sein ist die Macht und die Stärke. Was ich lediglich von Seiner Königlichen Majestät erbitte, ist dies: Es gibt da eine Stadt, die heißt mit Namen soundso, dort wohnen auch mein Vater und meine Mutter. Sie sind Eurer Königlichen Majestät unterworfen, denn diese Stadt gehört Ihnen. Es wäre mein Wunsch, daß man mir diese Stadt schenkt und mir zueignet.« Da schenkte ihm der König den Ort (*mókaum*) und ließ das Schloß hübsch herrichten.

Nun wollte der Jüngling fortziehen, aber der König sagte: »Ich will dich dafür ausrüsten«, so wie es Sitte (*ßéjder*) war. Und gab ihm vierhundert stattliche Ritter zur Begleitung mit und eine goldene Kette um den Hals und einen großen Haufen Geld.

Wie nun die Stadtherren hörten, daß ihr junger Herr geritten kam, da ritten sie ihm entgegen und empfingen ihn mit großen Ehren und schenkten ihm viel Silber und Gold. Da gingen die armen Juden auch auf das Schloß und wollten den Fürsten mit einem schönen Pokal (*kéjle*) ehren, der zwanzig Glasornamente (*prat gléser*) enthielt. Und so schickte die Gemeinde (*kóhol*) den Rabbi, der des Fürsten Schwiegervater sein sollte, daß er der Fürsprecher (*méjliz*) sei und für die Juden ein gutes Wort einlegen (*rejdn*) solle. Und so redete er ihn mit wohlgesetzten Worten an: »Euer Gnaden, unsere Juden ersuchen, Ihr mögt mit dem wenigen vorliebnehmen und wolltet sie beschirmen und beschützen.« Und er nun nahm den Becher an und sprach, er wolle ihnen ein gnädiger Herr sein.

Wie der Jüngling so umherblickte, sah er seinen armen Vater dastehen, und er hatte zerrissene Kleider an. Da sprach er: »Meine Juden, haltet euch gut und haltet an eurem alten Glauben fest, wie es bei euch Brauch ist. Aber die Schenkung gebt jenem armen zerlumpten Mann, denn ich sehe, er ist dessen bedürftig.« Und er zeigte auf seinen lieben alten Vater. »Aber um eins will ich euch bitten, wenn ihr eine Hochzeit macht oder sonst ein Fest, so laßt es mich wissen und gebt Bescheid, also ruft mich, denn ich würde es gern sehen.« Da hob der Rabbi, sein Schwiegervater, an: »Diese Woche richte ich selbst eine Breiluft (Hochzeit) aus. So will ich dies Euer Gnaden wissen lassen, wenn er sie gern sehen will.« Da sprach der Fürst: »Mein Jude, lade mich dazu ein, und ich will dir einen Gegengefallen tun.« Da nahm der Rabbi Abschied von dem Fürsten, wünschte ihm ein langes Leben und ging heim und war froh, daß der Heilige, gepriesen sei Er, ihnen solch einen Fürsten beschert hatte, der so gut zu den Juden war.

Also traf der Rabbi alle Vorbereitungen zur Hochzeit. Der arme Vater des Jünglings, der nun der Fürst war, grämte sich allerdings sehr, denn er wußte nicht, wo sein Sohn hingekommen war, ob er am Leben war oder tot. Als nun die Trauung bevorstand, schickte man nach dem Fürsten, ob er jetzt kommen möchte, man wolle die zwei zum Lebensbund geben. Darauf antwortete der Fürst, man solle damit noch ein wenig warten, er wolle bald kommen. So ging der Bote (*schlíach*) wieder heim und überbrachte als Antwort, der Fürst wolle bald kommen, man solle ein wenig warten. So bereitete man einen schönen Stuhl für ihn vor, wo er drauf sitzen sollte. Dieweil ging der Fürst hin und legte sich lauter goldgestickte Kleider an und goldene Ketten und Ringe (*fingerlech*), und ging zu dem Platz, wo die Trauung stattfinden sollte, und setzte sich auf den vorbereiteten Stuhl. Wie man sich nun anschickte, den Trauakt (*kedúschim*) zu vollziehen, da sagte der Fürst: »Haltet ein, ich habe ein Wort zu reden. Die Braut ist mein. Ich bin der andere gewesen, der mit den zweihundert Gulden auszog. Und nun sollt ihr sehen, wer die zweihundert Gulden am besten angelegt hat.« Und er erzählte seinem Schwiegervater, wie es ihm mit den Äpfeln ergangen war, und auch mit seinem Lernen (Studium der Tora). Nun, der alte Bräutigam mußte abziehen, und er stellte sich an seine

Stelle. Der andere zog in Schande ab, und sie vollzogen die Trauung (*bróche*) mit Freuden.

Wer war froher als der arme Vater und die Mutter, und wer war betrübter als der andere Bräutigam? Dieser nun und seine Kindeskinder regierten die Stadt. Nun seht ihr wohl, wem Gott helfen will, dem kann niemand Übles tun. Da seht ihr, wie Gott dem armen Jüngling geholfen hat. So möge Gott auch uns vor allem Bösen helfen. Amen (*oméjn*). Sela. [224]

Quelle: Laut Gaster 1934 fast identisch mit der Oxforder Hs., ed. Israel Lévi, in: Revue des Etudes juives, Jg. 35 (1898), 67 ff.

Übers.: MB: Grunwald 1889, Nr. 11: Der rechte Eidam (nach der Ausgabe Dyhernfurth 1709); Pappenheim 1929, Nr. 229.

Die von Gaster erwähnte Handschrift entstammt wohl dem *frz.* Mittelalter, siehe Heller 1930, 350 f., dort unter Nr. 10 beschrieben.

Rabbinisches Exemplum Nr. 330 (Wundersame Kräuter), vgl. Born Judas, Bd. 1 (1916), 306–9: Der Vater der Liebenden.

Verschiedene Märchentypen kommen hier zusammen: »Die heilenden Früchte« (AaTh 610), »Die scherzhafte Trauung« (AaTh 885) und, entfernt verwandt, der Typus »Bruder und Schwester heilen den König« (AaTh 613C*).

Zur Typenbestimmung läßt sich auch Grimms Märchen »Das Wasser des Lebens« (KHM 97, AaTh 551) heranziehen – vgl. das heilkräftige Wasser in Text 143 – und ebenso »Der Krautesel« (KHM 122, AaTh 566): Den Helden dort verwandeln Salatblätter erst in einen Esel, dann zurück in menschliche Gestalt.

Der Apfel ist in biblischer wie in mythopoetischer Hinsicht ein vielschichtiges Symbol, man erinnere sich nur der goldenen Äpfel der Hesperiden, als Früchte der Unsterblichkeit.

Die zweierlei Arten von Äpfeln, die einmal Aussatz hervorrufen und dann wiederum Heilung bewirken und schließlich zur Genesung eines Königs führen, sind ein berühmtes Erzählmotiv. Es findet sich schon in den ›Gesta Romanorum‹ (ed. H. Oesterley, 1872, Kap. 120; ed. W. Dick, 1890, Kap. 147). Auch das 1590 erstmals gedruckte Volksbuch ›Fortunatus‹ (AaTh 566) spielt mit den Motiven: Erwerb von Zauberga-

ben, deren Verlust und Wiedergewinnung – dank zweier Zauberäpfel, die lange Hörner wachsen und wieder verschwinden lassen. Ein Kontext, der auch in diese Geschichte einfließt. Weltweite Belege in: Bolte-Polívka, Bd. 1 (1913), Anm. 482, und Bd. 2 (1915), 394 ff.
An allgemeinen Märchenmotiven finden sich: Der Arme und der Reiche, Die Suche nach dem rechten Ehemann, Die drei Fragen.
Die Legendengestalt Elia tritt hier als Lehrer auf, eine Rolle, die laut Raschi dem Engel Gabriel zusteht, die aber im Talmud häufig mit dem Propheten Elia besetzt ist (vgl. Grunwald 1889, Anm. Nr. 11: Der rechte Eidam). Vgl. die Texte 157, 169, 195, 217, 233, 235.
Zu dem Ehrengeschenk der jüdischen Einwohner: Pappenheim spricht von »einem schönen Gefäß und zwanzig Portigleser drinnen«, Grunwald dagegen übersetzt: »Ihr Führer überreichte einen kostbaren Aufsatz und zwanzig aparte Gläser dazu.« Dazu merkt er an, Helvicus 1611/12 habe statt Gläser »Portugaleser« gelesen, also aus Gläsern wertvolle portugiesische Goldmünzen gemacht.

Rabbi Josua bricht den Zauber und bewirkt die Geburt des Jehuda ben Batira

Die Geschichte geschah. Rabbi Josua und Rebbe Gamliel und Rabbi Akiba waren unterwegs zu einer Stadt im Land Israel (*érez-jißróel*), die Ramah genannt wird. So wanderten sie und kamen vor eine Stadt. Da spielten kleine Kinder vor dem Tor und häufelten Erde auf und sagten: »Das Häuflein soll Maasser (Zehnter) sein, und das Häuflein soll Terumoh (freie Opfergabe) sein, so wie man es bei Kindern in Zeiten Israels (*érez-jißróel*) sehen konnte, denn in Israel verteilte man noch Terumoh und Maasser.

Wie nun die drei Rabbinen (*rabónim*) das hörten, da hoben sie an und sagten zueinander: »Da drinnen wohnen Juden, wir wollen in die Stadt gehen und Brot bei einem Juden essen.« Also traten sie in die Stadt ein und gingen zu einem Judenhaus. Und der Hausvater (*bal habájiß*) sagte, sie möchten sich die Hände waschen, er wolle ihnen Essen geben. Wie nun der Hausvater das Essen brachte, da trug er es zuvor in ein anderes Zimmer (*chéjder*), das neben der Wohnstube lag.

Da wollten die Rabbinen nichts essen, denn sie waren der Meinung, er diene einem Götzen, dem er jedesmal vorher Essen gäbe. Und sprachen zum Hausvater: »Lieber, sag uns doch, was meinst du damit, daß du das Essen jemandem zuvor aufs Zimmer trägst, ehe du uns das Essen aufgetischt hast.« Da hob der Hausvater an: »Das will ich euch sagen. In dem Zimmer habe ich einen alten Vater, dem brachte ich das Essen zuvor, ehe ich es euch aufgetischt habe. Denn mein Vater hat ein Gelübde (*néjder*) getan, er wolle das Zimmer nicht verlassen, bis jüdische Weise (*chachómim jißróel*) kommen würden.« Da hoben sie an: »Heiße deinen Vater herauszukommen, denn es sind jüdische Weise hier.« Also ging der Hausvater und sagte es seinem Vater, daß jüdische Weise in die Wohnstube gekommen seien.

So ging der alte Mann heraus zu den Rabbinen in die Wohnstube. Wie er nun draußen war, da fragten sie den alten Mann, warum er ein Gelübde getan hatte, das Zimmer nicht zu verlassen, bis jüdische Weise kommen.

Da sprach der alte Mann: »Mein Sohn kann keine Kinder kriegen. Darum habe ich das Gelübde getan, nicht herauszugehen, bis jüdische Weise kommen. Vielleicht werden sie ihm helfen können, daß er Kinder kriegt.« Da sprach Rabbi Josua: »Bringt mir Samen, so will ich sehen, ob ihm Zauberei (*kíschef*) geschah. Dann will ich ihm helfen.«

Denn Rabbi Josua war einer vom Sanhedrin, und die mußten Magie können, durften sie aber keinem antun. Doch von einem sie abtun, durften sie wohl.

Da brachte man flugs Samen, und mit seiner Kunst (*chóchme*) brachte er es dazu, daß der Samen aufging und mit tauben Ähren emporwuchs. Daran erkannte er, daß ihm eine Frau den Zauber angetan hatte. Da machte Rabbi Josua, daß die Frau, die ihm den Zauber angetan, vor ihm erscheinen mußte. Da sprach Rabbi Josua zu der Frau: »Nimm dem guten Mann den Zauber wieder weg, daß er Kinder kriegen kann, und wenn du ihn nicht wegnehmen willst, will ich dich entlarven (*máßern*) und sagen, wer du bist.« Da hob die Frau an: »Ich kann ihm den Zauber nicht wegnehmen, denn darüber habe ich keine Gewalt mehr, weil ich ihn ins Meer (*jam*) geworfen habe.«

Da verhängte Rabbi Josua über den Fürsten des Meeres, daß er den Zauber auswerfe, was sogleich geschah. Dann machte er, daß die Frau sich entfernte. Und die drei Rabbinen beteten (*tfile ton*) für den Hausvater, und er bekam (*gewán*) einen Sohn, geheißen Rabbi Jehuda ben Batira. Der war ein großer (*gwáldig*) Herr in der Tora.

Danach sprachen die drei Rabbinen: »Wären wir zu nichts anderem in die Stadt gekommen, als den Zaddik ben Batira zur Welt zu bringen, es wäre genug.« [225]

Quelle: Traktat Sanhedrin 7,11, fol. 25 d, aus dem Jerusalemer Talmud.
Übers.: Gerd A. Wewers JT Bd. IV/4: Sanhedrin – Gerichtshof (1981), 209 f. – MB: Pappenheim 1929, Nr. 230.

Rabbinisches Exemplum Nr. 388 (Geburt des Ben Batira). Born Judas, Bd. 2 (1917), 187 f.: Die Geburt Juda ben Betiras.
Das Motiv von drei oder vier großen Lehrern, die gemeinsam reisen – zumeist, um in Rom vorstellig zu werden –, findet sich zudem in Text 80. Auch die Talmudvorlage besagt, daß die drei unterwegs nach Rom waren.
Sanhedrin ist der Name sowohl des talmudischen Traktats, der vom Gerichtswesen und vom Strafrecht handelt, wie die des altjüdischen Gerichtshofes in hellenistischer und römischer Zeit, der mit der Auflösung des Patriarchats (425 n. Z.) ein Ende fand. Der Begriff entstammt dem griech. synhedrion, »Rat«, »Gerichtshof«.
Das oberste Gericht tagte seinerzeit in Jerusalem, in der Quaderhalle des Tempels; es bestand aus 71 Mitgliedern, die in einem Halbrund saßen und berieten. Zur Freisprechung genügte die einfache Mehrheit, zur Verurteilung war eine Mehrheit von mindestens zwei Stimmen nötig. Dem Sanhedrin oblag unter anderem die Verurteilung der zum Götzendienst Abgefallenen, der falschen Propheten und derjenigen Hohepriester, die Verfehlungen (*awéjreß*) begangen hatten.

Vom Übel der Selbstsucht

Die Geschichte geschah einem vorzüglichen (*kestlich*) Mann, sehr fromm und ein Schriftgelehrter (*tálmid-chóchem*), und dennoch starben ihm alle Söhne, die er mit seiner Frau bekommen hatte.

Als der Schriftgelehrte ans Sterben kam, sagte er zu seinen Schülern (*talmídim*): »Ihr habt gesehen, wie mir alle meine Söhne während meines Lebens gestorben sind. Ich weiß von keiner Sünde (*awéjre*), die ich getan, außer daß ich eine Schwester gehabt habe, die Witwe (*almóne*) war und gern wieder einen Mann gehabt hätte. Sie hat sich aber geschämt, dies von mir zu fordern. Und ich habe es genau gemerkt und mich dennoch so verhalten, als ob ich es nicht verstanden hätte, und habe ihr keinen Mann verschaffen wollen, damit ihr Geld und Gut in meiner Hand bliebe. Und weil ich das getan habe, sind mir alle meine Söhne zu meinen Lebzeiten gestorben.« [226]

Quelle: Sefer Chassidim, ed. Wistinetzki, 1893, Abschnitt 132.
Übers.: MB: Pappenheim 1929, Nr. 231.

Dem Bruder einer Witwe wie auch dem Bruder eines Witwers kam nach den jüdischen Ehegesetzen eine besondere Rolle zu. War der Witwer kinderlos geblieben, so war sein Bruder gewissermaßen verpflichtet, die Schwägerin zu heiraten, konnte sich aber auch davon loskaufen. War, wie in diesem Beispiel, des Bruders Schwester verwitwet, so war es in dem Fall, daß sie sich wieder zu verheiraten wünschte, die Sache des Bruders, ihr dabei zu helfen. – Die Moral besagt hier, wie so oft: Das Begehen einer einzigen Sünde, ein singulärer Verstoß gegen die strengen Gebote, kann zum Tod der eigenen Kinder führen. Das gehörte zur Ethik der Juden im Mittelalter, niedergelegt im ›Buch der Frommen‹ (*ßéjfer chassídim*).

Die Geschichte von Kunz und seinem Schäfer

Es geht das Sprichwort: Du kommst dahinter wie Kunz hinter das Vieh (*fich*) kam. Ist zu fragen: Wie kam denn Kunz hinter das Vieh? Das will ich euch hier berichten (*schrajbn*).

Die Geschichte geschah. Es war einmal ein gewaltiger König, der hatte einen Rat (*jáuez*) namens Kunz. Und wenn der König von seinen Räten (*jáuezim*) einen Rat (*éjze*) haben wollte, und die Räte beieinander waren und berieten und der Rat dann beschlossen wurde, dann ging jedesmal mein feiner Kunz zu dem König und sagte zu ihm: »So ist die Sache unter uns beschlossen worden.« Und mein lieber Kunz hielt sich das jedesmal zugute (*gedule an sich hengn*), so als ob jedesmal er den rechten Rat getroffen hätte und die Räte ihm jedesmal hätten folgen müssen, und sie besäßen weder Sinn noch Verstand. Und mein guter König glaubte, es wäre genau so wie der Kunz sagte. Deshalb hielt ihn der König für einen großen Weisen (*chóchem*), mehr als die anderen Räte. Nun, die anderen Räte merkten die Sache recht wohl, daß der König den Kunz mehr liebte als sie alle, und das verdroß sie schwer, denn der Kunz war der schlechteste unter ihnen.

Eines Tages hielten die Räte miteinander Rat, um zu sehen, wie sie dem Kunz beikommen und ihn herabsetzen (*schofl machn*) könnten. So gingen sie zum König und sagten: »Herr König, wir haben eine Bitte an dich, du mögest uns verzeihen, wenn wir dich eines fragen wollen: Wie kommt es, daß du deinen Rat Kunz mehr ehrst und ihn besser hältst als uns alle? Wir wissen genau, er ist der schlechteste unter uns.« Der König gab ihnen zur Antwort: »Ich will euch sagen, wie das kommt. Jedesmal, wenn ihr beratschlagt habt und der Rat dann beschlossen wurde, kommt er zu mir und bringt mir euren Rat. Und sagt dabei jedesmal, er habe den Ratschlag getroffen (die Idee wäre seine gewesen), und ihr müßtet jedesmal anerkennen, daß er klüger sei als ihr, und ihr wärt lauter Narren. Aber ich mißachte euch nicht, für mich seid ihr alle gut.«

Wie die Räte das hörten, waren sie sehr froh und dachten: »Wir wollen ihn bald herunterbringen«, und sagten: »Herr König, seid gewiß, alles was Kunz gesagt hat, ist eitel Lüge, denn ihm fehlt es an Verstand (*hot kejn ßejchl*). Prüfe einmal einige deiner Räte, trag jedem einzeln einen Rat auf, dann wirst du spüren, daß er von sich aus dir keinen Rat geben kann.« Nun, der König sagte dazu: »Ich will das schon bald spüren.« Und ging hin und schickte nach seinem lieben Rat Kunz und sagte: »Lieber Diener, ich halte dich für getreu und für den größten Weisen an meinem Hof. Nun habe ich eine Sache im Sinn, die ich niemandem offenbaren mag. Deshalb frage ich dich, ob du den Wahrheitsgrund für mich herausfinden kannst. Wenn du mir die rechte Wahrheit raten kannst, will ich dich reich beschenken.«

Da sprach mein lieber Kunz: »Mein lieber König, fragt mich nur, ich hoffe, ich werde einen Rat dazu finden. Deshalb erzähl mir deine heimliche Sache.« Da sprach der König: »Mein lieber Kunz, so will ich dich dreierlei fragen. Das erste ist, sage mir, wo geht die Sonne auf? Das zweite ist, wie weit ist der Himmel von der Erde entfernt? Als drittes, mein lieber Kunz, sollst du mir sagen, was ich in meinem Sinn habe.«

Als Kunz diese drei Sachen (Fragen) gehört hatte, sprach er: »Mein Herr König, das sind schwerwiegende Sachen. Man kann sie so bald nicht beantworten, man muß Zeit dazu haben. Darum bitte ich dich, gib mir drei Tage Zeit, dann hoffe ich, es dir sagen zu können.« Da sagte der König: »Mein lieber Kunz, das soll dir gewährt sein. Ich will dir dafür drei Tage geben.«

So verließ nun mein lieber Kunz den König und dachte bei sich: »Ich kann mich in der Stadt nicht viel besinnen (mich darauf konzentrieren) und will lieber heraus und auf dem Feld spazierengehen. Da bin ich allein und kann mich besser besinnen als in der Stadt.«

So ging er heraus aufs Feld. Da kam er zu seinem Schäfer, der ihm die Schafe hütete. Und der Kunz redete wie mit sich selbst: »Wer will mir sagen, wie weit der Himmel von der Erde ist? Wer will mir sagen, wo die Sonne aufgeht? Wer will mir sagen, was der König in seinem Sinn hat?«

Der Schafhirt sah, wie sein Herr so in Gedanken umherging, und sprach zu ihm: »Mein lieber Herr, Ihr mögt es mir verzeihen, ich sehe wohl, Ihr habt ein großes Anliegen auf dem Herzen. Wenn es mir zusteht zu fragen, so wollte ich es gern wissen. Vielleicht könnte ich Euch einen Rat geben. Denn das Sprichwort geht: Es gibt oft einer einen Rat, der selber keinen hat.«

Als der Kunz die Worte seines Schäfers hörte, da dachte er: »Ich will es ihm sagen, vielleicht weiß er mir Rat zu geben.« Und sprach zu seinem Hirten: »Ich will dir sagen, warum ich so betrübt bin. Der König hat mir drei Fragen aufgegeben, die soll ich ihm beantworten. Und wenn ich das nicht schaffe, verliere ich meinen Hals. Und jetzt sinne und trachte ich und kann die Antwort nicht erdenken.« Da sprach der Schafhirt: »Mein Herr, sagt mir, was sind die drei Fragen? Vielleicht kann ich Euch helfen, daß Ihr aus Eurer großen Not kommt.«

Mein lieber Kunz dachte: »Ich will es ihm sagen, vielleicht ist er ein Studierter.« Und sprach: »Mein lieber Schäfer, das sind die drei Sachen, die mich der König gefragt hat. Ich soll ihm sagen, wo die Sonne aufgeht, und wie weit der Himmel von der Erde ist, und was der König in seinem

Sinn hat.« Der Schäfer dachte, die drei Sachen sind gut zu beantworten. Und sagte zu dem Kunz: »Mein lieber Herr, tut eines und gebt mir Eure guten Kleider und legt Euch einstweilen meine schlechten (*bejs*) Kleider an und hütet mir die Schafe. So will ich in die Stadt zum König gehen, und er wird glauben, Ihr wärt es. So wird er mich die drei Sachen fragen, alsdann will ich ihm Bescheid tun. Dadurch kommt Ihr dann aus Eurer Not. Alsdann will ich wieder zu Euch kommen, und Ihr werdet beim König nicht in Ungnade fallen.«

So ließ sich mein lieber Kunz überreden und gab dem Schäfer seine guten Kleider und auch die kostbare Schaub (Obergewand). Und er zog sich dessen schlechte Kleider an und setzte sich zu dem Vieh, als ob er sein Leben lang mit dem Vieh Umgang gehabt hätte.

Wie nun die drei Tage vorbei waren, da ging mein guter Hirt zum König und sagte: »Mein Herr König, ich hab mich auf die drei Sachen besonnen, die du gefragt hast.« Da sagte der König: »So sag mir denn, wo geht die Sonne auf?« Da sagte der Schäfer: »Zu Misrach (*mísrech*, Osten) geht sie auf und zu Maariw (*májrew*, Westen) geht sie wieder unter.« – »Wie weit ist der Himmel von der Erde?« Da sprach der Schäfer: »So weit wie die Erde vom Himmel.« Da sprach der König: »Was habe ich gerade im Sinn?«

Da sprach der Schäfer: »Mein Herr König, das will ich dir sagen. Du hast in deinem Sinn, daß ich dein Rat Kunz bin, aber ich bin es nicht. Ich bin nur ein Hirte und hüte seine Schafe. Da ist mein lieber Kunz draußen auf dem Feld spazierengegangen und hat wie mit sich selbst geredet: ›Wer will mir sagen, wo die Sonne aufgeht? Wer will mir sagen, wie weit der Himmel von der Erde ist? Wer will mir sagen, was der König in seinem Sinn hat?‹ So ging er umher und studierte allein vor sich hin. Da habe ich ihm gesagt, er solle mir seine guten Kleider geben, ich wolle ihm einstweilen meine schlechten Kleider geben, und er solle das Vieh hüten, so würde ich mit Gottes Hilfe diese drei Sachen erraten und ihn beschützen. Er ließ sich überreden und handelte danach. Nun sitzt er draußen auf dem Feld und hütet das Vieh, und das in meinen schlechten Kleidern, während ich in seiner schönen Schaub und seinen besten Kleidern herumlaufe (*géje*).«

Als der König das hörte, da sprach er zu dem Schafhirten: »Weil du Kunz so gut geraten hast, so sei du mein Rat, und er bleibe draußen und hüte die Schafe.« So mußte Kunz die Schafe hüten. Daher kommt das Sprichwort: Du kommst dahinter, wie Kunz hinter das Vieh.

So erging es Kunz,
viel besser geh' es uns. [227]

Quelle: Vgl. Grimms Märchen ›Das Hirtenbüblein‹ (KHM 152, AaTh 922).

Übers.: MB: Grünbaum 1882, 440–443 (nach den Ausgaben Wilhermsdorf Nr. 226 und Rödelheim fol. 74 b); Grunwald 1889, Nr. 1: Kunz und sein Schafhirt (nach der Ausgabe Dyhernfurth 1709); Pappenheim 1929, Nr. 232.

Rabbinisches Exemplum Nr. 443 (Drei Fragen) stellt eine spezielle »Weisheitsprobe« dar. Der biblische Hintergrund der zweiten Frage ergibt sich aus der apokryphen Spruchsammlung ›Buch Sirach‹ 1,3: »Wer hat zuvor gemessen/wie hoch der Himmel/wie breit die Erde/wie tief das Meer sein sollte« (nach Luther).

Der Name des Märchentyps ist zugleich Titel einer Ballade Gottfried August Bürgers (1778): »Der Kaiser und der Abt« (AaTh 922): Einem von seinem Herrscher befragten noblen Herrn gelingt es nicht, drei unlösbar scheinende Fragen zu beantworten. In seiner Not (zumal nach festgesetzter Frist selbst mit dem Tode bedroht) wendet er sich an einen klugen Mann niederen Standes; ein Kleidertausch findet statt, dann steht der andere, der den noblen Herrn vertritt, dem König Rede und Antwort und wird zu guter Letzt selbst mit dem Amt des Befragten belohnt

– oder er ist es, der den mutwilligen Herrscher absetzt und an seine Stelle tritt.
Die Todesdrohung wird in obigem Text nicht ausgesprochen, zumal sie zu der verschmitzten Art dieses Königs kaum paßt; sie taucht nur in Kunz' Anrede an den Hirten auf: »sonst verlier ich meinen Hals«, und ist dadurch fehl am Platz. Der Übersetzer Grunwald hat den Passus gestrichen, anderes hinzugefügt: »... mit verstellter Stimme sprach er zum König«.
In seiner Monographie »Kaiser und Abt – Die Geschichte eines Schwanks« (FFC 42, 1923) weist Walter Anderson über 600 Varianten nach. Ein ägyptischer Prototyp ist durch den Historiker Ibn Abd el-Hakem (9. Jh.) überliefert, als lateinisches Predigtmärlein und als Exemplum (z. B. Augustinus und das Knäblein) wie auch in Strickers ›Pfaffe Amîs‹ ist der Stoff dann im 13. Jh. in Europa nachweisbar, novellisiert hat ihn der Florentiner Franco Sacchetti (14. Jh.). Die Brüder Grimm bekamen durch Helvicus 1617, Nr. 39, Kenntnis von dieser *ma'asse* und sahen die Antworten des Schäfers als »schwach« an – doch ist ebenfalls denkbar, daß sich ihr Urheber den Spaß erlaubt hat, das entsprechende Exempel von Vogt, Abt und Hirt in der prominenten Schwanksammlung des Predigers Johannes Pauli (›Schimpf und Ernst‹, 1522) zu banalisieren. – Über die damals komisch-populäre Figur des »Kunz« siehe den Artikel in Grimms Wörterbuch. Über weltweite Textvarianten und Bezifferung der Motive informiert Schwarzbaum 1968, 115 f., 120.

Vom Rabbi, den seine Frau in einen reissenden Werwolf verwandelt hat

Die Geschichte geschah an einem großen Rabbi (*kestlich raw*), der wohnte im Land Uz.
Der war ein sehr reicher Mann (*grojß áuscher*) und konnte siebzig Sprachen (*síbezik lescháuneß*). Nun, der Mann unterhielt eine große Jeschiwa (*jeschíwe*, Talmudschule) und hatte viele tüchtige Schüler (*bócherim*). Und von seinem Geld zog er auch viele kleine Jungen auf,

damit sie (die Tora) lernten. Und er hatte jederzeit hundert junge Leute auf seiner Jeschiwa. Auch unterhielt er eine Armenkasse (*arm kíppe*), und viele arme Leute gingen in seinem Haus ein und aus. Mit einem Wort, der Rabbi war ein Frommer (*chóßid*) in allem: mit allen guten Tugenden, die an einem Juden sein sollen.

Hingegen hatte der Rabbi eine arg böse Frau. Die konnte all diese Sachen nicht leiden und sah diese Tätigkeit (*hándl*) recht ungern. Und sie konnte es auch nicht leiden, wenn ein armer Mensch in ihr Haus kam. Nun, das Sprichwort geht: Wenn das Seil sehr straff ist, so reißt es gern. Also geschah dies dem Frommen auch.

Denn er wurde mit der Zeit sehr arm, daß er den armen Leuten und desgleichen auch den jungen nicht mehr so viel Gutes tun konnte wie zuvor. Da dachte der Rabbi, bei Gott, was soll ich nun tun? Hab ich doch mein Lebtag viel um Gottes willen getan, und habe mein Lebtag manchem viel Gutes getan, und jetzt bin ich arm. Aber was soll ich tun? Ich will es willig von Dem, Dessen Name gelobt sei, annehmen. Denn Der, Dessen Name gelobt sei, tut nichts Unrechtes. Wer weiß, woran ich gesündigt habe. – Und dachte weiter, was soll ich viel Geschrei daraus machen, daß ich nichts mehr habe. Denn man findet immer Leute, die einem das gönnen. Der Rabbi dachte, ich will eines tun und will im geheimen (*beßód*) weggehen (*pléjte machn*), daß niemand wissen soll, wo ich hingekommen bin.

Und ging hin und rief seine tüchtigsten Schüler, die er bei sich hatte, zusammen und sagte: »Liebe Jungens (*bócherim*), ihr wißt ja, wie ich bis hier und jetzt euch große Treue bewiesen habe, mit Essengeben, mit Kleidern, mit Lernen. Nun will ich euch ein Geheimnis (*ßod*) anvertrauen. Denn ich hoffe auf euch, ihr werdet an mir das gleiche tun, was ich an euch getan habe.« Die Schüler sprachen alle miteinander: »Lieber Rabbi, Ihr sollt uns das Geheimnis sagen, wir wollen zu Euch stehen, solang wir unser Leben von Gott haben.« Der Rabbi hob an und sagte seinen Schülern, daß er fortgehen müsse, denn er wisse nicht, wie ihm geschehen, daß er arm geworden sei. So wolle er sie bitten, daß sie mit ihm ziehen sollten. »Ich habe noch etliche Gulden, die will ich mit euch verzehren. Wer weiß, Der, Dessen Name gelobt sei, wird mir eines Tages (Wohlstand) geben, alsdann sollt ihr ihn euer Leben lang bei mir genießen.« Die Schüler sprachen: »Lieber Rabbi, was Ihr von uns begehrt, das wollen wir tun. Und was wir an Geld und Kleidern haben, das wollen wir mit Euch verzehren.«

Also machte sich der Rabbi mit fünfzig Schülern auf und zog hinweg, und niemand in der ganzen Gemeinde (*kehíle*) wußte ein Wort von seinem Weggang. Und wie die armen Leute, o je (*nébech*), das mitbekamen, daß der Rabbi fortgezogen war, da erschraken sie sehr, desgleichen die Jungen von der Armenkasse, und auch die Schüler, die er noch bei seiner Frau gelassen hatte. Nun, er zog mit seinen Schülern hinweg. Und wo er hinkam, tat man ihm große Ehre (*kówed*) an, wie er es wert war. Und über seine Wanderung war niemand verwundert, denn sie waren der Meinung, er zöge zu einer Jeschiwa, um zu lernen.

Wie sie nun ein Jahr oder zwei im Land herumgezogen waren, da hatten sie ihre Kleider verschlissen und hatten auch das Geld aus dem Beutel verzehrt, wie man sich wohl denken kann. Und bedurften der Gabe der Leute. Und es waren ihrer gut fünfzig Seelen (*neschómeß*) alle miteinander. Und danach, wohin sie auch kamen, schlug man die Tür vor ihnen zu. Denn es wußte keiner so recht, ob es Taugenichtse (*lauchéfezim*) oder Schüler waren. Am Ende waren die Schüler des Herumziehens müde, und sie sprachen zum Rabbi: »Lieber Rabbi, was wird daraus werden, wenn wir noch länger herumziehen wollten? Wir haben kein Geld und keine Kleider. Wir können uns nicht weiter behelfen.

Und wo wir auch hinkommen, so schließt man die Tür vor uns zu und man hält uns überall für Taugenichtse. Darum wollen wir wieder heimziehen zu Vater und Mutter. Und wir werden langsam alt und wollen uns Frauen nehmen. Aber wir wollen nicht erzählen, wie es dir geht oder wo du bist.«

Als das der gute Rabbi von seinen Schülern hörte, da besann er sich eine kleine Weile und sprach: »Ich kann euch anderes nicht nachsagen als lauter Treue, die ihr an mir bewiesen habt; darum bitte ich euch, bleibt noch vier oder fünf Tage bei mir, bis über Sabbat (*schábeß*). Danach will ich euch in Gottes Namen ziehen lassen. Vielleicht beschert uns der Heilige, gepriesen sei Er, einen Fund (*mezíe*), dann könnten wir miteinander heimziehen.« Da sprachen die Schüler: »Ja, lieber Rabbi, sind wir so lange bei Euch geblieben, so wollen wir für die Zeit auch noch bei Euch bleiben.«

So zogen sie wieder fort und kamen an kleinen Bäumchen (*bemcher*) vorbei. Da sagte der Rabbi zu seinen Schülern: »Geht ein wenig vor, denn ich will meine Notdurft verrichten.« So gingen die Schüler in emsigem Lernen und Disputieren (*pílpuln*) voran. Wie nun der Rabbi fertig war, da wollte er gern seine Hände waschen. Er sah dort einen kleinen Brunnen stehn. Da nahm er Wasser und wusch seine Hände. Als er nun wieder fortgehen wollte, da sah er dort ein kleines Wieselchen laufen, das trug ein hübsch golden Fingerlein (*fingerl*, Ring) in seinem Maul. Der Rabbi jagte dem Wieselchen nach, so daß es das Fingerlein fallen ließ. Da hob es der Rabbi auf. Da sah er, daß das Fingerle nichts wert war. Aber danach sah er, daß innen eine alte Inschrift stand. Diese konnte er gut lesen (*léjnen*), und sie lautete so: »Obschon ich schlicht anzusehen bin, so kann man mich gleichwohl nicht bezahlen.«

Der Rabbi war ein großer Weiser (*chóchem*) und dachte bei sich, es muß eine besondere Bewandtnis mit ihm haben. Und er richtete sein ganzes Sinnen darauf und dachte an alles mögliche. Was mag doch das Fingerlein für eine Eigenschaft (*ßgúle*) an sich haben, daß es so viel wert und nicht zu bezahlen ist. Dann dachte er, vielleicht ist es mit einem Zauber (*kíschef*) begabt, so daß man mit dem Fingerlein wünschen kann, was ein Mensch begehrt. Ich will's einmal versuchen. Und fing an sich zu wünschen, Gott gebe es, daß ich einen Beigürtel (Nebengürtel zur Geldaufbewahrung) hier vor mir finde.

Ehe das Wort recht ausgesprochen war, da sah er vor sich einen Beigürtel mit Gold liegen. Da wurde er wieder fröhlich und schritt weiter voran zu seinen Schülern und sagte: »Liebe Schüler, seid wohlgemut. Wir werden an einen Ort kommen, wo ein Freund von mir wohnt, der ist ein sehr reicher Mann; der wird mir noch Geld leihen, denn er denkt nicht, daß ich so arm bin. Alsdann will ich euch alle miteinander kleiden, und dann will ich euch wieder heimschicken.« Aber er wollte durchaus seinen Schülern (*talmídim*) nicht sagen, daß er das Fingerlein gefunden hat, denn sonst möchten sie es ihm genommen oder ihn verraten haben, so daß er wieder darum gekommen wäre. Da waren die Schüler wieder froh, daß sie neue Kleider bekommen sollten, und fragten ihn nicht weiter. Sie zweifelten nicht daran, daß es so sei, wie ihnen der Rabbi erzählt hatte.

Also kamen sie in die Stadt. Und nachdem sie einen Tag darin zugebracht hatten, da ging der Rabbi daran und kleidete seine jungen Leute ganz wunderbar (*kestlich*) in Samt und Seide. Und zog sich auch selber Kleider an, die jenen glichen, die er zuvor getragen hatte. Und er blieb auch eine Woche oder zehn Tage da und lernte ernsthaft mit seinen Leuten. Da erwies man ihm alle Ehre, wie er es wert war, denn er kannte alles, was ein Schriftgelehrter (*tálmidchóchem*) können soll. Da ging er in die Stadt und kaufte sich einen schönen Kutschwagen, als ob ein Fürst darin fahren sollte. Und sprach: »Ihr lieben Schüler, kommt her. Nun will ich euch alles zurückzahlen, was ihr mir auf der Reise geborgt habt, und dann wollen wir wieder heim.« Da vermuteten die Schüler nicht anders, als daß sein Verwandter, der in der Stadt wohnte, ihm einige tausend Gulden geborgt hätte, gleichwie ihnen der Rabbi vorher gesagt hatte, auf daß er mit Ehren (*kówed*) wieder nach Hause ziehen konnte. Denn sein Verwandter war ein gar reicher Mann. So zogen sie wieder nach Hause. Wo man erst die Türen vor ihnen zugeschlagen hatte, da tat man ihnen nun große Ehre an.

Nun, derweil der Rabbi draußen gewesen war, waren die Leute zu Hause nicht fröhlich gewesen. Indessen erhob sich in der Gemeinde ein Rufen und Schreien, wie der Rabbi mit seinen Schülern kam. Wer war fröhlicher als die armen Leute? Als er nun daheim war, da kam jedermann und begrüßte ihn. Denn niemand wußte, daß er der Armut (*dáleß*) wegen weggezogen war. Denn sie waren alle der Meinung, er wäre dem Lernen nachgezogen (d. h. zu einer anderen Jeschiwa). So fing der Rabbi wieder nach alter Gewohnheit an, Almosen (*zdóke*) zu geben, und hielt wieder seine Jeschiwa offen, und nahm wieder kleine Jungen auf, daß sie lernten.

Als er nun schon eine Weile da war, da begab es sich einmal an einem Sabbat, daß er sich, wie es jedesmal seine Gewohnheit war, zuvor schlafen legte und danach seinen Schülern Tossafot (»Hinzufügungen«, Zusätze zu Talmudkommentaren) lehrte. Also hatte er sich an jenem Sabbat mit seiner Frau schlafen gelegt. Da fragte die Frau. »Mein lieber Mann, woher bekamst du doch so viel Geld? Und vorher haben wir in so großer Armut gelebt, daß du weggezogen bist.« Der Rabbi sprach: »Der, Dessen Name gelobt sei, hat mir auf der Reise einen Fund beschert.« Die Frau wollte das nicht glauben und drängte den Mann, wie es der Frauen Art ist, bis sich der gute Rabbi überreden ließ und ihr das wahre Geheimnis verriet. Da hatte er nicht recht gehandelt. Denn der König Salomo hat gesagt, du sollst deiner Frau kein Geheimnis anvertrauen, denn sie können es nicht bei sich behalten, wie in Wahrheit dem guten Rabbi dann geschehen ist, wie ihr gleich hören werdet. Denn hätte er dies seiner Frau nicht anvertraut, so hätte er sich viel Ärger erspart. Und weil er ihr das wahre Geheimnis des Fingerleins verriet, daß alles, was damit einer wünschte, auch sogleich geschah, deswegen hat er große Schmerzen leiden müssen.

Wie nun die böse Rabbinerfrau (*bejs rébezn*) das vernommen hatte, da dachte sie: »Hätte ich das Fingerlein, er sollte es sein Leben lang nicht wiederbekommen.« Und sie hätte es ihm gern abgestreift. Aber das Fingerlein ging ihm nicht ab, wenn er es nicht wollte. Da sprach sie: »Mein lieber Mann, gib mir doch für eine Weile das Fingerlein und laß es mich anschauen.« Aber der Rabbi wußte, was sie für eine böse Frau war, und wollte es ihr nicht geben. Da fing sie an zu weinen und sprach: »Ich sehe, du hast mich nicht lieb, dieweil du mir das Fingerlein nicht geben willst und mir nicht traust.« Und lag ihm so lange in den Ohren, bis er ihr das Fingerlein aushändigen mußte. Sobald sie nun das Fingerlein anhatte, da steckte sie den Kopf unter die Decke und wünschte, Gott gäbe, daß mein Mann ein Werwolf wäre und in den Wald liefe zu den wilden Tieren.

Wie sie das Wort noch kaum ausgeredet hatte, da sprang der gute Rabbi zum Fenster hinaus und lief in einen großen Wald, den man nennt den Pemerwald (Böhmerwald). Und begann die Menschen zu fressen, die in dem Wald waren, und richtete großen Schaden an, so daß kein Mensch allein durch den Wald gehen durfte. Denn sie fürchteten sich gar sehr vor dem Wolf, der alle Menschen sehr verwunderte. So machte sich der Werwolf eine Wohnung in dem Wald, damit er es trocken hätte. Und auch alle Kohlenbrenner, die in dem Wald waren, liefen davon, denn auch sie fürchteten sich vor dem Wolf.

Nun wollen wir den Wolf bleiben lassen und wollen schreiben, wie es indessen in seinem Haus und mit seinen Schülern zuging. Wie nun die Zeit war, daß der Rabbi am Sabbat Tossafot lehren sollte, da sprach die Rabbinerfrau, verflucht soll sie sein: »Der Rabbi kann jetzt gerade nicht Tossafot lehren, denn er ist zur Zeit nicht wohlauf.« Also ließen sich die Schüler überreden und gingen wieder weg. Am andern Morgen kamen sie wieder und wollten lernen. Da sagte sie wiederum: »Der Rabbi ist erneut weggezogen, aber er hat mir nicht gesagt, wo er hin ist. Aber ich denke, wenn wieder vier Jahre um sein werden, so wird er wiederkommen.« Und benahm sich, als ob es ihr sehr leid täte. Aber es war bloß Gemeinheit (*newéileß*) von ihr, verflucht soll sie sein. Nun, es kamen die armen Leute vor die Tür, aber sie wollte keinen armen Menschen in ihr Haus lassen. So waren die Armen übel dran und grämten sich sehr um den Rabbi.

Jetzt war die Bracke (Spürhündin) reich, wie sich wohl denken läßt, denn alles, was sie begehrte, das konnte sie sich herbeiwünschen. Und war so reich, daß es kein Maß (*schíur*) und keine Schätzung (*érech*) kannte. Doch es konnte niemand wissen, wie die Sache mit dem Rabbi stand, oder wo er so geschwind hingekommen war. Und es war auch keiner, der es herausfinden konnte; jeder für sich glaubte, er werde bald wiederkommen, so wie er zuvor getan.

Nun wollen wir die böse Frau bleiben lassen und wollen wieder schreiben, wie der arme (*nébech*) Rabbi in jenem Wald als Werwolf umherlief und großen Schaden verübte, mit dem Zerfleischen von Menschen und auch Tieren. Denn unter den Tieren gibt es kein stärkeres als den Werwolf. Man schickte nach den Köhlern und ließ fragen, ob sie dem Werwolf beikommen könnten, aber sie sagten: »Nein, denn er ist viel stärker als ein Löwe und hat außerdem Menschenverstand.« Wie nun der König das hörte, da ließ er in dem Wald jagen, aber er konnte den Wolf nicht einfangen. Man machte überall Gruben, aber es wollte doch nichts helfen.

Nun war ein Kohlenbrenner in dem Wald, dem tat der Wolf nichts. Er ganz allein hatte guten Umgang mit ihm. Und der Wolf war die meiste Zeit bei seiner Hütte. Aber die Menschen sonst mußten den Wald meiden, denn sie alle fürchteten sich vor dem Wolf.

Nun ließ der König ein Gebot ausgehen, daß, wer den Wolf überwältigen könne, es sei lebendig oder tot, dem will der König seine Tochter geben, und nach seinem Tod soll er das Königreich besitzen. Nun hatte der König einen Rat (*jáuez*), der war noch unbeweibt und ein starker Held, der viele Male in die Schlacht gezogen war. Der sprach: »Mein Herr König, wollt Ihr Euren Worten nachkommen, so will ich es übernehmen, den Wolf umzubringen. Denn ich weiß, ich bin oft im Krieg gewesen und habe viele Schlachten geschlagen, und das Glück war immer bei mir. Darum will ich es auch diesmal versuchen.« Der König verhieß es ihm bei der Wahrheit (auf Ehre und Gewissen).

So nahm der Rat seine Waffe (*kéjle*) und wappnete sich gut. Denn er war sich dessen gewiß, daß er den Wolf umzubringen vermochte. Und kam in den Wald zu dem Köhler, da der Wolf mit ihm vertraut war, und sprach: »Lieber Freund, zeigt mir doch, wo der Wolf seine Wohnung hat oder wo er sich aufhält.« Als der Köhler sah, was der Rat mit dem Wolf vorhatte, da erschrak er sehr. Denn er befürchtete, der Rat werde dabei ums Leben kommen, so wie auch ihm vom Werwolf her beinahe das gleiche geschehen war. Und der Köhler sagte zum Rat: »Mein Herr, was tut Ihr in diesem Wald? Wird der Wolf Euch gewahr, so verliert Ihr das Leben, und seid Ihr noch so groß.« Der Rat sprach: »Gleichwohl, zeig ihn mir, denn darum bin ich hergekommen, daß ich es übernehme, den Wolf ums Leben zu bringen.« Der Köhler sprach: »Ich bitte Euch, mein Herr, laßt es bleiben, denn Ihr spielt mit Eurem Leben.« Der Rat sagte: »Rasch, mach nicht so lang, denn es muß sein.« Da sprach der Köhler: »Gott möge sich erbarmen«, und ging mit dem Rat dorthin, wo der Wolf seinen Gang hatte.

Nun, der Rat nahm seine Büchse und seinen Spieß in die Hand und ging zum Wolf. Und er glaubte, sobald der Wolf ihm begegnete, wollte er ihn gleich erschießen. Wie nun der Wolf merkte, daß man ihm nach dem Leben trachtete, da sprang er beiseite und sprang dem Rat an den Hals: Und warf ihn zu Boden nieder und wollte ihn töten. Sobald der Köhler das sah, da jagte er den Wolf von dem Rat wieder weg. Nun wollte der Rat nicht davon ablassen und wollte den Wolf wieder angreifen. Aber der Köhler verwehrte es ihm. Doch zum dritten Mal griff er wieder den Wolf an. Da wurde der Wolf zornig und wollte ihn in Stücke reißen. Da bat der Rat den Heiligen, gepriesen sei Er, er möge ihn vor dem Wolf schützen, er wolle ihn nicht mehr attackieren.

Nun, der Wolf ließ ihn wieder frei und begann, den Rat mit dem Schwanz zu umschmeicheln, gleich wie ein Mensch, der einen anderen liebkost, und wollte nicht von ihm weichen und lief neben dem Rat her wie ein Hund, der dem Herrn voranläuft. Der Rat wäre ihn gern losgeworden (*póter wern fun im*), denn er fürchtete sich vor ihm. Aber der Wolf lief weiter neben ihm. Da zog der Rat seinen Gürtel ab und führte den Wolf am Gürtel neben sich her. Und der Wolf war sein Geleitsmann im Wald. Und wann immer ein anderes Tier kam und wollte dem Rat etwas tun, dann tötete es der Wolf. Und wenn er einen Hasen oder einen Fuchs sah, dann fing sie der Wolf und brachte sie dem Rat.

Schließlich (*leßóf*) brachte der Rat den Wolf in die Stadt vor den König. Der König und seine Räte erschraken sehr, denn sie fürchteten sich über die Maßen vor dem Wolf, von dem sie allerlei Geschichten gehört hatten, wie er so viele Leute umgebracht hatte. Und er sagte zum Rat, er solle ihm den Wolf fortschaffen. Der Rat sagte: »Mein Herr, Ihr braucht Euch nicht zu fürchten. Er wird keinem, der ihm nichts tut, ein Leid antun. Dafür will ich meinen Kopf zum Pfand setzen. Im Gegenteil, er hat mir zum Schutz viele Tiere gefangen.« Also behielt der Rat den Wolf bei sich, und er hielt ihn gut.

Denn der Rat hat sich gesagt, daß der Wolf Mitleid (*rachmóneß*) mit ihm gehabt und ihm sein Leben erhalten hat, wiewohl der Wolf recht gehabt hätte, wenn er ihm das Leben genommen, denn er hatte sich dreimal an ihn herangemacht und ihn umbringen wollen. Deshalb hielt der Rat den Wolf gut und gab ihm an Essen und Trinken das Beste und nicht das Schlechteste. Und wenn der Rat auf die Jagd (*gejég*) zog, dann nahm er jedesmal den Wolf mit. Und wenn er nur irgendein wildes Tier sah, dann fing es der Wolf und brachte es dem Rat.

Nun hatte der König verheißen, daß er demjenigen, der ihm den Wolf lebendig oder tot bringt, seine Tochter geben will. Das hatte sich der Rat nun redlich verdient. Und der König hielt auch sein Wort und gab dem Rat seine Tochter und seinen halben Mammon dazu. Schließlich kam der alte Mann ans Sterben, und so wurde der Rat zum jungen König gemacht und bekam das ganze Land. Und er behielt den Wolf bei sich, denn er wollte ihn nicht verlassen, solange er lebte. Denn der hatte ihn am Leben erhalten und hatte ihn dazu gebracht, daß er das Königreich bekommen hatte. Darum hielt er ihn gut, solange er lebte, wie nur recht und billig war.

Einmal begab es sich, daß in einem Winter hoher Schnee lag. Und der junge König ritt aus zum Jagen und nahm seinen Wolf mit. Sobald der Wolf herauskam, fing er mit dem Schwanz zu wedeln an und lief voraus, als ob er eine Spur aufnähme. Nun, es geschah, daß der König dem Wolf nachritt. Da sah er von weitem, wie der Wolf etwas mit den Pfoten in den Schnee gräbt. Nun, der König kam herbei und sah, daß eine Schrift auf dem Schnee geschrieben war. Wie nun der König die Schrift sah, da verwunderte er sich sehr und sagte: »Das muß ein Wunder sein, daß der Wolf schreiben kann. Vielleicht ist er verflucht worden und ist zuvor ein Mensch gewesen, wie solche Sachen wohl öfter geschehen sind.« Aber man konnte das Geschriebene nicht lesen (*léjnen*). Da schickte der König nach allen Doktores, aber niemand konnte es lesen. Da war aber ein Rat dabei, der konnte die heilige Sprache (*loschn-káudesch*, nämlich Hebräisch) und sagte: »Mein Herr König, das ist die Schrift der Juden.« Und fing an zu lesen, und es stand da: »Lieber König, du mögest gedenken der Freundschaft und dem Guten, das ich dir getan habe, als du in den Wald zu meiner Wohnung gekommen bist. Da hätte ich dich in Stücke reißen können, denn ich habe dich dreimal unter mir gehabt. Wiewohl das Recht auf meiner Seite war, habe ich deiner geschont und habe dir zu deinem Königreich verholfen. Nun habe ich eine Ehefrau in einer Stadt, die heißt soundso (er nannte den Namen). Die hat mich verflucht. Und wenn ich das Fingerl (mit dem sie mich verwünscht hat) nicht wiederbekomme, so muß ich mein Leben lang solch ein Wolf sein. Aber sobald ich das Fingerl wiederbekomme, so bin ich wieder ein Mensch und den anderen gleich. Deshalb denk an die große Treue, die ich dir erwiesen habe, und reite in ebendiese Stadt und bring mir das Fingerlein von meiner Frau, der Freundschaft zuliebe. Wenn nicht, so will ich dich wieder um dein Leben bringen.« Und gab ihm ein Zeichen, wie das Fingerl aussah. Das stand alles auf dem Schnee geschrieben.

Wie der König all das vernommen hatte, da sprach er:

»Dem will ich wiederum helfen, und sollte ich Leib und Leben darüber verlieren.« Und er machte sich mit drei Dienern auf und ritt in die Stadt, die der Rabbi genannt hatte und in der seine Frau wohnte. Und tat kund, er wolle schöne Ringlein kaufen und altfränkische Dinge; es würde ihm nichts zu teuer sein. So schickte er nach den Juden (*jehúdim*), ob sie etwas altfränkisch Gold hätten oder Ringlein oder sonst ein Edelgestein. Da sagten die Juden: »Wir sind arme Leute, aber hier in der Stadt ist eine Frau, die hat allerlei schöne Ringlein und sonst noch Edelgestein.« Also bat er die Juden, man möge ihn doch zu dieser Frau bringen. Aber man wußte nicht, daß er ein König war; und hielt ihn bloß für einen Kaufmann.

Wie er nun bei der Frau war, da sprach der König: »Hört Ihr, gute Frau, man hat mir gesagt, Ihr habt seltenes Gold und alte goldene Ringlein, sei es mit altem Edelgestein oder ohne, oder sonst eine altfränkische Arbeit. Wenn sie mir gefallen, so will ich es Euch gut bezahlen.« Und zog aus seiner Tasche viele schöne Ringlein und sagte, er hätte sie gerade auf der Reise gekauft. Die Frau sprach: »Ich will es dem Herrn gern zeigen, was ich für altes Gold habe.« Und ging in ihre Kammer und brachte ihm viele schöne Kleinodien (*tachschítim*), welche er sein Lebtag nicht schöner gesehen, so daß sich der König sehr verwunderte, daß man bei einem Juden solch hübsches Zeug finden würde. Indes sah der König eine Schnur mit Ringlein, an der das goldene Ringlein dran hing, welches der Wolf beschrieben hatte. Da dachte der König, wie komme ich an das Ringlein? Und nahm die Schnur in die Hand und dachte: »Wollte Gott, daß mein Wolf das Ringlein schon hätte.« Und er sprach zu der Frau: »Zu wieviel wollt Ihr mir die Ringlein geben?« Aber er wies nicht auf das eine. Da sprach sie, so viele um hundert Gulden. Mein guter König machte mit ihr den Kauf um zwei Ringlein aus und stahl (*gánewt*) dabei das eine Ringlein, was die Frau nicht bemerkte. Und bezahlte sie und nahm Abschied und zog heim. Und erst als er schon daheim war, da vermißte die Frau das Ringlein. Aber sie durfte sich nichts anmerken lassen, denn sie wußte nicht, wer der Kaufmann war. Da grämte sie sich (*mezáer sajn*) sehr, gleich einer Witwe (*almóne*) und trauerte tief, doch niemand wußte davon.

Und wie der König heimkam, da richtete er ein großes Festmahl (*ßúde*) her und lud (*breiet*) alle Fürsten des Landes ein. Und wie er nun in der Mitte des Tisches saß und sehr lustig war, da ließ er auch den Wolf holen. Als nun der Wolf kam, da wedelte er mit seinem Schwanz vor großer Freude (*ßímche*), denn er wußte, daß der König des Ringes wegen ausgezogen war, doch wußte er nicht, ob er den Ring mitgebracht hatte. Also küßte der Wolf den König und streichelte ihn. Wie nun der König sah, daß ihm der Wolf so große Liebkosung erwies, da fingerte er das Ringlein aus dem Beutel und zeigte es dem Wolf. Sollte aber der König gewußt haben, daß das Ringlein diese Kraft besaß, so hätte er es ihm vielleicht nicht gegeben. So aber nahm der König das Ringlein und steckte es dem Wolf an eine Pfote. Da stand ein nackter Mann vor ihnen. Wie der König das sah, da warf er rasch seine Schaub (Überkleid) über ihn. Da erschraken alle Fürsten des Königreiches, doch der König sagte: »Erschreckt nicht. Der Mann, der vor euch steht, ist der Wolf gewesen.«

Danach sprang dieser vor großer Freude umher und sprach zu dem König: »Lieber König, ich bitte dich, daß du mir nun die Erlaubnis (*reschúß*) geben magst, wieder heimwärts zu ziehen, denn ich bin wohl drei oder vier Jahre nicht daheim gewesen. Darum bitte ich um Erlaubnis.«

Da sprach der König: »Mein lieber Freund, wenn du willst, magst du heimziehen. Wenn du es aber dir angelegen sein ließest, bei mir zu bleiben, so bleibe dein Leben lang an meinem Tisch, denn ich kann dir mein Lebtag die Wohltaten (*táuweß*) nicht bezahlen, die du an mir tatest.« So zog der Rabbi wieder heim. Nun, der König wollte ihm viel schenken. Da sprach der Rabbi: »Mein Herr König, du hast gesehen, daß ich Geld genug daheim habe, deshalb bedarf ich deines Geldes nicht. Du hast mir genug Gutes getan, indem du mir das Ringlein verschafft hast. Denn wenn ich das Ringlein nicht bekommen hätte, dann hätte ich mein Leben lang ein Werwolf sein müssen.« Hätte der König jedoch das Geheimnis des Ringleins gewußt, hätte er es ihm nicht so bald gegeben. Denn wiewohl der König viele Kleinodien gehabt hat, so hat ihm keines so gut gedient, wie es dieses Ringlein tat. Denn es war nicht zu bezahlen.

So nahm er eine Zehrung mit auf den Weg und zog fort. Und wie er nun auf dem Weg war, da sammelte er wieder fünfzig junge Leute um sich und kleidete sie wieder in schwarzen Samt und kam dann wieder zu seiner Stadt. Und wie er nun vor seine Stadt kam, tat er den Wunsch: »Ich wollte bei Gott, daß meine Frau, verflucht sei ihr Name, eine Eselin ist und im Stall steht und mit den anderen Tieren aus der Krippe frißt.« Währenddessen erhob sich ein Rufen und Schreien, daß der Rabbi wiederkäme und fünfzig tüchtige Schüler mit sich brächte, alle in schwarzen Samt gekleidet. Da ging ihm die ganze Gemeinde (*kol ha-kóhol*) entgegen und empfingen ihn ehrenvoll (*kestlich*). Sie hätten ihn gern gefragt, wo er so lange gewesen war, doch der Rabbi sprach: »Wollt ihr mir wohl, so fragt mich nicht, wo ich die lange Zeit gewesen bin, oder was ich getan habe.«

Der Rabbi nahm von seiner Frau keine Notiz, wiewohl er wußte, daß sie im Stall stand. Er fragte sein Gesinde: »Wo ist meine Frau, ich sehe sie nicht? Vielleicht findet sie es nicht gut, daß ich wieder fünfzig Schüler mitgebracht habe.« Da sagte das Gesinde: »Lieber Rabbi, wenn Ihr nicht erschrecken wollt, wollen wir es Euch sagen.« Der Rabbi sagte: »Ich werde schon nicht erschrecken.« Da hob das Gesinde an: »Lieber Rabbi, wie wir gehört haben, daß Ihr wiederkommt, da sind wir zu Eurer Frau gelaufen und haben ihr das Botenbrot (eine Gabe von drei Schnitten Brot, nach Ausrichten der Botschaft) sagen wollen. Da war sie zu der Zeit verschwunden, und wir wissen nicht, was ihr zugestoßen ist.« Der Rabbi erschrak nicht sehr und ließ sich dennoch nichts anmerken, er sprach: »Ich denke, wenn sie so lange aushäusig bleibt wie ich, wird sie eines Tages auch wiederkommen.«

Und fing wieder mit seiner alten Gewohnheit (*ßéjder*) an, den armen Leuten Almosen zu geben und die Jeschiwa zu unterhalten, mit Lernen und mit Gutestun (*mízweß*). Da wurde jedermann wieder fröhlich. Wie er nun wieder eine Weile hausgehalten hatte, machte er ein köstliches Festmahl und lud (*breiet*) die ganze Stadt dazu ein. Und wie er nun gutgelaunt war, sprach er: »Weil Der, Dessen Name gelobt sei, mir wieder heim geholfen hat, habe ich das Gelübde (*néjder*) getan, eine schöne Synagoge (*schul*) zu erbauen. Und alle Steine, die es dafür braucht, soll mir die Eselin herbeischleppen.«

Diese nun war seine Frau. Aber die anderen Leute wußten nicht, daß er sie zu einer Eselin verflucht hatte. Die Leute sagten: »Lieber Rabbi, unser Herrgott stärke Euch, daß Ihr es bald vollbringen mögt, mit Frieden und gesundem Herzen (*schólaum wschálwe*).« Nun hatte sich die Eselin derweil gemästet und war dick geworden. Sie war auch vor jedermann ohne Scham, gleich einem Vieh das keine Scheu hat. Als nun der Rabbi anhob, mit ihr Steine zu schleppen, da begann sie abzumagern. Und wenn der Rabbi sah, daß sie nicht weitergehen wollte, so gab er ihr einen Tritt in die Seite und sprach: »Ei du Verreckte, wie hast du mir weh getan, der Blitz möge dich treffen.« Er arbeitete die Eselin kräftig ab, so daß sie sehr mager wurde. Dies ging nun schon lange Zeit, und kein Mensch wußte, wo des Rabbi Frau hingekommen war.

Wie er die Synagoge nun zu Ende gebaut hatte, da machte der Rabbi wieder ein großes Festmahl und lud dazu die Freunde seiner Frau ein. Und wie die schier trunken waren, da hob der Rabbi an und erzählte die Geschichte vor den Freunden, wie ihm die Frau so sehr weh getan, und wie Der, Dessen Name gelobt sei, ihm geholfen habe, wieder gesund zu werden. »Und dann habe ich sie zu einer Eselin verflucht, und daß sie ihr Lebtag so bleiben wird.« Wie nun die Verwandten das hörten, da erschraken sie sehr, und sie tat ihnen leid. Und sie baten den Rabbi, ihr dieses Mal zu verzeihen, und sagten, sie werde es niemals mehr tun. Aber er wollte ihr nicht mehr trauen.

Nicht lange danach starb der Rabbi und hinterließ seinen Kindern großen Reichtum. Und das Ringlein verschwand wieder, und die Frau mußte Zeit ihres Lebens eine Eselin bleiben. Dazu hat König Salomo den Ausspruch getan, man solle ein Geheimnis keiner Frau anvertrauen.

Wenn er seiner Frau nicht das Geheimnis des Ringleins anvertraut hätte, so wäre er nicht ins Unglück (*zóre*) gekommen und hätte nicht in dem Wald umherlaufen müssen. Aber er hat es ihr heimgezahlt, was besagt: Mancher gräbt eine Grube für einen anderen und fällt doch selbst hinein. [228]

Quelle: Laut Gaster 1934 ist dies, »obwohl von einem Rabbi erzählt wird, ein typisch deutsches Märchen«. Wenig später entdeckte Gaster eine Oxforder Hs., hebr., 15. Jh., die er im Kohuth Memorial, vol. 271 (1935), bekanntmachte.

Übers.: MB: Grunwald 1889, Nr. 14: Der Wunschring (nach der Ausgabe Dyhernfurth 1709); Pappenheim 1929, Nr. 233.

Heller hat Gaster beigepflichtet, in einem Bericht über »Wert und Wesen des Ma'assebuches« (MGWJ Jg. 1936, 136 ff.): »An dieser seltsamen Erzählung ist rein nichts Jüdisches.« Er begründet dies damit, daß das Werwolfmotiv unorganisch an der Wundergeschichte klebe, die sich aus viererlei Motiven zusammensetze: 1. Wunderring, um den Aladdin-ähnliche Kämpfe geführt werden; 2. Werwolfmotiv; 3. Der wieder in einen Menschen Verwandelte steht nackt da; 4. Die böse Frau wird und bleibt Eselin. Zweifellos kommen hier einige Märchenmerkmale zusammen, das Verwandlungsmotiv, Verzauberung und Entzauberung; der dreifache Versuch, dem Werwolf beizukommen, und dessen dreifaches Erbarmen; dann der Wolf als Beschützer und Wegweiser (hilfreiche Tiere), oder auch die Auslobung des Königs: »Die Tochter sogleich und das Königreich nach meinem Tode«.
Im Zusammenhang mit Grimms Märchen vom »Krautesel«, bei dem der Held – wie hier die Frau des Helden – in einen Esel verwandelt wird (KHM 122, AaTh 566 ›Fortunatus, oder Die verlorenen und zurückgewonnenen Zauberdinge‹), hat Bolte-Polívka notiert: »Mit der Werwolfsage scheint die in einem jüdischen Märchen aus dem Ma'assebuch erzählte Verwandlung des Mannes in einen Wolf zusammenzuhängen« (Bd. 3, 1918, 8 f.). Johannes Bolte, wie schon vor ihm die Brüder Grimm, kannte den Text lediglich aus der Übers. Helvicus 1617, der die Werwolfstory allen anderen Ma'assetexten vorangestellt hat.
Schon in einem der Lais der Marie de France (13. Jh.) verwandelt sich der Held jede Woche in einen Werwolf; seine Frau entlockt ihm sein Geheimnis und verhindert seine Rückverwandlung, indem sie seine Kleider wegnimmt; erst zum Schluß wird er erlöst. Der alte Volksglaube an lebensbedrohliche Werwölfe und allgegenwärtige Hexen war im 16. Jh. durchaus noch im Schwange, und zahlreich die Bücher über magische Praktiken. Die Vorstellung grassierte, Hexen seien imstande, sich selbst wie auch andere in Tiere zu verwandeln. So ist in der ›Daemonolatria‹ des Nicolaus Remigius (lat. 1595, dt. 1598) die Verwandlung eines Bräutigams in einen Esel überliefert, veranlaßt von der Mutter, die befürchtete, der Mann werde ihre Tochter noch sitzenlassen; Mutter und Tochter wurden zum Tode verurteilt.
Zweitens ergibt sich eine Verwandtschaft mit dem Märchentyp AaTh 449 »Leichenfresserin verwandelt ihren Mann in einen Hund«, dessen Leitfassung aus ›1001 Nacht‹, genauer aus »Die Geschichte des Sîdi Numân« entnommen ist. Dort wird ein junger Mann von seiner Frau in einen Hund verzaubert. Wieder zurückverwandelt, verwandelt er seinerseits seine Frau in eine Stute, die er dann »rastlos schindet« (Walter Scherf).

Zum dritten steckt ein altes jüdisches Sprichwort dahinter: »Man soll seinem Weibe nichts von seiner Kunst verraten.« Der Fromme, der sein Geheimnis preisgibt, wird zu Recht von der Ehefrau in einen bösen Dämon verwandelt (siehe Meitlis 1933, 120). Diese Lebensregel wurde König Salomo zugeschrieben (vgl. Text 198), auch wenn die biblischen ›Sprüche Salomos‹ das kaum stützen. Dafür heißt es in den apokryphen ›Sprüchen des Sirach‹: »Dein Geheimnis entdecke nur einem von Tausenden, und selbst vor deiner eigenen Frau bewahre die Pforte deines Mundes.« Und weiter: »Mögest du Geld und Gut erwerben, so sage nichts deiner Frau, wo es ist, selbst wenn sie gut ist« (zitiert nach Leopold Dukes, ›Rabbinische Blumenlese‹, Leipzig 1844, Nr. 6,6 und 63).
Selbst das Wieselchen hat sinnbildiche Bedeutung, vgl. Text 100, wo es »Himmelszeichen« ist. In der Geschichte vom Ritter Guido (›Gesta Romanorum‹, Kap. 172) übernimmt es die Rolle eines Schatz- und Zukunftsweisers; es schlüpft dem Schlafenden aus dem Mund, rennt zu einem nahen Berg und läuft dann wieder die Kehle des Schläfers hinunter. Guidos Gefährte hat es beobachtet, gemeinsam spüren sie dem Wiesel nach, finden im Berg einen toten goldenen Drachen und ein Schwert. – All dies ist allegorisch angelegt. »Das Wiesel stellt Johannes und die Propheten dar, welche die Ankunft Christi vorhersagten« (Rudolf Schenda, ›Das ABC der Tiere‹, 1995, 385).
Das »Fingerlein« bzw. der »Wunschring« (*wintsch-fingerl*) ist zum einen ein typisch jüdisches Märchenrequisit, siehe Judah Loeb Kahan, ›Jiddische Volgsma'asijot‹, Wilna 1931, Nr. 1: ›Wintsch-Fingerl‹. Zum anderen gehört es als Zauberring (AaTh 560) zu den probaten Mitteln der Wolfsverwandlung, siehe Grimms Wörterbuch, das sonst nur das »Wolfshemd« als Zaubermittel nachweist. Die zwei Leitfassungen zum Zauberring, ein kalmückisches Märchen (›Die Abenteuer des Brahmanensohnes‹) und ein slowenisches (›Der Ring‹) werden in Scherfs Märchenlexikon (1995) untersucht: beide Male sind sie mit dem Motiv der hilfreichen Tiere verbunden, doch nicht mit dem der Verwandlung in eine Tiergestalt.
Im Zusammenhang mit Grimms Märchen vom »Blauen Licht« (KHM 116, AaTh 562) – dort ist ein magisches Feuerzeug der Wunscherfüller – weist Bolte-Polívka weltweites Vorkommen dieses Motivs nach (Bd. 2, 1915, 537–549), leider ohne Nennung jüdischer Quellen.
In unserer Geschichte werden goldene Fingerlich (Ringlein) und altes seltenes Gold mit dem Adjektiv »altfränkisch« bezeichnet, einem Terminus, der vermutlich zur Ritterzeit im Rheinland aufkam. Er findet sich schon in Hugo von Trimbergs Lehrgedicht ›Der Renner‹ (1290–1300) und später bei Hans Sachs (»altfrenkisch sind dein werk und daiding«).

König Salomo urteilt über den Streit zweier Mütter

Die Geschichte geschah zu Zeiten König Salomos (*Schláumo ha-mélech*). Da begab es sich, daß zwei schwangere Frauen in einer Nacht glücklich (*másl-tow*) niederkamen, und ein Kind glich dem anderen, daß man das eine von dem anderen nicht unterscheiden konnte. Nun, in der dritten Nacht erdrückte die eine Frau ihr Kind, das arme (*nébech*), zu Tode. Da stieg die Frau ruhig aus ihrem Bett und ging zur Wiege ihrer Genossin (*chawéreß*) und nahm ihr lebendiges Kind heraus und legte ihr das tote Kind wieder an den Platz und ging wieder zu ihrem Bett.

Nun, jene Frau hatte, ach je (*nébech*), den ganzen Tauschhandel verschlafen und wußte nichts davon.

Wie nun die Frau am Morgen aufwachte und ihr Kind säugen wollte, da sah sie das Kind tot in der Wiege liegen. Da erschrak die Frau sehr, denn sie wußte recht gut, daß ihr Kind nicht krank gewesen war, und vermutete, daß dies ihre Zimmergenossin getan hatte. Und lief vor ihr Bett und sprach zu ihr: »Laß mich in deine Wiege sehen, was du für ein Kind da drin liegen hast, denn ich befürchte, du hast mein lebendiges Kind genommen und mir dein totes Kind, das du erdrückt hast, an den Platz meines Kindes gelegt.« Die andere Frau sprach; »Nein, das ist nicht wahr, das Kind ist allein meines. Was bringt dich dazu, zu meiner Wiege zu laufen?« Nun, die zwei Frauen zankten heftig miteinander. Eine hielt der anderen vor: »Das lebendige Kind ist meines und das tote ist deines«, und die andere Frau sagte das gleiche. Endlich gingen sie vor den König Salomo, und eine verklagte die andere, sie hätte ihr das lebendige Kind genommen und statt dessen ihr totes Kind an den Platz gelegt. Die andere gab zurück: »Das ist eine Lüge (*schéker*), das tote Kind ist ihres und das lebendige ist meines.«

Wie der König solches hörte, da erschrak er sehr, zumal er noch ein junger König war, der noch keinen Schiedsspruch (*póßek*) erteilt hatte und zum ersten Mal einen so schwierigen Gerichtsfall (*míschpet*) bekam. Denn ein Kind sah wie das andere aus, so daß er nicht sehen konnte, welches der Mutter ähnelte.

So sprach der König zu seinem Knecht: »Geh und ruf mir den Henker (*táljen*) herbei.« Da wurde der Henker gerufen. Und wie er nun kam, da sprach König Salomo zum Henker: »Nimm dein bloßes Schwert und teile die zwei kleinen Kinder mitten entzwei. Dann werden wir sehen, welches die rechte Mutter der Natur nach ist. Denn die rechte Mutter wird das nicht ertragen können, daß man ihr Kind zerschneiden soll; sie wird noch Barmherzigkeit zeigen gegenüber dem Kind, denn die Natur wird es nicht zulassen, daß man ihr lebendiges Kind zerschneidet.«

Da sprach der Henker zu den Frauen: »Kommt her, ihr beiden, Gott möge es der, die im Unrecht ist, verzeihen. Das Urteil ist von König Salomo wie folgt ergangen: Weil eine jede von euch beteuert, das lebendige Kind gehöre ihr, so kann man nicht wissen, welche von euch die Wahrheit sagt und wem das lebendige Kind zukommt. Deshalb soll man die zwei Kinder in der Mitte durchschneiden. Und jedes Frau soll die Hälfte vom lebendigen Kind haben und vom toten ebenso. Dann hat eine so viel wie die andere, und keine braucht sich darüber beklagen.«

Wie sie nun das Urteil gehört hatten, da fing die rechte Mutter bitterlich zu weinen an. »Laßt mir mein liebes Kind ungeschnitten, ich will eher ohne Kind bleiben. Und gebt es lieber der anderen Frau, damit mein Kind am Leben bleibt.« Doch die andere Frau begann so zu reden: »Nein, man soll es mit einem Schwert durchschneiden, denn keine soll es besser haben. Eine ist so gut wie die andere.«

Wie das der König Salomo vernahm, daß die eine Frau haben wollte, man solle die Kinder zerschneiden, und kein Mitleid (*rachmóneß*) mit dem lebenden Kind hatte, und daß die andere Frau es nicht ertragen konnte, daß man ihr Kind zerschneiden würde und viel Mitleid mit dem Kind hatte, da erkannte der König Salomo, welche die rechte Mutter war. Da sprach er zum Henker: »Gib der Frau, die Barmherzigkeit zeigte, das lebendige Kind, denn ihr kommt es zu. Sie ist die rechte Mutter des Kindes. Doch die andere hat, weil das Kind nicht das ihre ist, auch kein Mitleid mit dem Kind. Sie war es, die ihr Kind erdrückt und jener Frau das Kind genommen hat. Deshalb soll man diese Frau ins Wasser werfen.« Wie die Frau das Urteil hörte, da lief sie fort (*macht pléjte*).

Da war ganz Israel (*jißróel*) voller Bewunderung, wie der König Salomo mit großer Weisheit (*chóchme*) das Urteil gefunden hatte, und sie freuten sich sehr. [229]

Quelle: Die Geschichte von Salomos weisem Urteil nach der Schwertprobe findet sich in 1 Kön 3,16–28.
Übers.: MB: Pappenheim 1929, Nr. 234.

In der Bibel sind es zwei Huren, die, in einem Haus ansässig, jeweils ein Kind gebären. Die Figur des Henkers fehlt – und damit die didaktisch vorbereitete Absicht König Salomos. Die Schwertprobe bezieht das tote Kind nicht mit ein: »Haut das lebende Kind entzwei,/gebt der die Hälfte und der die Hälfte!« Der barmherzigen Mutter gibt Salomo das Kind zurück, ohne die andere mit dem Tod durch Ertränken zu strafen. Ganz Israel erschauert vorm Antlitz des Königs, »denn sie schauten, daß Gottesweisheit in seinem Innern war,/Recht darzutun«.
Die Geschichte erfüllt den Typus »Salomons Schiedsspruch« (AaTh 926). Das Motiv der »Mutterschaftsprobe« mittels gewalttätigem Experi-

ment wurde im literarischen Stoff »Kreidekreis« weiterentwickelt. Im chinesischen Singspiel vom Kreidekreis (um 1300 von Li Hsing-tao verfaßt) beansprucht die erste, kinderlos gebliebene Ehefrau das Kind der zweiten, des schönen Teehaus-Mädchens Haitang, um sich so das Erbe des zuvor von ihr vergifteten Ehemanns zu sichern. Erst der Oberrichter in Peking findet die Wahrheit heraus, indem er das Kind in einen Kreidekreis stellt und es derjenigen der beiden Frauen verspricht, die es zu sich hinüberzuziehen vermag. Als Haitang auf Gewaltsamkeit verzichtet, um ihrem Kind nicht zu schaden, erkennt er sie als liebende Mutter.

Brecht geht im Drama ›Der kaukasische Kreidekreis‹ (1948) dialektisch weiter. Bei ihm hat die leibliche Mutter in Kriegszeiten ihr Kind im Stich gelassen und es erst in Hoffnung auf eine Erbschaft zu sich zurückgeholt. Die Magd, die das Kind rettete und unter Entbehrungen aufzog, erweist sich – auch bei der Kreidekreis-Probe – als die wahrhaft Mütterliche; ihr wird das Kind zugesprochen.

Über die sprichwörtlichen »Salomonischen Urteile« siehe Text 144 und 230, zu Salomos klugen Ratschlägen die Texte 198 und 215.

König Salomo spielt Schach

Die Geschichte geschah. König Salomo (*Schláumo ha-mélech*) hat seine Weisheit (*chóchme*) noch bei anderer Gelegenheit gezeigt, nachdem er, wie jedermann weiß, das Schachzabelspiel (Schach) erfunden hat.

Es geschah einmal, daß er mit seinem ersten Rat (*jáuez*) spielte, der hieß Benaja ben Jojada. Aber der Rat konnte es dem König Salomo nicht abgewinnen, denn der konnte es sehr gut. Auch hatte König Salomo es ja erfunden, so konnte er es besser als irgendein anderer.

Nun begab es sich eines Tages, daß König Salomo wieder mit seinem Rat spielte, und wieder standen die Steine des König Salomo besser als die des Rates. Und der Rat war wieder so gut wie schachmatt. Da kam plötzlich ein großes Geschrei auf der Gasse auf, als ob sich zwei Leute miteinander schlügen. Da lief König Salomo an ein Fenster und sah auf die Gasse und wollte sehen, was los war. Derweil ging der Rat hin und nahm König Salomo, ohne daß er etwas merkte, einen Stein aus dem Spiel, den man einen Ritter (Springer) nennt. Und König Salomo verlor danach das Spiel mit dem Rat.

Nun, mein guter König grämte sich heimlich sehr, daß er das Spiel verloren hatte, denn er hatte nicht gedacht, daß es auf der Welt einen Menschen gäbe, der es ihm abgewinnen könnte. Und dachte hin und her, wie es zugegangen sein mochte, daß er das Spiel verloren hatte. Er stellte seine Steine wieder aufs neue auf und wollte sehen, wie er das Spiel verloren hatte. Und wie er nun den Überblick hatte, da sah er in seiner großen Weisheit, daß ihm ein Stein fehlte. So sagte er zu sich: »Vielleicht hat er mir einen Stein genommen, als ich am Fenster lag und auf die Straße sah; und darüber hab ich das Spiel verloren.« Doch er dachte auch: »Ich darf den Benaja nicht verdächtigen (*chójsched sajn*), und gleichwohl würde ich gern wissen, ob er es getan hat. Ich muß eines tun und muß mir eine List (*chóchme*) ausdenken, daß er es mir von selbst gestehen muß.« Und er lief umher und war schlecht gelaunt und durfte sich doch nichts anmerken, daß er das Spiel verloren hatte.

Da geschah es eines Tages, daß er in seinem Palast war und zum Fenster heraussah. Da sah er dort unten zwei Männer gehen, die Säcke über den Schultern trugen, (offenbar) um bei Nacht zu stehlen (*gánwen*), denn es war ziemlich spät. Da ging der König hin und legte seine königlichen Kleider ab und zog sich häßliche (*níwsig*) Kleider an, gleich einem seiner Diener. Und lief hinab zu den Dieben (*ganówim*) und sagte zu ihnen: »Gott grüß euch, meine lieben Kameraden, auch ich habe das Handwerk gelernt. Ich habe etliche Schlüssel bei mir, die des Königs Zimmer aufschließen, da, wo seine Schätze liegen. Denn auch mir steht schon lange der Sinn danach, aber ich habe mich nicht getraut, das Geschäft (*hándl*) alleine abzuwikkeln. Darum, wenn ihr mir folgen wollt, so werden wir reich werden.« Da sprachen die Ganoven: »Ja, wenn du eine gute Gelegenheit weißt, dann laß uns das besorgen, wir sind dazu geschickt genug.« Da sprach der König: »Laßt uns warten, bis es etwas später ist und jedermann schläft; damit niemand uns sieht.«

Wie es nun ganz spät war, da hob er an: »Jetzt ist es Zeit, daß wir gehen.« Da führte sie der König in ein Zimmer (*chéjder*), das sie schon ausrauben wollten. Doch der König sagte: »Noch ist nicht Zeit dafür, es wird wohl etwas Besseres kommen.« Da führte sie der König in ein besseres Zimmer, das wollten sie ausrauben. Da sprach der König: »Noch ist nicht Zeit dafür, ich will euch etwas Besseres zeigen, wo wir genug bekommen, ohne schwer tragen zu müssen.« Da führte sie der König in das Zimmer, worin alle Edelsteine lagen. Da sprach der König: »Da nehmt, jetzt ist es Zeit. Und macht die Säcke voll, ich will solange aufpassen, daß niemand kommt, damit wir in aller Stille wieder verschwinden.«

Die Narren ließen sich überreden und glaubten, es wäre wahr, und wußten nicht, es war der König selbst, und machten ihre Säcke voll. Derweil ging der König hin und schloß die Tür zu, und die Diebe waren gefangen. Der König aber ging wieder in seine Schlafkammer und wechselte die Kleider und sagte zu seinen Dienern, sie sollten achthaben, denn er hätte Diebe in seinem Zimmer gespürt; sie sollten bei Leibesstrafe darauf achtgeben, daß sie nicht davonkämen. Und er ließ sie die ganze Nacht bewachen, so daß sie nicht entkommen konnten.

Wie es Tag wurde, ließ König Salomo das Sanhedrin (das Oberste Gericht) zusammentreten.

Nun war sein liebster Rat Benaja ben Jojada auch unter denen vom Sanhedrin, und König Salomo saß ebenso bei ihnen. Da hob König Salomo an: »Ihr lieben Weisen (*chachómim*), fällt ein gerechtes Urteil. Was ist die gerechte Strafe für einen, der einen anderen bestiehlt; und nicht allein, daß er irgendeinen bestiehlt: Er bestiehlt den König selbst.«

Als der Benaja hörte, wie der König einen wegen Diebstahl anzeigte, da dachte er, er selbst sei gemeint, in der Furcht, er werde es bemerkt haben, daß er ihm den Stein abgenommen hatte. So dachte er: »Soll ich schweigen, bis sie ein Urteil erlassen (*din gebn*), so verurteilt man mich. Ich will gestehen und den König um Verzeihung bitten. Vielleicht vergibt er mir meine Sünde (*awéjre*), und ich komme mit dem Leben davon.« Und stand auf und fiel auf sein Gesicht (*pónem*) nieder und bat den König: »Mein Herr König, ich bitte um Verzeihung. Ich muß meine Sünde bekennen, ich bin der Dieb. Denn als wir miteinander das Schachzabel gezogen (die Steine gezogen) haben, da habt Ihr aus dem Fenster geschaut. Derweil bin ich hingegangen und habe Euch einen Stein genommen. Ich bitte Euch deshalb, Ihr mögt mich am Leben lassen, weil ich selber gestehe.«

Als das der König hörte, da fing er an zu lachen und sprach: »Lieber Benaja, dich meine ich nicht. Ich habe das Gericht nicht deinetwegen eingesetzt. Deine Tat habe ich schon vergessen und habe sie dir schon verziehen. Daß ich diesmal das Sanhedrin zusammentreten ließ, betrifft eine andere Sache. Ich habe drinnen in meinem Zimmer noch zwei Ganoven sitzen, die haben in meiner besten Schatzkammer stehlen wollen. Darüber soll man mir ein Urteil fällen.«

Da hatte König Salomo in seiner Weisheit die Sache erdacht, (um herauszufinden), ob er von selbst gestehen würde. Und wie der König dies hörte, da war es ihm eine große Genugtuung (*hanóe*), daß er aufgedeckt hatte, wie es zugegangen war. Das Urteil des Sanhedrin ging dahin, daß man die Diebe hängen sollte.

In seiner Weisheit hatte der König danach getrachtet: Wenn Benaja nicht gestanden hätte, so hatte er dennoch nicht vergebens das Sanhedrin eingesetzt, denn er hätte die Sache mit den Ganoven verhandelt. Da sieht man, daß der König Salomo ein sehr weiser Mann war, und von ihm wird gesagt: Der König Salomo war weiser als irgendein Mensch auf der Welt. Sogar weiser als Adam der erste Mensch (*ódom horíschaun*), der doch großen Verstand gehabt hat, denn er hat allem einen Namen gegeben, allem, was da lebendig, und jedem nach seiner Natur. Aber König Salomo ist nun mal weiser gewesen als Adam der erste Mensch. [230]

Quelle: Gaster 1934 merkt dazu an: »Die *ma'asse* ist schwerlich eine genuine Geschichte von König Salomo, sie ähnelt mehr einem deutschen Volksmärchen.« – Siehe auch Sefer Chassidim, ed. Josefow 1860, fol. 39 a, § 400; ed. Sulzbach, § 400.

Übers.: MB: Grünbaum 1882, 288; Sulzbach (ed.), Die Ethik des Judentums (1923), 68 f.; Pappenheim 1929, Nr. 235.

Rabbinisches Exemplum Nr. 426 (Salomo und Schachspiel). Born Judas, Bd. 3 (1918), S. 77–81: Das Schachspiel.
Der zugrundeliegende Typus ist »Das Schachspiel Salomos« in der Ausprägung C: »Der verkleidete König bringt die Diebe zusammen«. Es geht hier allerdings um ein ethisches Problem. Im ›Sefer Chassidim‹ ist nicht von König Salomo die Rede, sondern vom Schachspiel unter Freunden um Geld, und daß der Verlierer den Stein gestohlen hat, um seinerseits zu gewinnen und den Verlust wettzumachen. »Hat er gefragt einen Schriftgelehrten, ob es eine Sünde ist, daß er gestohlen den Stein.

Hat der Weise geantwortet: Ja, es ist eine Sünde; obschon jener das verspielte Geld aufgegeben [ausgeglichen] hat, heißt es doch ein Diebstahl« (Grünbaum).

Der Schriftgelehrte nimmt in etwa die Stellung König Salomos ein, auch er hat über den Diebstahl als Sünde zu entscheiden. Aber für ihn geht es nicht um Betrug als solchen, sondern um unerlaubten Spielgewinn, also per se um Diebstahl. Die andere Übersetzung ergibt das deutlich, dort antwortet er: »Wer einen Dieb bestiehlt, hat auch die Süßigkeit des Diebstahls geschmeckt« (Sulzbach). König Salomo hingegen geht es nicht so sehr um den Diebstahl als Sünde, er wertet sie großmütig als Lappalie und verzeihlichen Lapsus. Ihm geht es nur darum, dem anderen ein Geständnis zu entlocken – was ihm auf Umwegen und elegant gelingt.

»Schachzabel« ist die alte Bezeichnung für das Schachbrett, abgeleitet von lat. tabula, Tisch, Tafel. In der mittelalterlichen höfischen Dichtung häufig gebraucht, so im ›Tristan‹ oder im ›Tannhäuser‹, galt als Lieblingsspiel von Adel, Klerus und Patriziertum, als das »Spiel der Könige«, und die einzelnen Schachausdrücke waren im 12. Jh. gang und gäbe; vgl. Grimms ›Deutsches Wörterbuch‹ und spätere Sammlungen sprichwörtlicher Redensarten.

In der arab. Literatur wird »Shatranj« (Schach) seit dem 8. Jh. in Gedichten, Sprichwörtern und Legenden gefeiert; das »Tschaturanga« der Inder ist über ein Jh. früher bekannt; es wurde nach Persien exportiert, wo es zunächst »Tschatrang« hieß und in Firdausis Nationalepos ›Shahnamê‹ (Buch der Könige, um 1010) dann zum Shah wurde. Auch »schachmatt« stammt aus dem Persischen; mát bedeutet hilflos oder besiegt, Shahmát daher »besiegter König«.

In der altindischen Weizenkornlegende wird Schach vom weisen Brahmanen Sissa ibn Dahir für den Herrscher Shihram erfunden. Es sollte ihn belehren, daß ein König zu seinem Schutz die Hilfe aller Figuren, auch die der Bauern, braucht. Als Belohnung, die er selbst bestimmen soll, wählt der Brahmane eine scheinbar geringe Gabe: ein Korn für das erste Schachfeld, zwei für das zweite und so fort, immer das Doppelte an Getreidekörnern für jedes weitere Feld. Der König kann ihm die Belohnung dennoch nicht zahlen, denn die Summe aller 64 Felder beläuft sich auf mehr als 18 Trillionen Körner.

Die Tradition des Sanhedrin, der »Männer der großen Versammlung« (griech. Synhedrion), geht bis auf Mose zurück. Die im Tempel zu Jerusalem tagende oberste Gerichtsbehörde bestand aus 71 Mitgliedern, der Vorsitzende hieß Nassi (der Fürst).

Von der Gefahr, bei Dunkelheit zu reisen oder die Weisheit des Rabbi Meir

Die Geschichte geschah. Es steht geschrieben: Ein Mensch sollte immer eintreten im Zeichen ki tob und verlassen im Zeichen ki tob. Das heißt, daß ein Wanderer seine Reise so einrichten soll, daß er die Herberge noch bei Tag erreicht, und die Herberge auch bei Tag verlassen soll. Und soll nicht nachts in die Herberge kommen oder nachts aus der Herberge gehen.

Denn da ist einmal ein Wirt gewesen, der die Leute beherbergte, und der hatte sein Haus mitten auf dem Feld stehen. Und wenn nun Leute kamen, die sich verspätet hatten, daß sie in keine Stadt mehr kommen konnten, da mußten sie bei diesem Wirt über Nacht bleiben. Und wenn er sah, daß einer wieder wegwollte, dann fragte er den Gast, wo er hinwollte oder welche Straße er ziehen wollte. Und wenn der Gast ihm sagte, da und da will ich hin, dann sagte der Wirt, da muß ich morgen auch hin, denn es ist genauso meine Straße.

Und wenn es dann auf Mitternacht ging, weckte er den Gast auf und rief: »Steh auf, es ist bald Tag.« Also stand der Gast dann auf und ging mit dem Wirt fort. Denn der Gast, oje (*nébech*), meinte, er wäre gut daran, daß er mit einem Begleiter durch den Wald gehe. Und wenn der Gast dann nach draußen kam, dann sah er, daß es noch finster war. Dann sprach er zum Wirt: »Es ist doch noch ganz finster.« Dann sagte der Wirt: »Dann können wir auch früh in der Stadt sein.« Und sobald sie in den Wald kamen, dann tötete er, Gott bewahre, die Leute und nahm ihnen das Ihrige weg.

Nun, es begab sich einmal, daß Rabbi Meir sich auf dem Weg verspätet hatte, so daß er nicht in die Stadt kommen konnte und über Nacht in dem Wirtshaus schlafen mußte. Wie nun Rabbi Meir am Tisch saß und aß, da kam der Wirt zu ihm und fragte ihn, wo er morgens früh hinwollte. Da sagte Rabbi Meir ihm die Wahrheit, wo er hinwollte. Da sprach der Wirt: »Das ist auch mein Weg. Auch ich muß morgen diesen Weg ziehen.« Da sprach Rabbi Meir: »Ich bin sehr zufrieden, daß ich Gesellschaft (*chawrúße*) habe.«

Nun, mein Rabbi Meir legte sich schlafen, und wie es um Mitternacht war, da kam mein guter Wirt und weckte Rabbi Meir auf und sagte: »Steh auf, mein guter Gast, es ist ganz spät, der Tag ist schon vorhanden.« Da antwortete Rabbi Meir dem Wirt: »Mein lieber Wirt, ich warte auf meinen Kameraden (*cháwer*), der ist noch nicht vorhanden. Wenn er kommt, alsdann will ich gehen.« Nun, nach einer Stunde kam der Wirt und weckte Rabbi Meir wieder auf. Da antwortete Rabbi Meir wieder: »Ich geh noch nicht.« Über eine Stunde kam der Wirt wieder und sprach: »Steh auf, es ist Zeit, denn es ist ganz spät.« Da sprach Rabbi Meir wieder: »Ich geh noch nicht, denn mein Kamerad muß erst kommen.« Da fragte ihn der Wirt: »Wie heißt denn dein Kamerad oder wo ist dein Kamerad?« Da sprach Rabbi Meir: »Er heißt ki tob (»es ist gut«).« Er meinte damit: Der Tag wird »gut« geheißen und ist des Menschen Kamerad, der ihn begleitet, doch die Nacht ist niemandes Freund. – Und er mochte nicht mit ihm gehen.

Da fragte der Wirt: »Wo ist der ki tob?« Da antwortete Rabbi Meir: »Er liegt in meiner Stadt in der Schul (Synagoge).« Das heißt, er meint damit: Der Mensch soll am Morgen vorher beten (*óren*) und soll vorher Gebetsmantel und Gebetsriemen (*táleß un tfílin*) anlegen, und danach kann er wandern. – Da lief der Wirt vor das Haus auf das

Feld und rief: »ki tob.« Da war aber niemand, der ihm antwortete. Da ging der Wirt wieder in sein Haus und sagte zu Rabbi Meir: »Ich habe ki tob gerufen, aber er will mir nicht antworten.«

Nun, unterdessen war es Tag. Da sprach Rabbi Meir: »Jetzt ist es Zeit für mich zu gehen, denn mein Freund ki tob ist gekommen. Das ist der Tag, genannt ki tob, der ist jetzt vorhanden. Und das ist des Menschen Geselle, der mit ihm wandert.« So geschah dem Rabbi Meir, daß er gerettet wurde vor dem Blutvergießer (*rauzéach*), weil er gewartet hatte. Wäre er mit dem Mordgesellen bei Nacht fortgezogen, so wäre er, Gott bewahre, ums Leben gekommen.

Deshalb sagt er, ein jeder, der da wandert (eine Reise tut), soll früh in die Herberge gehen und auch wieder bei Tag herausgehen, so geschieht ihm nichts Böses. [231]

Quelle: Bereschit Rabbati 92,6 (zu Gen 44,3: »Wie der Morgen licht ward, schickte man die Männer heim ...«).

Übers.: MB: Grünbaum 1882, 444–446 (nach den Ausgaben Wilhermsdorf Nr. 230 und Rödelheim fol. 77b); Pappenheim 1929, Nr. 237.

Rabbinisches Exemplum Nr. 181 (Rabbi Meir und der mörderische Wirt).

Zum klugen Umgang Rabbi Meirs mit bösen Wirten siehe auch Text 85 bzw. Exemplum Nr. 325 (Rabbi Meir und Kidor). Bemerkenswert scheint bei beiden Exempla, daß ihre »Moral« sich nicht auf die Bluttaten der Gastwirte erstreckt, diese also ungesühnt bleiben.

Der Midrasch »Bereschit Rabbati«, der diese Geschichte belegt, entstand im frühen 11. Jh. und ist ein Hauptwerk der Schule von Narbonne, die Mosche ha-Darschan begründet hat.

Mit dem Wort »Bereschit« (»Im Anfang«) beginnt die Tora. Das ›Sefer Chassidim‹ (1893, Nr. 592) sieht darin einen Hinweis auf den Sabbat von Anbeginn an, weil »Bereschit« die Konsonanten Jera Schabbat (»Fürchte den Sabbat«) enthält. Damit erkläre sich auch das Sabbatgebot:

»Bevor du deine Reise antrittst, bedenke, ob du noch am Tage eine Herberge erreichen und alles für den Sabbatbedarf Erforderliche vor Sonnenuntergang bereitstellen kannst.«
Volksliterarisch tradiert ist dieser Stoff als einer der Ratschläge und klugen Lebensregeln König Salomos, siehe Anm. Text 198. Das Motiv der Mitternachtsstunde als Zeitpunkt größter Gefahr, schwerer Anfechtung oder mörderischen Geschehens ist der gesamten Sagen- und Märchenliteratur geläufig, siehe den Artikel »Mitternacht« in EM.

Bar Kappara errettet den Sohn des Kaisers vor dem Tod

Die Geschichte geschah an einem Mann, der Bar Kappara hieß und ein sehr reicher Mann war, der wohnte in einer Stadt, die am Mittelmeer (*jam hagódaul*) lag. Er pflegte, damit ihm die Zeit verging, immer am Meeresufer spazierenzugehen, denn dort sah er jederzeit Neues an Schiffen und anderen Sachen, wie man nun einmal Neues gern sieht.

Eines Tages ging Bar Kappara spazieren, wie es seine Gewohnheit war, da kam ein Schiff mit vielen Leuten dahergefahren, und wie es schon fast an Land war, da stieß das Schiff gegen eine Klippe, daß es mitten auseinanderbrach und unterging. Da entstand ein großes Geschrei, wie sich wohl denken läßt. Und alle Schiffsleute liefen mit ihren Schiffen aus und wollten die Leute retten. Da sprang Bar Kappara in ein kleines Schiffchen und wollte sehen, ob er auch jemand retten könnte. Da erwischte er einen im Wasser, der schon fast tot war. Also schleppte Bar Kappara ihn aus dem Wasser und brachte ihn an Land und nahm ihn mit sich in sein Haus. Er ließ seine Stube wärmen und trocknete ihn, so daß er wieder zu Kräften kam, und erhielt ihn so am Leben.

Wie er nun wieder zu seinem Verstand kam, da fragte ihn Bar Kappara, wer er wäre und wo er daheim sei – denn er mußte ja sein Verdienst (*ßchuß*) haben, daß er das Leben behalten hatte, während die anderen alle im Wasser ertrunken waren. Da erwiderte er: »Ich bin aus Rom und bin von königlicher Herkunft: Ich bin der Sohn des römischen Kaisers.« Wie nun Bar Kappara dies hörte, da kleidete er ihn von Kopf bis Fuß ein, denn alle Knechte und Kleidungsstücke und all sein gutes Zeug waren ihm ertrunken. Das Schiff und alles, was darin gewesen, an Menschen und an Gütern, war alles seines gewesen. Er klagte um seine Leute bitterlich: »Ich wollte nun gern wieder zu meinem Vater ziehen, doch habe ich keinen Pfennig in meiner Gewalt (zu meiner Verfügung) und weiß nun nicht, wie ich heimkommen werde, denn in diesen Landen bin ich nicht bekannt.« Da sagte Bar Kappara: »Mein Herr, sorgt Euch nicht, ich will Euch helfen, daß Ihr mit Ehren heimkommt.« So machte sich Bar Kappara keine Gedanken. Er ging hin und kaufte drei schöne Pferde und dingte ihm zwei Knechte und gab ihm genug Zehrung mit. »Denn ein solcher Mann«, so dachte er, kann es mir sicher wieder bezahlen. Überdies kann er den Juden (*jehúdim*) dafür Wohltaten (*táuweß*) erweisen, denn die Juden sitzen meistenteils, Gott sei davor, unter Römern (*rumi*). Als das der junge Kaiser sah, daß der Bar Kappara ihn so ehrte und ihm dazu noch Geld lieh, da hob er vor großer Freude (*ßímche*) zu weinen an und sprach zu Bar Kappara: »Mein lieber Jude, du hast mich gerettet, so daß ich mein Leben behielt, und hast mir dazu drei Pferde gekauft und zwei Knechte gedungen und dazu noch Geld geliehen. Nun, das Geld kann ich dir zu Dank wieder schicken, sobald Gott mir heim hilft, denn das kann ich leicht bezahlen. Doch die anderen

Wohltaten, die du mir erwiesen hast, die weiß ich dir mein Leben lang nicht zu bezahlen, mit allem, was sich in der Welt befindet. Ich hoffe, Gott wird es dir bezahlen. Aber ich gelobe dir bei meiner Treue, daß ich es im Gedächtnis behalten werde und es mein Leben lang die Juden werde genießen lassen, denn wenn Gott mich am Leben hält, dann kommt das römische Reich in meine Hand.« Da sprach Bar Kappara zum jungen Kaiser: »Gott möge Euch Glück und Segen gewähren, und es möge Euch geschehen, so wie Ihr es vorhabt. Und zieht in Gottes Namen wieder in Euer Reich.« Da küßte der junge Kaiser den Bar Kappara, nahm von ihm Abschied und zog selbdritt fort, auf Rom zu.

Und wie er wieder heimkam, da wurde er von seinem Vater, dem Kaiser, sehr gut empfangen, er fragte ihn lediglich, wo er sein ganzes Gefolge gelassen hätte. Da erzählte der Sohn dem Vater die ganze Geschichte, wie es ihm auf dem Meer ergangen, wie all sein Hab und Gut und all seine Leute ertrunken waren, und wie ihm ein Jude das Leben gerettet, ihm die Pferde gekauft und die Knechte gedungen und ihm auch viel Geld gegeben hatte; er könnte ihm die Wohltaten kaum beschreiben, die ihm der Jude erwiesen habe. Der Vater weinte vor großer Freude, daß er sein Leben behalten hatte, doch war er solch ein Bösewicht (*rósche*), daß ihm die Wohltaten nicht angenehm waren. So sagte er zu seinem Sohn: »Wir haben Geld genug. Schick dem Juden sein Geld wieder, damit er mir nicht vor Augen kommt, denn ich mag das Gesicht (*pónem*) des Juden nicht ansehen.« So ein schlimmer Mann war der Vater. Und wiewohl seinem Sohn durch Juden viele Wohltaten geschehen waren, so war es ihm doch nicht angenehm, und er fügte den Juden allezeit große Bosheiten zu. Der Sohn gab dem Vater zu bedenken: »Mein herziger Vater, denk daran, was für Guttaten (*mízweß*) mir durch Juden geschehen sind.« Aber der Vater, möge sein Name durchgestrichen werden, wollte sich nicht daran kehren. Aber die Juden wußten nicht, daß der junge Kaiser gut zu ihnen war.

So schickte nun der junge Kaiser einen seiner Räte (*ejn éjze*) mit drei Pferden zu Bar Kappara, und schickte ihm sein Geld wieder, was er geliehen hatte, überdies einen Sack Geld, mehr als man zählen konnte, und dazu (die Botschaft:). »Da hab dein Geld wieder, das du mir geliehen hast, doch nichts gegen das Gute, das du mir erwiesen, daß du mir das Leben gerettet hast, geschweige die anderen Guttaten, die du mir erwiesen hast.« Die vier Wagenlenker (*rachówim*) gelangten in die Stadt, in der Bar Kappara wohnte, und kamen zu seinem Haus. Und wie er sie kommen sah, dachte er gleich: »Da wird mir mein Geld von jenem Fürsten kommen«, und tat ihnen viel Ehre (*kówed*) an und fragte sie, was ihr Begehr sei. Da sagten sie: »Unser Herr, der junge Kaiser, hat uns hierher zu Euch geschickt, und er wird sich aus ganzem Herzen freuen, so Ihr noch frisch und gesund seid, und entbietet Euch viel Gutes. Zum anderen schickt er Euch Euer Geld, das Ihr ihm geliehen habt, und tut sich noch sehr bedanken; ein andermal will er gegenüber allen Juden seine Schuld tilgen. Und doch sollt Ihr ihm sagen, was Ihr für das geliehene Geld verdient habt (d. h. erwartet), das will er Euch gern bezahlen.« Da gab Bar Kappara zur Antwort: »Würdiger Herr, das Geld ist nur ein schlichter Betrag (*schlecht gelt*), es hätte deshalb nicht solcher Unkosten bedurft, daß er vier Pferde hergeschickt hat. Er hätte es mit dem nächstbesten Boten herschicken können.« Der Rat sagte: »Mein Herr der Kaiser kann Euch nicht genug danken«, zog einen Beutel mit Geld heraus und warf ihn dem Bar Kappara auf den Tisch, indem er sagte: »Das Geld hat Euch mein Herr geschickt.« Es waren wohl zwanzigtausend Gulden. Da schwor Bar Kappara, er wolle keinen Pfennig geschenkt haben, sondern nur das, was er ihm geliehen habe, denn er wäre reich genug. Er (sein Herr) könne das Geld wohl einmal an arme Juden verteilen. Nun bedrängten sie den Bar Kappara sehr, er möge es doch annehmen. Es war aber kein Gedanke, daß er's nehmen wollte. Da sagten sie: »Unser Herr der Kaiser wird uns vielleicht zürnen, wenn wir das Geld wieder mitbringen, denn er hat uns streng befohlen, es nicht wieder mitzubringen.« Doch Bar Kappara sagte darauf: »Ich habe keine Meinung dazu, es zu nehmen.« Dann ging er hin und schenkte dem Rat zwei goldene Armringe, die gut fünfzig Kronen wert waren, und jedem Wagenlenker einen Fingerl (*fingerl*, Ring) von vier oder fünf Kronen. So zogen sie wieder heim und brachten dem jungen Kaiser das Geld wieder und berichteten, da sei beim Juden keine Meinung gewesen, daß er etwas geschenkt haben wollte. Sondern er habe nur gesagt, ihr Herr könne es an andere Juden verteilen. Und nicht allein das: »Seht, was uns der fromme Jude geschenkt hat«, und der Rat zeigte ihm seine Armbänder, und die Wagenlenker wiesen ihre Fingerlich vor.

Da ging der junge Kaiser zu seinem Vater und sprach: »Sieh, lieber Vater, was für ein Jude das ist. Nicht allein, daß er kein Geschenk haben wollte, er hat obendrein alle meine Diener begabt (beschenkt) mit guten Gaben.« Und er zeigte dem Vater die Armbänder und zwei goldene Fingerlich. Doch war die Bosheit (*ríscheß*, hier: Judenfeindlichkeit) des Vaters so groß, daß es ihm in keiner Weise angenehm war. Er verhielt sich gegenüber den Juden übel, und der junge Kaiser konnte es ihm nicht verwehren. Die Juden wußten jedoch nicht, daß der junge Kaiser ihnen wohlgesinnt war. Unterdessen ersann der alte Kaiser alle erdenklichen Bosheiten und verbot den armen Juden, sich zu jüdischen (*jídischn*, beschneiden), und sie sollten auch nicht den Sabbat einhalten (*schábeß haltn*), und erließ noch viele häßliche Dekrete (*níwsik gebót*), daß die armen Juden schlimm dran waren. Als die Juden von diesem betrüblichen Verhängnis (*geséro*, Verfügung) erfuhren, fingen sie an zu weinen und streuten Asche auf ihr Haupt, taten Buße (*tschúwe*) und wünschten sich jeden Augenblick den Tod, denn das Unglück (*geséro*) war so grausam und bös, daß die armen Juden ganz übel dran waren. Sie hofften zwar, mit Bestechung (*scháuched*) viel auszurichten, doch es konnte keiner bis zu ihm vordringen, denn er wollte keinen Juden vorlassen.

Da ward man das Unglück weit und breit gewahr, und auch Bar Kappara erfuhr davon. Da dachte er bei sich: »Nun ist es Zeit, daß ich nach Rom ziehe und vor den jungen Kaiser trete, vielleicht wird er des Guten gedenken, das ich ihm erwiesen, und wird beim Vater Fürsprache einlegen.« So machte er sich auf und zog nach Rom. Und wie er nun dahin kam, da bekamen es die Juden dort mit, daß ein tapferer Jude angekommen sei, ein großer Schriftgelehrter (*tálmid-chóchem*) und reicher Mann. Und auch, daß er recht liebenswürdig (*bal-chejn*) sei und deshalb hergekommen sei, um das große Unglück abzuwenden. Also ging ihm die ganze Gemeinde (*kol ha-kóhol*) entgegen, und sie taten ihm große Ehre an und sagten: »Lieber Rabbi, könnt Ihr uns helfen gegen das böse Verhängnis, so spart nicht an Geld; wir müssen eines tun, nämlich den jungen Kaiser anrufen, er möge es bei seinem Vater zuwege bringen, daß er das Gesetz wieder aufhebe; sonst können wir nichts verrichten.« Da sprach Bar Kappara: »Liebe Leute, ist es von Gott her zu verrichten, so sorgt euch nicht. Denn ich getraue mich, mit Gottes Hilfe beim jungen Kaiser die Sache in Ordnung zu bringen, ohne Heller und Pfennig.« Nun, mein guter Bar Kappara begab sich zum Schloß des jungen Kaisers, mächtig ausstaffiert, daß man ihn nicht als einen Juden erkannte, und ließ sich beim jungen Kaiser ansagen: Es sei da einer, der wolle Seine Kaiserliche Majestät ansprechen, und sei ein Jude.

Wie dies der junge Kaiser hörte, daß ihn Juden ansprechen wollten, da erschrak er sehr, denn die Ursache glaubte er zu wissen: daß es etwas beträfe, worüber er sehr betrübt war. Denn er befürchtete, nichts bei seinem Vater auszurichten, und dennoch (so fühlte er) wäre es recht und billig, daß er auf ihn einwirken müsse, wegen der großen Wohltaten, die ihm Juden erwiesen hatten. Nun, er ließ den Juden zu sich kommen und sah, daß er ein stattlicher Jude war. Da erschrak er gleich und dachte bei sich: »Vielleicht ist das der Jude, der mir das Leben gerettet und mir die große Wohltat erwiesen hat.« Aber er konnte ihn nicht wiedererkennen, denn das Geschehen lag schon lange zurück. Und sobald der Jude vor ihn trat, fiel er ihm zu Füßen und sagte: »Allergnädigster Herr, wir rufen erst Gott an und danach Euch, daß Ihr bei Eurem Vater doch das Gebot aufheben lassen wolltet, und Euch des Guten erinnern wolltet, das ich Euch erwiesen habe, als Ihr im Wasser gelegen seid.« Und er fing an zu weinen.

Sobald der junge Kaiser die Geschichte hörte, daß dies der Jude war, der ihn gerettet hatte, da stand er von seinem Stuhl auf und hob ihn auf, fiel ihm um den Hals und küßte ihn, und hob mit ihm zu weinen an und sprach: »Mein lieber Jude, steh auf. Wenn es von Gott her möglich ist, daß ich es bei meinem Vater ausrichten (bewerkstelligen) kann, so will ich es tun. Seid deshalb guten Mutes.«

Und er setzte den Juden neben sich und wollte ihm viel Ehre antun. Aber Bar Kappara sprach: »Ich bin deshalb nicht hergekommen, sondern allein darum: Ich bitte dich, mein Herr, du wolltest dafür sorgen, daß das Gebot verstört (annulliert) werde, so wird Euch gewiß Gott der Allmächtige das Leben verlängern.« Der Kaiser sprach: »Mein lieber Jude, komm nachher wieder hierher; ich will wieder zu meinem Vater gehen und mit ihm reden.« Bar Kappara sprach: »Mein Kaiser, stellt es doch nicht in Vergessenheit, daß die armen Juden drauf und dran sind, schändlich ums Leben zu kommen.« Der Kaiser sprach: »Ich will in der Sache nichts unterlassen«, und begleitete den Bar Kappara selber zur Tür.

Mein guter Bar Kappara kam wieder zu den Juden, wollte aber nicht sagen, ob er etwas ausgerichtet hätte oder nicht. Er sagte nur, die Sache ist auf gutem Wege, und tröstete sie, die Armen (*nébech*). Dennoch sollten sie weiter fromm sein und ihre Sünden bereuen, er wollte desgleichen tun, daß Gott sich seiner erbarme. Da erschraken die Juden sehr, denn sie hörten aus seinen Reden heraus, daß er nichts ausgerichtet hatte und die böse Sache noch immer andauerte.

Indessen ging der junge Kaiser zu seinem Vater und bat ihn, mit ihm zu Mittag zu essen. Da sprach der alte Kaiser: »Mein Sohn, dein Wille soll geschehen, ich will zu dir essen kommen.« Wie nun der Kaiser und sein Sohn zu Tisch saßen, kam Bar Kappara wieder (vors Tor) und wünschte, vor den Kaiser zu treten. Da sprachen die Trabanten (Torwächter): »Der Kaiser sitzt nun zu Tisch.« Da schenkte der Jude einem der Trabanten ein schönes feines Fingerlein (Ring), er möge es dem Kaiser zeigen. Der Trabant sprach: »Mein Jude, wenn du mir auch noch so viel schenkst, ich wollte es ihm nicht sagen. Denn der Herr Kaiser, der alte, ißt gerade mit dem jungen Herrn Kaiser, und wenn ich ihn an einen Juden erinnere, dann schlägt er mir den Kopf ab.« Da sagte Bar Kappara: »Tu eines und bringe ihm meinethalben einen Brief. Da wird der Kaiser nicht wissen, was es betrifft, bis er den Brief liest. Und wird er dann nach mir verlangen, so sag es mir. Falls nicht, will ich's bleiben lassen.« Der Trabant sprach: »Das will ich tun.« Da schrieb Bar Kappara ein kleines Brieflein und gab es dem Trabant, der das Fingerlein sich verdienen wollte und dem jungen Kaiser den Brief brachte. Sobald der den Brief las, da erschrak er und dachte: »Was soll ich tun? Werde ich's meinem Vater sagen, so läuft er weg. Ich will meiner Eingebung (*sín*) folgen und ihn heraufkommen lassen. Wenn mein Vater dann den Juden sieht, der mir Gutes getan hat, so wird er sich aus Liebe zu mir des Juden erbarmen.« Wie der Kaiser dachte, so dachte Bar Kappara auch. Und er hatte deshalb den Mann zum Kaiser geschickt, daß dieser sich all des Guten erinnere.

Also sagte der Kaiser zu dem Trabanten: »Laßt den Mann stracks heraufkommen.« Der Trabant wunderte sich: »Was muß das für ein Jude sein, den mein Herr zu sich kommen läßt, und das während des Essens.« So überbrachte der Trabant dem Bar Kappara wieder die Botschaft, er solle stracks hinaufkommen. Als er hinaufkam (in den Bankettsaal), da saßen alle Fürsten des Reiches zu Tisch, und er trat ein und fiel nieder auf sein Gesicht (*pónem*), und er hob an zu weinen und sagte: »Gnädiger Kaiser, zeigt Barmherzigkeit über uns arme Juden und tilgt das Gebot.« Sobald der junge Kaiser den Juden sah, stand er vom Tisch auf, nahm ihn bei der Hand und setzte ihn neben sich und sprach: »Gnädigster Vater, dem Juden bin ich schuldig, Gutes zu tun, denn er ist derjenige, der mein Leben gerettet hat. Wir sollen zuvor Gott und dann diesem Juden dafür danken. Wir sind ihm schuldig, viel Gutes zu tun, und von daher bitte ich, mein gnädigster Vater, Ihr wolltet dessen gedenken und ihn wieder ehren und den Juden das böse Gesetz wieder annullieren.« Und er selbst fiel dem Vater zu Füßen.

Als nun der Vater den Juden sah, da dachte er bei sich: »Dieser Jude hat in der Tat das Leben meines Sohnes gerettet, und wäre das nicht gewesen, so wäre mein Königreich in fremde Hände gekommen und mein Hab und Gut wäre verloren gewesen. So bin ich ja schuldig, den Juden viel Gutes zu tun.« So sprach er wiederum: »Mein herzlieber Sohn, steh vom Boden auf. Die Juden sollen hinfort dein eigen sein, mach mit ihnen, was du willst, und sag mir nichts davon.« Und nahm eine schöne goldene Kette und legte sie dem Juden um den Hals und sprach: »Nimm hin, Jude, die Kette will ich dir geben, weil du meinem Sohn das Leben gerettet hast.« Sobald der Sohn dies vom Vater hörte, wurde er froh und sagte: »Mein lieber Vater und Herr, ich will anordnen, daß die Juden sich meiner Führung anvertrauen, damit Ihr nichts mit ihnen zu schaffen habt.« Der alte Kaiser sagte: »Behalte die Juden geschenkt, und verfahre mit ihnen nach Belieben. Nur erwähne sie mir gegenüber nicht. Und halte diesen Juden in Ehren, denn er hat dir Gutes getan.« Und mit diesen Worten verließ der alte Kaiser den Sohn.

Als der alte Kaiser gegangen war, da wollte Bar Kappara die Goldkette nicht annehmen, aber der junge Kaiser bestand darauf, daß er sie behalten mußte. Und so saßen der junge Kaiser und Bar Kappara beieinander und riefen Schreiber herbei und sandten Sendschreiben an das ganze römische Reich, daß das Dekret (*gebót*), das man gegen die Juden verhängt hatte, null und nichtig sei. »Denn wir sind auf die Spur gekommen (haben herausgefunden), daß man ihnen damit Unrecht tut. Deshalb soll man keinen Juden mehr unterdrücken, bei Verlust des Lebens (Todesstrafe).«

Und danach gab der junge Kaiser neue Bestandssicherungen (*kijúmim)* für das ganze Königreich, so wie Bar Kappara es gewünscht hatte. Und der junge Kaiser erzählte es seinen Räten weiter, wie ihm der Jude viel Gutes getan hatte: vorerst ihm das Leben gerettet, ihm sodann viel Geld geliehen, ihm Kleider machen lassen, noch dazu drei Pferde für ihn gekauft und zwei Knechte gedungen, die ihn wieder hergebracht hätten. Wie das die Räte hörten, da sagten sie: »Solch ein Mann ist aller Ehren wert.« So bekam Bar Kappara die Garantien (*kijúmim*) zusammen mit anderen guten Schriften (*keßúwim*). Und der junge Kaiser sprach: »Mein lieber Jude, geht nun hin und erfreut Eure Mitbrüder und kommt dann gleich wieder zu mir. Wir wollen dann einen guten Vertrag schließen und redlich Abschied voneinander nehmen.« Also ging mein guter Bar Kappara zu den Juden und erfreute sie, indem er ihnen sagte, daß das Dekret, Gott sei Dank, wieder aufgehoben sei. Und daß ihm der Heilige, gepriesen sei Er, mit dem alten Kaiser ein Wunder bewirkt habe, und er habe selbst mit ihm am Tisch gesessen. Und er hätte ihn mit der goldenen Kette geehrt. Dann zog er die Garantien hervor und zeigte sie ihnen. So waren die Juden sehr erfreut, daß ihnen Bar Kappara diese Sache sogar recht gut gerichtet hatte, und so zechten sie und feierten überall Purim (das Freudenfest).

Und wie nun der Kaiser den Bar Kappara zu den anderen Juden hat gehen lassen, ließ er derweil ein Samtkleid anfertigen. Am nächsten Tag schickte der Kaiser nach Bar Kappara, er solle zu ihm kommen. Als das die Juden hörten, da erschraken sie sehr, denn sie befürchteten, der Kaiser werde wieder etwas verordnen (*épeß gebótn*). Da sprach Bar Kappara: »Erschreckt nicht, ich habe dem Kaiser versprechen müssen, nicht wegzuziehen, bevor ich ihn noch einmal besucht habe. Darum befürchtet nichts. Woran dem Kaiser gelegen ist, werde ich gut erledigen.« So ging Bar Kappara wieder zum Kaiser. Wie er nun hinaufkam, da saß der Kaiser am Tisch mit all seinen Räten. Und sobald er ihn sah, stand er auf, nahm ihn bei der Hand und setzte ihn neben sich und sprach: »Mein lieber Jude, sag, was du möchtest, es soll dir gewährt sein.« Da sprach Bar Kappara: »Mein Herr Kaiser, ich wünsche nichts sonderlich. Nur um das bitte ich dich, du wolltest deine Hände über meine Brüder halten, daß sie weiterhin nicht mehr unterdrückt werden. Und du wolltest dich des Guten erinnern, das ich dir getan habe.«

Da gab ihm der Kaiser noch einmal Garantien, daß die Juden, solange er und seine Kindeskinder leben würden, keine Sorge zu haben brauchten, denn dies würde in der Chronik festgehalten werden. Und darin wurde auch hineingeschrieben, daß es ein Jude gewesen war, der des Kaisers Leben gerettet hatte. Darum sollte man den Juden Gutes tun und bei Leibesstrafe sich davor hüten, ihnen Böses zu tun. Danach ließ der Kaiser das Samtkleid bringen und es Bar Kappara anlegen, mit einer langen, zobelgefütterten Schaube (Überkleid). Und legte ihm eine goldene Kette um den Hals und ließ ihn mit Triumph auf einem schönen Pferd durch alle Gassen reiten. Und ließ vor ihm ausrufen: »Das ist der Mann, der dem jungen Kaiser das Leben gerettet hat.« So kam er auch in die Judengasse hinein, da waren sie alle voller Freude, als sie die Ehrenbezeugungen sahen, und daß der Kaiser wieder so gütig war. Da zeigte Bar Kappara den Juden die anderen Garantien, die noch viel besser waren als die ersten.

Unterdessen ließ der junge Kaiser für Bar Kappara ein Festmahl (*ßúde*) herrichten, von lauter guten Konfekten (Delikatessen), und rief den Vater auch hinzu, wiewohl der es nicht eben gern tat. Wenn er aber an das Gute dachte, das der Jude seinem lieben Sohn angetan hatte, vergaß er die Bosheit und blieb auch dabei sitzen und schenkte ihm noch eine schöne güldenen Kette, mit einem goldenen Pfennig daran. Und Bar Kappara fand ganz und gar Gnade in den Augen des alten Kaisers, und dieser bat ihn, er möge doch bei ihm bleiben und Weib und Kind zu sich holen lassen. Und wenn er's nicht täte, so sollten es alle Juden büßen müssen. Was sollte Bar Kappara da machen? Wiewohl er dort eine schöne Wohnung besaß, mußte er doch von dort wegziehen und sich bei dem Kaiser ansiedeln (*únter dem kéjßer sizn*). Also zog der Bar Kappara wieder heim, und der Kaiser gab ihm einen Konvoi mit, um ihn zu geleiten. Und so kam er wieder in Frieden (*beschólaum*) heim zu Weib und Kind und sagte ihnen, wie er das Verhängnis abgewendet hatte, worüber sie sehr froh waren, aber dann wiederum traurig (als sie hörten), daß sie von ihrer Stadt wegziehen sollten.

Nun, dem alten Kaiser wurde die Zeit recht lang, bis der Bar Kappara wiederkam, und er schickte oft nach den Juden und ließ fragen, ob Bar Kappara nicht gekommen wäre. Unterdessen kam die Nachricht, daß Bar Kappara jetzt heranzöge. Sobald der junge Kaiser das hörte, machte er sich selbst auf und zog ihm entgegen, und empfing ihn mit Weib und Kind auf das Schönste und wollte es nicht zulassen, daß er anderswo wohne als neben seinem Schloß. So erging es den armen Juden sehr gut, solange er lebte. Möge es uns gut und besser ergehen. [232]

Quelle: Laut Gaster 1934: Raschis Kommentar zu Koh 2, 1–2 (stark ausgearbeitet).

Übers.: MB: Pappenheim 1929, Nr. 238.

Das relativ spät entstandene Buch Kohelet (»Prediger«, d.i. ›Sprüche Salomos‹, 3. Jh.v. Z.) war bei den Rabbinen zunächst umstritten, zumal dessen Aussagen nicht zur biblischen Vergeltungslehre zu passen schienen und besonderer Auslegung bedurften (siehe Stemberger 1989, 43).
Die Erzählung vom schiffbrüchigen Königssohn, der durch Bar Kappara (vgl. Text 125) gerettet wird, ist im Ma'assebuch die einzige, die auf dem ›Kohelet Raschi‹ basiert.
Es geht um jüdische Hilfestellung für einen in Not geratenen Christen, und es geht um Geld – eine hochempfindliche Materie angesichts der Spannungen zwischen Juden und Christen.
Einige Hinweise gibt die jüdische Ethik, das im Mittelalter maßgebliche ›Sefer Chassidim‹. Zunächst das Gebot, »wir Israeliten sollen lieb haben den Fremden, sei er ein Jude oder Nichtjude« (fol. 16b, § 116, zitiert nach Grünbaum 1882, 284). Dann ein zweites und drittes: »Vor allem sei ehrlich in deinen Geschäften gegen Juden und Christen, ja gegen diese ganz besonders« – »Zinsen nehmen hat die Tora verboten« (zitiert nach Sulzbach, 68 und 73).
Bar Kappara mußte also den Versuch des Kaisers, zusätzlich zur Rückzahlung noch eine große Summe Geldes beizugeben, als eine Zinszahlung ansehen und schon aus religiösen Gründen zurückweisen. Als er dessen Annahme verweigerte, geschah dies auch aus dem Grund bzw. aus dem üblichen Reflex heraus, Geld möge den Hegemon gegen die Juden gnädig stimmen – was den alten Kaiser provozierte. Im folgenden werden, um der guten Sache willen, die erbrachten »Guttaten« (*mízweß*) immer wieder als Druckmittel eingesetzt.
Bar Kappara, Sohn des Eleasar ha-Kappar, lebte um 200 n.Z. und gehörte zum Kreis der Mischnaredaktion Jehuda ha-Nassis (»Rabbi«). Er lehrte in Caesarea, und Simeon ben Lakisch scheint sein Schüler gewesen zu sein. Bar Kappara war, soweit bekannt, auch der einzige hebr. Dichter jener Zeit, sein Werk wirkte lange Zeit nach.

Rabbi Eleasar ben Simeon wird vom König zum Kriminalbeamten ernannt

Die Geschichte geschah. Einmal ging Rabbi Eleasar ben Simeon auf die Gasse. Da traf er von ungefähr auf einen Kriminalbeamten (prahagona, Steuereintreiber mit Verhaftungsbefugnis) des Königs, der dabei war, Diebe (*ganówim*) ins Gefängnis zu bringen. Da fragte Rabbi Eleasar den Häscher: »Lieber, sag mir, wie kommst du den Dieben bei? Denn Diebe gleichen doch den wilden Tieren, wie die Schrift sagt: ›Er liegt auf seiner Hut und verbirgt sich und lugt nach Leuten, um sie zu bestehlen.‹ Deshalb könntest du einen frommen Mann gefangennehmen und einen Bösen gehenlassen.« Da entgegnete der Häscher: »Was soll ich tun? Der König will es so haben.« Da sprach Rabbi Eleasar zu ihm: »Komm her, ich will dich lehren (*lérnen*), wie du die richtigen Diebe findest. Dreh in der vierten Stunde des Tages eine Runde durch alle Wirtshäuser. Zu der Zeit ißt dort jedermann. Wenn du einen Mann siehst, der über seinem Becher, den er in der Hand hält, schläft, dann frag nach ihm, was es für einer ist. Studiert (*lérnt*) er, so ist er früh aufgestanden und hat gelernt. Deshalb ist er jetzt gerade schläfrig und schläft nun bei Tag. Ist er aber kein Studierter und kein Arbeitsmann, so ist er gewiß ein Dieb und hat gewiß des Nachts nicht geschlafen, weil er im Freien (*af dem feld*) die Leute ausgeraubt und die Häuser bei Nacht aufgebrochen hat. Zu dem geh hin und nimm ihn gefangen.«

Da ging der Häscher zurück zum König und erzählte ihm die Geschichte, wie ihn der Rabbi Eleasar gelehrt hatte, woran er die Diebe erkennen könne. Da sprach der

König: »Dieweil Rabbi Eleasar so gut weiß, welches die Diebe sind, so soll auch er ein Häscher sein, der die Diebe einfängt.« Da wurde dem Rabbi Eleasar ben Simeon mitgeteilt, er müsse die Diebe fangen. Als nun die Rabbinen (*rabónim*) das mitbekamen, da schickte Rabbi Josua ben Korcha nach Rabbi Eleasar und ließ ihm sagen: »Du Essig, Sohn des Weines!« Er meinte damit: »Du hattest fromme Eltern und taugst selber nichts, daß du die Leute gefangensetzt und das Volk Dessen, Dessen Name gelobt sei, dem König zur Hinrichtung auslieferst.«

Da ließ Rabbi Eleasar dem Rabbi Josua erwidern: »Was tue ich denn? Ich entferne bloß die Dornen aus dem Weingarten, und das sind die Feinde Israels (*jißróel*).« Da schickte Rabbi Josua wieder nach Rabbi Eleasar und ließ ihm sagen: »Laß es den Heiligen, gepriesen sei Er, selber tun, und laß Ihn selber die Bösewichter umbringen. Was brauchst du sie gefangennehmen? Du mußt das nicht tun.« Daraufhin schwieg er.

Eines Tages begegnete dem Rabbi Eleasar ein Wäscher, der für die Leute um Lohn wusch, und der nannte ihn »Essig, Sohn des Weines«, was besagt: »Bösewicht (*rósche*), Sohn eines Frommen.« Wie Rabbi Eleasar diese Frechheiten des Wäschers hörte, gab er ihm zurück: »Weil du solche Worte gegen mich benutzt, bist du gewiß ein Bösewicht«, und sagte zu seinen Häschern: »Nehmt den Wäscher gefangen.« Also wurde er abgeführt ins Gefängnis.

Nicht lange danach war dem Rabbi Eleasar der Zorn vergangen. Da bereute er, daß er den Mann hatte gefangennehmen lassen, und ging hin und wollte ihn beim König wieder auslösen. Das wollte der König nicht. Da sagte Rabbi Eleasar auf den Wäscher den Vers (*póßek*): »›Der da hütet Mund und Zunge vor dem Reden, der schützt seinen Leib vor Leiden.‹« Das besagt: Hätte der Wäscher seinen Mund gehalten und hätte ihn nicht den schlechten Sohn eines frommen Vaters genannt, wäre ihm das nicht geschehen, daß er gefangengenommen wurde.

Also wurde der Wächter zum Sterben hinausgeführt, und man hängte ihn an einen Galgen. Da stand Rabbi Eleasar unter dem Galgen und klagte (*schrájt*) sehr, denn es reute ihn tief. Da sagten die Leute zu Rabbi Eleasar: »Ihr braucht um diesen Menschen nicht zu weinen, daß er ums Leben gekommen ist; denn der Mann und sein Sohn sind an Jom Kippur (*jom-kipur*, Versöhnungstag) bei einer Jungfrau (*bßúle*) gelegen, die schon mit einem anderen jungen Mann (*bócher*) entspust (verlobt) war. Und wer solches tut, ist des Todes schuldig, daß man ihn steinige. Doch weil er nicht gesteinigt wurde, so gab ihm der Heilige, gepriesen sei Er, daß man ihn an den Galgen hängte. Deshalb hat er die Strafe bekommen, die er verdient hat.«

Da legte Rabbi Eleasar seine Hände auf seinen Bauch und sagte: »Freut euch, meine Gedärme. Seht doch, ich habe den Wäscher auf einen Verdacht (*ßófek*) hin gefangensetzen lassen und habe nicht gewußt, daß er ein Dieb ist. Doch habe ich recht gehandelt, um wieviel mehr, wenn ich Gewißheit habe, daß einer ein Dieb ist und ich ihn gefangennehme, daß ich recht daran tue, ihn töten zu lassen.« Und fügte hinzu: »Ich baue auf Gott, daß diese Worte meinem Gedärm nichts tun werden, wenn ich gestorben bin und im Grab (*kéjwer*) liege.«

Doch obwohl er an dem Wäscher recht gehandelt hatte, daß er ihn hatte töten lassen, war er gleichwohl im Herzen nicht zufrieden und fürchete, er habe nicht recht getan. Und ging hin und legte sich in ein Marmelsteinhaus (Marmorhaus), wo kein Wind ihn erreichen konnte, und trank einen Schlaftrunk, damit er tief schlafe, und ließ sich den Bauch aufschneiden und einen Korb voll mit Fett herausnehmen, denn er war arg fett und dick gewesen. Und man legte das Fett in die Sonne, im Tammus und im Aw (beides

Sommermonate), wenn die Sonne am heißesten scheint, und dennoch wurde das Fett nicht stinkedig (übelriechend). Daraus ersah er, daß ihm die Würmer nichts tun werden.

Da fragt die Gemara (*gemóre*, steht für Talmud): ›Wie konnte er dem Fett ansehen, daß ihm die Würmer nichts tun werden? Alles, was er daran sehen konnte war, daß sein Fett nicht stinkend geworden war, doch anderes Fett wird auch nicht stinkend, wenn kein Fleisch dabei ist.‹ Dazu sagt die Gemara: ›Jedes andere Fett wird nicht übelriechend, aber die kleinen Adern (Talmud: rote Fäserchen), die es durchziehen, werden übelriechend, doch bei dem Fett des Rabbi Eleasar stanken auch die kleinen Adern nicht.‹

Darauf las Rabbi Eleasar den Schriftvers: ›Mein Fleisch im Grab wird sicher ruhen.‹

Ein Gleiches geschah einem anderen, der hieß Rabbi Ismael bar Rabbi Josse, der ebenfalls Diebe gefangen setzen mußte. Eines Tages begegnete ihm der Prophet Elia (*Elijóhu ha-nówi*) und sagte zu ihm: »Wie lange willst du noch so üble Dinge tun, daß du das Volk des Heiligen, gepriesen sei Er, dem König zur Hinrichtung auslieferst?« Da sprach Rabbi Ismael zum Propheten Elia: »Was soll ich tun? Der König will es so haben.« Da sagte der Prophet Elia zu Rabbi Ismael: »Dein Vater hat dich geheißen, in eine Stadt zu fliehen, die Laodicea heißt. Dort wird der König dich nicht finden können.«

Die Gemara sagt: ›Wenn die zwei Rabbinen, Rabbi Eleasar bar R. Simeon und Rabbi Ismael bar R. Josse, dick wie sie waren, sich so nah gegenüberstanden, daß ihre Gesichter (*parzúfim*) einander berührten, so konnte ein Ochsengespann unter ihren Bäuchen hindurchgehen, ohne die zwei Rabbinen zu berühren.‹ Einst sagte eine Fürstin (*ßárte*) zu ihnen beiden: »Die Kinder, die eure Frauen haben, die sind nicht eure, denn ihr könnt ja nicht zu euren Weibern kommen (seid zu fett, um sie zu beschlafen).« Da sagten die zwei Rabbinen: »Die Bäuche unserer Frauen sind noch viel dicker als unsere Bäuche.« Da gab die Fürstin zurück: »Um wieviel mehr habe ich recht, daß es nicht eure Kinder sind.« Da entgegneten die Rabbinen: »Mit großer Liebe drängt sich das Fleisch zueinander.«

Da fragt die Gemara: ›Wie kann es sein, daß solche würdigen (*kestlich*) Rabbinen wie diese solche seltsame Reden führen?‹ Dazu antwortet die Gemara: ›Sie redeten deshalb so, daß man im Hinblick auf ihre Kinder sich nicht so übler Nachrede erdreiste. Darum gaben sie der Fürstin solche Antwort.‹

Wiewohl der Rabbi Eleasar bar Rabbi Simeon viele Schmerzen gelitten, als man ihm den Bauch aufgeschnitten hatte, so war er damit doch nicht zufrieden; er befürchtete, eine Sünde (*awéjre*) begangen zu haben, daß er den Wäscher hatte aufhängen lassen oder sonst welche Leute, die womöglich unschuldig (*chóßid*, fromm) waren.

So ging er jeden Abend hin und legte auf seinen Leib bestimmte Pflaster, die ihm Blut und Eiter entzogen. Und wenn er morgens die Pflaster wieder entfernte, so waren es sechzig Zuber voll mit Blut- und Eiterpflaster. Dann bereitete ihm seine Frau sechzigerlei Gekochtes mit Feigen, das aß er, dann war er wieder gesund. Da wollte ihn seine Frau nichts ins Lehrhaus (*beß-médresch*) gehen lassen, denn sie befürchtete, die Rabbinen würden ihn (wegen seiner Häschertätigkeit) bedrängen. Jeden Abend sagte Rabbi Eleasar bar Rabbi Simeon zu seinen Schmerzen (*jißúrim*): »Liebe Brüder und Gesellen, kommt zu mir.« So hatte er jede Nacht die Schmerzen, wie oben beschrieben ist. Und jeden Morgen sagte er zu den Schmerzen: »Geht nun von mir, damit ich die Tora lernen kann, sonst verletzt ihr die Tora (behindert das Torastudium).«

Eines Tages geschah, daß seine Frau hörte, wie er mit den Schmerzen redete und sie zu sich kommen hieß. Da sprach seine Frau zu ihm: »Du ziehst die Schmerzen selber auf dich, denn du heißt sie jedesmal nachts, zu dir zu kommen. Wenn du so weitermachst, wirst du dein väterliches Vermögen (*gutß*) in lauter Pflaster und Tücher vertan haben.« Da ging die Frau von ihm weg und ließ ihn allein.

Da begab es sich zu eben dieser Zeit, daß Schiffsleute ankamen und ihm sechzig Sklaven (*knecht*) mitbrachten, und die Sklaven trugen sechzig Beigürtel voller Gold und schenkten es dem Rabbi Eleasar. Denn sie waren auf hoher See (*af jam*) gewesen und hatten einen Sturmwind gehabt; da schickten sie Gebete (*tfile ton*) zum Heiligen, gepriesen sei Er, Er möge ihnen helfen, Rabbi Eleasars Verdienstes (*ßchuß*) wegen. Und sie wurden beschützt. Und wie sie nun wieder an Land kamen, da schenkten sie das Gold Rabbi Eleasar, weil sie vor dem Ertrinken gerettet wurden. Und sie bereiteten für ihn das gleiche, sechzigerlei Gekochtes mit Feigen, das aß er und wurde wieder gesund. Eine Zeitlang später schickte seine Frau die Tochter und trug ihr auf: »Geh hin und sieh, was dein Vater macht.« Denn sie dachte, er wäre noch krank, weil er noch nichts gegessen hatte, denn sie hatte ihm nichts gekocht und war von ihm weggegangen. Da ging die Tochter zu ihrem Vater und wollte sehen, was er machte. Da sprach der Vater zur Tochter: »Geh, sag deiner Mutter, unser Reichtum (*aschíreß*) ist größer als ihr Reichtum.«

So sagte Rabbi Eleasar dann auf sich selbst: »›Die Tora gleicht dem Schiff eines Kaufmannes, das seinem Herrn seine Speise von weither bringt.‹ So war es auch die Tora, die bewirkt hat, daß mir das Geld von weither kam, denn das Verdienst meiner Tora hat diese Leute dort auf hoher See gerettet, auf daß sie nicht verlorengingen, und dadurch habe ich das Geld bekommen. Nun esse ich und trinke ich und bin wieder gesund.«

Dann ging er wieder ins Lehrhaus. Da kamen sechzigerlei unreine (menstruierende) Frauen, die ihn fragten, ob sie rein (*kóscher*) oder unrein (*tréjfe*) wären. Da machte es (entschied) Rabbi Eleasar, daß alle koscher seien und sich, ohne ein Tauchbad zu nehmen (*táuweln*), zu ihren Männern legen mögen. Als die Rabbinen das hörten, daß Rabbi Eleasar alle Frauen koscher gemacht hatte, da wurden sie auf ihn sehr zornig, denn sie meinten, es sei unmöglich, daß sie alle koscher seien; es könnte ja eine darunter gewesen sein, die unrein war. Und sie sagten zu Rabbi Eleasar: »Wie ist es möglich, daß nicht eine der Frauen trefe war?« Als das Rabbi Eleasar von den Rabbinen hörte, da sagte er: »Habe ich sie zu Recht koscher gemacht, so sollen die sechzig Frauen heute alle tragedig (schwanger) werden und sie allesamt Söhne bekommen. Habe ich sie aber nicht zu Recht koscher gemacht, so soll einer dieser Frauen eine Tochter geboren werden.«

So geschah denn, daß diese Frau alle schwanger wurden und nur männliche Kinder gebaren. Daraus ersah man, daß er sie zu Recht koscher gemacht hatte, und alle Kinder wurden nach Rabbi Eleasar benannt. Darauf hat Rebbe gesagt: »Wie viele Kinder in Israel (*únter jißróel*) hat der böse König verhütet, während Rabbi Eleasar ein Häscher war!« Denn in der Zeit konnte er nicht ins Lehrhaus gehen, und die Frauen konnten ihm nicht (anhand des Blutes) ihre Reinheit beweisen.

Wie nun Rabbi Eleasar ans Sterben kam, da sagte er zu seiner Frau: »Ich weiß, daß die Rabbinen nicht mit mir zufrieden sind. Sie zürnen mir, weil ich ein Häscher gewesen bin und viele Diebe gefangengenommen habe, unter ihnen Freunde der Nachbarn (*schechéjnim*), und das verdrießt sie. Deshalb könnten sie nicht recht (nach Gebühr) mit mir umgehen, wenn ich gestorben bin. Leg mich daher auf den Dachboden (*bójdem*). Du brauchst dich nicht vor mir zu fürchten, ich werde dir nichts tun.«

Rabbi Samuel ben Nachman sagte, daß die Mutter des Rabbi Jochanan ihm erzählt hat, die Frau des Rabbi Eleasar habe ihr selbst gesagt, er sei nicht weniger als zweiundzwanzig Jahre auf dem Boden tot dagelegen; und wenn die Frau auf den Boden ging, so suchte sie in seinem Haar. Und wenn sie ihm ein Haar ausgerauft hatte, so ist Blut herausgekommen, so frisch ist er gewesen, als wenn er gerade erst gestorben wäre.

Es geschah eines Tages, daß seine Frau auf den Boden ging und sah, wie dem Mann ein Wurm aus dem Ohr kroch. Da war sie sehr erschrocken, denn sie befürchtete nun, er werde stinkedig werden. Da erschien der Mann ihr im Traum (*chólaum*) und sagte: »Du brauchst dich darum nicht zu kränken (aufzuregen), daß mir der Wurm aus meinem Ohr herausgekrochen ist. Das habe ich einmal versündigt, denn ich war einmal dabei, als man einen Schriftgelehrten verunglimpft (*tálmid-chóchem mesálsl sajn*) hat und ich es nicht verwehrt habe, und ich hätte es gut verwehren können. So war es die Strafe für meine Sünde, daß mir der Wurm zum Ohr herausgekrochen ist.«

Während Rabbi Eleasar bar R. Simeon auf dem Boden lag und zwei Leute Streit miteinander hatten (*sich míschpetn*), so stellten sie sich vor seine Tür, und jeder trug sein Anliegen vor. Da kam dann eine Stimme vom Boden und sagte: »Der Mann hat recht, und der andere hat unrecht.« Dann zogen sie wieder ihrer Straße.

Eines Tages geschah, daß Rabbi Eleasars Frau mit ihrer Nachbarin zankte. Da sagte die Nachbarin zu ihr: »Möge es auch dir so gehen wie deinem Mann, der nie zu Grabe getragen (*zu kwúre gebrácht*) wurde.« Als das die Rabbinen hörten, da sagten sie: »Jetzt wird die Sache dringlich, weil es jeder weiß, daß der Zaddik (*zádik*, Gerechter) gestorben ist, und wir haben ihn noch nicht zu Grabe getragen. Er hat nun schon so lange auf dem Boden gelegen. Außerdem ist es gegen die Ehre (*kówed*) des Zaddik, so lange unbegraben zu liegen.«

Einige Leute sagen, Rabbi Simeon ben Jochai war der Vater Rabbi Eleasars, und der sei den Rabbinen im Traum erschienen und habe zu ihnen gesagt: »*Eine* Taube habe ich unter euch.« Er meinte damit: Meinen Sohn habe ich bei euch, und ihr wollt ihn nicht zu mir bringen. – Als das die Rabbinen hörten, da gingen sie hin und wollten ihn beerdigen. Da wollten es die Leute aus der Stadt (Talmud: Akhbarja) nicht zulassen, denn ihre Stadt lag nahe bei der Stadt, wo er tot dalag, und die ganze Zeit über, als Rabbi Eleasar auf dem Boden schlief, kam kein wildes Tier in ihre Stadt. Einstmals, am Vorabend von Jom Kippur (*érew jomkipur*), als die Rabbinen viel zu tun hatten, schickten die Leute (aus Akhbarja) eine Botschaft an die Leute des Dorfes Biri, sie möchten kommen und Rabbi Eleasar beerdigen. Da kamen sie und legten ihn auf die Bahre und trugen ihn vor die Höhle (Gruft), worin der Rabbi Simeon ben Jochai lag. Da umringte aber eine Schlange die Höhle und war so rund wie ein Rad, denn sie hatte ihren Schwanz im Maul, und wollte nicht zulassen, daß irgend jemand in die Höhle ging. Da sprachen die Leute: »Schlange, Schlange, öffne dein Maul und laß den Sohn zum Vater.« Da öffnete sie ihr Maul und ließ die Leute in die Höhle hinein, so daß man den Rabbi Eleasar an der Seite seines Vaters beerdigen konnte. Und das war die gleiche Höhle, in der Rabbi Simeon ben Jochai und sein Sohn verborgen gewesen waren (siehe Text 16).

Da schickte Rebbe zur Frau des Rabbi Eleasar, ob sie ihn heiraten (*némen*) wollte, denn der Rebbe war unbeweibt. Da entbot sie ihm als Antwort: »Ein Gefäß, darin lauter Heiliges gewesen, soll jetzt für Unreines benutzt werden?« Sie meinte damit, Rabbi Eleasar war dermaßen heilig gewesen, daß der Rebbe gegen ihn unheilig war; ihr

Gedanke war auch, sie hätte einen so großen Schriftgelehrten als Mann gehabt, und sollte jetzt den Rebbe nehmen, der nicht solch großer Schriftgelehrter war?

Da entbot er ihr wiederum: »Obschon er in der Tora ein größerer Meister war als ich, aber im Lernen und in den Guttaten (*mízweß*) war er nicht größer als ich.« Und doch wollte sie ihn nicht zum Mann nehmen. [233]

Quelle: Traktat Baba Metsia 83 b-84 a, 84 b, aus dem Babylonischen Talmud.

Übers.: Goldschmidt BT Bd. 7 (1933), 722 f., 725-727. – MB: Pappenheim 1929, Nr. 239.

Rabbinisches Exemplum Nr. 95 (Eleasar ben Simeons Kraft, Tod und Wunder).

Hauptmetapher des ersten Teils ist die vom Weinberg des Herrn, nach Jes 5,7: »Denn SEIN des Umscharten Wingert/ist das Haus Jißrael,/Jehudas Mannschaft/ist die Pflanzung seines Ergötzens.«

Weitere Schriftverse: »Er liegt auf seiner Hut ...«, Ps 10,9: »Er lauert im Versteck/wie der Löwe in seinem Dickicht,/er lauert, den Gebeugten zu haschen,/er hascht den Gebeugten,/da er ihn in sein Netz zieht.«

»Der da hütet Mund und Zunge ...«, Spr 21, 23: »Wer seinen Mund und seine Zunge hütet,/hütet vor Bedrängnissen seine Seele.«

»Mein Fleisch im Grab ...«, Ps 16,9 f.: »Ja, mein Fleisch wird sicher wohnen./Denn du überlässest nicht/meine Seele dem Gruftreich.«

»Die Tora gleicht einem Schiff ...«, Spr 31,14: »Sie gleicht den Handelsschiffen,/aus der Ferne bringt sie ihr Brot.«

Fluchtort Laodicea: vermutlich »Laodicea am Meer«, im nördl. Syrien gelegen. Der Vorschlag des Propheten Elia lautet im Talmud: »Dein Vater floh nach Asja, fliehe du nach Laodicea.«

Zu den Arzneimitteln: Der Talmud spricht von »sechzig Polsterdecken«, die man abends Rabbi Elieser unterlegte; »morgens schöpfte man unter ihm sechzig Wannen Blut und Eiter« – die aus dessen Ausschlägen und Wunden geflossen waren.

Zum Symbolgehalt der »Sechzig«: Die Zahl der Pflaster korreliert mit der Zahl der diversen gesundheitsfördernden Speisen, die 60 Sklaven

und ihre 60 »Beigürtel« mit den 60 unreinen Frauen. – Für das babylonische Zahlensystem war Sechzig »die erste große Zahl, die als Einheit gerechnet wurde« (A. Schimmel, ›Das Mysterium der Zahl‹, 1984). Mystische Spekulationen ergaben sich aus der Multiplikation: 3 x 4 x 5. Dem Talmud tat es überdies »ein Sechzigstel« an: Feuer als 1/60 der Hölle, Schlaf 1/60 des Todes, ein Traum 1/60 des Prophetentums.
Zum Ausspruch des Rebbe, d. i. Jehuda ha-Nassi (ca. 135 bis 200 n. Z.): Im Talmud bezeichnet er die Regierung, die Rabbi Eleasar als Kriminalbeamten bestimmte, so daß der keine Zeit fand, im Lehrhaus zu solchen Fragen Entscheidungen zu treffen, als »ruchlos«.
Als Rebbe dann der Witwe Rabbi Eleasars den Heiratsantrag machte, behielt sie das letzte Wort: »In der Tora war er also bedeutender als du, was ich allerdings nicht weiß; von den guten Werken aber weiß ich es, denn er nahm Züchtigungen auf sich.«
Im jüdischen Aufstand gegen Rom (66–73 n. Z.) war Eleasar ben Simeon einer der zelotischen Anführer; er hielt mit seinen Anhängern den Tempel zu Jerusalem besetzt, und ihm oblag der Tempeldienst. Gegen die radikalen Gruppen um Rabbi Jochanan unterlag er, unmittelbar vor Titus' Belagerung von Jerusalem, die dann zum Untergang des sog. zweiten Tempels führte (70 n. Z.).

Während des Kiddusch sollen Frauen nicht aus dem Bethaus gehen

Die Geschichte geschah an einer alten Frau, die jeden Morgen früh vor Tag aufstand und ins Bethaus (*schul*, Synagoge) ging und Bitten (*tchíneß*) aufsagte und zum Heiligen, gepriesen sei Er, betete und auch sonst viel Gutes (*mízweß*, Mizwot) tat und sehr fromm war.

Wie nun die fromme Frau gestorben war, da erschien sie anderen frommen Leuten im Traum (*chólaum*), und die Leute fragten sie: »Wie geht es dir in Jener Welt (*jéne-welt*,

Jenseits), dieweil du auf dieser Welt so viel Gutes getan hast?« Da erwiderte die fromme Frau: »Man schlägt mich alle Tage mit harten Schlägen. Und nicht nur das: Wo immer fromme Männer und Frauen in Jener Welt zusammensitzen, treibt man mich von ihnen weg und will mir nicht die Freude erlauben, bei ihnen zu bleiben.«

Und die Ursache ist: Solange sie auf dieser Welt gelebt hat, ist sie jedesmal während des Kiddusch (Schlußsegen) aus dem Bethaus herausgegangen. Und damit hat sie sehr gesündigt und Unrecht getan. Darum mußte sie in Jener Welt leiden.

Deshalb, liebe Frauen, geht während des Kiddusch nicht aus dem Bethaus, so werdet ihr bei anderen frommen Leuten sitzen und bleibt bestehen. [234]

Quelle: Sefer Chassidim, ed. Wistinetzki, 1893, Abschnitt 132.
Übers.: MB: Pappenheim 1929, Nr. 240.

Bei Gaster 1934 sind es »die anderen Frauen«, denen die Verstorbene im Traum erscheint. – Der Kiddusch (Weinsegen), ursprünglich nur für die häusliche Sabbatfeier bestimmt, wird dort auch von Frauen gesprochen und gilt als »Pflicht« bzw. Mizwa (*mízwe*, Guttat).
Bei den aschkenasischen Juden ist der Kiddusch als Schlußsegen auch in den Gottesdienst der Synagogen eingegangen, aus dem Brauch heraus, daß früher die Durchreisenden dort aßen. Es ist der Vorbeter, der den Segen spricht: »Der König aller Könige segne die ganze Gemeinde und alle, die kommen, um zu beten, und die, welche Licht spenden zur Beleuchtung und Wein zu Kiddusch und Hawdala und Brot den Wanderern und Zedaka (*zdóke*, Almosen) den Armen ...«

Der Prophet Elia und der arme Fromme

Die Geschichte geschah an einem Frommen (*chóßid*), der sehr arm war. Da zeigte sich ihm der Prophet Elia (*Elijóhu ha-nówi*) in Gestalt eines Kaufmannes und gab ihm zwei Münzen, daß er damit handeln sollte. Und dadurch wurde er reich. Doch dadurch, daß er so reich wurde und so stark handelte, vergaß er seine Frömmigkeit. Da kam der Prophet Elia ein weiteres Mal zu ihm und nahm ihm zwei Münzen wieder weg. Da fing der Fromme an, wieder arm zu werden, der ganze Mammon ging verloren und niemand wußte, wohin er verschwunden war. Da begann der Fromme heftig zu weinen und grämte sich (*mezáer sajn*) um seinen Mammon sehr. Da kam der Prophet Elia ein drittes Mal zum Frommen und sagte: »Da schwöre mir einen Schwur, daß du, wenn ich dir die zwei Münzen wiedergebe, deine Frömmigkeit einhalten und nicht mehr handeln wirst.« Da sprach er: »Ja.« Als er nun geschworen hatte, da gab er ihm die zwei Münzen wieder, und der Fromme wurde wieder reich.

Deshalb, wenn einem schon der Heilige, gepriesen sei Er, so viel Mammon gewährt, soll er sich von Dem,
Dessen Name gelobt sei, nicht abkehren,
denn nur so bleibt er in großen Ehren. [235]

Quelle: Kaftor wa-Ferach (1580), Bereschit (Gen) 1, 7 b.
Übers.: MB: Pappenheim 1929, Nr. 241.

Rabbinisches Exemplum Nr. 302 (Elias Geschenk an einen Armen); Born Judas, Bd. 2 (1917), 231 f.: Das Darlehen.

Das Umschlagen von Armut in Wohlstand und umgekehrt ist in der jüdischen Erzähltradition sowohl didaktische Absicht, dialektisches Prinzip wie auch Ausdruck einer Lebenserfahrung. Das Motiv »Der Arme wird reich und der Reiche wird arm« findet sich daher häufig, siehe die Texte 6, 148, 186, 222, 224. Geld ist die Triebfeder, und »zwei Münzen« (Zuz, Schillinge, Gulden) oftmals das Startkapital.
Über den Propheten Elia als Verwandlungskünstler und Helfer der Armen siehe die Texte 148, 217, 224.

Von dem Mann, dessen Haus zu nahe am Bethaus stand

Die Geschichte geschah an einem, der sein Haus nahe beim Bethaus (*schul*, Synagoge) stehen hatte. Und diesem Mann starben alle Kinder, und keiner wußte, warum. Da fragte er einen Weisen (*chóchem*), warum ihm die Kinder starben. Da sagte der Weise zu ihm: »Weil dein Haus höher gebaut ist als das Bethaus. Und dein Haus macht die Fenster des Bethauses finster und löscht ihr Licht. Darum löscht dir Der, Dessen Name gelobt sei, dein Licht wieder aus. Und mehr noch: Wenn du bei deiner Frau liegst und mit ihr Umgang pflegst, geschieht das auch zu nahe am Bethaus.«

Als er das nun hörte, da dachte er, es würde besser sein, das Haus abzureißen, und riß sein Haus ab. Danach blieben ihm, von dem Jahre an, die Kinder am Leben. [236]

Quelle: Sefer Chassidim, ed. Wistinetzki, 1893, Abschnitt 150.
Übers.: MB: Pappenheim 1929, Nr. 242.

Der scheinbar grundlose Kindertod, der sich dann als Folge einer Überschreitung eines oder mehrerer Gebote erweist, ist in der Agada ein häufiges Erzählmotiv: vordergründig ein Warn- und Schreckmotiv, eigentlich aber ein Bestandteil des ethischen Programms (siehe die Texte 31, 226).
Scholem 1959, 90 über das ›Buch der Frommen‹: »Kein anderes Buch aus diesen Jahrhunderten erlaubt uns, so tief in das wirkliche Leben einer jüdischen Gemeinschaft in all ihren Äußerungen Einblick zu gewinnen.«

Rabbi Gamliel und der Mann, der wissen wollte, wo Gott wohnt

Die Geschichte geschah an einem Menschen, der zu Rabbi Gamliel sagte: »Wo wohnt der Heilige, gepriesen sei Er, und was ist Er?« Da sagte Rabbi Gamliel: »Ich weiß es nicht.« Dann sagte der Mann wieder: »Ist das die Weisheit (*chóchme*), deren Ihr euch rühmt? Ihr macht eure Gebete (*tfileß*) jeden Tag vor dem Heiligen, gepriesen sei Er, und Ihr wißt nicht, wo der Heilige, gepriesen sei Er, ist.«

Da sagte Rabbi Gamliel zu dem Mensch: »Du hast mich nach etwas gefragt, das eine Reise von fünfhundert Jahren von mir entfernt ist. Denn vom Himmel bis zur Erde ist es eine Fünfhundert-Jahre-Reise. Ich will nun dich etwas fragen, das du bei dir hast Tag und Nacht. Sag mir, an welchem Ort es ist?« Da fragte der Mann: »Was ist es denn?« Da sagte Rabbi Gamliel: »Ich meine die Seele (*neschóme*), die der Heilige, gepriesen sei Er, dir gegeben hat. Die hast du bei dir Tag und Nacht. Sag mir also, wo hast du sie, oder an welcher Seite deines Körpers ist sie?« Da sagte der Mensch zu Rabbi Gamliel: »Ich weiß es nicht.«

Da tadelte ihn Rabbi Gamliel und sprach: »Schäme dich, du Gedankenloser. Ich frage dich etwas, was nahe bei dir ist, und du weißt es nicht. Und du willst von mir, daß ich dir ein Ding erzähle, das eine Fünfhundert-Jahre-Reise von mir entfernt ist.« [237]

Quelle: Kaftor wa-Ferach (1580), Bereschit (Gen) 1,16 b, aus dem Midrasch Tehillim (Psalmen), 8,5.
Übers.: MB: Pappenheim 1929, Nr. 243.

Die Geschichte erinnert an die drei Rätselfragen in der Geschichte von Kunz und dem Schäfer (Text 227), insbesondere an die zweite Frage: Wieweit ist der Himmel von der Erde entfernt?
Auch die anderen hier gestellten Fragen »Wo ist Gott?«, »Wo ist der Sitz der Seele?« sind Bestandteil des Märchentyps »Kaiser und Abt« (AaTh 922) und darüber hinaus von genuin philosophischer Qualität. Vgl. den Artikel »Kaiser und Abt« in EM Bd. 7 (1993).
Zu Rabbi Gamliel II. (um 100 n. Z.), der die Jeschiwa in Jawne (Hafenstadt südl. von Tel Aviv) leitete und zu einer von allen Juden anerkannten Autorität machte, siehe Anm. Texte 48, 135.

Der König und der Falke

Die Geschichte geschah an einem großmächtigen König, der um sich viele vorzügliche Räte (*kestlich jáuezim*) hatte und viele Herren und Grafen, wie es bei Königen Sitte (*ßéjder*) ist, daß er viele vorzügliche Räte hat. Aber all die Herren um ihn herum schätzten ihn gering und taten ihm nicht so viel Ehre (*kówed*) an, wie man einen König in Ehren halten soll.

Nun hatte sich der König einen jungen Falken aufgezogen, der auf das Jagen gut abgerichtet war, so daß er ihm viele Vögel und Hasen fangen konnte – wie man auch jetzt noch Falken findet, die darauf abgerichtet sind, viel wert und auch hochgeschätzt. Nun kam dieser Falke nie von dem König los, er fraß Brot von des Königs Hand, schlief in des Königs Schoß, und der König liebte den Vogel sehr.

Nun, im dritten Jahr seiner Königsherrschaft (*málcheß*) gab der König ein Festmahl (*ßúde*), zum Jahrestag seiner Hochzeit mit der Königin, und delektierte all die Herren Ritter, Grafen und alle Wagenlenker. Und wie sie nun alle fröhlich waren und mit ihm zechten, da ließ er sich auch den Vogel bringen, um sich dessen zu berühmen, daß der Vogel so viel wert sei.

Wie nun der Vogel eine Weile dasaß, da sah er einen Adler fliegen, den König unter den Vögeln, der seinen Jungen Essen bringen wollte. Da hob der Falke an und wurde böse (*bráuges*) und flog geschwind auf den Adler zu, fing ihn und warf ihn (tot) zu Boden, unter des Königs Tisch. Und der Falke kehrte zurück auf des Königs Schoß, denn er dachte: »Ich bin jetzt gut dran, derweil ich einen solchen Vogel gefangen habe.« Aber der Falke wußte nicht, daß er Unrecht getan hatte, dieweil er den König unter den Vögeln umgebracht hatte.

Wie nun der Vogel wieder auf dem Schoß des Königs saß, da ging der König hin und würgte dem Vogel den Hals ab, daß er starb. Wie das nun die Fürsten des Reiches sahen, daß der König den kostbaren (*kestlich*) Vogel umgebracht hatte, da verwunderte sich jedermann sehr, aber es redete keiner etwas dagegen, doch den Leuten tat es leid um den Vogel.

Nun sah der König genau, daß alle seine Räte zornig waren, obwohl sie nicht darüber redeten. Da sagte der König: »Ihr lieben Leute, verwundert euch nicht, daß ich den Vogel getötet habe, und laßt es euch, auch in euren Augen, nicht schlecht gefallen. Denn das ist das Recht der Tora: Wenn einer Hand anlegt an einen König, so ist er des Todes würdig. Der Adler ist ein König unter den Vögeln, und der Falke hat ihn getötet, so ist es recht und billig, daß auch er ums Leben kommt. Und da dies Recht ist, so läßt es sich auf alle Menschen beziehen, die einen König geringschätzen.«

Da verwunderten sich die Leute gar sehr über seine Weisheit (*chóchme*), und sie wußten recht gut, er hatte es ihrethalben getan. Und hoben an, ihrem König große Ehrfurcht zu bezeugen. [238]

Quelle: Kaftor wa-Ferach (1580), fol. 29 b, Bereschit (Gen) 9, 25 a.
Übers.: MB: Grünbaum 1882, 450 (gekürzt, nach den Ausgaben Wilhermsdorf Nr. 233 und Rödelheim fol. 82 a); Pappenheim 1929, Nr. 244.

Die Lehre von der Unantastbarkeit eines Königs, auch der eines Königs der Vögel, die hier den Großen des Hofes erteilt wird, ist im altitalienischen ›Il Novellino‹ (Ende 13. Jh.) bereits angelegt; dort wird als Nr. 90 die Geschichte der Tötung des eigenen Jagdfalken durch einen König Federico erzählt; der Name, zu »Frandik« verballhornt, findet sich in Text 250 wieder. Sowohl für Heller 1936, 237 wie für Schwarzbaum 1968, 33 wie für Dinse 1974, 25 steht der nichtjüdische Ursprung der Legende fest. Schwarzbaum spricht, bei gleicher Durchführung des Motivs »König erwürgt Falken, als der den Adler tötet«, von einer direkten Übernahme aus dem ›Novellino‹ ins Hebräische.
Weitere Erzählmotive: »Falke greift Adler wiederholt an und tötet ihn« und »Tier aus Rache getötet«.
Zum Jagdfalken: Grünbaum übersetzt ihn mit »Falke« (lat. *falco*), Pappenheim mit »Sperber« (lat. *falco nisus*). Die Falknerei war beim Adel des 14. bis 16. Jh.s äußerst beliebt. Auch die berühmte Falkennovelle des Boccaccio entstammt jener Zeit (um 1350), ihr Held ist ebenfalls ein ritterlicher Adliger, und sein Name ist Federigo (›Il Decamerone‹ V, 9).

Die Wahrheitsliebe des Rabbi Safra

Die Geschichte geschah. Rabbi Safra ging einmal mit seinen Schülern (*talmídim*) vor der Stadt spazieren. Da begegnete ihm ein fremder Frommer (*chóßid*), der des Weges kam. Da dachte der Fromme, daß Rabbi Safra ihm entgegengegangen sei, und wußte nicht, daß er auf einem Spaziergang war. Er sagte zu Rabbi Safra: »Warum müht sich der Herr so sehr, daß er mir einfachem Mann (*schofl*) entgegengegangen ist, um mich zu empfangen?« Da hob der Rabbi Safra an: »Mein lieber Freund, du sollst nicht denken, daß ich deinethalben nach draußen gegangen bin, und um dich zu empfangen. Ich bin nur nach draußen gegangen, um mit meinen Schülern spazierenzugehen.«

Wie das der Fromme hörte, da schämte er sich dessen, was er vor Rabbi Safra und seinen Schülern geredet hatte, denn er hatte wirklich geglaubt, er wäre ihm zu Ehren (*lekówed*) entgegengegangen. Da fragten die Schüler den Rabbi Safra: »Warum habt Ihr den Frommen beschämt, was doch eine große Sünde (*awéjre*) ist?« Da erwiderte Rabbi Safra: »Warum sollte ich eine Unwahrheit (*schéker*) gesagt haben?« Da sagten seine Schüler: »Ihr hättet besser geschwiegen.« Da entgegnete Rabbi Safra: »Hätte ich geschwiegen, so hätte der Fromme geglaubt, es verhielte sich so, und doch ist es nicht wahr gewesen. So hätte ich nicht erfüllt, wie geschrieben steht: ›Du sollst mit deinem Mund so reden, wie das Herz es meint.‹

In meinem Herzen hätte ich aber anderes gemeint, wenn ich so geredet hätte. Mehr noch, ich hätte ihm ›sein Herz gestohlen‹, wenn ich ihn hätte glauben machen, ihm zu Ehren wäre ich nach draußen gegangen. Und der Heilige, gepriesen sei Er, heischt (verlangt) Wahrheit (*émeß*) und wünscht, daß man auf Erden niemals lügt (*schéker sogn*), nur die lautere Wahrheit sagt. Und wenn das geschieht, dann schickt der Heilige, gepriesen sei Er, die Regen zu rechter Zeit, wenn man sie braucht. Wie der Schriftvers (*póßek*) sagt: ›Die Wahrheit sprießt von der Erde.‹ Deshalb soll man keine Unwahrheit sagen, nur die lautere Wahrheit.« [239]

Quelle: Raschis Kommentar zur Mischna Makkot, gegen Ende. – Kaftor wa-Ferach (1580), Schabbat 9, 29 b.
Übers.: Bin Gorion Bd. 2 (1917), 70: Rab Safra der Wahrheitsliebende (II). – MB: Pappenheim 1929, Nr. 245.

Der moralische Appell entspricht durchaus dem des ›Sefer Chassidim‹, Abschnitt 51: »Sei kein Schmeichler und Schönredner, der anders mit dem Mund und anders im Herzen ist, sondern wie der Gedanke sei auch die Rede. Täusche auch den andern, sei es Jude oder Christ, nicht in günstigem Sinne über deine Absicht.« (A. Sulzbach, ›Die Ethik des Judentums‹, 1923, 30).
Schriftverse: »Du sollst mit deinem Mund so reden ...«, Ps 15,2: »Der in Schlichtheit geht,/der Wahrhaftigkeit wirkt,/der treulich redet in seinem Herzen«.
»Und ich hätt' ihm sein Herz genommen« spielt auf Gen 31,26 an: »Daß du mein Herz bestahlst«.
»Die Wahrheit sprießt von der Erde.« Ps 85,12: »Treue sprießt aus dem Erdland,/Wahrhaftigkeit lugt nieder vom Himmel.«
Safra ist eine andere Bezeichnung für Melammed, den Schullehrer, der per Dekret des Hohepriesters Rabbi Josua ben Gamla (63–65 n. Z.) für Knaben ab dem 5. Lebensjahr zuständig war. Ein Rabbi Safra ist lexikalisch nicht nachzuweisen.

Von dem Dieb, der sich vornahm, die Wahrheit zu sagen

Die Geschichte geschah an einem jungen Mann (*bócher*), der sein Leben lang dem Wohlleben nachgegangen war: mit Zechen, mit Spielen, mit Fressen und mit Saufen. Und er hatte seinem frommen Vater und der Mutter nicht folgen wollen und sich mit Buben und Ganowen (*ganówim*) zusammengetan. Und er war so lange bei ihnen, bis er das Stehlen (*gánwen*) besser gelernt hatte als alle seine Kameraden.

Wie er nun mit den Buben umhergezogen ist, ist er das Bubenleben müde geworden. Er dachte bei sich: »Was wird aus mir werden, wenn ich noch lange im Land umherziehe und stehle? Was wird nur aus mir werden? Am Ende (*leßóf*) werde ich mein Leben verlieren.« Und sagte sich: »Ich will wieder von meinem bösen Weg abkommen und zu meinem lieben Vater und der lieben Mutter heimziehen.« Und ihn reute (*hot grojß charóte*) das, was er an schlimmen Streichen (*bejs schtik*) verübt hatte, sehr, und fing an, über seine bösen Werke zu heulen und schreien. Und erhob sich und ging zu Simeon ben Schetach, einem vorzüglichen (*kestlich*) Mann, und sprach zu ihm: »Lieber Rabbi, ich habe mir vorgenommen, vom bösen Leben wieder abzukommen und Buße (*tschúwe*) zu tun.« Wie das Simeon ben Schetach hörte, sprach er: »Mein Sohn, setz dich nieder zu meiner Rechten und laß ab von deinem Weinen und sei nicht traurig. Denn ich will dir mit einer geringen Sache helfen, was dir als Heilmittel (*refúe*) für deine Krankheit (*máke*) dienen soll, damit du von deinen bösen Werken ablassen kannst. Mein Sohn, was du tun sollst, ist dies: Sei bei all dem, was du tust, vor allem davor gewarnt, daß du lügst (*schéker sogn*). Und sei davor gewarnt, daß du einem ein

Unrecht tust. Wenn du nicht mehr schlecht handelst und nicht mehr strauchelst, wirst du vor allem Bösen beschützt werden.« Da sagte der junge Mann: »Lieber Rabbi, das ist eine einfache Sache und leicht einzuhalten. Und ich will sie einhalten, lieber Rabbi, das sollt ihr bald spüren und sehen.« Da sagte der Simeon ben Schetach: »Wenn du dein Versprechen halten willst, so schwöre mir einen Schwur, nie eine Lüge zu sagen und nichts Unrechtes zu tun.« Er tat es und ging nach Hause. Nun, das hatte für eine Weile Bestand.

Da wohnte neben dem Haus seines Vaters eine Witwe (*almóne*), die hatte in ihrem Haus ein Bad (*mérchez*), darin jedermann sich wusch und badete. So ging der Jüngling eines Tages auch in das Bad im Nachbarhaus, und als er sich ausziehen wollte, da sah er in einem Zimmer (*chéjder*) viel kostbares Zeug, Silber, Gold und leinene Gewänder.

Als er dies sah, da kam der böse Trieb (*jéjzer-hóre*) wieder über ihn, und die Lust zu stehlen. Er ließ sich verführen vom bösen Trieb und stieg in das Haus der Witwe, seiner Nachbarin, ein und stahl alles, was sie an silbernen und goldenen Geräten (*kéjlim*), an Leilichern (Leinenlaken) und was sie sonst im Zimmer aufbewahrte. Er ließ kein bißchen liegen und nahm alles mit.

Und wie er dies nun (zusammengerafft) hatte und aus dem Haus herausgehen wollte, da dachte er bei sich: »Wenn meiner Nachbarin das ganze Zeug fehlen und sie um ihren Mammon klagen wird, und wenn sie mich fragen kommt, ob ich davon nichts gesehen hätte, was soll ich ihr sagen? Soll ich ihr sagen, ich weiß davon nichts, so sage ich eine Lüge, denn ich habe ja doch das Diebesgut (*ganéjwe*), und damit werde ich meinen Schwur brechen, den ich gegenüber Simeon ben Schetach getan habe. Ich will das Diebesgut wieder hinlegen und nichts mitnehmen. Überhaupt will ich nicht mehr stehlen.«

Darum, ihr lieben Leute, seht, was die Geschichte lehrt:
Weil er keine Lüge wollt sagen,
hat er das Raubgut nicht weggetragen,
hat die kleine Buße genommen in acht,
was ihn schließlich ins Jenseits gebracht. [240]

Quelle: Kaftor wa-Ferach (1580), Haggai 1,43 a.
Übers.: MB: Pappenheim 1929, Nr. 246.

Das jüdische Badehaus (*mérchez* oder *míkwe*) entsprach den Geboten, sich aus verschiedenem Anlaß – bei bestimmten Hautkrankheiten, nach Beendigung der Menstruation, nach Berührung eines Toten – zu baden und so sich seelisch und körperlich zu reinigen. Der Talmudtraktat Mikwot gibt den Bau eines solchen Bades exakt vor. Reste von alten Mikwot wurden in Worms (gebaut um 1034) wie auch in Speyer und Köln gefunden.

Lohn der Tugend

Die Geschichte geschah. Ein Mann starb, und nicht lange nach seinem Tod wurde sein Grab von Arbeitern auf dem Acker (*feld*) aufgegraben, und man fand heraus, daß er noch lebte und die Würmer seinem Körper nicht geschadet hatten. Da fragte ihn Rabbi Nachman (bar Jakob): »Welche gute Tat (*mízwe*) hast du zu Lebzeiten getan, daß dir solch ein Wunder geschah?« Und der Mann erwiderte: »Nie in meinem Leben war ich auf jemanden neidisch, und ich habe immer meine Ohren verschlossen, wenn ich leichtfertige Reden hörte. Nun ernte ich die Belohnung dafür.« Und wenn er tot im Grabe (*kéjwer*) liegt, wird er sich dieses Verdienstes (*ßchuß*) erfreuen. [241]

Quelle: Kaftor wa-Ferach (1580), Schabbat 13, 34 a.
Übers.: Nicht bei Pappenheim 1929.

Gehört in den Umkreis »Belohnung für gute Taten«, vgl. Texte 45, 46, 75, 214, 243.

Der Traktat Schabbat 34 a (BT) handelt vom Begräbnisplatz als Ort der Reinheit. »Da fragte er: ist jemand da, der es weiß, ob dieser Ort sich jemals im Zustand der Reinheit befunden hat? Ein Greis erwiderte: Hier schnitt Ben Sakkai Lupinen von Hebe. – Da tat er dies ebenfalls und erklärte jede harte Stelle für rein, und jede weiche Stelle bezeichnete er« (übers. L. Goldschmidt).
Zu der »weichen Stelle« wird angemerkt: »Nach einem rabbinischen Bericht geschah ein Wunder, und die Leiche kam auf die Oberfläche.«

Rabbi Amram aus Köln wird in Mainz begraben

Die Geschichte geschah. In dieser Erzählung (*ma'asse*) steht, daß einige sagen, es sei in Regensburg geschehen. Indes kann das nicht sein, denn von Regensburg nach Mainz muß man ein Stück Weges über Land gehen, bis man an den Rheinstrom kommt, und dann geht es stromab.

Die Geschichte geschah an einem Frommen (*chóßid*), der hieß Rabbi Amram und wohnte in Köln am Rhein. Und dort unterhielt er eine Jeschiwa (*jeschíwe*, Talmudschule), aber er war in Mainz daheim. Als nun der Fromme alt war, wurde er krank. So schickte er nach seinen Schülern (*talmídim*) und sagte zu ihnen: »Meine lieben Schüler, da liege ich und werde sterben. Also wäre es mein Wunsch, daß ihr mich in Mainz bei meinen Eltern ins Grab legt (*brengt zu kwúre*).« Da entgegneten seine Schüler: »Unser lieber Rabbi, das können wir nicht tun, denn es ist sehr gefahrvoll (*a grojß ßakóne*), Euch so weit zu fahren.« Da erwiderte Rabbi Amram: »Wenn ich gestorben bin, so haltet meine Totenwaschung (*metáher*) ab und legt mich in einen Sarg (*óraun*) und danach stellt den Sarg in ein kleines Schifflein auf den Rhein. Und laßt das Schiff fahren, wo es von alleine hinwill.«

Wie nun Rabbi Amram gestorben war, da hielten seine Schüler die Tahara (Totenwaschung) ab und legten ihn in einen Sarg in ein kleines Schifflein auf dem Rhein. Da hob das Schifflein an, gegen den Strom zu fahren, bis es nach Mainz kam. Wie nun die Leute das große Wunder sahen, daß das Schiff von ganz allein gegen den Strom ankommt, da liefen sie hinzu und sahen, daß ein Leichnam (*meß*) in einem Sarg lag. Da sagten sie: »Das muß gewiß etwas Heiliges sein«, und bestanden darauf, man solle ihn in ein Grab legen. Da gingen die Leute hin und griffen nach dem Schifflein, aber es entwich ihnen. Da meldeten es die Christen dem Hegemon (Statthalter, Bischof) von Mainz. Da kam die ganze Stadt an den Rhein gelaufen, Juden (*jehúdim*) und Christen (*gójim*) durcheinander (*leháwdel*). Und wie nun die Juden ans Rheinufer kamen und auch das große Wunder sehen wollten, da lief das Schifflein auf die Juden zu. Da wollten die Christen wieder nach dem Schifflein greifen, vermochten es aber nicht, denn sooft sie danach griffen, entwich das Schifflein, bis man allem Anschein nach sah, daß das Schifflein zu den Juden hinstrebte und nicht zu den Christen.

Da riefen die Christen den Juden zu: »Geht aufs Schiff und schaut nach, was darin ist.« Da kam das Schifflein wieder auf die Juden zu, und die Juden gingen in das Schifflein und öffneten den Sarg. Da lag in dem Sarg ein Leichnam, und ein Brief lag dabei. Darin stand geschrieben: »Meine lieben Brüder und Freunde, ihr Juden der heiligen Gemeinde (*kehíle*) Mainz, wisset, daß ich, Amram, zu euch gekommen bin, ursächlich weil ich in der heiligen Gemeinde Köln gestorben bin und von euch wünsche, mich zu meinen Eltern, die auch in Mainz liegen, ins Grab zu legen. Möge euch viel Frieden (*schólaum*) und langes Leben beschieden sein.«

Und wie nun die Juden den Brief sahen, da hoben sie alle an zu trauern, und brachten den Sarg aufs Land. Da nahmen sich die Christen viele Gemeinheiten (*áseßkeit*) heraus und machten sich gegen die Juden stark und schlugen sie in die Flucht. Aber die Christen konnten den Sarg nicht von der Stelle bringen. Alsbald gebot der Bischof, man solle den Sarg davor schützen, daß er nicht von den Juden hinweggeführt werde. Deshalb ließ er eine Kirche (*tífle*) darüber bauen, und sie war gewaltig groß. Da setzten sich die Juden mit inständigen Fürsprachen (*grojß schtadlóneß*) ein und baten sehr darum, sich des Sarges annehmen zu dürfen. Aber es half alles nichts. Bis auf den heutigen Tag trägt die Kirche den Namen Amram.

Und jede Nacht kam Rabbi Amram im Traum zu seinen Talmudschülern und sagte zu ihnen: »Begrabt mich bei meinen Eltern.« Als das die Schüler zu Köln hörten, da wurden sie traurig und zogen nach Mainz. Wie sie nun in Mainz waren, da gingen sie bei Nacht vor die Stadt und nahmen einen Dieb (*gánew*) vom Galgen (*tlíe*) und legten ihm weiße Kleider an. Dann gingen sie hin und nahmen Rabbi Amram aus dem Sarg und legten an seine Stelle den Dieb in weißen Kleidern. Und beerdigten Rabbi

Amram bei seinen Eltern, und der Heilige, gepriesen sei Er, war den Juden gnädig und blieb im Geheimnis (*ßod*). [242]

Quelle: Schalschelet ha-Kabbala, 37 a.
Übers.: MB: Pappenheim 1929, Nr. 247.

Gaster 1934 merkte an: »Dem Autor des Berichts ist nicht bekannt, daß eine ganz ähnliche Geschichte von Rabbi Elieser ben Nathan erzählt wird, und die bisherige Annahme, die Amram-Legende sei lediglich eine jüdische Wiedergabe der christlichen St.Emmeran-Legende, wird dadurch noch zweifelhafter.«
Gaster bezog sich dabei auf eine ältere Variante, die Schiffahrt des toten Rabbi Elieser ben Nathan aus Würzburg und dessen Beerdigung in Mainz; siehe Brüll 1889, Nr. 38.
Heller hingegen (1936, 237) bestritt ein jüdisches Element solcher Legenden. Eine weitere Geschichte um den Würzburger Rabbi (Brüll Nr. 28) ließ ihn schlußfolgern, »jüdisch ist hier nur der Name des Elieser ben Nathan; das Ganze gibt sich als Fassung des Märchens vom Meister Heinrich Käs« (ebd., 242).
Kernmotiv der Amram-Geschichte ist das »Schwemmwunder«, das genuin zur christlichen Legende des hl. Emmeram von Regensburg gehört. Von ihm wird erzählt, daß sein Leichnam auf einem führerlosen Ochsengespann nach Aschheim kam, wo der Tote ohne menschliche Hilfe auf ein Schiff gelangte, das ihn donauaufwärts nach Regensburg brachte.
Im Grunde liegt die Übertragung einer alten christlichen Lokalsage auf rabbinische Helden und eine Umformung in jüdische Verhältnisse vor (siehe Meitlis 1933, 120).
Helmut Dinse (1974, S. 24 f.) führt dazu aus: »Sowohl der christlichen wie auch der jüdischen Legende ist eine Quelle gemein, die, wie Felix Liebrecht nachgewiesen hat, auf eine alte germanische Sitte zurückzuführen ist: das Schiffsgeleit verstorbener Helden.«
Ein »Wunder« ganz nach dem Geschmack des Publikums kommt hinzu: das Außerkrafttreten des Naturgesetzes, wonach der fließende Strom dem unbemannten Schiff die Richtung vorgibt. In Köln hat man die Schiffahrt des Rabbi Amram ebenso erzählt, nur ist sie dort die Heimfahrt des hl. Maternus.

Durch Olivenöl alt werden

Die Geschichte geschah an einem Mann, der ein ungewöhnlich hohes Alter erreichte. Man forschte nach seinen verdienstvollen Werken und konnte nichts anderes finden, als daß er es stets vermieden hatte, dem Sabbat (*schábeß*) zu Ehren Talgkerzen anzustecken; vielmehr verwandte er jedesmal Olivenöl, und das ist bereits eine fromme Handlung. [243]

Quelle: Sefer Chassidim, ed. Wistinetzki, 1893, Abschnitt 166, Nr. 623. Übers.: Zobel 1935, 120. – MB: nicht bei Pappenheim 1929.

Daß die Guttaten (*mízweß*) einem das Leben verlängern, kommt in den rabbinischen Exempla nicht eben selten vor, siehe die Texte 45, 75, 195, 241.

Die Strafe für das Berühren der Sabbatlichter

Die Geschichte geschah. Einst starb eine vornehme Frau, und als man eben dabei war, sie zu begraben, da kam sie ins Leben zurück und erzählte, was ihr geschehen war: »Ich bin in Jener Welt (*jéne-welt*, Jenseits) gewesen und sah die Juden im Garten Eden (*ganéjdn*), und bei ihnen sah ich eine Frau, die ich kannte, und eine ihrer Hände war mit einer Salbe eingeschmiert. Ich sagte zu ihr: ›Meine liebe Frau, warum ist deine eine Hand eingeschmiert und die andere nicht?‹ Da erzählte sie mir, daß diese Hand einmal die Sabbatlichter berührt habe, und dieses Brandmal habe man ihr im Garten Eden als Zeichen der Schande ausgelegt.«

Deshalb, ihr lieben Frauen, seid vorsichtig mit euren Sabbatlichtern, solange noch Tag ist, und denkt an die Frau im Garten Eden. [244]

Quelle: Sefer Chassidim, ed. Wistinetzki (1893), Abschnitt 86.
Übers.: Nicht bei Pappenheim 1929.

Es ist Sache der Hausfrauen, zu Beginn des Sabbat die Sabbatlichter anzuzünden und dabei den Segensspruch zu sprechen: »Gelobt seist Du, Ewiger, unser Gott, Weltenkönig, der uns durch Seine Gebote geheiligt und uns befohlen hat, das Sabbatlicht anzuzünden.« (Müller 1934, 15)

Von dem Zaddik, der nicht mehr Vorbeter sein wollte

Die Geschichte geschah an einem Zaddik (*zádik*, Gerechter), der gewohnt war, an jedem Rosch haschana (*roscheschóne*, Neujahrsfest) und an jedem Jom Kippur (*jom-kipur*, Versöhnungstag) vorzubeten (*óren*), denn die Gemeinde (*kóhol*) hatte ihn auserwählt, daß er vorbeten sollte, weil er ein großer Zaddik war.

Und wie es nun zum Ende seiner Tage kam, da wollte er nicht mehr vorbeten, weder an Rosch haschana noch an Jom Kippur. Da fragte ihn die Gemeinde: »Warum wollt Ihr jetzt nicht mehr vorbeten? Ihr habt das doch jedes Jahr getan.« Da sagte der Zaddik: »Wenn ich jetzt vorbeten sollte und sollte das Jahr danach sterben, so wird mein Sohn sagen, er wolle nach mir vorbeten. Aber mein Sohn ist dazu noch nicht würdig, an einem so heiligen Tag der Vorbeter zu sein. Darum will ich einen anderen stellen, der vorbeten soll.«

Und er stellte einen, der war ein Zaddik und ein Weiser (*chóchem*) und ein Schriftkundiger *(bal táuro)* zugleich, und dieser war würdig dazu, vorzubeten.

So überaus fromm war der Zaddik, daß er seinen Sohn nicht an seine Stelle lassen wollte. Denn das war der Grund, weshalb Eli der Priester gestraft worden ist, weil er seine Söhne nicht gestraft hat; obwohl er recht gut wußte, daß seine Kinder nicht fromm waren. Er hätte sie von der Priesterschaft fernhalten und andere Priester (*káuhanim*) an ihrer Statt erwählen sollen, doch er hat dies nicht getan. Darum geschah ihm, daß er von seinem Stuhl fiel und sich das Genick gebrochen hat.

Darum soll man nur alte und fromme Leute bestellen für Rosch haschana, denn sie verstehen es, die Gebete vorzutragen. [245]

Quelle: Sefer Chassidim, ed. Wistinetzki (1893), Abschnitt 389.
Übers.: MB: Pappenheim 1929, Nr. 248.

Eli war Hohepriester von Silo und zugleich der langjährige Richter des Volkes Israel (um 1050 v. Z.). Seine Söhne Chofni und Pinchas waren laut 1 Sam 2,12 »heillose Buben«, und Gott zürnte: »Ehrst du deine Söhne mehr als mich?« (2,29) Als den greisen und blinden Eli die Nachricht von ihrem Tod und zugleich die vom Verlust der Bundeslade ereilte, fiel er »herab vom Stuhl, rücklings, längs der Torseite,/sein Genick brach, er starb« (1 Sam 4,18).

Rabbi Mathia ben Charasch sticht sich, um nicht zu sündigen, die Augen aus

Die Geschichte geschah an einem Zaddik (*zádik*, Gerechter) namens Rabbi Mathia ben Charasch. Der war ein schöner Mann und hatte sein Lebtag kein fremdes Weibsbild angesehen, nur allein seine eigene Frau.

Eines Tages kam der Satan vorbei, denn er wollte sich an dem Rabbi Mathia dafür rächen, daß er keine Sünde begangen (*awéjre ton*) hatte. Der Satan dachte, es sei für einen Menschen unmöglich, ohne Sünde zu sein. Also ging der Satan vor den Heiligen, gepriesen sei Er, und sagte: »Herr der Welt (*káune-hákel*), was ist Rabbi Mathia ben Charasch für Dich?« Da sagte der Heilige, gepriesen sei Er: »Rabbi Mathia ist ein vollkommener (*gomer*) Zaddik.« Da sprach der Satan: »Gib mir Erlaubnis (*reschúß*), so will ich ihn sündigen machen.« Da sagte der Heilige, gepriesen sei Er: «Du kannst ihn nicht sündigen machen.« Da sprach er: »Gib mir Erlaubnis.« Da gab ihm der Heilige, gepriesen sei Er, Erlaubnis.

Da machte sich der Satan zu einer hübschen Frau, die so schön war, daß ihresgleichen zu dieser Zeit nicht zu finden war. Und er stellte sich vor Rabbi Mathia ben Charasch. Als dieser die Frau sah, da wandte er sich von ihr ab. Da ging die Frau und stellte sich auf die andere Seite, da wandte Rabbi Mathia sich auch wieder um. Und wohin sich der Zaddik kehrte, dort stellte sie sich hin und vermeinte, der Zaddik werde Lust auf sie bekommen.

Da sagte Rabbi Mathia: »Ich befürchte, der böse Trieb (*jéjzer-hóre*) wird sich in mir stärken und möchte mich, Gott bewahre, so aufreizen, daß ich sündigen möchte.« Was tat der Zaddik? Er rief einen seiner Schüler (*talmídim*) und sagte, er solle ihm feurige Kohlen hereinbringen. Da ging der Schüler hin und brachte ihm feurige Kohlen. Da trat der Zaddik hinzu und brannte sich die Augen aus. Als das der Satan sah, da erschrak er sehr. Denn er hatte gehofft, er würde ihn sündig machen.

Da rief der Heilige, gepriesen sei Er, den Engel Rafael und sagte zu ihm: »Geh hin und heile mir Rabbi Mathia ben Charasch.« Da ging der Engel Rafael zu Rabbi Mathia und sagte: »Der Heilige, gepriesen sei Er, hat mich zu dir geschickt, ich soll dich heilen.« Da sagte Rabbi Mathia: »Ich bedarf dessen nicht. Was geschehen ist, ist geschehen.«

Da ging der Engel Rafael wieder zu dem Heiligen, gepriesen sei Er, und sagte: »Rabbi Mathia will nicht geheilt werden.« Da erwiderte der Heilige, gepriesen sei Er: »Sag ihm, ich will für seine Sittlichkeit bürgen (*érew sajn*), daß kein böser Trieb über ihn Gewalt haben soll.«

Da ließ er sich heilen, und der Heilige, gepriesen sei Er, verlängerte ihm seine Tage. [246]

Quelle: Aseret ha-Dibrot, 7. Gebot, 1; Bet ha-Midrasch, Bd. 1 (Leipzig 1853), 79 f.
Übers.: MB: Pappenheim 1929, Nr. 249; Strauß 1934, Nr. 12.

Rabbinisches Exemplum Nr. 136 (Versuchung des Matia ben Cheresch). Born Judas, Bd. 1 (1916), 137–39: Mathia ben Heres.
Satan, der personifizierte »böse Trieb«, ist im Erstdruck des MB (1602) noch attraktiver von Erscheinung, er verlockt den Helden: »hübscher als Naama, die Schwester Tuwalkains, mit der sich die Engel zur Zeit Noahs versündigten«. Der Passus bezieht sich auf Gen 4, 22: »Und auch Zilla gebar, den Tubal-Kajin, ... Tubal-Kajins Schwester war Naama.«
Der Engel Rafael (hebr. »Gott hat geheilt«) sucht hier, seinem Namen gerecht zu werden. In der Bibel weist er Tobias an, wie er seinen blinden Vater heilen kann. In der Mystik der Kabbala, vor allem im Buch Sohar,

ist Rafael derjenige, der Kranken und Leidenden in der Morgenstunde Erleichterung bringt.
Der historische Mattia ben Charasch (oder Cheresch) lebte im 2. Jh. n. Z., war Schüler des Rabbi Elieser ben Hyrkanos und Zeitgenosse Rabbi Josuas. Er wanderte nach Rom aus und gründete dort eine Gelehrtenschule. Die mit ihm verbundene spätere Legende erörtert Gaster in MGWJ, Jg. 1934, 341–343 unter dem Rubrum der »keuschen Ehe«. Er weist auf ein Zusatz-Tanchuma hin, wonach Mattia nicht einmal seine eigene Frau angeschaut habe (Tanch. Buber IV.66 a) – überdies auf eine arabische Liebesgeschichte aus dem 11. Jh., in der diese Geschichte von einem israelischen Gottesdiener erzählt wird. Sein Befund ist, daß dieser Legendentyp eher christliche als jüdische Denkweise widerspiegelt. Vgl. Text 11.

Vom Mann, der ausser dem Traktat Chagiga nichts gelernt hatte

Die Geschichte geschah an einem, der lernte sein Lebtag nichts anderes als den Massechet (Traktat, hebr. »Gewebe«) von Chagiga. Danach starb dieser Mensch. Und wie man den Leichnam (*meß*) begraben wollte, stand da eine Frau in weißen Kleidern vor dem Leichnam. Da sahen die Leute die Frau stehen, und sie fragten sie, wer sie wäre oder wie sie hieße. Da sagte die Frau: »Ich heiße Chagiga und bitte für den Mann in Jener Welt (*jéne-welt*, Jenseits), denn er hat sein Leben lang nichts anderes studiert hat als den Massechet Chagiga. Darum ist er würdig, daß ich für ihn in Jener Welt bitte.«

So sind die anderen guten Taten (*mízweß*) auch, die einer um des Himmels willen (*leschém schomájim*) vollbringt. Diese guten Taten bitten für ihn in Jener Welt. [247]

Quelle: Kaftor wa-Ferach (1580), fol. 87 a, Chagiga, Schluß 71 a.
Übers.: MB: Grünbaum 1882, 451 (kursorisch); Pappenheim 1929, Nr. 142.

Der Traktat Chagiga gehört zu den sechs Ordnungen der Mischna, der ersten schriftlichen Niederlegung der mündlichen Lehre. Genauer gesagt, ist es eine von zwölf Traktaten der Ordnung Moed (Festzeiten) und behandelt die drei Wander- oder Wallfahrtsfeste: Pessach, Schawuot (Fest der Erstlingsfrüchte, d. h. der ersten Feldfrüchte) und Sukkot (Laubhüttenfest). Die personifizierte Chagiga tritt als »Fürsprecherin des Gestorbenen vor Gottes Thron auf« (Grünbaum).

Vom schwarzen Königspaar, das einen weissen Sohn bekam

Die Geschichte geschah. Es lebten ein König und eine Königin, die waren beide schwarze Heiden (*gójim*). Und die Königin bekam (*gewán*) einen Sohn von ihm, der war weiß.

Da schickte der König nach Rabbi Akiba und sagte zu ihm: »Ich und meine Frau sind beide schwarz und doch hat sie ein Kind geboren, das weiß ist. Ich will die Königin töten lassen, denn sie muß mir mit einem weißen Mann untreu gewesen sein.« Da sagte Rabbi Akiba: »Nicht zu gach (hastig), und laß mich eine Frage an dich tun: Stellen die Wände deines Palastes und die gemalten Bilder dort weiße oder schwarze Menschen vor?« Der König erwiderte: »Es sind weiße Menschen.« Da sagte Rabbi Akiba: »Dann ist auch euer Kind davon weiß geworden. Die weißen Bilder haben auf deine Frau Eindruck gemacht, und deshalb ist euer Kind weiß, denn das Kind gleicht dem Ding, auf das die Frau ihre Aufmerksamkeit richtet, wie wir es in der Geschichte Jakobs finden. Er stellte weiße und schwarze Stäbe (d. i. geschälte Äste und Schößlinge) vor die Tränken, aus denen die Schafe tranken. Sie wurden erschreckt und warfen gesprenkelte Lämmer.« Als der König das hörte, da bewunderte er die Weisheit (*chóchme*) des Rabbi Akiba.

Daher sollte jede Frau fromme Gedanken haben, und sie wird fromme Kinder bekommen, so wie auch ihre Gedanken sind. [248]

Quelle: Kaftor wa-Ferach (1580), fol. 103 a, Traktat Nidda 3, 83 b-84 a.
Übers.: MB: Grünbaum 1882, 451 f. (gekürzt). Nicht bei Pappenheim 1929.

Eine spiegelbildliche Legende von einem schwarzen Sohn mit weißen Königseltern, ebenso mit dem Motiv »Bildzauber«, findet sich in Text 134, dort mit gläubigen Juden als Eltern.
Die Parabel von den weißen und schwarzen Stäben und was sie bei Ziegen und Schafen bewirken, bezieht sich hier eindeutig auf Gen 30: Es geht um den Lohn, den Jakob mit dem Viehzüchter Laban für zweimal sieben Jahre Hirtendienste aushandelt. Dank weißgeschälter Baumstäbe, die er an die Wassertränken stellt, aus denen die brünstigen Tiere trinken, erreicht er Erstaunliches: »So brunsteten die Tiere vor den Stäben./Dann warfen die Tiere, Gestreifte, Gesprenkelte, Gefleckte« (Genesis 30,39). Eben dies waren die Merkmale all der Tiere, die er sich als Lohn ausbedungen hatte. Eine List Jakobs, der die listige Rede des Rabbi Akiba um nichts nachsteht.
Die wohl geglückteste literarische Umsetzung der Jakob-Szene findet sich in Thomas Manns Roman ›Die Geschichten Jaakobs‹ (Berlin 1933), Kap. »Die Gesprenkelten«, 358–364.

Von dem Alten, der das Weintrinken nicht lassen konnte

Die Geschichte geschah an einem alten Mann, der gern Wein trank. Und er hatte vier Söhne, und jeden Tag speiste ihn einer der Söhne, und jeden Tag betrank sich der alte Mann und war voll des Weines.

Eines Tages ging der alte Mann auf der Gasse spazieren, da sah er einen trunkenen Mann, der sich im Dreck wälzte (*wérgelt*) und recht viel Stuß (*schtuß*, Unsinn) auf der Gasse trieb. Und die Jungen liefen ihm nach und warfen mit Steinen nach ihm. Wie nun der trunkene Mann wieder nüchtern war, ging der Alte zu ihm und fragte ihn, wo er den guten Wein getrunken hätte, in welchem Wirtshaus. Da nannte er es ihm. Da ging der alte Mann auch dorthin und trank sich voll und trank mehr, als er sonst zu trinken pflegte. Danach befürchteten seine Kinder sehr, er werde ebenfalls viel Unheil stiften und wüste Dinge (*nibskeit*) treiben. So gingen sie alle vier miteinander zu ihm ins Wirtshaus und führten ihn in ihren Keller und schlossen die Tür fest zu, damit er nicht herauskommen konnte.

Danach gingen sie (erneut) in den Keller und wollten sehen, was ihr Vater machte. Da fanden sie ihn im Keller liegen und schlafen, und er hatte das Maul weit auf, und der Wein lief ihm aus dem Hals. Da sagten die Kinder: »Wir sehen deutlich, er wird das viele Weintrinken nicht aufgeben.« Also gaben sie ihm Wein genug, bis er ganz alt war und vor Schwäche nicht mehr leben konnte. [249]

Quelle: Kaftor wa-Ferach (1580), f. 122 a, Baba Batra 1,99 a; Oxforder Hs., ed. Israel Lévi in: Revue des Etudes juives, Jg. 33, 1896, 60 ff. (vgl. Heller 1930, 351, Nr. 4).
Übers.: MB: Grünbaum 1882, 452 f. (gekürzt); Pappenheim 1929, Nr. 236.

Vgl. das ältere rabbinische Exemplum Nr. 305 (Trunkenbold auf dem Friedhof); Born Judas, Bd. 2 (1917), 115 f.: Die Kinder des Trinkers (II). Laut Grünbaum wird die Geschichte im Midrasch Wajikra Rabba so erzählt: Ein Mann verkauft nach und nach die Stücke seines Hausrats, um für den Erlös Wein zu trinken. Seine Söhne sorgen sich, daß er all sein Hab und Gut vertrinkt. Sie bringen ihn zum Begräbnisort und legen ihn in eine Höhle, gewissermaßen zur Entwöhnung. Während er schläft, wird die Höhle zu einem Weindepot von Händlern, die ihre Vorräte in Sicherheit bringen wollen. Erwachend, betrinkt sich der Mann hemmungslos. Die Söhne finden ihn wieder schlafend vor, noch den Weinschlauch am Munde. »Da nun Gott so für dich sorgt, können wir freilich nichts dagegen tun«, ist ihre Erkenntnis, und sie traktieren ihn von nun an täglich, und zwar reihum.
Diese Version »Trunkener Vater drei Tage im Grab« ist die ungleich berühmtere, vgl. den Text im Born Judas, siehe auch Schwarzbaum 1968, 308. Dort der Hinweis auf Äsopische Tradition, und daß viele jüdische Versionen den spektakulären Vorfall auf dem Friedhof nicht schildern.

Der böse König Frandik und die elf Weisen

Die Geschichte geschah an einem gewaltigen König, der Gewalt über viele Länder besaß und (gegenüber den Juden) sehr bösartig (*grojß rósche*) war, und sein Name war Frandik.

Eines Tages berief er all seine Räte (*jáuezim*) und seine Ältesten und klugen Leute und ließ auch elf Weise (*chachómim*) rufen, die klügsten in ganz Israel (*únter jißróel*), daß sie zu ihm kommen sollten.

Wie nun die elf Weisen sich dem König von weitem näherten, so daß man sie schon sehen konnte, da stand der König mit all seinen Räten auf und ging ihnen entgegen und empfing sie in allen Ehren (*mit grojß kówed*). Wie das die Weisen sahen, da verwunderten sie sich sehr, daß sie der König so ehrte.

Da sagte der König zu den elf Weisen: »Ich habe euch so lieb wie den schwarzen Apfel in meinem Auge. Nun habe ich drei Ersuchen (*káscheß*, Fragen) an euch, und einem von den dreien solltet ihr entsprechen. Und das sind sie: Ihr sollt mit mir Schweinefleisch (*cháser*) essen, oder ihr sollt mit mir unreinen Wein (*jájin néßech*) trinken, oder ein jeder soll bei einer Nichtjüdin (*góje*) schlafen. Wählt euch also eines von den dreien aus, ihr tut mir damit große Ehre an, und habt ihr es getan, so findet ihr Leutseligkeit in meinen Augen.«

Wie die Weisen das hörten, da erschraken sie sehr, und sie besannen sich eine Weile. Dann stand einer auf, verneigte sich vor dem König und sprach unter Tränen: »Gib uns drei Tage Zeit, so wollen wir in unseren Büchern suchen, welches zum Besten ist.« Da sagte der König: »Die drei Tage seien euch zugesagt.«

Da gingen die elf Weisen miteinander weg und forschten nach (*lérnten*), was sie tun sollten. Und es wurde unter ihnen beschlossen, daß sie Wein trinken wollten – »denn wir haben von unseren Eltern her nur den Brauch (*mínheg*, Minhag), daß wir keinen unreinen Wein trinken«. Doch sie lernten nicht, daß von unreinem Wein nichts Gutes kommt.

So kamen sie wieder zum König und sagten: »Herr König, wir haben uns besonnen, wir wollen einen ganzen Tag an deinem Tisch Wein trinken.« Wie das der Bösewicht hörte, war er sehr erfreut, denn er dachte sich: »Ich will sie auch dazu bringen, Schweinefleisch zu essen und danach auch in Unzucht zu liegen.« Da sprach der König zu den elf Weisen: »Geht nur hin und laßt euch etwas Gutes kochen, was ihr essen dürft, damit ihr nicht unsere Speise zu essen braucht.«

Was tat der König? Er ließ derweil einen runden Tisch machen, den man linksherum drehen konnte. Unterdessen war die Mahlzeit zubereitet. So kamen die Weisen zu ihnen, und es wurde lauter koscheres Essen gebracht und auf des Königs Tisch gestellt. Nun, der König saß mit allen Fürsten zusammen, und die elf Weisen saßen auch zusammen, und vor ihnen standen alle Arten von Speisen und des Königs bester Wein und Malvasier. Und sie aßen und tranken miteinander, und der König gab viele Geschichten (*schmúeß*) zum besten und verriet ihnen so manches Geheimnis (*ßójdeß*). Als nun der König sah, daß sie anfingen, vom Weine voll zu werden, da drehte er, von ihnen unbemerkt, den Tisch linksherum, damit nun Trefe (*tréjfe*, unreines, d. h. verbotenes Fleisch) vor den Weisen stand. So schlugen sie sich die Bäuche voll mit Schweinefleisch. Was tat der König? Er ließ ihr koscheres Fleisch aufbewahren bis zum anderen Morgen, um es ihnen vorzuweisen.

Und wie es Nacht war, ließ der Bösewicht schöne Betten herrichten von Silber und Gold, und einem jeden legte er eine Hure bei. In ihrer Trunkenheit glaubten sie, daß ihre Frauen bei ihnen lägen.

Wie es Tag wurde, stand der König zeitig auf und trat vor ihre Betten und sprach: »Ihr lieben Freunde, steht auf und tut ein Gebet, denn ihr habt alle drei Verbote übertreten: Ihr habt gestern Schweinefleisch gegessen mit gutem Zuspruch und habt euer koscheres Fleisch stehengelassen. Und ihr seid auch bei Huren gelegen.«

Wie sie nun sahen, daß sie Huren bei sich liegen hatten, da wußten sie nicht, wie ihnen geschehen war. Da konnten sie sich wohl denken, daß der König darauf ausgewesen war. Sie bereuten die Sünden (*awéjreß*), die sie begangen hatten, sehr und wünschten sich alle miteinander den Tod. Und sie starben allesamt noch im selben Jahr und nahmen ein elendes Ende (*míße meschúne*).

Und all das geschah ihnen, weil sie unreinen Wein getrunken hatten. Darum stehen in der Tora zwei Abschnitte (*párscheß*) nah beieinander geschrieben, der Abschnitt von der Ehebrecherin (Sota) und der Abschnitt von dem Enthaltsamen (Nasir).

Darum, ihr lieben Leute, tut an der Geschichte ein Exempel nehmen, und seht, daß der unreine Wein den Menschen zu allem Bösen hinführt. Darum ist es das Beste, daß man sich davon fernhält, viel Wein zu trinken, so gerät man nicht in solch großes Leid. [250]

Quelle: Kaftor wa-Ferach (1580), Baba Batra 1, 99 a–b; vgl. Sprüche der Väter (Pirke Abot) IV, 2.

Übers.: MB: Grünbaum 1882, 450 f. (nach den Ausgaben Basel 1602, fol. 121 b, Wilhermsdorf Nr. 233 und Rödelheim fol. 82 a); Pappenheim 1929, Nr. 250.

König Frandik, der negative Held dieser ebenso drastischen wie volkstümlichen Geschichte, die sich zuletzt zum »Exemplum« rundet, scheint dem Namen nach eine Verballhornung des »Federico« aus dem altitalienischen ›Il Novellino‹ (vgl. Text 238).
Schon im Koran findet sich eine erst auf drei Engel bezogene, später auf drei Eremiten übertragene Geschichte, in der sie vor die Wahl zwischen drei Sünden gestellt werden. Indem sie den Wein als scheinbar läßlichste wählen, verfallen sie auch den anderen. »Eine Sünde zieht die anderen nach sich« bzw. »Die drei Sünden des Eremiten« sind ein eigenständiger Legendentypus (AaTh 839).
Islamische und christliche Versionen lassen zumeist die Wahl zwischen Rausch, Mord und Unzucht. In Albert Wesselskis ›Mönchslatein‹ (1909), Nr. 81, läßt der Teufel dem Einsiedler die Wahl zwischen eben diesen dreien; in Nr. 17 beschämt der Sarazene Saladin die Mönche, die ihn bekehren wollten und sich selbst zugute hielten, niemals Fleisch, Wein und Weib zu probieren.
Hier nun geht es um die Wahl zwischen dezidiert jüdischen Sünden: Schweinefleisch zu essen, unreinen Wein (*jájin-nesech*, eigentlich Opferwein) zu trinken und Unkeuschheit zu treiben, indem man mit Christenfrauen schläft. Der Hinweis auf die Talmud-Traktate Sota und Nasir, die zur Ordnung »Frauen« (Naschim) der Mischna gehören, ist ebenso nachdrücklich wie für das MB ungewöhnlich. – Zum Weinverbot siehe Text 211.
Literatur bei Schwarzbaum 1968, 33 und 248.

Vom Mann, dem in der Wüste das Totenheer begegnete

Die Geschichte geschah einem Menschen, der ritt nachts allein in der Wüste (*mídber*), und der Mond (*lewóne*) schien hell die ganze Nacht über.

Da sah er ein großes Heer kommen, lauter Wagen voll mit toten Leuten, und die Leute, die auf den Wagen saßen, waren lauter tote Leute. Der Mann verwunderte sich darüber sehr. Und wie er nun näher herankam, da erkannte er einen Teil der Leute (und wußte), sie waren schon längst gestorben. Da fragte der Mensch die toten Leute: »Warum müßt ihr die Wagen die ganze Nacht ziehen, während einige auf den Wagen sitzen?«

Da erwiderten sie: »Das müssen wir tun, denn das sind die Sünden (*awéjreß*), die wir in Jener Welt (in diesem Fall: Diesseits) getan haben. Als wir gelebt haben, haben wir viele freche Dinge (*áseßkeit*) mit den Frauen getrieben. Deshalb müssen wir jetzt den Wagen ziehen, bis wir müde werden. Danach steigen sie herab, und wir steigen hinauf. So ziehen sie auch so lange, bis sie müde werden, und das währt die ganze Nacht. Und wir haben Leute dabei, die uns schlagen als wären wir das Vieh, das einen Wagen zieht.«

Deshalb bezahlt man für alles, was ein Mensch sündigt (*awéjreß ton*), ihm in Jener Welt (*jéne-welt*, Jenseits). Darum soll man sich vor Sünden hüten. [251]

Quelle: Sefer Chassidim, ed. Wistinetzki (1893), Abschnitt 48.
Übers.: MB: Pappenheim 1929, Nr. 128; Strauß 1934, Nr. 11.

Das Motiv der Wiedergänger findet sich in den folgenden Texten wieder, alle nach derselben Quelle. Das Geisterheer spielt vorwiegend in der nordisch-germanischen Mythologie eine Rolle (»Wilde Jagd«), doch läßt sich der alte Volksglaube, nachts ziehe ein Totenheer umher, sagenkundlich wie religionsgeschichtlich weit früher belegen, u. a. bei Herodot.

Von dem Toten, der seines Unrechts wegen keine Ruhe fand

Die Geschichte geschah. Ein Mann hat sich nachts in einem großen Wald verirrt, und der Mond (*lewóne*) hat hell geschienen. Da ist ihm einer begegnet, von dem er gut wußte, daß er lange schon gestorben war. Und wie er ihn sah, da wollte er weglaufen. Da schrie der Tote (*péjger*): »Fürchte dich nicht, ich werde dir nichts tun«, und gab sich ihm zu erkennen. Da sagte der Mann zu dem Toten. »Du bist schon so lange tot, wo kommst du jetzunder (auf einmal) her?« Da antwortete der Tote: »Ich will es dir sagen. Dieweil ich dem Soundso (*plóni*) das Feld mit Gewalt genommen habe, habe ich keine Ruhe (*menúche*) mehr, denn man jagt mich die ganze Nacht um das Feld herum.« [252]

Quelle: Sefer Chassidim, ed. Wistinetzki (1893), Abschnitt 37.
Übers.: MB: Pappenheim 1929, Nr. 68.

Diese Wiedergänger-Geschichte steht in engem Zusammenhang mit der nächsten; dort wird der Tote als Nichtjude bezeichnet.

Von dem Toten, der ein Zeichen gab, Unrecht wiedergutzumachen

Die Geschichte geschah. Ein Nichtjude (*goj*) wurde getötet (*gepéjgert*). Lange danach, als sein Knecht eines Tages aufs Feld ging, sah er seinen Herrn da sitzen. Da wollte der Knecht weglaufen, doch sein Herr rief: »Komm her zu mir und fürchte dich nicht.« Da ging der Knecht zu ihm, und er fragte seinen Herrn: »Wo kommst du her?« Da hob sein Herr an zu erzählen: »Man jagte mich mitten im Feld herum, weil ich es mit Gewalt genommen habe, und zwar von dem Soundso (*plóni*)«, und nannte ihm den Mann. »Deshalb geh hin und sag meiner Frau, daß sie ihm sein Feld wiedergibt.« Da sprach der Knecht: »Deine Frau wird mir nicht glauben.« Da sagte sein Herr zum Wahrzeichen (zum Zeichen, daß er wahr gesprochen): »Laß meine Frau morgen früh hierherkommen, da wird sie mich bei diesem Baum sitzen sehen.« Da ging der Knecht zu der Frau von ihm und erzählte ihr die Geschichte. Da sagte die Schickse (*góje*, Nichtjüdin): »Hat er dir ein Zeichen gegeben?« Da sprach der Knecht: »Ja, morgen früh sollst du zum Baum hingehen, da wirst du ihn sitzen sehen.«

Da gingen alle seine Leute hinaus und fanden ihn dort sitzen. Da gingen die Leute und gruben sein Grab (*kéjwer*) auf und fanden es leer. Da gaben sie das Gut dem wieder, von dem er es genommen hatte. [253]

Quelle: Sefer Chassidim, ed. Wistinetzki (1893), Abschnitt 37.
Übers.: MB: Pappenheim 1929, Nr. 65.

Wie schon im vorigen Text ist davon auszugehen, daß der Landräuber ein christlicher Herr und der Bestohlene ein Jude war. Das Motiv »Toter sühnt Unrecht« ist hier durchgeformt.

Von der Sünde, keines seiner Bücher zu verleihen

Die Geschichte geschah an einem Frommen (*chóßid*), der verstarb und viele schöne Bücher (*ßfórim*) hinterließ, und die Erben verkauften sie an Fremde. Wie das die anderen Frommen sahen, da schmerzte es sie, daß die Kinder ihres Vaters Bücher in andere Hände gegeben hatten.

In derselben Stadt lebte damals ein großer Weiser (*chóchem*), der sagte zu den Frommen: »Grämt euch nicht zu sehr, daß die Bücher in fremde Hände gelangt sind. Ich will euch nämlich sagen, woher es kommt, daß er das versündigt hat: weil er keinem ein Buch (*ßéjfer*) hat leihen wollen, denn er pflegte zu sagen: ›Ich bin ein alter Mann, man wird mir meine Bücher (d. h. Handschriften) durcheinanderbringen (*metúschtesch machn*), und es ist mir dann nicht möglich, sie zu lesen. Überdies werden andere mir meine Bücher kaputtmachen (*kálje machn*). Darum will ich sie nicht entleihen.‹«

Darum soll ein Mensch nicht so handeln. Dieweil der Mann sie nicht entliehen hat, sind sie in fremde Hände gelangt. [254]

Quelle: Sefer Chassidim, ed. Wistinetzki (1893), Abschnitt 178.
Übers.: A. Sulzbach, ›Die Ethik des Judentums‹, 1923, 58, § 869.
MB: Pappenheim 1929, Nr. 4.

Die Frage, ob man seine Bücher entleihen oder nicht entleihen soll, zieht sich durch die gesamte Gelehrten- und Bibliophilenliteratur. Das MB entscheidet sich, gemäß der ethischen Grundsätze, die auf Rabbi Jehuda he-Chassid zurückgehen, für das erste. Bücher sind lt. ›Sefer Chassidim‹ § 871 »nicht dazu da, um eingeschlossen, sondern um benützt zu werden«.
Sowohl im Erstdruck (Basel 1602) wie in der hier maßgeblichen Ausgabe (Amsterdam 1723) bildet diese Geschichte den Abschluß. Sie schließt mit den Worten: »Ende. Gelobt sei Gott der Allmächtige.«

Nachwort

»Die Geschichte geschah.« In der stets wiederkehrenden Eingangsformel zu den Geschichten (*ma'assim*) des Ma'assebuches schwingt noch etwas von der alten Wortbedeutung nach, »Vorkommnis« oder »Begebenheit«. Mit der Zeit wandelte sich der Begriff, er wurde zu einem »Bericht« von besagtem Vorkommnis und damit zur erzählenden »Geschichte«. Dreihundert und etliche mehr solcher *ma'assim* versprach das Titelblatt des Werkes, als es zum ersten Mal im Druck erschien und einer ganzen Gattung den Namen gab. Von Gott und der Welt auf jiddische Art zu erzählen, das war das Neue und Besondere daran.

Die Veröffentlichung des Ma'assebuches im Jahre 1602 gilt als bahnbrechendes Ereignis: Jiddisch tritt als Literatursprache auf. Das Buch schien durchgeformt, fast wie aus einem Guß, und doch waren recht unterschiedliche hebräische Handschriften aus Mittelalter und früher Neuzeit eingeflossen, waren auch Texte aus gedruckten Sammelwerken des 16. Jahrhunderts eingespeist, die auf diese Weise »geteitscht« wurden. Ausdrücklich waren Frauen als erwünschte Leserinnen angesprochen. Um deren Bildung, deren Partizipation an Talmud, Midrasch und der »ganzen Lehre« (Tora) ging es im Grunde. In dem »Buch der Geschichten« fanden die aschkenasischen Juden an Rhein und Donau, Ungelehrte wie Studierte, etwas vor, was sie zuvor nicht hatten: ein großes glaubensstarkes Erzählwerk für ihr Gemeinschaftsleben, einen talmudisch gewebten Märchenteppich. Sie konnten dieses Buch als etwas wahrnehmen, das zutiefst ihrer eigenen religiösen Kultur, ihren Normen und Traditionen entsprach. Und es sprach sehr direkt zu ihnen. Altbewahrtes und Neuerzähltes ergaben eine eigene Melodie.

Das Titelblatt und die Vorrede des Basler Erstdrucks, der Mutter aller Ma'assebuchausgaben, verraten erstaunlich viel über Absichten und Inhalte wie auch über das literarische und sogar buchsoziologische Umfeld. Sie geben Anhaltspunkte für unsere Neugier: Wie kommt eine solch große, mehrschichtige Sammlung zustande, wie ist sie komponiert und von wem, auf welchen Traditionen beruht sie, welcher Erzählformen bedient sie sich, welcher Stoffe und Motive? Und die Helden, die sie bevölkern, wer sind sie und was bedeuten sie – und, damit verknüpft, können sie etwas über die »eigentlichen« Absichten und Ziele des Ma'assebuches verraten?

Der Fragen sind viele. Sie können sich auch auf die Vor- und die Nachgeschichte dieses Werkes beziehen, auf seine Urheber und Verbreiter, auf seine Wiederentdeckung nach 1880; oder auf die Struktur einzelner Texte, auf neue Forschungsansätze. Nur umrißhaft lassen sich einige Antworten geben.

Zunächst zum Titel und zur Gattung. ›Ajn schojn maasebuh‹ nennt sich die Erstausgabe, Basel 1602, und »Allerlei Geschichten« verspricht die Amsterdamer Ausgabe von 1723, die unserer Textedition zugrunde liegt. In der Zeitspanne von 120 Jahren gelang die Etablierung der sog. »Maißeliteratur«. Neben den (männl.) Plural *ma'assim* war der weibliche, *ma'assijot*, getreten. Im Jiddischen hatte die neue Wortbedeutung »Erzählung, Geschichte« ein solches Gewicht erlangt, daß mit der Zeit auch im Singular weitaus mehr von der (weibl.) »maiße« gesprochen wurde, weniger von »ma'asse«, wie noch in der alten Eingangsformel (Timm 1995, 246 f.).

Die Maißeliteratur stützt sich besonders auf die mittelalterliche Gattung der Exempla, zumal in ihrer rabbinischen Ausprägung; diese gehörte zur jüdischen Homiletik, wie bei christlichen Geistlichen das Exemplum und das Predigtmärlein dazu. Ein fundiertes Handbuch ›The Exempla of the Rabbis‹ gab Moses Gaster 1924 heraus; er brachte diese Gattung, in ihrer Um- und Ausformung, mit den *ma'assijot* in Verbindung und wies nach, daß nahezu die Hälfte der Ma'assebuchtexte auf rabbinische Exempla zurückgehen.

Als erzählerisches Pendant wurden die ›Gesta Romanorum‹ ausgemacht, ihrerseits von Christenmännern mit moralischen Nutzanwendungen versehen. Als »res gestae« beglaubigt, waren sie im Europa des späten Mittelalters eine verbreitete Lektüre, boten Unterhaltung und Erbauung zugleich. Auch Erzählgattungen wie Legende und Novelle, Märchen und Schwank treffen wir in der Maißeliteratur an. Speziell sogar Lokalsagen, wie aus dem Wormser ›Ma'asse nissim‹ (Wundergeschichten) ersichtlich, die Juspe Schamesch gesammelt und auf Hebräisch niedergeschrieben hatte, ehe sie, fast 50 Jahre später, sein Sohn ins Jiddische rückübertrug und in Amsterdam drucken ließ (1696).

Im Grunde war der Urheber des Ma'assebuches auf den damals populären Typus »Volksbuch« aus; jedenfalls riet sein Verleger den Lesern, sie sollten sich nicht um die Bücher Dietrichs von Bern und Meister Hildebrandts bemühen, denn diese seien »wahrlich eitel Schmutz« und in keiner Weise »göttlich«.

Wer aber waren die Adressaten des Ma'assebuches genau, oder um es mit einem heutigen Terminus zu erfragen: Welche Zielgruppen wurden angesprochen? Soviel aus dem Titelblatt des Erstdrucks ersichtlich, waren es zunächst die Leser des »Weiberteitsch«, das heißt die des Hebräischen Unkundigen, die jedoch das Altjiddisch, ihre Umgangssprache, in hebräischer Frakturschrift lesen konnten.

Das Titelblatt (das auch die Funktion eines Klappentextes hatte) wandte sich zunächst an die »liben manen un vrauen«, um dann, in gestufter Klimax, vor allem die Frauen zu überzeugen: Ihr habt schon teitsche Bücher vorliegen – hier bekommt Ihr den teitschen Talmud (*g'moro*) – somit werdet Ihr »die ganze Lehre« (*kol hatoro kulo*) besitzen. Ein suggestives Angebot, das der weiblichen Käuferschicht versprach, ihre Bildungsdefizite auszugleichen.

Doch für den Texter war das nicht genug, engte es den Käuferkreis doch womöglich ein. In der Vorrede zum Buch legte er die Lektüre auch dem Rabbi und dessen Frau (row un rebizin), also den Studierten, nahe. Das Buch sei eben für jedermann, auch wenn der sich im Talmud bereits auskenne.

Der Schlußappell gilt wieder den Frauen, denen die *ma'assim* als Sabbatlektüre ans Herz gelegt werden: »Drum ir lieben vrauen kauft ir si behend,/e si werden kumen in vremden lend«, womit der Osten gemeint war, Böhmen, Preußen und Polen. Die Knappheit des Guts war ein Verkaufsargument, der wohlfeile runde Preis (1 Taler) ein zweites. Als Produzent und Händler in einer Person verstand der Mann in der Tat sein Handwerk.

Zum Aufbau des Werkes gaben Titelei und Vorrede ebenfalls Hinweise. Da hieß es zunächst, alle Geschichten seien aus dem Talmud (*g'moro*) und seinen rabbinischen Auslegungen (*rabosso, d. i. mid'rosch rabo*) gezogen. Später ist von »mid'roschim umaassim wehagodoss« die Rede, was besagt, daß die erzählenden Teile von Talmud und Midrasch, eben die ältere Agada (hagadá, »Erzähltes«) hier zusammengeführt sind.

Dazu sei festgestellt, daß sich das Ma'assebuch in drei Teile gliedern läßt, deren erster, die Texte 1–157 umfassend, vorwiegend nach dem Talmud aufgebaut ist. Genauer besehen, entstammen die Texte 1–135 im wesentlichen dem Babylonischen Talmud, in weitaus geringerem Maße dem Jerusalemer Talmud. Es folgen Texte verschiedener Herkunft (136–157), teils talmudisch und midraschisch geprägt, teils modernere wie ›Der Dibbuk‹ oder märchentypische wie die von drei Söhnen, die den Gewürzgarten ihres Vaters bewachen.

Klar davon abgesetzt ist der zweite Teil (Texte 158–183). Auch er wird in der Titelei umrissen und gleichsam als bekannt vorausgesetzt: »Un ach rabi j'hudo hechoßid maassim wet eich ach keinss tun felen.« Es sind die legendären Wundertaten des Rabbi Jehuda he-Chassid und die seines Vaters Rabbi Samuel he-Chassid, die bislang unveröffentlicht waren, jedoch in vielen Handschriften zirkulierten. So läßt sich das beiläufige »keine wird euch fehlen« verstehen – und in der Tat, erst durch neueste Handschriftenfunde und deren Erfassung gilt als gesichert, daß nahezu jede der 26 Geschichten mehrere handschriftliche Vorläufer hat. Dieser Teil gilt als der Rhein-Donau-Zyklus, beheimatet bei den Aschkenasen in Speyer und Regensburg, in Worms, Mainz und Köln. Die Texte lassen Rückschlüsse zu auf Gepflogenheiten deutscher Rabbinen, so z. B. ihre Reisetätigkeit, auf die Lebensverhältnisse in jüdischen Gemeinden, auf das Zusammenleben mit Christen, auf Judendekrete, Auseinandersetzungen mit dem Hegemon und anderes mehr, so auch die Anwendung magischer Praktiken, das Aufkommen mystischer Lehren.

Der dritte und abschließende Teil (Texte 184–254) wird im Titelblatt gleichfalls gewürdigt, zumindest pars pro toto. Aufgeführt werden das ›Sefer chassidim‹ (›Buch der Frommen‹), die ethische Richtschnur der Aschkenasen, dann das vergleichsweise moderne ›Sefer mussor‹ (›Buch der Zucht und Tugend‹) und drittens der ›Jalkut (Simeoni)‹ das zur rabbinischen Literatur zählende klassische Sammelwerk mit zahlreichen Midrasch-Fragmenten. Dazu erfolgt ein Hinweis auf das spezielle Inhaltsverzeichnis am Schluß. Schlüsselt man dieses auf, so ergeben sich auch für den dritten Textteil ganz unterschiedliche Herkünfte. Es sind die großen hebräischen Sammelwerke des 16. Jahrhunderts, gedruckt in Venedig, Bologna, Saloniki, Konstantinopel, Krakau und Basel, die diesen letzten Teil des Ma'assebuches ganz wesentlich bestreiten. Im Literaturnachweis unserer Ausgabe werden sie alle benannt und ihr Anteil an diesem Textkorpus im einzelnen nachgewiesen.

Das Ma'assebuch, so das Fazit, versteht sich von Anfang an als Teil eines literarischen Kanons. Es gibt darin keinen Text ohne Tradition, also auch kein naives Drauflos-Fabulieren. Durch und durch literarisch und religionsgebunden, findet es gleichwohl zu einer eigenen narrativen Form. Die talmudischen Geschichten bilden das Grundmuster, sie sind in allen drei Teilen des Buches nachweisbar und bewirken »ein Kontinuum und eine Gleichzeitigkeit der Geschehnisse« (Starck 1991, 485). Darin zeigt sich ein innerer Aufbau, der Altertum, Mittelalter und auch Künftiges (die chassidische Verheißung) einschließt. Wie sich an Textspuren zeigt, wird hier eine »messianische Botschaft« manifest (vgl. die Arbeiten Astrid Starcks und Erika Timms).

Kommen wir nun zu den Verfassern und Verbreitern. Wer der Autor bzw. der Sammler, der Kompilator und Hauptredaktor des Ma'assebuches (1602) war, wissen wir nicht, im Gegensatz zu den Urhebern der voraufgegangenen hebräischen Sammelwerke. Gedruckt wurde es in der Basler Offizin des Konrad Waldkirch. Der Verleger, von dem Titelblatt und Vorrede stammen, hieß Jakob bar Abraham. Von ihm ist bekannt, daß er aus »Meseritsch in Litauen« stammte (heute: Miedzyrzec Podlaski, östlich von Warschau), daß er seit 1598 in Basel tätig und überdies »fliegender Buchhändler« war, der selbst für die Verbreitung seiner Bücher sorgte. Da in Basels Umland keine großen und betuchten jüdischen Gemeinden lagen, war solch ambulantes Gewerbe für den Verleger umso notwendiger. Inwieweit er hier auch als »Schreiber« (Schriftsteller) fungierte, vom Wunsche beseelt, »zu dinen di weiber di frumen«, bleibt offen. Das Titelblatt, vorab gesetzt, versprach zwar »drei hundert un etliche ma'assim«, doch führte das Verzeichnis hinten im Buch nur 257 numerierte Texte auf (Meitlis und Gaster fanden 255 Nrn. heraus). Heute geht die Forschung von 258 Texten aus (Zfatman 1979; Timm 1995, 245, 270 ff.), sie zeigt zudem schlüssig, wie es zu der vorangestellten Zahl »300« kommen konnte – unter anderem deswegen, weil nach Blatt 200 (und damit 50 Lagen Text) offenbar »hinten« gekappt werden mußte, um den »vorne« versprochenen und bereits eingedruckten Preis halten zu können (»drom losst eichss um ein toler nit sein zu teier«).

Es mußte fast ein Jahrhundert vergehen – dazwischen lagen die Ausgaben Prag (um 1665), Wilhermsdorf bei Nürnberg (1673/77) und Frankfurt a. O. (1677–1700) –, bis das Ma'assebuch auf ein breiteres Leserinteresse stieß. Das hing auch mit regionaler Diskriminierung der Juden zusammen, mit christlichem Aufbegehren gegen jüdische Buchdrucker z. B. in Schlesien (siehe Markus Braun, ›Geschichte und Annalen der Dyhernfurther Druckerei‹, in: MGWJ 40, 1896, 560 ff.).

Im neuen Jahrhundert sorgten zwei Drucke für frische Impulse: zunächst die Amsterdamer Ausgabe des gelehrten Stadtschächters Ascher Anschel (1701), die zum ersten Mal den Mittelteil, den Geschichtenkreis um die deutschen Rabbinen, ordnete und systematisierte, dann die erweiterte Ausgabe Frankfurt a. M. 1703, die, ganz im Stil der Zeit, zwölf völlig neue »mystisch-kabbalistische« Geschichten voranstellte. Beide Ausgaben wurden stilbildend. So folgte noch die »Rödelheimer« von 1753 der neuen Textanordnung der »Frankfurter«, und eine auf »Massenabsatz« berechnete Ausgabe Frankfurt a. O. 1709 folgte wiederum der

Ausgabe Amsterdam, sie zog sogar einen Raubdruck nach sich (Berlin 1709).

Aus der Korrespondenz des Verlegers Jacob Elias in Frankfurt a. O. geht hervor, daß er einen voluminösen Liefervertrag mit dem Königsberger Kaufmann Tewendeil abschloß, offenbar einem Christen. Am 29. 3. 1709 schrieb er einem Mittelsmann: »Habe gottlob die 3500 Moyse-Bücher schon auf die Fracht, welche gleich nach dem Fest allhier nach Königsberg abgehen werden« (Bernhard Brilling, ›Letters of a Jewish Publisher in Frankfurt a. d. O., 1708–1709‹, in: Studies in Jewish Bibliography and Booklore, vol. 8, 1966/68, 29).

Die Auflagensteigerung gegenüber den bisherigen Drukken, die sich wohl eher auf 500–800 Exemplare beliefen, war für damalige Verhältnisse immens.

Ein besonderes Interesse beanspruchen die Märchenstoffe des Ma'assebuches, zumal sie zu seiner Lesbarkeit erheblich beitrugen. Die erste Erzählschicht war, wie oben festgestellt, der Bereich der älteren Agada, vor allem die beiden Talmude. Schon hier finden sich etliche märchenbezogene Stoffe und Motive, so der Ring des Polykrates (Text 6), das veruntreute Pfand (31 und öfters), der Wilde Mann (104), die Matrone von Ephesus (107); Belauschung zweier Dämonen (120), Verletzte Gattenehre (128), Pervonto (133), Bildzauber, Liebesmagie (134). Gebündelt treten solche Motive (Unterweltbrunnen, die vergessene Braut, ein Tier als Vollstrecker göttlichen Willens) allerdings nur in einer Geschichte auf, Text 100.

In den Varia, die den Schluß des ersten Hauptteils bilden, nehmen die Märchenstoffe zu: etwa das Sehnsuchtsmotiv »goldenes Haar«, der Tiersprachenkundige, die drei Tierhelfer, Wasser des Lebens und des Todes, Treu und Untreu (allesamt in Text 143).

Für die Entstehung von Märchenstrukturen ist besonders die zweite Erzählschicht ergiebig, die alle Wundertaten deutscher Chassiden umfaßt. Da gibt es den Wettstreit der Zauberer um die Wiederbelebung eines Toten (160), den Schwank vom Allwissenden, vom Unwissenden und vom Lämmlein als Boten (167), die ›Wunderbaren Erlebnisse des Schwiegersohnes von Rabbi Jehuda Chassid‹, mit Rabbi Chanina als ambivalentem Märchenhelden (169). Wiedererkennbar ist der Typus ›Meerhäschen‹ (172), sind germanische wie jüdische Sage (›Dukus Horant‹) in der Geschichte vom Dämon, der Fürstentochter und den beiden Lautenschlägern in der Hölle (179).

Den dritten Hauptteil, aus unterschiedlichsten Quellen respektive »Allerlei Geschichten« gebildet, kennzeichnet eine allgemein märchenhafte Schicht. Sie ist nicht so fest umrissen wie die talmudische oder die deutsch-chassidische Schicht, sie bleibt dauernd im Fluß und öffnet sich neuen Stoffen (vgl. Meitlis 1933, 118; Heller 1936, 241). Scharfsinnsproben wie die sinnreiche Teilung des Huhns (187) machen den Anfang.

Es folgen ins Jüdische gewandelte Märchentypen wie ›Genovefa‹ (204), ›Die Sonne bringt alles ans Licht‹ (218), ›Placidas‹ (222), Der verschlossene Kasten, die drei scharfsinnigen Brüder (223), ›Fortunatus‹ (224), ›Kaiser und Abt‹ (227); im Grenzbezirk des Volksglaubens die Geschichte vom Rabbi, den seine Frau in einen Werwolf verwandelt (228). Manches klingt an die europäische Novellenliteratur an (238, 250), manches an Märtyrerlegenden (212, 213, 246).

Die deutsche und die internationale Märchenforschung haben nur bedingt davon Kenntnis genommen. Selbst den Brüdern Grimm waren direkte Einblicke in die Märchensubstanz des Ma'assebuches verstellt (siehe Literaturverzeichnis unter ›Helvicus‹).

Die meisten Helden der 254 Geschichten sind aus der Bibel und nachbiblischer Überlieferung bekannt und jedem Juden geläufig. Am häufigsten treten der Prophet Elia auf, die deutschen Rabbinen Jehuda und Samuel he-Chassid, Rabbi Jochanan, Rabbi Akiba und Rabbi Chanina, gefolgt von König Salomo und Jehuda ha-Nassi (Rebbe), sowie Mose und David. Zieht man zum Vergleich die reichen Bestände der »Israel Folktale Archives« heran, so nehmen dort der Prophet Elia, König Salomo und Mose die obersten Ränge ein, dahinter Maimonides (hier nur 2 Nennungen) und Abraham Ibn Ezra (keine Nennung). Elia steht immer an erster Stelle. Kein anderer »übte auf den Geist und die Vorstellungskraft des Volkes eine so unwiderstehliche Wirkung aus« (EM). Durch ihn offenbart sich der Heilige. Exemplarische Protagonisten wie er halten den Bund mit Gott aufrecht, wirken hin auf die Erlösung der Welt (Starck 1991, 477).

Die Hauptfiguren zeigen beispielhaftes Verhalten. Ihre Geschichten in sich aufzunehmen, sich an ihnen zu orientieren, lehrt die Menschen viel Gutes (so schon die Vorrede).

So mancher Held von Erzählzyklen, Raschi, Maimonides, Jehuda he-Chassid, war selbst ein großer Erzähler. In der Agada steht, Rabbi Meir wußte 300 Fabeln, und Bar Kappara gab auf einer Hochzeit 300 Fuchsgeschichten zum besten (Heller 1930, 317). Vorläufer und Vorbilder der »deutschen Chassiden« waren im jüdischen Altertum die sog. »ersten Frommen«, auch »Männer der Tat« genannt. Zu ihnen gehörten als Tannaiten der alte Hillel, Choni ha-Meaggel, R. Chanina ben Dossa, R. Pinchas ben Jair – sie hießen die Chassidäer –, dann zur Zeit der Amoräer die Rabbinen Chisda, Huna, Amram – das waren die Chassidim. Dem Gesetz und sich selbst treu zu bleiben, macht den Chassid aus, nicht Gelehrsamkeit, nicht irgendein Amt.

Durch die Kraft des Gebets zum Heiler zu werden, Regen herbeizuführen oder schlimme Dekrete abzuwenden, blieb den geistigen Führern vorbehalten. Doch ein Chassid zu werden, so die Botschaft des Ma'assebuches, ist für jeden erstrebenswert.

Zur Forschungsgeschichte und zu Schwerpunkten heutiger Forschung nur einige Hinweise. Dieses Buch verdankt das meiste der Pionierleistung der älteren Generation. Zu ihr gehört der rumänische Rabbiner Moses Gaster, der sich der noch wenig erforschten Exempla- und Maißeliteratur verschrieb und mit der englischen Gesamtausgabe des Ma'assebuches (1934) neue Maßstäbe setzte; zu ihr gehört auch Bertha Pappenheim, die die historische Stellung der Frau im Judentum aufzeigen und für die Gegenwart fruchtbar machen wollte, was zur einfühlsamen Übersetzung dreier grundlegender Werke der westjiddischen Literatur führte: die Memoiren der Glückel von Hameln (1910), das Ma'assebuch (1929) und die sog. Frauenbibel ›Zeena u reena‹ (Bd. 1: Bereschit, 1930). Bertha Pappenheim, die als »Anna O.« einst Sigmund Freud zur Entwicklung der Psychoanalyse inspirierte, mußte sich, schwer erkrankt, im April 1936 einem Verhör der Gestapo unterziehen; wenig später starb sie.

Von der NS-Herrschaft gezeichnet waren auch die letzten Jahre des renommierten ungarischen Erzählforschers Bernhard Heller, der als erster ›Das hebräische und arabische Märchen‹ (1930) analysiert und dokumentiert hat; er starb, 61jährig, 1943 in Budapest. Ismar Elbogen, der neben Dubnow wohl bedeutendste jüdische Historiker seiner Zeit, der zu Pappenheims ›Ma'assebuch‹ ein Geleitwort verfaßt hatte, starb ebenfalls 1943 – im amerikanischen Exil. Der junge Jakob Meitlis, dessen Werk zur Entstehung und Quellengeschichte des Ma'assebuches noch 1933 in einer

Berliner jüdischen Buchhandlung erscheinen konnte, mußte bald danach emigrieren; seine Analyse der Maiße-Handschriften als Vorstufen des Ma'assebuches wirkt methodisch bis heute fort.

Die bis in die Dreißiger Jahre hochentwickelte Judaistik (Jiddistik) wurde durch das NS-Regime in Deutschland jäh gestoppt und abgeschnürt. Erst eine Gelehrtengeneration später fand sie zu bescheidenen Neuansätzen. In den Fokus der Forschung geriet nun mehr und mehr die Editio princeps (Basel 1602), als erste und zugleich umfangreichste Textsammlung. Ein Stimulans war die Entdeckung größerer hebräischer Handschriftenkonvolute, so die Innsbrucker Hs. von 1596, die Ilse Zimt-Sand in New York 1958 erstmals vorstellte, und 1990 der Erwerb einer bis dato völlig unbekannten Handschrift durch die Bayerische Staatsbibliothek (sog. Hs. Rovere), die Erika Timm zur Edition vorbereitet. Diese wird Aufschlüsse über den Weg des Westjiddischen zu einer Schrift- und Literatursprache vermitteln. Die Überführung von Büchern und Handschriften in die Staats- und Universitätsbibliothek Jerusalem ermöglichten dort genauere Untersuchungen und Neubewertungen (so die Arbeiten Sarah Zfatmans). An der Universität Trier ist seit 1990 eine Professur für Jiddistik eingerichtet: Ihr Schwerpunkt ist das Westjiddische, so wird u. a. ein Wörterbuch des älteren Jiddisch erarbeitet. An der Universität Basel existiert seit 1998 ein Institut für Jüdische Studien, dem Astrid Starck angehört; sie untersucht u. a. den Einfluß des Ma'assebuches auf moderne Erzähler wie Isaak B. Singer. Eine Faksimile-Ausgabe des Ma'assebuches nach der Editio princeps (1602) und parallel dazu eine vollständige französische Übersetzung sind von ihr für das Jahr 2003 angekündigt.

Es drängt mich, einigen Menschen zu danken, die mir bei der Vorbereitung dieser deutschen Leseausgabe sehr behilflich waren.

Zunächst danke ich Tamar Lewinsky (LMU München) für die Transkription alter westjiddischer Wortformen und ihre bereitwillige Unterstützung bei der Klärung strittiger Fragen. Dann danke ich Prof. Dr. Simon Neuberg (Univ. Trier) für Auskünfte, Anregungen und die großzügige Bereitstellung der jüngsten Forschungsliteratur. Der Germania Judaica Köln und speziell Dr. Annette Haller danke ich für jahrelange Hilfen bei der Recherche, Günter Kroll (Stadt- und Universitätsbibliothek Frankfurt a. M) für Handschriften-Hinweise und Dr. Paul Gerhard Dannhauer (Bayerische Staatsbibliothek, München) für Entzifferungen und Literaturhinweise, Marianne Bentzel und Regine Wolfart wiederum für regen Austausch über die Vita Bertha Pappenheims.

Ein ganz besonderer Dank gilt dem Deutschen Taschenbuch Verlag, sowohl dem Klassik-Lektorat für seine ebenso engagierte wie geduldige Begleitung des Langzeitprojekts »Ma'assebuch« wie auch dem Verleger für seinen Wagemut, einen versunkenen Schatz der Weltliteratur als Ganzes zu heben, ihn herzuzeigen in altem und neuem Glanz.

Literaturverzeichnis

Allgemeine Abkürzungen: AaTh = Aarne/Thompson, The Types of the Folktale. – BT = Der Babylonische Talmud. – EJ = Encyclopaedia Judaica. – EM = Enzyklopädie des Märchens. – JL = Jüdisches Lexikon. JT = Der Jerusalemer Talmud. – KHM = Kinder- und Hausmärchen der Brüder Grimm. – MB = Ma'assebuch. – MGWJ = Monatsschrift für Geschichte und Wissenschaft des Judentums.

Das Ma'assebuch, die wesentlichen Textausgaben (chronologisch)

Ausgabe Basel 1602:
Ajn schojn maasebuh ... mit draihundert un'etlihe maasim ... ojs di gemara ... (Ein schönes Ma'assebuch ... mit dreihundert und einigen Geschichten ... aus dem Talmud ...). Im Auftrage des Jakob b(en) Araham sel(igen) And(enkens) aus Mesritsch in Litauen. Hier in Basel der großen (Stadt). Im Jahre 362 (= 1602) durch den Herrn Konrad Waldkirch.
Der Erstdruck ist in der Basler Offizin von Konrad Waldkirch hergestellt, der Sprache und Schrift nach in »Weiber-teitsch«, in der aschkenasischen Druckkursive. Jakob bar Abraham war in einer Person Verleger und ambulanter Buchhändler; der Verfasser des Ma'assebuches hingegen blieb unbekannt. Diese Ausgabe ist sozusagen die Mutter aller späteren Ausgaben. Ein Faksimiledruck ist in Vorbereitung (Schriften der Universitätsbibliothek Basel, Bd. 6/1 und 6/2).

Ausgabe Amsterdam 1701:
Neue Titelei. Ohne das Vorwort der Erstausgabe.
Herausgeber war Ascher Anschel ben Elieser Chasan (Kantor), Amsterdams Stadtschächter, ein erfahrener Philologe und Redakteur. Er hat erstmals den »deutschen« Geschichtenkreis um Samuel und Jehuda Chassid geordnet und systematisch-chronologisch wiedergegeben. Auch hat er den Irrtum aller bisherigen Ausgaben berichtigt, wonach es sich um mehr als dreihundert Geschichten handle: Es sind keine 260.

Ausgabe Frankfurt a. M. 1703:
Ma'asse Buch, wo arinen fil wunderliche scheine Masim aus dem Sohar und andere kabala Sefarim gezogen sennen ... Frankfurt a. M. 1703.
12 neue Texte zu Beginn belegen neuere mystisch-kabbalistische Strömungen.

Sie finden sich auch in der Rödelheimer Ausgabe (1753), nicht aber in den maßgeblichen: Amsterdam 1723 und Basel 1602. – Das gilt auch für drei Zusatztexte, die diese Ausgabe bereithält: Nr. 184: Die Wette des Vizekönigs mit den Studenten, Nr. 247: Die Geschichte von den sieben Königssöhnen und ihren sieben Künsten, Nr. 268: Salomo und der Wunderring. Vgl. Meitlis 1933, S. 40f.

Ausgabe Amsterdam 1723:
Allerlei Geschichten (Ma'assebuch). Amsterdam 1723:
Der neue Titel besagt, daß sich diese Ausgabe sowohl von der älteren Amsterdamer (1701) wie von der »kabbalistisch« angereicherten Frankfurter (1703) unterscheiden will. Es geht ihr um eine Rückkehr zur volkstümlichen Form des Ma'assebuches und Wiederherstellung des ursprünglichen Bestandes – wobei sie sich an das Muster der ersten Amsterdamer Ausgabe hält. Mit 254 numerierten, auf 99 Doppelseiten gedruckten Geschichten stellt sie »eine der besten und vollkommensten Ausgaben der älteren wie jüngeren Ma'assetexte dar« (Meitlis).

Ausgabe Rödelheim 1753:
Besorgt durch Jona ben Mosche Gamburg, gedruckt bei Karl Reich. Rödelheim (bei Frankfurt) 1753. – Im Besitz der Münchener Staatsbibliothek.
Vorbild ist die Frankfurter Ausgabe von 1703. Aus dem alten Textbestand sind etwa zehn Geschichten weggelassen, andere verändert, doch die »neuen Geschichten« sind beibehalten. Max Grünbaum (s. u., S. 387–96) beschreibt sechs der zwölf kabbalistischen Geschichten, die auch hier den Anfang bilden: von Wundergeschichten des Kabbalisten Rabbi Jizchak Luria bis zu ›Elieser von Worms und Maimonides‹, ›Ben Ezra und Jehuda Halevi‹, ›Joshua bar Levi und der Prophet Elia‹ (fol. 6a-12a). Grünbaum bringt zwei der drei Zusatz-Märchen, die vom Vizekönig und der Wette (S. 421–24) und die von den sieben Königssöhnen (S. 446f.)

Grünbaum 1882:
Max Grünbaum (ed.), Jüdischdeutsche Chrestomathie, zugleich ein Beitrag zur Kunde der hebräischen Literatur. – S. 385–458: Ma'assebuch. – Leipzig 1882: Brockhaus.
Rund 40 Ma'assetexte sind hier – nach der an Basel 1602 orientierten Wilhermsdorfer Ausgabe und der eher »kabbalistischen« Rödelheimer Ausgabe – beschrieben und kursorisch übersetzt. Erster Versuch, das Ma'assebuch wieder ins literarische Bewußtsein zu rücken. Ausgiebige Rez. von Reinhold Köhler in ›Kleine Schriften‹, Bd. 1, Weimar 1898, bes. S. 581–83.

Pappenheim 1929:
Allerlei Geschichten. Maasse-Buch. Buch der Sagen und Legenden aus Talmud und Midrasch nebst Volkserzählungen in jüdisch-deutscher Sprache. Nach der Ausgabe des Maasse-Buches Amsterdam 1723 bearbeitet von Bertha Pappenheim. Herausgegeben vom Jüdischen Frauenbund. Frankfurt a. M. 1929 (J. Kauffmann Verlag).
Mit 250 (von 254) Texten, weitgehend nach der Abfolge der Ausgabe Amsterdam 1723, aus der hebräisch gedruckten Vorlage transkribiert und eingedeutscht, unter Wahrung der westjiddischen Wortformen. Mit Worterklärungen und Namenregister, ohne philologischen Apparat – d. h. auch ohne Nachweis der Bibelzitate und der Textquellen.

Gaster 1934:
Moses Gaster (ed.), Ma'aseh Book. Book of Jewish Tales and Legends. Translated from the Judeo-German. Zwei Bände. Philadelphia: The Jewish Publication Society of America. – Reprint 1981.
Die bisher einzige neuere Gesamtausgabe mit den – erstmals betitelten – 254 num. Texten, auf der Basis der Ausgabe Amsterdam 1723. Mit Wiedergabe ergänzender Texte aus der Basler Edition 1602. Mit Einführung, Quellennachweis und Aufschlüsselung der Bibelstellen im Text.

Strauß 1934:
Ludwig Strauß (ed.), Geschichtenbuch aus dem jüdisch-deutschen Maaßebuch, ausgewählt und übertragen. Berlin 1934: Schocken Verlag (Bücherei des Schocken Verlages, Bd. 18).
21 num. Texte nach den Ausgaben Amsterdam 1723 und Basel 1602. Mit kl. Anmerkungen.

Wörterbücher

Salcia Landmann, Jiddisch. Abenteuer einer Sprache. Olten und Freiburg 1962: Walter-Verlag. – (dtv-Band 252, 1964. Dort S. 165–263: Kleines Lexikon für jiddische Wörter und Redensarten.)
Enthält viele Ausdrücke aus der älteren Literaturtradition (Talmud, Midrasch, Minhagim).

Ronald Lötzsch, Jiddisches Wörterbuch. Mannheim 1992: Dudenverlag.
Grundlage ist das heute gebräuchliche Jiddisch. Lötzsch folgt der Schreibweise, »wie sie u. a. Uriel Weinreich in ›Modern English-Yiddish, Yiddish-English Dictionary‹ (New York 1968) praktiziert«.

Sigmund A. Wolf, Jiddisches Wörterbuch. Wortschatz des deutschen Grundbestandes der jiddischen (jüdischdeutschen) Sprache mit Leseproben. Mannheim 1962: Bibliographisches Institut. Reprint nach der 2. Aufl. von 1986, Hamburg 1993: Helmut Buske.
Enthält den Text des Titelblatts des Erstdrucks Ma'assebuch (Basel 1602) und Text 171.

Werner Weinberg, Lexikon zum religiösen Wortschatz und Brauchtum der deutschen Juden. Stuttgart 1994: Frommann-Holzboog.
Nächst dem Resümee ›Die Reste des Jüdischdeutschen‹ (1973) Weinbergs Hauptwerk, das Aufschluß gibt über die früheren westjidd. Wortformen.

Nachschlagewerke

Buber/Rosenzweig:
Die Schrift [Altes Testament]. Verdeutscht von Martin Buber gemeinsam mit Franz Rosenzweig. Neubearbeitet 1954. Neuausgabe Gerlingen 1997: Verlag Lambert Schneider. (Erstdruck 1926 ff.)
Bd. 1 Die fünf Bücher der Weisung (Pentateuch); Bd. 2 Bücher der Geschichte; Bd. 3 Bücher der Kündung; Bd. 4 Die Schriftwerke.

Encyclopaedia Judaica (EJ):
Encyclopaedia Judaica. Das Judentum in Geschichte und Gegenwart. Berlin 1928–1934: Eschkol AG. – Bd. 1–10 (Aa-Lyra). Mehr nicht erschienen.

Jüdisches Lexikon (JL):
Jüdisches Lexikon. Ein enzyklopädisches Handbuch des jüdischen Wissens. Begründet von Georg Herlitz und Bruno Kirschner. Vier in fünf Bänden. Berlin 1927–30: Jüdischer Verlag. – Reprint Frankfurt a. M. 1982: Jüdischer Verlag im Suhrkamp Verlag.

Encyclopaedia Jerusalem:
Encyclopaedia Judaica. 16 Bände. Jerusalem 1972 ff.

Enzyklopädie des Märchens (EM):
Enzyklopädie des Märchens. Handwörterbuch zur historischen und vergleichenden Erzählforschung. Begründet von Kurt Ranke. Herausgegeben von Rolf Wilhelm Brednich. Berlin 1977–2002 ff.: Walter de Gruyter.

Bisher 10 Bände (bis »Prozeßmotive«). Wichtige Artikel u. a.: »Agada«, »Jüdisches Erzählgut«, »Ma'assebuch«, »Midrasch«.

Philo-Lexikon:
Philo-Lexikon. Handbuch des jüdischen Wissens. Herausgegeben von Emanuel bin Gorion, Alfred Loewenberg, Otto Neuburger und Hans Oppenheimer. Berlin 1935: Philo-Verlag. – Nachdruck der 3. verbesserten Aufl. (1936) Frankfurt a. M. 1992: Jüdischer Verlag.

Bolte-Polívka:
Johannes Bolte und Georg Polívka, Anmerkungen zu den Kinder- und Hausmärchen der Brüder Grimm. Neubearbeitet. Fünf Bände. Leipzig 1913–32: Dieterich.
Ein weltweites Kompendium der Märchenliteratur, in Teilen unübertroffen. Der vierte Band enthält B. Hellers Abriß des hebräischen und arabischen Märchens.

Quellen

a) Standardwerke

Babylonischer Talmud (BT):
Der Babylonische Talmud. Mit Einschluß der vollständigen Mischna. Herausgegeben nach der ersten, zensurfreien Bombergschen Ausgabe (Venedig 1520–23), übersetzt von Lazarus Goldschmidt. Zwölf Bände. Berlin 1929–36: Verlag Biblion (Bd. 1) und Jüdischer Verlag (Bd. 2–12). Reprint Frankfurt 1996, Sonderausgabe 2002: Jüdischer Verlag.

Jerusalemer Talmud (JT):
Übersetzung des Talmud Yerushalmi. Herausgegeben von Martin Hengel, Hans Peter Rüger, Peter Schäfer. In Einzelbänden. Tübingen 1979 ff.: J. C. B. Mohr.
Der Jerusalemer Talmud. Sieben ausgewählte Kapitel. Hrsg. von Hans-Jürgen Becker. Stuttgart 1995: Reclam (UB Nr. 1733).

Ginzberg, Legends:
Louis Ginzberg, The Legends of the Jews. Translated from the German Manuscript by Henrietta Szold, Paul Radin u. a. Sieben Bände. Philadelphia 1909–38: The Jewish Publication Society of America.
Louis (Levi) Ginzberg (1873–1953), 1899 in die USA ausgewandert, hatte es sich zur Aufgabe gemacht, die biblische Agada sowohl in ihren Hauptströmun-

gen (Talmud, Midrasch) als auch in ihren Nebenströmungen (Apokryphen, Pseudoepigraphen) zu erfassen. – Er war Gaster bei der Kommentierung der engl. Gesamtausgabe des MB (1934) behilflich.

Bet-ha-Midrasch:
Adolph Jellinek (ed.), Bet ha-Midrasch (*Lehrhaus*). Sechs Bände.
Bd. 1–4 Leipzig 1853–1857.
Bd. 5–6 Wien 1873–1876.
Sammlung kleinerer Midraschim, hrsg. vom Oberrabbiner und Begründer des ›Bet-ha-Midrasch‹ in Wien. Weitgehend enthalten in: J. D. Eisenstein, ›Ozar Midraschim. A Library of two hundred Minor Midraschim‹. New York 1928.

Rabbinische(s) Exempla (Exemplum) – bzw. Gaster 1924:
Moses Gaster, The Exempla of the Rabbis. Being a Collection of Exempla, Apologues and Tales Culled from Hebrew Manuscripts and rare Hebrew Books. London u. Leipzig 1924: The Asia Publishing Co.
Enthält im ersten Teil 450 Exempla auf Englisch, im zweiten Teil hebräische Texte in Auswahl, aus Codex G 185. – Ein grundlegender Beitrag zur Aufarbeitung der talmudischen und rabbinischen Literatur und ihrer Einbeziehung in die allgemeine Erzählforschung.

b) Frühe hebräische Textsammlungen

(chronologisch, mit Hinweis auf die Texte, die in das Ma'assebuch Eingang fanden)

En Ja'akob (Ja'aqov):
Jakob ibn Chabib, En Ja'akob (*Born Jakobs*). Erster Teil: Saloniki um 1515; Zweiter Teil (*Bet Ja'akob*): Konstantinopel 1516. Neuausgabe: Venedig 1546/47.
Eines der populärsten Sammelwerke der jüdischen Erzählliteratur, ein Kompendium der agadischen Teile der Mischna und speziell des Babylonischen Talmud, Vorbild für die Zusammenstellung der ersten Schicht des MB; Gaster wies in den ›Exempla‹ (§ 48, S. 19) darauf hin, daß sich die ersten 150 Texte des MB an ›En Ja'akob‹ anlehnen. Siehe Anm. zu den Texten 55, 95. Kritik an Gasters Auffassung übte Timm 1995, 262f.
Jakob ben Salomon ibn Chabib (ca. 1460–1515) mußte 1492 mit seinem achtjährigen Sohn Levi aus Zamora (Kastilien) nach Portugal emigrieren, von da aus 1498 nach Saloniki, wo er Rabbiner wurde und in der Privatbibliothek des Don Jehuda Benveniste sein Werk niederschrieb. Da der JT dort nur in Teilen vorhanden war, wurde daraus wenig entnommen.

Chibbur ha-Ma'assijot:
Nissim ben Jakob ben Nissim ibn Schahin, Chibbur ha-Ma'assijot (*Buch der Geschichten*). Konstantinopel 1519; Venedig um 1551; Ferrara 1557; ed. Samuel ibn Attar, Venedig 1695.
Vom Verfasser (gest. um 1040), Gelehrter in Kairuan, auf arab. geschrieben, in zwei hebr. Fassungen überliefert: Chibbur Jafeh (Frommes Werk) und Chibbur ha-Ma'assijot (Erzählwerk). Der berühmte Gelehrte Nissim schrieb es seinerzeit als Trostbuch, um seinen Schwiegervater über den Verlust seines Sohnes hinwegzutrösten.
Texte 145, 146, 189, 190, 195, 200, 216.

Jalkut Schimeoni:
Schimeon ha-Darschan, Jalkut Schimeoni. Saloniki 1521. Venedig 1566.
Sammelwerk aus mehr als 50 Schriften der Midrasch-Literatur, klassisch und sehr beliebt. Der Verfasser wirkte im 12./13. Jh. als Prediger in Frankfurt a. M. Die Vorrede zum MB (Basel 1602) weist ausdrücklich auf den Gebrauch dieses Werkes hin.

Sefer Chassidim:
Jehuda Chassid, Sefer Chassidim (*ßéjfer chassídim, Buch der Frommen*). Bologna 1538; Basel 1580. – Auf hebräisch: Das Buch der Frommen, nach der Rezension in Cod. De Rossi No. 1133. Zum ersten Male herausgegeben und mit Anmerkungen versehen von Jehuda Wistinetzki. Berlin 1893: H. Itzkowski.
Zugeschrieben dem Jehuda Chassid (um 1150–1217), erst um 1300 zusammengestellt und als Hauptwerk jüdischer Ethik und Frömmigkeit im Mittelalter zunächst in Hss. verbreitet. Es existiert in zwei Versionen, einer kürzeren, die seit dem 16. Jh. oft gedruckt wurde, und einer ausführlicheren, die Wistinetzki aus einer Parmaer Handschrift 1891–93 veröffentlicht hat. Weder wurde es ins Jiddische übersetzt noch existiert eine hochdeutsche Textausgabe; Auszüge bieten Grünbaum 1882 und A. Sulzbach u. d. T. Die Ethik des Judentums (Frankfurt a. M. 1923).
Texte 214, 226, (230), 234, 236, 243–245, 251–254.

Meschalim schel Schelomo:
Meschalim schel Schelomo ha-melech (*Gleichnisse des Königs Salomo*). Konstantinopel 1516, Venedig 1544.
Eine Sammlung, welche die volksliterarischen Zeugnisse des jüdischen Haupthelden enthält.
Texte 197, 199.

Aseret ha-Dibrot:
Aseret ha-Dibrot (*Midrasch über die Zehn Gebote*). Venedig um 1551, Verona 1647. Adolph Jellinek (ed.), Bet ha-Midrasch, Bd. 1 (Leipzig 1853), 62–90. – G. Hasan-Rokem (ed.), Jerusalem 1981.
Eines der bedeutendsten nachtalmudischen Erzählwerke, das die Erfüllung der Zehn Gebote auch in Extremsituationen beschreibt.
Texte 191, 209, 217, 220–223, 246.

Schewet Jehuda (Schebet Jehuda):
Ibn Verga, Schewet Jehuda (*Stamm Juda* oder *Die Zuchtrute Judas*). Adrianopel 1554. M. Wiener (ed.), Hannover 1855; A. Shohat u. Y. Baer (ed.), Jerusalem 1947.
Berühmte Chronik der Verfolgung und Vertreibung der spanischen Juden. Sie ist das Werk dreier Generationen, vor allem das des Salomo ibn Verga, dessen Vater, der Gelehrte Jehudaibn Verga, in Sevilla lebte. Salomo mußte 1506 vor der portugiesischen Inquisition in die Türkei flüchten; sein Sohn Joseph, Rabbiner von Adrianopel, nahm die Schlußredaktion vor und sorgte für die erste Drucklegung (1554).
Texte 178, 185.

Sefer Juchassin:
Abraham Zacuto ben Samuel, Sefer Juchassin (*Buch der Genealogien*). Samuel Shalom (ed.), Konstantinopel 1566. Zebi Hirsch Filipowski (ed.), London 1857.
Der Verfasser dieser Chronik lebte von ca. 1540 bis nach 1510.
Texte 192, 202.

Sefer ha-Gan:
Isaak ben Elieser (Eliezer), Sefer ha-Gan (*Buch des Gartens*). Krakau 1579.
Moralbuch mit einem großen Bestand an altem Erzählgut, eingeteilt nach den Wochentagen in sieben Abschnitte. Moritz Steinschneider hat vermutet, daß es bereits 1480 – der Verfasser lebte 1460–1480 in Deutschland – in Altjiddisch abgefaßt worden ist; erst Anfang des 17. Jh.s wurde es von Moritz Särtels ins Hebräische übersetzt (siehe Meitlis 1933, 47).
Texte 170, 214.

Alphabet des Ben Sira:
Alpha Beta de Ben Sira (*Alef-bet di Ben Sira*). Konstantinopel 1580.
Moritz Steinschneider (ed. hebr.), Berlin 1885.
Volksbuch, seit dem 11. Jh. nachgewiesen, berichtet vom Wunderkind Ben Sira,

das zur Prüfung seiner Klugheit vor den babylon. König Nebukadnezar gerufen wird, der ihm, nach der Anzahl der Buchstaben des hebr. Alphabets, 22 Fragen stellt, die Ben Sira analog mit 22 Erzählungen beantwortet. – Ben Sira, hebr. Jesus Sirach, lebte in Jerusalem um 190 v. Z.
Texte 156, 194.

Sprüche Sirachs:
Das Buch Sirach (*Ecclesiasticus*)
51 Kapitel volkstümlicher Ermahnungen, Weisheiten und Lebensregeln, auch als ›Weisheit Sirachs‹ bekannt, eine der ältesten Aporkryphen. Ein Enkel des Ben Sira (s. o.) soll es um 130 v. Z. ins Griechische übertragen haben. Das hebr. Original wurde erst 1896 in Kairo bekannt (zu zwei Dritteln, aus 5 Hss.) und durch spätere Funde in Qmran und Masada ergänzt.
Texte 198, (227), 228.

Kaftor wa Ferach:
Jakob ben Isaak Luzzatto, Kaftor wa Ferach (*Knospe und Blume*). Basel 1580.
Das Werk dieses Kabbalisten ist eine der wichtigsten Materialquellen des Ma'assebuches; sein Erscheinungsjahr erlaubt Rückschlüsse auf die Zusammenstellung der sog. dritten Schicht des Ma'assebuches, die somit erst nach 1580 ihren redaktionellen Abschluß fand (vgl. Meitlis 1933, 126).
Texte 235, 237–241, 247–250.

Schalschelet ha-Kabbala:
Gedalja ben Josef ibn Jachja, Schalschelet ha-Kabbala (*Kette der Tradition*). Venedig 1586/87.
Ibn Jachja, ein in Italien lebender Sepharde, wurde unter Pius V. aus dem Kirchenstaat ausgewiesen und verlor sein ganzes Vermögen. Bei der Abfassung seiner Chronik, gespeist von »mystischen Legenden über prophetische Traumgesichte, Weissagungen und Wunder« (Simon Dubnow), fehlten ihm sowohl die Nachschlagewerke aus seiner Bibliothek wie auch hebräische Hss., die man verbrannt hatte.
Texte 184, 211, 212, 242.

Sefer ha-Mussar:
Chalaz, Sefer ha-Mussar (*Buch der Moralpredigten*). Krakau 1597.
Näheres dazu in den Anmerkungen zu den beiden Texten.
Texte 156, 186.

Brantschpigl:
Moses ben Henoch Altschuler, Brantschpigl (*Brennspiegel*). Krakau 1597, Basel 1602.
Dem Leser einen Spiegel vorzuhalten, ihm in 74 Kapiteln moralische und praktische Anleitungen zu geben, ist die Absicht des Prager Autors. Er vermittelt nicht nur auf Jüdisch-deutsch Geschichten, Fabeln und Parabeln aus der ganzen jüdischen Literatur, sondern gibt auch Einblick in soziale Verhältnisse der Zeit.
Text 157.

Simchat ha-Nefesch:
Elchanan Hähnle Kirchhahn, Simchat ha-Nefesch (*Freuden der Seele*). Frankfurt a. M. um 1707.
»Eine populär-ethische Schrift mit einem riesigen folkloristischen Schatz an Erzählungen, Parabeln, Märchen« (Meitlis). – Texte dieser wie der drei zuvor genannten Slgen. ummanteln gewissermaßen die Legenden von den »deutschen Frommen« (MB, 2. Teil, Text 158–183).
Text 186 (siehe auch Sefer ha-Mussar).

c) Historische Teilsammlungen

1. Jüdisch-deutsche Handschriften des 16. Jh.s, die Vor- und Frühformen des Ma'assebuches, speziell die Überlieferungen der deutschen Rabbinen Samuel und Jehuda Chassid, belegen.

Brüll 1889:
Nehemia Brüll, Beiträge zur jüdischen Sagen- und Spruchkunde im Mittelalter, in: Jahrbücher für jüdische Geschichte und Literatur. 9. Jg. 1889, 20–45: ›Sagen‹.
Enthält 40 numerierte Texte aus einer hebr. Sammelhandschrift, davon die Hälfte aus dem Legendenkreis um die »Deutschen Frommen«. Brüll vermutet als Sammler und Schreiber einen Mose ben Gerson und datiert den Codex auf 1. Hälfte 16. Jh. – Früher im Besitz von Fischl Hirsch, heute im Besitz der Jewish National and University Library, Jerusalem, Signatur MS Heb. 8 3182.

Hs. Frankfurt:
Hebr. Sammelhandschrift im Besitz der Stadt- und Universitätsbibliothek Frankfurt a. M., die u. a. eine Hs. Ma'asse rabbi Schmuel he-chassid (16. Jh.) enthält, Signatur Ms. hebr. oct. 35/XI.
Die Hs. besteht aus neun bzw. aus elf (lt. Zfatman 1979) Geschichten, die bis auf zwei später im MB enthalten sind.

Hs. Innsbruck:
Umfangreiche Hs. mit 120 Maißes, die ein Italo-Aschkenase 1596 in Innsbruck schrieb. Vorgestellt von Ilse Zimt-Sand, ›An oiszug fun a nit-gedruktn kssav-jad funem maiße buch ...‹ (New York 1958). Gelangte aus ihrem Besitz 1970 in die Jerusalemer Nationalbibliothek, dort Signatur Heb. 85 245. Wissenschaftlich aufgearbeitet durch Zfatman 1979, 126–152, und Timm 1995, 244f., 255f.

Hs. Rovere:
Ähnlich umfangreiche Ma'asse-Hs. wie die etwa zeitgleiche Innsbrucker Hs., geschrieben von Herrn Moses in Rovere (Italien). Wurde aus Privatbesitz von der Bayerischen Staatsbibliothek München 1991 angekauft, dort Signatur Cod. hebr. 495. Wissenschaftliche Bearbeitung durch Erika Timm (siehe Timm 1995, S. 257–267); sie bereitet eine Edition in hebr. Quadrat-Schrift und lateinschriftl. Transkription vor.

Hs. Reutlingen:
Kleinere Sammlung von 22 Maißes, geschrieben von Isaak Reutlingen vor 1586 (vermutlich auch Schreiber einer größeren Slg.). Im Besitz der Bayerischen Staatsbibliothek München, Signatur Cod. Hebr. 100. Aufgearbeitet von Meitlis 1933, S. 50–69, und Timm 1995, S. 267–269.

2. Deutsche Sammlungen des 17. und 18. Jahrhunderts (chronologisch)

Helvicus 1611/12 bzw. Helvicus 1617:
C. Helvicus, Jüdische Historien, darauss dieses verstockten Volcks Aberglauben und Fabelwerk zu ersehen. Zwei Bände. Gießen 1611/12. Zweite Ausgabe Gießen 1617.
Die erste (Teil-)Übersetzung des neun Jahre zuvor erschienenen Ma'assebuches durch den Gießener Theologen und Hebraisten Christoph Helwig (Helvicus, 1581–1617). ›Jüdische Historien‹ stellt eine Auswahl von ca. hundert Texten aus dem Basler Erstdruck dar – jahrhundertelang maßgeblich für die Rezeption des jüdisch-deutschen Sammelwerks bei ›Deutschen und Christen‹ (einschließlich der Brüder Grimm, denen das MB nur durch diese Quelle zugänglich war). Mit stark antijüdischer Tendenz, wie schon der Untertitel verrät. Auch die Glossen zu den (verknappten) Texten enthalten Animositäten.

Wagenseil 1699:
Johann Christof Wagenseil, Belehrung der Jüdisch-Teutschen Red- und Schreibart ... Königsberg 1699: P. F. Rhode.

Mit Beispielen aus westjidd. Literatur in aschkenasischer Druckkursive, darunter dem MB (S. 324–34). Wie Max Grünbaum (1882, S. 454–58) nachwies, sind es sieben wortgetreue Geschichten nach der Wilhermsdorfer Ausgabe, u. a. Texte 6, 12, 90.

Schudt 1714/17:
Johann Jacob Schudt, Jüdische Merckwürdigkeiten, vorstellende was sich curieuses und denckwürdiges in den neuen zeyten bei einigen jahrhunderten mit denen in alle IV theile der welt, sonderlich durch Teutschland, zerstreuten Juden zugetragen. Vier Teile. Frankfurt a. M. 1714–17.
Mit vielen Beispielen aus westjidd. Literatur in aschkenasischer Druckkursive, auch aus dem MB.

3. Deutsche Sammlungen des 19. und 20. Jahrhunderts (chronologisch)

Tendlau 1842:
Abraham M. Tendlau (ed.), Das Buch der Sagen und Legenden jüdischer Vorzeit.
Stuttgart 1842: Cast.

Tendlau 1856:
Abraham M. Tendlau (ed.), Fellmeiers Abende. Märchen und Geschichten aus grauer Vorzeit. Frankfurt a. M. 1856. Dritte Aufl. Frankfurt a. M. 1873.
60 num. Texte, zum Teil aus dem Ma'assebuch.

Grünbaum 1882 siehe oben unter: Textausgaben des Ma'assebuches

Grunwald 1889:
Max Grunwald, Märchen und Sagen der deutschen Juden. In: Mitteilungen der Gesellschaft für jüdische Volkskunde. Jg. 1898, S. 1–77.
16 der 28 num. Texte entstammen dem Ma'assebuch, nach der Ausgabe Dyhernfurth 1709. Es handelt sich durchweg um Nacherzählungen, z. T. sehr verkürzt. Wertvoll durch philologische Kurzkommentare im Anmerkungsteil.

Kuttner 1906:
Bernhard Kuttner, Jüdische Sagen und Legenden für Jung und Alt wiedererzählt. Vier Bände. Frankfurt a. M. 1902–06. Neuausgabe in einem Bd., Berlin 1998: arani.

In der sprachlichen Umsetzung vergleichbar mit Grunwald. Die Neuausgabe enthält 112 Texte in 91 Nummern, darunter 88 Texte aus dem Ma'assebuch.

Bin Gorion 1916–23:
Micha Josef bin Gorion (ed.), Der Born Judas. Legenden, Märchen und Erzählungen. Übertragen von Rahel Ramberg. Sechs Bände. Leipzig 1916–23: Insel.
Die erste große, auch für nichtjüdische Leser bestimmte Sammlung jüdischer Volksliteratur aus 3000 Jahren. Gruppiert nach Themenbänden, z. B. ›Von Liebe und Treue‹ (Bd. 1), ›Vom rechten Weg‹ (Bd. 2). Etwa ein Fünftel des Ma'assebuches ist darin verstreut enthalten, in relativ freier Wiedergabe, gelegentlich kontaminiert mit anderen Quellen.

Wesselski 1925:
Albert Wesselski (ed.), Märchen des Mittelalters. Berlin 1925: Herbert Stubenrauch.
66 num. Texte, darunter drei aus dem Ma'assebuch: Nr. 18 Die drei Kästchen und Nr. 37 Scharfsinnsproben = Text 223; Nr. 47 Placidus = Text 222; Nr. 60 Abt und Schäfer = Text 227. – Mit ausgiebigen Anmerkungen im Anhang.

Jason 1976:
Heda Jason (ed.), Märchen aus Israel. Übersetzt von Schoschanna Gassmann. Düsseldorf/Köln 1976 (Die Märchen der Weltliteratur).

Sekundärliteratur

T. Alexander, The Pious Sinner. Ethics and Aesthetics in the Medieval Hasidic Narrative. Tübingen 1991.

Berliner 1898:
Abraham Berliner, Die mittelhochdeutsche Sprache bei den Juden. In: Jahrbuch für jüdische Geschichte und Literatur, Band 1. Berlin 1898: Katz.

Berliner 1900:
Abraham Berliner, Aus dem Leben der deutschen Juden im Mittelalter. Berlin 1900.
Vorauf ging: ›Geschichte der Juden in Rom von der ältesten Zeit bis zur Gegenwart‹ (1893).

Best 1973:
Otto F. Best, Mameloschen. Jiddisch – Eine Sprache und ihre Literatur. Frankfurt a. M. 1973: Insel Verlag.
Mit Kap. ›Das Ma'asse-Buch‹ S. 116–21, ›Die Frau als Leserin‹ S. 90ff.

Brentzel 2002:
Marianne Brentzel, Anna O. – Bertha Pappenheim. Biographie. Göttingen 2002: Wallstein Verlag.

Dinse 1974:
Helmut Dinse, Die Entwicklung des jiddischen Schrifttums im deutschen Sprachgebiet. Stuttgart 1974: Metzler.

Dubnow, Weltgeschichte:
Simon Dubnow, Weltgeschichte des jüdischen Volkes. Von seinen Uranfängen bis zur Gegenwart. Aus dem Russischen von A. Steinberg. In zehn Bänden. Berlin 1925–29: Jüdischer Verlag.
Besonders Bd. 6: ›Die Neuzeit, Erste Periode: Das XVI. und die erste Hälfte des XVIII. Jahrhunderts‹.

Gaster, Beiträge in MWGJ:
Moses Gaster, Beiträge zur vergleichenden Sagen- und Märchenkunde. In: Monatsschrift für Geschichte und Wissenschaft des Judentums, 29. Jg. 1880, S. 35–39 (Einleitung) und Einzelbeiträge S. 1880ff.

Gaster 1887:
Moses Gaster, Jewish Folklore in the Middle Ages. London 1887.

Gaster 1935:
Moses Gaster, The Maassehbuch and the Brantspigel. In: Jewish Studies in Memory of George A. Kohuth, New York 1935, S. 270–78.

Goebel 1932:
Franz M. Goebel, Jüdische Motive im Märchenhaften. Erzählungsgut. Studien zur vergleichenden Motiv-Geschichte. Phil. Diss. Gleiwitz 1932.

Güdemann 1888:
Moritz Güdemann, Geschichte des Erziehungswesens und der Cultur der abendländischen Juden. Bd. 3. Wien 1888.

Günter 1910:
Heinrich Günter, Die christliche Legende des Abendlandes. Heidelberg 1910: Carl Winter.
Bes. das dritte Kapitel, »Die Legenden-Quellen« (69–128), weist auf talmudische Vorlagen und Parallelen hin.

Gulkowitsch 1935:
Lazar Gulkowitsch, Der Begriff Chassid in der Gattung der Maassijot. Tartu-Dorpat 1935: Dr. Mattiesen.
Bernhard Heller würdigt diese Studie in MWGJ N. F. 44, 1936, S. 139–41.

Heinemann/Noy 1971:
J. Heinemann und Dov Noy (ed.), Studies in Aggadah and Folk-Literature. Jerusalem 1971 (Scripta Hiersosolymitana 23).

Heller 1930:
Bernhard Heller, Das hebräische und arabische Märchen. In: Johannes Bolte und Georg Polívka (ed.), Anmerkungen zu den Kinder- und Hausmärchen der Brüder Grimm. Bd. 4 (Leipzig 1930), Kap. VII. S. 315–418.
Grundlegender Beitrag zur hebr. und jidd. Märchenkunde.

Heller 1936:
Bernhard Heller, Beiträge zur Stoff- und Quellengeschichte des Ma'assebuches. In: Occident and Orient. In Honour of Haham Dr. M. Gaster's 80th Birthday. Ed. Bruno Schindler. London 1936: Taylor's Foreign Press. S. 234–43.
Im gleichen Jahr erschien Hellers Sammelrezension ›Neue Schriften zum Ma'assebuch‹, in MWGJ N. F. 44 (1936), S. 128–41, mit kritischer Würdigung u. a. der Übersetzung Bertha Pappenheims und dem märchenkundlichen Beitrag ›Wert und Wesen des MB‹.

Kaplan 2003:
Marion Kaplan (ed.), Geschichte des jüdischen Alltags in Deutschland. Vom 17. Jahrhundert bis 1945. München 2003: C. H. Beck.
Mit aufschlußreichem Ersten Teil: ›An der Schwelle zur Moderne, 1680–1780‹, verfaßt von Robert Liberles (19–122).

Kohut 1898:
Adolph Kohut, Geschichte der deutschen Juden. Ein Hausbuch für die jüdische Familie. Berlin 1898: Deutscher Verlag.

Meitlis 1933:
Jakob Meitlis, Das Ma'assebuch. Seine Entstehung und Quellengeschichte. Zugleich ein Beitrag zur Einführung in die altjiddische Agada. Mit einem Geleitwort von Moses Gaster. Berlin 1933: Buchhandlung Rubin Mass. – Reprint Hildesheim 1987 (Olms).
Die bisher einzige Monographie, mit vielen Impulsen für die MB-Forschung.

Meitlis 1958:
Jakob Maitlis (sic!), The Ma'aseh in the Yiddish ethical literature. London 1958.

Meitlis 1961:
Jakob Meitlis, (sic!), Di Schwokim fun R. Schmuel un R. Juda chosid (*The Exempla of Rabbi Samuel and Rabbi Juda, the Pious*). London *1961: Keem Publications.*

Müller 1934:
Müller, S., Von jüdischen Bräuchen und jüdischem Gottesdienst. Zweite verm. Auflage. Frankfurt a. M. 1934: J. Kauffmann.

Herman Pollack, Jewish Folkways in Germanic Lands, 1648–1806. Cambridge/Mass. 1971.

Reichert 2003:
Klaus Reichert, Zeit ist's. Die Bibelübersetzung von Franz Rosenzweig und Martin Buber im Kontext. In: K. R., Die unendliche Aufgabe. Zum Übersetzen. München 2003: Carl Hanser, Edition Akzente.

Rosten 2002:
Leo Rosten, Jiddisch. Eine kleine Enzyklopädie. Übersetzt und bearbeitet von Lutz-W. Wolff. München 2002: Deutscher Taschenbuch Verlag (dtv-premium 24 327).

Scholem, Jüdische Mystik:
Gershom Scholem, Die jüdische Mystik in ihren Hauptströmungen. Frankfurt a. M. 1957: Alfred Metzner. – Amerikanische Erstausgabe: Major Trends in Jewish Mysticism. New York 1941: Schocken.
Standardwerk. Das dritte Kapitel (87–127) behandelt den »Deutschen Chassidismus im Mittelalter«, geht insbesondere auf ›Juda den Chassid‹, das ›Sefer Chassidim‹ und messianische Vorstellungen ein – siehe auch Anmerkungsteil S. 402–10.

Schwarzbaum 1968:
Haim Schwarzbaum, Studies in Jewish and World Folkore. Berlin 1968: Walter de Gruyter.
Märchenkundliches, komparatistisches Werk, das u. a. 33 Ma'assebuch-Texte in weltweitem Kontext behandelt.

Starck 1991:
Astrid Starck, Das ›ma'sseh-buh‹. Der Platz der jiddischen Literatur in der deutschen Umwelt. In: Begegnungen mit dem Fremden. Akten des VIII. Internat. Germanisten-Kongresses, Tokio 1990, S. 474–486.

Starck 1999:
Astrid Starck, Erzählstrukturen in der frühen jiddischen Prosa. In: Jiddische Philologie. Festschrift für Erika Timm. Hrsg. von Walter Röll und Simon Neuberg. Tübingen 1999, S. 157–173.

Stemberger 1982:
Günter Stemberger, Der Talmud. Einführung – Texte – Erläuterungen. München 1982: C. H. Beck.

Stemberger 1989:
Günter Stemberger, Midrasch. Vom Umgang der Rabbinen mit der Bibel. Einführung – Texte – Erläuterungen. München 1989: C. H. Beck.

Thieberger 1936:
Friedrich Thieberger und E. Rabin (ed.), Jüdisches Fest, Jüdischer Brauch. Ein Sammelwerk. Berlin 1936: Jüdischer Verlag. – Reprint: Königstein i. T. 1986: Athenäum.

Timm 1995:
Erika Timm, Zur Frühgeschichte der jiddischen Erzählprosa. In: Beiträge zur Geschichte der deutschen Sprache und Literatur, 117. Bd. Tübingen 1995, S. 243–280.

Trachtenberg 1961:
Joshua Trachtenberg, Jewish Magic and Superstition. A Study in Folk Religion. Cleveland and New York 1961: The World Publ. Co., Philadelphia 1961: The Jewish Publ. Society of America.
Bes. die Kapitel »Spirit Possession« S. 49ff., »The Formation of Magical Names« S. 260ff.

Zfatman 1979:
S. Zfatman-Biller, Maa'sse-Bukh. Kavvim lidmuto schel zanr be-sifrut jidisch ha-jechana (›*Das Ma'assebuch. Eine altjiddische literarische Gattung*‹). In: Ha-Sifrut 28 (1979), S. 126–152.

Zobel 1935:
Moritz Zobel, Der Sabbat. Sein Abbild im jüdischen Schrifttum, seine Geschichte und seine heutige Gestalt. Berlin 1935: Schocken Verlag (Bücherei des Schocken Verlages, 25/26).

Namenregister

Die Ziffern beziehen sich auf die Textnummern (Nr. 1–254), identisch mit denen der Basisausgabe Amsterdam 1723. Die in Klammern gesetzte jiddische Schreibweise der Namen bezieht sich auf Bertha Pappenheims Textausgabe (1929), die der Amsterdamer Ausgabe im wesentlichen folgt.
Für die Transkription der jüdischen Namen war zum einen die zehnbändige »Encyclopaedia Judaica – Das Judentum in Geschichte und Gegenwart« maßgeblich, die bis 1934 allerdings nur zur Hälfte, bis einschließlich »L«, fertiggestellt war und jäh abbrach; zum anderen das »Jüdische Lexikon«, vier in fünf Bänden (1927–30).

Bildnachweis

Das Frontispiz wie auch die Umschlagabbildung illustrieren eines der höchsten Feste des Judentums: das Pessach-Fest, das den Auszug aus der ägyptischen Gefangenschaft erinnert. Eingeleitet wird dieses Fest der Befreiung und »Überschreitung«, das im Frühling stattfindet, durch die Feier des Seder im häuslichen Kreis. Der Prunk-Sederteller aus der 2. Hälfte des 19. Jh.s auf dem Umschlag gibt Auskunft über die Abfolge des Rituals, zeigt in Bildern Ausgang und Ende der ägyptischen Knechtschaft sowie Mose und Aaron und die Könige David und Salomon. Die floralen Ornamente weisen auf die Bitterkräuter (Maror) hin, denen beim Seder-Mahl hohe symbolische Bedeutung zukommt. Im Frontispiz werden die Gemeinschaft um den Seder-Tisch und der Leiter des Seder-Rituals (»der, der den Seder hält«) gezeigt.

Die meisten Abbildungen im Text gehen auf zwei Quellen zurück: Die Holzschnitte entstammen einem 1723 in Amsterdam jüdisch-deutsch gedruckten ›Minhagim‹, das die Bräuche des jüdischen Jahres darlegt. Die Kupferstiche sind Johann Leusdens ›Philologus hebraeo mixtus‹, Utrecht 1657, entnommen.

Inhaltsverzeichnis

Die nach den Titeln in Klammern angegebenen Ziffern beziehen sich auf die Textabfolge in der für diese Ausgabe maßgeblichen Edition des Ma'assebuches, Amsterdam 1723, und sind identisch mit der Numerierung der Geschichten jeweils am Ende der Texte.
Hinweis: Den 254 Texten der Ausgabe Amsterdam 1723 ist noch einer hinzugefügt, den der Basler Erstdruck (1602) bereithält. Er vervollständigt den Legendenkreis um die deutschen Chassiden und ist im vollen Wortlaut auf Seite 417f. abgedruckt.

Zweiter Teil
Die Wundertaten deutscher Rabbinen

Dritter Teil
Midraschim und Märchen aus Morgenland und Abendland